南京大学中央高校基本科研业务费专项资助

田 雁 主编

汉译日文图书总书目 1719-2011

第四卷（2007—2011）

〔日〕樋口谦一郎 姜仁杰 李 斌 吕 彬 袁琳艳／参编

社会科学文献出版社
SOCIAL SCIENCES ACADEMIC PRESS(CHINA)

目　录

2007 ……………………………… 1

2008 ……………………………… 59

2009 ……………………………… 116

2010 ……………………………… 173

2011 ……………………………… 248

附录 ……………………………… 327

　书名索引 ……………………… 327

　著译者索引 …………………… 355

主要参考文献 …………………… 376

后记 ……………………………… 377

2007

0001 100 个速算谜题：助你成为计算高手
〔日〕中村义作著；白廷柱译．—北京：北京理工
大学出版社；2007.08；21cm．—（谜题训练营）
ISBN 978 - 7 - 5640 - 1310 - 3，18.00 元

0002 100 个算术奇题难题：能解答者必是天才！
〔日〕中村义作著；郑茂译．—北京：北京理工
大学出版社；2007.10；21cm．—（谜题训练营）
ISBN 978 - 7 - 5640 - 1309 - 7，18.00 元

0003 10 以内加法
〔日〕圆谷制作株式会社著；陆琰编写．—上海：
少年儿童出版社；2007.01；42 × 57cm．—（迪
迦奥特曼学习画报）
ISBN 978 - 7 - 5324 - 7202 - 4，5.00 元

0004 10 以内减法
〔日〕圆谷制作株式会社著；陆琰编写．—上海：
少年儿童出版社；2007.01；42 × 57cm．—（迪
迦奥特曼学习画报）
ISBN 978 - 7 - 5324 - 7203 - 1，5.00 元

0005 123 成人式
〔日〕新井一二三著．—南昌：江西教育出版社；
2007.07；21cm．—（新井一二三作品系列）
ISBN 978 - 7 - 5392 - 4759 - 5，17.00 元
本书是随笔集，由几十篇有关成长的故事组成，
作者以轻松的笔调向我们娓娓道来她的成长经
历，包括困惑、喜悦以及许多她人生中的第
一次。

**0006 20 世纪 30 年代的中国政治史：中国共产
党的危机与再生**
〔日〕田中仁著；赵永东等译校．—天津：天津
社会科学院出版社；2007.07；21cm
ISBN 978 - 7 - 8068 - 8311 - 2，30.00 元
本书对 20 世纪 30 年代中国政治结构中主要政治
力量之一的中国共产党如何摆脱危机、重新焕
发生机的过程及实态予以清晰的把握与阐释。

0007 20 世纪的空间设计
〔日〕矢代真己等著；卢春生等译．—北京：中
国建筑工业出版社；2007.11；21cm
ISBN 978 - 7 - 1120 - 6385 - 7，28.00 元
本书挑选了最为重要的 108 个关键词，对关键词
的来龙去脉进行了详尽的解说。

0008 2112 年哆啦 A 梦诞生
〔日〕藤子·F·不二雄著；赵枫译．—南昌：二
十一世纪出版社；2007.04；彩图；18cm．—（哆
啦 A 梦在未来世界）
ISBN 978 - 7 - 5391 - 3679 - 0（平装），11.80 元

0009 21 世纪与中国文化
〔日〕加藤周一著；彭佳红译．—北京：中华书
局；2007.10；21cm．—（日本中国学文萃/王晓
平主编）
ISBN 9 - 787 - 1010 - 5715 - 7，25.00 元

0010 30 款盘发造型：做自己的美发师
〔日〕坂卷哲也著；杨云茜译．—上海：东方出
版中心；2007.08；26cm
ISBN 9 - 7878 - 0186 - 695 - 0，48.00 元
本书是日本女性摩登社出版，介绍了 30 款别致
的盘发造型。

0011 30 种大脑训练方法：提高你的注意力
〔日〕筱原菊纪著；江霆译．—北京：电子工业
出版社；2007.07；彩图；23cm
ISBN 978 - 7 - 1210 - 4440 - 3（平装），22.00 元

0012 3 分钟爱上心理学
〔日〕尾形佳晃著；张慧译．—北京：世界图书
出版公司；2007.04；图；21cm
ISBN 978 - 7 - 5062 - 8482 - 0（平装），18.00 元
本书介绍了心理学的历史，基本的思考方法，以
及著名的心理学研究课题等。

0013 3 分钟完成沟通：高效实用的 69 种技巧
〔日〕高井伸夫著；刘霞译．—北京：电子工业
出版社；2007.01；23cm
ISBN 7 - 121 - 03160 - 4，25.00 元

**0014 3 分钟学经营：培养快速决策力的 71 种
技巧**
〔日〕高井伸夫著；刘霞译．—北京：电子工业
出版社；2007.01；23cm
ISBN 7 - 121 - 03549 - 9，25.00 元

0015 6000 度的爱
〔日〕鹿岛田真希著；紫陌译．—桂林：漓江出版
社；2007.02；21cm
ISBN 978 - 7 - 5407 - 3708 - 5，15.00 元
本书是长篇小说。

0016 BCG 视野：假说驱动管理的魅力
〔日〕内田和成著；崔永成译．—北京：电子工

业出版社；2007.11；24cm.—（波士顿管理新视野丛书）
ISBN 978 – 7 – 1210 – 5159 – 3，28.00 元

0017　CFD 与建筑环境设计
〔日〕村上周三著；朱清宇等译.—北京：中国建筑工业出版社；2007.04；彩图；23cm
ISBN 978 – 7 – 1120 – 8981 – 9（平装），80.00 元
本书分为 3 篇。第 1 篇为理论篇，第 2 篇为应用篇，第 3 篇 CFD 作为设计技术的利用方法。

0018　CFO：首席财务官如何提高企业价值
〔日〕行天丰雄，〔日〕田原冲志著；王春山，李宏舟译.—大连：东北财经大学出版社；2007.06；21cm
ISBN 978 – 7 – 8112 – 2075 – 9，20.00 元
本书介绍了二战后日本经营体制的变革，以及首席财务官在这种变革中发挥财务决策的作用。

0019　China1996 ~ 2006 矶崎新作品集
〔日〕矶崎新著；香港日瀚国际文化有限公司译.—武汉：华中科技大学出版社；2007.01；30cm
ISBN 7 – 5609 – 3774 – 8，268.00 元
本书记录的是国际建筑大师矶崎新先生在中国10 年的建筑手迹。

0020　DNA 营养素：还您青春与健康
〔日〕松永政司，〔日〕宇住晃治编著；林玲译.—北京：人民军医出版社；2007.03；21cm
ISBN 978 – 7 – 5091 – 0727 – 0（平装），16.00 元
本书用通俗的语言、典型的实例说明了核酸的魅力及核酸在人体生命和健康保健中的重要性。

0021　Excel 2003/2002/2000 函数大全
〔日〕羽山博等著；甘能清，殷晓贤译.—北京：人民邮电出版社；2007.06；23cm.—（办公宝典）
ISBN 978 – 7 – 1151 – 5851 – 2，128.00 元

0022　Excel 函数与公式辞典
〔日〕日花弘子编著；恒盛杰资讯译.—北京：中国青年出版社；2007.02；21cm + 光盘 1 张
ISBN 978 – 7 – 5006 – 7078 – 0，48.00 元
本书主要讲解 Excel 的函数与公式的应用，采用辞典的方法按字母顺序依次编排。本书囊括了Excel 的所有函数与公式，是一本很详尽的用户查询辞典。

0023　Flash 8 全实例学习手册
〔日〕细子编著；陈晓鑫译.—北京：中国青年出版社；2006.10；26cm + 光盘 1 张
ISBN 7 – 5006 – 7043 – 5（平装），55.00 元
本书以 Flash 8 中文版为制作平台，在介绍 Flash8 特性的同时，通过丰富精彩的实例对 Flash 创意进行了详尽的阐述。

0024　HTML&CSS&JavaScript 语法辞典
〔日〕大藤干，〔日〕半场方人编著；陈晓鑫译.—北京：中国青年出版社；2007.04；21cm
ISBN 978 – 7 – 5006 – 7363 – 7（平），48.00 元
本书由日本资深网页设计专家精心编著，并由国内翻译者最大限度地将其本土化，使之符合国内读者的阅读和学习习惯。

0025　IT 的发展与个人信息保护
〔日〕小林麻理著；夏平，王俊红，周伟民译.—北京：经济日报出版社；2007.11.—Progress of Information Technology and Individual Information Protection；21cm.—（北京大学个人信贷丛书/陈钟主编）
ISBN 978 – 7 – 8018 – 0757 – 1，25.00 元

0026　OFF 学：会玩，才会成功
〔日〕大前研一著；陈柏诚译.—北京：中信出版社；2007.08；21cm.—（全球管理大师大前研一经典系列）
ISBN 978 – 7 – 5086 – 0917 – 1，28.00 元
身为全球管理大师、日本战略之父，大前研一在休闲方面也自有高招。

0027　RFID 的现状和发展趋势
〔日〕NTT COMWARE 株式会社研究开发部著；郑维强译.—北京：人民邮电出版社；2007.03；20cm.—（RFID 技术丛书）
ISBN 978 – 7 – 1151 – 5574 – 0，13.00 元
本书讨论了无线射频识别技术的现状和发展动向。

0028　SBI 集团的愿景与战略：不断进化的经营
〔日〕北尾吉孝著；阎萍，包芳，张燕译.—北京：清华大学出版社；2007.11；23cm
ISBN 978 – 7 – 3021 – 6449 – 4，26.00 元
本书通过作者创建企业和管理企业的亲身经历，讲述了企业经营的经验与理论。

0029　Y 人生路
〔日〕佐藤正午著；张继文，谢红辉译.—青岛：青岛出版社；2007.01；21cm
ISBN 978 – 7 – 5436 – 3958 – 4，16.00 元
本书围绕人类认知问题"我们究竟活在怎样的

世界里?"，讲述了一则跨越了生与死、时间与空间的离奇的爱情故事。

0030 爱丽丝漫游数学奇境
〔日〕钓浩康著；吴方译．—哈尔滨：北方文艺出版社；2007.05；21cm
ISBN 978－7－5317－2147－5，19.00 元

0031 奥特曼总动员．高斯篇
〔日〕圆谷制作株式会社监修；北京双仁鱼文化有限公司制作．—北京：海豚出版社；2007.01；26cm
ISBN 978－7－8013－8655－7，19.80 元

0032 奥特曼总动员．奈欧斯篇
〔日〕圆谷制作株式会社监修；北京双仁鱼文化有限公司制作．—北京：海豚出版社；2007.01；26cm
游戏百科大赏
ISBN 978－7－8013－8719－6，19.80 元

0033 把孩子培养成不怕失败的人
〔日〕星一郎著；傅珉译．—上海：学林出版社；2007.08；21cm
ISBN 978－7－8073－0417－3，16.80 元
本书提倡在接受孩子失败事实的基础上，引导孩子去思考"接下来怎么做才能走向成功"，教育孩子如何承担起失败所产生的责任。

0034 白居易写讽谕诗的前前后后
〔日〕静永健著；刘维治译．—北京：中华书局；2007.10；21cm．—（日本中国学文萃/王晓平主编）
ISBN 978－7－101－05184－1，22.00 元
本书是关于白居易及其诗歌的评介。

0035 《白毛女》在日本
〔日〕山田晃三著．—北京：文化艺术出版社；2007.11；23cm
ISBN 978－7－5039－3442－1，28.00 元
本书是日本年轻学者山田晃三通过亲身走访和资料研究撰写而成的有关《白毛女》对中日文化交流影响的专著。

0036 白色的帽子
〔日〕阿万纪美子著；彭懿译．—南昌：二十一世纪出版社；2007.10；图；20cm．—（车的颜色是天空的颜色；1）
ISBN 978－7－5391－3860－2，11.00 元
本书为童话集。

0037 百岁医生教我的生机健康法
〔日〕松田麻美子著；卢俊伟译．—海口：南海出版公司；2007.06；24cm．—（大众健康丛书）
ISBN 978－7－5442－3743－7，20.00 元
本书为健康保健类图书。

0038 败胜思维：关键在于思路！
〔日〕和田秀树著；陈诚译．—北京：科学出版社；2007.04：图；21cm．—（打造成功心理系列）
ISBN 978－7－03－018798－7（平装），20.00 元

0039 版式设计原理
〔日〕佐佐木刚士著；武湛译．—北京：中国青年出版社；2007.09：彩图；26cm
ISBN 978－7－5006－7739－0，59.00 元
本书作者通过五个部分将关于版式设计方面的一般性原理用简洁明了的方式展示给读者。

0040 办公宝典：Excel 2003/2002/2000 VBA 大全
〔日〕ProjectA & Dekiru 系列编辑部著；彭彬等译．—北京：人民邮电出版社；2007.06：图；23cm
ISBN 978－7－115－15852－9，128.00 元
本书内容全面、结构清晰、讲解细致，是一本学习 Excel VBA 所必备的语法工具书。

0041 棒针花样 300
〔日〕宝库社编；俞霓译．—北京：中国轻工业出版社；2007.08：图；29cm．—（悠生活．快乐手工坊）
ISBN 978－7－5019－6058－3，29.80 元
本书为喜欢编织的人提供了为编织原创作品而准备的棒针编织 300 个花样。

0042 宝宝服饰
〔日〕BOUTIQUE 社编；吴宝顺，董曾珊译．—杭州：浙江科学技术出版社；2007.04：图；26cm．—（亲手织）
ISBN 978－7－5341－3024－3（平装），22.00 元
本书引进日本 BOUTIQUE 社版权，介绍日本最新的婴幼儿编织物。

0043 北欧瑞典的幸福设计
〔日〕山本由香著；刘惠卿，曾维贞译．—北京：中国人民大学出版社；2007.07：彩图；21cm
ISBN 978－7－300－08177－9，39.80 元
本书是从生活出发介绍瑞典的设计。

0044 北中国纪行；清国漫游志
〔日〕曾根俊虎著；范建明译．—北京：中华书局；2007.01；21cm．—（近代日本人中国游记/

张明杰主编）

ISBN 978 - 7 - 101 - 05354 - 8, 28.00 元

《北中国纪行》、《清国漫游志》是游记，实际上是 1874 ~ 1876 年间日本人曾根俊虎来中国大陆刺探军事情报的一部实地"勘探记"。

0045　被囚的独角兽

〔日〕筱原美季著；〔日〕河合千草绘；德米特莉译 . —昆明：云南教育出版社；2007.12：图；21cm. —（英国奇异谭；3）

ISBN 978 - 7 - 5415 - 3300 - 6, 15.00 元

本书描写爱上湖之精灵的青年杰克的灵魂，为了寻求新的肉体而在深夜中彷徨。

0046　壁橱里的冒险

〔日〕古田足日，〔日〕田畑精一著；彭懿译 . —海口：南海出版公司；2007.08；26cm

ISBN 978 - 7 - 5442 - 3801 - 4（精装），29.80 元

本书为图画故事。

0047　边做家务边减肥

〔日〕长野茂主编；徐泽等译 . —吉林：吉林科学技术出版社；2007.01；23cm

ISBN 978 - 7 - 5384 - 3423 - 1, 12.80 元

0048　编辑力：从创意、策划到人际关系

〔日〕鹫尾贤也著；陈宝莲译 . —北京：中国人民大学出版社；2007.01；23cm

ISBN 7 - 300 - 07525 - 8, 35.00 元

0049　兵法藏书

〔日〕宫本武藏，〔古罗马〕雷纳图斯，孙武著；王冬等译 . —西安：陕西师范大学出版社；2007.11：图；24cm

ISBN 978 - 7 - 5613 - 3818 - 6, 29.80 元

本书收集了历史上最有影响力的三大兵书，是一本关于生存和竞争战术的书，在日本一直畅销不衰。

0050　不露怯！举止的优雅

〔日〕井恒利英主编；〔日〕伊藤美树绘；刘安彭译 . —北京：中国轻工业出版社；2007.05；19cm —（百世文库．雅致图解绘本）

ISBN 978 - 7 - 5019 - 5937 - 2, 20.00 元

本书向读者介绍了使对方心情愉快、给对方以良好印象的礼仪和举止的知识，还介绍了日常生活中与人密切相关的礼仪常识。

0051　不怯场！说话的艺术

〔日〕杉山美奈子主编；〔日〕伊藤美树绘；王

晶，王金平译 . —北京：中国轻工业出版社；2007.01；19cm. —（百世文库．雅致图解绘本）

ISBN 978 - 7 - 5019 - 5772 - 9, 20.00 元

本书以充满个性的绘本表现情景案例，使解说内容更加具体，搭配浅显易懂的文字，传授读者最正确的说话礼节与技巧。

0052　不生病的活法：神奇的酶

〔日〕新谷弘实著；李强，朱庆福译 . —北京：东方出版社；2007.03；21cm

ISBN 978 - 7 - 5060 - 2715 - 1（平装），23.00 元

本书通过 30 万例以上的肠胃检查，得出结论：在饮食中摄取酶，就能健康长寿。

0053　不生病的生活方式

〔日〕石原结实著；李榴柏译 . —北京：国际文化出版公司；2007.06；22cm

ISBN 978 - 7 - 80173 - 641 - 3, 18.80 元

本书作者是日本的一名医学博士，根据作者本人多年的临床经验对健康问题的相关研究，告诉人们如何依靠本能预防疾病。

0054　不失礼！送礼的学问

〔日〕岩下宣子主编；〔日〕伊藤美树绘；王晶译 . —北京：中国轻工业出版社；2007.01；19cm. —（百世文库．雅致图解绘本）

ISBN 978 - 7 - 5019 - 5771 - 2, 20.00 元

本书整理出许多日常生活中须知、应知的送礼常识。

0055　不锈钢：耐蚀钢的发展

〔日〕迟泽浩一郎著；王昆译 . —北京：冶金工业出版社；2007.03；20cm. —（钢铁技术发展趋势丛书）

ISBN 978 - 7 - 5024 - 4199 - 9（平装），20.00 元

本书内容为：不锈钢的诞生、日本不锈钢的发展、化学设备用不锈钢等。

0056　财富大赢家的心理战术

〔日〕和田秀树著；李冬雪译 . —北京：科学出版社；2007.01；21cm. —（打造成功心理系列）

ISBN 978 - 7 - 03 - 018051 - 3, 19.50 元

0057　餐饮实务日语

〔日〕黄优子编著；覃嘉惠译 . —广州：广东世界图书出版公司；2007.07；21cm

ISBN 978 - 7 - 5062 - 8676 - 3, 18.00 元

本书根据餐厅服务的一般流程，主要分成 38 个单元，内容包括"迎客"、"点餐"、"上菜"、

"结账"、"送客"、"处理抱怨"等等。

0058 餐桌的对面：介绍当今日本人饮食生活中的真实故事

〔日〕西日本新闻社编；魏长年等译．—上海：复旦大学出版社；2007.09；20cm

ISBN 978 - 7 - 309 - 05730 - 0，8.00 元

本书针对日本国民"食的问题"，从不同角度入手，回答了了人们关注的饮食问题。

0059 禅的生活

〔日〕玄侑宗久著；施小炜译．—海口：南海出版公司；2007.07；24cm

ISBN 978 - 7 - 5442 - 3746 - 8（平装），20.00 元

本书是当代日本人生励志书。

0060 产业心理咨询入门

〔日〕杉溪一言等编著；樊富珉等译．—北京：中国轻工业出版社；2007.08；23cm

ISBN 978 - 7 - 5019 - 5945 - 7，25.00 元

0061 长大以后做什么

〔日〕寮美千子著；〔日〕秦好史郎图；彭懿译．—海口：南海出版公司；2007.09；图；23cm．—（新经典文库．爱心树绘本馆）

ISBN 978 - 7 - 5442 - 3802 - 1（精装），22.00 元

0062 长谷川弘直景观设计作品集

〔日〕长谷川弘直著；张丹，于黎特，杨秀妹译．—大连：大连理工大学出版社；2007.07；图；26cm．—（景观设计大师作品集系列丛书）

ISBN 978 - 7 - 5611 - 3705 - 5，98.00 元

本书收录了日本著名景观设计大师长谷川弘直先生的代表作品。

0063 长寿的日本

〔日〕堀之内秀久著；〔日〕林光惠绘．—北京：中央编译出版社；2007.07；20cm

ISBN 978 - 7 - 80211 - 457 - 9，18.00 元

本书以金、木、水、火、土来解读日本的方方面面。

0064 常常考到的英语名段

〔日〕原仙作著；李菁菁译．—海口：南海出版公司；2007.04；21cm

ISBN 978 - 7 - 5442 - 3689 - 8，25.00 元

本书是亚洲著名教育家原仙作经过多年对英语考试研究之后，专门针对英语考试特点打造的阅读书籍。

0065 常常考到的英语名篇

〔日〕中原道喜著；李菁菁译．—海口：南海出版公司；2007.01；21cm

ISBN 978 - 7 - 5442 - 3571 - 6，25.00 元

本书是亚洲著名教育家中原道喜经过多年对英语考试研究之后，专门针对英语考试特点打造的阅读书籍。

0066 常识的世界地图

〔日〕21 世纪研究会编；林郁芯译．—沈阳：万卷出版公司；2007.11；图；21cm．—（辽贝书坊；01）

ISBN 978 - 7 - 80759 - 072 - 9，20.00 元

本书介绍了世界各地不可不知的常识，将让我们造访全球各地时有更深一层的体验。

0067 超超难数理谜题：能解答就不妨试试

〔日〕芦原伸之著；甄晓仁译．—北京：北京理工大学出版社；2007.08；21cm．—（谜题训练营）

ISBN 978 - 7 - 5640 - 1302 - 8，16.00 元

本书作者是谜题超级发烧友，一生致力于搜集解答和设计谜题，本书是其自选的超级难解的谜题精华，号称他自己用一年时间也解不出。

0068 超级漫画素描技法．草图篇

〔日〕林晃著；〔日〕松本刚彦，〔日〕森田和明绘；刘向一，裘季燕译．—北京：中国青年出版社；2007.09；图；26cm

ISBN 978 - 7 - 5006 - 7734 - 5，29.80 元

本书从角色设定时如何表现不同人物、同一角色的不同变化入手，为读者逐步讲解绘制漫画草图步骤。

0069 超级漫画素描技法．基础篇

〔日〕林晃等编著；俞喆译．—北京：中国青年出版社；2007.01；26cm

ISBN 978 - 7 - 5006 - 7310 - 1，58.00 元（全套 2 册）

0070 超级漫画素描技法．头身比篇

〔日〕林晃编著；李景岩译．—北京：中国青年出版社；2007.01；26cm

ISBN 978 - 7 - 5006 - 7310 - 1，58.00 元（全套 2 册）

本书针对热爱或学习漫画创作的读者而推出。

0071 超学习法：门门功课考第一

〔日〕野口悠纪雄著；代红光，贺迎译．—海口：南海出版公司；2007.07；23cm．—（新经典智库．学习力丛书）

ISBN 978 - 7 - 5442 - 3723 - 9（平装），22.00 元
本书为学习方法类图书。

0072　超越极限
〔日〕横山秀夫著；赵建勋译．—北京：群众出版社；2007.01；21cm
ISBN 978 - 7 - 5014 - 3796 - 2，20.00 元
本书为日本当代长篇推理小说。

0073　超越自我
〔日〕川上真史著；陈刚，肖朝堰译．—北京：科学出版社；2007.04；24cm. —（科龙图解）
ISBN 978 - 7 - 03 - 018690 - 4（平装），26.00 元
本书指出了如何突破自身的局限，把握自己内心的动态，创造幸福的职场生涯的具体做法。

0074　朝阳门外的彩虹：崇贞女学校的人们
〔日〕山崎朋子著；邢丽荃，吕莉，李尚波译．—上海：上海人民出版社；2007.03；21cm
ISBN 978 - 7 - 208 - 06805 - 6，22.00 元
本报告文学记述 20 世纪 20 ～ 40 年代，日本一位基督教徒清水安三先后与他的两位夫人在北京朝阳门外的贫民窟创立崇贞女学校的曲折而真实的历史。

0075　成功的三个周期
〔日〕川西茂著；王文博，罗雪梅译．—北京：金城出版社；2007.02；24cm
ISBN 978 - 7 - 80084 - 932 - 9（平装），35.00 元
本书为心理自助类图书。人究竟是为了什么而劳动，为什么而工作，本书给予了明确的回答。

0076　成为优秀店长和经营者的绝对条件
〔日〕宫内亨著；韩兰译．—沈阳：辽宁科学技术出版社；2007.07；21cm. —（船井综合研究所提高营业额的真本领丛书）
ISBN 978 - 7 - 5381 - 5014 - 8，22.00 元
本书作者整理归纳了成为优秀店长的 100 个条件，包括完成营业利润，营业收入，毛利，控制经费和采购成本，培养员工等。

0077　虫虫跳跃大作战
〔日〕藤子·F·不二雄著；吕静译．—南昌：二十一世纪出版社；2007.04；彩图；18cm. —（哆啦 A 梦在未来世界）
ISBN 978 - 7 - 5391 - 3681 - 3（平装），11.80 元

0078　出了象牙之塔
〔日〕厨川白村著；鲁迅译．—北京：人民文学出版社；2007.07；21cm. —（天火丛书）

ISBN 978 - 7 - 02 - 006031 - 3（平装），12.00 元
本书是日本作家厨川白村的文艺评论集，由鲁迅1925 年翻译出版。

0079　川村善之造园手绘作品集
〔日〕川村善之著；张丹，于黎特，杨秀妹译．—大连：大连理工大学出版社；2007.07；图；26cm. —（景观设计大师作品集系列丛书）
ISBN 978 - 7 - 5611 - 3638 - 6，98.00 元
本书刊载了日本著名造园师川村善之先生的手绘作品。

0080　川端康成著作选释
〔日〕川端康成著；林璋，王成注释．—北京：商务印书馆；2007.09；18cm. —（日本现代文学名著注释丛书）
ISBN 7 - 100 - 04669 - 6，16.00 元
本书为日本文学家、诺贝尔文学奖获得者川端康成的最著名作品《雪国》、《伊豆的舞女》的注释读物。

0081　传说日本
〔日〕茂吕美耶著．—桂林：广西师范大学出版社；2007.10：135 幅；21cm
ISBN 978 - 7 - 5633 - 6872 - 3，32.00 元

0082　创新之道：日本制造业的创新文化
〔日〕常盘文克著；董旻静译．—北京：知识产权出版社；2007.01；23cm. —（智慧树经管书系．汉译创新管理丛书）
ISBN 978 - 7 - 80198 - 646 - 7，28.00 元
本书主要介绍了日本制造业的传统以及面对产业化制造业发展中显出的创新文化。

0083　创意的构想
〔日〕大前研一著；庄娜译．—北京：中信出版社；2007.06；21cm. —（全球管理大师大前研一经典系列）
ISBN 978 - 7 - 5086 - 0875 - 4，22.00 元

0084　春天的乘客
〔日〕阿万纪美子著；彭懿译．—南昌：二十一世纪出版社；2007.10：图；20cm. —（车的颜色是天空的颜色；2）
ISBN 978 - 7 - 5391 - 3862 - 6，11.00 元
本书是童话集，是阿万纪美子的处女作，有淡淡的幻想、暖暖的人性和一个个美丽又诡秘的故事。

0085　纯天然无副作用疗效神奇的对症治疗大百科

〔日〕长屋宪著；李炜译．—天津：天津教育出版社；2007.03；21cm．—（大众健康丛书/洪昭光主编）

ISBN 978 - 7 - 5309 - 4864 - 4（精装），39.80元

本书介绍了对各种常见病的治疗和预防有帮助的各种食物及用这些食物制作的食疗方，并介绍了这些食疗方的使用方法。

0086　磁性附着体覆盖义齿的临床术式

〔日〕水谷纮，〔日〕中尾胜彦主编；杨亚东，佟岱主译．—北京：人民军医出版社；2007.01；彩图；21×29cm + 光盘 1 张

ISBN 978 - 7 - 5091 - 0669 - 3（平装），98.00元

0087　从重庆通往伦敦、东京、广岛的道路：二战时期的战略大轰炸

〔日〕前田哲男著；王希亮译．—北京：中华书局；2007.08；照片；23cm

ISBN 978 - 7 - 101 - 04897 - 1（平装），49.00元

本书对战略大轰炸的来龙去脉进行了全面的叙述，使人们对战略大轰炸有一个整体的认识和观感。

0088　村上春树论：精读《海边的卡夫卡》

〔日〕小森阳一著；秦刚译．—北京：新星出版社；2007.10；21cm

ISBN 978 - 7 - 80225 - 350 - 6，20.00元

本书是一本文学批评著作。

0089　大肠内镜治疗

〔日〕工藤进英著；孟尼丽译．—沈阳：辽宁科学技术出版社；2007.09；彩照；26cm

ISBN 978 - 7 - 5381 - 5100 - 8，170.00元

本书为十部分。

0090　大人的涂绘．美丽花卉篇

〔日〕丹羽聪子著；刘晓静译．—沈阳：辽宁科学技术出版社；2007.09；图；26cm

ISBN 978 - 7 - 5381 - 5192 - 3，18.00元

本书主要是通过绘画涂鸦来休闲健脑、缓解压力，让艺术、身体、心灵完美合一。

0091　大人的涂绘．田园风景篇

〔日〕门马朝久著；刘晓静译．—沈阳：辽宁科学技术出版社；2007.09；27cm

ISBN 978 - 7 - 5381 - 5193 - 0，18.00元

本书主要是通过绘画涂鸦来休闲健脑、缓解压力，让艺术、身体、心灵完美合一。

0092　大雄的恐龙：电影哆啦 A 梦：2007 纪念版

〔日〕藤子·F·不二雄著；石晓明译．—南昌：二十一世纪出版社；2007.07；21cm

ISBN 978 - 7 - 5391 - 3752 - 0，25.00元

0093　大雄的恐龙：电影哆啦 A 梦：2007 最新版

〔日〕藤子·F·不二雄著；石晓明译．—南昌：二十一世纪出版社；2007.07；彩图；18cm

ISBN 978 - 7 - 5391 - 3751 - 3（平装），12.80元

0094　戴拿奥特曼．1

〔日〕圆谷制作株式会社原著；上海世纪华创文化形象管理有限公司编．—上海：少年儿童出版社；2007.07；26cm

ISBN 978 - 7 - 5324 - 7398 - 4（平装），12.80元

"戴拿奥特曼"是"迪迦奥特曼"的续集，故事发生在 2017 年新领域时代。

0095　戴拿奥特曼．2

〔日〕圆谷制作株式会社原著；上海世纪华创文化形象管理有限公司编．—上海：少年儿童出版社；2007.07；26cm

ISBN 978 - 7 - 5324 - 7399 - 1（平装），12.80元

"戴拿奥特曼"是"迪迦奥特曼"的续集，故事发生在 2017 年新领域时代。

0096　戴拿奥特曼．3

〔日〕圆谷制作株式会社原著；上海世纪华创文化形象管理有限公司编．—上海：少年儿童出版社；2007.07；26cm

ISBN 978 - 7 - 5324 - 7400 - 4（平装），12.80元

"戴拿奥特曼"是"迪迦奥特曼"的续集，故事发生在 2017 年新领域时代。

0097　戴拿奥特曼．4

〔日〕圆谷制作株式会社原著；上海世纪华创文化形象管理有限公司编．—上海：少年儿童出版社；2007.07；26cm

ISBN 978 - 7 - 5324 - 7401 - 1（平装），12.80元

"戴拿奥特曼"是"迪迦奥特曼"的续集，故事发生在 2017 年新领域时代。

0098　戴拿奥特曼．5

〔日〕圆谷制作株式会社原著；上海世纪华创文化形象管理有限公司编．—上海：少年儿童出版社；2007.07；26cm

ISBN 978 - 7 - 5324 - 7402 - 8（平装），12.80元

本书是"迪迦奥特曼"的续集，故事发生在 2017 年新领域时代。

0099　戴拿奥特曼.6

〔日〕圆谷制作株式会社原著；上海世纪华创文化形象管理有限公司编.—上海：少年儿童出版社；2007.07；26cm

ISBN 978 - 7 - 5324 - 7403 - 5（平装），12.80 元

"戴拿奥特曼"是"迪迦奥特曼"的续集，故事发生在 2017 年新领域时代。

0100　戴拿奥特曼.7

〔日〕圆谷制作株式会社原著；上海世纪华创文化形象管理有限公司编.—上海：少年儿童出版社；2007.09；图；26cm.

ISBN 978 - 7 - 5324 - 7461 - 5，12.80 元

"戴拿奥特曼"是"迪迦奥特曼"的续集，故事发生在 2017 年新领域时代。

0101　戴拿奥特曼.8

〔日〕圆谷制作株式会社原著；上海世纪华创文化形象管理有限公司编.—上海：少年儿童出版社；2007.09；图；26cm.

ISBN 978 - 7 - 5324 - 7462 - 2，12.80 元

"戴拿奥特曼"是"迪迦奥特曼"的续集，故事发生在 2017 年新领域时代。

0102　戴拿奥特曼.9

〔日〕圆谷制作株式会社原著；上海世纪华创文化形象管理有限公司编.—上海：少年儿童出版社；2007.09；图；26cm.

ISBN 978 - 7 - 5324 - 7463 - 9，12.80 元

"戴拿奥特曼"是"迪迦奥特曼"的续集，故事发生在 2017 年新领域时代。

0103　戴拿奥特曼.10

〔日〕圆谷制作株式会社原著；上海世纪华创文化形象管理有限公司编.—上海：少年儿童出版社；2007.09；图；26cm.

ISBN 978 - 7 - 5324 - 7464 - 6，12.80 元

"戴拿奥特曼"是"迪迦奥特曼"的续集，故事发生在 2017 年新领域时代。

0104　戴拿奥特曼.11

〔日〕圆谷制作株式会社原著；上海世纪华创文化形象管理有限公司编.—上海：少年儿童出版社；2007.09；图；26cm.

ISBN 978 - 7 - 5324 - 7465 - 3，12.80 元

"戴拿奥特曼"是"迪迦奥特曼"的续集，故事发生在 2017 年新领域时代。

0105　戴拿奥特曼.12

〔日〕圆谷制作株式会社原著；上海世纪华创文

化形象管理有限公司编.—上海：少年儿童出版社；2007.09；图；26cm.

ISBN 978 - 7 - 5324 - 7466 - 0，12.80 元

"戴拿奥特曼"是"迪迦奥特曼"的续集，故事发生在 2017 年新领域时代。

0106　戴拿奥特曼.13

〔日〕圆谷制作株式会社原著；上海世纪华创文化形象管理有限公司编.—上海：少年儿童出版社；2007.09；图；26cm.

ISBN 978 - 7 - 5324 - 7467 - 7，12.80 元

"戴拿奥特曼"是"迪迦奥特曼"的续集，故事发生在 2017 年新领域时代。

0107　德川家康.1，乱世孤主

〔日〕山冈庄八著；岳远坤，陈都伟译.—海口：南海出版公司；2007.11；23cm.—（新经典文库．德川文库；288）

ISBN 978 - 7 - 5442 - 3815 - 1，26.00 元

0108　德川家康.2，崛起三河

〔日〕山冈庄八著；陈都伟译.—海口：南海出版公司；2007.11；24cm

ISBN 978 - 7 - 5442 - 3816 - 8，26.00 元

0109　德沃夫爷爷的森林小屋

〔日〕青山邦彦编绘；思铭译.—北京：中国电力出版社；2007.01；30cm

ISBN 978 - 7 - 5083 - 4949 - 7（精装），29.00 元

《德沃夫爷爷的森林小屋》是日本建筑学家青山邦彦先生编绘的幼儿读物。

0110　迪迦奥特曼大迷宫.1

〔日〕圆谷制作株式会社原著；上海世纪华创文化形象管理有限公司制作.—上海：少年儿童出版社；2007.08：彩图；29cm

ISBN 978 - 7 - 5324 - 7441 - 7，10.00 元

0111　迪迦奥特曼大迷宫.2

〔日〕圆谷制作株式会社原著；上海世纪华创文化形象管理有限公司制作.—上海：少年儿童出版社；2007.08：彩图；29cm

ISBN 978 - 7 - 5324 - 7442 - 4，10.00 元

0112　迪迦奥特曼大迷宫.3

〔日〕圆谷制作株式会社原著；上海世纪华创文化形象管理有限公司制作.—上海：少年儿童出版社；2007.08：彩图；29cm

ISBN 978 - 7 - 532474431，10.00 元

0113　迪迦奥特曼大迷宫.3

〔日〕圆谷制作株式会社原著；上海世纪华创文化形象管理有限公司制作.—上海：少年儿童出版社；2007.08；彩图；29cm

ISBN 978 - 7 - 5324 - 7443 - 1，10.00 元

0114　迪迦奥特曼大迷宫.4

〔日〕圆谷制作株式会社原著；上海世纪华创文化形象管理有限公司制作.—上海：少年儿童出版社；2007.08；彩图；29cm

ISBN 978 - 7 - 5324 - 7444 - 8，10.00 元

0115　迪迦奥特曼天天玩

〔日〕圆谷制作株式会社原著.—南昌：二十一世纪出版社；2007.01；彩图；26cm.—（52 集科幻电视剧系列丛书）

ISBN 978 - 7 - 5391 - 3658 - 5，48.00 元

0116　迪迦奥特曼钻石典藏：金钻版

〔日〕圆谷制作株式会社原著；比比编写.—上海：少年儿童出版社；2007.01；彩图；29cm

ISBN 978 - 7 - 5324 - 7200 - 0，29.80 元

本书将迪迦奥特曼复合型的战斗故事全部集中浓缩在一起。用大幅图画突出经典对战场景，并附加精美赠品和益智小游戏。

0117　迪迦奥特曼钻石典藏：银钻版

〔日〕圆谷制作株式会社原著；比比编写.—上海：少年儿童出版社；2007.04；28cm

ISBN 978 - 7 - 5324 - 7277 - 2（平装），29.80 元

本书将迪迦奥特曼强力型及空中型的战斗故事全部集中浓缩在一起。用大幅面图画突出经典对战场景，并附加精美赠品和益智小游戏。

0118　地名的世界地图

〔日〕21 世纪研究会编；洪郁如译.—沈阳：万卷出版公司，2007.11；图；21cm.—（辽贝书坊；02）

ISBN 978 - 7 - 80759 - 073 - 6，20.00 元

本书介绍世界各地地名的内在含义，将让我们在造访全球各地时有更深一层的体验。

0119　第一次一个人旅行

〔日〕高木直子编绘；陈怡君译.—西安：陕西师范大学出版社；2007.10；20cm.—（高木直子一个人系列/黄利主编）

ISBN 978 - 7 - 5613 - 3312 - 9，45.00 元（全套2 册）

本书作者用幽默、亲切的语言和绘图记录了自己成长过程中许许多多的"第一次"。

0120　点与线：零的焦点

〔日〕松本清张著；林青华，贾黎黎译.—海口：南海出版公司；2007.11；23cm.—（新经典文库.推理大师杰作选；260）

ISBN 978 - 7 - 5442 - 3739 - 0，29.80 元

本书是日本现代著名推理小说大师松本清张代表作。

0121　电工实用手册

〔日〕桂井诚主编；吕砚山，马杰译.—2 版.—北京：科学出版社；2007.01；21cm.—（OHM handbook）

ISBN 978 - 7 - 03 - 018261 - 6（平装），42.00 元

本书是"OHM Handbook"系列之一。

0122　电子实用手册

〔日〕藤井信生主编；薛培鼎，崔东印译.—2 版.—北京：科学出版社；2007.01；21 cm.—（OHM handbook）

ISBN 978 - 7 - 03 - 018262 - 3（平装），42.00 元

本书为"Handbook"丛书之一，是中文版第二版。

0123　东京塔

〔日〕弗兰克著；李颖秋译.—北京：中信出版社；2007.01；25cm

ISBN 978 - 7 - 5086 - 0813 - 6，25.00 元

0124　东史郎对日本军国主义的批判

〔日〕东史郎著；彭曦，汪平译.—南京：南京出版社；2007.08；照片；24cm.—（南京大屠杀史研究与文献系列丛书；8/张伯兴主编）

ISBN 978 - 7 - 80718 - 287 - 0（精装），38.00 元

本书由东史郎的三篇文章构成，对日本军国主义进行了彻底的批判。

0125　东亚近代经济的历史结构：东亚近代经济形成史.2

〔日〕中村哲主编；王玉茹译.—北京：人民出版社；2007.02；21cm

ISBN 978 - 7 - 01 - 006104 - 7（平），35.00 元

本书是人民出版社已出版的《东亚近代经济的形成与发展——东亚近代经济形成史（一）》一书的续篇。

0126　东瀛禅语

〔日〕则竹秀南著；刘建等译.—北京：宗教文化出版社；2007.05；21cm

ISBN 978 - 7 - 80123 - 856 - 6（平装），20.00 元

本书收集了日本佛教界友好人士——则竹秀南

关于禅修的体会。

0127 动漫创意产业论：兼论动漫产业对符号形象产业、游戏娱乐产业以及相关版权产业的牵引作用

〔日〕中野晴行著；甄西译 . —北京：国际文化出版公司：中国传媒大学出版社；2007.05；23cm

ISBN 978 - 7 - 80173 - 645 - 1，39.80 元

本书探讨日本一家从破产到重新复兴的著名出版商的发展过程。

0128 动物百科图鉴：全球同步珍藏版 . 1，老虎

〔日〕伊藤年一文；〔英〕弗朗西斯绘；彭铁蓉译 . —广州：广州出版社；2007.09：彩图；30cm

ISBN 978 - 7 - 80731 - 584 - 1（精装），29.00 元

本书图文并茂地展示了各种动物的形态、生活习性等。

0129 动物百科图鉴：全球同步珍藏版 . 2，狮子

〔日〕伊藤年一文；〔英〕弗朗西斯绘；彭铁蓉译 . —广州：广州出版社；2007.09：彩图；30cm

ISBN 978 - 7 - 80731 - 584 - 1（精装），29.00 元

本书图文并茂地展示了各种动物的形态、生活习性等。

0130 动物百科图鉴：全球同步珍藏版 . 3，猎豹

〔日〕伊藤年一文；〔英〕弗朗西斯绘；彭铁蓉译 . —广州：广州出版社；2007.09：彩图；30cm

ISBN 978 - 7 - 80731 - 584 - 1（精装），29.00 元

本书图文并茂地展示了各种动物的形态、生活习性等。

0131 动物百科图鉴：全球同步珍藏版 . 4，北极熊

〔日〕伊藤年一文；〔英〕弗朗西斯绘；侯悦斯译 . —广州：广州出版社；2007.09：彩图；30cm

ISBN 978 - 7 - 80731 - 584 - 1（精装），29.00 元

本书图文并茂地展示了各种动物的形态、生活习性等。

0132 动物百科图鉴：全球同步珍藏版 . 5，熊猫

〔日〕伊藤年一文；〔英〕弗朗西斯绘；彭铁蓉译 . —广州：广州出版社；2007.09：彩图；30cm

ISBN 978 - 7 - 80731 - 584 - 1（精装），29.00 元

本书图文并茂地展示了各种动物的形态、生活习性等。

0133 动物百科图鉴：全球同步珍藏版 . 6，非洲象

〔日〕伊藤年一文；〔英〕弗朗西斯绘；彭铁蓉译 .

—广州：广州出版社；2007.09：彩图；30cm

ISBN 978 - 7 - 80731 - 584 - 1（精装），29.00 元

本书图文并茂地展示了各种动物的形态、生活习性等。

0134 动物百科图鉴：全球同步珍藏版 . 7，黑猩猩

〔日〕伊藤年一文；〔英〕弗朗西斯绘；侯悦斯译 . —广州：广州出版社；2007.09：彩图；30cm

ISBN 978 - 7 - 80731 - 584 - 1（精装），29.00 元

本书图文并茂地展示了各种动物的形态、生活习性等。

0135 动物百科图鉴：全球同步珍藏版 . 8，大猩猩

〔日〕伊藤年一文；〔英〕弗朗西斯绘；侯悦斯译 . —广州：广州出版社；2007.09：彩图；30cm

ISBN 978 - 7 - 80731 - 584 - 1（精装），29.00 元

本书图文并茂地展示了各种动物的形态、生活习性等。

0136 动物百科图鉴：全球同步珍藏版 . 9，海豚

〔日〕伊藤年一文；〔英〕弗朗西斯绘；侯悦斯译 . —广州：广州出版社；2007.09：彩图；30cm

ISBN 978 - 7 - 80731 - 584 - 1（精装），29.00 元

本书图文并茂地展示了各种动物的形态、生活习性等。

0137 动物百科图鉴：全球同步珍藏版 . 10，鲸

〔日〕伊藤年一文；〔英〕弗朗西斯绘；侯悦斯译 . —广州：广州出版社；2007.09：彩图；30cm

ISBN 978 - 7 - 80731 - 584 - 1（精装），29.00 元

本书图文并茂地展示了各种动物的形态、生活习性等。

0138 都市将变成这样：帮你看到 30 年后的城市

〔日〕未来预测研究会著；未来翻译小组译 . —北京：北京工业大学出版社；2007.10：图；24cm

ISBN 978 - 7 - 5639 - 1774 - 7，15.00 元

本书为日本各行业的大企业为预测 20～30 年后日本在能源、环境、信息通信、交通运输、生活文化等六大领域技术开发与发展的方向编写而成的一本书籍。

0139 读解日语 . 上

〔日〕水谷信子著；刁鹂鹏译 . —大连：大连理工大学出版社；2007.05：图；26cm + 磁带 1 盒

ISBN 978 - 7 - 5611 - 3548 - 8，36.80 元

本书是实用日语基础教材，全书共十八课，各课

由单词整理，课文，读解要点，语法小结，练习题，会话文构成。对象为日语能力初中级水平者。

0140　读解日语.下

〔日〕水谷信子著；刁鹂鹏译.—大连：大连理工大学出版社；2007.05：图；26cm＋磁带1盒

ISBN 978－7－5611－3549－5，36.80元

本书是实用日语基础教材，全书共十八课，各课由单词整理，课文，读解要点，语法小结，练习题，会话文构成。对象为日语能力中级水平者。

0141　断食一身轻

〔日〕大泽刚著；于永妍译.—北京：知识出版社；2007.07；23cm

ISBN 978－7－5015－5327－3（平装），20.00元

本书介绍了改善生活习惯、回归自然、放松身心的方法与技巧，是一本大众健康读物。

0142　对话的文明：谈和平的希望哲学

〔日〕池田大作，〔美〕杜维明著；卞立强，张彩虹译.—成都：四川人民出版社；2007.10：照片；20cm

ISBN 978－7－220－07463－9，20.00元

本书两位作者作为佛教和儒教的大家，各自站在自己的立场，对超越文明的差异的对话给予了高度评价。

0143　敦煌文书的世界

〔日〕池田温著；张铭心，郝轶君译.—北京：中华书局；2007.12；21 cm.—（日本中国学文萃/王晓平主编）

ISBN 978－7－101－05847－5，26.00元

本书是池田温先生历年来著述中有关敦煌文书的概说、讲座论文的合集，都是一些学术性很强、高水平的论文。

0144　钝感力

〔日〕渡边淳一著；李迎跃译.—上海：上海人民出版社；2007.05；21cm

ISBN 978－7－208－07031－8（平装），15.00元

本书为日本著名作家渡边淳一的最新主题杂文集。

0145　哆啦A梦彩色作品集：六卷口袋本.1

〔日〕藤子·F·不二雄著；石晓明译.—南昌：二十一世纪出版社；2007.02；15cm

ISBN 978－7－5391－3635－6（平装），6.80元

《哆啦A梦彩色作品集》所收集的是藤子·F·不二雄亲自着色的珍贵的彩色作品。

0146　哆啦A梦彩色作品集：六卷口袋本.2

〔日〕藤子·F·不二雄著；石晓明译.—南昌：二十一世纪出版社；2007.02；15cm

ISBN 978－7－5391－3635－6（平装），6.80元

《哆啦A梦彩色作品集》所收集的是藤子·F·不二雄亲自着色的珍贵的彩色作品。

0147　哆啦A梦彩色作品集：六卷口袋本.3

〔日〕藤子·F·不二雄著；石晓明译.—南昌：二十一世纪出版社；2007.02；15cm

ISBN 978－7－5391－3635－6（平装），6.80元

《哆啦A梦彩色作品集》所收集的是藤子·F·不二雄亲自着色的珍贵的彩色作品。

0148　哆啦A梦彩色作品集：六卷口袋本.4

〔日〕藤子·F·不二雄著；石晓明译.—南昌：二十一世纪出版社；2007.02；15cm

ISBN 978－7－5391－3635－6（平装），6.80元

《哆啦A梦彩色作品集》所收集的是藤子·F·不二雄亲自着色的珍贵的彩色作品。

0149　哆啦A梦彩色作品集：六卷口袋本.5，初期作品编

〔日〕藤子·F·不二雄著；石晓明译.—南昌：二十一世纪出版社；2007.02；15cm

ISBN 978－7－5391－3635－6（平装），6.80元

《哆啦A梦彩色作品集》所收集的是藤子·F·不二雄亲自着色的珍贵的彩色作品。

0150　哆啦A梦彩色作品集：六卷口袋本.6，完美终结编

〔日〕藤子·F·不二雄著；石晓明译.—南昌：二十一世纪出版社；2007.02；15cm

ISBN 978－7－5391－3635－6（平装），6.80元

《哆啦A梦彩色作品集》所收集的是藤子·F·不二雄亲自着色的珍贵的彩色作品。

0151　仿人机器人

〔日〕梶田秀司编著；管贻生译.—北京：清华大学出版社；2007.03：图；21cm

ISBN 978－7－302－14453－3（平装），26.00元

本书是国际上第一部系统介绍仿人机器人的专著，内容包括仿人机器人的运动学，动力学，全身运动生成等，是对10多年来仿人机器人的研究成果的总结。

0152　非设计不生活

〔日〕铃木绿著；黄碧君译.—北京：中国人民大学出版社；2007.08：彩图；21cm

ISBN 978 - 7 - 300 - 08178 - 6，39.80元
本书披露了北欧设计师的创意理念与他们鲜为人知的真性情。

0153 丰田传
〔日〕读卖新闻特别取材班著；李颖秋译．—北京：中信出版社；2007.01；25cm
ISBN 978 - 7 - 5086 - 0784 - 9，29.80元
丰田公司的成功不可复制，因为在企业迅速成长的同时，其独特的企业文化及创始人理念在家族文化中的传承深入人心且影响深远。

0154 服务带来奇迹：丽嘉酒店营业总经理的服务心得
〔日〕林田正光著；刘玮译．—北京：人民邮电出版社；2007.10；21cm．—（正略钧策管理丛书）
ISBN 978 - 7 - 115 - 16645 - 6，18.00元

0155 浮士绘三国演义
〔日〕葛饰戴斗编绘；罗贯中著．—沈阳：万卷出版公司；2007.09；图；26×30cm
ISBN 978 - 7 - 80759 - 045 - 3（精装），100.00元
本书是日本著名浮世绘画册，可以说是葛饰戴斗的代表作，笔法细腻华丽，内容丰富，是目前日本罕见的完整的国宝级珍稀版本。

0156 浮世绘水浒传
〔日〕葛饰戴斗编绘；施耐庵著．—沈阳：万卷出版公司；2007.09；图；26×30cm
ISBN 978 - 7 - 80759 - 044 - 6（精装），80.00元
本书是日本著名浮世绘画册，可以说是葛饰戴斗的代表作，笔法细腻华丽，内容丰富，是目前日本罕见的完整的国宝级珍稀版本。

0157 改变身体的美丽体操
〔日〕伊集院霞著；灵思泉译．—北京：中国画报出版社；2007.01；彩图；21cm
ISBN 978 - 7 - 80220 - 074 - 6（平装），26.00元
本书介绍了适合不同场合的拉伸身体的练习，并针对各种常见疾病症状进行练习，轻松有效地实现改变身姿、增强身体免疫力的目标。

0158 高等教育的社会经济学
〔日〕金子元久著；刘文君编译．—北京：北京大学出版社；2007.10；23cm．—（21世纪教育科学系列教材）
ISBN 978 - 7 - 301 - 12201 - 3，32.00元
本书荟萃了作者过去及最新的教育研究成果之精华，在全球化背景下展开深刻论述。

0159 高分子·胶体化学新论
〔日〕伊势典夫，〔日〕曾我见郁夫著；陈声荣译．—西安：陕西科学技术出版社；2007.06；图；23cm
ISBN 978 - 7 - 5369 - 4168 - 7，40.00元
本书详细介绍了胶体化学中结构方面的研究理论进展，系统阐述了胶体结构的形成机理及影响因素。

0160 高价也能畅销：奢侈品营销的七项法则
〔日〕高桥千枝子著；曹艺译．—北京：人民邮电出版社；2007.10；23cm．—（正略钧策管理丛书）
ISBN 978 - 7 - 115 - 16704 - 0，25.00元
本书重点介绍了高价照样畅销的七项法则，最后对奢侈品营销的未来进行了预测并提供了最新实例。

0161 高冗余度钢结构倒塌控制设计指南
〔日〕钢结构协会，美国高层建筑和城市住宅理事会著；陈以一，赵宪忠译．—上海：同济大学出版社；2007.08；26cm
ISBN 978 - 7 - 5608 - 3644 - 7，48.00元
本书由"设计"和"研究"两部分组成，前者对结构防止倒塌的设计提出了具体建议，后者则对倒塌机理、分析方法进行了详细阐述。

0162 个性卷发DIY
〔日〕美丽出版社著；杜娜译．—北京：中国画报出版社；2007.08；图；21cm
ISBN 978 - 7 - 80220 - 106 - 4（平装），26.00元
本书介绍了时下流行的各款卷发发式及具体制作方法，适合年轻女性自己动手完成，是一本美发方面的生活书籍。

0163 公爵更家的1分钟散步疗法
〔日〕公爵更家著；汇智天成译．—沈阳：辽宁科学技术出版社；2007.01；彩照；26cm
ISBN 978 - 7 - 5381 - 4902 - 9（平装），28.00元
本书通过在散步的同时增加一些辅助动作的方式，来缓解感冒、腰酸腿疼、便秘、胃疼等众多人们在亚健康状态下常见的症状，以及一些能够对心理不适进行调整的动作。

0164 攻心说服力
〔日〕内藤谊人著；田秀娟译．—天津：天津教育出版社；2007.01；24cm
ISBN 978 - 7 - 5309 - 4560 - 5，20.00元
本书全面介绍了人际交往心理技巧，其中内容具有可操作性，可以为人们的日常人际交往，尤其

是商务人士的商务谈判提供一定的参考。

0165　宫泽贤治杰作选

〔日〕宫泽贤治著；王敏主编 . —北京：中国社
会出版社；2007.04；18cm
ISBN 978 - 7 - 5087 - 1638 - 1，18.50 元
本书选辑著名日本童话作家宫泽贤治的 9 篇童话
小说和 6 篇诗歌。

0166　宫泽贤治童话选集：汉日对照 . 1，贝之火

〔日〕宫泽贤治著；崔世广译；〔日〕支仓美雪绘 .
—北京：中国社会出版社；2007.04；20 × 20cm
ISBN 978 - 7 - 5087 - 1674 - 9（平装），38.00 元
（全套 5 册）
本丛书分 5 个童话故事，用星星，兔子，孩子的
视角阐述了环保、天文、友爱、互助等主题。

0167　宫泽贤治童话选集：汉日对照 . 2，双子星

〔日〕宫泽贤治著；刘莉生译；〔日〕支仓美雪绘 .
—北京：中国社会出版社；2007.04；20 × 20cm
ISBN 978 - 7 - 5087 - 1674 - 9（平装），38.00 元
（全套 5 册）
本丛书分 5 个童话故事，用星星，兔子，孩子的
视角阐述了环保、天文、友爱、互助等主题。

**0168　宫泽贤治童话选集：汉日对照 . 3，虔十公
园林**

〔日〕宫泽贤治著；吴刚译；〔日〕柿田绘 . —
北京：中国社会出版社；2007.04；20 × 20cm
ISBN 978 - 7 - 5087 - 1674 - 9（平装），38.00 元
（全套 5 册）
本丛书分 5 个童话故事，用星星，兔子，孩子的
视角阐述了环保、天文、友爱、互助等主题。

**0169　宫泽贤治童话选集：汉日对照 . 4，月夜的
电线杆**

〔日〕宫泽贤治著；孙宝印译；〔日〕二阶堂广美
绘 . —北京：中国社会出版社；2007.04；20 × 20cm
ISBN 978 - 7 - 5087 - 1674 - 9（平装），38.00 元
（全套 5 册）
本丛书分 5 个童话故事，用星星，兔子，孩子的
视角阐述了环保、天文、友爱、互助等主题。

**0170　宫泽贤治童话选集：汉日对照 . 5，夜鹰
之星**

〔日〕宫泽贤治著；董炳月译；〔日〕井堂雅夫绘 .
—北京：中国社会出版社；2007.04；20 × 20cm
ISBN 978 - 7 - 5087 - 1674 - 9（平装），38.00 元
（全套 5 册）
本丛书分 5 个童话故事，用星星，兔子，孩子的

视角阐述了环保、天文、友爱、互助等主题。

0171　钩针花片 · 饰边 300

〔日〕宝库社编；俞霓译 . —北京：中国轻工业
出版社；2007.08：图；29cm. —（悠生活 . 快乐
手工坊）
ISBN 978 - 7 - 5019 - 6064 - 4，29.80 元
本书包括正方形、六角形、八角形、圆形、三角
形的单色、配色、花边的多种花片；还有各种
饰边。

0172　钩针花样 300

〔日〕宝库社编；俞霓译 . —北京：中国轻工业
出版社；2007.08：图；29cm. —（悠生活 . 快乐
手工坊）
ISBN 978 - 7 - 5019 - 6057 - 6，29.80 元
本书为喜欢编织的人提供了为编织原创作品而
准备的钩织 300 个花样。

**0173　古殿：十五世纪米兰莱奥纳多 · 达 · 芬奇
的微笑**

〔日〕三云岳斗著；王奕红，辛小鹤译 . —北京：
新星出版社；2007.10；22cm
ISBN 978 - 7 - 80225 - 358 - 2，20.00 元
本书以文艺复兴时的米兰为背景，以当时著名的
历史人物及著名画家达 · 芬奇为人物原型，讲述
了五个既分别独立又互相联系的推理短篇故事，
气氛诡谲，情节生动。

0174　古文明失落之谜

〔日〕荒保宏著；孙香译 . —北京：新华出版社；
2007.10：图；23cm
ISBN 978 - 7 - 5011 - 8051 - 6，25.00 元
日本著名博物学家荒保宏先生探寻古老遗迹，实
地拍摄了百余张珍贵图片，搜集了大量历史资料
及神话传说。

0175　顾客满意之道

〔日〕武田哲男著；刘卫颖译 . —北京：科学出
版社；2007.03；24cm
ISBN 978 - 7 - 03 - 018570 - 9，28.00 元
本书从实用角度出发，论述了让顾客满意的真正
意义。

0176　怪医黑杰克 . 1

〔日〕手冢治虫著；林敏生，方南译 . —石家庄：
花山文艺出版社；2007.03；18cm
ISBN 978 - 7 - 80673 - 798 - 9，6.90 元
本书是日本著名漫画家手冢治虫的代表作，是日
本漫画史上的经典巨著。

0177　怪医黑杰克 . 2
〔日〕手冢治虫著；林敏生译 . 一石家庄：花山
文艺出版社；2007.03；18cm
ISBN 978 - 7 - 80673 - 799 - 6，6.90 元
本书是日本著名漫画家手冢治虫的代表作，是
日本漫画史上的经典巨著。

0178　怪医黑杰克 . 3
〔日〕手冢治虫著；林敏生，方南译 . 一石家庄：
花山文艺出版社；2007.03；18cm
ISBN 978 - 7 - 80673 - 800 - 9，6.90 元
本书是日本著名漫画家手冢治虫的代表作，是
日本漫画史上的经典巨著。

0179　怪医黑杰克 . 4
〔日〕手冢治虫著；林敏生译 . 一石家庄：花山
文艺出版社；2007.03；18cm
ISBN 978 - 7 - 80673 - 801 - 6，6.90 元
本书是日本著名漫画家手冢治虫的代表作，是
日本漫画史上的经典巨著。

0180　怪医黑杰克 . 5
〔日〕手冢治虫著；林敏生，方南译 . 一石家庄：
花山文艺出版社；2007.03；18cm
ISBN 978 - 7 - 80673 - 802 - 3，6.90 元
本书是日本著名漫画家手冢治虫的代表作，是
日本漫画史上的经典巨著。

0181　怪医黑杰克 . 6
〔日〕手冢治虫著；林敏生译 . 一石家庄：花山
文艺出版社；2007.03；18cm
ISBN 978 - 7 - 80673 - 803 - 0，6.90 元
本书是日本著名漫画家手冢治虫的代表作，是
日本漫画史上的经典巨著。

0182　怪医黑杰克 . 7
〔日〕手冢治虫著；林敏生译 . 一石家庄：花山
文艺出版社；2007.03；18cm
ISBN 978 - 7 - 80673 - 804 - 7，6.90 元
本书是日本著名漫画家手冢治虫的代表作，是
日本漫画史上的经典巨著。

0183　怪医黑杰克 . 8
〔日〕手冢治虫著；林敏生译 . 一石家庄：花山
文艺出版社；2007.03；18cm
ISBN 978 - 7 - 80673 - 805 - 4，6.90 元
本书是日本著名漫画家手冢治虫的代表作，是
日本漫画史上的经典巨著。

0184　怪医黑杰克 . 9
〔日〕手冢治虫著；林敏生译 . 一石家庄：花山

文艺出版社；2007.03；18cm
ISBN 978 - 7 - 80673 - 806 - 1，6.90 元
本书是日本著名漫画家手冢治虫的代表作，是日
本漫画史上的经典巨著。

0185　怪医黑杰克 . 10
〔日〕手冢治虫著；林敏生译 . 一石家庄：花山
文艺出版社；2007.03；18cm
ISBN 978 - 7 - 80673 - 807 - 8，6.90 元
本书是日本著名漫画家手冢治虫的代表作，是日
本漫画史上的经典巨著。

0186　怪医黑杰克 . 11
〔日〕手冢治虫著；林敏生，方南译 . 一石家庄：
花山文艺出版社，河北少年儿童出版社；2007.
07：图；17cm
ISBN 978 - 7 - 80673 - 808 - 5，6.90 元
本书是日本著名漫画家手冢治虫的代表作，是日
本漫画史上的经典巨著。

0187　怪医黑杰克 . 12
〔日〕手冢治虫著；林敏生译 . 一石家庄：花山
文艺出版社，河北少年儿童出版社；2007.07：
图；17cm
ISBN 978 - 7 - 80673 - 809 - 2，6.90 元
本书是日本著名漫画家手冢治虫的代表作，是日
本漫画史上的经典巨著。

0188　怪医黑杰克 . 13
〔日〕手冢治虫著；林敏生，方南译 . 一石家庄：
花山文艺出版社，河北少年儿童出版社；2007.
07：图；17cm
ISBN 978 - 7 - 80673 - 810 - 8，6.90 元
本书是日本著名漫画家手冢治虫的代表作，是日
本漫画史上的经典巨著。

0189　怪医黑杰克 . 14
〔日〕手冢治虫著；林敏生译 . 一石家庄：花山
文艺出版社，河北少年儿童出版社；2007.07：
图；17cm
ISBN 978 - 7 - 80673 - 811 - 5，6.90 元
本书是日本著名漫画家手冢治虫的代表作，是日
本漫画史上的经典巨著。

0190　怪医黑杰克 . 15
〔日〕手冢治虫著；林敏生译 . 一石家庄：花山
文艺出版社；2007.07；17cm
ISBN 978 - 7 - 80673 - 812 - 2，6.90 元
本书是日本著名漫画家手冢治虫的代表作，是日
本漫画史上的经典巨著。

0191 怪医黑杰克.16

〔日〕手冢治虫著；林敏生译 .—石家庄：花山
文艺出版社，河北少年儿童出版社；2007.07：
图；17cm

ISBN 978 - 7 - 80673 - 813 - 9，6.90 元

本书是日本著名漫画家手冢治虫的代表作，是
日本漫画史上的经典巨著。

0192 怪医黑杰克.17

〔日〕手冢治虫著；林敏生译 .—石家庄：花山文
艺出版社，河北少年儿童出版社；2007.07：图；
17cm

ISBN 978 - 7 - 80673 - 814 - 6，6.90 元

本书是日本著名漫画家手冢治虫的代表作，是
日本漫画史上的经典巨著。

0193 怪医黑杰克.18

〔日〕手冢治虫著；林敏生，方南译 .—石家庄：
花山文艺出版社，河北少年儿童出版社；2007.
07：图；17cm

ISBN 978 - 7 - 80673 - 815 - 3，6.90 元

本书是日本著名漫画家手冢治虫的代表作，是
日本漫画史上的经典巨著。

0194 怪医黑杰克.19

〔日〕手冢治虫著；林敏生译 .—石家庄：花山
文艺出版社，河北少年儿童出版社；2007.07：
图；17cm

ISBN 978 - 7 - 80673 - 816 - 0，6.90 元

本书是日本著名漫画家手冢治虫的代表作，是
日本漫画史上的经典巨著。

0195 怪医黑杰克.20

〔日〕手冢治虫著；林敏生，方南译 .—石家庄：
花山文艺出版社，河北少年儿童出版社；2007.
07：图；17cm

ISBN 978 - 7 - 80673 - 817 - 7，6.90 元

本书是日本著名漫画家手冢治虫的代表作，是
日本漫画史上的经典巨著。

0196 光射之海

〔日〕铃木光司著；尹肃译 .—海口：南海出版
公司；2007.06；24cm.—（新经典智库 . 悬疑
馆）

ISBN 978 - 7 - 5442 - 3721 - 5（平装），22.00 元

本书为日本当代作家铃木光司的长篇推理小说，
是一本情感推理小说。

0197 国际司法裁判制度

〔日〕杉原高岭著；王志安，易平译 .—北京：中

国政法大学出版社；2007.04；21cm. —（日本国
际法著作汉译丛书/辛崇阳主编）

ISBN 978 - 7 - 5620 - 3039 - 3，32.00 元

本书以浅显的语言，系统、完整地分析了国际法
院各项规则、制度的发展、完善及实践情况，弥
补了国内国际法教科书的空白。

0198 国家与祭祀：国家神道的现在

〔日〕子安宣邦著；董炳月译 .—北京：生活 ·
读书 · 新知三联书店；2007.05；21cm. —（学
术前沿 . 第四辑）

ISBN 978 - 7 - 108 - 02654 - 5，17.00 元

本书对在日本思想和社会中占有重要地位的国
家神道以及作为其重要象征的靖国神社做了深
入分析，对当前日本政府的参拜行为有所批判，
可以使国内读者更全面地了解这一领域的历史
和现状。

**0199 国家主导型教育的得失与日本现代化：聚
焦日本青少年教育问题**

〔日〕宫川俊彦著；许译兮等译 .—北京：新华
出版社；2007.02；21cm

ISBN 978 - 7 - 5011 - 7865 - 0（平装），18.00 元

本书论述了日本的国家主导型教育模式对国民，
特别是青少年的影响，及与日本社会发展和现代
化进程的关系。

0200 国境以南太阳以西

〔日〕村上春树著；林少华译 .—上海：上海译
文出版社；2007.07；—220 页；21cm

15.00 元

《国境以南太阳以西》系日本著名作家村上春树
的重要作品之一。

0201 哈姆急救箱.1

〔日〕目出鲷原著；吴明淑译 .—杭州：浙江少
年儿童出版社；2007.06；20cm. —（哈姆宝贝）

ISBN 978 - 7 - 5342 - 4324 - 0（平装），7.00 元

本书为“哈姆宝贝急救箱”之一。通过一个小
女孩饲养三只小仓鼠小布、妹妹、仔仔的有趣经
历，介绍了仓鼠的生活习性和养育要点。

0202 哈姆急救箱.2

〔日〕目出鲷原著；吴明淑译 .—杭州：浙江少
年儿童出版社；2007.06；20cm. —（哈姆宝贝）

ISBN 978 - 7 - 5342 - 4325 - 7（平装），7.00 元

本书为“哈姆宝贝急救箱”之一。通过一个小
女孩饲养三只小仓鼠小布、妹妹、仔仔的有趣经
历，介绍了仓鼠的生活习性和养育要点。

0203 哈姆急救箱 . 3

〔日〕目出鲷原著；吴明淑译 . —杭州：浙江少
年儿童出版社；2007.06；20cm. —（哈姆宝贝）
ISBN 978 - 7 - 5342 - 4326 - 4（平装），7.00 元
本书为引进版权，为"哈姆宝贝急救箱"之一。
通过一个小女孩饲养三只小仓鼠小布、妹妹、仔
仔的有趣经历，介绍了仓鼠的生活习性和养育
要点。

0204 哈姆急救箱 . 4

〔日〕目出鲷原著；吴明淑译 . —杭州：浙江少
年儿童出版社；2007.06；20cm. —（哈姆宝贝）
ISBN 978 - 7 - 5342 - 4327 - 1（平装），7.00 元
本书为"哈姆宝贝急救箱"之一。通过一个小
女孩饲养三只小仓鼠小布、妹妹、仔仔的有趣经
历，介绍了仓鼠的生活习性和养育要点。

0205 哈姆急救箱 . 5

〔日〕目出鲷原著；吴明淑译 . —杭州：浙江少
年儿童出版社；2007.06；20cm. —（哈姆宝贝）
ISBN 978 - 7 - 5342 - 4328 - 8（平装），7.00 元
本书为引进版权，为"哈姆宝贝急救箱"之一。
通过一个小女孩饲养三只小仓鼠小布、妹妹、仔
仔的有趣经历，介绍了仓鼠的生活习性和养育
要点。

0206 哈姆俱乐部 . 1

〔日〕目出鲷原著；吴明淑译 . —杭州：浙江少
年儿童出版社；2007.05：图；20cm
ISBN 978 - 7 - 5342 - 4319 - 6（平装），7.00 元
本书为引进版权，为"哈姆宝贝俱乐部"之一。
通过一个小女孩饲养三只小仓鼠小布、妹妹、仔
仔的有趣经历，介绍了仓鼠的生活习性和养育
要点。

0207 哈姆俱乐部 . 2

〔日〕目出鲷原著；吴明淑译 . —杭州：浙江少
年儿童出版社；2007.05：图；20cm
ISBN 978 - 7 - 5342 - 4320 - 2（平装），7.00 元
本书为引进版权，为"哈姆宝贝俱乐部"之一。
通过一个小女孩饲养三只小仓鼠小布、妹妹、仔
仔的有趣经历，介绍了仓鼠的生活习性和养育
要点。

0208 哈姆俱乐部 . 3

〔日〕目出鲷原著；吴明淑译 . —杭州：浙江少
年儿童出版社；2007.05：图；20cm
ISBN 978 - 7 - 5342 - 4321 - 9（平装），7.00 元
本书为引进版权，为"哈姆宝贝俱乐部"之一。
通过一个小女孩饲养三只小仓鼠小布、妹妹、仔

仔的有趣经历，介绍了仓鼠的生活习性和养育
要点。

0209 哈姆俱乐部 . 4

〔日〕目出鲷原著；吴明淑译 . —杭州：浙江少
年儿童出版社；2007.05：图；20cm
ISBN 978 - 7 - 5342 - 4322 - 6（平装），7.00 元
本书为引进版权，为"哈姆宝贝俱乐部"之一。
通过一个小女孩饲养三只小仓鼠小布、妹妹、仔
仔的有趣经历，介绍了仓鼠的生活习性和养育
要点。

0210 哈姆俱乐部 . 5

〔日〕目出鲷原著；吴明淑译 . —杭州：浙江少
年儿童出版社；2007.05：图；20cm
ISBN 978 - 7 - 5342 - 4323 - 3（平装），7.00 元
本书为引进版权，为"哈姆宝贝俱乐部"之一。
通过一个小女孩饲养三只小仓鼠小布、妹妹、仔
仔的有趣经历，介绍了仓鼠的生活习性和养育
要点。

0211 孩子的右脑 IQ 训练 . 初级篇

〔日〕儿玉光雄著；杨晓红译 . —杭州：浙江人民
美术出版社；2007.01：图；26cm. —（右脑 IQ 开
发丛书）
ISBN 978 - 7 - 5340 - 2254 - 8，18.00 元
本书为系列丛书之一，编写的目的旨在激活孩子
的右脑。

0212 孩子的右脑 IQ 训练 . 高级篇

〔日〕儿玉光雄著；杨晓红译 . —杭州：浙江人民
美术出版社；2007.01：图；26cm. —（右脑 IQ 开
发丛书）
ISBN 978 - 7 - 5340 - 2252 - 4，18.00 元
本书为系列丛书之一，编写的目的旨在激活孩子
的右脑。

0213 孩子的右脑 IQ 训练 . 手指锻炼

〔日〕儿玉光雄著；杨晓红译 . —杭州：浙江人民
美术出版社；2007.01：图；26cm. —（右脑 IQ 开
发丛书）
ISBN 978 - 7 - 5340 - 2251 - 7，19.80 元
本书为系列丛书之一，旨在通过利用火柴棒或硬
币解答能够激活右脑的练习，促使发育期孩子的
大脑进一步发育。

0214 孩子的右脑 IQ 训练 . 中级篇

〔日〕儿玉光雄著；杨晓红译 . —杭州：浙江人民
美术出版社；2007.01：图；26cm. —（右脑 IQ 开
发丛书）

ISBN 978 - 7 - 5340 - 2253 - 1，18.00 元

本书为系列丛书之一，编写的目的旨在激活孩子的右脑。

0215　海边的卡夫卡

〔日〕村上春树著；林少华译 . —上海：上海译文出版社；2007.07；—521 页；21cm

27.00 元

本书系日本著名作家村上春树的重要作品之一。

0216　海马记忆法

〔日〕池谷裕二著；孙香译 . —海口：南海出版公司；2007.05；22cm

ISBN 978 - 7 - 5442 - 3698 - 0（平装），25.00 元

本书内容科学，既可以让普通读者了解大脑的结构，又可以根据记忆的规律提高自己的记忆力，找到科学的学习方法。

0217　海马记忆训练

〔日〕米山公启著；陈倩译 . —海口：南海出版公司；2007.06；22cm

ISBN 978 - 7 - 5442 - 3751 - 2（简装），20.00 元

本书主要介绍了在生活中训练大脑、增强记忆力的方法。作者将现代脑科学方面的研究成果与日常生活相结合，介绍了 30 种具体的记忆方法。

0218　好饿的小蛇

〔日〕宫西达也编绘；彭懿译 . —南昌：二十一世纪出版社；2007.05；19 × 19cm. —（蒲蒲兰绘本馆）

ISBN 978 - 7 - 5391 - 3750 - 6（精装），21.80 元

0219　好感约会衣妆

〔日〕主妇之友社供稿；北京《瑞丽》杂志社编译 . —北京：中国轻工业出版社；2007.07：彩照；23 cm. —（瑞丽 BOOK）

ISBN 978 - 7 - 5019 - 6017 - 0（平装），30.00 元

本书从护肤、化妆、发型、服装等几个方面有针对性地介绍了能够提升好感度的方法。

0220　和式配色

〔日〕南云治嘉编著；武湛译 . —北京：中国青年出版社；2007.03；21cm. —（东方配色；1）

ISBN 978 - 7 - 5006 - 7333 - 0（平），48.00 元

0221　黑龙江水稻生产与风险经营

〔日〕中本和夫等著 . —北京：中国农业科学技术出版社；2007.04；20cm

ISBN 978 - 7 - 80233 - 246 - 1，20.00 元

本书为中日合作项目研究成果报告。

0222　横跨中国大陆：游蜀杂俎

〔日〕中野孤山著；郭举昆译 . —北京：中华书局；2007.01；21cm. —（近代日本人中国游记/张明杰主编）

ISBN 978 - 7 - 101 - 05367 - 8，17.00 元

0223　红蜡烛和人鱼姑娘

〔日〕小川未明原著；漪然编译；罗来达绘 . —杭州：浙江少年儿童出版社；2007.06；22cm. —（小书房经典童话绘本丛书 . 第 1 辑）

ISBN 978 - 7 - 5342 - 4300 - 4，40.00 元（全套 5 册）

本丛书分《红蜡烛和人鱼姑娘》《快乐人的衬衫》《自私的巨人》《绒布兔子》《糖果屋》5 册，本丛书精选改写外国儿童文学的典范之作，力图通过绘本的形式展现各国的儿童文学艺术特色。

0224　狐狸的神仙

〔日〕阿万纪美子文；〔日〕酒井驹子绘；蒲蒲兰译 . —南昌：二十一世纪出版社；2007.05. —Kitsune no Damisama：彩图；26cm. —（蒲蒲兰绘本馆）

ISBN 978 - 7 - 5391 - 3747 - 6（精装），29.80 元

0225　互动式汉语口语基础

〔日〕砂冈和子等编著 . —北京：外语教学与研究出版社；2007.02；26cm + 光盘 1 张

ISBN 978 - 7 - 5600 - 6205 - 1，200.00 元

本教材设计了多种新颖活泼的教学环节，采用了 300 余张生动幽默的卡迪图片，充分激发学生的兴趣并调动学生说汉语的积极性，提高学生的口语水平。

0226　护理技术临床读本

〔日〕藤野彰子，〔日〕长谷部佳子主编；赵秋利，郭永刚译 . —北京：科学出版社；2007.06；21cm

ISBN 978 - 7 - 03 - 019060 - 4（平装），55.00 元

本书将具有丰富临床经验的专业人员的技术结晶和最新的专业知识相融合，对临床护理所必需的基础护理技术知识进行了概括、总结，并加以详细解说。

0227　华美编织花样

〔日〕广濑光治著；俞霓译 . —北京：中国轻工业出版社；2007.08：图；29cm. —（悠生活 . 快乐手工坊）

ISBN 978 - 7 - 5019 - 6059 - 0，29.80 元

0228 环境·景观设计技术

〔日〕菅原进一著；金华译 . —大连：大连理工大学出版社；2007.03：图；29cm

ISBN 978 - 7 - 5611 - 3473 - 3（精装），128.00 元

本书分析景观设计中光、色、水、植被、景观材料的设计技术，对景观的多种设计元素的应用，手法、材料、颜色、搭配、维护等都做了详尽的讲解和论述。

0229 黄土高原的村庄：声音·空间·社会

〔日〕深尾叶子，〔日〕井口淳子，〔日〕栗原伸治著；林琦译 . —北京：民族出版社；2007.02：150 幅；21cm. —（东瀛采石译丛；4/朱家骏主编）

ISBN 978 - 7 - 105 - 07930 - 8（平装），35.50 元

本书系厦门大学人类学研究所"东瀛采石译丛"之一。

0230 回归地域生态系统：急陡坡面森林恢复的新理念和战略

〔日〕丸本卓哉，〔日〕河野宪治著；顾卫，李宁译 . —北京：中国林业出版社；2007.07；21cm

ISBN 978 - 7 - 5038 - 4826 - 1（平装），28.00 元

本书以在山区和丘陵地带因修筑道路和建设住宅用地所形成的急陡坡面为研究对象，对基于恢复地域和土壤生态系统观点的植被重建问题及其改善方法，介绍了新的思考方法和技术。

0231 机电一体化

〔日〕武藤一夫著；王益全等译 . —北京：科学出版社；2007.08；24cm

ISBN 978 - 7 - 03 - 019381 - 0（平装），35.00 元

本书共 6 章，从机电一体化的基本要素入手，介绍了微控制器在机电一体化中的作用。机电一体化的硬件技术、接口技术及软件技术，机器人与 CNC 技术等。

0232 机电一体化实用手册

〔日〕三浦宏文主编；杨晓辉译 . —2 版 . —北京：科学出版社；2007.01；21cm. —（OHM hand book）

ISBN 978 - 7 - 03 - 017984 - 5（平装），42.00 元

本书是"OHM Handbook"系列之一。本书内容包括基础知识、零件与机构、传感器技术执行装置技术、计算机技术、机械电子系统控制、机器人技术、机电一体化实践、机器人竞赛等。

0233 机器人学校的七大怪事

〔日〕藤子·F·不二雄著；吕静译 . —南昌：二十一世纪出版社；2007.04：彩图；18cm. —（哆啦 A 梦在未来世界）

ISBN 978 - 7 - 5391 - 3678 - 3（平装），11.80 元

0234 基因与疾病的原理

〔日〕生田哲著；王俊译 . —上海：世界图书出版公司；2007.08；21cm. —（超入门系列）

ISBN 978 - 7 - 5062 - 8884 - 2，22.80 元

本书基于"人类基因组计划"及"分子生物学"等最新研究成果，深入浅出地说明了基因、环境与疾病的关系。

0235 即战力：如何成为世界通用的人才

〔日〕大前研一著；何鹏译 . —北京：中信出版社；2007.06；21 cm. —（全球管理大师大前研一经典系列）

ISBN 978 - 7 - 5086 - 0879 - 2，22.00 元

即战力是指无论何时何地、即刻就能投入工作的战斗力；哪怕处于陌生的环境，也能冷静决策的专业能力。

0236 加勒比地区

〔日〕大宝石出版社编著；张雪荣，杨探华译 . —北京：中国旅游出版社；2007.01：彩图；20cm. —（走遍全球）

ISBN 978 - 7 - 5032 - 3070 - 7（平装），70.00 元

本书介绍了加勒比地区各个国家的自然风光，风土民情及旅游中涉及的食住行游购娱信息。

0237 家事一点通 1000 例

〔日〕主妇之友社编；刘小雪，赵春来译 . —吉林：吉林科学技术出版社；2007.02；21×20cm

ISBN 978 - 7 - 5384 - 3429 - 3，29.80 元

0238 家族企业

〔日〕仓科敏材著；张同林，杨理亚译 . —上海：上海财经大学出版社；2007.01；23cm

ISBN 978 - 7 - 81098 - 822 - 3，25.00 元

本书共分四章，言及了有关家族企业现状和发展的课题。

0239 犍陀罗美术寻踪

〔日〕宫治昭著；李萍译 . —2 版 . —北京：人民美术出版社；2007.07：图；21cm

ISBN 978 - 7 - 102 - 03430 - 0，39.00 元

本书介绍了产生于印度的犍陀罗艺术、佛教艺术的起源、佛教雕塑等。

0240 检证战争责任：从九一八事变到太平洋战争

〔日〕读卖新闻战争责任检证委员会撰；郑钧等译．—北京：新华出版社；2007.07；照片；23cm

ISBN 978 - 7 - 5011 - 8013 - 4（平装），39.00 元

本书是对日本战争的调查、分析和反省。

0241 简单实用妙招收纳经典

〔日〕主妇之友社著；刘晓静译．—北京：中国画报出版社；2007.07；彩照；21cm

ISBN 978 - 7 - 80220 - 124 - 8（平装），16.00 元

这是一本介绍居家收纳经典妙招的生活书籍。

0242 建筑环境设备学

〔日〕纪谷文树编；李农，杨燕译．—北京：中国电力出版社；2007.06；图；20cm

ISBN 978 - 7 - 5083 - 5499 - 6，28.00 元

本书从整个城市的角度出发，就构成建筑环境设备学的相关声、光、热、水、空气等内容，进行了全面、系统的介绍。

0243 建筑结构与构造

〔日〕建筑图解事典编集委员会编；刘茂榆译．—北京：中国建筑工业出版社；2007.01；23cm．—（图解建筑丛书）

ISBN 978 - 7 - 112 - 08488 - 3（平），69.00 元

本书通过建筑基本构造的图解化，并以建筑结构及构造的关键词为引导，针对建筑的诸项要求以大量的结构细部详图和简明扼要的文字详细介绍了各种建筑的基本构造和复杂建筑的组成。

0244 建筑设计资料集成．人体空间篇

〔日〕建筑学会编；重庆大学建筑城市规划学院译．—天津：天津大学出版社；2007.02；30cm

ISBN 978 - 7 - 5618 - 2390 - 3（精装），60.00 元

本书共 5 章：第一章"人类与环境"；第二章"形态，动作"，第三章"生理"；第四章"环境，行动"；第五章"群集，安全"。

0245 建筑设计资料集成．物品篇

〔日〕建筑学会编；重庆大学建筑城市规划学院译．—天津：天津大学出版社；2007.02；30cm

ISBN 978 - 7 - 5618 - 2388 - 0（精装），75.00 元

本书从生活、趣味运动、教育、信息、技术、医疗、生产、流通、机器设备、园艺的视角讲述了配置、用于建筑空间的各种物品。

0246 建筑设计资料集成．展示娱乐篇

〔日〕建筑学会编；重庆大学建筑城市规划学院译．—天津：天津大学出版社；2007.02；30cm

ISBN 978 - 7 - 5618 - 2389 - 7（精装），65.00 元

本书介绍博物馆、美术馆、科技馆、动物园、植物园、歌剧院、剧场、音乐厅等公共展示与艺术场所的设计。

0247 建筑造型分析与实例

〔日〕宫元健次著；卢春生译．—北京：中国建筑工业出版社；2007.06；26cm

ISBN 978 - 7 - 112 - 09112 - 6，28.00 元

本书汇集古今东西的优秀建筑设计实例，并摸索着把建筑分成可以包含建筑设计的 4 类——表现、区分、外装、围入。

0248 健康果汁 400 例

〔日〕牧野直子著；灵思泉译．—沈阳：辽宁科学技术出版社；2007.09；彩照；21cm

ISBN 978 - 7 - 5381 - 5180 - 0，32.00 元

本书详细介绍了由 3 种蔬菜、水果混合制成的鲜榨果汁做法。

0249 健康·轻松：家庭足部按摩

〔日〕藤田真规著；灵思泉译．—沈阳：辽宁科学技术出版社；2007.03；21cm

ISBN 978 - 7 - 5381 - 4953 - 1，26.00 元

本书分门别类地介绍了治疗各种病痛及疾病的特效足部按摩方法及与之配套的辅助按摩疗法。

0250 解决问题的哲学

〔日〕川濑武志著；刘承元译．—广州：广东经济出版社；2007.04；23cm．—（3A 企管；13）

ISBN 978 - 7 - 80728 - 531 - 1（平装），45.00 元

本书是为有志于 IE 或是止投身于 IE 实际业务中的人们而提供的参考书，其根本思想是对精英主义抗拒。

0251 解困：不再为人际关系烦恼

〔日〕涉谷昌三著；高丕娟译．—北京：科学出版社；2007.04；21cm．—（打造成功心理系列）

ISBN 978 - 7 - 03 - 018732 - 1（平装），24.00 元

解剖学的权威，将构成人体的各种器官和脏器的结构与功能，用丰富详细的插图，向您一一道来。

0252 今天运气怎么这么好

〔日〕宫西达也文/图；彭懿译．—海口：南海出版公司；2007.06；图；26cm．—（新经典文库．爱心树绘本馆）

ISBN 978 - 7 - 5442 - 3719 - 2（精装），22.00 元

本书为儿童绘本。野狼乌鲁在午睡林里发现许多

小猪，它觉得自己运气好得不得了，决定去叫好朋友哇呜、嘎鲁鲁、贝罗一起分享。

0253 金代道教研究：王重阳与马丹阳

〔日〕蜂屋邦夫著；钦伟刚译．—北京：中国社会科学出版社；2007.06；21cm．—（海外道教学译丛/朱越利主编）

ISBN 978 - 7 - 5004 - 4843 - 3，65.00 元

本书研究了全真教的开祖王重阳和他的弟子二祖马丹阳的生涯和教说，是一部研究道教教派全真教的著述。

0254 惊心动魄的火车头大暴走

〔日〕藤子·F·不二雄著；吕静译．—南昌：二十一世纪出版社；2007.04：彩图；18cm．—（哆啦A梦在未来世界）

ISBN 978 - 7 - 5391 - 3683 - 7（平装），11.80 元

0255 精彩开场一千句

〔日〕成濑武史，〔美〕赛因著；罗文文译．—北京：中国青年出版社；2007.01；21cm．—（流行趣味生活美语集锦）

ISBN 978 - 7 - 5006 - 7300 - 2（平），22.00 元

本书是作者为那些想说英语，却又张不开口，苦于不知如何展开话题的人们精心筛选、整理出来的使用频率较高的一千句"精彩开场白"。

0256 精灵公寓.1

〔日〕村井香叶著；丁颖锐，阎明译．—北京：世界知识出版社；2007.07：图；21cm

ISBN 978 - 7 - 5012 - 3147 - 8，16.80 元

本书为外版翻译日本漫画图书，收录了两个故事和若干个游戏。

0257 精灵公寓.2

〔日〕村井香叶著；丁颖锐，阎明译．—北京：世界知识出版社；2007.07：图；21cm

ISBN 978 - 7 - 5012 - 3148 - 5，16.80 元

本书为外版翻译日本漫画图书，收录了两个故事和若干个游戏。

0258 精灵公寓.3

〔日〕村井香叶著；丁颖锐，阎明译．—北京：世界知识出版社；2007.07：图；21cm

ISBN 978 - 7 - 5012 - 3149 - 2，16.80 元

本书为外版翻译日本漫画图书，收录了两个故事和若干个游戏。

0259 精灵公寓.4

〔日〕村井香叶著；丁颖锐，阎明译．—北京：

世界知识出版社；2007.07：图；21cm

ISBN 978 - 7 - 5012 - 3150 - 8，16.80 元

本书为外版翻译日本漫画图书，收录了两个故事和若干个游戏。

0260 鲸鱼

〔日〕五味太郎编绘；余治莹译．—石家庄：河北教育出版社；2007.04；24cm +《导读手册》1 册

ISBN 978 - 7 - 5434 - 6466 - 7（精装），29.80 元

0261 景观设计实例

〔日〕造园学会主编；《景观设计实例》编委会编；苏利英译．—北京：中国建筑工业出版社；2007.08：图；26cm．—（国外景观设计丛书）

ISBN 978 - 7 - 112 - 09113 - 3，38.00 元

本书按营造目的分为自然风景和历史景观（风景区的再生管理、古庭园再现、古城历史遗迹保护、梯田风景保全、国立公园的风景规划和制度的诞生）等。

0262 靖国问题

〔日〕高桥哲哉著；黄东兰译．—北京：生活·读书·新知三联书店；2007.08；21cm

ISBN 978 - 7 - 108 - 02466 - 4，19.00 元

本书从"感情问题"、"历史认识问题"、"宗教问题"、"文化问题"、"国立追悼设施问题"等多个角度全面分析了靖国神社及其相关的思想文化问题的历史与现状。

0263 酒店实务日语

〔日〕松本美佳，叶平亭编著；萧照芳译．—广州：广东世界图书出版公司；2007.07；21cm

ISBN 978 - 7 - 5062 - 8675 - 6，17.00 元

本书提供了正式、简洁的酒店日语，实用性强。全书主要包括"基础篇"和"会话篇"。

0264 就医前的健康常识

〔日〕平石贵久著；韦平和译．—合肥：黄山书社；2007.04；21cm．—（雅邦生活馆：图解版·健康丛书）

ISBN 978 - 7 - 80707 - 546 - 2（平），19.80 元

本书介绍了有关服药、睡眠、保健食品的科学使（食）用方法，是"病"来之前值得一读的好书。

0265 《菊与刀》新探

〔日〕森贞彦著；王宣琦译．—武汉：武汉大学出版社；2007.10；23cm．—（东亚文化研究书系/冯天瑜，〔日〕刘建辉主编）

ISBN 978 - 7 - 307 - 05878 - 1，15.00 元

本书在总结前人的研究成果时，又得出了惊人的新论，并给予《菊与刀》前所未有的高度评价，重新向世人展示了日本独特的民族文化。

0266 掘金：从人际交往中获益

〔日〕斋藤茂太著；陈刚，肖冬炉译．—北京：科学出版社；2007.05；21cm．—（打造成功心理系列）

ISBN 978 - 7 - 03 - 018923 - 3（平装），22.00 元

0267 军国的幕僚：见证从愤青到全民颠狂的历史进程

〔日〕俞天任著．—北京：中国友谊出版公司；2007.04；照片；23cm．—（日本往事系列）

ISBN 7 - 5057 - 2284 - 0，25.00 元

本书从日本军事体制从维新时代开始的形成过程，介绍了日本这种有严重军事管理体制，导致全民疯狂投入必然失败的战争。

0268 卡通漫画入门技法大全

〔日〕安吉尔松本著；灵思泉译．—沈阳：辽宁科学技术出版社；2007.07；26cm

ISBN 978 - 7 - 5381 - 5074 - 2，29.80 元

本书分七章：1. 漫画的材料和简单的使用方法；2. 制作方法；3. 人物、动物的画法；4. 漫画的技巧；5. 背景及其他的画法；6. 漂亮易懂的漫画制作方法；7. 投稿的基本要求。

0269 咖啡制作大全

〔日〕小池美枝子著；灵思泉译．—沈阳：辽宁科学技术出版社；2007.04；21cm

ISBN 978 - 7 - 5381 - 4958 - 6，48.00 元

本书主要讲述了女咖啡师介绍的美味蒸馏咖啡或咖啡所必需的咖啡豆的特征、烘焙方法、研磨方法以及提取器具的使用方法等。

0270 砍掉浪费：企业员工人手一册的节约读本

〔日〕佐伯弘文著；薛锦展译．—北京：北京大学出版社；2007.05；19cm

ISBN 978 - 7 - 301 - 11608 - 1（平装），18.00 元

本书作者为日本神钢电机董事长，讲述了如何在企业砍掉成本浪费，力行节约的100种方法。

0271 看得见风的男孩

〔日〕尼可著；吴成伟译．—北京：新世界出版社；2007.05；23cm + 光盘 1 张

ISBN 978 - 7 - 80228 - 315 - 2（平装），25.00 元

本书为长篇小说。

0272 考史游记

〔日〕桑原骘藏著；张明杰译．—北京：中华书局；2007.08；21cm．—（近代日本人中国游记/张明杰主编）

ISBN 978 - 7 - 101 - 05681 - 5，35.00 元

《考史游记》一书详细记述了桑原氏于 1907 ~ 1908 年间探访中国陕西、山东、河南、内蒙古等地的一些重要史迹、陵墓、碑碣等。

0273 可视力：实现可视化管理的 5 种方法

〔日〕远藤功著；林琳译．—北京：中信出版社；2007.04；21cm

ISBN 978 - 7 - 5086 - 0834 - 1（精装），28.00 元

"可视力"是企业锻造一流"现场力"的基础，是"现场力"在企业中具体运作的深化与补充。要提高"看见力"，必须在企业内部施行"可视化管理"。

0274 空的正确理解

〔日〕筱原令著；蔡朝枝译．—西安：陕西人民出版社；2007.04；19cm

ISBN 978 - 7 - 224 - 07997 - 5（平），10.00 元

本书首先引用大量资料证明"空"即"无实体"这一观点存在漏洞，进而对大乘佛教哲学中的重要概念"空"做了颇有新意的解释。

0275 苦闷的象征

〔日〕厨川白村著；鲁迅译．—北京：人民文学出版社；2007.07；21cm．—（天火丛书）

ISBN 978 - 7 - 02 - 006032 - 0（平装），10.00 元

本书是日本作家厨川白村的文艺评论集，于1924年由鲁迅翻译出版。

0276 窥视工作间

〔日〕妹尾河童著；陶振孝译．—北京：生活·读书·新知三联书店；2007.05；图；21cm．—（妹尾河童作品）

ISBN 978 - 7 - 108 - 02664 - 4，21.00 元

0277 懒人 98 盆栽：98 种小巧轻盈的桌面盆栽

〔日〕井田洋介著；秦晓译．—西安：陕西师范大学出版社；2007.07；100 幅；21cm

ISBN 978 - 7 - 5613 - 4028 - 8，24.80 元

在家轻松享受小小绿意的方法：教你小盆栽、青苔盆景、浅盘盆景、水中植物园、玻璃栽植等，各种小巧盆栽的种植基本知识、分株与整理的方法。

0278 老化与寿命的机制

〔日〕米井嘉一著；邱璐译．—上海：世界图书

出版公司；2007.08；21cm. —（超入门系列）
ISBN 978 - 7 - 5062 - 8883 - 5，22.80 元

0279　乐在读懂上司
〔日〕涉谷昌三著；陆绿译. —北京：科学出版
社；2007.04；21cm. —（打造成功心理系列）
ISBN 978 - 7 - 03 - 018759 - 8（平装），23.00 元

0280　勒·柯布西耶的住宅空间构成
〔日〕富永让著；刘京梁译. —北京：中国建筑
工业出版社；2007.11；图；21cm
ISBN 978 - 7 - 112 - 09444 - 8，28.00 元
本书是日本著名建筑家富永让先生在感悟、研
究大师勒·柯布西耶的作品 30 年后，对其"白
色时代"之后的库克别墅、萨伏耶别墅、母亲
之家等 12 所主要住宅空间构成进行的解读。

0281　立体益智游戏
〔日〕秋山仁编著；袁玥译. —哈尔滨：黑龙江
科学技术出版社；2007.01；26 cm. —（IQ 益智
游戏大百科）
ISBN 978 - 7 - 5388 - 4789 - 5，12.00 元
本书通过游戏可以让孩子们提高思考问题的能
力，提高孩子的想象力。

0282　临床护理——危险防范指导
〔日〕竹村节子，〔日〕横井和美主编；刘瑞霜，
郭红译. —北京：科学出版社；2007.06；21cm
ISBN 978 - 7 - 03 - 019061 - 1（平装），55.00 元
本书以预防临床护理中出现的危险因素为目的，
介绍了防止发生危险的要点。

0283　临床肌肉病理学
〔日〕埜中征哉著；吴士文等译. —3 版（修订
版）. —北京：人民军医出版社；2007.10；图；
30cm
ISBN 978 - 7 - 5091 - 0530 - 6，168.00 元
本书由日本国立精神神经中心武藏医院埜中征
哉教授编写，为国内第一本肌肉病理学图谱。

0284　流通原理
〔日〕田村正纪著；吴小丁，王丽译. —北京：
机械工业出版社；2007.06；26cm. —（管理教
材译丛）
ISBN 978 - 7 - 111 - 20840 - 2，36.00 元
本书立足于流通体系动态发展的观点，向初学
者讲授流通的基本原理，是一本既通俗易懂又
体系规范的教材。

0285　流行排毒健康法：瘦身·美体·消除浮肿
〔日〕排毒研究会著；灵思泉译. —北京：中国
画报出版社；2007.01；彩图；21cm
ISBN 978 - 7 - 80220 - 080 - 7（平装），18.00 元
本书是介绍适合健身、美体的排毒健康法的。

0286　流行饰品自己做.1
〔日〕内藤朗著；陈国平，沈杭凯译. —杭州：
浙江科学技术出版社；2007.06；17cm. —（时尚
手工作坊）
ISBN 978 - 7 - 5341 - 3028 - 1（平装），15.00 元
本书介绍了用各色绳线将木珠、石头、玻璃珠、
琥珀、玉石、小玩偶串成项链、手链、脚链、包
包链、手机链、钥匙链。

0287　流行饰品自己做.2
〔日〕内藤朗著；陈国平，沈杭凯译. —杭州：
浙江科学技术出版社；2007.06；17cm. —（时
尚手工作坊）
ISBN 978 - 7 - 5341 - 3029 - 8（平装），14.50 元
本书介绍了用各色绳线将木珠、石头、玻璃珠、
琥珀、玉石、小玩偶串成项链、手链、脚链、包
包链、手机链、钥匙链。

0288　六朝贵族制社会研究
〔日〕川胜义雄著；徐谷芃，李济沧译. —上海：
上海古籍出版社；2007.12；24cm. —（日本中
国史研究译丛）
ISBN 978 - 7 - 5325 - 4837 - 8（精装），49.00 元
本书是日本著名中国史研究学者川胜义雄（1922～
1984）的代表作。

0289　龙居景观：中国人的空间艺术
〔日〕中野美代子著；吴念圣译. —银川：宁夏
人民出版社；2007.04；23cm
ISBN 978 - 7 - 227 - 03414 - 8，36.00 元
本书是一本日本学者所著的随笔式的中国空间
艺术美论集。

0290　龙狼传.1
〔日〕山原义人著；宋晓楠译. —南京：江苏美
术出版社；2007.04；图；18cm
ISBN 978 - 7 - 5344 - 2283 - 6，7.20 元
本书主要描述了日本中学生天地志狼和泉真澄
在乘飞机旅行时意外被带到中国的三国时期，并
参与到改变历史发展的众多事件中去。

0291　龙狼传.2
〔日〕山原义人著；宋晓楠译. —南京：江苏美
术出版社；2007.04；18cm
ISBN 978 - 7 - 5344 - 2290 - 4，7.20 元

本书主要描述了日本中学生天地志狼和泉真澄
在乘飞机旅行时意外被带到中国的三国时期，
并参与到改变历史发展的众多事件中去。

0292 龙狼传.3
〔日〕山原义人著；宋晓楠译.—南京：江苏美
术出版社；2007.04：图；18cm
ISBN 978 - 7 - 5344 - 2291 - 1（平装），7.20 元
本书主要描述了日本中学生天地志狼和泉真澄
在乘飞机旅行时意外被带到中国的三国时期，
并参与到改变历史发展的众多事件中去。

0293 龙狼传.4
〔日〕山原义人著；宋晓楠译.—南京：江苏美
术出版社；2007.04：图；18cm
ISBN 978 - 7 - 5344 - 2292 - 8，7.20 元
本书主要描述了日本中学生天地志狼和泉真澄
在乘飞机旅行时意外被带到中国的三国时期，
并参与到改变历史发展的众多事件中去。

0294 龙狼传.5
〔日〕山原义人著；宋晓楠译.—南京：江苏美
术出版社；2007.04：图；18cm
ISBN 978 - 7 - 5344 - 2293 - 5，7.20 元
本书主要描述了日本中学生天地志狼和泉真澄
在乘飞机旅行时意外被带到中国的三国时期，
并参与到改变历史发展的众多事件中去。

0295 龙狼传.6
〔日〕山原义人著；宋晓楠译.—南京：江苏美
术出版社；2007.04：图；18cm
ISBN 978 - 7 - 5344 - 2294 - 2（平装），7.20 元
本书主要描述了日本中学生天地志狼和泉真澄
在乘飞机旅行时意外被带到中国的三国时期，
并参与到改变历史发展的众多事件中去。

0296 龙狼传.7
〔日〕山原义人著；宋晓楠译.—南京：江苏美
术出版社；2007.05；17cm
ISBN 978 - 7 - 5344 - 2306 - 2（平装），7.20 元
本书接续前6集的内容，讲述了从日本穿越时空
回到三国时代的中学生天地志狼和泉真澄的
经历。

0297 龙狼传.8
〔日〕山原义人著；宋晓楠译.—南京：江苏美
术出版社；2007.05；17cm
ISBN 978 - 7 - 5344 - 2307 - 9（平装），7.20 元
本书接续前6集的内容，讲述了从日本穿越时空
回到三国时代的中学生天地志狼和泉真澄的

经历。

0298 龙狼传.9
〔日〕山原义人著；宋晓楠译.—南京：江苏美
术出版社；2007.05；17cm
ISBN 978 - 7 - 5344 - 2308 - 6（平装），7.20 元
本书接续前6集的内容，讲述了从日本穿越时空
回到三国时代的中学生天地志狼和泉真澄的
经历。

0299 龙狼传.10
〔日〕山原义人著；宋晓楠译.—南京：江苏美
术出版社；2007.05；17cm
ISBN 978 - 7 - 5344 - 2309 - 3（平装），7.20 元
接续前6集的内容，讲述了从日本穿越时空回到
三国时代的中学生天地志狼和泉真澄的经历。

0300 龙狼传.11
〔日〕山原义人著；宋晓楠译.—南京：江苏美
术出版社；2007.05；17cm
ISBN 978 - 7 - 5344 - 2310 - 9（平装），7.20 元
本书接续前10集的内容，讲述了从日本穿越时
空回到三国时代的中学生天地志狼和泉真澄的
经历。

0301 龙狼传.12
〔日〕山原义人著；宋晓楠译.—南京：江苏美
术出版社；2007.05；17cm
ISBN 978 - 7 - 5344 - 2311 - 6（平装），7.20 元
本书接续前11集的内容，讲述了从日本穿越时
空回到三国时代的中学生天地志狼和泉真澄的
经历。

0302 龙狼传.13
〔日〕山原义人著；宋晓楠译.—南京：江苏美
术出版社；2007.08；17cm
ISBN 978 - 7 - 5344 - 2380 - 2，7.20 元
本书讲述了从日本穿越时空回到三国时代的中
学生天地志狼和泉真澄的经历。

0303 龙狼传.14
〔日〕山原义人著；宋晓楠译.—南京：江苏美
术出版社；2007.08；17cm
ISBN 978 - 7 - 5344 - 2380 - 2，7.20 元
本书讲述了从日本穿越时空回到三国时代的中
学生天地志狼和泉真澄的经历。

0304 龙狼传.15
〔日〕山原义人著；宋晓楠译.—南京：江苏美
术出版社；2007.08；17cm

ISBN 978 - 7 - 5344 - 2380 - 2，7.20 元

本书讲述了从日本穿越时空回到三国时代的中
学生天地志狼和泉真澄的经历。

0305　龙狼传 . 16

〔日〕山原义人著；宋晓楠译 . —南京：江苏美
术出版社；2007.08；17cm

ISBN 978 - 7 - 5344 - 2380 - 2，7.20 元

本书讲述了从日本穿越时空回到三国时代的中
学生天地志狼和泉真澄的经历。

0306　龙狼传 . 17

〔日〕山原义人著；宋晓楠译 . —南京：江苏美
术出版社；2007.08；17cm

ISBN 978 - 7 - 5344 - 2380 - 2，7.20 元

本书讲述了从日本穿越时空回到三国时代的中
学生天地志狼和泉真澄的经历。

0307　龙狼传 . 18

〔日〕山原义人著；宋晓楠译 . —南京：江苏美
术出版社；2007.08；17cm

ISBN 978 - 7 - 5344 - 2380 - 2，7.20 元

本书讲述了从日本穿越时空回到三国时代的中
学生天地志狼和泉真澄的经历。

0308　龙狼传 . 19

〔日〕山原义人著；宋晓楠译 . —南京：江苏美
术出版社；2007.08；17cm

ISBN 978 - 7 - 5344 - 2454 - 0，7.20 元

本书讲述了从日本穿越时空回到三国时代的中
学生天地志狼和泉真澄的经历。

0309　龙狼传 . 20

〔日〕山原义人著；宋晓楠译 . —南京：江苏美
术出版社；2007.08；17cm

ISBN 978 - 7 - 5344 - 2454 - 0，7.20 元

本书讲述了从日本穿越时空回到三国时代的中
学生天地志狼和泉真澄的经历。

0310　龙狼传 . 21

〔日〕山原义人著；宋晓楠译 . —南京：江苏美
术出版社；2007.08；17cm

ISBN 978 - 7 - 5344 - 2454 - 0，7.20 元

本书讲述了从日本穿越时空回到三国时代的中
学生天地志狼和泉真澄的经历。

0311　龙狼传 . 22

〔日〕山原义人著；宋晓楠译 . —南京：江苏美
术出版社；2007.08；17cm

ISBN 978 - 7 - 5344 - 2454 - 0，7.20 元

本书讲述了从日本穿越时空回到三国时代的中
学生天地志狼和泉真澄的经历。

0312　龙狼传 . 23

〔日〕山原义人著；宋晓楠译 . —南京：江苏美
术出版社；2007.08；17cm

ISBN 978 - 7 - 5344 - 2454 - 0，7.20 元

本书讲述了从日本穿越时空回到三国时代的中
学生天地志狼和泉真澄的经历。

0313　龙狼传 . 24

〔日〕山原义人著；宋晓楠译 . —南京：江苏美
术出版社；2007.08；17cm

ISBN 978 - 7 - 5344 - 2454 - 0，7.20 元

本书讲述了从日本穿越时空回到三国时代的中
学生天地志狼和泉真澄的经历。

0314　龙狼传 . 25

〔日〕山原义人著；宋晓楠译 . —南京：江苏美
术出版社；2007.08；17cm

ISBN 978 - 7 - 5344 - 2455 - 7，7.20 元

本书讲述了从日本穿越时空回到三国时代的中
学生天地志狼和泉真澄的经历。

0315　龙狼传 . 26

〔日〕山原义人著；宋晓楠译 . —南京：江苏美
术出版社；2007.08；17cm

ISBN 978 - 7 - 5344 - 2455 - 7，7.20 元

本书讲述了从日本穿越时空回到三国时代的中
学生天地志狼和泉真澄的经历。

0316　龙狼传 . 27

〔日〕山原义人著；宋晓楠译 . —南京：江苏美
术出版社；2007.08；17cm

ISBN 978 - 7 - 5344 - 2455 - 7，7.20 元

本书讲述了从日本穿越时空回到三国时代的中
学生天地志狼和泉真澄的经历。

0317　龙狼传 . 28

〔日〕山原义人著；宋晓楠译 . —南京：江苏美
术出版社；2007.08；17cm

ISBN 978 - 7 - 5344 - 2455 - 7，7.20 元

本书讲述了从日本穿越时空回到三国时代的中
学生天地志狼和泉真澄的经历。

0318　龙狼传 . 29

〔日〕山原义人著；宋晓楠译 . —南京：江苏美
术出版社；2007.08；17cm

ISBN 978 - 7 - 5344 - 2455 - 7，7.20 元

本书讲述了从日本穿越时空回到三国时代的中
学生天地志狼和泉真澄的经历。

0319 龙狼传.30

〔日〕山原义人著；宋晓楠译.—南京：江苏美术出版社；2007.08；17cm

ISBN 978 - 7 - 5344 - 2455 - 7，7.20 元

本书讲述了从日本穿越时空回到三国时代的中学生天地志狼和泉真澄的经历。

0320 龙狼传.31

〔日〕山原义人著；宋晓楠译.—南京：江苏美术出版社；2007.11；18cm

ISBN 978 - 7 - 5344 - 2456 - 4，7.20 元

本书讲述了从日本穿越时空回到三国时代的中学生天地志狼和泉真澄的经历。

0321 龙狼传.32

〔日〕山原义人著；宋晓楠译.—南京：江苏美术出版社；2007.11；18cm

ISBN 978 - 7 - 5344 - 2456 - 4，7.20 元

本书讲述了从日本穿越时空回到三国时代的中学生天地志狼和泉真澄的经历。

0322 龙狼传.33

〔日〕山原义人著；宋晓楠译.—南京：江苏美术出版社；2007.11；18cm

ISBN 978 - 7 - 5344 - 2456 - 4，7.20 元

本书讲述了从日本穿越时空回到三国时代的中学生天地志狼和泉真澄的经历。

0323 龙狼传.34

〔日〕山原义人著；宋晓楠译.—南京：江苏美术出版社；2007.11；18cm

ISBN 978 - 7 - 5344 - 2456 - 4，7.20 元

本书讲述了从日本穿越时空回到三国时代的中学生天地志狼和泉真澄的经历。

0324 龙狼传.35

〔日〕山原义人著；宋晓楠译.—南京：江苏美术出版社；2007.11；18cm

ISBN 978 - 7 - 5344 - 2456 - 4，7.20 元

本书讲述了从日本穿越时空回到三国时代的中学生天地志狼和泉真澄的经历。

0325 龙狼传.36

〔日〕山原义人著；宋晓楠译.—南京：江苏美术出版社；2007.11；18cm

ISBN 978 - 7 - 5344 - 2456 - 4，7.20 元

本书讲述了从日本穿越时空回到三国时代的中学生天地志狼和泉真澄的经历。

0326 龙狼传.37

〔日〕山原义人著；宋晓楠译.—南京：江苏美

术出版社；2007.11；18cm

ISBN 978 - 7 - 5344 - 2456 - 4，7.20 元

本书讲述了从日本穿越时空回到三国时代的中学生天地志狼和泉真澄的经历。

0327 路易斯·I·康的空间构成：图说20世纪的建筑大师

〔日〕原口秀昭著；徐苏宁，吕飞译.—北京：中国建筑工业出版社；2007.11；图；21cm

ISBN 978 - 7 - 112 - 09447 - 9，20.00 元

本书以作者亲自考察路易斯·I·康的建筑和绘制图示的感受为契机，其内容分为两部分。

0328 绿色反应介质在有机合成中的应用

〔日〕三上小一主编；王官武，张泽译.—北京：化学工业出版社；2007.03；24 cm. —（国外优秀化学著作译丛）

ISBN 978 - 7 - 122 - 00013 - 2（精装），36.00 元

本书介绍了有机合成中常用的 3 种绿色反应介质，离子液体，超临界 CO_2，物理性质，介质的应用，典型反应及介质制备的实验操作。

0329 《论语》七十二谭

〔日〕公庄博，刘宁著.—北京：经济日报出版社；2007.08；26cm

ISBN 978 - 7 - 80180 - 744 - 1，25.00 元

本书选取《论语》中的 72 篇加以解释和背景知识介绍，讲述中国古代智慧和处世的艺术，从浅显、有趣的文字中提高传统文化修养。

0330 论语与算盘：人生·道德·财富

〔日〕涩泽荣一编著；王中江译.—南昌：江西人民出版社；2007.01；23cm. —（东方文化丛书/季羡林等主编）

ISBN 7 - 210 - 03420 - X，23.00 元

《论语》是记载孔子言行的儒家最高经典之一，算盘是算账的工具，作者在书中将这二者有机地结合了起来。

0331 论语与算盘

〔日〕涩泽荣一著；刘唤译.—哈尔滨：哈尔滨出版社；2007.05；23cm

ISBN 978 - 7 - 80699 - 958 - 5（平装），21.80 元

0332 罗德斯岛战记.1，灰色魔女

〔日〕水野良著；哈泥蛙译.—海口：南海出版公司；2007.11；图；23cm. —（新经典文库. 罗德斯岛战记；265）

ISBN 978 - 7 - 5442 - 3900 - 4，18.00 元

日本当代长篇奇幻小说。

0333 马越阳子作品集

〔日〕马越阳子著 . —北京：文物出版社；2007. 10；37cm

ISBN 978 - 7 - 5010 - 2275 - 5，510.00 元

马越阳子为日本多摩美术大学教授、博士生导师，从事油画创作 50 年。本书为作者毕生油画创作的精品总汇。

0334 卖竹竿的小贩为什么不会倒？

〔日〕山田真哉著；赵博译 . —北京：中国广播电视出版社；2007.01；21cm

ISBN 978 - 7 - 5043 - 4943 - 9，18.00 元

本书从日常生活中常见的疑问入手，阐释财务会计的基本概念和基本原理。

0335 慢性炎症

〔日〕生田哲著；叶磊，钱露露译 . —上海：世界图书出版公司；2007.08；21cm. —（超入门系列）

ISBN 978 - 7 - 5062 - 8871 - 2，22.80 元

本书完整讲述了应该怎样注意饮食来防治慢性炎症，维持身体的健康。

0336 漫画技法终极向导 . 1，简单基础篇

〔日〕林晃著；张宏飞译 . —沈阳：辽宁科学技术出版社；2007.01；21cm

ISBN 978 - 7 - 5381 - 4952 - 4，19.80 元

本书讲述了漫画基础知识，书中共分 3 章，内容包括：漫画的基础知识；人物表现的基本技巧；模仿专业作品的漫画技巧。

0337 漫画技法终极向导 . 2，人物和画材的基础篇

〔日〕林晃著；汇智天成译 . —沈阳：辽宁科学技术出版社；2007.01；21cm

ISBN 978 - 7 - 5381 - 4947 - 0，19.80 元

本书讲述了漫画基础知识，书中共分 4 章，内容包括：漫画原稿的创作方法；人物的基础画法；人物的表现；从专业作品中学到的漫画技巧。

0338 漫画技法终极向导 . 3，描绘绝妙人物的秘诀篇

〔日〕林晃著；汇智天成译 . —沈阳：辽宁科学技术出版社；2007.01；21cm

ISBN 978 - 7 - 5381 - 4948 - 7，19.80 元

本书讲述了漫画基础知识，书中分 4 章，内容包括：熟练使用铅笔和钢笔绘画；描画绝妙美丽的人物；从漫画原稿来学习等。

0339 漫画技法终极向导 . 4，活动人物绘画技巧篇

〔日〕林晃著；汇智天成译 . —沈阳：辽宁科学技术出版社；2007.01；21cm

ISBN 978 - 7 - 5381 - 4949 - 4，19.80 元

本书讲述了漫画基础知识，分 3 章：人物动作的绘画；人物日常动作的绘画；从漫画原稿来学习。

0340 漫画技法终极向导 . 5，魄力人物的表现篇

〔日〕林晃著；汇智天成译 . —沈阳：辽宁科学技术出版社；2007.01；21cm

ISBN 978 - 7 - 5381 - 4950 - 0，19.80 元

本书讲述了漫画基础知识，分 3 章：特写表现的技巧；速度表现和演出技巧；从漫画原稿来学习。

0341 漫画技法终极向导 . 6，完美人物篇

〔日〕林晃著；汇智天成译 . —沈阳：辽宁科学技术出版社；2007.01；21cm

ISBN 978 - 7 - 5381 - 4951 - 7，19.80 元

本书讲述了漫画基础知识，书中共分 4 章，内容包括：人物设计；舞台设计；印象深刻的场面设计；从漫画原稿来学习。

0342 漫画围棋入门 . 基础编：围棋基本规则

〔日〕片冈聪监修；杨军译；〔日〕石仓淳一绘 . —北京：人民体育出版社；2007.08；20cm

ISBN 978 - 7 - 5009 - 3054 - 9，33.00 元

本书是围棋入门读物（综合类），适于少儿初学者阅读。

0343 漫画围棋入门 . 实战编：围棋基本战术

〔日〕片冈聪监修；洪成浸译；〔日〕石仓淳一绘 . —北京：人民体育出版社；2007.08；20cm

ISBN 978 - 7 - 5009 - 3055 - 6，33.00 元

本书是围棋初级读物（综合类），适于少儿初学者阅读。

0344 盲点力：造就非凡创造力

〔日〕多湖辉著；陈诚译 . —北京：科学出版社；2007.01；21cm. —（打造成功心理系列）

ISBN 978 - 7 - 03 - 018054 - 4，19.50 元

"盲点力"就是发现自身盲点的能力，就是从与众不同的角度来观察、思考问题的能力。如果具备了"盲点力"，就有可能突破自我，产生绝妙的创意。

0345 美甲时尚宝典

〔日〕美丽出版社著；灵思泉译 . —北京：中国

画报出版社；2007.10；彩照；26cm

ISBN 978 - 7 - 80220 - 107 - 1，28.00 元

《美甲时尚宝典》是引进日本著名的专业美甲杂志编辑而来，不但介绍了指甲护理方法，并详尽地列举了目前流行的各种指甲彩绘、装饰技法。

0346　美甲时尚先锋.1

〔日〕靓丽出版社编；灵思泉译.—杭州：浙江科学技术出版社；2007.06；彩照；29cm

ISBN 978 - 7 - 5341 - 3026 - 7（平装），36.00 元

本书汇集了最受欢迎的上百款美甲款式的设计技术，风格多样，色彩绚丽。

0347　美甲时尚先锋.2

〔日〕靓丽出版社编；灵思泉译.—杭州：浙江科学技术出版社；2007.08；29cm

ISBN 978 - 7 - 5341 - 3027 - 4（平装），36.00 元

本书汇集了最受欢迎的上百款美甲款式的设计技术，风格多样，色彩绚丽。

0348　美甲时尚先锋.3

〔日〕靓丽出版社编；灵思泉译.—杭州：浙江科学技术出版社；2007.11；彩图；29cm

ISBN 978 - 7 - 5341 - 3159 - 2，36.00 元

本书汇集了当季最受欢迎的上百款美甲款式，设计风格多样，色彩绚丽，而且与日本基本同步出版（晚一个月）。

0349　美甲炫 10000．上

〔日〕美丽出版社著；朱宁译.—沈阳：辽宁科学技术出版社；2007.03；18cm

ISBN 978 - 7 - 5381 - 4987 - 6，29.80 元

本书主要面向美甲行业中已经掌握美甲技术的从业人员，内容包括婚礼美甲、法式美甲、日式美甲、立体美甲等 11 个类别。

0350　美甲炫 10000．下

〔日〕美丽出版社著；朱宁译.—沈阳：辽宁科学技术出版社；2007.03；18cm

ISBN 978 - 7 - 5381 - 4988 - 3，29.80 元

本书由日本引进，介绍了日本时下最先进、最流行的美甲技术和款式。

0351　美丽始于足下

〔日〕笠原巌著；刘晓静译.—沈阳：辽宁科学技术出版社；2007.08；19cm.—（书中缘）

ISBN 978 - 7 - 5381 - 5018 - 6，16.00 元

0352　美味·健康的鲜果汁

〔日〕川野妙子著；灵思泉译.—北京：中国画

报出版社；2007.05；彩照；21cm

ISBN 978 - 7 - 80220 - 108 - 8（平装），32.00 元

本书是一本详细介绍蔬菜汁、果汁自制方法的书籍。

0353　魅脚美腿课程

〔日〕主妇之友社编；刘晓静译.—北京：中国画报出版社；2007.11；彩照；21cm

ISBN 978 - 7 - 80220 - 131 - 6，20.00 元

本书是一本指导现代女性如何以正确的行走方式走出健康美腿，以及如何消退腿部浮肿、疲劳、美甲、护足等全方位腿脚美容生活书籍。

0354　魅力女性：应对心理压力 10 招

〔日〕鸭下一郎著；赵新芝译.—北京：科学出版社；2007.01；21cm.—（打造成功心理系列）

ISBN 978 - 7 - 03 - 018055 - 1，19.50 元

0355　迷宫益智游戏

〔日〕秋山仁编著；黄真译.—哈尔滨：黑龙江科学技术出版社；2007.01；26 cm.—（IQ 益智游戏大百科）

ISBN 978 - 7 - 5388 - 4974 - 5，12.00 元

本书介绍了从古今中外东西方中精选出的游戏名作，详细的解说使孩子们能够亲自动手进行操作说明。

0356　谜一样的挑战书

〔日〕藤子·F·不二雄著；吕静译.—南昌：二十一世纪出版社；2007.04；彩图；18cm.—（哆啦 A 梦在未来世界）

ISBN 978 - 7 - 5391 - 3680 - 6（平装），11.80 元

0357　棉被

〔日〕田山花袋著；朴金花译.—成都：四川文艺出版社；2007.04；21cm.—（经典·爱）

ISBN 978 - 7 - 5411 - 2552 - 2（精装），20.00 元

本书是日本著名作家田山花袋的中篇小说集，收录了他的成名作《棉被》和《重右卫门的结局》。

0358　名店面包大公开

〔日〕野上智宽著；Toku Chao 摄.—沈阳：辽宁科学技术出版社；2007.05；彩图；26cm

ISBN 978 - 7 - 5381 - 5039 - 1，49.80 元

本书介绍了 6 大类面包如软式面包、吐司类面包、裹油类面包、法国面包、天然酵母类面包、装饰面包，共 60 多个品种的制作方法。

0359　明治前期日中关系史研究

〔日〕安冈昭男著；胡连成译.—福州：福建人

民出版社；2007.04；21cm. —（国家清史编撰委员会·编译丛刊/于沛主编）
ISBN 978 - 7 - 211 - 05484 - 8，19.00 元
本书围绕着"日清邦交"、台湾及琉球归属等问题进行阐述，勾勒出一幅从中日建交，到明治政府一次次的阴谋策划、具体实施，直至中日甲午战争爆发的画面。

0360 命
〔日〕柳美里著；翁家慧译. —海口：南海出版公司；2006.12；21cm
ISBN 7 - 5442 - 3588 - 2，20.00 元
本书是一本当代长篇小说。

0361 模拟大规模集成电路设计基础
〔日〕渡边嘉二郎，中村哲夫著；徐国萧译. —北京：科学出版社；2007.04；24cm
ISBN 978 - 7 - 03 - 018753 - 6（平装），35.00 元
本书以微电子系大学生、研究生以及企业电子电路设计人员为读者对象，讲解模拟集成电路设计的历史变迁、半导体及晶体管电路的基础知识等内容。

0362 魔法发型
〔日〕主妇之友社编；北京《瑞丽》杂志社编译. —北京：中国轻工业出版社；2007.03；23 cm. —（瑞丽 BOOK）
ISBN 978 - 7 - 5019 - 5876 - 4，30.00 元
本书展示了 400 多款最新的发型样式，更通过 10 个日本顶尖美发沙龙的主理发型师之口描述了他们对近年要点的自我诠释。

0363 魔法美发
〔日〕主妇之友社编；北京《瑞丽》杂志社编译. —北京：中国轻工业出版社；2007.03：彩图；23cm. —（瑞丽 BOOK）
ISBN 978 - 7 - 5019 - 5858 - 0，30.00 元
本书着重介绍了自己制作发型的方法，利用简单的工具自己打理出漂亮的直发、卷发、盘发造型。

0364 魔法美妆
〔日〕主妇之友社编；北京《瑞丽》杂志社编译. —北京：中国轻工业出版社；2007.03：彩图；23cm. —（瑞丽 BOOK）
ISBN 978 - 7 - 5019 - 5859 - 7，30.00 元
本书通过细致的讲解，从完美的局部化妆到光彩照人的明星般的妆容，帮助你逐步解开其中的秘密。

0365 魔法心理测试.1，为什么爱情只开花不结果
〔日〕中岛真澄著；杜娟译. —天津：天津教育出版社；2007.01；15cm
ISBN 978 - 7 - 5309 - 4559 - 9，16.00 元
本书共分 11 章，前 10 章为各种类型的测试试题，关于工作、爱情、婚姻和生活，第 11 章则是消除不良情绪的训练。

0366 魔法心理测试.2，为什么爱打电话的男人都花心
〔日〕中岛真澄著；张静译. —天津：天津教育出版社；2007.02；15cm
ISBN 978 - 7 - 5309 - 4581 - 0，16.00 元
本书共分 11 章，前 10 章为各种类型的测试试题，关于工作、爱情、婚姻和生活，第 11 章则是消除不良情绪的训练。

0367 魔法心理测试.3，为什么不用钱包的男人不能嫁
〔日〕中岛真澄著；王琳晓译. —天津：天津教育出版社；2007.02；15cm
ISBN 978 - 7 - 5309 - 4580 - 3，16.00 元
本书共分 11 章，前 10 章为各种类型的测试试题，关于工作、爱情、婚姻和生活，第 11 章则是消除不良情绪的训练。

0368 魔女宅急便
〔日〕角野荣子著；〔日〕林明子绘；彭懿，周龙梅译. —海口：南海出版公司；2007.07；21cm
ISBN 978 - 7 - 5442 - 3762 - 8（平装），20.00 元

0369 墨西哥：'07 ~ '08
〔日〕大宝石出版社编著；王路漫译. —北京：中国旅游出版社；2007.05：彩图；20cm. —（走遍全球）
ISBN 978 - 7 - 5032 - 3152 - 0（平装），74.00 元
本书是《走遍全球》系列丛书中的一本，是墨西哥的旅游指南。

0370 拇指姑娘折纸剧场
〔日〕BOUTIQUE 社编；程国庆译. —青岛：青岛出版社；2007.11；18 × 19cm. —（越叠越聪明系列）
ISBN 978 - 7 - 5436 - 4345 - 1，10.00 元
本书面向广大少年儿童手工折纸爱好者，以传统的童话故事为脚本，通过制作各种剧中人物，培养孩子的动手动脑能力。

0371 木简竹简述说的古代中国：书写材料的文化史

〔日〕富谷至著；刘恒武译．—北京：人民出版社；2007.05；23cm

ISBN 978 - 7 - 01 - 006072 - 9，30.00 元

本书以出土简牍为考察焦点，论述了中国书写材料的变迁过程以及相关历史文化现象。

0372 目标管理决定成败

〔日〕JMAM 目标管理项目组著；傅羽弘，郭美辛译．—北京：科学出版社；2007.04；24cm

ISBN 978 - 7 - 03 - 018799 - 4（平装），28.00 元

本书讲述了大师管理第一线中可能遇到的问题和要求，并将其进行了详细的分类，给出了切实可行的解决办法。

0373 纳米电镀

〔日〕渡辺辙著；陈祝平，杨光译．—北京：化学工业出版社；2007.01；图；24cm

ISBN 978 - 7 - 5025 - 9324 - 7（平装），58.00 元

本书阐述了电沉积纳米膜层的基础理论、非晶态镀层热处理条件下的微观结构的变化以及电镀膜层微观结构的数据库。

0374 纳米结构材料在太阳能转化中的应用

〔日〕曾我哲夫编著．—北京：科学出版社；2007.05；26cm

ISBN 978 - 7 - 03 - 018982 - 0（精装），120.00 元

本书内容覆盖诸多材料以及基于有机和无机材料的多种器件类型。

0375 男性低胰岛素瘦身

〔日〕永田孝行著；袁奕奕译．—南昌：二十一世纪出版社；2007.01；图；21cm．—（完全健康系列）

ISBN 978 - 7 - 5391 - 3593 - 9，9.80 元

男性肥胖问题是当今男性健康的一大威胁。与女性减肥的广泛性和时尚性相比，男性的减肥运动值得进一步推崇，更值得科学引导。

0376 南极的企鹅

〔日〕高仓健著；吴树文译；〔日〕唐仁原教久绘．—北京：新星出版社；2007.01；19cm

ISBN 978 - 7 - 80225 - 205 - 9（平装），28.00 元

本书是散文作品集，是日本著名电影演员高仓健从影四十多年以来之首次真情独白。

0377 南京大屠杀：日军士兵战场日记

〔日〕小野贤二，〔日〕藤原彰，〔日〕本多胜一编；李一杰，吴绍沅译．—北京：社会科学文献出版社；2007.11；21cm

ISBN 978 - 7 - 80230 - 849 - 7，25.00 元

本书收集了参加南京大屠杀的 19 名日本士兵的战争日记，再现了南京大屠杀那段残酷的历史，真实深刻，撼人心灵。

0378 能力构筑竞争：日本的汽车产业为何强盛

〔日〕藤本隆宏著；许经明，李兆华译．—北京：中信出版社；2007.06；25cm．—（CIDEG 文库/青木昌彦，吴敬琏主编）

ISBN 978 - 7 - 5086 - 0854 - 9，36.00 元

本书着重论述了日本汽车产业在二战后的崛起，即便在 20 世纪 90 年代"失去的十年"中依然强盛不衰的原因。

0379 你今天 DaLaDaLa 了没

〔日〕徒步助著；郭欣怡译．—北京：国际文化出版公司，2007.09；19cm

ISBN 978 - 7 - 80173 - 668 - 0，20.00 元

本书是随笔集。书名的汉语译音，意思是"放松""打混"，表达的是一种当代人新的生活态度。

0380 "逆反"有理：怎样应付孩子的"反抗期"

〔日〕品川孝子著；林郁译．—北京：当代中国出版社；2007.01；23cm．—（家教经典译丛/梁志燊主编）

ISBN 978 - 7 - 80170 - 541 - 9，20.00 元

本书针对让无数家长头痛不已的青少年"反抗期"教育问题，运用儿童心理学，结合典型事例，讲述了如何处理这一令千千万万家长棘手的问题的应对之道。

0381 女性减肥 10 天速成

〔日〕永田孝行著；袁奕奕译．—南昌：二十一世纪出版社；2007.01；彩图；21cm．—（完全健康系列）

ISBN 978 - 7 - 5391 - 3592 - 2，15.80 元

0382 女性香熏按摩

〔日〕office 栋著；灵思泉译．—北京：中国画报出版社；2007.01：彩图；26cm

ISBN 978 - 7 - 80220 - 082 - 1（平装），36.00 元

本书是介绍利用各种精油做居家香熏按摩的书籍。

0383 挪威的森林

〔日〕村上春树著；林少华译．—上海：上海译

文出版社；2007.03；21cm
ISBN 978 - 7 - 5327 - 4226 - 4（精装），30.00 元

0384　配色基础原理
〔日〕内田广由纪编著；刘向一，裘季燕译 . —
北京：中国青年出版社；2007.09；彩图；26cm
ISBN 978 - 7 - 5006 - 7742 - 0，48.00 元
本书由日本视觉设计研究所授权我社出版。

0385　乒乓和乒乓钓大鱼
〔日〕宫西达也编绘；熊春，蒲蒲兰译 . —南昌：
二十一世纪出版社；2007.10；25×22cm. —（蒲
蒲兰绘本馆）
ISBN 978 - 7 - 5391 - 3934 - 0（精装），26.80 元

0386　平安日本
〔日〕茂吕美耶著 . —桂林：广西师范大学出版
社；2007.10：105 幅；21cm
ISBN 978 - 7 - 5633 - 6706 - 1，34.00 元
本书介绍了日本平安时代的生活方式和种种习
俗趣闻。

0387　平面益智游戏
〔日〕秋山仁编著；李颖颖译 . —哈尔滨：黑龙
江科学技术出版社；2007.01；26cm. —（IQ 益
智游戏大百科）
ISBN 978 - 7 - 5388 - 4568 - 6，12.00 元
本书能让孩子们自己动手去操作，能提高孩子
的阶梯能力和思维方式。

0388　七日谈：来自民间的中日对话录
山奇，〔日〕加藤嘉一著 . —北京：新华出版社；
2007.08；彩照；23cm. —（走近日本读本系列）
ISBN 978 - 7 - 5011 - 8050 - 9，22.00 元
本书是一个中国的音乐人和一个来自日本的北
大留学生的对话记录。

0389　奇怪的点心娜娜王国
〔日〕藤子・F・不二雄著；吕静译 . —南昌：二
十一世纪出版社；2007.04：彩图；18cm. —（哆
啦 A 梦在未来世界）
ISBN 978 - 7 - 5391 - 3682 - 0（平装），11.80 元
关于哆啦 A 梦和他的伙伴——哆啦 A 梦七小子
以及妹妹哆啦美等人在未来世界的惊险有趣的
历险故事。

0390　气的思想：中国自然观与人的观念的发展
〔日〕小野泽精一，〔日〕福永光司，〔日〕山井
涌编；李庆译 . —上海：上海人民出版社；2007.

03；23cm. —（世纪人文系列丛书 . 世纪文库）
ISBN 978 - 7 - 208 - 06829 - 2，48.00 元
本书以中国思想史上"气"的概念作为"点"，
来考究自然观和人的观念这个"面"，沟通了哲
学概念和中国古代文化各个领域的联系。

0391　企业参谋
〔日〕大前研一著；裴立杰译 . —北京：中信出
版社；2007.08；21 cm. —（全球管理大师大前
研一经典系列）
ISBN 978 - 7 - 5086 - 0920 - 1，34.00 元
作为大前研一处女作的《企业参谋》，是他在 30
岁时所做的工作笔记。

0392　企业考评设计
〔日〕JMAM 人事评价项目组著；史琨译 . —北
京：科学出版社；2007.03；24cm
ISBN 978 - 7 - 03 - 018571 - 6，29.00 元
本书是由多位长期从事人力资源管理研究、咨
询、培训工作的专家，通过在实际调研过程中遇
到的各种案例，总结出来的一整套能够提升业绩
的考评方法和技巧。

0393　汽车底盘与电器构造图册
〔日〕GP 企业策划编；董铁有译 . —北京：人民
交通出版社；2007.09；23cm
ISBN 978 - 7 - 114 - 06840 - 9，26.00 元
本书图文并茂，讲解了汽车构造底盘部分的内
容，深入浅出，通俗易懂。

0394　遣唐使眼里的中国
〔日〕古濑奈津子著；郑威译 . —武汉：武汉大
学出版社；2007.10；23 cm. —（东亚文化研究
书系/冯天瑜，〔日〕刘建辉主编）
ISBN 978 - 7 - 307 - 05888 - 0，15.00 元
本书原著者选择了一个独特的视角——日本的
遣唐使来研究中国文化对日本文化的影响，进而
检视中日文化的异同以及两者的交流。

0395　青山一发：从孙文崛起看大清日落
〔日〕陈舜臣著；许锡庆译 . —桂林：广西师范
大学出版社；2007.10：照片；24cm. —（陈舜
臣作品）
ISBN 978 - 7 - 5633 - 6707 - 8，36.00 元
本书是通俗历史读物，介绍 1880 年到辛亥革命
前的历史。

0396　轻松防治高血压、糖尿病
〔日〕荻原俊男主编；刘壮华译 . —杭州：浙江
大学出版社；2007.03；23cm. —（常见病防治

与生活习惯系列）

ISBN 978 - 7 - 308 - 05180 - 4（平装），25.00 元

本书以图文并茂的形式和科学角度清晰地阐释了如何正确防治高血压与糖尿病。

0397　轻松防治高脂血症、肥胖

〔日〕荻原俊男主编 . --杭州：浙江大学出版社；2007.04；23cm. —（常见病防治与生活习惯系列）

ISBN 978 - 7 - 308 - 05181 - 1（平装），25.00 元

本书以图文并茂的形式和科学角度清晰地阐释了如何正确防治高脂血症与肥胖病。

0398　轻松防治老年病、痴呆症：长寿秘诀

〔日〕荻原俊男主编；彭世嘉，叶宓朦译 . —杭州：浙江大学出版社；2007.07：图；23cm. —（常见病防治与生活习惯系列）

ISBN 978 - 7 - 308 - 05252 - 8，32.00 元

本书对老年病、痴呆症的预防结合生活习惯做了介绍，同时介绍了一些长寿者的秘诀，对老年人生活有参考价值。

0399　晴天有时下章鱼

〔日〕矢玉四郎著绘；金晓星译 . —南昌：二十一世纪出版社；2007.06：40 幅；21cm. —（晴天有时下猪）

ISBN 978 - 7 - 5391 - 3753 - 7（平装），14.80 元

三年级小学生富山则安在一个叫"屋小怪奇"的甜品屋买了一些甜品，吃了之后说话言不由衷，颠三倒四，接着发生了一系列奇怪的事情……

0400　秋瑾：竞雄女侠传

〔日〕永田圭介著；闻立鼎译 . —北京：群言出版社；2007.01：彩图；20cm

ISBN 978 - 7 - 80080 - 695 - 7（精装），58.00 元

本书是介绍秋瑾一生的纪传体文学作品。

0401　趣味科学馆

〔日〕米村传治郎主编；〔日〕大泽幸子著；徐继维，陈刚译 . —北京：科学出版社；2007.09：图；24cm

ISBN 978 - 7 - 03 - 020010 - 5，29.80 元

0402　趣味折小点心

〔日〕BOUTIQUE 社编；王影霞译 . —青岛：青岛出版社；2007.04；18×20cm. —（越叠越聪明系列）

ISBN 978 - 7 - 5436 - 4171 - 6（平），10.00 元

本书通过用彩色纸张，折叠出千变万化的动物、

花朵、食品等等生动的造型，手法新颖，既有传统折叠方法，又有创新，为国内少有。

0403　趣味折小昆虫

〔日〕BOUTIQUE 社编；王影霞译 . —青岛：青岛出版社；2007.11；18×19cm. —（越叠越聪明系列）

ISBN 978 - 7 - 5436 - 4346 - 8，10.00 元

那可爱的蜻蜓、甲壳虫、小蚂蚁、小蜗牛、金龟子、萤火虫等小昆虫们在孩子那可爱的小手里面被创造出来，作为家长该多么自豪！

0404　趣味折小游戏

〔日〕BOUTIOUE 社编；王影霞译 . —青岛：青岛出版社；2007.04：图；18×19cm. —（小海星手工坊 . 越叠越聪明系列）

ISBN 978 - 7 - 5436 - 4173 - 0（平装），10.00 元

本书有 41 种折法，主要是以孩子们、孩子与家长之间的小游戏为开发点。比如：跷跷板、变脸娃娃、小眼镜、蹦蹦蛙、小戒指等，可谓有趣极了。

0405　趣味纸偶小游戏

〔日〕BOUTIQUE 社编；王影霞译 . —青岛：青岛出版社；2007.04；18×20cm. —（越叠越聪明系列）

ISBN 978 - 7 - 5436 - 4170 - 9（平），10.00 元

本书通过用彩色纸张，折叠出千变万化的动物、花朵、食品等等生动的造型，手法新颖，既有传统折叠方法，又有创新，为国内少有。

0406　全球社会和平学

〔日〕星野昭吉著；梁云祥等译 . —北京：北京师范大学出版社；2007.09；21cm

ISBN 978 - 7 - 303 - 08802 - 7，27.00 元

本书是对全球化、全球问题以及全球社会和平问题进行结构性的理论分析，并探索实现人类持久和平道路的一部理论著作。

0407　全球新舞台：无国界世界中的新机遇和新挑战

〔日〕大前研一著；刘宝成译 . —北京：中国人民大学出版社；2007.01；23cm. —（沃顿商学院图书）

ISBN 978 - 7 - 300 - 07767 - 3，35.00 元

本书阐述了新时期的公司战略。

0408　热力瑜伽

〔日〕绵本彰主编；张慧译 . —北京：人民体育出版社；2007.07；26cm + DVD1 张

ISBN 978 - 7 - 5009 - 3146 - 1，22.00 元

本书介绍了瑜伽练习方法及要点，并配有 DVD 方便读者学习。

0409　人体的构造
〔日〕坂井建雄著；王俊译 . —上海：上海世界图书出版公司，2007.08；21cm . —（超入门系列）
ISBN 978 – 7 – 5062 – 8872 – 9，22.80 元
人有很多面。与他人友好交往，就能够获得足够多的沟通，看到并了解对方的各个面貌，并从中受益。

0410　认车船飞机
〔日〕圆谷制作株式会社著；陆琰编写 . —上海：少年儿童出版社；2007.01；42×57cm . —（迪迦奥特曼学习画报）
ISBN 978 – 7 – 5324 – 7210 – 9，5.00 元

0411　认动物
〔日〕圆谷制作株式会社著；陆琰编写 . —上海：少年儿童出版社；2007.01；42×57cm . —（迪迦奥特曼学习画报）
ISBN 978 – 7 – 5324 – 7206 – 2，5.00 元

0412　认瓜果蔬菜
〔日〕圆谷制作株式会社著；陆琰编写 . —上海：少年儿童出版社；2007.01；42×57cm . —（迪迦奥特曼学习画报）
ISBN 978 – 7 – 5324 – 7209 – 3，5.00 元

0413　认拼音字母
〔日〕圆谷制作株式会社著；陆琰编写 . —上海：少年儿童出版社；2007.01；42×57cm . —（迪迦奥特曼学习画报）
ISBN 978 – 7 – 5324 – 7204 – 8，5.00 元

0414　认形状
〔日〕圆谷制作株式会社著；陆琰编写 . —上海：少年儿童出版社；2007.01；42×57cm . —（迪迦奥特曼学习画报）
ISBN 978 – 7 – 5324 – 7208 – 6，5.00 元

0415　认颜色
〔日〕圆谷制作株式会社著；陆琰编写 . —上海：少年儿童出版社；2007.01；42×57cm . —（迪迦奥特曼学习画报）
ISBN 978 – 7 – 5324 – 7207 – 9，5.00 元

0416　认英语字母
〔日〕圆谷制作株式会社著；陆琰编写 . —上海：少年儿童出版社；2007.01；42×57cm . —（迪迦奥特曼学习画报）
ISBN 978 – 7 – 5324 – 7205 – 5，5.00 元

0417　日本彩色商标与企业识别 . 11
〔日〕长谷川纯雄编著；刘彤扬译 . —北京：中国青年出版社；2007.01；20cm
ISBN 978 – 7 – 5006 – 7109 – 1（平），79.00 元
《日本彩色商标与企业识别系列丛书》由日本著名美术出版社 Graphic 出版的关于 CI、VI 的系列图书。

0418　德川家康·崛起三河
〔日〕山冈庄八著，陈都伟译；—海口：南海出版社；2007.11
ISBN：978 – 7 – 5442 – 3816 – 8
日本当代作家山冈庄八代表作，长篇历史小说《德川家康》第二部。

0419　德川家康·乱世孤主
〔日〕山冈庄八著；岳远坤，王维幸译；—海口：南海出版社；2007.11
ISBN：978 – 7 – 5442 – 3815 – 1
日本当代作家山冈庄八代表作，长篇历史小说《德川家康》第一部。

0420　日本的女性与男性：男女平等统计 . 2006
〔日〕独立行政法人国立女性教育会馆编著；全国妇联妇女研究所译 . —北京：当代中国出版社；2007.08：图；26cm
ISBN 978 – 7 – 80170 – 615 – 7，35.00 元
本书全面反映了日本女性与男性在社会生活各个领域中的地位状况，数据丰富且翔实，并配有知名专家学者对数据的分析。

0421　日本东方学 . 1
〔日〕京都大学人文科学研究所主编 . —北京：中华书局；2007.08；23cm
ISBN 978 – 7 – 101 – 05351 – 7，48.00 元
《日本东方学》为学术集刊，本辑为创刊号，刊登论文 18 篇，时间断限自秦汉至晚清、近代，内容涉及历史、考古、宗教、文学、语言学、中外文化交流等多方面。

0422　日本国际家族法
〔日〕笠原俊宏著；李旺译 . —北京：中国政法大学出版社；2007.06；21cm . —（日本国际法著作汉译丛书/辛崇阳主编）
ISBN 978 – 7 – 5620 – 3049 – 2，26.00 元
本书从理论和实践两个角度分析了国际家族法

的风格，有利于读者全面、系统地理解日本国际家族法的内容和其存在的现实性。

0423　日本环保行政亲历记

〔日〕桥本道夫著；冯叶译．—北京：中信出版社；2007.01；25cm．—（CIDEG 文库/青木昌彦，吴敬琏主编）

ISBN 7-5086-0726-0，30.00 元

0424　日本禁止垄断法概论

〔日〕根岸哲，〔日〕舟田正之著；王为农，陈杰译．—北京：中国法制出版社；2007.01；21cm

ISBN 7-80226-675-0（平装），28.00 元

本书是关于日本反垄断法的学理探讨。

0425　日本开国五十年史．上册

〔日〕大隈重信撰．—上海：上海社会科学院出版社；2007.05；21cm

ISBN 978-7-80745-046-7（精装），148.00 元（全套 2 册）

本书记录了日本开国五十年的历史。

0426　日本开国五十年史．下册

〔日〕大隈重信撰．—上海：上海社会科学院出版社；2007.05；21cm

ISBN 978-7-80745-046-7（精装），148.00 元（全套 2 册）

本书记录了日本开国五十年的历史。

0427　日本美发沙龙设计精粹 50 例

〔日〕女性摩登社著；梁丽莉译．—上海：东方出版中心；2007.08；350 幅；24×24cm

ISBN 978-7-80186-724-7，88.00 元

本书是一本有关美发专业室内设计的图书。精选了 50 家日本美发沙龙的室内设计案例，阐述了设计师的设计理念和经营者的使用心得。

0428　日本民间传奇．《今昔物语》、《宇治拾遗物语》精选

〔日〕金井五郎，白艳霞编著；白艳霞，林晓译．—北京：外语教学与研究出版社；2007.03；图；20cm

ISBN 978-7-5600-6438-3，22.90 元

《日本民间传奇》丛书包括《今昔物语》、《宇治拾遗物语》精选和《御伽草子》精选。

0429　日本民间传奇．《御伽草子》精选

〔日〕金井五郎，白艳霞编著；白艳霞，林晓译．—北京：外语教学与研究出版社；2007.03；20cm

ISBN 978-7-5600-6439-0，19.90 元

《日本民间传奇》丛书包括《今昔物语》、《宇治拾遗物语》精选和《御伽草子》精选。

0430　日本名家作品选读．芥川龙之介

〔日〕芥川龙之介著；聂中华，曾文雅译．—成都：四川大学出版社；2007.02；21cm

ISBN 978-7-5614-3599-1，42.00 元

芥川龙之介的作品有 200 多部，本书精选其 18 篇作品译成中文，每篇后配以简单的练习。

0431　日本内部控制评价与审计准则

〔日〕企业会计审议会编；李玉环译．—大连：东北财经大学出版社；2007.10；24cm．—（公司治理·内部控制前沿译丛）

ISBN 978-7-81122-210-4，20.00 元

本书介绍了日本《关于财务报告内部控制评价与审计准则以及财务报告内部控制评价与审计实施准则的制定（意见书）》等。

0432　日本人的传说与心灵

〔日〕河合隼雄著；范作申译．—北京：生活·读书·新知三联书店；2007.06；21cm．—（文化生活译丛）

ISBN 978-7-108-02690-3，23.00 元

本书作者是日本第一位人格心理分析师，本书是其代表作之一。

0433　日本人力资源管理：理念、制度与实务

〔日〕奥林康司编著；张彩虹，丁楠，丁扬阳译．—广州：暨南大学出版社；2007.07；23cm

ISBN 978-7-81079-849-5，30.00 元

本书是由日本著名的管理学教授奥林康司与一批在日本著名老牌工商管理大学——神户大学学习和工作过的人力资源管理学者们编著的。

0434　日本人论：从明治维新到现代

〔日〕南博著；邱琡雯译．—桂林：广西师范大学出版社；2007.12；21cm

ISBN 978-7-5633-6919-5，32.00 元

本书网罗了明治维新到 1990 年代初期近五百本论著，不仅爬梳了日本人论的发展流变，也提供了从多元层面解读日本近现代史的探索路径。

0435　日本文化交流小史

〔日〕上垣外宪一著；王宣琦译．—武汉：武汉大学出版社；2007.10；23cm．—（东亚文化研究书系/冯天瑜，〔日〕刘建辉主编）

ISBN 978-7-307-05877-4，15.00 元

全书取文化交流与文化比较的视角，系统考察了日本文化发展史，在全面介绍日本与中国、朝鲜文化交流融汇的基础上，尤其强调了中国文化对日本文化的影响。

0436 日本刑法总论

〔日〕西田典之著；刘明祥，王昭武译．—北京：中国人民大学出版社；2007.03；24cm．—（当代世界学术名著．法学译丛．刑法系列）
ISBN 978 - 7 - 300 - 07873 - 1（平装），35.00 元
本书是日本学者的刑法学理论研究著作。

0437 日本语达人之道：打动人心的日语说话技巧

〔日〕户田一康著．—上海：华东理工大学出版社；2007.01；21cm + 光盘 1 张
ISBN 978 - 7 - 5628 - 1967 - 7，18.00 元
本书让读者不但学会动听的日语技巧，更能标准说出。

0438 日本语能力测试 1 级真题解析：2001～2006

〔日〕国际交流基金会，〔日〕国际教育支援协会著；朱佳等编．—大连：大连出版社；2007.06；26 cm．—（日本语能力测试系列）
ISBN 978 - 7 - 80684 - 533 - 2，35.00 元
本书就近年来日本语能力测试 1 级真题展开详细讲解。

0439 日本语能力测试 2 级真题解析：2001～2006

〔日〕国际交流基金会，〔日〕国际教育支援协会著；袁睿等编．—大连：大连出版社；2007.06；26 cm．—（日本语能力测试系列）
ISBN 978 - 7 - 80684 - 534 - 9，34.00 元
本书就近年来日本语能力测试 2 级真题展开详细讲解。

0440 日本语能力测试 3 级真题解析：2001～2006

〔日〕国际交流基金会，〔日〕国际教育支援协会著；朱佳等编．—大连：大连出版社；2007.06；26 cm．—（日本语能力测试系列）
ISBN 978 - 7 - 80684 - 535 - 6，33.00 元
本书就近年来日本语能力测试 3 级真题展开详细讲解。

0441 日本语能力考试 1 级模拟试题

刘文照，〔日〕海老原博编著．—2 版．—上海：华东理工大学出版社；2007.08；23cm + 光盘 1 张
ISBN 978 - 7 - 5628 - 2133 - 5，28.00 元
本书为日本语能力考试 1 级模拟试题的第二版，是按照最新出题样式而编写的。

0442 日本语能力考试 1 级文字词汇．解说篇

刘文照，〔日〕海老原博编著．—上海：华东理工大学出版社；2007.06；23cm
ISBN 978 - 7 - 5628 - 2060 - 4，20.00 元
本书完全依据主考单位（国际交流基金会，日本国际教育协会）所编的新考试大纲中收录的所有 1 级词汇并按品词分类编辑而成。

0443 日本语能力考试 1 级文字词汇．练习篇

刘文照，〔日〕海老原博编著．—上海：华东理工大学出版社；2007.07；23cm
ISBN 978 - 7 - 5628 - 2087 - 1（平装），28.00 元
本书为《日本语能力考试 1 级文字词汇·解说篇》的配套使用书，是完全依据日本语能力考试新考试大纲中的 1 级词汇并按照品词分类而编写的。

0444 日本语能力考试 2 级文字词汇．解说篇

刘文照，〔日〕海老原博编著．—上海：华东理工大学出版社；2007.06；23cm
ISBN 978 - 7 - 5628 - 2058 - 1（平装），28.00 元
本书完全依据主考单位"国际交流基金日本国际教育协会"所编的《日本语能力试验出题基准（改订版）》即新考试大纲中收录的所有 1 级词汇并按品词分类编辑而成。

0445 日本语能力考试 2 级文字词汇．练习篇

刘文照，〔日〕海老原博编著．—上海：华东理工大学出版社；2007.06；23cm
ISBN 978 - 7 - 5628 - 2069 - 7（平装），25.00 元
本书为《日本语能力考试 2 级文字词汇·解说篇》的配套使用书，是完全依据日本语能力考试新考试大纲中的 2 级词汇并按照品词分类而编写的。

0446 日本语能力考试 3、4 级听力解读

杨熹，〔日〕坂井浩志编著．—上海：华东理工大学出版社；2007.03；21cm + 光盘 1 张
ISBN 978 - 7 - 5628 - 2025 - 3，22.00 元
本书为日本语能力测试 3、4 级的听力模拟题。全书模仿全真试题题型，分为有图题和无图题两部分。

0447 日本语能力考试 3 级模拟试题

刘文照，〔日〕海老原博编著．—2 版．—上海：华东理工大学出版社；2007.02；23cm + 光盘 1 张对应新考试大纲
ISBN 978 - 7 - 5628 - 1982 - 0，28.80 元
本书为 3 级模拟试题，是按照日本语能力考试最新标准试题样式编写的，全书分为十回，每回由

"文字词汇"、"听解"和"读解"三部分构成。

0448 日本语能力考试 3 级语法
刘文照，〔日〕海老原博编著．—2 版．—上海：华东理工大学出版社；2007.03；23cm
ISBN 978 – 7 – 5628 – 1988 – 2，28.50 元
本书是日本语能力考试语法方面的辅导用书，把考试大纲中的 3 级语法条目按语法现象及句型意义分类，对 3 级语法做了详尽的解说。

0449 日本语能力考试出题倾向与对策．1 级词汇
刘文照，〔日〕海老原博编著．—上海：华东理工大学出版社；2007.09；26cm
ISBN 978 – 7 – 5628 – 2136 – 6，25.00 元
本书的主要内容集中在《问题Ⅴ～问题Ⅶ》的题型里。全书依据"日本国际交流基金"和"财团法人日本国际教育协会"编著的《日本语能力试验出题基准》新大纲而编写。

0450 日本语能力考试出题倾向与对策．2 级词汇
刘文照，〔日〕海老原博编著．—上海：华东理工大学出版社；2007.09；26cm
ISBN 978 – 7 – 5628 – 2135 – 9，22.00 元
本书为《日本语能力考试出题倾向与对策 2 级文字》的姊妹篇，依据新考试大纲编写而成。

0451 日本语能力考试出题倾向与对策．2 级文字
刘文照，〔日〕海老原博编著．—上海：华东理工大学出版社；2007.08；26cm
ISBN 978 – 7 – 5628 – 2093 – 2，24.00 元
全书完全根据新考试大纲，在对出题形式进行分析的基础上，对 2 级文字进行了归纳、总结，并配备了足量的习题，供学习者自我检测，提高应战实力。

0452 日本中小企业诊断师北京企业诊断十年
〔日〕坂本晃主编；首都社会经济发展研究所，日本经营管理教育协会编．—北京：同心出版社；2007.02；彩照；23cm
ISBN 978 – 7 – 80716 – 388 – 6，26.00 元
本书是首都社会经济发展研究所北京市决策学学会和日本企业诊断士协会 10 年来合作、交流成果集。

0453 日本最新家庭营养事典
〔日〕五十岚脩著；汇智天成译．—北京：中国画报出版社；2007.05；彩照；21cm
ISBN 978 – 7 – 80220 – 081 – 4（平装），38.00 元
本书全方位介绍了常见营养元素及生活常识。

0454 日汉双解日语副词场面会话
李建华，〔日〕前川光德编著．—大连：大连理工大学出版社；2007.03；21cm
ISBN 978 – 7 – 5611 – 3521 – 1，16.80 元
本书以"情景对话"的形式帮助读者理解体会和掌握副词的意思与用法，以及副词与副词之间的微妙区别，最终帮助读者达到灵活运用的目的。

0455 日美舆论战：一个日本外交官的驻美手记
〔日〕近藤诚一著．刘莉生译．—北京：新华出版社；2007.01；21cm
ISBN 978 – 7 – 5011 – 7819 – 3（平装），19.80 元
本书作者近藤诚一是第一线外交官，近距离揭秘日美舆论外交内幕。

0456 日式小庭院设计
〔日〕高野好造著；邹学群译．—福州：福建科学技术出版社；2007.03；26cm
ISBN 978 – 7 – 5335 – 2982 – 6（平），39.80 元
本书介绍了日式小庭院设计案例及设计方法。由《日本庭院景致设计》一书改版而成。

0457 日语 E – mail 书写法
〔日〕簗晶子，〔日〕大木理惠，〔日〕小松由佳著；黄琦，杜勤译注．—上海：上海译文出版社；2007.01；26cm
ISBN 978 – 7 – 5327 – 4125 – 0，20.00 元
本书介绍了用日语书写电子邮件的基础知识，同时分门别类地介绍了 15 种用于不同场合的电子邮件例文及注意事项和常用表达。

0458 日语会话．基础篇．上册
〔日〕目黑真实，〔日〕滨川祐纪代著．—北京：外语教学与研究出版社；2007.03；—277 页；26cm
32.90 元
本书是全新的日语会话教材，针对初学者学日语的特点和需要而编写。

0459 日语能力考试 1 级试题集：2000～2006 年
〔日〕西藤洋一、亚希编；日本国际教育支援协会，日本国际交流基金会著．—上海：学林出版社；2007.06；26cm + 光盘 1 张．—（现代日语丛书，〔日〕西藤洋一、亚希主编）
ISBN 978 – 7 – 80730 – 384 – 8（平装），41.00 元

本书为 2000～2006 年日本能力考试真题集，附加年度试题的解答用纸与各年度的评分标准和正解，并且附加了听解的原文及录音 CD。

0460 日语能力考试 2 级试题集：2000～2006 年
〔日〕西藤洋一，亚希编；日本国际教育支援协会，日本国际交流基金会著．—上海：学林出版社；2007.06；26cm + 光盘 1 张．—（现代日本语丛书，〔日〕西藤洋一，亚希主编）
ISBN 978 - 7 - 80730 - 385 - 5（平装），38.00 元
本书为 2000～2006 年日本能力考试真题集，附加年度试题的解答用纸与各年度的评分标准和正解，并且附加了听解的原文及录音 CD。

0461 日语能力考试 3 级试题集：2000～2006 年
〔日〕西藤洋一，亚希编；日本国际教育支援协会，日本国际交流基金会著．—上海：学林出版社；2007.06；26cm + 光盘 1 张．—（现代日本语丛书，〔日〕西藤洋一，亚希主编）
ISBN 978 - 7 - 80730 - 386 - 2（平装），34.00 元
本书为 2000～2006 年日本能力考试真题集，附加年度试题的解答用纸与各年度的评分标准和正解，并且附加了听解的原文及录音 CD。

0462 日语能力考试 4 级试题集：2000～2006 年
〔日〕西藤洋一，亚希编；日本国际教育支援协会，日本国际交流基金会著．—上海：学林出版社；2007.06；26cm + 光盘 1 张．—（现代日本语丛书，〔日〕西藤洋一，亚希主编）
ISBN 978 - 7 - 80730 - 387 - 9（平装），29.00 元
本书为 2000～2006 年日本能力考试真题集，附加年度试题的解答用纸与各年度的评分标准和正解，并且附加了听解的原文及录音 CD。

0463 日语能力考试考前对策 . 1、2 级语法要点解析
〔日〕渥见和重等著．—北京：外语教学与研究出版社；2007.02；26cm．—（新出题基准）
ISBN 978 - 7 - 5600 - 6293 - 8，8.90 元
本书是日语能力考试 1、2 级语法要点的总结与练习。

0464 日语能力考试考前对策 . 2 级阅读详解
〔日〕佐佐木仁子，〔日〕松本纪子著．—北京：外语教学与研究出版社；2007.02；26cm．—（新出题基准）
ISBN 978 - 7 - 5600 - 6294 - 5，15.00 元
本套日本语能力 2 级考试对策丛书分为汉字篇、语法篇和阅读篇三本。阅读篇选材于日常生活中经常接触到的文章或材料，按材料的体裁分

成了八章来进行练习分析。

0465 日语听力能力训练
〔日〕古川千春著．—上海：华东理工大学出版社；2007.01；26cm + 光盘 1 张
ISBN 978 - 7 - 5628 - 1969 - 1，22.00 元

0466 入唐求法巡礼行记
〔日〕圆仁著．—桂林：广西师范大学出版社；2007.12；21cm
ISBN 978 - 7 - 5633 - 6965 - 2，12.00 元
本书分四卷，共约八万余字，详述了圆仁宁唐文宗开成三年（838）随藤原常嗣一行入唐，至唐宣宗大中元年（847）归国。

0467 入唐求法巡礼行记校注
〔日〕释圆仁原著；〔日〕小野胜年校注；白化文，李鼎霞，许德楠修订校注．—石家庄：花山文艺出版社；2007.11；图；20cm．—（日本入华求法僧人行记校注丛刊）
ISBN 978 - 7 - 80755 - 145 - 4，39.00 元

0468 森林政策学
〔日〕堺正纮主编；吴铁雄等译．—北京：中国林业出版社；2007.11；图；26cm．—（林业经济管理译丛/刘俊昌主编）
ISBN 978 - 7 - 5038 - 4995 - 4，38.00 元
本书对日本的森林政策从森林资源管理、保安林制度、治山治水政策等方面进行了系统的整理分析，对我国当前的森林政策具有重要借鉴意义。

0469 砂器
〔日〕松本清张著；赵德远译．—海口：南海出版公司；2007.06；24 cm．—（新经典智库．推理大师杰作选）
ISBN 978 - 7 - 5442 - 3720 - 8（平装），29.80 元
本书为日本当代小说家松本清张所著的长篇推理小说。

0470 "善于放弃"能够克服心理压力
〔日〕斎藤茂太著；陈诚译．—北京：科学出版社；2007.01；21cm．—（打造成功心理系列）
ISBN 978 - 7 - 03 - 018052 - 0，19.50 元

0471 商业推广设计 . 1
〔日〕G 社编辑部编著；于莹译．—北京：中国青年出版社；2007.01．—Promotion Design：彩图；29cm
ISBN 978 - 7 - 5006 - 7104 - 6，246.00 元（全套

2 册）

本书共收录国际知名企业和品牌的优秀设计案例 200 余个，作品达 4000 余件。

0472 商业推广设计.2

〔日〕G 社编辑部编著；刘彤扬译.—北京：中国青年出版社；2007.01：彩图；29cm

ISBN 978 - 7 - 5006 - 7104 - 6（平装），128.00 元

本书共收录国际知名企业和品牌的优秀设计案例 200 余个，作品达 4000 余件。

0473 商业推广设计：汉英对照.3

〔日〕G 社编辑部编著；暴凤明译.—北京：中国青年出版社；2007.09；29cm

ISBN 978 - 7 - 5006 - 7730 - 7，128.00 元

《商业推广设计》是一套介绍企业如何利用多种媒体进行商业推广宣传的系列图书，由日本 G 社提供版权。

0474 上海风情

〔日〕冈田文夫摄.—上海：上海人民美术出版社；2007.01；23 × 31cm

ISBN 7 - 5322 - 5021 - 0（精装），300.00 元

本书为上海风景摄影作品集。

0475 设计草图·制图·模型

〔日〕清水吉治，〔日〕酒井和平著；张福昌译.—北京：清华大学出版社；2007.02；29cm

ISBN 978 - 7 - 302 - 14255 - 3，99.00 元

本书共 3 篇，介绍了短时间内制作完成各种模型的技巧和方法。

0476 设计之都：东京

〔日〕高桥正明著；刘彤彤译.—北京：高等教育出版社；2007.11：彩照；29cm.—（室内视角系列丛书）

ISBN 978 - 7 - 04 - 021869 - 5，188.00 元

本书收录了东京最新流行的室内设计项目，有餐厅、酒吧、商店、办公和住宅，还包括一个男性美容院。

0477 肾疾病及神经、老年泌尿外科学

〔日〕小柳知彦等主编；吕家驹译.—济南：山东科学技术出版社；2007.03；26cm.—（新图说泌尿外科学丛书；6）

ISBN 978 - 7 - 5331 - 4341 - 1（精装），185.00 元

本书介绍了肾脏、肾上腺摘除术及腹腔镜手术的新进展、新方法。

0478 生活日语好说好听

〔日〕松本美佳编著；叶平亭译.—上海：华东理工大学出版社；2007.01；20cm + 光盘 1 张

ISBN 978 - 7 - 5628 - 2012 - 3，20.00 元

本书通过轻松活泼的对话及相关句型，分四大不同的场景，介绍了日常生活中常用的语言。

0479 生命障碍

〔日〕木藤潮香著；李夺译.—长春：吉林文史出版社；2007.02；21cm

ISBN 978 - 7 - 80702 - 484 - 2，21.80 元

本书是一部励志类的日本小说。母亲为了让身患绝症的孩子体会到生命的美好，帮助他跨越生命障碍的高度。

0480 生男生女可以自己决定吗

〔日〕杉山四郎著；主妇之友译.—2 版.—天津：天津科技翻译出版公司；2007.01；24cm.—（求子必读孕育系列）

ISBN 7 - 5433 - 2131 - 9，16.00 元

本书是我社引进的外版图书，书中介绍了几种决定生男生女的方法，是日本"SS 研究会"的研究成果，目标是避免伴性遗传，以建立幸福的家庭生活。

0481 生生不息为和平：保林和池田大作对话录

〔美〕保林，〔日〕池田大作著；周伯通译.—桂林：广西师范大学出版社；2007.10；21cm

ISBN 978 - 7 - 5633 - 6868 - 6，12.80 元

本书是一本不同寻常的对话集，两个对 20 世纪具有重要影响的人物，在世纪末展开了一场别开生面的对话。

0482 生态与历史：人类学的视角

〔日〕秋道智弥，尹绍亭主编.—昆明：云南大学出版社；2007.11；24cm

ISBN 978 - 7 - 81112 - 278 - 7，35.00 元

本书主体由三部分组成，从人类学环境史研究的角度，关注文化与生态的相关关系，论述当代人类与生态环境互动变迁的过程。

0483 生物摩擦学：关节的摩擦和润滑

〔日〕笹田直，〔日〕冢本行男，〔日〕马渕清资著；顾正秋译.—北京：冶金工业出版社；2007.01；21cm

ISBN 978 - 7 - 5024 - 4200 - 2（平装），28.00 元

本书主要包括生物摩擦学的基础理论、关节的构造、关节的摩擦、关节的润滑机理等。

0484 生物体内的振动反应

〔日〕秀岛武敏著；刘纯等译.—北京：科学出

版社；2007.05；24cm. —（现代化学前沿译丛）
ISBN 978 - 7 - 03 - 018960 - 8（平装），50.00 元
本书内容安排由浅入深，首先从基本理论讲起
是为了一些生物化学知识较差的读者准备的，
对这些知识已经了解的读者可从第一章后直接
跳到第五章进行阅读。

0485　生物质和生物能源手册
〔日〕能源学会编；史仲平，华兆哲译．—北京：
化学工业出版社；2007.01；26cm
ISBN 978 - 7 - 5025 - 9411 - 4（精装），68.00 元
本书介绍了生物质资源的各种类型、转换处理
和利用技术。

0486　圣斗士星矢．1，雅典娜的圣斗士之卷
〔日〕车田正美著；梁晓岩译．—北京：中国少
年儿童出版社；2007.12；18cm
ISBN 978 - 7 - 5007 - 8720 - 4，7.60 元

0487　圣斗士星矢．2，死斗！天马对天龙之卷
〔日〕车田正美著；梁晓岩译．—北京：中国少
年儿童出版社；2007.12；18cm
ISBN 978 - 7 - 5007 - 8721 - 1，7.60 元

0488　圣斗士星矢．3，凤凰座！从地狱归来的战士之卷
〔日〕车田正美著；梁晓岩译．—北京：中国少
年儿童出版社；2007.12；18cm
ISBN 978 - 7 - 5007 - 8722 - 8，7.60 元
在中国广大读者心中，《圣斗士星矢》可谓经典
中的经典。

0489　圣斗士星矢．4，血战！暗黑圣斗士之卷
〔日〕车田正美著；梁晓岩译．—北京：中国少
年儿童出版社；2007.12；18cm
ISBN 978 - 7 - 5007 - 8723 - 5，7.60 元

0490　圣斗士星矢．5，白银圣斗士！美丽的猎杀者之卷
〔日〕车田正美著；梁晓岩译．—北京：中国少
年儿童出版社；2007.12；18cm
ISBN 978 - 7 - 5007 - 8724 - 2，7.60 元

0491　圣斗士星矢．6，战斗！在雅典娜的身边之卷
〔日〕车田正美著；梁晓岩译．—北京：中国少
年儿童出版社；2007.12；18cm
ISBN 978 - 7 - 5007 - 8725 - 9，7.60 元

0492　圣斗士星矢．7，激战！黄金圣衣之卷
〔日〕车田正美著；梁晓岩译．—北京：中国少
年儿童出版社；2007.12；18cm
ISBN 978 - 7 - 5007 - 8726 - 6，7.60 元

0493　圣斗士星矢．8，圣域！十二宫之卷
〔日〕车田正美著；梁晓岩译．—北京：中国少
年儿童出版社；2007.12；18cm
ISBN 978 - 7 - 5007 - 8727 - 3，7.60 元

0494　圣斗士星矢．9，为了我的女神之卷
〔日〕车田正美著；梁晓岩译．—北京：中国少
年儿童出版社；2007.12；18cm
ISBN 978 - 7 - 5007 - 8728 - 0，7.60 元
在中国广大读者心中，《圣斗士星矢》可谓经典
中的经典。

0495　圣斗士星矢．10，沙加！接近神的男人之卷
〔日〕车田正美著；梁晓岩译．—北京：中国少
年儿童出版社；2007.12；18cm
ISBN 978 - 7 - 5007 - 8729 - 7，7.60 元

0496　圣斗士星矢．11，少年们！雅典娜托付给你们了之卷
〔日〕车田正美著；梁晓岩译．—北京：中国少
年儿童出版社；2007.12；18cm
ISBN 978 - 7 - 5007 - 8730 - 3，7.60 元

0497　圣斗士星矢．12，教皇殿的死斗之卷
〔日〕车田正美著；梁晓岩译．—北京：中国少
年儿童出版社；2007.12；18cm
ISBN 978 - 7 - 5007 - 8731 - 0，7.60 元

0498　省钱妙招 1000 例
〔日〕主妇之友社编；刘丹云等译．—吉林：吉
林科学技术出版社；2007.04；21×20cm
ISBN 978 - 7 - 5384 - 3456 - 9，29.80 元

0499　十月怀胎百科
〔日〕岩田嘉行著；素清译．—4 版．—天津：天
津科技翻译出版公司；2007.01；24cm. —（求
子必读孕育系列）
ISBN 7 - 5433 - 2109 - 2，18.00 元
本书涉及怀孕生产的方方面面，从怀孕前的检
查、准备到各种生产方式，内容丰富具体。

0500　时尚儿童毛衣
〔日〕BOUTIQUE 社编；吴宝顺，董曾珊译．—杭
州：浙江科学技术出版社；2007.04：图；26cm. —
（亲手织）
ISBN 978 - 7 - 5341 - 3025 - 0（平装），22.00 元

本书引进日本 BOUTIQUE 社版权，介绍日本最新的儿童编织物。

0501　时尚秀发简单梳编

〔日〕松本留美著；灵思泉译 . —北京：中国画报出版社；2007.04；彩图；21cm + 光盘 1 张

ISBN 978 - 7 - 80220 - 109 - 5（平装），29.80 元

本书是一本详细教授女性头发梳编方法的图书。

0502　实践 PLM 战略

〔日〕山田太郎著；北京世纪思特技术开发有限公司译 . —北京：中国计量出版社；2007.09. —Product Lifecycle Management；23cm

ISBN 978 - 7 - 5026 - 2686 - 0，25.00 元

0503　实用教子秘诀 48 条

〔日〕河合隼雄著；李静译 . —海口：南海出版公司；2007.09；21cm

ISBN 978 - 7 - 5442 - 3585 - 3，18.00 元

本书依序从孩子的出生谈起，一直到青春期为止，采用问答形式，为父母们在教育孩子过程中遇到的难题一一进行解释和指导。

0504　实用日本语检定考试 2006 年真题集 . A ~ D 级

日语检定协会，J. TEST 事务局编 . —北京：北京语言大学出版社；2007.03；26cm + 光盘 1 张

ISBN 978 - 7 - 5619 - 1792 - 3，30.00 元

本书收录了 2006 年举行的 J. TEST 考试的五套中高级（A ~ D）考试的全部试题，这些试题均由日本语检定协会提供，书后附有试题答案和听力原文。

0505　实用日本语检定考试 2006 年真题集 . E ~ F 级

日语检定协会，J. TEST 事务局编 . —北京：北京语言大学出版社；2007.03；26cm + 光盘 1 张

ISBN 978 - 7 - 5619 - 1793 - 0，28.00 元

本书收录了 2006 年举行的 J. TEST 考试的五套初级（E ~ F）考试的全部试题，这些试题均由日本语检定协会提供。书后附有试题答案和听力原文。

0506　实用小编织

〔日〕美丽出版社著；魏巍译 . —北京：中国画报出版社；2007.09；彩图；18 × 21cm. —（超可爱编织；3）

ISBN 978 - 7 - 80220 - 021 - 0，11.00 元

这册书介绍了如何利用城堡编织器这一时下流行的毛绒编织工具利用实用的衣物毛绒用品的方法，是实用的生活书籍。

0507　食物真相大揭密

〔日〕安部司著；李波译 . —天津：天津教育出版社；2007.05；24cm. —（新经典健康馆；15）

ISBN 978 - 7 - 5309 - 4911 - 5，22.00 元

本书作者以自身经历，为读者讲述食品制作的真相——添加剂的使用问题。书中既强调了添加剂给人们的生活带来的危害，又辩证地指出了添加剂为人们生活带来的便捷。

0508　史上最强推理谜题：培养突破能力的 60 个题目

〔日〕小野田博一著；甄晓仁译 . —北京：北京理工大学出版社；2007.08；21cm. —（谜题训练营）

ISBN 978 - 7 - 5640 - 1303 - 5，15.00 元

本书所选题目以培养突破能力，挑战空前推理能力为追求，将是读者锻炼数学直觉和提高推理实力的阶梯，也是一道超级智力盛宴。

0509　史学通论四种合刊

〔日〕浮田和民讲述；李浩生等译 . —上海：华东师范大学出版社；2007.01；23cm

ISBN 978 - 7 - 5617 - 5015 - 5，35.00 元

本书作者是日本的政论家和史学家，所著《史学通论》是一部讲述西方近代史学理论与史学方法的著述。

0510　世界大米供求与预测

〔日〕钱小平，陈永福著 . —北京：中国农业出版社；2007.03；20cm

ISBN 978 - 7 - 109 - 12354 - 0，20.00 元

本书紧紧围绕世界大米供求变动及其模型的构建，分别从世界和分国别大米供求变动及其政策变化入手，在确定世界大米供求模型结构的基础上，估计模型参数，设计模型模拟方案。

0511　世界名牌 CHANEL

〔日〕名牌精品购物编集部编；冯彦青译 . —沈阳：辽宁科学技术出版社；2007.09；彩照；18cm

ISBN 978 - 7 - 5381 - 5120 - 6，18.00 元

本书介绍了世界名牌 CHANEL 今年的流行趋势以及新上市品种。

0512　世界名牌 COACH

〔日〕名牌精品购物编集部编；荆柯译 . —沈阳：辽宁科学技术出版社；2007.09；彩照；18cm

ISBN 978 - 7 - 5381 - 5125 - 1，18.00 元

本书介绍了世界名牌 COACH 今年的流行趋势以及新上市品种。

0513　世界名牌 GUCCI

〔日〕名牌精品购物编集部编；魏巍译．—沈阳：
辽宁科学技术出版社；2007.09；18cm
ISBN 978 – 7 – 5381 – 5124 – 4，18.00 元

0514　世界名牌 ROLEX&CARTIER

〔日〕名牌精品购物编集部编；任晴雯译．—沈
阳：辽宁科学技术出版社；2007.09；彩照；18cm
ISBN 978 – 7 – 5381 – 5196 – 1，18.00 元
本书介绍了世界名牌 ROLEX&Cartier 今年的流行
趋势以及新上市品种。

0515　市场经济：历史·思想·现在

〔日〕山口重克主编；张季风等译．—北京：社会
科学文献出版社；2007.05；24cm．—（社科文献
精品译库）
ISBN 978 – 7 – 80230 – 632 – 5，35.00 元
本书追踪考察了市场经济从原始社会到现代是
如何发展演进的历史轨迹，介绍了各个时代的
思想家是如何观察和评价市场经济的；还探讨
了现代市场经济对人类有哪些贡献，同时又带
来哪些问题。

0516　室内设计模型制作

〔日〕仓林进著；土赳鹰，黄予立译．—上海：
上海人民美术出版社；2007.01；图；31cm
ISBN 978 – 7 – 5322 – 5156 – 8，78.00 元
本书是室内设计模型制作教程。

0517　室内设计效果图手绘技法·色铅笔表现篇

〔日〕长谷川矩祥编著；暴凤明译．—北京：中
国青年出版社；2007.09；彩图；26cm
ISBN 978 – 7 – 5006 – 7744 – 4，56.00 元
《室内设计效果图手绘技法》由日本资深室内设
计师长谷川矩祥精心策划、编著，并由日本著名
艺术图书出版社 Graphic 社授权出版。

0518　释怀：不再为抑郁孤独烦恼

〔日〕大野裕著；陈诚译．—北京：科学出版社；
2007.05；21cm．—（打造成功心理系列）
ISBN 978 – 7 – 03 – 018858 – 8（平装），27.00 元
本书中作者始终强调一个观点，即心病没什么
了不起，也别把心病当回事。

0519　收割电影：追寻纪录片中至高无上的幸福

〔日〕小川绅介著；〔日〕山根贞男编；冯艳译．
—上海：上海人民出版社；2007.10；照片；23cm
ISBN 978 – 7 – 208 – 07267 – 1，26.00 元
本书是日本电影评论家山根贞男在日本著名纪
录片导演小川绅介死后，从小川生前在各地的

讲演录音整理而来。

0520　手工绒球

〔日〕美丽出版社著；魏巍译．—北京：中国画
报出版社；2007.09；彩图；18 × 21cm．—（超
可爱编织；2）
ISBN 978 – 7 – 80220 – 021 – 0，11.00 元
本书介绍了如何利用绒球编织器这一目前流行
的编织工具制作可爱的毛绒球制品的方法，是实
用的生活书籍。

0521　手指编织

〔日〕美丽出版社著；魏巍译．—北京：中国画
报出版社；2007.09；彩图；18 × 21cm．—（超
可爱编织；1）
ISBN 978 – 7 – 80220 – 021 – 0，11.00 元
本书介绍了如何以手指编织实用又可爱的衣物
及小饰物等毛绒制品，是适合少女阅读的生活
书籍。

0522　瘦脸！面部瑜伽

〔日〕高津文美子著；灵思泉译．—北京：中国
画报出版社；2007.01；彩图；21cm．—（阳光
女性系列）
ISBN 978 – 7 – 80220 – 051 – 7（平装），26.00 元
本书介绍了把面部运动与面部瑜珈相结合的全
新的美颜方面。若能在日常生活中持之以恒身体
力行的话，面部瑜珈的效果会倍增。

0523　淑女也疯狂：DIY 最 IN 女裙

〔日〕渡部觉著；孙洁敏译．—北京：中国纺织
出版社；2007.02；图；24cm．—（Easy 巧手．
时尚由我秀）
ISBN 978 – 7 – 5064 – 4242 – 8，29.80 元
本书让你我这样的"淑女"一同"疯狂"起来，
用直线剪裁出各式各样的美丽女裙。书中以线描
图方式详细讲解从排料、开裁、缝制等所有相关
步骤，让你的创意马上引来羡慕的赞叹。

0524　树木人格：投射测试

〔日〕吉沅洪编著．—重庆：重庆出版社；2007.
04；21cm．—（实用临床心理学书系）
ISBN 978 – 7 – 5366 – 8706 – 6，28.00 元

0525　数数

〔日〕圆谷制作株式会社著；陆琰编写．—上海：
少年儿童出版社；2007.01；42 × 57cm．—（迪
迦奥特曼学习画报）
ISBN 978 – 7 – 5324 – 7201 – 7，5.00 元

0526 数学符号理解手册

〔日〕黑木哲德著；赵雪梅译．—上海：学林出版社；2007.05：图；21cm

ISBN 978 - 7 - 80730 - 352 - 7（平装），18.00 元

本书是通过数学符号来对从小学算术到大学微积分的内容做解说的书。

0527 数学论辩谜题精选：求解的兴奋和快乐

〔日〕仲田纪夫著；鲍重光译．—北京：北京理工大学出版社；2007.08；21cm．（谜题训练营）

ISBN 978 - 7 - 5640 - 1307 - 3，15.00 元

0528 数学谜题的 20 种解法：助你成为谜题高手

〔日〕中村义作著；鲍重光译．—北京：北京理工大学出版社；2007.10；21cm．—（谜题训练营）

ISBN 978 - 7 - 5640 - 1308 - 0，18.00 元

0529 数字和推理益智游戏

〔日〕秋山仁编著；高晓菲译．—哈尔滨：黑龙江科学技术出版社；2007.01；26cm．—（IQ 益智游戏大百科）

ISBN 978 - 7 - 5388 - 4599 - 0，12.00 元

本书通过轻松有趣的数字推力游戏，能让孩子们找到自信感，与此同时也锻炼了孩子们的智力，培养孩子们的逻辑能力。

0530 水的神奇疗效

〔日〕藤田纮一郎著；陈庆译．—北京：中国画报出版社；2007.05；21cm

ISBN 978 - 7 - 80220 - 019 - 7（平装），18.00 元

本书将改变读者对水的既有观念，让人了解不同种类的水有何功效。作者还设计了水处方，多饮用不仅达到预防、改善疾病的效果，价格也比药物更便宜。

0531 瞬间读懂你

〔日〕涉谷昌三著；高丕娟译．—北京：科学出版社；2007.04；21cm．—（打造成功心理系列）

ISBN 978 - 7 - 03 - 018760 - 4（平装），25.00 元

0532 思想·山水·人物

〔日〕鹤见祐辅著；鲁迅译．—北京：人民文学出版社；2007.07；21cm．—（天火丛书）

ISBN 978 - 7 - 02 - 006033 - 7（平装），13.00 元

本书是日本作家鹤见的杂文集，由鲁迅在 1928 年翻译出版。作者以议论、批评、叙述的手法，对社会、人物、民俗、景物等加以剖析评论。

0533 算子代数理论·I

〔日〕竹崎政路编著．—北京：科学出版社；2007.01．—Theory of Operator Algebra I；24.cm—（国外数学名著系列：影印版；27）

ISBN 978 - 7 - 03 - 018291 - 3（精装），78.00 元

本书是算子代数一套三册中的第一分册，重点介绍了理论分析和拓扑方面的知识，同时使得读者容易掌握局部紧空间上算子代数和测度论之间的联系。

0534 谈话技巧

〔日〕斋藤茂太著；刘金平译．—北京：科学出版社；2007.05；21cm．—（打造成功心理系列）

ISBN 978 - 7 - 03 - 018821 - 2（平装），20.00 元

0535 谈幸福

〔日〕池田大作著；卞立强，张彩虹译．—北京：中国文联出版社；2007.03；19cm

ISBN 978 - 7 - 5059 - 5510 - 3，15.00 元

本书为散文作品集。

0536 叹息的肖像画

〔日〕筱原美季著；〔日〕河合千草绘；可乐猫译．—昆明：云南教育出版社；2007.12：图；21cm．—（英国奇异谭；2）

ISBN 978 - 7 - 5415 - 3299 - 3，15.00 元

本书描写爱上湖之精灵的青年杰克的灵魂，为了寻求新的肉体而在深夜中彷徨。

0537 唐宋诗文的艺术世界

〔日〕笕文生，〔日〕笕久美子著；卢盛江译．—北京：中华书局；2007.10；21cm．—（日本中国学文萃/王晓平主编）

ISBN 978 - 7 - 101 - 05074 - 5，24.00 元

本书为"日本中国学文萃"丛书之一种，共收入 18 篇文章，约 25 万字。为我们展示了诗文背后的艺术世界，深化了对唐宋诗文的理解。

0538 倘若我在彼岸

〔日〕片山恭一著；张兴译．—青岛：青岛出版社；2007.01；20cm

ISBN 978 - 7 - 5436 - 3913 - 3，14.00 元

本书由三个看似独立实则相通的凄美的爱情故事组成。主人公都是老师，都喜欢某种运动，他们都曾亲身经历过或目睹过接近死神的一瞬间，并从中感悟或懂得了生命中的某些东西。

0539 疼痛与治疗

〔日〕川端一永著；武锐译．—上海：世界图书出版公司；2007.09；21cm．—（超入门系列）

ISBN 978 - 7 - 5062 - 8886 - 6，22.80 元

0540　提高免疫力 50 法则

〔日〕松下祥著；环球启达译．—沈阳：辽宁科学技术出版社；2007.11；图；21cm

ISBN 978 - 7 - 5381 - 5217 - 3，20.00 元

本书介绍了日常生活中提高免疫力的简单方法。

0541　提高判断力的推理谜题：挑战公务员考试

〔日〕铃木清士著；龚裕译．—北京：北京理工大学出版社；2007.08；21cm．—（谜题训练营）

ISBN 978 - 7 - 5640 - 1305 - 9，16.00 元

0542　提高饮食店销售额 150% 的方法

〔日〕久连松秀明等编著；李锋传译．—沈阳：辽宁科学技术出版社；2007.08；21cm．—（船井综合研究所提高营业额的真本领丛书）

ISBN 978 - 7 - 5381 - 4487 - 1，19.80 元

本书主要讲解了如何成为一名成功的饮食店经营者的独特技巧。

0543　体育与健身运动中的肌肤保鲜

〔日〕上田由纪子著；崔丹译．—上海：上海科学技术出版社；2007.12；21cm

ISBN 978 - 7 - 5323 - 9118 - 9，22.00 元

本书是介绍运动与皮肤之间诸多有关皮肤保健、护理、诊疗新理念、新方法的普及性读物。

0544　天才是怎样炼成的

〔日〕阴山英男著；林燕燕译．—北京：新世界出版社；2007.09；图；21cm

ISBN 978 - 7 - 80228 - 416 - 6，23.00 元

本书系引进版青少年教育图书。作者多年来致力于通过反复练习的方法来提高小学生的学习能力。

0545　天竺热风录

〔日〕田中芳树著；陆求实译．—海口：南海出版公司；2007.08；21cm

ISBN 978 - 7 - 5442 - 3783 - 3，18.80 元

本书是田中芳树又一部以古代中国为背景的具有浪漫英雄主义特色的历史小说。

0546　甜蜜扮靓法

〔日〕主妇之友社供稿；北京《瑞丽》杂志社编译．—北京：中国轻工业出版社；2007.07；彩照；23 cm．—（瑞丽 BOOK）

ISBN 978 - 7 - 5019 - 6016 - 3（平装），30.00 元

本书编辑遍访男生，聆听他们对女生服装款式、搭配的意见，听取他们对女生在方方面面的要求。

0547　挑战日本语．初中级

日本语教育教材开发委员会编著．—北京：北京大学出版社；2007.10；26cm．—（日语考级丛书）

ISBN 978 - 7 - 301 - 12861 - 9，30.00 元

本书是《挑战日本语》系列丛书的学生用书的初中级篇。作为广大日语学习者使用教材，每课以提示、翻译句型的方式，帮助理解所学习的内容。

0548　挑战日本语．中级

日本语教育教材开发委员会编著．—北京：北京大学出版社；2007.10；26cm．—（日语考级丛书）

ISBN 978 - 7 - 301 - 12863 - 3，30.00 元

本书是《挑战日本语》系列丛书的学生用书的中级篇。作为广大日语学习者使用教材，每课以提示、翻译句型的方式，理解所学习的内容。

0549　听力日语．上

〔日〕水谷信子著；刁鹏鹏译．—大连：大连理工大学出版社；2007.05；图；26cm + 磁带 2 盒

ISBN 978 - 7 - 5611 - 3557 - 0，36.80 元

本书是实用日语基础教材，全书共十八课，各课由单词整理，课文，读解要点，语法小结，练习题，会话文构成。对象为日语能力中级水平者。

0550　听力日语．下

〔日〕水谷信子著；刁鹏鹏译．—大连：大连理工大学出版社；2007.05；图；26cm + 磁带 2 盒水谷信子实用日语教程

ISBN 978 - 7 - 5611 - 3562 - 4，36.80 元

本书是实用日语基础教材，全书共十八课，各课由单词整理，课文，读解要点，语法小结，练习题，会话文构成。对象为日语能力中级水平者。

0551　通过漫画学日语．文化篇

〔日〕加藤清方等著．—北京：外语教学与研究出版社；2007.10；—128 页；21cm

¥ CNY8.90

本书通过漫画学习日语。

0552　头文字 D.31

〔日〕重野秀一著；简洁译．—南宁：接力出版社；2007.01；18cm

ISBN 7 - 80732 - 535 - 6，7.90 元

本书是一部极有名气的日本漫画,是继《篮球飞人》后又一部充满激情的作品。

0553 头文字 D. 32

〔日〕重野秀一著;简洁译.—南宁:接力出版社;2007.01;18cm

ISBN 7 - 80732 - 536 - 4, 7.90 元

《头文字 D》是一部极有名气的日本漫画,是继《篮球飞人》后又一部充满激情的作品。

0554 透过哈勃看宇宙.无尽星空

〔日〕野本阳代,〔美〕威廉姆斯著;刘剑译.—北京:电子工业出版社;2007.11:图;20cm + 天体写真海报 1 张

ISBN 978 - 7 - 121 - 05179 - 1, 27.80 元

从 1990 年至 1997 年,这七年来哈勃不断地给我们传送回各种美丽的星云、星系图片。

0555 透过哈勃看宇宙.星之海洋

〔日〕野本阳代著;刘剑译.—北京:电子工业出版社;2007.11:图;20cm + 天体写真海报 1 张

ISBN 978 - 7 - 121 - 05186 - 9, 27.80 元

0556 透过哈勃看宇宙.宇宙遗产

〔日〕野本阳代著;刘剑译.—北京:电子工业出版社;2007.11:图;20cm + 天体写真海报 1 张

ISBN 978 - 7 - 121 - 05178 - 4, 29.80 元

0557 突破经典信息科学的极限——量子信息论

〔日〕佐川弘幸,〔日〕吉田宣章著;宋鹤山,宋天译.—大连:大连理工大学出版社;2007.09;24cm

ISBN 978 - 7 - 5611 - 3743 - 7, 35.00 元

本书主要内容包括:量子力学基础,EPR 对和观测问题,经典计算机,量子门,信息通信理论,量子计算,量子密码,量子搜索算法,量子计算机的设计。

0558 图解半导体基础

〔日〕水野文夫,〔日〕鹰野致和著;彭军译.—北京:科学出版社;2007.03;21cm

ISBN 978 - 7 - 03 - 018589 - 1(平装),20.00 元

本书是半导体器件及其技术的入门书,插图丰富,叙述简明易懂,可作为半导体行业上岗培训教材,再学习辅导教材等。

0559 图解德鲁克管理精粹

〔日〕久恒启一著;刘霞译.—北京:电子工业出版社;2007.01;24cm

ISBN 7 - 121 - 03550 - 2, 29.00 元

0560 图解光催化技术大全

〔日〕桥本和仁,〔日〕藤岛昭主编;邱建荣,朱从善译.—北京:科学出版社;2007.04;26cm

ISBN 978 - 7 - 03 - 018703 - 1(平装),44.00 元

本书广泛收集了有关光催化的反应机理,制造方法,各个领域的应用具体例子及今后有望得到发展的最新应用研究成果等。

0561 图解机械工学手册

〔日〕机械工学手册编撰委员会编;薛培鼎,崔东印译.—北京:科学出版社;2007.01;20cm

ISBN 7 - 03 - 017758 - 4, 65.00 元

本书内容共分 10 篇 41 章,主要内容有机械设计流程,机械学的基础,机械结构及其作用,机械控制与电工电子技术,能量的变换与利用等。

0562 图解继电器与可编程控制器

〔日〕冈本裕生著;吕砚山译.—北京:科学出版社;2007.01;24cm.—(实用技术)

ISBN 978 - 7 - 03 - 018434 - 4(平装),24.00 元

0563 图解降压安神读本

〔日〕渡边孝著;曹贺等译.—北京:科学出版社;2007.01;21cm

ISBN 978 - 7 - 03 - 017776 - 6, 16.00 元

本书介绍了老年人降血压安神的方法。

0564 图解人体实用手册

〔日〕赖在幸安著;李毅男,柳英侠译.—2 版.—哈尔滨:哈尔滨出版社;2007.06;24cm

ISBN 978 - 7 - 80639 - 859 - 3, 38.00 元

本书主要以图解的方式来形象生动地说明人体各方面的一本手册。

0565 图解心理健康手册

〔日〕吉川武彦主编;金宁等译.—2 版.—哈尔滨:哈尔滨出版社;2007.06:图;24cm

ISBN 978 - 7 - 80639 - 860 - 9, 32.00 元

本书用诊断图的形式对各种心理疾病进行初步判断,并结合具体情况介绍和诊断各种精神、心理疾病。

0566 图解心理学

〔日〕深堀元文著;侯铎译.—天津:天津教育出版社;2007.05;24cm

ISBN 978 - 7 - 5309 - 4908 - 5, 25.00 元

本书是心理学的普及读物，囊括了心理学的定义、发展历史学基础知识以及学科的一些最新发展。

0567　图解中医
〔日〕平马直树，〔日〕濑尾港二，〔日〕稻田惠子审订；白华译．—海口：南海出版公司；2007.10.—Traditional Chinese Medicine：图；23cm.—（新经典智库．一册通晓；097）
ISBN 978 – 7 – 5442 – 3912 – 7，22.00 元

0568　图片益智游戏
〔日〕秋山仁编著；袁玥译．—哈尔滨：黑龙江科学技术出版社；2007.01；26 cm.—（IQ 益智游戏大百科）
ISBN 978 – 7 – 5388 – 4570 – 9，12.00 元
本书用图片来做游戏，使孩子在游戏中找到乐趣，从而提高孩子的动手、动眼、动脑的能力。

0569　图说工业空调·节能管理
〔日〕大金工业株式会社编．—上海：同济大学出版社；2007.07：图；26cm
ISBN 978 – 7 – 5608 – 2950 – 0，50.00 元
本书为针对工业建筑的空调应用及节能管理的科普性读物，内容主要包括空调基础知识和工业空调应用、节能及管理两大部分。

0570　图像处理技术手册
〔日〕高木干雄，〔日〕下田阳久主编；孙卫东等译．—北京：科学出版社；2007.08：彩图；21cm
ISBN 978 – 7 – 03 –019017 – 8（精装），138.00 元
本书共分基础和应用两部分，共 31 章。基础又分图像处理和相关知识两部分；应用分为映射、认识及论辩等三个部分。

0571　推理论辩谜题精选：逻辑思维训练
〔日〕小野田博一著；龚裕译．—北京：北京理工大学出版社；2007.08；21cm.—（谜题训练营）
ISBN 978 – 7 – 5640 – 1306 – 6，15.00 元

0572　完全图解现代照护
〔日〕大田仁史，〔日〕三好春树主编；赵红等译．—北京：科学出版社；2007.06：图；24cm
ISBN 978 – 7 – 03 – 018730 – 7，60.00 元
本书以图解的方式，细致地将基础护理的技术环节介绍给读者，从照顾患者的日常生活的角度出发，让照顾者掌握其相关知识及护理方法。

0573　玩美幼教 Piccolo. 秋
〔日〕学习研究社编著；赵晓明译．—北京：中国青年出版社；2007.09：折图；26cm
ISBN 978 – 7 – 5006 – 7761 – 1，24.00 元
本书内容精选自日本著名幼教杂志《Piccolo》，集幼儿园环境布置、玩教具手工制作、游戏设计方案为一体，是幼儿园教学必备的教学参考书。

0574　《万叶集》与中国文化
〔日〕中西进著；刘雨珍，勾艳军译．—北京：中华书局；2007.10；21 cm.—（日本中国学文萃/王晓平主编）
ISBN 978 – 7 – 101 – 05730 – 0，24.00 元
本书分为两编，前编主要为万叶和歌与中国文学的比较，后编则主要论述了《万叶集》中涉及神仙思想的篇什及神、道思想在日本的流变。

0575　万用日语会话表现辞典
〔日〕藤原彻，乐大维著．—上海：华东理工大学出版社；2007.01；17cm
ISBN 978 – 7 – 5628 – 1965 – 3，18.00 元
本书包罗万象，内容实用，可以学到地道日语的口语表达方式，是便于携带的随身手册。

0576　万用日语会话表现辞典
〔日〕藤原彻，乐大维著．—上海：华东理工大学出版社；2007.01；17cm + 光盘 1 张
ISBN 978 – 7 – 5628 – 1964 – 6，25.00 元
本书包罗万象，内容实用，可以学到地道日语的口语表达方式，是便于携带的随身手册。

0577　网面设计基础
〔日〕境佑司著；袁玥译．—北京：电子工业出版社；2007.09：图；25cm + 光盘 1 张 .—（网页设计师必读）
ISBN 978 – 7 – 121 – 04872 – 2，32.00 元
本书以图解的形式概括了网页设计所需要的基础知识，通过大量的图表形式，介绍了网页设计基本知识、Web 特性、网页设计与表现、网页设计中所应用的语言及设计技巧等全面的知识。

0578　网球单打 55 种制胜技巧
〔日〕杉山贵子著；李鸿江，孙守正译．—北京：人民体育出版社；2007.05：55 幅；20cm
ISBN 978 – 7 – 5009 – 2970 – 3，16.00 元
本书叙述了在网球单打比赛中，如何巧妙运用技战术进行进攻和防守、怎样处理各种各样的常见球和意外球以帮助你得分。

0579　网球王子．第 31 卷，奇招，菊丸的单打？
〔日〕许斐刚编绘；王志钧译．—北京：连环画出版社；2007.09：图；18cm

ISBN 978 - 7 - 5056 - 0823 - 8，6.90 元

本书讲述了青学网球队在全国大赛上与比嘉中学的第一战。

0580 网球王子．第 32 卷，难缠的两个人

〔日〕许斐刚编绘；王志钧译．—北京：连环画出版社；2007.09：图；18cm

ISBN 978 - 7 - 5056 - 0824 - 5，6.90 元

本书讲述了青学网球队在全国大赛八分之一决赛中对战冰帝学园的精彩故事。

0581 网球王子．第 33 卷，手冢国光九州编

〔日〕许斐刚编绘；王志钧译．—北京：连环画出版社；2007.09：图；18cm

ISBN 978 - 7 - 5056 - 0826 - 9，6.90 元

本书为运动题材的漫画，描写了青春学园里一群热爱网球的校队队员冲击全国大赛的奋斗过程。

0582 网球王子．第 34 卷，同步

〔日〕许斐刚编绘；王志钧译．—北京：连环画出版社；2007.09：图；18cm

ISBN 978 - 7 - 5056 - 0827 - 6，6.90 元

本书为运动题材的漫画，描写了青春学园里一群热爱网球的校队队员冲击全国大赛的奋斗过程。

0583 网球王子．第 35 卷，再见，冰帝学园

〔日〕许斐刚编绘；王志钧译．—北京：连环画出版社；2007.09：图；18cm

ISBN 978 7 - 5056 - 0828 - 3，6.90 元

本书为运动题材的漫画，描写了青春学园里一群热爱网球的校队队员冲击全国大赛的奋斗过程。

0584 网页设计师必读：网页语言基础 HTML&CSS

〔日〕栗原明则著；刘剑译．—北京：电子工业出版社；2007.11；25cm + 光盘 1 张

ISBN 978 - 7 - 121 - 04897 - 5，29.80 元

本书致力于分析网页设计所需要的基础语言——HTML 和 CSS，通过图文并茂的方式直观地将基础知识具体化。

0585 网页设计师必读：页面制作 Dreamweaver&CSS

〔日〕境佑司著；袁玥译．—北京：电子工业出版社；2007.11：图；25cm + 光盘 1 张

ISBN 978 - 7 - 121 - 05002 - 2，29.80 元

本书对 Dreamweaver 8 和 CSS 进行了详细透彻的

讲解，主要内容包括新站点的制作、基本页面的制作、CSS 设计的基础、页面的排版、网页站点的公开等网页制作基础知识。

0586 网页语言 HTML&CSS

〔日〕栗原明则著；刘剑译．—北京：电子工业出版社；2007.11：图；26cm + 光盘 1 张．—（网页设计师必读）

ISBN 978 - 7 - 121 - 04897 - 5，29.80 元

本书致力于分析网页设计所需要的基础语言——HTML 和 CSS，通过图文并茂的方式直观地将基础知识具体化。

0587 微机械光子学：英文

〔日〕浮田编著．—北京：科学出版社；2007.01；24cm. —（微纳技术著作丛书：影印版）

ISBN 978 - 7 - 03 - 018240 - 1（平装），40.00 元

本书系统论述了光学 MEMS 和微机械光子学，书中阐述了此领域的理论及实验结果，并且介绍了多种器件及其应用。

0588 围巾配饰

〔日〕主妇之友社编；北京《瑞丽》杂志社编译．—北京：中国轻工业出版社；2007.01；23cm. —（瑞丽 BOOK）

ISBN 978 - 7 - 5019 - 4231 - 2，28.00 元

本书介绍了围巾的挑选，围巾颜色，图案与服装的协调关系，围巾与各类主要服装的搭配方法，围巾与其他配件的组合运用。

0589 维生素与矿物质：你身体所需要的

〔日〕五十岚修著；黄琼仙译．—西安：陕西师范大学出版社；2007.07；20cm

ISBN 978 - 7 - 5613 - 3685 - 4，22.80 元

本书将针对全部 13 种维生素和各种矿物质的功能原理做详细说明。

0590 卫生设备故障 50 例

〔日〕建筑设备故障研究会著；陶新中译．—北京：中国建筑工业出版社；2007.08：图；19cm

ISBN 978 - 7 - 112 - 09373 - 1，30.00 元

本书是由建筑设备故障研究会将在施工和维修管理中遇到的各种卫生设备故障汇集，以案例形式编写的一本实用手册。

0591 胃癌的多样性：病因，诊断和治疗

〔日〕西纪夫等著；李中信，贾漪涛主译．—北京：人民卫生出版社；2007.09：图；24cm

ISBN 978 - 7 - 117 - 09171 - 8（精装），89.00 元

本书将基础和临床内容有机结合，具有很强的逻

辑性和连贯性，内容翔实，图文并茂。

0592　温柔的你

〔日〕北川悦吏子著；〔日〕MAYA MAXX 绘；〔日〕猿渡静子译．—海口：南海出版公司；2006.11；17cm．—（新经典文库．我喜欢你系列；204）

ISBN 7-5442-3366-9（精装），28.00元（全套2册）

本书一套两册，是时尚温柔可爱的图文书，没有具体情节，而以一句句真挚的表白来表达恋爱中的年轻人敏感而细腻的内心世界。

0593　文学部唯野教授

〔日〕筒井康隆著；何晓毅译．—北京：人民文学出版社；2007.09；21cm

ISBN 978-7-02-006214-0，15.00元

0594　我不是教你坏

〔日〕门昌央与人生专家研究会著；李晓雯译．—北京：东方出版社；2007.02；21cm

ISBN 978-7-5060-2256-9，24.00元

这是一本教你了解人性，轻松行走社会的读物。

0595　我不要做丑女

〔日〕Kuma＊Kuma 著；俞萍萍译．—北京：中国轻工业出版社；2007.05；19cm

ISBN 978-7-5019-5940-2，20.00元

本书以可爱图画搭配生活化的文字表现如何通过身体内部的调理，改变洗澡时间等日常生活中的细节，从丑女蜕变美女、由海豚变成美人鱼的循序渐进逐步改观的亲身体验的整个过程。

0596　我不要做肥妹

〔日〕Kuma＊Kuma 编著；杨柳译．—北京：中国轻工业出版社；2007.06；18cm

ISBN 978-7-5019-5980-8，20.00元

本书从初级的打扮方式、动手把自己变漂亮入手，提出具实践意义的建议和见解。

0597　我的第一本数学书

〔日〕畑村洋太郎著；刘一梅译．—海口：南海出版公司；2007.09；22cm

ISBN 978-7-5442-3831-1，25.00元

全书以流畅自然的文字、活泼易懂的图解以及生动有趣的例子，为读者全面讲解数学的基础知识，彻底弄清概念和定理的来龙去脉。

0598　我是好妈妈：1~3岁幼儿的培育

〔日〕宫野孝一主编；李殿元译．—长沙：湖南科学技术出版社；2007.01；图；21cm

ISBN 978-7-5357-4811-9（平装），19.00元

本书以实用为主，通俗易懂地介绍了1~3岁幼儿的基本生活习惯和育儿方法。书中穿插有趣的漫画，使父母充分了解育儿的基本知识和教育方法。

0599　我是猫

〔日〕夏目漱石著；刘振瀛译．—上海：上海译文出版社；2007.03；20cm．—（译文名著文库；089）

ISBN 978-7-5327-4197-7，14.00元

本书由猫为第一人称讲述，通过猫的所见所闻凸显不同人的品性并进行批评，成功塑造了明治时代中下阶层知识分子形象。

0600　我讨厌妈妈

〔日〕酒井驹子文图；彭懿译．—海口：南海出版公司；2007.06：图；26cm．—（新经典文库．爱心树绘本馆）

ISBN 978-7-5442-3718-5（精装），22.00元

本书为儿童绘本。

0601　我想当妈妈：初次妊娠与分娩

〔日〕内海靖子主编；李殿元译．—长沙：湖南科学技术出版社；2007.01：图；21cm

ISBN 978-7-5357-4810-2（平装），19.00元

本书采用有趣的漫画，描述准妈咪们忐忑不安、担心害怕的孕期生活，从妊娠准备到产褥期保健，对妇女进行全面的指导。

0602　我做妈妈了：0~12个月婴儿的培育

〔日〕武隈孝治主编；李殿元译．—长沙：湖南科学技术出版社；2007.01：图；21cm

ISBN 978-7-5357-4812-6（平装），19.00元

本书叙述了新妈妈初次育儿的困惑和遇到的各种问题，通俗易懂地介绍了不同月龄婴儿的特点、呵护方法以及育儿的基本知识和注意事项。

0603　屋顶设计百科：历史·造型·材料·构造·节点·实例

〔日〕武者英二，〔日〕吉田尚英编著；马俊，里妍译．—北京：中国建筑工业出版社；2007.11：图；30cm

ISBN 978-7-112-08702-0，48.00元

本书是一部关于屋顶的百科全书，从产生来源、发展、到现代各种式样的屋顶。

0604　无国界的世界

〔日〕大前研一著；黄柏棋译．—北京：中信出版社；2007.06；21cm．—（全球管理大师大前

研一经典系列）

ISBN 978 - 7 - 5086 - 0876 - 1，30.00 元

0605　无尽的德鲁伊誓约

〔日〕筱原美季著；〔日〕河合千草绘；德米特

莉译．—昆明：云南教育出版社；2007.12：图；

21cm. —（英国奇异谭；4）

ISBN 978 - 7 - 5415 - 3301 - 3，15.00 元

本书讲述了爱上湖之精灵的青年杰克的灵魂，

为了寻求新的肉体而在深夜中彷徨。

0606　无师自通基本化妆技巧：5 分钟基础化妆

〔日〕渡会治仁著；灵思泉译．—沈阳：辽宁科

学技术出版社；2007.04：图；24cm + 光盘 1 张

ISBN 978 - 7 - 5381 - 4957 - 9，32.00 元

0607　无性爱时代

〔日〕新井一二三著．—南昌：江西教育出版社；

2007.07；21cm. —（新井一二三作品系列）

ISBN 978 - 7 - 5392 - 4760 - 1，19.00 元

《无性爱时代》是日本女作家新井一二三的随笔

作品集，全书包括日本的味道、爱的领域、好季

节来了和空虚的中心四卷计 54 篇随笔美文。

0608　五轮书

〔日〕宫本武藏著；宗建新译．—成都：四川辞

书出版社；2007.01：图；23cm

ISBN 978 - 7 - 80682 - 266 - 1，16.80 元

本书是日本剑圣宫本武藏所写，书中阐述了二

天一流剑法的特点，以及与其他流派的区别。

该书被誉为"世界三大兵书"之一，对中国读

者了解日本文化尤其是日本兵法具有重要的

作用。

0609　系统生物学基础

〔日〕北野宏明编；刘笔锋等译．—北京：化学

工业出版社；2007.05；26cm

ISBN 978 - 7 - 122 - 00021 - 7（平），39.00 元

本书系统地介绍了生物学的基础知识。

0610　下流社会：一个新社会阶层的出现

〔日〕三浦展著；陆求实，戴铮译．—上海：文

汇出版社；2007.01；21cm

ISBN 978 - 7 - 80741 - 134 - 5（平装），18.00 元

本书作者从社会学的角度，以大量数据分析了

日本年轻一代的生活状况，指出过去日本引以

为傲的中产阶层正在日益消失，年轻一代正迅

速地两级分化，更多的人步入了生活期望全面

低沉的"下流社会"。

**0611　鲜榨果汁与健康饮料：自然美味做法 215
例．上册**

〔日〕植木桃子著；灵思泉译．—北京：中国画

报出版社；2007.10：彩照；21cm

ISBN 978 - 7 - 80220 - 170 - 5，20.00 元

**0612　鲜榨果汁与健康饮料：自然美味做法 215
例．下册**

〔日〕植木桃子著；灵思泉译．—北京：中国画

报出版社；2007.10：彩照；21cm

ISBN 978 - 7 - 80220 - 170 - 5，20.00 元

鲜榨果汁针对美容、瘦身、排毒等具有不错的效

果，是对健康极为关心人群的夏季必备饮品。

0613　闲谈不闲：职场高效润滑剂

〔日〕多湖辉著；陈刚，于丽译．—北京：科学

出版社；2007.08；21cm. —（打造成功心理系

列）

ISBN 978 - 7 - 03 - 019393 - 3（平装），21.00 元

本书从多个角度深刻地为大家剖析了闲谈的重

要性与技巧。

0614　现场力：锻造一线执行力的 7 个条件

〔日〕远藤功著；林琳译．—北京：中信出版社；

2007.04；21cm

ISBN 978 - 7 - 5086 - 0835 - 8（精装），28.00 元

"现场力"更强调一线员工自动自发式的强大力

量，这既是企业创新与发展的原动力，也是以人

为本、关注基层的企业文化在经营层面的体现。

**0615　现场营销演示技巧：助你提升营销实战
能力**

〔日〕西野浩辉，〔日〕野村尚义著；王英译．

—北京：科学出版社；2007.03；24cm

ISBN 978 - 7 - 03 - 018572 - 3，26.00 元

本书针对营销工作的每一个阶段提出了相应的

销售演示方法，帮助一线销售人员及营销管理者

了解销售演示技巧能够提高营销能力。

0616　现代美国压力政治

〔日〕田内满著；唐亦农译．—上海：复旦大学

出版社；2007.06；20cm

ISBN 978 - 7 - 309 - 05523 - 8（精装），28.00 元

本书系统论述了美国政治学中的压力团体，分析

了压力政治之下美国民主政治的动向和面临的

问题。

0617　现在，只想爱你

〔日〕市川拓司著；隋娟译．—海口：南海出版

公司；2007.06；21cm

ISBN 978 - 7 - 5442 - 3745 - 1（平装），20.00 元
本书为当代日本长篇小说。

0618 陷阱谜题精选：直击思维盲点的 65 个题目

〔日〕中村义作，〔日〕阿边惠一著；甄晓仁译．—北京：北京理工大学出版社；2007.08；21cm.—（谜题训练营）

ISBN 978 - 7 - 5640 - 1304 - 2，15.00 元
本书的特点在于，所选问题都有一定的隐蔽性、飞跃性或含有逻辑矛盾，总会给人出其不意的结果，给思维带来极大的挑战，也给解决问题带来智力上的愉悦。

0619 享瘦：新陈代谢减肥法

〔日〕永田孝行著；肖燕译．—南昌：二十一世纪出版社；2007.01；彩图；21cm.—（完全健康系列）

ISBN 978 - 7 - 5391 - 3591 - 5，15.80 元
本书是一套健康减肥的指导性读物。作者是日本健康减肥专家永田孝行先生。

0620 想吃苹果的鼠小弟

〔日〕中江嘉男文；〔日〕上野纪子图；赵静，文纪子译．—海口：南海出版公司；2007.08；图；25cm.—（新经典文库．爱心树世界杰出绘本选）

ISBN 978 - 7 - 5442 - 3748 - 2（精装），22.00 元
本书为儿童绘本。作者用清新的铅笔画和简单的构图，制造出舞台剧般的场景，吸引我们跟随着铅笔线条向前走。

0621 销售指南：超级营销的黄金定律

〔日〕三宅寿雄著；李锋传译．—沈阳：辽宁科学技术出版社；2007.02；21cm

ISBN 978 - 7 - 5381 - 4488 - 8，14.00 元
本书作者通过多年的实际经验总结出要通过制定"销售指南"来提高销售能力。所谓"销售指南"，即汇集销售经验和销售方法的手册。

0622 小白马

〔日〕柳濑嵩编绘；小鱼儿译．—北京：中国电力出版社；2007.01；26cm

ISBN 978 - 7 - 5083 - 5141 - 4（精装），25.00 元

0623 小豆豆的万花筒：黑柳彻子评传

〔日〕北川登园著；朱春育译．—桂林：漓江出版社；2007.02；照片；21cm

ISBN 978 - 7 - 5407 - 3877 - 8（平装），20.00 元
本书不仅是彻子光辉的人生彩卷，更是一部小豆豆的成长之书。

0624 小儿及女性泌尿外科学

〔日〕小柳知彦等主编；吕家驹主译．—济南：山东科学技术出版社；2007.01：图；26cm.—（新图说泌尿外科学丛书；5）

ISBN 978 - 7 - 5331 - 4340 - 4（精装），166.00 元
本书介绍了小儿泌尿外科学以肾脏、输尿管和生殖器官先天畸形治疗为主的特点，并包含了上述疾病的病因学、发育过程和各种先天异常的最新知识。

0625 小红帽折纸剧场

〔日〕BOUTIQUE 社编；程国庆译．—青岛：青岛出版社；2007.11；18×19cm.—（越叠越聪明系列）

ISBN 978 - 7 - 5436 - 4344 - 4，10.00 元
本书面向广大少年儿童手工折纸爱好者。

0626 小蜡笔头儿

〔日〕莜冢香文；〔日〕安井淡绘；朱自强译．—海口：南海出版公司；2007.06：图；28cm.—（新经典文库．爱心树绘本馆）

ISBN 978 - 7 - 5442 - 3764 - 2（精装），22.00 元
本书为图画故事。书中通过塑造自爱自信、勇往直前的蜡笔头儿形象，教育孩子节约、自信、助人。

0627 笑的甜点

〔日〕大森郁子著；孙文杰译；〔日〕滨田罗克拉绘．—上海：世界图书出版公司；2007.08；21×21cm

ISBN 978 - 7 - 5062 - 8879 - 8，20.00 元
本书所教的都是一些很简单的甜点的做法，但是特别之处在于每一种甜点经过了巧妙修饰后都成了一张张笑脸，让做的人以及看的人还有吃的人都能从心底里感到愉悦。

0628 写给你

〔日〕河崎爱美著；梦月译；未来糖，cloudy 云绘．—青岛：青岛出版社；2007.09；19cm

ISBN 978 - 7 - 5436 - 4259 - 1，10.00 元

0629 心灵之谜多面观：脑与心理的生物物理学

〔日〕松本修文著；宋文杰等译．—上海：上海科学技术出版社；2007.07；21cm.—（科学求真之门）

ISBN 978 - 7 - 5323 - 8879 - 0（平装），25.00 元
本书从多学科角度展示了人类对心理和智能问题不断深化着的认识。

0630 心想事成的心理机制

〔日〕和田秀树著；赵儒彬，万泉河译.—北京：科学出版社；2007.01；21cm.—（打造成功心理系列）

ISBN 978 - 7 - 03 - 018050 - 6，19.80 元

0631 辛壬日记；一九一二年中国之政党结社

〔日〕宗方小太郎著；冯正宝译.—北京：中华书局；2007.04；21cm.—（近代史料笔记丛刊）

ISBN 978 - 7 - 101 - 05605 - 1，18.00 元

《辛壬日记》、《一九一二年中国之政党结社》均选自 1977 年日本出版的《宗方小太郎文书》，是宗方小太郎 1911~1912 年的在华活动日记。

0632 新版机器人技术手册

〔日〕机器人学会编；宗光华等译.—北京：科学出版社；2007.10；26cm

ISBN 978 - 7 - 03 - 019465 - 7（精装），180.00 元

本书为第二版，第一版曾在 10 年前由科学出版社引进版权翻译出版过，本书在第一版的基础上内容改动较大，篇幅由原来的 800 页扩大到 1150 页，增加了不少新的内容。

0633 新编家庭育儿百科：0~6 岁宝宝养育对策

〔日〕汐见稔幸等著；顾亚娟等译.—南京：江苏科学技术出版社；2007.02；图；24cm

ISBN 978 - 7 - 5345 - 4877 - 2（精装），56.00 元

本书重点介绍家庭育儿的方法和经验。特别突出介绍 0~6 岁的孩子的心理和语言的发育。

0634 新出题基准日语能力考试考前对策.2 级汉字词汇解析

〔日〕佐佐木仁子，〔日〕松本纪子著.—北京：外语教学与研究出版社；2007.03；26cm

ISBN 978 - 7 - 5600 - 6440 - 6，13.90 元

本书是针对日语能力考试 2 级汉字词汇要点的总结与练习。

0635 新出题基准日语能力考试考前对策.2 级语法解析

〔日〕佐佐木仁子，〔日〕松本纪子著.—北京：外语教学与研究出版社；2007.03；26cm

ISBN 978 - 7 - 5600 - 6295 - 2，15.00 元

本书是针对日语能力考试 2 级语法的重点及难点进行讲解及练习。

0636 新大学日语标准教程.基础篇.2

侯仁锋，〔日〕宫本晶子分册主编；赵刚等分册主编.—北京：高等教育出版社；2007.02；25cm

+光盘 1 张.—（普通高等学校通用基础日语教材/陈俊森主编）

ISBN 978 - 7 - 04 - 020125 - 3，21.50 元

本套教材作者主要为指委会日语组成员，全程参加了课程教学要求的修订，了解课程教学要求的精髓。

0637 新丰田生产方式

〔日〕门田安弘著；王瑞珠等译.—2 版.—保定：河北大学出版社；2006.05：图；23cm

ISBN 7 - 81097 - 127 - 1，56.00 元

本书系统剖析了日本丰田汽车公司所独创的生产方式，配有大量图表和生产实例。

0638 新概念日语教程.基础篇

〔日〕小柳昇著；俞素美，彭廉玮编译.—上海：上海教育出版社；2004.04；26cm + 光盘 2 张，《附录》1 册

ISBN 978 - 7 - 5320 - 9458 - 5，45.00 元

本书是一本专门为外国留学生编著的日本语教材。

0639 新解说平成遣唐使咸阳·长安见闻录

〔日〕藤田昌弘著.—西安：三秦出版社；2007.03；21cm

ISBN 978 - 7 - 80736 - 193 - 0（平装），50.00 元

0640 新世纪日本食品产业的市场营销

〔日〕岸本裕一编著；徐宝妹等译.—上海：上海外语教育出版社；2007.08；20cm.—（日本企业经营管理专著系列译丛）

ISBN 978 - 7 - 5446 - 0510 - 6，16.00 元

本书是一本论述新世纪日本食品产业市场营销的专著，为我国相关的经营管理和研究提供可借鉴的经验。

0641 新式饮品独家配方

〔日〕旭屋出版社编；丁玲译.—北京：中国轻工业出版社；2007.01；23cm.—（现代人·饮品系列）

ISBN 978 - 7 - 5019 - 5744 - 6，32.00 元

本书集合了目前市面最新最流行的 5 大门类饮品详细制作技巧。

0642 新文化日本语.初级.3

〔日〕外国语专门学校编.—北京：外语教学与研究出版社；2007.01：图；26cm + 光盘 1 张

ISBN 978 - 7 - 5600 - 6084 - 2，36.90 元

本书是针对初级日语学习者的教材。由 9 课内容

组成。

0643　新鱼病图谱

〔日〕畑井喜司雄，小川和夫编著；任晓明主译．
—北京：中国农业大学出版社；2007.10；29cm
ISBN 978 - 7 - 81117 - 232 - 4（精装），188.00 元
本书是介绍鱼类的疾病图谱。

0644　星星出租车

〔日〕阿万纪美子著；彭懿译．—南昌：二十一
世纪出版社；2007.10；图；20cm．—（车的颜
色是天空的颜色；3）
ISBN 978 - 7 - 5391 - 3861 - 9，11.00 元
本书为童话集，是阿万纪美子的处女作，有淡淡
的幻想、暖暖的人性和一个个美丽又诡秘的故事。

0645　《行政法泛论》与《行政法各论》

〔日〕清水澄著；金泯澜等译；魏琼勘校．—北
京：中国政法大学出版社；2007.12；21cm．—
（中国近代法学译丛/何勤华主编）
ISBN 978 - 7 - 5620 - 3121 - 5（精装），30.00 元
本书作者将行政法之相关概念、构成、体系等做
了全面介绍，是我国行政法的引导者、行政法学
的启蒙者，是现代我国行政法学的溯根之著作。

0646　幸福的种子：亲子共读图画书

〔日〕松居直著；刘涤昭译．—济南：明天出版
社；2007.11；图；24cm
ISBN 978 - 7 - 5332 - 5523 - 7，20.00 元
本书以亲切平和的随笔形式论述了图画书对丰
富幼儿的语言及情感体验、培养幼儿想象力的
重要性。

0647　炫！美甲大全．1．上

〔日〕美丽出版社著；赵红霞译．—沈阳：辽宁
科学技术出版社；2007.08；彩图；19×21cm
ISBN 978 - 7 - 5381 - 5118 - 3，26.00 元
本书主要讲述了 2007 年日本流行的美甲图案和
日本的店面介绍。

0648　炫！美甲大全．1．下

〔日〕美丽出版社著；赵红霞译．—沈阳：辽宁
科学技术出版社；2007.08；彩图；19×21cm
ISBN 978 - 7 - 5381 - 5119 - 0，26.00 元
本书主要讲述了 2007 年日本流行的美甲图案和
日本的店面介绍。

**0649　学生就业与劳动力市场：日本新毕业生市
场的制度化过程**

〔日〕苅谷刚彦等编著；李德方主译．—北京：

中国劳动社会保障出版社；2007.03；23cm
ISBN 978 - 7 - 5045 - 6196 - 1，29.00 元
本书系统阐述日本从二战后的混乱期到高度成
长期期间，通过在全国范围建立就业工作系统，
实行细致严密的计划管理，从而实现大量毕业生
顺利就业的专著。

0650　雪山救助犬和旅行者：安妮和科拉

〔日〕柳濑嵩编绘；小鱼儿译．—北京：中国电
力出版社；2007.01；26cm
ISBN 978 - 7 - 5083 - 5140 - 7（精装），25.00 元
《雪山救助犬》讲的是一对母子犬在雪山上奋不
顾身救助遇险旅行者的故事。

0651　雪中找盐：释放潜在的财富创想

〔日〕多湖辉著；李彩云译．—北京：科学出版
社；2007.08；21cm．—（打造成功心理系列）
ISBN 978 - 7 - 03 - 019394 - 0（平装），19.00 元

0652　寻羊冒险记

〔日〕村上春树著．—上海：上海译文出版社；
2007.07；—356 页；21cm
￥CNY21.00
《寻羊冒险记》系日本著名作家村上春树的重要
作品之一。

0653　寻找大雄．（6），胆小鬼桃太郎

〔日〕藤子·F·不二雄原著；碧日译．—南昌：二
十一世纪出版社；2007.11；彩图；26cm．—（哆啦
A 梦游戏绘本）
ISBN 978 - 7 - 5391 - 2212 - 0，6.80 元
本作品由二十一世纪出版社和日本株式会社小
学馆签订翻译出版。

0654　牙外伤的治疗设计

〔日〕月星光博原著；吴国锋译．—北京：人民
军医出版社；2007.03；26cm．—（提高口腔医
师临床技能系列）
ISBN 978 - 7 - 5091 - 0427 - 9（精装），146.00 元

**0655　亚洲的书籍、文字与设计：杉浦康平与亚
洲同人的对话**

〔日〕杉浦康平著；杨晶，李建华译．—北京：
生活·读书·新知三联书店；2006.11；492
幅；21cm
ISBN 7 - 108 - 02580 - 9，63.00 元
本书是设计大师杉浦康平先生近年与中国、韩国
及印度的六位著名设计师——吕敬人、黄永松、
安尚秀、郑炳圭、R. K. Joshi、Kirti Trivedi，就

东方各国的文化异同，亚洲的文字、书籍、设计以及这三者之间关系所进行的对谈之结集。

0656　亚洲区域合作的政治经济分析：制度建设、安全合作与经济增长
王正毅，〔美〕卡勒，〔日〕高木诚一郎主编．—上海：上海人民出版社；2007.05；23cm
ISBN 978 - 7 - 208 - 06993 - 0（平装），48.00 元
本书是亚太地区七个国家的著名学者在过去 10 年时间里对亚太区域化、特别是亚太区域化进行的理论思考。

0657　燕山楚水
〔日〕内藤湖南著；吴卫峰译．—北京：中华书局；2007.05；21cm.—（近代日本人中国游记/张明杰主编）
ISBN 978 - 7 - 101 - 05649 - 5，18.00 元
本书是日本著名中国史学家内藤湖南于 1899 年旅行中国时的记录。

0658　洋葱 7 日减肥
〔日〕主妇和生活社编；吴梅译．—北京：中国画报出版社；2007.11；彩照，26cm
ISBN 978 - 7 - 80220 - 132 - 3，20.00 元
本书为教授如何利用洋葱汁及含洋葱食品进行瘦身、健身的大众生活书籍。

0659　妖世纪的蛟龙
〔日〕田中芳树著；汪正球译；〔日〕天野喜孝绘．—南宁：接力出版社；2007.02；20cm.—（创龙传；9）
ISBN 978 - 7 - 80732 - 607 - 6，15.00 元
本书是日本著名作家田中芳树以中国神话为素材，现代日本为背景的一部浪漫传奇小说。

0660　野菊之墓
〔日〕伊藤左千夫著；朴金花译．—成都：四川文艺出版社；2007.04；21cm.—（经典·爱）
ISBN 978 - 7 - 5411 - 2551 - 5（精装），20.00 元
本书为日本著名诗人作家伊藤千夫的中篇小说集，所收录的《野菊之墓》《邻家媳妇》《春潮》均为纯爱小说，以纯净的笔调描写了青年男女之间的爱情故事。

0661　叶隐闻书
〔日〕山本常朝口述；〔日〕田代陈基笔录；李冬君译．—桂林：广西师范大学出版社；2007.05；21cm
ISBN 978 - 7 - 5633 - 6525 - 8，32.00 元
《叶隐闻书》是武士道的经典，是日本近世武士

道精神的源头。

0662　夜晚的远足
〔日〕恩田陆著；王战译．—北京：人民文学出版社；2007.03；21cm
ISBN 978 - 7 - 02 - 006018 - 4，22.00 元
八十公里的步行节，是日本高中的一大传统活动，同学们要坚持走完两天一夜，每个人都能够和自己的朋友一起走到终点，故事就围绕着融忍贵子、美和子等人展开。

0663　一个人的第一次
〔日〕高木直子编绘；常纯敏译．—西安：陕西师范大学出版社；2007.04；18cm
ISBN 978 - 7 - 5613 - 3312 - 9（平装），40.00 元（全套 2 册）
本书作者用幽默、亲切的语言和绘图记录了自己成长过程中的许许多多的"第一次"，通过和自己以后的经历对比，突出了第一次的特点，读来令人感同身受。

0664　一个人的好天气
〔日〕青山七惠著．—上海：上海译文出版社；2007.09；—141 页；20cm
￥CNY15.00
2006 年创作的一部小说，2007 年一月获日本新人文学奖最高奖项"芥川龙之介奖"。

0665　一个人泡澡
〔日〕高木直子编绘；陈其伶译．—北京：中国轻工业出版社；2007.05；18cm.—（百世文库绘本馆）
ISBN 978 - 7 - 5019 - 5955 - 6，20.00 元
本书通过幽默手法记述了在洗澡水里也能上演的喜剧小品文。

0666　一看就会的日语单词
杨美玲，〔日〕藤井胜著．—北京：北京理工大学出版社；2007.06；18cm.—（道地日语开口说）
ISBN 978 - 7 - 5640 - 1055 - 3，14.80 元

0667　一看就会的日语句型
林德胜，〔日〕田中阳子著．—北京：北京理工大学出版社；2007.06；18cm.—（道地日语开口说）
ISBN 978 - 7 - 5640 - 1053 - 9，14.80 元

0668　一看就会的生活日语
〔日〕猪股晃，冯伟著．—北京：北京理工大学

出版社；2007.02；18cm. —（道地日语开口说）
ISBN 978 - 7 - 5640 - 1003 - 4，26.00 元（全套
2 册）
本书分为日常生活篇、休闲娱乐篇、旅行篇。按照日本人生活中的表达习惯归纳了日常生活中最常用的句子了。

0669　一看就会的职场日语
〔日〕猪股晃、冯伟著.—北京：北京理工大学出版社；2007.02；18cm. —（道地日语开口说）
ISBN 978 - 7 - 5640 - 1003 - 4，26.00 元（全套
2 册）

0670　一切尽在掌握中：心理平衡技巧
〔日〕斋藤茂太著；陈刚，肖冬炉译.—北京：科学出版社；2007.05；21cm. —（打造成功心理系列）
ISBN 978 - 7 - 03 - 018924 - 0（平装），22.00 元

0671　伊人美妆
〔日〕主妇之友社编；北京《瑞丽》杂志社编译.—北京：中国轻工业出版社；2007.01；23 cm. —（瑞丽 BOOK）
ISBN 978 - 7 - 5019 - 4557 - 3，28.00 元
本书由不同的化妆品的挑选、不同部位的化妆术、不同主题的化妆术三部分构成。

0672　伊藤博文时代
〔日〕久米正雄著；林其模译.—北京：团结出版社；2007.01：照片；23cm. —（名人与时代/彭明哲主编）
ISBN 978 - 7 - 80214 - 191 - 9，42.80 元
本书介绍伊藤博文的传奇人生，可谓是一部解读日本近代化成功的力作。

0673　医籍考
〔日〕丹波元胤著；郭秀梅，〔日〕冈田研吉整理.—北京：学苑出版社；2007.04；26cm
ISBN 978 - 7 - 5077 - 2826 - 2（精装），110.00 元
《医籍考》八十卷，由日本江户时代汉方医学家多纪（丹波）元简及其子元胤、元坚历时三十余年编纂而成，是一部研究中国古代医学文献的重要工具书。

0674　义和团的起源及其运动：中国民众 Nationalism 的诞生
〔日〕佐藤公彦著；宋军等译.—北京：中国社会科学出版社；2007.04；21cm. —（国家清史编纂委员会·编译丛刊）
ISBN 978 - 7 - 5004 - 5996 - 5（平装），55.00 元

本书从义和拳的起源、大刀会、梅花拳、直隶东南代牧区的义和拳运动等，考察了义和团的起源及其运动。

0675　艺术·设计的纸的构成
〔日〕朝仓直巳著；林征，林华译.—北京：中国计划出版社；2007.08；26cm. —（基础造型系列教材）
ISBN 978 - 7 - 80177 - 915 - 1（精装），120.00 元
本书从基础造型学的角度出发，对造型素材中"最普通"的素材"纸"加以研究和开发。

0676　阴暗的季节
〔日〕横山秀夫著；赵建勋译.—北京：群众出版社；2007.01；20cm
ISBN 978 - 7 - 5014 - 3852 - 5，18.00 元
本书收录了作者的《阴暗的季节》等四篇短篇推理小说。

0677　阴阳师·太极卷
〔日〕梦枕貘著；林青华译.—海口：南海出版公司；2007.07；20cm. —（新经典文库·阴阳师系列；249）
ISBN 978 - 7 - 5442 - 3761 - 1，18.00 元
本书为日本当代短篇小说集。全书由《二百六十二只黄金虫》《枣和尚》等6篇短篇小说组成。

0678　银河英雄传说·5，风云篇
〔日〕田中芳树著；陈惠莉译；〔日〕道原克巳绘.—北京：北京十月文艺出版社；2007.04；23cm. —（新经典文库；159）
ISBN 978 - 7 - 5302 - 0862 - 5（平装），24.80 元
本书描写在征服费沙之后，莱因哈特即将展开其统一宇宙的新纪元。杨威利为了灵活运用要塞驻军的战力，毅然决定放弃固守伊谢尔伦。

0679　银河英雄传说·6，飞翔篇
〔日〕田中芳树著；蔡美娟译；〔日〕道原克巳绘.—北京：北京十月文艺出版社；2007.04；24cm
ISBN 978 - 7 - 5302 - 0886 - 1（平装），24.80 元

0680　银河英雄传说·7，怒涛篇
〔日〕田中芳树著；陈惠莉译；〔日〕道原克巳绘.—北京：北京十月文艺出版社；2007.05；24cm
ISBN 978 - 7 - 5302 - 0890 - 8（平装），24.80 元
本书是一本以整个银河系作为人物活动的舞台，以 1600 年后的未来为时空，以莱茵哈特和杨威利为英雄主人公的以宇宙为战场的传奇故事。

0681 银河英雄传说. Vol. 8，乱离篇

〔日〕田中芳树著；〔日〕道原克巳绘；蔡美娟译．—北京：北京十月文艺出版社；2007.06；23cm．—（新经典文库．银河英雄传说）

ISBN 978 - 7 - 5302 - 0893 - 9，24.80 元

本书是一本描写银河星系空间群英历史的幻想小说。

0682 银河英雄传说. 策谋篇

〔日〕田中芳树著；蔡美娟译．—北京：北京十月文艺出版社；2007.01；24cm

ISBN 978 - 7 - 5302 - 0874 - 8，24.80 元

本书是描写银河系星球帝国之间战争的小说。

0683 印刷现场管理：打开利润之门

〔日〕竹内秀郎著；褚庭亮译．—北京：印刷工业出版社；2007.02；20cm．—（雅昌企业管理与内训丛书）

ISBN 978 - 7 - 80000 - 624 - 1（平装），32.00 元

0684 英国

〔日〕大宝石出版社原著；张玉钧，刘东妮，王姗姗译．—北京：中国旅游出版社；2007.06；图；20cm．—（走遍全球）

ISBN 978 - 7 - 5032 - 3196 - 4，88.00 元

本书为日本大宝石系列旅游指南中的英国分册。

0685 英国妖异谭

〔日〕筱原美季著；〔日〕河合千草绘；可乐猫译．—昆明：云南教育出版社；2007.12；图；21cm．—（英国奇异谭；1）

ISBN 978 - 7 - 5415 - 3298 - 6，15.00 元

本书描写爱上湖之精灵的青年杰克的灵魂，为了寻求新的肉体而在深夜中彷徨。

0686 《英语语法高手的 24 堂必修课》练习册

〔日〕桐原书店编集部编著．—北京：世界图书出版公司北京公司；2007.09；21cm

ISBN 978 - 7 - 5062 - 8693 - 0，18.00 元

本书从概念入手，帮助学生明确何为语法；继而通过举例分析加强理解，最后辅以练习达到进阶的目的。

0687 英语语法高手的 24 堂必修课

〔日〕石黑昭博编著．—北京：世界图书出版公司北京公司；2007.09；21cm

ISBN 978 - 7 - 5062 - 8692 - 3，38.00 元

本书从概念入手，帮助学生明确何为语法；继而通过举例分析加强理解，最后辅以练习达到进阶的目的。

0688 婴儿信息：宝宝啊，你想"说"什么

〔日〕筱原一之著；郭勇译．—北京：国际文化出版公司；2007.10；图；23cm

ISBN 978 - 7 - 80173 - 667 - 3，22.00 元

本书作者通过多年临床实践和科研实验，运用当代育儿理论，为即将成为和已经成为父母的人们介绍孕期、产期、哺乳期等婴儿的教育方法。

0689 樱花寓言

〔日〕新井一二三著．—南昌：江西教育出版社；2007.07；21cm．—（新井一二三作品系列）

ISBN 978 - 7 - 5392 - 4761 - 8，22.00 元

本书是一本散文集，记录了作者作为一位集多国文化背景于一身的行者，在日本、中国、加拿大等地生活的经历和感触。

0690 樱

〔日〕西加奈子著；魏丽华译；未来糖，cloudy云绘．—青岛：青岛出版社；2007.09；图；19cm

ISBN 978 - 7 - 5436 - 4258 - 4，19.80 元

这是一部以宣扬家庭亲情为主题的家族小说。

0691 营销力：日本企业制胜之本

〔日〕深见东州著；田子琪译．—北京：经济管理出版社；2007.02；21cm

ISBN 978 - 7 - 80207 - 719 - 5，20.00 元

本书介绍了日本企业如何提高营销力。

0692 影响孩子一生的 11 个生活技能. 表达能力篇

〔日〕筑波语言技术教育研究所编著；李倩译．—青岛：青岛出版社；2007.08；图；23cm

ISBN 978 - 7 - 5436 - 4195 - 2（盒装），165.00 元（全套 11 册）

本书分学习习惯、空间排序、厨艺展示、投资理财、语言表达、礼仪社交、动手能力、人际交往、运动机能、事故预防、自我保健 11 个生活技能的培养，涉及孩子生活的方方面面。

0693 影响孩子一生的 11 个生活技能. 厨艺展示篇

〔日〕坂本广子编著；刘娟译．—青岛：青岛出版社；2007.08；图；23cm

ISBN 978 - 7 - 5436 - 4195 - 2（盒装），165.00 元（全套 11 册）

本书分学习习惯、空间排序、厨艺展示、投资理财、语言表达、礼仪社交、动手能力、人际交往、运动机能、事故预防、自我保健 11 个生活

技能的培养，涉及孩子生活的方方面面。

0694　影响孩子一生的 11 个生活技能．动手能力篇

〔日〕儿童生活科学研究会编著；李宏伟译．—青岛：青岛出版社；2007.08：图；23cm

ISBN 978 - 7 - 5436 - 4195 - 2（盒装），165.00元（全套 11 册）

本书分学习习惯、空间排序、厨艺展示、投资理财、语言表达、礼仪社交、动手能力、人际交往、运动机能、事故预防、自我保健 11 个生活技能的培养，涉及孩子生活的方方面面。

0695　影响孩子一生的 11 个生活技能．日常礼仪篇

〔日〕儿童生活科学研究会编著；李宏伟译．—青岛：青岛出版社；2007.08：图；23cm

ISBN 978 - 7 - 5436 - 4195 - 2（盒装），165.00元（全套 11 册）

本书分学习习惯、空间排序、厨艺展示、投资理财、语言表达、礼仪社交、动手能力、人际交往、运动机能、事故预防、自我保健 11 个生活技能的培养，涉及孩子生活的方方面面。

0696　影响孩子一生的 11 个生活技能．社交能力篇

〔日〕儿童交际研究会编著；李宏伟译．—青岛：青岛出版社；2007.08：图；23cm

ISBN 978 - 7 - 5436 - 4195 - 2（盒装），165.00元（全套 11 册）

本书分学习习惯、空间排序、厨艺展示、投资理财、语言表达、礼仪社交、动手能力、人际交往、运动机能、事故预防、自我保健 11 个生活技能的培养，涉及孩子生活的方方面面。

0697　影响孩子一生的 11 个生活技能．事故预防篇

〔日〕儿童生活科学研究会编著；王影霞译．—青岛：青岛出版社；2007.08：图；23cm

ISBN 978 - 7 - 5436 - 4195 - 2（盒装），165.00元（全套 11 册）

本书分学习习惯、空间排序、厨艺展示、投资理财、语言表达、礼仪社交、动手能力、人际交往、运动机能、事故预防、自我保健 11 个生活技能的培养，涉及孩子生活的方方面面。

0698　影响孩子一生的 11 个生活技能．投资理财篇

〔日〕西村隆男编著；李倩译．—青岛：青岛出版社；2007.08：图；23cm

ISBN 978 - 7 - 5436 - 4195 - 2（盒装），165.00元（全套 11 册）

本书分学习习惯、空间排序、厨艺展示、投资理财、语言表达、礼仪社交、动手能力、人际交往、运动机能、事故预防、自我保健 11 个生活技能的培养，涉及孩子生活的方方面面。

0699　影响孩子一生的 11 个生活技能．修修补补篇

〔日〕三浦基弘，〔日〕饭田朗编著；李宏伟译．—青岛：青岛出版社；2007.08：图；23cm

ISBN 978 - 7 - 5436 - 4195 - 2（盒装），165.00元（全套 11 册）

本书分学习习惯、空间排序、厨艺展示、投资理财、语言表达、礼仪社交、动手能力、人际交往、运动机能、事故预防、自我保健 11 个生活技能的培养，涉及孩子生活的方方面面。

0700　影响孩子一生的 11 个生活技能．学习习惯篇

〔日〕儿童生活科学研究会编著；王彤译．—青岛：青岛出版社；2007.08：图；23cm

ISBN 978 - 7 - 5436 - 4195 - 2（盒装），165.00元（全套 11 册）

本书分学习习惯、空间排序、厨艺展示、投资理财、语言表达、礼仪社交、动手能力、人际交往、运动机能、事故预防、自我保健 11 个生活技能的培养，涉及孩子生活的方方面面。

0701　影响孩子一生的 11 个生活技能．运动能力篇

〔日〕儿童生活科学研究会编著；李倩译．—青岛：青岛出版社；2007.08：图；23cm

ISBN 978 - 7 - 5436 - 4195 - 2（盒装），165.00元（全套 11 册）

本书分学习习惯、空间排序、厨艺展示、投资理财、语言表达、礼仪社交、动手能力、人际交往、运动机能、事故预防、自我保健 11 个生活技能的培养，涉及孩子生活的方方面面。

0702　影响孩子一生的 11 个生活技能．自我保健篇

〔日〕青木香保里编著；李倩译．—青岛：青岛出版社；2007.08：图；23cm

ISBN 978 - 7 - 5436 - 4195 - 2（盒装），165.00元（全套 11 册）

本书分学习习惯、空间排序、厨艺展示、投资理财、语言表达、礼仪社交、动手能力、人际交往、运动机能、事故预防、自我保健 11 个生活技能的培养，涉及孩子生活的方方面面。

0703 勇于尝试必定成功

〔日〕和田秀树著；王润芳译 . —沈阳：辽宁科学技术出版社；2007.08；21cm

ISBN 978 - 7 - 5381 - 5015 - 5，10.00 元

0704 有用的聪明

〔日〕内藤谊人著；孙兴峰译 . —海口：南海出版公司；2007.12；图；23cm. —（新经典智库；100）

ISBN 978 - 7 - 5442 - 3915 - 8，20.00 元

本书是一本介绍人际交往技巧的通俗读物。书中介绍了在策划、销售、谈判等商务活动和日常人际交往中实用的交往技巧。

0705 余情残心

〔日〕松本杏花著；叶宗敏译 . —上海：上海译文出版社；2007.03；20cm

ISBN 978 - 7 - 5327 - 4209 - 7（平装），18.00 元

本书是日本当代女俳人（俳句诗人）松本杏花的自编俳句集，此前未在日本成书。

0706 宇宙的孤儿

〔日〕森绘都著；刘子亮译 . —南京：译林出版社；2007.12；20cm

ISBN 978 - 7 - 5447 - 0382 - 6，15.00 元

本书为日本青春文学中篇小说。

0707 羽毛球

〔日〕宫崎克巳著；曾绍琼译 . —长沙：湖南科学技术出版社；2007.04；13cm. —（体育系列丛书 . 图解指导）

ISBN 978 - 7 - 5357 - 4006 - 9，11.00 元

0708 语言教材的开发、利用与评价

〔英〕汤姆林森，〔日〕增原仁美著；李静纯注 . —北京：人民教育出版社；2007.10. —Developing Language Course Materials；21cm. —（中小学英语教师发展丛书）

ISBN 978 - 7 - 107 - 20653 - 5，5.10 元

本书介绍了教材评价的准则、教材改编的要点和程序，以及教材写作的微观技能技巧。

0709 育儿日记

〔日〕主妇与生活社编著；杨佳静译 . —海口：南海出版公司；2007.11；20×19cm

ISBN 978 - 7 - 5442 - 3886 - 1（精装），36.00 元

本书为育儿类图书。将日记与书本的形式结合起来，兼具记录和阅读的功能。

0710 圆白菜小弟

〔日〕长新太文/图；彭懿译 . —海口：南海出版公司；2007.06；图；29cm. —（新经典文库 . 爱心树世界杰出绘本选）

ISBN 978 - 7 - 5442 - 3740 - 6（精装），25.00 元

本书为儿童绘本，没有具体的情节，只是圆白菜弟弟与肥猪先生的对话。

0711 圆圆的月亮

〔日〕安井季子编；思铭译；〔日〕叶祥明绘 . —北京：中国电力出版社；2007.01；22×22cm

ISBN 978 - 7 - 5083 - 4950 - 3（精装），22.00 元

《圆圆的月亮》是一本诗情画意的绘本，她向我们展现了一个宁静而又温馨的夜晚。

0712 运算放大器应用电路设计

〔日〕马场清太郎著；何希才译 . —北京：科学出版社；2007.04；24cm

ISBN 978 - 7 - 03 - 018431 - 3（平装），39.00 元

本书内容共分 3 篇 24 章，第 1 篇为基础篇，第 2 篇为实用篇，第 3 篇为应用电路篇。

0713 再造魅力故乡：日本传统街区重生故事

〔日〕西村幸夫著；王惠君译 . —北京：清华大学出版社；2007.04；21cm

ISBN 978 - 7 - 302 - 14817 - 3，28.00 元

本书收集了日本各地传统街区开始推展社区营造工作的故事，在所列举的 17 个社区改造与再生的实例中，不仅介绍了再造的简史，而且也对实践有指导意义。

0714 在床上就能简单做的睡眠瑜伽

〔日〕内藤景代著；汇智天成译 . —北京：中国画报出版社；2007.03；26cm + 光盘 1 张

ISBN 978 - 7 - 80220 - 075 - 3（平装），26.00 元

本书是有助于人们很好进入睡眠的瑜伽书，通过简单易操作的动作，配以容易使人进入睡眠状态的 CD 使那些睡眠困扰的人们找到了轻松愉快的解决之道。

0715 在崛起与衰退之间：一个日本学者对中国改革开放的思考

〔日〕崛悦夫著；林新奇译 . —上海：复旦大学出版社；2007.02；26cm. —（复旦博学 . 21 世纪人力资源管理译丛）

ISBN 978 - 7 - 309 - 05343 - 2（平装），28.00 元

本书是一个日本经济学家结合日本的经济发展，从人力资本及人力资源管理的角度，对中国经济发展的思考。

0716　在中国成功的日本人

〔日〕中古苑生编．—北京：外文出版社；2007：90 幅；20cm

ISBN 978 - 7 - 119 - 05166 - 6，60.00 元

本书共采访了 30 位在中国投资创业的日本人，记录了他们的创业过程以及对中国的理解和成功经验。

0717　早上 10 点之前完成工作

〔日〕高井伸夫著；刘霞译．—北京：电子工业出版社；2007.01；24cm

ISBN 7 - 121 - 03574 - X，25.00 元

《栈山峡雨稿》为日本学者竹天井井于清朝末年游历中国的日记和手稿。

0718　栈云峡雨日记

〔日〕竹添进一郎、股野琢著；张明杰整理．苇杭游记．—北京：中华书局；2007.01；21cm.—（近代日本人中国游记/张明杰主编）

ISBN 978 - 7 - 101 - 05404 - 0，14.00 元

《栈云峡雨日记》一书记录了竹添进一郎一行三人 1876 年 5 月 2 日从北京出发，经河北、河南进入关中，横跨秦岭栈道进入四川，顺流下长江，过三峡，8 月 21 日抵上海的旅程。

0719　战略联盟：企业通向全球化的捷径

〔日〕吉野，〔印〕朗甘著；张龙等译．—北京：商务印书馆；2007.05；24cm

ISBN 7 - 100 - 05293 - 9，49.00 元

本书作者将理论与实践相结合展开讨论，并向管理者清晰地说明了选择联盟战略将会给他们带来的风险与回报，作者通过大量的实地调研，提出了形成和管理这些新联盟的路线图。

0720　战胜自身惰性的法宝

〔日〕齐藤茂太著；陈诚译．—北京：科学出版社；2007.01；21cm.—（打造成功心理系列）

ISBN 978 - 7 - 03 - 018053 - 7，19.00 元

0721　战争与性别：日本视角

〔日〕秋山洋子，〔日〕加纳实纪代编．—北京：社会科学文献出版社；2007.06；21cm.—（性别研究丛书/李小江主编）

ISBN 978 - 7 - 80230 - 658 - 5（平装），25.00 元

本书是一部日本学者从性别视角进行战争研究的论文集，所选文章的写作时间从 20 世纪 80 年代至 21 世纪初期。

0722　折纸建筑：景观建筑

〔日〕茶谷正洋著；张婧译．—北京：中国电力出版社；2007.06；26cm

ISBN 978 - 7 - 5083 - 5693 - 8（平），16.80 元

本书是建筑学专业以及建筑造型设计爱好者和折纸爱好者的指导用书。

0723　折纸建筑：现代名建筑

〔日〕茶谷正洋著；王一鹤译．—北京：中国电力出版社；2007.06；26cm

ISBN 978 - 7 - 5083 - 5614 - 3，22.00 元

本书是建筑学专业以及建筑造型设计爱好者和折纸爱好者的指导用书。

0724　拯救索尼

〔日〕立石泰则著；姚佳译．—成都：四川文艺出版社；2007.06；24cm

ISBN 978 - 7 - 5411 - 2556 - 0（平装），28.00 元

0725　织田信长：菊与刀：历史·经典·文学：超值典藏本

〔日〕山冈庄八著；杨世英译．—重庆：重庆出版社；2007.10；24cm

ISBN 978 - 7 - 5366 - 8998 - 5，98.00 元

他，是日本历史上最让人折服的武将，日本战国时期开创统一大局的杰出统帅。

0726　职场解压

〔日〕斋藤茂太著；应小萍，罗劲译．—北京：科学出版社；2007.05：图；21cm.—（打造成功心理系列）

ISBN 978 - 7 - 03 - 018899 - 1（平装），24.00 元

0727　制作成功 DM 邮件的 100 个超级技巧

〔日〕小野达郎著；刘志荣译．—沈阳：辽宁科学技术出版社；2007.02；21cm.—（船井综合研究所提高营业额的真本领丛书）

ISBN 978 - 7 - 5381 - 4539 - 7（平），23.00 元

本书作者通过工作中的实例，以最新的情报和实务为基础，详细论述了制作成功的 DM 邮件的100 个技巧。

0728　智慧与创造的经营学

〔日〕井上宏，钱秉刚著．—上海：上海交通大学出版社；2007.06；21cm

ISBN 978 - 7 - 313 - 04766 - 3（平装），25.00 元

本书运用辩证唯物主义的观点，对劳动、生产和企业管理进行综合分析。

0729　中国古代籍帐研究

〔日〕池田温著；龚泽铣译．—北京：中华书局；2007.05：图；30cm.—（世界汉学论丛）

ISBN 978 - 7 - 101 - 03638 - 1（精装），96.00 元
日本汉学家池田温的《中国古代籍帐研究》，是研究中国古代户籍制度的名作。

0730　中国经济区域间投入产出表
〔日〕市村真一，王慧炯主编．—北京：化学工业出版社；2007.01；20cm
ISBN 978 - 7 - 5025 - 9707 - 8，20.00 元
本书是中国区域间投入产出表的图书。

0731　中国经济入门：第 2 版
〔日〕南亮进，〔日〕牧野文夫编；关权校译．—北京：中国水利水电出版社；2007.04；20cm
ISBN 978 - 7 - 5084 - 4360 - 7，20.00 元
本书汇集了日本十几位知名经济专家学者近几年对中国经济研究的成果，并对其加以充实和调整。

0732　中国印象记
〔日〕小林爱雄著、夏目漱石著；李炜译、王成译．满韩漫游．—北京：中华书局，2007.04：照片；21cm. —（近代日本人中国游记/张明杰主编）
ISBN 978 - 7 - 101 - 05502 - 3，20.00 元
明治期间，日本政要、学者、商人、军人竞相来中国游历考察，并留下了中国纪行日记或随笔。

0733　中国游记
〔日〕芥川龙之介著；秦刚译．—北京：中华书局；2007.01；21cm. —（近代日本人中国游记/张明杰主编）
ISBN 978 - 7 - 101 - 05348 - 7，16.00 元
1921 年 3 月至 7 月，芥川龙之介前来中国游览，先后游历了上海、南京、九江、长沙、洛阳、天津、北京等地。《中国游记》就是这次旅行的记录。

0734　中日佛教交流史：战后五十年
〔日〕额贺章友著；刘建译．—北京：宗教文化出版社；2007.05；21cm
ISBN 978 - 7 - 80123 - 866 - 5，28.00 元
本书以大量翔实的图片和文字反映了二战后五十年中日两国佛教交流的历史状况。

0735　中日苹果产业技术研究
王振兴，〔日〕神田健策主编；肖宝祥等编写；宋晓凯等译．—北京：中国农业科学技术出版社；2007.08；23cm
ISBN 978 - 7 - 80233 - 341 - 3，40.00 元
本书由中日苹果产业技术交流研讨会论文汇集而成。

0736　中外学者论池田大作：和谐社会与和谐世界
华中师范大学池田大作研究所，〔日〕创价大学合编．—武汉：华中师范大学出版社；2007.09；24cm
ISBN 978 - 7 - 5622 - 3655 - 9，58.00 元
本书为中外学者论述日本著名学者、社会活动家池田大作先生思考和谐社会与和谐世界的论文集，收录有大陆、台湾、日本和美国学者的论文。

0737　中小企业和小商店赚钱的经营法则
〔日〕小山政彦著；徐雪梅译．—沈阳：辽宁科学技术出版社；2007.08；21cm. —（船井综合研究所提高营业额的真本领丛书）
ISBN 978 - 7 - 5381 - 5001 - 8，10.00 元
本书由日本船井综合研究所的小山政彦社长亲自执笔，阐述其在工作多年间总结的经营诀窍。

0738　中小企业制定事业计划的程序
〔日〕辻朋子著；唐向红译．—沈阳：辽宁科学技术出版社；2007.02；21cm
ISBN 978 - 7 - 5381 - 4604 - 2，16.00 元
本书以中小企业为对象，详细说明了事业计划的内容和程序。

0739　重点讲义民事诉讼法
〔日〕高桥宏志著；张卫平，许可译．—北京：法律出版社；2007.04；21cm. —（法学学术经典译丛）
ISBN 978 - 7 - 5036 - 7155 - 5，38.00 元
本书为日本民事诉讼法学界领军人物高桥宏志代表性学术专著，对民事诉讼法学的重点问题进行精细和深度分析。

0740　专为中国人写的超右脑英语学习法
〔日〕七田真著；袁静译．—海口：南海出版公司；2007.12；22 cm + 光盘 1 张．—（新经典智慧库．学习力丛书；98）
ISBN 978 - 7 - 5442 - 3910 - 3，25.00 元
本书是介绍超右脑记忆法的图书，主要针对英语学习中的记忆问题。

0741　专业日式美发技巧．基础篇
〔日〕JFA 国际学院编；城野译．—上海：东方出版中心；2007.08；400 幅；26cm
ISBN 978 - 7 - 80186 - 733 - 9，88.00 元
JFA 国际学院是日本一所专门开展美发培训的组织，本书是其编著的一本指导性和操作性兼具的美发专业书籍。

0742　专业日式美发技巧．应用篇

〔日〕JFA 国际学院编著；陈会欣译．—上海：东方出版中心；2007.08；26cm

ISBN 978 - 7 - 80186 - 734 - 6，88.00 元

JFA 国际学院是日本一所专门开展美发培训的组织，本书是其编著的一本指导性和操作性兼具的美发专业书籍。

0743　妆出自己靓出青春：时尚女性美容护肤完全手册

〔日〕米村亚希子著；陈晓梅译．—天津：天津科学技术出版社；2007.04；21cm

ISBN 978 - 7 - 5308 - 4090 - 0，12.00 元

本书以图文并茂的形式向爱美人士介绍了化妆品的选择、使用方法以及日常人们忽视的一些细节，以便让人们改善肌质、正确美容、保养皮肤，起到年轻美丽的效果。

0744　自组织纳米材料：英文

〔日〕足立元成，〔加〕洛克伍德编著．—影印本．—北京：科学出版社；2007.04．—Self - Organized Nanoscale Materials；24cm．—（国外物理名著系列；9）

0745　纵观日本文化：史迹·文物·货币·佛庙·古建筑

〔日〕井上光贞著；孙凯译．—2 版．—哈尔滨：哈尔滨工业大学出版社；2007.08；19cm

ISBN 978 - 7 - 5603 - 1813 - 4，25.00 元

本书是一部介绍和研究日本历史文化的随身携带的导游手册。本书分为四部分，即一般篇、考古篇、建筑篇、雕刻与工艺等，较详细系统地介绍了日本历史文化状况。

0746　总裁铁则：企业高层领导必备的经营管理战略

〔日〕清水龙莹著；郑艺译．—北京：东方出版社；2007.08；24cm

ISBN 978 - 7 - 5060 - 2880 - 6，35.00 元

本书以作者在过去 35 年间一直进行的日本企业的实证研究的成果为基础，告诉面临大变革的企业经营者们来说什么是真正重要的，什么是不重要的。

0747　走迷宫．2 岁

〔日〕多湖辉主编；杨晓红译．—杭州：浙江人民美术出版社；2007.06；图；29cm．—（多湖辉新头脑开发丛书）

ISBN 978 - 7 - 5340 - 2343 - 9（平装），13.80 元

本书通过生动有趣的迷宫游戏开发 2 岁儿童的智商。

0748　走迷宫．3 岁

〔日〕多湖辉主编；杨晓红译．—杭州：浙江人民美术出版社；2007.06：图；29cm．—（多湖辉新头脑开发丛书）

ISBN 978 - 7 - 5340 - 2344 - 6（平装），13.80 元

本书通过生动有趣的迷宫游戏开发 3 岁儿童的智商。

0749　走迷宫．4 岁

〔日〕多湖辉主编；杨晓红译．—杭州：浙江人民美术出版社；2007.06：图；29cm．—（多湖辉新头脑开发丛书）

ISBN 978 - 7 - 5340 - 2345 - 3（平装），13.80 元

本书通过生动有趣的迷宫游戏开发 4 岁儿童的智商。

0750　走迷宫．5 岁

〔日〕多湖辉主编；杨晓红译．—杭州：浙江人民美术出版社；2007.06：图；29cm．—（多湖辉新头脑开发丛书）

ISBN 978 - 7 - 5340 - 2346 - 0（平装），13.80 元

本书通过生动有趣的迷宫游戏开发 5 岁儿童的智商。

0751　走迷宫．6 岁

〔日〕多湖辉主编；杨晓红译．—杭州：浙江人民美术出版社；2007.06：图；29cm．—（多湖辉新头脑开发丛书）

ISBN 978 - 7 - 5340 - 2347 - 7（平装），13.80 元

本书通过生动有趣的迷宫游戏开发 6 岁儿童的智商。

0752　足球超级进攻技术

〔日〕水沼贵史著；金晓平，赵京慧译．—北京：人民体育出版社；2007.04；20cm

ISBN 978 - 7 - 5009 - 3102 - 7，15.00 元

本书是为初、高中初学者提供的足球基础技战术书籍，主要内容为控制球的基本技术、假动作、定位球战术配合和足球明星的绝技等。

0753　组织工程：基础与应用：英文

〔日〕筏义人著．—影印本．—北京：科学出版社；2007.01；26cm

ISBN 978 - 7 - 03 - 018222 - 7（精装），70.00 元

本书共包括四章，第一章介绍了当前组织工程研究的概况，有关组织工程的动物实验和人体实验的最新进展在第二章作了描述，第三章涵盖了大量的已发表的有关组织工程领域基本技术。

0754　最新卡通漫画技法．8，美少年造型篇

〔日〕小崎亚衣编著；张静秋译．—北京：中国

青年出版社；2007.09：图；26cm

ISBN 978 - 7 - 5006 - 7749 - 9，29.00 元

本套书引进日本著名漫画专业出版社"G 社"的版权，内容由日本知名漫画家撰写，是一套权威的、全面介绍最新卡通技法的丛书。

0755 最新日语综合读解

〔日〕北岛千鹤子著；亚希译 . —上海：学林出版社；2007.09；26cm. — （现代日本语）

ISBN 978 - 7 - 80730 - 453 - 1，39.00 元

本书针对日语能力考试而编，紧扣历年的考点和难点，掌握读解试题的最新动向，由易而难，分为初、中、高三个部分。

0756 最新屋顶绿化设计、施工与管理实例

〔日〕NIKKEI ARCHITECTURE 编；胡连荣译 . —北京：中国建筑工业出版社；2007.11；27cm

ISBN 978 - 7 - 112 - 09431 - 8，68.00 元

在城市热岛等环境问题背景下，作为建筑物要素之一的屋顶绿化在日本从 20 世纪末开始快速发展，在政策、材料、技术、设计、管理上积累了丰富的经验。

0757 左脑右脑人生趣味测试

〔日〕二枚贝著；胡虹，邱洪译 . —成都：四川文艺出版社；2007.08；21cm

ISBN 978 - 7 - 5411 - 2594 - 2，18.80 元

本书是一本不同于一般同类图书的趣味智力测试书，遵循了一定的科学规律，对不同类型人的性格、情感、命运作出了有趣的解读。

0758 佐智的超级阿嬷

〔日〕岛田洋七著；陈宝莲译 . —海口：南海出版公司；2007.03；21cm

ISBN 978 - 7 - 5442 - 3472 - 6，20.00 元

本书为日本当代长篇小说。

2008

0759 10 分钟足部按摩 DIY

〔日〕泷泽麻奈美著 . —沈阳：辽宁科学技术出版社；2008.05；—119 页；21cm

￥CNY25.00

本书详尽介绍了针对头痛、肩酸、不眠症及更年期障碍等的足部按穴法 51 种。

0760 1973 年的弹子球

〔日〕村上春树著 . —上海：上海译文出版社；2008.08；—165 页；21cm

￥CNY15.00

本书为日本著名作家村上春树的长篇小说。

0761 1 只小猪和 100 只狼

〔日〕宫西达也编绘 . —乌鲁木齐：新疆青少年出版社；2008.06；—1 册；21×29cm

￥CNY28.00

本书由日本出版业超人气童书作家、著名绘本大师宫西达也创作。

0762 20 几岁，痴迷于学习吧

〔日〕中岛孝志著 . —海口：南海出版公司；2008.09；—225 页；21cm

￥CNY24.80

本书是作者专为指导二十几岁的年轻人学会学习写的书，可谓是现在年轻人的学习指南。

0763 20 几岁的问号

〔日〕松岛亚著 . —海口：南海出版公司；2008.10；—269 页；21cm

￥CNY26.80

《20 几岁的问号》是一本特意为二十岁的青年创作的励志书籍。

0764 20 几岁开始学会理财

〔日〕中村芳子著 . —北京：中国物资出版社；2008.05；—201 页；22cm

￥CNY29.80

本书包括理财方略、生活、工作、储蓄、未来、晚年与理财的关系等。

0765 2℃改变世界

〔日〕山本良一等主编 . —北京：科学出版社；2008.09；—146 页；21cm

￥CNY28.00

本书以大量生动的事例深入浅出地介绍了人类活动引起的地球温室效应，以及由此使全球气候变暖给人类带来的各种问题。

0766 30 分老妈

〔日〕高木直子著 . —西安：陕西师范大学出版社；2008.09；—160 页；21cm

￥CNY20.00

本书是畅销书作者高木直子最新散文作品。

0767 365 日给女性的赠言

〔日〕池田大作著 . —成都：四川人民出版社；2008.11；—388 页；17cm

（精装）：￥CNY28.00

本书以一年 365 天一天一句赠言的形式，表达了

作者对女性的尊重以及鼓励女性自信、自立、自强，做家庭和社会的主人的殷切希望。

0768　40 岁开始的幸福瘦身
〔日〕桥口玲子著 . —上海：上海锦绣文章出版社；2008.08；—128 页；23cm
¥CNY15.00
本书将中年女性按体质分类，给予针对性的饮食、运动方法，以达到健康、有效地瘦身。

0769　5 分钟集中力训练
〔日〕须崎恭彦著 . —天津：天津教育出版社；2008.07；—115 页；22cm
¥CNY18.00
本书用极具操作性的方法指导人们如何快速集中注意力，提高干事效率。

0770　79 个不生病的生活习惯
〔日〕福田千晶著 . —北京：中信出版社；2008.07；—171 页；20cm
¥CNY25.00
本书针对女性朋友畏冷、疼痛、便秘、月经前期综合征等病痛烦恼，列举了 79 种健康的生活习惯。

0771　BCG 视野：金融服务走向赢利的智慧之路
〔日〕本岛康史著 . —北京：电子工业出版社；2008.01；—184 页；24cm
¥CNY28.00
本书以金融行业为主要研究对象，配以其他行业的案例并将其重新运用到金融行业中。

0772　BCG 视野：战略思维的艺术
〔日〕御立尚资著 . —北京：电子工业出版社；2008.05；—108 页；24cm
¥CNY20.00
本书详细解说了波士顿咨询公司（BCG）战略论的核心部分，解析获取"洞察力"的诀窍。

0773　BCG 战略思想：竞争优势原理
〔日〕水越丰著 . —北京：电子工业出版社；2008.06；—298 页；26cm
¥CNY38.00
本书是波士顿咨询公司（BCG）四十多年战略思想的集大成之作。

0774　DaLaDaLa 终极打混篇
〔日〕徒步助著 . —北京：国际文化出版公司；2008.04；—115 页；20cm
¥CNY22.00
本篇作为终极打混篇，记录了老婆大人 LaLa 和小的老公 DaDa 这对黄金鼠夫妇的婚后生活。

0775　GIS 在经济社会空间分析中的应用
〔日〕高阪宏行，〔日〕关根智子著 . —济南：山东省地图出版社；2008.06；—150 页；26cm
¥CNY50.00
对 GIS（地理信息系统）在社会、经济中的应用进行了分析和讲解。

0776　Glisson 蒂横断式肝切除术
〔日〕高崎健原著 . —北京：人民卫生出版社；2008.07；—145 页；29cm
（精装）：¥CNY56.00
本书由世界著名出版商 Springer 公司出版。

0777　N・P
〔日〕吉本芭娜娜著 . —上海：上海译文出版社；2008.08；—196 页；21cm
¥CNY20.00
吉本芭娜娜的长篇小说《N・P》，虽然空间较小、人物较少，但包容了她迄今为止所有作品的主题。

0778　Office 高效办公演示通 . EXCEL 高效办公应用图表通
〔日〕竹岛慎一郎编著 . —北京：中国青年出版社；2008.01；—226 页；23cm
¥CNY135.00（全套 3 册）
本书为高效办公软件的高级应用书籍。

0779　Office 高效办公演示通 . POWERPOINT 高效办公应用演示通
〔日〕竹岛慎一郎编著 . —北京：中国青年出版社；2008.01；—254 页；23cm
¥CNY135.00（全套 3 册）
本书为高效办公软件的高级应用书籍。

0780　Office 高效办公演示通 . WORD 高效办公应用文档通
〔日〕竹岛慎一郎编著 . —北京：中国青年出版社；2008.01；—250 页；23cm
¥CNY135.00（全套 3 册）
本书为高效办公软件的高级应用书籍。

0781　Ruby 程序设计语言
〔美〕费拉纳根，〔日〕松本行弘著 . —南京：东南大学出版社；2008.05；—429 页；24cm
¥CNY64.00
《Ruby 程序设计语言》是 Ruby 的权威指南，全面涵盖该语言的 1.8 和 1.9 版。

0782 Welcome trouble 逆境打造经营者
〔日〕松井利夫著 . —东营：中国石油大学出版社；
2008.04；—202 页；21cm
¥CNY23.00
本书囊括了作者在从事经营工作 30 多年的过程
中解决种种棘手问题的应对经验。

0783 WTO 与 FTA：世界贸易组织与自由贸易协定
〔日〕高濑保著 . —北京：中国计量出版社；2008.
01；—90 页；23cm
¥CNY18.00
本书介绍了日本如何履行 WTO 义务，对建立适
合 WTO 体制的国内贸易体制提出建议。

0784 阿拉蕾 . GO！GO！尼可家星球之卷
〔日〕鸟山明著 . —北京：中国少年儿童出版社；
2008.05；—184 页；18cm
¥CNY8.70
本书是日本漫画大师鸟山明的成名作，也是世
界漫画史上的一部经典。

0785 阿拉蕾 . 阿拉蕾大出击之卷
〔日〕鸟山明著 . —北京：中国少年儿童出版社；
2008.04；—187 页；18cm
¥CNY8.70
本书是日本漫画大师鸟山明的成名作，也是世
界漫画史上的一部经典。

0786 阿拉蕾 . 阿拉蕾诞生之卷
〔日〕鸟山明著 . —北京：中国少年儿童出版社；
2008.04；—185 页；18cm
¥CNY8.70
本书是日本漫画大师鸟山明的成名作，也是世
界漫画史上的一部经典。

0787 阿拉蕾 . 宝瓜宝瓜之卷
〔日〕鸟山明著 . —北京：中国少年儿童出版社；
2008.05；—187 页；18cm
¥CNY8.70
本书是日本漫画大师鸟山明的成名作，也是世
界漫画史上的一部经典。

0788 阿拉蕾 . 地球 SOS 之卷
〔日〕鸟山明著 . —北京：中国少年儿童出版社；
2008.04；—193 页；18cm
¥CNY8.70
《阿拉蕾》是日本漫画大师鸟山明的成名作，也

是世界漫画史上的一部经典。

0789 阿拉蕾 . 开心的阿千之卷
〔日〕鸟山明著 . —北京：中国少年儿童出版社；
2008.04；—192 页；18cm
¥CNY8.70
本书是日本漫画大师鸟山明的成名作，也是世界
漫画史上的一部经典。

0790 阿拉蕾 . 马西利特博士的野心之卷
〔日〕鸟山明著 . —北京：中国少年儿童出版社；
2008.05；—193 页；18cm
¥CNY8.70
《阿拉蕾》是日本漫画大师鸟山明的成名作，也
是世界漫画史上的一部经典。

0791 阿拉蕾 . 企鹅杯大赛车之卷
〔日〕鸟山明著 . —北京：中国少年儿童出版社；
2008.05；—189 页；18cm
¥CNY8.70
《阿拉蕾》是日本漫画大师鸟山明的成名作，也
是世界漫画史上的一部经典。

0792 阿拉蕾 . 世界第一强武术大赛之卷
〔日〕鸟山明著 . —北京：中国少年儿童出版社；
2008.05；—204 页；18cm
¥CNY8.70
《阿拉蕾》是日本漫画大师鸟山明的成名作，也
是世界漫画史上的一部经典。

0793 阿拉蕾 . 天神大反扑之卷
〔日〕鸟山明著 . —北京：中国少年儿童出版社，
2008.05；—227 页；18cm
¥CNY8.70
《阿拉蕾》是日本漫画大师鸟山明的成名作，也
是世界漫画史上的一部经典。

0794 阿拉蕾 . 完结篇 . 专用机器大发明之卷
〔日〕鸟山明著 . —北京：中国少年儿童出版社；
2008.05；—237 页；18cm
¥CNY8.70
《阿拉蕾》是日本漫画大师鸟山明的成名作，也
是世界漫画史上的一部经典。

0795 阿拉蕾 . 我的手纸之卷
〔日〕鸟山明著 . —北京：中国少年儿童出版社；
2008.05；—193 页；18cm
¥CNY8.70
《阿拉蕾》是日本漫画大师鸟山明的成名作，也
是世界漫画史上的一部经典。

0796 阿拉蕾．无敌牛奶糖人 7 号之卷
〔日〕鸟山明著．—北京：中国少年儿童出版社；
2008.05；—185 页；18cm
￥CNY8.70
《阿拉蕾》是日本漫画大师鸟山明的成名作，也
是世界漫画史上的一部经典。

0797 阿拉蕾．小少爷机器人之卷
〔日〕鸟山明著．—北京：中国少年儿童出版社；
2008.05；—199 页；18cm
￥CNY8.70
《阿拉蕾》是日本漫画大师鸟山明的成名作，也
是世界漫画史上的一部经典。

0798 阿拉蕾．小特波的出生之卷
〔日〕鸟山明著．—北京：中国少年儿童出版社；
2008.05；—188 页；18cm
￥CNY8.70
本书是日本漫画大师鸟山明的成名作，也是世
界漫画史上的一部经典。

0799 阿拉蕾．新婚旅行之卷
〔日〕鸟山明著．—北京：中国少年儿童出版社；
2008.05；—187 页；18cm
￥CNY8.70
本书是日本漫画大师鸟山明的成名作，也是世
界漫画史上的一部经典。

0800 阿拉蕾．妖怪之夜之卷
〔日〕鸟山明著．—北京：中国少年儿童出版社；
2008.04；—183 页；18cm
￥CNY8.70
《阿拉蕾》是日本漫画大师鸟山明的成名作，也
是世界漫画史上的一部经典。

0801 阿拉蕾．摘氏一族之卷
〔日〕鸟山明著．—北京：中国少年儿童出版社；
2008.05；—185 页；18cm
￥CNY8.70
本书是日本漫画大师鸟山明的成名作，也是世
界漫画史上的一部经典。

0802 阿立会穿裤子了
〔日〕神泽利子编文．—济南：明天出版社；2008.
12；—1 册；25cm
（精装）：￥CNY29.80
这是一本图画书，简单有趣的故事凸现了幼儿
的稚拙心理。

0803 阿秋和阿狐
〔日〕林明子图/文．—海口：南海出版公司；2008.

09；—39 页；29cm
（精装）：￥CNY28.00
本书是儿童绘本。

0804 爱怜纪
〔日〕川上弘美著．—海口：南海出版公司；2008.
04；—227 页；21cm
￥CNY20.00
日本当代著名女作家川上弘美长篇小说，主要写
一家两代人旖旎感伤的情感经历。

0805 爱，上了瘾：抚平因爱受伤的心灵
〔日〕伊东明著．—成都：四川大学出版社；2008.
01；—218 页；23cm
￥CNY28.00
本书为引进版权的图书。

0806 八国联军侵华时期照片集
〔日〕小川一真摄．—北京：学苑出版社；2008.
06；—264 页；23cm
￥CNY42.00
本书是原日本摄影家 1901 年拍摄八国联军侵华
时期的照片。

0807 爸爸送给我的礼物
〔日〕芭蕉绿图/文．—海口：南海出版公司；
2008.09；—30 页；24×24cm
￥CNY16.80
本书为儿童绘本。

0808 白鸟异传
〔日〕荻原规子著．—桂林：广西师范大学出版
社；2008.01；—422 页；21cm
￥CNY29.00
本书是日本著名女作家荻原规子的小说。

0809 白色猎人
〔日〕渡边淳一著．—上海：文汇出版社；2008.
11；—225 页；20cm
￥CNY22.00

0810 白夜行
〔日〕东野圭吾著．—海口：南海出版公司；
2008.09；—467 页；22cm
￥CNY29.80
本书是日本当代长篇推理小说。

0811 百花三国志
〔日〕正子公也绘．—重庆：重庆出版社；2008.
11；—1 册；

￥CNY48.00

本书是以中国四大名著之一的"三国演义"为蓝本，以其中的知名武将为主题作的画。

0812　百年华语

〔日〕市川勘著．—上海：上海教育出版社；2008.09；—128 页；20cm

￥CNY26.00

本书作者试图对现代中国语言的统一，即民族共同语也即标准语制定的百年历史做一勾勒，并预见华语走向世界的必然。

0813　百物语

〔日〕杉浦日向子著绘．—海口：南海出版公司；2008.05；—664 页；24cm

￥CNY68.00

本书由 99 个日本短篇民间神话故事集合而成。

0814　办公室效率革命：让你和你的组织效率倍增的工作方法

〔日〕小林忠嗣著．—北京：北京大学出版社；2008.01；—145 页；23cm

￥CNY25.00

作者以自己的切身体验，深深地感到提高白领为代表的知性工作者的生产效率的重要性。

0815　保险购买技巧

〔日〕上山道生著．—北京：科学出版社；2008.02；—166 页；24cm

￥CNY28.00

本将从消费者的角度介绍各个领域的保险实务，侧重丁介绍复杂的保险制度的全貌。

0816　北极乌鸦的故事

〔日〕C.W. 尼可著．—北京：新世界出版社；2008.11；—231 页；23cm

￥CNY25.00

本书系一本关于友情、生命和幸福的长篇心灵物语，以乌鸦的口吻作为叙述的寓言故事。

0817　北京纪事北京纪游

〔日〕小栗栖香顶著．—北京：中华书局；2008.05；—247 页；21cm

￥CNY22.00

本书详细记录了他在北京的生活经历、所见所闻。

0818　北京苦住庵记：日中战争时代的周作人

〔日〕木山英雄著．—北京：生活·读书·新知三联书店；2008.08；—298 页；21cm

￥CNY27.00

本书以思想传记的形式主要考察 1937~1945 年期间周作人的个人经历和思想演变。

0819　北山医案

〔日〕北山友松著．—北京：学苑出版社；2008.01；—137 页；21cm

￥CNY12.00

本书是主要内容是日本中医学家（也称为汉医）的代表性作品。

0820　笨狗小古 11 年 +108 天的故事

〔日〕后藤保幸著．—海口：南海出版公司；2008.06；—157 页；17cm

￥CNY20.00

本书为日本当代图画故事书。

0821　变身

〔日〕栗林慧编绘．—广州：广州出版社；2008.06；—40 页；22×22cm

（精装）：￥CNY28.00

本书通过日本著名昆虫学家栗林慧的镜头，让孩子们认识昆虫世界的奥秘。

0822　标准商务日语考试题集

〔日〕高见泽孟，〔日〕吉冈正毅主编．—北京：外语教学与研究出版社；2007.10；—166 页；20cm

￥CNY15.90

本书为日语考试类教辅书。

0823　表扬与批评的技巧

〔日〕福田健著．—沈阳：辽宁科学技术出版社；2008.01；—140 页；21cm

￥CNY12.00

本书系统地介绍了表扬与批语的技巧，阐述了表扬与批评的目的。

0824　别笑！我是 365 天英语情景口语书：全世界最伟大的施里曼英语学习法

〔日〕松崎博著．—北京：中国三峡出版社；2008.10；—180 页；21cm

￥CNY25.00

木书精选出日常生活中常用英语单词和短语。

0825　病从寒中来

〔日〕石原结实著．—北京：中国城市出版社；2008.04；—147 页；24cm

￥CNY29.00

本书介绍了断食方法，提倡正确的生活习惯。

0826 病能自己愈

〔日〕筱原佳年著.—北京：中国人民大学出版社；2008.05；—144页；23cm

¥CNY28.00

告诉读者过于依赖各种药物，把自己交给医生保管，对治病是不利的。

0827 薄红天女

〔日〕荻原规子著.—桂林：广西师范大学出版社；2008.04；—334页；21cm

¥CNY29.00

本书是长篇小说。

0828 不败的谈判技巧：看穿对手期望、创造有利局面的50个技巧！

〔日〕大桥弘昌著.—北京：机械工业出版社；2008.06；—131页；24cm

¥CNY26.00

本书对谈判思维，谈判心理，谈判方法做了全面介绍。

0829 不变的经营成长的经营

〔日〕北尾吉孝著.—北京：世界知识出版社；2008.01；—93页；18cm

¥CNY8.00

本书为翻译图书。作者是日本著名儒商，推崇"信、义、仁"的经营原则。

0830 不可思议国的小豆豆

〔日〕黑柳彻子著.—桂林：漓江出版社；2008.05；—235页；21cm

¥CNY24.80

超级畅销书《窗边的小豆豆》姐妹篇，联合国儿童基金会亲善大使黑柳彻子的最新力作。

0831 不平等的日本：告别"全民中产"社会

〔日〕佐藤俊树著.—南京：南京大学出版社；2008.04；—170页；23cm

¥CNY26.00

本书是一部研究考察当代日本的社会学著作，作者是日本东京大学社会学教授佐藤俊树。

0832 不自闭！交际的魅力

〔日〕石原壮一郎主编.—北京：中国轻工业出版社；2008.01；—135页；19cm

¥CNY20.00

本书是写给对日常交际和一些特殊社交场合的交际方法有轻微困惑的年轻人的。

0833 财富人脉：高效能人士的圆通术

〔日〕中岛一著.—北京：中国轻工业出版社；

2008.04；—159页；20cm

¥CNY23.80

本书从构筑人脉的五大阶段，传授你如何将人脉活用于职场的技巧与心得。

0834 彩绘日语句型168

〔日〕中间多惠编著.—上海：世界图书出版公司；2008.04；—359页；13×15cm

¥CNY28.00

本书以好学的"彩绘句型"创新学习法，精选168个生活中最基础的句型。

0835 参天台五台山记

〔日〕释成寻原著.—石家庄：花山文艺出版社；2008.04；—314页；21cm

¥CNY25.00

本书是古籍整理，日本入宋僧人求法用中文所写的日记，中文校点本。

0836 产品策划营销

〔日〕浅田和实著.—北京：科学出版社；2008.01；—218页；24cm

¥CNY28.00

本书从探求消费者的潜在的内心声音着手，解说产品策划的书籍有很大的不同。

0837 长江旧影

〔日〕山根倬三著.—北京：中国建筑工业出版社；2008.11；—1册；22×28cm

（精装）¥CNY80.00

20世纪初，长江流域的诸多历史文化名城还没有受到现代文明的冲击。

0838 长尾经济学

〔日〕菅谷义博著.—海口：南海出版公司；2008.08；—278页；24cm

¥CNY38.00

本书介绍了传统的市场营销本质上存在的问题如何在理论上利用长尾战略来提高销售额等问题。

0839 肠内减肥革命

〔日〕松生恒夫著.—沈阳：辽宁科学技术出版社；2008.04；—119页；21cm

¥CNY15.00

本书通过"食物纤维排毒"等来清洗身体中残留的脂肪和毒素。

0840 常胜思考

〔日〕大川隆法著.—北京：新世界出版社；2008.

08；—171 页；23cm

￥CNY25.00

本书系成功心理学读物。

0841 超大规模集成电路：基础·设计·制造工艺

〔日〕岩田穆，角南英夫著 . —北京：科学出版社；2008.01；—309 页；24cm

￥CNY42.00

本书共分两篇，第一篇为基础设计篇，第二篇为制造工艺篇。

0842 超级冷静：如何克服惊慌心理

〔日〕铃木丈织著 . —上海：上海人民出版社；2008.05；—167 页；21cm

￥CNY18.00

本书介绍克服惊慌心理状态的基本攻略，还用实际生活经验指导大家如何稳定自己的情绪。

0843 超级漫画素描技法·透视篇

〔日〕林晃著 . —北京：中国青年出版社；2008.10；—199 页；26cm

￥CNY59.60（全套 2 册）

本书讲解了漫画素描中透视和各种运动的画法。

0844 超神准心理测试游戏

〔日〕驹田晴市著 . —北京：中国长安出版社；2008.09；—400 页；26cm

￥CNY32.00

这是一本精选了 112 个经典的心理测试书，它具有科学的预见性和规律性。

0845 成功母亲的 7 大教育法则：天才爱迪生的秘密

〔日〕亨利幸田著 . —上海：上海远东出版社；2008.06；—219 页；21cm

￥CNY15.00

本书主要描述爱迪生成长为人类历史上最伟大的天才的过程，指出其中最为关键的因素是在于他的母亲独特的教育方法。

0846 成为天才的瞬间

〔日〕斋滕孝著 . —上海：学林出版社；2008.01；—187 页；21cm

￥CNY16.80

本书阐述了天才们成功的漫长过程，激励年轻读者唤醒自己的潜在能力，向理想和成功冲击。

0847 成语经济学

〔日〕梶井厚志著 . —北京：中国人民大学出版

社；2008.08；—203 页；23cm

￥CNY39.80

中国五千年历史总结出的成语故事，不仅是经验教训，更包含日常生活中发生的经济学思考。

0848 池袋西口公园

〔日〕石田衣良著 . —上海：上海人民出版社；2008.01；—306 页；21cm

￥CNY20.00

本书包括"池袋西口公园"、"幽灵休旅车"、"绿洲的亲密恋人"和"太阳通内战"四个故事。

0849 丑陋的日本人

〔日〕高桥敷著 . —苏州：古吴轩出版社；2008.06；—239 页；22cm

￥CNY23.00

日本教授高桥敷通过在南美诸国任教的亲身经历及所见所闻，将日本文化与美式风格作深刻对比，揭露日本国民性的种种"丑陋"，并期待从"丑陋"中崛起，迈进新世纪。

0850 川端康成精品集

〔日〕川端康成著 . —上海：复旦大学出版社；2008.05；—368 页；24cm

￥CNY35.00

本书包含了作者最具思想意义和价值的作品——《伊豆的舞女》、《雪国》、《千只鹤》、《古都》、《名人》等。

0851 创意无限 50 招 + 振奋自我 50 招

〔日〕中谷彰宏著 . —北京：科学出版社；2008.04；—1 册；21cm

￥CNY24.00

书中记载了让明天快快乐乐的具体方法。

0852 催眠的秘诀

〔日〕林贞年著 . —北京：世界图书出版公司；2008.08；—196 页；17cm

￥CNY15.00

本书面向对催眠有兴趣且希望进一步掌握其技巧的读者。是一部颇具有现实意义的心理学著作。

0853 催眠方法入门

〔日〕林贞年著 . —北京：世界图书出版公司北京公司；2008.08；—187 页；17cm

￥CNY15.00

本书是一本有关催眠术的入门书。

0854 催眠术

〔日〕成濑悟策著．—上海：文汇出版社；2008.
04；—157 页；19cm

¥CNY16.00

本书深入浅出地向读者讲解看似神秘的催眠术
背后的生理心理原理。

0855 村上春树：转换中的迷失

〔日〕黑古一夫著．—北京：中国广播电视出版
社；2008.10；—184 页；23cm

¥CNY25.00

本书记录了村上春树的人生历程、分析了他的
作品及其写作风格。

0856 大便书

〔日〕寄藤文平，〔日〕藤田纮一郎著．—哈尔滨：
北方文艺出版社；2008.10；—190 页；16×15cm
（精装）：¥CNY29.00

本书是一本借由绘画了解便便的健康丛书。

0857 大耳狗和圣诞晚会

〔日〕三丽鸥著．—南昌：二十一世纪出版社；
2008.03；—32 页；26cm

¥CNY8.00

书中的涂色、贴纸、连线、描画等认知益智小游
戏，能够锻炼小朋友们的动手能力，想象能力。

0858 大河马

〔日〕中谷千代子图．—海口：南海出版公司；
2008.09；—27 页；19×27cm

¥CNY12.00

本书为儿童绘本，从动物的角度描绘了动物园
里的一天。

0859 大江健三郎传说

〔日〕黑古一夫著．—北京：中国广播电视出版
社；2008.03；—233 页；23cm

¥CNY27.50

本书讲述日本当代文学泰斗大江健三郎的故事，
并对他的作品进行分析。

0860 大江健三郎精品集

〔日〕大江健三郎著．—上海：复旦大学出版社；
2008.05；—314 页；24cm

¥CNY30.00

本书收录了作者的《个人的体验》和《万延元
年的足球队》两部长篇作品。

0861 大江健三郎口述自传

〔日〕大江健三郎著．—北京：新世界出版社；

2008.04；—281 页；23cm

¥CNY29.80

本书系大江健三郎传记，以对话的形式讲述诺贝
尔文学奖大师大江健三郎 50 年的作家生涯。

0862 大雄的结婚前夜·奶奶的故事

〔日〕藤子·F·不二雄著．—南昌：二十一世纪
出版社；2008.04；—229 页；17cm

¥CNY15.00

本书是"哆啦 A 梦"的电影系列《大雄的结婚
前夜》和《奶奶的故事》这两部作品的合集。

0863 大雄的猫狗时空传

〔日〕藤子·F·不二雄著．—南昌：二十一世纪
出版社；2008.01；—142 页；17cm

¥CNY12.80

本书是藤子·F·不二雄的原作人气动画《哆啦
A 梦》的电影系列第 25 集。

**0864 大雄的奇幻大冒险：电影哆啦 A 梦：2008
最新版**

〔日〕藤子·F·不二雄著．—南昌：二十一世纪
出版社；2008.02；—143 页；18cm

¥CNY12.80

大雄和哆啦 A 梦利用"如果电话亭"，竟将现实
世界变成了魔法世界。

0865 大雄的太阳王传说

〔日〕藤子·F·不二雄著．—南昌：二十一世纪
出版社；2008.01；—72 页；26cm

¥CNY18.00

本书是哆啦 A 梦诞生 30 周年纪念，电影故事改
编画册。

0866 大雄的宇宙漂流记

〔日〕藤子·F·不二雄著．—南昌：二十一世纪
出版社；2008.01；—95 页；26cm

¥CNY18.00

本书为哆啦 A 梦电影故事改编画册，其中包括
《宇宙漂流记》和《结婚前夜》两个故事。

0867 大熊猫大智慧

〔日〕松原宽摄．—成都：成都时代出版社；2008.
08；—119 页；21×21cm

¥CNY38.00

本画册收集了日本专业电视制片人、摄影爱好者
松原宽先生近 20 年来拍摄的大熊猫照片。

0868 待到稻花飘香时：日本专家原正市在华工作纪实
〔日〕岛田百合著．—北京：新华出版社；2008.12；—160 页；21cm
¥CNY30.00
本书以编年体的方式，详细记录了日本水稻专家原正市先生1982～1998年在华工作和生活的情景。

0869 当局不迷50招＋困境自强50招
〔日〕中谷彰宏著．—北京：科学出版社；2008.04；—1册；21cm
¥CNY24.00
本书强调要积极迎接危机，而不是回避危机。

0870 道因法师碑
〔日〕花田峰堂编．—长沙：湖南美术出版社；2008.01；—88 页；29cm
¥CNY20.00
本书是国人研究书法艺术与国学的良好教材。

0871 德川家康．兵变本能寺
〔日〕山冈庄八著．—海口：南海出版公司；2008.01；—406 页；24cm
¥CNY26.00
本书为日本当代作家山冈庄八代表作、长篇历史小说《德川家康》的第四部。

0872 德川家康．长河落日
〔日〕山冈庄八著．—海口：南海出版公司；2008.06；—369 页；24cm
¥CNY26.00
本书为日本当代作家山冈庄八代表作、长篇历史小说《德川家康》的第十三部。

0873 德川家康．大坂风云
〔日〕山冈庄八著．—海口：南海出版公司；2008.06；—354 页；24cm
¥CNY26.00
本书为日本当代作家山冈庄八代表作、长篇历史小说《德川家康》的第十二部。

0874 德川家康．关原合战
〔日〕山冈庄八著．—海口：南海出版公司；2008.06；—357 页；24cm
¥CNY26.00
本书为日本当代作家山冈庄八代表作、长篇历史小说《德川家康》的第九部。

0875 德川家康．龙争虎斗
〔日〕山冈庄八著．—海口：南海出版公司；2008.02；—417 页；24cm
¥CNY26.00
日本当代作家山冈庄八代表作、长篇历史小说《德川家康》的第五部。

0876 德川家康．幕府将军
〔日〕山冈庄八著．—海口：南海出版公司；2008.06；—343 页；24cm
¥CNY26.00
本书为日本当代作家山冈庄八代表作、长篇历史小说《德川家康》的第十部。

0877 德川家康．南征北战
〔日〕山冈庄八著．—海口：南海出版公司；2008.05；—345 页；24cm
¥CNY26.00
本书为日本当代作家山冈庄八代表作、长篇历史小说《德川家康》的第七部。

0878 德川家康．双雄罢兵
〔日〕山冈庄八著．—海口：南海出版公司；2008.02；—373 页；24cm
¥CNY26.00
本书为日本当代作家山冈庄八代表作、长篇历史小说《德川家康》的第六部。

0879 德川家康．天下布武
〔日〕山冈庄八著．—海口：南海出版公司；2008.01；—391 页；24cm
¥CNY26.00
本书为日本当代作家山冈庄八代表作、长篇历史小说《德川家康》的第三部。

0880 德川家康．王道无敌
〔日〕山冈庄八著．—海口：南海出版公司；2008.06；—349 页；24cm
¥CNY26.00
本书为日本当代作家山冈庄八代表作、长篇历史小说《德川家康》的第十一部。

0881 德川家康．枭雄归尘
〔日〕山冈庄八著．—海口：南海出版公司；2008.05；—370 页；24cm
¥CNY26.00
本书为日本当代作家山冈庄八代表作、长篇历史小说《德川家康》的第八部。

0882 德富芦花散文
〔日〕德富芦花著．—北京：人民文学出版社；2008.12；—287 页；21cm

¥CNY21.00

德富芦花最具代表性的散文作品集。

0883 德姬太太的告别演出

〔日〕芭蕉绿图/文．—海口：南海出版公司；2008.
10；—31页；24×24cm

¥CNY16.80

本书为儿童绘本。

0884 德鲁克思想入门

〔日〕上田惇生著．—北京：中信出版社；2008.
10；—25页，210页；25cm

¥CNY35.00

在本书中作者给我们讲述了德鲁克辉煌的人生
历程，并提炼了其光耀全球的管理精髓。

0885 底吹转炉法：引进·搅拌效果·顶底复合吹炼

〔日〕野崎努著．—北京：冶金工业出版社；2008.
01；—257页；20cm

¥CNY30.00

本书介绍了日本引入底吹转炉的背景，阐述了
底吹转炉的冶金特性。

0886 地道商务日语会话

〔日〕前川智编著．—上海：华东理工大学出版
社；2008.01；—218页；21cm

¥CNY20.00

本书为商务日语会话系列。

0887 地震动的谱分析入门

〔日〕大崎顺彦著．—北京：地震出版社；2008.
06；—297页；26cm

¥CNY60.00

本书是关于地震记录谱分析及其应用的基础
读物。

0888 帝国的软肋：大汉王朝四百年

〔日〕陈舜臣著．—北京：新星出版社；2008.
07；—521页；24cm

¥CNY39.80

本书是日本著名华裔作家陈舜臣先生的代表作。

0889 第六个小夜子

〔日〕恩田路著．—北京：人民文学出版社；2008.
01；—227页；21cm

¥CNY16.00

本书是长篇小说。

0890 第三次经营革命：ECR 式经营方式

〔日〕山崎康司著．—北京：人民出版社；2008.
01；—160页；24cm

¥CNY25.00

本书主要叙述了先驱者 P&G 的改革轨迹和美国
日杂百货业通力合作、全力以赴的 ECR 改革
实况。

0891 电工操作一点通

〔日〕武井靖房编．—北京：科学出版社；2008.
04；—327页；21cm

¥CNY26.00

介绍在基本作业、电动工具和油压工具及配线工
具及配管工具都有哪些工具和用具，如何使用、
注意点等。

0892 电气设备现场试验及检测技术

〔日〕竹内则春著．—北京：科学出版社；2008.
02；—182页；24cm

¥CNY27.00

本书列举多种测量仪器和试验仪器，具体地、详
细地讲解实用技术。

0893 电影超级百科．大雄和长翅膀的勇士们

〔日〕藤子·F·不二雄原著．—南昌：二十一世
纪出版社；2008.01；—40页；15×15cm

¥CNY5.00

0894 电影超级百科．大雄和机器人王国

〔日〕藤子·F·不二雄原著．—南昌：二十一世
纪出版社；2008.01；—40页；15×15cm

¥CNY5.00

0895 电子之星

〔日〕石田衣良著．—上海：上海人民出版社；
2008.08；—265页；21cm

¥CNY20.00

本书包括四个短篇故事。

0896 东京商务区的艺术与设计

〔日〕清水敏男主编．—大连：大连理工大学出
版社；2008.03；—155页；26cm

¥CNY118.00

本书介绍了日本东京商务区的环境设计艺术及
区域内的多项艺术品，配以对设计师本人的
采访。

0897 东京湾景

〔日〕吉田修一著．—上海：文汇出版社；2008.

04；—206 页；23cm

￥CNY23.00

本书是日本富士电视台《东京湾景》原著小说。获日本文学最高奖"芥川奖"。

0898　动物感染症

〔日〕小沼操等编 . —北京：中国农业出版社；2008.07；—359 页；30cm

￥CNY160.00

本书由日本兽医界的 99 位专家共同编著，作为兽医本科生教材和职业兽医师资格考试的指定用书。

0899　锻炼眼力·轻松快乐健脑革命

〔日〕篠田秀美著 . —沈阳：辽宁科学技术出版社；2008.01；—182 页；21cm

￥CNY25.00

风靡日本的健脑革命，不但可以锻炼脑力，还可以锻炼眼力，让你越活越年轻！

0900　对映体分离：基本原理与实际应用

〔日〕户田芙三夫编著 . —北京：科学出版社；2008.03；—333 页；25cm

（精装）：￥CNY60.00

可供分析化学、有机化学、药物化学等专业高校师生、科研人员参考。

0901　钝感力

〔日〕渡边淳一著 . —上海：上海人民出版社；2008.04；—160 页；21cm

（精装）：￥CNY25.00

本书为日本著名作家渡边淳一的最新主题杂文集。

0902　盾构法的调查·设计·施工

〔日〕地盘工学会著 . —北京：中国建筑工业出版社；2008.02；—438 页；21cm

￥CNY48.00

日本的盾构技术经过较长时间的发展，已位居世界先进水平。

0903　多田便利屋

〔日〕三浦紫苑著 . —北京：人民文学出版社；2008.10；—227 页；21cm

￥CNY20.00

本书为长篇小说。

0904　多文化世界

〔日〕青木保著 . —北京：中国青年出版社；2008.12；—159 页；21cm

￥CNY18.00

本书是作者深度关注世界多文化问题的又一专题研究成果。

0905　鳄鱼怕怕牙医怕怕

〔日〕五味太郎编绘 . —济南：明天出版社；2008.10；—1 册；22×22cm

（精装）：￥CNY25.80

本书是引进版图文并茂图画故事书。

0906　发生在黄土村庄里的日军性暴力：大娘们的战争尚未结束

〔日〕石田米子，〔日〕内田知行主编 . —北京：社会科学文献出版社；2008.06；—371 页；23cm

￥CNY49.00

本书是日本民间学术团体"从性暴力视角看日中战争的历史性格"和日本民间组织"搞清日军性暴力实情。

0907　发现

〔日〕栗林慧著 . —广州：广州出版社；2008.06；—40 页；23×23cm

（精装）：￥CNY28.00

本书通过日本著名昆虫学家栗林慧的镜头，让孩子们认识昆虫世界的奥秘。

0908　法国菜用语手册

〔日〕山本直文编 . —上海：上海文化出版社；2008.05；—230 页；20cm

（精装）：￥CNY48.00

本书全面收录了关于法式菜肴制作的原料、配料、工艺、礼仪等各个方面的术语。

0909　反败为胜 50 招 + 平衡自立 50 招

〔日〕中谷彰宏著 . —北京：科学出版社；2008.04；—1 册；21cm

￥CNY24.00

本书要告诉我们的是，如果没有扭转战局的能力，就不能获得最后的胜利。

0910　反恐常识与实践

〔日〕大泉光一原著 . —北京：人民武警出版社；2008.01；—240 页；20cm

￥CNY16.00

本书主要介绍恐怖活动及爆炸物、VIP 暗杀、绑架等特征与反恐对策等。

0911　防水设计与施工

〔日〕边见仁著 . —北京：中国建筑工业出版社；2008.01；—221 页；21cm

¥CNY25.00

本书以提问的方式，并以大量的示意图、表格以及简明扼要的文字说明介绍了防水工程的设计、施工及施工管理中一些新的施工方法和新的防水材料。及防水施工过程中所出现的问题及应采取的措施。

0912 飞吧孩子

〔日〕坂元良江著．—海口：南海出版公司；2008.08；—203页；22cm

¥CNY20.00

本书是一位母亲记录儿子成长经历的温馨故事集。

0913 飞越彩虹

〔日〕小池真理子著．—上海：上海文艺出版社；2008.04；—392页；22cm

¥CNY23.00

本书为长篇小说。

0914 丰臣家族

〔日〕司马辽太郎著．—重庆：重庆出版社；2008.05；—366页；22cm

¥CNY29.80

0915 丰田管理方式：会计逻辑和生产逻辑相整合的管理方式

〔日〕河田信著．—北京：中国铁道出版社；2008.03；—214页；24cm

¥CNY28.00

本书提出的与制造思想相调和的成本管理体系，是重视过程周期时间基准、以产品为起点、产品生命周期核算、优先现金流等，从会计学的立场出发，研究丰田管理系统引入中存在的根本问题以及解决的途径。

0916 佛教

〔日〕阿部正雄著．—上海：上海古籍出版社；2008.02；—129页；21cm

¥CNY12.00

阿部正雄为佛教禅学在欧美的卓越阐释者。

0917 佛教十二讲

〔日〕梅原猛著．—成都：四川人民出版社；2008.01；—185页；21cm

¥CNY16.00

本书为日本著名的佛教学家梅原猛对日本学生的演讲。为一部了解佛教的基本知识入门书。

0918 负建筑

〔日〕隈研吾著．—济南：山东人民出版社；2008.

01；—209页；23cm

¥CNY48.00

本书是日本著名建筑设计师隈研吾的一部重要著作。

0919 赴日必修日语词汇全掌握

〔日〕目黑真实著．—大连：大连理工大学出版社；2008.04；—286页；24cm

¥CNY27.00

本书分为两个部分。

0920 赴日留学初级日语会话教程

〔日〕小池真理等著．—大连：大连理工大学出版社；2008.09；—214页；26cm

¥CNY25.00

本书是为了留学生所编写的日英中韩四种语言的会话教材。

0921 腹证奇览

〔日〕稻叶克，和久田寅原著．—北京：学苑出版社；2008.01；—344页；21cm

¥CNY23.00

《皇汉医学丛书》（精编增补版）主要内容是日本中医学家（也称之为汉医）的代表性作品。

0922 感性论：为了被开放的经验理论

〔日〕岩城见一著．—北京：商务印书馆；2008.04；—432页；21cm

¥CNY29.00

本书作者论述了从康德、黑格尔、尼采直至后现代主义的观点，并阐发了自己的见解。

0923 钢桥抗震与损伤控制设计指南．基础篇

〔日〕宇佐美勉编著．—南京：河海大学出版社；2008.10；—295页；27cm

（精装）：¥CNY60.00

系统地阐述了基于性能化设计的钢桥抗震与损伤控制设计方法。

0924 钢之炼金术师．1

〔日〕荒川弘编绘．—北京：中国少年儿童出版社；2008.12；—164页；18cm

¥CNY43.50（本辑5册）

本套书是一套日本原创卡通动漫丛书，故事的人物、情节等都是虚构的。

0925 钢之炼金术师．2

〔日〕荒川弘编绘．—北京：中国少年儿童出版社；2008.12；—169页；18cm

¥CNY43.50（本辑5册）

本书是一套日本原创卡通动漫丛书，故事的人物、情节等都是虚构的。

0926　钢之炼金术师.3

〔日〕荒川弘编绘 . 一北京：中国少年儿童出版社；2008.12；一172 页；18cm

￥CNY43.50（本辑 5 册）

本书是一套日本原创卡通动漫丛书，故事的人物、情节等都是虚构的。

0927　钢之炼金术师.4

〔日〕荒川弘编绘 . 一北京：中国少年儿童出版社；2008.12；一175 页；18cm

￥CNY43.50（本辑 5 册）

本书是一套日本原创卡通动漫丛书，故事的人物、情节等都是虚构的。

0928　钢之炼金术师.5

〔日〕荒川弘编绘 . 一北京：中国少年儿童出版社；2008.12；一176 页；18cm

￥CNY43.50（本辑 5 册）

这是一套日本原创卡通动漫丛书，故事的人物、情节等都是虚构的。

0929　钢之炼金术师.6

〔日〕荒川弘编绘 . 一北京：中国少年儿童出版社；2008.12；一175 页；18cm

￥CNY43.50（本辑 5 册）

这是一套日本原创卡通动漫丛书，故事的人物、情节等都是虚构的。

0930　钢之炼金术师.7

〔日〕荒川弘编绘 . 一北京：中国少年儿童出版社；2008.12；一176 页；18cm

￥CNY43.50（本辑 5 册）

本书是日本原创卡通动漫丛书，故事的人物、情节等都是虚构的。

0931　钢之炼金术师.8

〔日〕荒川弘编绘 . 一北京：中国少年儿童出版社；2008.12；一176 页；18cm

￥CNY43.50（本辑 5 册）

本书是一套日本原创卡通动漫丛书，故事的人物、情节等都是虚构的。

0932　钢之炼金术师.9

〔日〕荒川弘编绘 . 一北京：中国少年儿童出版社；2008.12；一176 页；18cm

￥CNY43.50（本辑 5 册）

本书是一套日本原创卡通动漫丛书，故事的人

物、情节等都是虚构的。

0933　钢之炼金术师.10

〔日〕荒川弘编绘 . 一北京：中国少年儿童出版社；2008.12；一179 页；18cm

￥CNY43.50（本辑 5 册）

这是一套日本原创卡通动漫丛书，故事的人物、情节等都是虚构的。

0934　钢之炼金术师.11

〔日〕荒川弘编绘 . 一北京：中国少年儿童出版社；2008.12；一180 页；18cm

￥CNY43.50（本辑 5 册）

这是一套日本原创卡通动漫丛书，故事的人物、情节等都是虚构的。

0935　钢之炼金术师.12

〔日〕荒川弘编绘 . 一北京：中国少年儿童出版社；2008.12；一182 页；18cm

￥CNY43.50（本辑 5 册）

本书是日本原创卡通动漫丛书，故事的人物、情节等都是虚构的。

0936　钢之炼金术师.13

〔日〕荒川弘编绘 . 一北京：中国少年儿童出版社；2008.12；一182 页；18

￥CNY43.50（本辑 5 册）

这是一套日本原创卡通动漫丛书，故事的人物、情节等都是虚构的。

0937　钢之炼金术师.14

〔日〕荒川弘编绘 . 一北京：中国少年儿童出版社；2008.12；一184 页；18cm

￥CNY43.50（本辑 5 册）

本书是日本原创卡通动漫丛书，故事的人物、情节等都是虚构的。

0938　钢之炼金术师.15

〔日〕荒川弘编绘 . 一北京：中国少年儿童出版社；2008.12；一184 页；18cm

￥CNY43.50（本辑 5 册）

本套书是一套日本原创卡通动漫丛书，故事的人物、情节等都是虚构的。

0939　钢之炼金术师.16

〔日〕荒川弘编绘 . 一北京：中国少年儿童出版社；2008.12；一185 页；18cm

￥CNY43.50（本辑 5 册）

本套书是一套日本原创卡通动漫丛书，故事的人物、情节等都是虚构的。

0940　钢之炼金术师．17

〔日〕荒川弘编绘．—北京：中国少年儿童出版社；2008.12；—185 页；18cm

¥CNY43.50（本辑 5 册）

这是一套日本原创卡通动漫丛书，故事的人物、情节等都是虚构的。

0941　钢之炼金术师．18

〔日〕荒川弘编绘．—北京：中国少年儿童出版社；2008.12；—186 页；18cm

¥CNY43.50（本辑 5 册）

本书是日本原创卡通动漫丛书，故事的人物、情节等都是虚构的。

0942　钢之炼金术师．19

〔日〕荒川弘编绘．—北京：中国少年儿童出版社；2008.12；—187 页；18cm

¥CNY43.50（本辑 5 册）

本套书是一套日本原创卡通动漫丛书，故事的人物、情节等都是虚构的。

0943　钢之炼金术师．20

〔日〕荒川弘编绘．—北京：中国少年儿童出版社；2008.12；—188 页；18cm

¥CNY43.50（本辑 5 册）

本套书是一套日本原创卡通动漫丛书，故事的人物、情节等都是虚构的。

0944　高尔夫球入门

〔日〕野村广利著．—北京：北京体育大学出版社；2008.01；—207 页；26cm

¥CNY33.00

本书通过图解的方式介绍了高尔夫球的握杆方法、上杆收杆方法、不同球杆的击球方法、失误的矫正和练习方法、练习场的利用方法等，为高尔夫球爱好者提供了详细的入门指导。

0945　哥儿

〔日〕夏目漱石著．—北京：中国宇航出版社；2008.05；—212 页；21cm

¥CNY17.80

本套书为日汉对照读物，附注释，方便日语学习者学习。本册为长篇小说。

0946　宫本武藏．地之卷．水之卷

〔日〕吉川英治著．—重庆：重庆出版社；2008.04；—254 页；24cm

¥CNY25.00

小说以日本战国德川初期的这段历史为背景。

0947　宫本武藏．火之卷．风之卷（上）

〔日〕吉川英治著．—重庆：重庆出版社；2008.04；—320 页；24cm

¥CNY28.00

本小说以日本战国德川初期的这段历史为背景。

0948　宫崎市定说水浒：虚构的好汉与掩藏的历史

〔日〕宫崎市定著．—西安：陕西人民出版社；2008.01；—176 页；24cm

¥CNY19.80

通过小说文本与历史史料的对应比较，分析了《水浒传》中的历史真实成份。

0949　宫崎市定说隋炀帝：传说的暴君与湮没的史实

〔日〕宫崎市定著．—西安：陕西人民出版社；2008.01；—188 页；24cm

¥CNY19.80

本书作者试图通过隋炀帝这样一位个体人物来考察隋朝那段重要的历史。

0950　姑获鸟之夏

〔日〕京极夏彦著．—上海：上海人民出版社；2008.08；—526 页；21cm

¥CNY36.00

本书围绕一个看似离奇的故事：丈夫在密室中离奇失踪。

0951　孤子理论中的直接方法

〔日〕广田良吾著．—北京：清华大学出版社；2008.05；—197 页；21cm

（精装）：¥CNY29.00

本书主要介绍处理双线性方程的技巧——直接方法。

0952　古埃古埃及大全：认识既深奥又有趣的古埃及

〔日〕芝崎美幸著绘．—海口：南海出版公司；2008.11；—311 页；24cm

¥CNY68.00

本书以轻松趣味的手绘故事告诉读者想知道的关于埃及的一切。

0953　古典音乐简单到不行

〔日〕吉松隆著．—北京：现代出版社；2008.01；—159 页；20cm

¥CNY23.00

本书用漫画的形式介绍了古典音乐的全貌。

0954　古典音乐就是这样子！

〔日〕吉松隆编绘．—北京：现代出版社；2008.06；—239 页；21cm

　¥CNY28.80

本书是绘本书，用简单的文字和图片介绍了古典音乐作曲家和古典演奏家。

0955　古利和古拉的神秘客人

〔日〕中川李枝子文．—海口：南海出版公司；2008.12；—27 页；27cm

（精装）：¥CNY25.00

本书为儿童绘本。

0956　古利和古拉

〔日〕中川李枝子文．—海口：南海出版公司；2008.07；—27 页；19×27cm

　¥CNY12.00

本书为儿童绘本。

0957　股票入门与技巧

〔日〕杉村富生著．—北京：科学出版社；2008.02；—193 页；24cm

　¥CNY28.00

随着近期金融市场的不断活跃，股票、期货等金融产品倍受人们关注，本书正是这样一本入门书。

0958　骨盆美体操

〔日〕谷玉惠著．—沈阳：辽宁科学技术出版社；2008.10；—95 页；21cm

　¥CNY22.00

本书所介绍的"骨盆复位体操"是指治疗骨盆歪斜、使体内机能恢复正常、解除身体不适的骨盆复位方法。

0959　骨音

〔日〕石田衣良著．—上海：上海人民出版社；2008.08；—278 页；21cm

　¥CNY20.00

本书包括四个短篇故事，即《骨音》、《西一番街外带》、《黄绿色的神明》和《西口仲夏狂欢》。

0960　怪谈

〔日〕小泉八云著．—西安：陕西人民出版社；2008；—164 页；25cm

　¥CNY26.8

本书为小泉八去《怪谈》的新译本。

0961　怪医黑杰克：手冢治虫授权珍藏版

〔日〕手冢治虫著．—石家庄：花山文艺出版社；

2008.05；—172 页；18cm

　¥CNY6.90

本书是日本著名漫画家手冢治虫的代表作。

0962　怪医黑杰克：手冢治虫授权珍藏版

〔日〕手冢治虫著．—石家庄：花山文艺出版社；2008.05；—174 页；18cm

　¥CNY6.90

本书是日本著名漫画家手冢治虫的代表作。

0963　怪医黑杰克：手冢治虫授权珍藏版

〔日〕手冢治虫著．—石家庄：花山文艺出版社；2008.05；—174 页；18cm

　¥CNY6.90

本书是日本著名漫画家手冢治虫的代表作漫画。

0964　怪医黑杰克：手冢治虫授权珍藏版

〔日〕手冢治虫著．—石家庄：花山文艺出版社；2008.05；—174 页；18cm

　¥CNY6.90

本书是日本著名漫画家手冢治虫的代表作漫画。

0965　怪医黑杰克：手冢治虫授权珍藏版

〔日〕手冢治虫著．—石家庄：花山文艺出版社；2008.05；—176 页；18cm

　¥CNY6.90

本书是日本著名漫画家手冢治虫的代表作。

0966　怪医黑杰克：手冢治虫授权珍藏版

〔日〕手冢治虫著．—石家庄：花山文艺出版社；2008.05；—176 页；18cm

　¥CNY6.90

本书是日本著名漫画家手冢治虫的代表作。

0967　关于没钱那点儿事

〔日〕得能史子著．—南宁：广西科学技术出版社；2008.06；—151 页；21cm

　¥CNY22.00

本书是漫画作品。

0968　灌篮高手原画集

〔日〕井上雄彦著．—南京：江苏美术出版社；2008.04；—1 册；29cm

（精装）：¥CNY42.00

本画册收录了日本著名漫画家井上雄彦的 200 余幅《灌篮高手》精美原画。

0969　光冈知足说肠内革命

〔日〕光冈知足著．—哈尔滨：北方文艺出版社；2008.05；—237 页；24cm

¥CNY29.00

光冈教授作为世界级的卫生专家，用生动浅白的语言讲述了肠内健康的重要性及相关知识。

0970　广告宣传的心理战术

〔日〕酒井利夫著．—北京：科学出版社；2008.01；—139页；24cm

¥CNY25.00

本书作者是一位在商海中拼搏了几十年的商店经营者。

0971　国际经营：日本企业的国际化及对东亚的投资

〔日〕伊藤贤次著．—北京：中国社会科学出版社；2008.12；—344页；21cm

¥CNY27.00

本书介绍了日本企业国际化的实例，侧重讲述了日本企业对东亚的投资过程。

0972　国际日语能力测试词汇训练1000题．1·2级

〔日〕松尾俊宏，聂中华编著．—天津：南开大学出版社；2008.08；—171页；26cm

¥CNY22.00

本书为国际日语能力测试（1·2级）考生提供词汇基本功训练备战题库。

0973　国际日语能力测试语法训练1000题．1·2级

〔日〕松尾俊宏，聂中华编著．—天津：南开大学出版社；2008.08；—222页；26cm

¥CNY28.00

本书为国际日语能力测试（1·2级）考生提供词汇基本功训练备战题库。

0974　国家与牺牲

〔日〕高桥哲哉著．—北京：社会科学文献出版社；2008.08；—208页；23cm

¥CNY29.00

在日本，"靖国"问题是与其近代历史相关的国家与国民"为国牺牲"的关系问题。

0975　含硅聚合物：合成与应用

〔美〕琼斯，〔日〕安藤亘，〔波兰〕乔努斯基等编．—北京：化学工业出版社；2008.03；—574页；24cm

0 ¥CNY88.00

本书比较系统地介绍了含硅聚合物（含硅高聚物）的基础理论和应用技术。

0976　焊接变形和残余应力的数值计算方法与程序

〔日〕上田幸雄等著．—成都：四川大学出版社；2008.11；—194页；26cm

¥CNY80.00

本书主要介绍焊接力学的基础知识、固有应变和残余应力的测定和预测的基础理论等。

0977　航海王．HOPE

〔日〕尾田荣一郎著．—杭州：浙江人民美术出版社；2008.11；—213页；19cm

¥CNY8.80

路飞和克洛克达尔展开了又一次交锋，其他人则忙于阻止叛乱军。

0978　航海王．价值一亿的男人

〔日〕尾田荣一郎著．—杭州：浙江人民美术出版社；2008.12；—213页；19cm

¥CNY8.80

0979　航海王．决战阿鲁巴拿

〔日〕尾田荣一郎著．—杭州：浙江人民美术出版社；2008.10；—214页；19cm

¥CNY8.80

0980　航海王．理想乡

〔日〕尾田荣一郎著．—杭州：浙江人民美术出版社；2008.10；—191页；18cm

¥CNY8.80

路飞一行人为了阻止巴洛克工作室窃取"阿拉巴斯坦王国"的计划，和克洛克达尔展开了生死之战，但不敌倒地。

0981　航海王．人的梦想

〔日〕尾田荣一郎著．—杭州：浙江人民美术出版社；2008.12；—215页；19cm

¥CNY8.80

为寻找记载着真正历史的石碑而进入"伟大航道"的女郎洛宾请求加入团队。

0982　航海王．神之岛的冒险

〔日〕尾田荣一郎著．—杭州：浙江人民美术出版社；2008.12；—199页；18cm

¥CNY8.80

路飞得到了"空中骑士"福尔的帮助，从而到达了"天空"中的"神之岛SKYPIEA"。

0983　航海王．薇薇的冒险

〔日〕尾田荣一郎著．—杭州：浙江人民美术出版社；2008.11；—231页；19cm

¥CNY8.80

在伙伴们的精神鼓励下，路飞在和克洛克达尔进行第三次交锋时，终于打败了克洛克达尔。

0984 好饿的老狼和猪的小镇

〔日〕宫西达也编绘 . 一乌鲁木齐：新疆青少年出版社；2008.06；—1 册；26cm

（精装）：¥CNY28.00

本书由日本出版业超人气童书作家、著名绘本大师宫西达也创作。

0985 好想好想两个人

〔日〕浅见帆帆子编绘 . 一北京：现代出版社；2008.06；—1 册；17cm

（精装）：¥CNY23.80

本书是绘本漫画书，讲述了一个爱情故事。

0986 喝汤喽，擦一擦

〔日〕林明子编绘 . 一上海：少年儿童出版社；2008.09；—1 册；18cm

（精装）：¥CNY15.00

本书是畅销日本 20 多年的婴儿图画书。

0987 何谓日本人

〔日〕加藤周一著 . 一南京：南京大学出版社；2008.01；—166 页；23cm

¥CNY28.00

本书是加藤周一先生的评论集。

0988 何谓日本

〔日〕堺屋太一著 . 一南京：南京大学出版社；2008.02；—215 页，23cm

¥CNY32.00

本书正是从上述观点出发，努力尝试一边追溯历史，一边描绘出已经注视到日本源头与现实情况的真正日本。

0989 黑客与密码

〔日〕松原秀行著 . 一成都：四川少年儿童出版社；2008.01；—234 页；19cm

¥CNY12.80

这是一套风靡日本的少年侦探小说。

0990 黑色笔记

〔日〕松本清张著 . 一北京：新世界出版社；2008.08；—302 页；23cm

¥CNY29.80

本书系引进版小说。

0991 黑雨

〔日〕井伏鳟二著 . 一北京：中国广播电视出版社；2008.04；—199 页；24cm

¥CNY23.80

本书是日本当代著名小说家井伏鳟二的代表作之一。

0992 轰隆轰隆 喵~

〔日〕长新太图/文 . 一海口：南海出版公司；2008.11；—32 页；19×27cm

¥CNY12.00

本书为儿童绘本。

0993 红、白、蓝拼布

〔日〕若山雅子著 . 一长春：吉林科学技术出版社；2008.10；—79 页；27cm

¥CNY24.00

本书以家居饰品、家居用品为内容，书中以拼布为手法，教读者制作拼布作品。

0994 红楼梦杀人事件

〔日〕芦边拓著 . 一北京：群众出版社；2008.01；—242 页；21cm

¥CNY20.00

本书为日本长篇推理小说。

0995 红绿灯眨眼睛

〔日〕松居直文 . 一海口：南海出版公司；2008.10；—27 页；27cm

¥CNY25.00

本书为儿童绘本。

0996 虹

〔日〕吉本芭娜娜著 . 上海：上海译文出版社；2008.12；—179 页；21cm

¥CNY17.00

本书讲述了毫无期望、一个人独自旅行的女子（我），想起以前曾来往过的女人的"无情"，和因过度疲劳而脑溢血病倒的姐姐一步步走向死亡的"厄运"。

0997 互动式汉语口语入门

〔日〕砂冈和子，孙琦编著 . 一北京：外语教学与研究出版社；2008.06；—266 页；26cm

¥CNY130.00

本书更注重基础，对课文的重点词语和语法项目都进行了恰当的解释。

0998 花卉折纸精萃

〔日〕林弘美著 . 一杭州：浙江科学技术出版社；2008.11；—104 页；26cm

¥CNY22.00

本书是一本为成人制作的手工书。

0999 花式发型梳编技巧

〔日〕松本留美著 . —沈阳：辽宁科学技术出版社；2008.01；—127 页；18cm

￥CNY18.00

本书将教你如何通过改变发型来提升您的时尚魅力指数。

1000 花样造型拼布教程

〔日〕小关铃子著 . —长春：吉林科学技术出版社；2008.10；—79 页；27cm

￥CNY24.00

本书以家居饰品、家居用品为内容，书中以拼布为手法，教读者制作拼布作品。

1001 华莱士人鱼

〔日〕岩井俊二著 . —海口：南海出版公司；2008.08；—322 页；21cm

￥CNY25.00

日本当代长篇小说。

1002 环境商机：得环境者得天下

〔日〕青木周著 . —北京：清华大学出版社；2008.07；—133 页；26cm

￥CNY32.00

对日中两国未来的环境合作商机展开深入细致地分析论述。

1003 环境行政的法理与方法

〔日〕黑川哲志著 . —北京：中国法制出版社；2008.06；—277 页；21cm

￥CNY26.00

本书介绍环境行政的法理与方法。

1004 幻境：KAGAYA 作品集

〔日〕加贺谷穰绘 . —南京：江苏美术出版社；2008.12；—1 册；29cm

（精装）：￥CNY42.00

本画册收录宇宙天体等高精度 CG 图片，画面精细，极富装饰性。

1005 幻兽物语

〔日〕草野巧著 . —北京：新世界出版社；2008.09；—260 页；24cm

￥CNY32.00

本书系文化专题研究读物。

1006 幻想破灭的资本主义

〔日〕伊藤诚著 . —北京：社会科学文献出版社；

2008.06；—194 页；24cm

￥CNY29.00

本书是日本著名的马克思主义经济学者伊藤诚的专著。

1007 回顾九十年

〔日〕福田赳夫著 . —北京：东方出版社；2008.04；—251 页；21cm

￥CNY20.00

本书回顾了日本前首相福田赳夫自出生至退出政坛共 90 年的岁月。

1008 会计拉面

〔日〕伊藤洋著 . —北京：机械工业出版社；2008.06；—155 页；21cm

￥CNY28.00

本书通过介绍拉面店的经营，来学习财务与会计基础知识。

1009 魂

〔日〕柳美里著 . —海口：南海出版公司；2008.09；—247 页；21cm

￥CNY22.00

本书是日本当代情感小说，被誉为日本当代最优秀的小说。

1010 活着的士兵

〔日〕石川达三著 . —北京：中国广播电视出版社；2008.03；—161 页；24cm

￥CNY21.00

本书以近藤、仓田、片山玄澄等参加过南京大屠杀的日本士兵为采访对象，通过实地调查，真实地再现了南京大屠杀的历史以及给中国人民带来的灾难。

1011 火车头的奇妙旅程

〔日〕三丽鸥著 . —南昌：二十一世纪出版社；2008.03；—32 页；26cm

￥CNY8.00

书中的涂色、贴纸、连线、描画等认知益智小游戏，能够锻炼小朋友们的动手能力，想象能力。

1012 机械实用手册

〔日〕萩原芳彦主编 . —北京：科学出版社；2008.01；—727 页；21cm

￥CNY49.50

本书是 "OHM handbook" 之一，是第二版。

1013 鸡蛋哥哥

〔日〕秋山匡编绘 . —海口：南海出版公司；

2008.01；—27 页；26cm

（精装）：￥CNY22.00

这是关于儿童成长的寓言故事。

1014　鸡蛋哥哥小组

〔日〕秋山匡编绘．—海口：南海出版公司；2008.02；—1 册；26cm

（精装）：￥CNY22.00

鸡蛋哥哥系列为儿童绘本，是日本著名绘本作家秋山匡的经典代表作品。

1015　极乐园

〔日〕铃木光司著．—海口：南海出版公司；2008.07；—229 页；22cm

￥CNY22.00

本书为日本当代长篇小说。

1016　加法启蒙．4 岁

〔日〕多湖辉主编．—杭州：浙江人民美术出版社；2008.01；—64 页；29cm

￥CNY14.80

本书针对 4 岁儿童的智力发展水平。

1017　加法启蒙．5 岁

〔日〕多湖辉主编．—杭州：浙江人民美术出版社；2008.01；—72 页；29cm

￥CNY14.80

本书针对 5 岁儿童的智力发展水平。

1018　加法启蒙．6 岁

〔日〕多湖辉主编．—杭州：浙江人民美术出版社；2008.01；—72 页；29cm

￥CNY14.80

本书针对 6 岁儿童的智力发展水平。

1019　加油鸡蛋哥哥

〔日〕秋山匡编绘．—海口：南海出版公司；2008.02；—30 页；26cm

（精装）：￥CNY22.00

这本书生动地描绘了孩子依恋童年的心理，读起来非常亲切。

1020　甲田式断食法

〔日〕东茂由，〔日〕甲田光雄主编．—哈尔滨：北方文艺出版社；2008.10；—161 页；24cm

￥CNY26.00

本书作者独创一日两餐的"甲田式健康法"。

1021　减法启蒙．5～6 岁

〔日〕多湖辉主编．—杭州：浙江人民美术出版

社；2008.01；—72 页；29cm

￥CNY14.80

本书针对 5～6 岁儿童的智力发展水平。

1022　建筑电气设备

〔日〕田尻陆夫著．—北京：中国建筑工业出版社；2008.06；—225 页；21cm

￥CNY26.00

本书由建筑电气从业人士编著。

1023　建筑施工管理手册：第 4 版

〔日〕彰国社编．—北京：中国建筑工业出版社；2008.04；—281 页；30cm

￥CNY58.00

本书是从日本引进并翻译出版的，内容涉及施工现场的各个方面。

1024　建筑现场营造与施工管理

〔日〕黑田早苗著．—北京：中国建筑工业出版社；2008.06；—218 页；21cm

￥CNY24.00

本书由具有建筑施工现场实践经验的人士编著。

1025　健康从水开始：电解还原水全攻略

〔日〕白畑实隆，〔日〕河村宗典著．—广州：华南理工大学出版社；2008.02；—149 页；21cm

￥CNY15.00

本书是电解水的科普读物。

1026　江户时代的诗风诗论：兼论明清三大诗论及其影响

〔日〕松下忠著．—北京：学苑出版社；2008.10；—906 页；26cm

￥CNY150.00

本书论述了江户时代汉语诗学的研究与发展情况。

1027　焦虑与心理冲突

〔日〕田代信维原著．—北京：人民卫生出版社；2008.08；—153 页；26cm

￥CNY28.00

著者在汇总了焦虑这一心理现象的经典研究基础上，强调了"症状与现实"。

1028　饺子馆和高级餐厅，哪个更赚钱？

〔日〕林总著．—北京：中信出版社；2008.04；—168 页；22cm

￥CNY28.00

这是一本用一个有趣故事贯穿起来的会计入

门书。

1029　阶层是会遗传的：不要让你的孩子跌入"下流社会"

〔日〕三浦展著 . —北京：现代出版社；2008. 04；—205 页；21cm

￥CNY25.00

本书对现代家庭父母教育孩子有一定的参考价值。

1030　结构设计的新理念、新方法

〔日〕渡边邦夫著 . —北京：中国建筑工业出版社；2008.04；—148 页；21cm

￥CNY20.00

本书旨在介绍什么是结构设计、如何思考结构设计和进行结构设计的手法。

1031　金属丝网首饰：源自意大利的浪漫风情

〔日〕大石美贵世著 . —郑州：河南科学技术出版社；2008.03；—88 页；26cm

￥CNY26.00

本书主要介绍了由金属丝网制作而成的首饰，如项链、颈链、耳坠，适合时尚女性佩戴。

1032　近代朝鲜的开港：以中美日三国关系为中心

〔日〕伊原泽周著 . —北京：社会科学文献出版社；2008.05；—409 页；22cm

￥CNY35.00

作者以丰富、翔实的材料，细致地描述了美国、日本、中国在这一问题上的矛盾冲突。

1033　近代中国的知识分子与文明

〔日〕佐藤慎一著 . —南京：江苏人民出版社；2008.04；—292 页；23cm

￥CNY24.00

本书由三章构成："文明与万国公法"、"法国革命与中国"、"近代中国的体制构想"。

1034　经济发展的转折点：日本经验

〔日〕南亮进著 . —北京：社会科学文献出版社；2008.10；—275 页；23cm

￥CNY29.00

日本著名经济学家南亮进对日本通过转折点的过程进行研究的成果。

1035　经济环保的小苏打洗衣

〔日〕岩尾明子著 . —郑州：河南科学技术出版社；2008.10；—79 页；24cm

￥CNY18.00

本书从环保的角度出发，为大家带来了一种经济、环保的洗衣方法。

1036　经穴汇解

〔日〕原昌克编著 . —北京：学苑出版社；2008. 09；—405 页；21cm

￥CNY26.00

全书八卷，以《针灸甲乙经》为主，旁引 28 种中医古籍。

1037　经营永无止境：流通零售业中的实战经营理论

〔日〕中田安彦著 . —沈阳：辽宁科学技术出版社；2008.01；—114 页；21cm

￥CNY12.00

本书阐述了一些流通零售商面临的各种各样的问题、解决方法以及需要遵守的商业原则。

1038　精准预测日语能力测验 . 1 级读解

〔日〕松冈龙美编 . —天津：南开大学出版社；2008.01；—129 页；26cm

￥CNY15.00

本书是针对参加日语能力考试 1 级读解内容的练习。

1039　精准预测日语能力测验 . 1 级听解模拟考试

〔日〕松冈龙美编 . —天津：南开大学出版社；2008.01；—51 页；26cm

￥CNY16.00

本书为准备参加日语能力考试 1 级听力而进行的模拟套题训练。

1040　精准预测日语能力测验 . 1 级听解

〔日〕松冈龙美，〔日〕青山美佳编 . —天津：南开大学出版社；2008.01；—121 页；26cm

￥CNY24.00

本书针对十年的一级听力考题进行了分析及详解。

1041　精准预测日语能力测验 . 1 级文字、词汇

〔日〕松冈龙美编 . —天津：南开大学出版社；2008.01；—190 页；26cm

￥CNY21.00

本书针对参加日语能力考试的考生。

1042　精准预测日语能力测验 . 1 级语法

〔日〕松冈龙美，〔日〕辻信代编 . —天津：南开大学出版社；2008.01；—214 页；26cm

￥CNY23.00

本书在分析历年的考题基础上，预测今年出题的几高的语法项目，并有针对的讲解与练习。

1043 精准预测日语能力测验.2级读解

〔日〕松冈龙美编.—天津：南开大学出版社；2008.01；—116页；26cm

￥CNY13.00

本书是针对参加日语能力考试2级读解内容的练习。

1044 精准预测日语能力测验.2级听解模拟考试

〔日〕松冈龙美编.—天津：南开大学出版社，天津电子出版社；2008.01；—51页；26cm

￥CNY16.00

本书是针对准备参加日语2级听力考试的考生而编写，练习的出题形式与考试真题保持一致。

1045 精准预测日语能力测验.2级听解

〔日〕松冈龙美，〔日〕青山美佳编.—天津：南开大学出版社；2008.01；—90页；26cm

￥CNY19.80

本书针对十年的2级听力考题进行了分析及详解。

1046 精准预测日语能力测验.2级文字、词汇

〔日〕松冈龙美编.—天津：南开大学出版社；2008.01；—205页；26cm

￥CNY23.00

本书针对日语能力考试中二级文字的重点、难点进行讲解与练习。

1047 精准预测日语能力测验.2级语法

〔日〕松冈龙美，〔日〕辻信代编.—天津：南开大学出版社；2008.01；—195页；26cm

￥CNY22.00

本书在分析历年的考题基础上，预测今年出题的几高的语法项目，并有针对的讲解与联系。

1048 净化日本

〔日〕武村正义著.—镇江：江苏大学出版社；2008.08；—293页；21cm

￥CNY26.00

本书是应日本著名的《每日新闻》报之邀所写的自传。

1049 九品官人法研究：科举前史

〔日〕宫崎市定著.—北京：中华书局；2008.03；—449页；24cm

￥CNY66.00

本书是对中国魏晋南北朝史中重要的铨选制度九品官人法的里程碑式的研究著作。

1050 九折堂读书记·千金方·外台秘要

〔日〕山田业广著.—北京：学苑出版社；2008.01；—717页；20cm

￥CNY52.00

本书广泛参考中日两国历代书籍、援引古今医家注释。

1051 崛起中的中国花都汽车产业基地：广东省广州市花都区的发展战略

〔日〕关满博主编.—广州：广东科技出版社；2008.02；—300页；22cm

（精装）：￥CNY125.00

本书通过走访和调研，对广州花都区的过去、现状及发展方向做以精辟论述。

1052 凯蒂猫的欢乐聚会

〔日〕三丽鸥著.—南昌：二十一世纪出版社；2008.03；—32页；26cm

￥CNY8.00

书中的涂色、贴纸、连线、描画等认知益智小游戏，能够锻炼小朋友们的动手能力，想象能力。

1053 凯蒂猫和小伙伴们

〔日〕三丽鸥著.—南昌：二十一世纪出版社；2008.03；—32页；26cm

￥CNY8.00

书中的涂色、贴纸、连线、描画等认知益智小游戏，能够锻炼小朋友们的动手能力，想象能力。

1054 凯蒂猫在苹果森林

〔日〕三丽鸥著.—南昌：二十一世纪出版社；2008.03；—32页；26cm

￥CNY8.00

书中的涂色、贴纸、连线、描画等认知益智小游戏，能够锻炼小朋友们的动手能力，想象能力。

1055 康复的家庭

〔日〕大江健三郎著.—桂林：漓江出版社；2008.10；—192页；21cm

￥CNY22.00

本书是日本著名作家、诺贝尔文学奖得主人江健三郎的随笔集。

1056 科学问答166

〔日〕高桥素子编著.—上海：文汇出版社；2008.04；—368页；19cm

￥CNY22.00

本书的每个问题都有相关领域的专家通过科学阐释或者科学试验予以详尽的解答，对成人有很强的科普作用。

1057 可爱的毛毡小饰物

〔日〕立花美代子著 . —郑州：河南科学技术出版社；2008.04；—122 页；26cm

¥ CNY23.80

本书只要介绍毛毡小饰物的制作方法。

1058 可持续性住宅建设

〔日〕清家刚，〔日〕秋元孝之主编 . —北京：机械工业出版社；2008.01；—335 页；21cm

¥ CNY35.00

本书介绍了可持续性社会与住宅的关系，可持续性住宅建设的方法等。

1059 可可和拉拉的星星王国

〔日〕三丽鸥著 . —南昌：二十一世纪出版社；2008.03；—32 页；26cm

¥ CNY8.00

书中的涂色、贴纸、连线、描画等认知益智小游戏，能够锻炼小朋友们的动手能力，想象能力。

1060 克里奥帕特拉的葬送

〔日〕田中芳树著 . —呼和浩特：远方出版社；2008.12；—189 页；19cm

¥ CNY50.40（全套 3 册）

本书为侦探小说。

1061 空色勾玉

〔日〕荻原规子著 . —桂林：广西师范大学出版社；2008.01；—297 页；21cm

¥ CNY21.00

本书是日本著名女作家荻原规子的小说。

1062 恐龙大陆：出发前夜 . 勇敢的三角龙

〔日〕黑川光广图/文 . —海口：南海出版公司；2008.11；—37 页；30cm

¥ CNY12.80

本书是儿童绘本。

1063 枯树赋

〔日〕冈本白涛编 . —长沙：湖南美术出版社；2008.01；—88 页；29cm

¥ CNY20.00

本书为书法技术讲座丛书之一，也是国人研究书法艺术与国学的良好教材。

1064 苦闷的象征

〔日〕厨川白村著 . —南京：江苏文艺出版社；2008.09；—216 页；23cm

¥ CNY19.00

本书是现代作品。

1065 快乐长寿的 38 个生活习惯

〔日〕May 牛山著 . —上海：上海锦绣文章出版社；2008.08；—122 页；23cm

¥ CNY15.00

本书分别从品行、意识、热情、饮食、生活五个方面阐述养成 38 个好习惯能帮助人们充分享受人生、创造幸福家庭、改变命运与机会。

1066 宽松的纽带

〔日〕大江健三郎著 . —桂林：漓江出版社；2008.10；—185 页；21cm

¥ CNY22.00

本书是日本著名作家、诺贝尔文学奖得主大江健三郎的随笔集。

1067 蜡笔小黑

〔日〕中屋美和编绘 . —海口：南海出版公司；2008.03；—1 册；28cm

（精装）：¥ CNY25.00

本书是儿童绘本。

1068 蜡笔小新这样教会更棒！

〔日〕汐见稔幸，〔日〕野原新之助一家著 . —海口：南海出版公司；2008.10；—247 页；23cm

¥ CNY25.00

本书是家庭教育类图书。

1069 乐毅论

〔日〕青木香流编 . —长沙：湖南美术出版社；2008.01；—92 页；29cm

¥ CNY20.00

本书为书法技术讲座丛书之一，是国人研究书法艺术与国学的良好教材。

1070 类聚方、药征及药征续编

〔日〕吉益东洞，〔日〕邨井杶著 . —北京：学苑出版社；2008.01；—288 页；21cm

¥ CNY20.00

本书是吉益东洞先生从《伤寒论》与《金匮要略》中选出 220 首方剂，并以方为类目，汇集仲景相关论述，并附以自身经验体会，名之曰《类聚方》。

1071 冷弯成型技术

〔日〕小奈弘，刘继英著．—北京：化学工业出版社；2008.01；—236 页；24cm

¥CNY36.00

本书主要通过典型工程应用实例，结合冷弯成型产品详细介绍了不同冷弯成型产品的轧辊设计方法、特殊断面的成型方法、方矩形及异型管的成型设计、冷弯成型机组以及计算机辅助设计。

1072 立体纸花

〔日〕山崎茂著．—杭州：浙江科学技术出版社；2008.11；—96 页；26cm

¥CNY19.00

本书是一本为成人制作的手工书。

1073 连在一起

〔日〕三浦太郎编绘．—上海：少年儿童出版社；2008.08；—1 册；17×19cm

（精装）：¥CNY15.00

本书被国内幼教专家朱家雄盛赞为极富创意的婴儿书。

1074 脸，脸，各种各样的脸

〔日〕柳原良平编绘．—上海：少年儿童出版社；2008.08；—1 册；19×21cm

（精装）：¥CNY15.00

这本书以脸为主题，以简明的风格说明了五官。

1075 恋爱时代

〔日〕野泽尚著．—北京：人民文学出版社；2008.09；—216 页；19cm

¥CNY19.00

本书为长篇小说。

1076 恋爱时代

〔日〕野泽尚著．—北京：人民文学出版社；2008.11；—224 页；19cm

¥CNY19.00

本书为长篇小说。

1077 恋爱永远是未知的

〔日〕村上龙著．—上海：上海译文出版社；2008.12；—224 页；21cm

¥CNY18.00

本书是一部探讨爵士乐的小说。

1078 恋爱这点事

〔日〕小池真理子著．—上海：上海文艺出版社；2008.04；—144 页；22cm

¥CNY15.00

本书为长篇小说。

1079 恋空

〔日〕美嘉著．—上海：上海译文出版社；2008.06；—342 页；19cm

¥CNY24.00

本书根据作者自己的真实经历写成。

1080 两宋王朝：奢华帝国的无奈

〔日〕陈舜臣著．—北京：新星出版社；2008.01；—258 页；24cm

¥CNY26.00

本书是著名作家陈舜臣先生以学者的修养，博采官方和民间史料，辅以小说的笔法，细腻生动地描述了两宋三百年的历史。

1081 临床应用汉方处方解说

〔日〕矢数道明著．—北京：学苑出版社；2008.10；—601 页；21cm

¥CNY35.00

本书是矢数道明先生独厚三派（后世方派、古方派、折衷派）学术之大成，对"汉方处方"进行详细的解说。

1082 琉璃之海

〔日〕小池真理子著．—上海：上海文艺出版社；2008.04；—359 页；22cm

¥CNY23.00

1083 龙眠

〔日〕宫部美雪著．—海口：南海出版公司；2008.05；—302 页；23cm

¥CNY28.00

本书是日本当代推理小说。

1084 龙之物语

〔日〕久保田悠罗著．—北京：新世界出版社；2008.09；—240 页；24cm

¥CNY32.00

本书介绍各民族文化作品以及传说和现代作品中提到过的龙，使人们对"龙"有一个全面的认识。

1085 鲁迅与终末论：近代现实主义的成立

〔日〕伊藤虎丸著．—北京：生活·读书·新知三联书店；2008.08；—403 页；21cm

¥CNY33.00

本书是对鲁迅的研究。

1086　鹿地亘的反战思想与反战活动
〔日〕井上桂子著．—长春：吉林大学出版社；
2008.01；—276页；21cm
￥CNY22.00
本书主要叙述和分析鹿地亘在中日战争前、中、
后三个时期的反战思想和反战活动。

1087　罗德斯岛战记．火龙山魔龙
〔日〕水野良著．—海口：南海出版公司；2008.
04；—289页；23cm
￥CNY19.80
本书是日本当代长篇奇幻小说。

1088　罗德斯岛战记．罗德斯圣骑士
〔日〕水野良著．—海口：南海出版公司；2008.
05；—297页；23cm
￥CNY19.80
日本当代长篇奇幻小说。

1089　罗德斯岛战记．王者圣战
〔日〕水野良著．—海口：南海出版公司；2008.
05；—243页；23cm
￥CNY18.60
本书是日本当代长篇奇幻小说。

1090　罗德斯岛战记．炎之魔神
〔日〕水野良著．—海口：南海出版公司；2008.
01；—230页；23cm
￥CNY18.60
本书是日本当代长篇奇幻小说。

1091　罗格领带
〔日〕尾田荣一郎，〔日〕浜崎达也著．—上海：
上海译文出版社；2008.09；—205页；21cm
￥CNY19.00
本书是根据大名鼎鼎的畅销漫画ONEPIECE改编
而成的青春小说。

1092　罗生门
〔日〕芥川龙之介著．—北京：中国宇航出版社；
2008.05；—214页；21cm
￥CNY17.80
本书为日汉对照读物，附注释，方便日语学习者
学习。

1093　妈妈你好吗？
〔日〕后藤龙二著．—南昌：二十一世纪出版社；
2008.05；—29页；21×21cm
（精装）：￥CNY26.80

1094　买股票，找这样的公司就对了
〔日〕藤野英人著．—海口：南海出版公司；2008.
01；—149页；24cm
￥CNY20.00
本书是关于股票的大众理财图书。

1095　漫话电机原理
〔日〕野口昌介著．—北京：科学出版社；2008.
06；—306页；24cm
￥CNY32.00
本书是电机入门书。

1096　猫国物语：一个你从未见过的奇幻国度
〔日〕莫莉蓟野著绘．—海口：南海出版公司；
2008.12；—1册；23cm
￥CNY48.00
《猫国物语》是日本绘本作家莫莉蓟野著绘的系
列图画故事。

1097　每天享受拼布乐趣：提袋、配件、毯子
〔日〕向野早苗著．—长春：吉林科学技术出版
社；2008.10；—79页；27cm
￥CNY24.00
本书以家居饰品、家居用品为内容，书中以拼布
为手法，教读者制作拼布作品。

1098　美甲集锦 AtoZ
〔日〕山田佳奈著．—沈阳：辽宁科学技术出版
社；2008.06；—159页；21cm
￥CNY25.00
本书总结了山田加奈小姐经典的美甲作品共
109例。

1099　美甲炫 9000
〔日〕靓丽出版社著．—沈阳：辽宁科学技术出
版社；2008.03；—131页；18×21cm
￥CNY28.00
本书详尽介绍了最新流行的法甲和花式甲的
样式。

1100　美乐蒂的野外郊游
〔日〕三丽鸥著．—南昌：二十一世纪出版社；
2008.03；—32页；26cm
￥CNY8.00
本套涂色画册共8册，每册以日本三丽欧公司的
一个形象为主角，书中的涂色、贴纸、连线、描
画等认知益智小游戏，能够锻炼小朋友们的动手
能力，想象能力。

1101 美丽中国，创新发展：中国的商业机遇与成功秘诀

〔日〕和田修偉著 . —西安：陕西师范大学出版社；2008.03；—121 页；25cm

¥CNY29.80

本书是和田先生的营销传奇和对中国商业的广泛模式思考。

1102 美学入门

〔日〕佐佐木健一著 . —成都：四川人民出版社；2008.01；—114 页；23cm

¥CNY15.00

本书为美学普及类读物。

1103 美颜面部瑜伽

〔日〕高津文美子著 . —沈阳：辽宁科学技术出版社；2008.09；—95 页；21cm

¥CNY22.80

本书介绍了怎样通过升级面部瑜伽来变得更加漂亮。

1104 蒙古高原行纪

〔日〕江上波夫著 . —呼和浩特：内蒙古人民出版社；2008.01；—283 页；26cm

¥CNY23.00

本书是对 20 世纪 30 年代内蒙古锡林郭勒、乌兰察布草原所做的两次学者调查。

1105 迷失与决断：我执掌索尼的十年

〔日〕出井伸之著 . —北京：中信出版社；2008.06；—174 页；25cm

¥CNY28.00

本书是出井伸之在卸任后回顾索尼十年征程的亲笔记录。

1106 米其林红色指南·东京：酒店与餐厅指南

〔日〕案西昭雄，杜欣阳，白晓煌译 . —北京：化学工业出版社；2008.09；—416 页；19cm

¥CNY78.00

本书关于东京餐厅和酒店的指南将引领您在旅游东京期间尽享美食和起居的快乐。

1107 密码迷旅

〔日〕松原秀行著 . —成都：四川少年儿童出版社；2008.01；—243 页；19cm

¥CNY12.80

这是一套风靡日本的少年侦探小说。

1108 密码四世

〔日〕松原秀行著 . —成都：四川少年儿童出版社；2008.01；—211 页；19cm

¥CNY12.80

这是一套风靡日本的少年侦探小说。

1109 密码侦探团的礼物

〔日〕松原秀行著 . —成都：四川少年儿童出版社；2008.01；—219 页；19cm

¥CNY12.80

这是一套风靡日本的少年侦探小说。

1110 密中密

〔日〕松原秀行著 . —成都：四川少年儿童出版社；2008.01；—211 页；19cm

¥CNY12.80

这是一套风靡日本的少年侦探小说。

1111 喵喵

〔日〕长野英子编绘 . —南昌：二十一世纪出版社；2008.12；—24 页；19×21cm

（精装）：¥CNY16.80

1112 喵呜

〔日〕宫西达也编绘 . —乌鲁木齐：新疆青少年出版社；2008.06；—1 册；26cm

（精装）：¥CNY28.00

《喵呜》由日本出版业超人气童书作家、著名绘本大师宫西达也创作。

1113 民法的另一种学习方法

〔日〕星野英一著 . —北京：法律出版社；2008.09；—324 页；21cm

¥CNY28.00

本书简洁、明快，突破了传统的民法方法的论述。

1114 名叫彼得的狼

〔日〕那须田淳著 . —上海：少年儿童出版社；2008.08；—263 页；19cm

¥CNY16.00

这部长篇小说以失散的小狼回归狼群的事件为主线。

1115 名牌小学入学测评试题集·顶尖训练·记忆

〔日〕学习研究社编著 . —北京：中国青年出版社；2008.07；—32 页；21×29cm

¥CNY50.40（全套 3 册）

1116 名牌小学入学测评试题集·顶尖训练·数学应用

〔日〕学习研究社编著 . —北京：中国青年出版

社；2008.07；—32 页；21×29cm

¥CNY50.40（全套 3 册）

1117　名侦探柯南 VS 怪盗基德

〔日〕青山刚昌著 . —长春：长春出版社；2008.

01；—348 页；21cm

（精装）：¥CNY25.00

本书将《名侦探柯南》系列作品中有关人物基德的篇章单独结集出版。

1118　名侦探柯南：剧场版 . 侦探们的安魂曲 . 上

〔日〕青山刚昌著 . —长春：长春出版社；2008.

10；—205 页；18cm

¥CNY15.00

本书是日本电影《名侦探柯南剧场版》第十部《名侦探们的镇魂曲》的动画连环画作品。

1119　名侦探柯南：剧场版 . 侦探们的安魂曲 . 下

〔日〕青山刚昌著 . —长春：长春出版社；2008.

10；—205 页；18cm

¥CNY15.00

本书是日本电影《名侦探柯南剧场版》第十部《名侦探们的镇魂曲》的漫画作品。

1120　名侦探柯南

〔日〕青山刚昌著 . —长春：长春出版社；2008.

01；—182 页；18cm

¥CNY6.90

本书是漫画《名侦探柯南》的系列作品。

1121　名侦探柯南

〔日〕青山刚昌著 . —长春：长春出版社；2008.

03；—182 页；18cm

¥CNY6.90

本书是漫画《名侦探柯南》的系列作品。

1122　名侦探柯南

〔日〕青山刚昌著 . —长春：长春出版社；2008.

05；—180 页；18cm

¥CNY7.50

本书是系列侦探漫画中的一部。

1123　名侦探柯南

〔日〕青山刚昌著 . —长春：长春出版社；2008.

08；—180 页；18cm

¥CNY7.50

本书是引进日本漫画《名侦探柯南》系列作品之一。

1124　名侦探柯南

〔日〕青山刚昌著 . —长春：长春出版社；2008.

10；—182 页；18cm

¥CNY7.50

本书系《名侦探柯南》系列作品。

1125　明清江南农村社会与民间信仰

〔日〕滨岛敦俊著 . —厦门：厦门大学出版社；

2008.09；—332 页；20cm

¥CNY28.00

探讨明清时期江南地区社会经济的发展及其民间基层社会的变化，以及民间信仰演变的特征。

1126　摩天楼

〔日〕田中芳树著 . —呼和浩特：远方出版社；

2008.12；—172 页；19cm

¥CNY50.40（全套 3 册）

1127　摩天楼

〔日〕田中芳树著 . —呼和浩特：远方出版社；

2008.12；—189 页；19cm

¥CNY50.40（全套 3 册）

1128　魔法不老美人

〔日〕胜田小百合著 . —沈阳：辽宁科学技术出版社；2008.09；—143 页；21cm

¥CNY20.80

本书作者追求的重返青春是身心共通的也就是"自然的重返青春"。

1129　魔女宅急便 . 琪琪的新魔法

〔日〕角野荣子著 . —海口：南海出版公司；2008.

03；—253 页；21cm

¥CNY20.00

本书延续了第一本魔女故事的写作风格，随着小魔女的长大，内容更加丰富有趣，也让人有更多思索。

1130　魔女宅急便 . 琪琪和另一个魔女

〔日〕角野荣子著 . —海口：南海出版公司；2008.

08；—207 页；22cm

¥CNY20.00

本书为童话。

1131　莫逃避莫满足莫纵容

〔日〕松井利夫著 . —东营：中国石油大学出版社；2008.04；—154 页；21cm

¥CNY18.00

本书作者以短篇小说的形式叙述了自己的创业过程。

1132　木匠和鬼六

〔日〕松居直改编．—海口：南海出版公司；2008.10；—27页；19×27cm

¥CNY12.00

本书为儿童绘本。

1133　能人学习法：短时间内提升考试成绩的方法

〔日〕安河内哲也著．—海口：南海出版公司；2008.11；—159页；24cm

¥CNY25.00

本书作者安河内哲也在日本有英文会话"鬼才"之称，开创了日本英文学习的新风潮。

1134　嗯嗯太郎

〔日〕山胁恭编．—海口：南海出版公司；2008.06；—32页；27cm

（精装）：¥CNY25.00

本书是儿童绘本。

1135　你的经济学教科书

〔日〕山冈道男，〔日〕浅野忠克著．—北京：中国轻工业出版社；2008.09；—200页；20cm

¥CNY29.80

通过通俗的语言为你揭开利息、储蓄等二十个神秘面纱。

1136　你好 鸡蛋哥哥

〔日〕秋山匡编绘．—海口：南海出版公司；2008.01；—28页；26cm

（精装）：¥CNY22.00

鸡蛋哥哥系列为儿童绘本，是日本著名绘本作家秋山匡的经典代表作品。

1137　鸟滨贝冢：日本绳纹文化寻根

〔日〕森川昌和著．—上海：上海古籍出版社；2008.10；—134页；21cm

（精装）：¥CNY28.00

鸟滨贝冢在日本是一处绳纹时代的低湿地遗址，它的发掘给日本考古学界带来的成果是多方面的，而最为重要的是为思考日本文化的根基给予了重要的启示。

1138　女人，为快乐而工作

〔日〕金泽悦子著．—北京：中信出版社；2008.10；—159页；21cm

¥CNY25.00

身为日本职业女性典范的金泽悦子小姐，在书中，给出了值得信赖的答案。

1139　女性的品格

〔日〕坂东真理子著．—北京：中信出版社；2008.12；—169页；21cm

¥CNY28.00

本书是成为一个坚强、美丽、智慧的新时代女性的魅力指南。

1140　女性医学宝典：无师自通的女性健康宝典

〔日〕石河亚纪子等著．—青岛：青岛出版社；2008.10；—215页；24cm

¥CNY25.00

为女性防病保健提供参考。

1141　判例形成的日本新侵权行为法

〔日〕圆谷峻著．—北京：法律出版社；2008.12；—467页；21cm

¥CNY32.00

本书是日本圆谷钧教授在侵权行为法领域的著作。

1142　配电线路雷害对策

〔日〕横山茂著．—北京：中国电力出版社；2008.06；—167页；20cm

¥CNY28.00

本书是专门针对配电线路雷害进行研究的论著。

1143　漂亮的礼品包装

〔日〕长谷惠著．—郑州：河南科学技术出版社；2008.05；—76页；26cm

¥CNY26.00

本书主要介绍各种礼品包装的方法、技巧及包装花等装饰的制作过程。

1144　品牌全视角

〔日〕山田敦郎著．2008.07；—220页；23cm

¥CNY25.00

通过案例全方位诠释品牌。

1145　平面造型与错觉艺术

〔日〕白石和也著．—北京：机械工业出版社；2008.01；—167页；23cm

¥CNY31.00

本书介绍错觉的表现技法在现代造型艺术中的特殊作用。

1146　破戒

〔日〕岛崎藤村著．—北京：人民文学出版社；2008.04；—245页；21cm

¥CNY16.00

本书以广阔的社会为背景，揭露了荒谬的日本封建身份制度和各种恶势力对人性的桎梏。

1147　蒲蒲兰智力开发我全会系列．画线．1

〔日〕伊藤夏子著．—南昌：二十一世纪出版社；2008.07；—32 页；21cm

¥CNY32.00（全套 4 册）

本系列练习册主要是为了 4 岁以下的小朋友。

1148　七田真 0~6 岁育儿法

〔日〕七田真著．—海口：南海出版公司；2008.10；—165 页；22cm

¥CNY20.00

本书是育儿类图书。

1149　期货入门与技巧

〔日〕木原大辅著．—北京：科学出版社；2008.02；—173 页；24cm

¥CNY28.00

本书在透彻地讲解了金融概念中的期货及交易市场。

1150　奇怪的二人配

〔日〕大江健三郎著．—南京：译林出版社；2008.10；—3 册；23cm

¥CNY85.00

本书实为三部曲。

1151　汽车电子系统

〔日〕荒井宏著．—北京：科学出版社；2008.03；—260 页；24cm

¥CNY39.00

本书共 15 章，详细内容有电工电子系统概要、发动机控制、驱动控制、刹车控制、底盘控制等。

1152　启程的日子

〔日〕折原美都著．—上海：少年儿童出版社；2008.11；—214，6 页；21cm

¥CNY12.00

本书日本畅销儿童小说。

1153　谦庐随笔

〔日〕矢原谦吉著．—桂林：广西师范大学出版社；2008.10；—176 页；21cm

¥CNY15.00

以倒叙方式，叙自 1902 年以来六十年间中国历史的发展，旨在"发表政见，商榷国计"。

1154　巧手保鲜快手好菜：全彩分步图解

〔日〕岩崎启子著．—长春：吉林科学技术出版社；2008.10；—168 页；24cm

¥CNY25.90

本书介绍了近 50 种家常食物的保鲜、冷藏妙招。

1155　巧手学涂鸦

〔日〕多湖辉主编．—杭州：浙江人民美术出版社；2008.10；—64 页；29cm

¥CNY15.80

有效地起到开发儿童智力，提高综合素质的作用。

1156　巧手学粘贴

〔日〕多湖辉主编．—杭州：浙江人民美术出版社；2008.10；—64 页；29cm

¥CNY15.80

有效地起到开发儿童智力，提高综合素质的作用。

1157　琴棋书画

〔日〕青木正儿著．—北京：中华书局；2008.02；—235 页；21cm

¥CNY18.00

青木正儿（1887？~1964），日本著名汉学家。《琴棋书画》是青木正儿的一部文化随笔集。

1158　青少年环境教育实用指导：环境心态的培养

〔日〕佐岛群巳著．—上海：上海教育出版社；2008.06；—111 页；21cm

¥CNY12.00

告诉我们如何培养环境心态。

1159　轻松应考的快乐学习法

〔日〕高岛澈治著．—上海：上海锦绣文章出版社；2008.08；—130 页；23cm

¥CNY15.00

让头脑聪明的学习法 50 条，通过考试证实头脑灵光的合格术。

1160　轻松育儿．0~3 岁篇

〔日〕品川孝子著．—上海：上海远东出版社；2008.03；—164 页；20cm

¥CNY15.00

本书告诉我们应该如何进入孩子独特的生活领域，如何使两代人能够和谐相处。

1161　轻松育儿．4~6 岁篇

〔日〕品川孝子著．—上海：上海远东出版社；2008.04；—190 页；20cm

¥CNY15.00

本书告诉我们应该如何进入孩子独特的生活领域，如何使两代人能够和谐相处。

1162　轻松育儿.7~9岁篇
〔日〕品川孝子著.—上海：上海远东出版社；
2008.06；—176页；20cm
￥CNY15.00
本书以家庭为背景，结合7~9岁儿童的生理条件、生活习惯，提出育儿建议。

1163　清朝全史
〔日〕稻叶君山著.—北京：中国社会科学出版社；2008.10；—861页；25cm
￥CNY88.00
本书全方位介绍清朝的建立、发展、兴盛与衰亡的历史。

1164　清代水利与区域社会
〔日〕森田明著.—济南：山东画报出版社；2008.09；—359页；20cm
￥CNY38.00
本书属于国家清史编撰委员会组织的清史工程中的一册，具有较高的学术价值和参考价值。

1165　清人篆书三种
〔日〕小林斗盦编.—长沙：湖南美术出版社；
2008.01；—92页；29cm
￥CNY20.00
本书为书法技术讲座丛书之一，是国人研究书法艺术与国学的良好教材。

1166　全彩图解源氏物语：1000周年绝美纪念版
〔日〕紫式部著.—西安：陕西师范大学出版社；
2008.12；—1085页；24cm
￥CNY136.00
《源氏物语》是世界上最早的长篇写实小说，在世界文学史上也占有重要的地位。

1167　让肠道变得更加干净
〔日〕金子实里著.—沈阳：辽宁科学技术出版社；2008.07；—164页；24cm
￥CNY22.00
本书详细介绍了将肠、血管变干净的方法。

1168　让孩子爱上科学的动物书
〔日〕加藤由子著.—天津：天津教育出版社；
2008.09；—167页；22cm
￥CNY20.00
本书可作为少年儿童读物，亦可以作为成年人

的休闲读物。

1169　让孩子爱上科学的动物书
〔日〕熊谷聪编绘.—天津：天津教育出版社；
2008.05；—166页；22cm
￥CNY20.00
本书以作者多年的动物研究经验，对很多孩子经常问的问题进行准确可信的回答。

1170　让孩子着迷的77×2个经典科学游戏
〔日〕后藤道夫著.—天津：天津教育出版社；
2008.07；—182页；22cm
￥CNY20.00
本书从日常生活中选编生动有趣的科学魔术，亲子互动，让孩子感受科学的不可思议。

1171　让你的血管变年轻
〔日〕高桥谦二著.—上海：上海锦绣文章出版社；2008.08；—128页；23cm
￥CNY15.00
本书提出只要改善每天的生活习惯，实现"血管年轻化"完全是可能的，有一定的参考价值。

1172　人类学
〔日〕石田英一郎等著.—北京：民族出版社；
2008.10；—199页；23cm
￥CNY28.00
本书作为日本大学文化人类学教养学科的基本教材而编写的。

1173　日本畅销小说选
〔日〕远藤周作等著.—上海：上海文艺出版社；
2008.04；—312页；21cm
￥CNY23.00
本书所选6篇小说的作者都是日本当代文学名家，入选篇目皆为近期的畅销之作。

1174　日本沉没
〔日〕小松左京，〔日〕谷甲州著.—青岛：青岛出版社；2008.01；—288页；25cm
￥CNY29.00

1175　日本的国会与政治
〔日〕柳原修著.—北京：中国广播电视出版社；
2008.01；—221页；23cm
￥CNY30.00
本书介绍了日本国会制度及其组织构成、法律制定、预算编制、议员及其与民主政治的关系。

1176　日本的民俗宗教
〔日〕宫家准著.—南京：南京大学出版社；2008.

02；—213 页；23cm

¥CNY32.00

本书在对日本的民俗宗教的研究方法，以及对日本的原风景民俗宗教的历史、礼仪、故事、图像、宗教的世界观等进行解说的基础上，在对民俗宗教加以定位的同时，以讨论民俗宗教中至为重要的死与祖灵化问题为形式，使本书成为一本入门的基础性读物。

1177 日本的手工艺

〔日〕陆田幸枝著 . —上海：上海文化出版社；2008.02；—127 页；22cm

¥CNY28.00

本书介绍日本默默无闻的手工艺者潜心制作出的 28 种手工艺。

1178 日本的文化民族主义

〔日〕铃木贞美著 . —武汉：武汉大学出版社；2008.04；—206 页；23cm

¥CNY20.00

本书作者以批判的目光回顾了日本近现代民族主义的曲折历程。

1179 日本的循环经济

〔日〕吉田文和著 . —北京：中国环境科学出版社；2008.10；—171 页；23cm

¥CNY30.00

本书主要就日本的循环经济进行了探讨。

1180 日本动画全史：日本动画领先世界的奇迹

〔日〕山口康男编著 . —北京：中国科学技术出版社；2008.05；—217 页；26cm

¥CNY59.00

本书通过动画发展的历史，分析了动画的成功因素与失败教训，展望了动画的前景和未来。

1181 日本官僚制研究：新版

〔日〕辻清明著 . —北京：商务印书馆；2008.05；—327 页；20cm

¥CNY23.00

作者用政治学的方法对日本官僚制进行了深刻的剖析，指出日本官僚制的特色，以及日本政府的决策过程。

1182 日本汉方典籍辞典

〔日〕小曽户洋著 . —北京：学苑出版社；2008.10；—461 页；21cm

¥CNY50.00

本书为日本第一部汉方（中医）医学辞典。

1183 日本近代高等教育与专门学校发展研究

〔日〕角野雅彦著 . —保定：河北大学出版社；2008.02；—173 页；21cm

¥CNY15.00

本书阐述了日本近代高等教育制度的基本结构与变化及其社会关系。

1184 日本禁止垄断法

〔日〕村上政博著 . —北京：法律出版社；2008.02；—237 页；21cm

¥CNY20.00

本书详尽而明确地讲述了日本禁止垄断法的现行规则及今后的课题。

1185 日本经济新论：日中比较的视点

〔日〕加藤弘之，丁红卫著 . —北京：中国市场出版社；2008.03；—272 页；21cm

¥CNY30.00

本书回顾了日本在发展中的经历，对中国具有宝贵参考价值。

1186 日本抗癌新法

〔日〕松尺实著 . —北京：人民军医出版社；2008.03；—339 页；23cm

¥CNY58.00

本书介绍了各种各样抗癌的最新疗法，各种癌症领域的最新治疗法。

1187 日本美术史研究

〔日〕滨田耕作著 . —杭州：中国美术学院出版社；2008.07；—389 页；20cm

¥CNY32.00

本书研究日本的古代至近代的建筑，美术等的发展史，对中日美术的交流有着积极的促进作用。

1188 日本民俗学讲演录

〔日〕福田阿鸠著 . —成都：成都时代出版社；2008.02；—271 页；20cm

¥CNY25.00

本书收录了日本民俗学研究专家福田阿鸠的讲座内容，由白庚胜汇集并翻译。

1189 日本企业文书例文集

〔日〕伊东和彦著 . —合肥：中国科学技术大学出版社；2008.10；—289 页；24cm

¥CNY35.00

本书分"社内文书"和"社外文书"两大部分。共收例文 400 余篇。每篇例文前有简要说明，后有中文译文、注释等。是一册实用性的日语商务文书集。

1190 日本人的意识构造：风土历史社会

〔日〕会田雄次著．—南京：南京大学出版社；
2008.02；—162页；23cm

¥CNY25.00

本书分为日本人的意识构造、地道的日本人及日本人精神世界的原点三部分。

1191 "日本人论"中的日本人

〔日〕筑岛谦三著．—南京：南京大学出版社；
2008.02；—331页；23cm

¥CNY44.00

本书在从织丰时代到现代长达四百多年的历史时期里，梳理并选取了最具有代表性的"日本人论"观点，再融以自己的分析、归纳与总结。

1192 日本商务：现代日本企业是如何经营的?

〔日〕三和元主编．—天津：南开大学出版社；
2008.04；—217页；21cm

¥CNY15.00

本书是《日本商务》的中文版本，主要面向学习经济、运营和日语的学生。

1193 日本史

〔日〕坂本太郎著．—北京：中国社会科学出版社；2008.06；—492页；23cm

¥CNY58.00

本书是了解日本历史的入门书，是日本著名历史学家的著作。

1194 口本烫发技术解析

〔日〕吉泽刚著．—沈阳：辽宁科学技术出版社；
2008.10；—175页；23cm

¥CNY52.00

本书由日本引进版权。

1195 日本文化论的变迁

〔日〕青木保著．—北京：中国青年出版社；2008.
12；—177页；21cm

¥CNY18.00

本书以人类文化学者的视角，对"日本文化论"，即日本文化的特质的研究源流进行了梳理和评价。

1196 日本小学科学课的学习指导与评价

〔日〕角屋重树主编．—南京：江苏教育出版社；
2008.09；—124页；26cm

¥CNY17.00

本书主要内容为日本一线教师贯彻落实新课程标准的26个单元教学案例。

1197 日本与日本人

〔日〕小泉八云著．—北京：中国社会科学出版社；
2008.05；—204页；23cm

¥CNY30.00

本书描摹出日本的国民特性。

1198 日本语能力测试对策.1级听解

〔日〕河村美智子，陈美姬编著．—上海：华东理工大学出版社；2008.05；—217页；26cm

¥CNY26.50

本书是为准备参加日本语能力测试1级考试的学习者所编写的听力练习专用书。

1199 日本语能力测试对策.2级听解

〔日〕河村美智子，陈美姬编著．—上海：华东理工大学出版社；2008.05；—217页；26cm

¥CNY26.20

本书是为准备参加日本语能力测试2级考试的学习者所编写的听力练习专用书。

1200 日本语能力测试对策.3级听解

〔日〕河村美智子，陈美姬编著．—上海：华东理工大学出版社；2008.05；—217页；26cm

¥CNY25.80

本书是为准备参加日本语能力测试3级考试的学习者所编写的听力练习专用书。

1201 日本语能力测试对策.4级听解

〔日〕河村美智子，陈美姬编著．—上海：华东理工大学出版社；2008.05；—217页；26cm

¥CNY26.00

本书是为准备参加日本语能力测试4级考试的学习者所编写的听力练习专用书。

1202 日本语能力测试精选问题集.1级读解·语法

〔日〕目黑真实编著．—上海：华东理工大学出版社；2008.05；—203页；26cm

¥CNY21.50

本书紧扣日本语能力测试一级出题基准，对提高考生的阅读理解能力有很大帮助。

1203 日本语能力测试精选问题集.1级文字·词汇·听解

〔日〕目黑真实编著．—上海：华东理工大学出版社；2008.05；—215页；26cm

¥CNY26.50

本书稿紧扣日本语能力测试1级出题基准。

1204 日本语能力测试精选问题集.2 级读解·语法

〔日〕目黑真实编著.—上海：华东理工大学出版社；2008.05；—210 页；26cm

¥CNY22.00

本书稿紧扣日本语能力测试 2 级出题基准，对提高考生的阅读理解能力有很大帮助。

1205 日本语能力测试精选问题集.2 级文字·词汇·听解

〔日〕目黑真实编著.—上海：华东理工大学出版社；2008.05；—227 页；26cm

¥CNY27.50

本书紧扣日本语能力测试二级出题基准。

1206 日本语能力测试精选问题集.3、4 级读解·语法

〔日〕目黑真实编著.—上海：华东理工大学出版社；2008.05；—222 页；26cm

¥CNY23.50

本书紧扣日本语能力测试 3、4 级出题基准，对提高考生的阅读理解能力有很大帮助。

1207 日本语能力测试精选问题集.3、4 级文字·词汇·听解

〔日〕目黑真实编著.—上海：华东理工大学出版社；2008.05；—211 页；26cm

¥CNY26.00

本书紧扣日本语能力测试 3、4 级出题基准。

1208 日本语能力考试 1 级读解分类习题集

〔日〕冈本牧子，〔日〕氏原庸子，〔日〕樱井大辅编著.—上海：上海译文出版社；2008.12；—153 页；26cm

¥CNY22.00

此书重点放在不同文体和读解技巧上。

1209 日本语能力考试 1 级听解

刘文照，〔日〕海老原博编著.—上海：华东理工大学出版社；2008.05；—287 页；24cm

¥CNY32.00

本书是依据"国际交流基金"和"日本国际教育协会"所编的新考试大纲为框架编写的 1 级听解练习。

1210 日本语能力考试 1 级文法分类习题集

〔日〕冈本牧子，〔日〕氏原庸子，〔日〕樱井大辅编著.—上海：上海译文出版社；2008.12；—146 页；26cm

¥CNY22.00

全书针对日本语能力考试一级文法部分，着重帮助学习者提高一级语法考试能力。

1211 日本语能力考试 1 级文字词汇分类习题集

〔日〕冈本牧子，〔日〕氏原庸子编著.—上海：上海译文出版社；2008.12；—141 页；26cm

¥CNY22.00

当下实用的语言学习参考书，参照日本语能力考试出题基准编写而成。

1212 日本语能力考试 1 级语法.练习篇

刘文照，〔日〕海老原博编著.—上海：华东理工大学出版社；2008.05；—182 页；24cm

¥CNY19.50

本书是《日本语能力考试 1 级语法解说篇》的配套用书。

1213 日本语能力考试 2 级听解

刘文照，〔日〕海老原博编著.—上海：华东理工大学出版社；2008.04；—279 页；24cm

¥CNY29.80

本书是依据"国际交流基金"和"日本国际教育协会"所编的新考试大纲为框架编写的 2 级听解练习。

1214 日本语能力考试 2 级语法.练习篇

刘文照，〔日〕海老原博编著.—上海：华东理工大学出版社；2008.05；—174 页；24cm

¥CNY18.80

本书是《日本语能力考试 2 级语法解说篇》的配套使用书。

1215 日本语能力考试 3 级听解

刘文照，〔日〕海老原博编著.—上海：华东理工大学出版社；2008.05；—257 页；24cm

¥CNY28.00

本书是依据"国际交流基金"和"日本国际教育协会"所编的新考试大纲为框架编写的 3 级听解练习。

1216 日本语能力考试 3 级语法

刘文照，〔日〕海老原博编著.—上海：华东理工大学出版社；2008.05；—170 页；24cm

¥CNY18.50

本书是《日本语能力考试 3 级语法解说篇》的配套使用书。

1217 日本语能力考试 4 级语法.解说篇

刘文照，〔日〕海老原博编著.—上海：华东理工大学出版社；2008.06；—195 页；24cm

¥CNY19.80

本书对 4 级语法做详尽解说的同时，对一些类似语法也做了对比辨析。

1218 日本语能力考试 4 级语法．练习篇

刘文照，〔日〕海老原博编著．—上海：华东理工大学出版社；2008.05；—174 页；24cm

¥CNY19.50

本书是《日本语能力考试 4 级语法解说篇》的配套使用书。

1219 日本语作文教室．基础篇

〔日〕目黑真实著．—大连：大连理工大学出版社；2008.02；—144 页；23cm

¥CNY15.00

本书介绍了日语作文的写法，属于基础篇，适合初中级学习者。

1220 日本战后史

〔日〕中村正则著．—北京：中国人民大学出版社；2008.10；—282 页；21cm

¥CNY35.00

本书作者以"贯战史和 1960 体制论"为基础，叙述了二战后日本面临的国内、国际环境的变化及其对日本民众、社会的影响。

1221 日本著名建筑师的毕业作品访谈

〔日〕五十岚太郎编．—北京：中国建筑工业出版社；2008.09；—201 页；21cm

¥CNY26.00

本书由日本建筑评论家五十岚太郎继《日本著名建筑师的毕业作品访谈1》热销后，又约访了目前活跃在日本建筑界的著名建筑师高松伸等10 人，讲述自己毕业设计的过程。

1222 日医应用汉方释义

〔日〕汤本求真著．—北京：学苑出版社；2008.01；—168 页；21cm

¥CNY13.00

《皇汉医学丛书》（精编增补版）主要内容是日本中医学家（也称之为汉医）的代表性作品。

1223 日语词汇分类学习小词典

〔日〕秋山宣夫编．—北京：北京语言大学出版社；2008.04；—415 页；17cm

¥CNY19.80

本书为汉日英三语对照的日语词汇分类学习词典。

1224 日语沟通关键词

唐嘉识，〔日〕加藤理绘编著．—北京：外文出版社；2008.01；—288 页；21cm

¥CNY21.80

本书从天文地理到人类社会，将所有重要的单词一网打尽，为沟通提供了便利条件。

1225 日语会话进阶

〔日〕坂本胜信等编．—天津：南开大学出版社，天津电子出版社；2008.01；—97 页；26cm

¥CNY28.00

本书主要针对准备参加日语能力等级考试所需要进行会话方面练习的考生而编写。

1226 日语基础语法速成班．必备篇

杨美玲，〔日〕吉松由美编著．—北京：北京语言大学出版社；2008.11；—166 页；21cm

¥CNY15.80

本书是我社从台湾大原文化公司引进的一本日语语法书。

1227 日语基础语法速成班．进阶篇

林德胜，〔日〕田中阳子编著．—北京：北京语言大学出版社；2008.12；—193 页；21cm

¥CNY16.80

本书是我社从台湾文化公司引进的一本语法书。

1228 日语能力测验．3 级听解

〔日〕比田井牧子，〔日〕香取文子编．—天津：南开大学出版社，天津电子出版社；2008.01；—123 页；26cm

¥CNY24.00

本书将日语能力测验中经常出现的三级听解进行练习。

1229 日语能力测验．4 级听解

〔日〕比田井牧子，〔日〕香取文子编．—天津：南开大学出版社，天津电子出版社；2008.01；—102 页；26cm

¥CNY21.00

本书将日语能力测验中经常出现的四级听解进行练习。

1230 日语能力测验考前题库．3 级文字·词汇

〔日〕铃川佳世子编．—天津：南开大学出版社，天津电子出版社；2008.01；—199 页；21cm

¥CNY11.00

本书以历年考试原题和"日语能力考试三级文字·词汇"基准为基础编写而成。

1231　日语能力测验考前题库·3 级语法

〔日〕铃川佳世子，〔日〕比田井牧子编．—天津：南开大学出版社，天津电子出版社；2008.01；—211 页；21cm

￥CNY12.00

本书以历年考试原题和"日语能力考试三级语法"基准为基础编写而成。

1232　日语能力测验考前题库·4 级文字·词汇

〔日〕铃川佳世子编．—天津：南开大学出版社，天津电子出版社；2008.01；—148 页；21cm

￥CNY8.80

本书以历年考试原题和"日语能力考试四级文字·词汇"基准为基础编写而成。

1233　日语能力测验考前题库·4 级语法

〔日〕铃川佳世子编．—天津：南开大学出版社，天津电子出版社；2008.01；—169 页；21cm

￥CNY9.80

本书为四级语法考试的考生而编写。

1234　日语能力考试 1 级试题集：2007～2005 年

〔日〕西藤洋一，亚希编．—上海：学林出版社；2008.06；—290 页；26cm

￥CNY37.00

本书为 2005～2007 年日本能力考试真题集。

1235　日语能力考试 2 级试题集：2007～2005 年

〔日〕西藤洋一，亚希编．—上海：学林出版社；2008.06；—255 页；26cm

￥CNY35.00

本书为 2005～2007 年日本能力考试真题集。

1236　日语能力考试 2 级文法精解·对策

〔日〕稻本丽香主编．—上海：华东理工大学出版社；2008.10；—288 页；26cm

￥CNY28.80

本书收录了二级出题基准内的所有语法。

1237　日语能力考试 3 级试题集：2007～2005 年

〔日〕西藤洋一，亚希编．—上海：学林出版社；2008.06；—203 页；26cm

￥CNY29.00

本书为 2005～2007 年日本能力考试真题集。

1238　日语能力考试 3 级文法精解·对策

〔日〕稻本丽香主编．—上海：华东理工大学出版社；2008.10；—261 页；26cm

￥CNY28.00

本书由文法解说及练习、3 级必备句型和模拟试题及解说三大部分组成。

1239　日语能力考试 4 级试题集：2007～2005 年

〔日〕西藤洋一，亚希编．—上海：学林出版社；2008.06；—165 页；26cm

￥CNY25.00

本书为 2005～2007 年日本能力考试真题集。

1240　日语商务信函技巧与实务

〔日〕目黑真实，〔日〕细谷优著．—大连：大连理工大学出版社；2008.05；—244 页；26cm

￥CNY32.00

本书由商务信函的书写形式、商务信函的实例范文、贸易实务与贸易文书 3 部分构成。

1241　日语语音体操

〔日〕盐原慎次朗著．—北京：外语教学与研究出版社；2007.12；—202 页；20cm

￥CNY16.90

本书是一部日语专业用，发音练习的图书。

1242　日语语音与基础会话

杨美玲，〔日〕吉松由美编著．—北京：北京语言大学出版社；2008.12；—200 页；21cm

￥CNY22.80

本书主要讲述的是日语语音知识，不仅附口型图说明发音的原理，同时还有丰富的拓展知识。

1243　日中英废弃物用语辞典

〔日〕武田信生，王伟，何品晶著．—北京：科学出版社；2008.02；—395 页；21cm

￥CNY38.00

书中收罗了最常用的 2500 个词汇，不仅有日中英三国语的对照，正文部分也安排了中日文对照。

1244　蝶螺密码

〔日〕松原秀行著．—成都：四川少年儿童出版社；2008.01；—234 页；19cm

￥CNY12.80

这是一套风靡日本的少年侦探小说。

1245　乳腺摄影质量控制手册

〔日〕日本放射线技术学会著．—北京：人民卫生出版社；2008.04；—103 页；29cm

￥CNY25.00

本书为日本影像技术学会出版的关于规范与提高乳腺摄影精度的手册。

1246 软件开发的形式化工程方法：结构化＋面向对象＋形式化

〔日〕刘少英著．—北京：清华大学出版社；2008. 08；—408 页；20cm

¥CNY45.00

本书首次开创了一个新技术，即形式化工程方法，把传统的形式化方法和软件工程有机结合起来。

1247 三岛由纪夫精品集

〔日〕三岛由纪夫著．—上海：复旦大学出版社；2008.05；—299 页；24cm

¥CNY29.00

本书收录了作者最经典的代表作《春雪》和《潮骚》。

1248 三种教育方法成就孩子一生

〔德〕威特，〔意〕蒙台梭利，〔日〕铃木镇一著．—哈尔滨：哈尔滨出版社；2008.05；—197 页；24cm

¥CNY22.00

本书详细讲解卡尔·威特的天才教育法，蒙台梭利的特殊教育法和铃木镇一的才能教育法。

1249 色形

〔日〕栗林慧著．—广州：广州出版社；2008. 06；—40 页；23×23cm

（精装）：¥CNY28.00

本书通过日本著名昆虫学家栗林慧的镜头，让孩子们认识昆虫世界的奥秘。

1250 森林里的妖精朋友

〔日〕芭蕉绿图/文．—海口：南海出版公司；2008.10；—31 页；24×24cm

¥CNY16.80

本书为儿童绘本。

1251 伤寒广要

〔日〕丹波元坚著．—北京：学苑出版社；2008. 08；—304 页；21cm

¥CNY18.00

《伤寒广要》一书，搜集我国历代 150 多位医家论述，掇其精英，汇萃成帙。

1252 伤寒论新解

〔日〕杉原德行著．—北京：学苑出版社；2008. 09；—415 页；21cm

¥CNY32.00

本书选自《汉方医学》中的《伤寒论篇》，为日本杉原德行所著。

1253 上杉谦信

〔日〕海音寺潮五郎著．—重庆：重庆出版社；2008.06；—2 册（482 页）；24cm

¥CNY49.80

本书为长篇小说。

1254 社会开发与水资源水环境

陈箐，钱新，〔日〕尾正义主编．—南京：河海大学出版社；2008.12；—179 页；21cm

¥CNY30.00

本书汇集了中日学者对中国水资源、水环境与社会发展的专项论文。

1255 身边的日本文化

〔日〕多田道太郎著．—南京：南京大学出版社；2008.02；—191 页；23cm

¥CNY28.00

深入剖析日本文化的深层结构和独特的价值体系，从日本人生活的表象窥见日本文化的神髓。

1256 绅士的雨伞

〔日〕佐野洋子著．—南宁：接力出版社；2008. 08；—31 页；29cm

（精装）：¥CNY29.80

本书为绘本儿童读物，图画书。

1257 深层营销：洞察消费者潜意识的营销方法

〔日〕大松孝弘等著．—北京：科学出版社；2008. 01；—209 页；24cm

¥CNY28.00

介绍了领会人心的市场营销方法，以及在广告中的活用方法。

1258 神保町书虫

〔日〕池谷伊佐夫编绘．—北京：生活·读书·新知三联书店；2008.08；—186 页；23cm

¥CNY29.00

本书神保町行家手册。

1259 神经肌肉疾病电诊断学：原理与实践

〔日〕木村淳著．—天津：天津科技翻译出版公司；2008.01；—812 页；29cm

（精装）：¥CNY198.00

本书讨论了电诊断的基础知识。

1260 神奇宝贝角色解密大图鉴

〔日〕木村光雄著．—南昌：二十一世纪出版社；2008.01；—399 页；15cm

¥CNY18.00

1261 神奇宝贝金银编：彩色电影版
〔日〕田尻智原著．—南昌：二十一世纪出版社；
2008.01；—173 页；18cm
¥CNY12.80
居住在真新镇的小智立志成为最强的神奇宝贝训练师。

1262 神奇宝贝金银编：彩色电影版
〔日〕田尻智原著．—南昌：二十一世纪出版社；
2008.01；—173 页；18cm
¥CNY12.80
居住在真新镇的小智立志成为最强的神奇宝贝训练师。

1263 神奇宝贝金银编：彩色电影版
〔日〕田尻智原著．—南昌：二十一世纪出版社；
2008.01；—173 页；18cm
¥CNY12.80
居住在真新镇的小智立志成为最强的神奇宝贝训练师。

1264 神奇宝贝金银编：彩色电影版
〔日〕田尻智原著．—南昌：二十一世纪出版社；
2008.01；—173 页；18cm
¥CNY12.80
居住在真新镇的小智立志成为最强的神奇宝贝训练师。

1265 神奇宝贝金银编：彩色电影版
〔日〕田尻智原著．—南昌：二十一世纪出版社；
2008.01；—173 页；18cm
¥CNY12.80
居住在真新镇的小智立志成为最强的神奇宝贝训练师。

1266 神奇宝贝金银编：彩色电影版
〔日〕田尻智原著．—南昌：二十一世纪出版社；
2008.03；—173 页；18cm
¥CNY12.80
居住在真新镇的小智立志成为最强的神奇宝贝训练师。

1267 神奇宝贝金银编：彩色电影版
〔日〕田尻智原著．—南昌：二十一世纪出版社；
2008.03；—173 页；18cm
¥CNY12.80
居住在真新镇的小智立志成为最强的神奇宝贝训练师。

1268 神奇宝贝金银编：彩色电影版
〔日〕田尻智原著．—南昌：二十一世纪出版社；
2008.03；—173 页；18cm
¥CNY12.80
居住在真新镇的小智立志成为最强的神奇宝贝训练师。

1269 神奇宝贝金银编：彩色电影版
〔日〕田尻智原著．—南昌：二十一世纪出版社；
2008.03；—173 页；18cm
¥CNY12.80
居住在真新镇的小智立志成为最强的神奇宝贝训练师。

1270 神奇宝贝金银编：彩色电影版
〔日〕田尻智原著．—南昌：二十一世纪出版社；
2008.03；—173 页；18cm
¥CNY12.80
居住在真新镇的小智立志成为最强的神奇宝贝训练师。

1271 神奇宝贝金银编：彩色电影版
〔日〕田尻智原著．—南昌：二十一世纪出版社；
2008.12；—157 页；19cm
¥CNY12.80
本书是风靡全球的日本动画，讲述神奇宝贝和它的训练师不断历险的故事。

1272 神奇宝贝金银编：彩色电影版
〔日〕田尻智原著．—南昌：二十一世纪出版社；
2008.12；—157 页；19cm
¥CNY12.80
本书是风靡全球的日本动画，讲述神奇宝贝和它的训练师不断历险的故事。

1273 神奇宝贝金银编：彩色电影版
〔日〕田尻智原著．—南昌：二十一世纪出版社；
2008.12；—157 页；19cm
¥CNY12.80
本书是风靡全球的日本动画，讲述神奇宝贝和它的训练师不断历险的故事。

1274 神奇宝贝金银编：彩色电影版
〔日〕田尻智原著．—南昌：二十一世纪出版社；
2008.12；—157 页；19cm
¥CNY12.80
本书是风靡全球的日本动画，讲述神奇宝贝和它的训练师不断历险的故事。

1275 神奇宝贝金银编：彩色电影版
〔日〕田尻智原著．—南昌：二十一世纪出版社；

2008.12；—157 页；19cm

￥CNY12.80

本书是风靡全球的日本动画，讲述神奇宝贝和它的训练师不断历险的故事。

1276 神奇宝贝金银编

〔日〕田尻智原著．—南昌：二十一世纪出版社；2008.11；—155 页；18cm

￥CNY12.80

本书是风靡全球的日本动画，讲述神奇宝贝和它的训练师不断历险的故事。

1277 神奇宝贝金银编

〔日〕田尻智原著．—南昌：二十一世纪出版社；2008.11；—155 页；18cm

￥CNY12.80

本书是风靡全球的日本动画，讲述神奇宝贝和它的训练师不断历险的故事。

1278 神奇宝贝金银编

〔日〕田尻智原著．—南昌：二十一世纪出版社；2008.11；—157 页；18cm

￥CNY12.80

本书是风靡全球的日本动画，讲述神奇宝贝和它的训练师不断历险的故事。

1279 神奇宝贝金银编

〔日〕田尻智原著．—南昌：二十一世纪出版社；2008.11；—157 页；18cm

￥CNY12.80

本书是风靡全球的日本动画，讲述神奇宝贝和它的训练师不断历险的故事。

1280 神奇宝贝金银编

〔日〕田尻智原著．—南昌：二十一世纪出版社；2008.11；—173 页；18cm

￥CNY12.80

本书是风靡全球的日本动画，讲述神奇宝贝和它的训练师不断历险的故事。

1281 神奇催眠瘦身

〔日〕仲山和辉著．—北京：中国画报出版社；2008.01；—175 页；19cm

￥CNY20.00

本书中讲的"仲山式催眠瘦身法"是使读者与自己的心灵对话，解放心灵，愉悦生活，而且改变人的体形的划时代的瘦身法。

1282 神奇的水彩

〔日〕林明子图/文．—海口：南海出版公司；

2008.08；—31 页；19×27cm

￥CNY12.00

1283 生活分析的心理咨询：理论与技法

〔日〕松原达哉著．—北京：中国轻工业出版社；2008.03；—238 页；23cm

￥CNY30.00

"生活分析心理治疗"是由日本著名的心理咨询和临床心理专家松原达哉先生自创的一种治疗方法。

1284 生活中的包装

〔日〕长谷惠著．—郑州：河南科学技术出版社；2008.07；—79 页；26cm

￥CNY25.00

本书介绍了如何用非常简单的方法和材料制作出精美的包装。

1285 生物工程

〔日〕日本生物工学会编．—北京：科学出版社；2008.06；—802 页；26cm

（精装）：￥CNY128.00

本书内容共分两大部分，共 14 章。第一部分为生物工程学的基础技术，第二部分为生物工程技术的实际。

1286 圣诞夜收到的礼物

〔日〕芭蕉绿图/文．—海口：南海出版公司；2008.09；—26 页；24×24cm

￥CNY16.80

本书为儿童绘本。

1287 十七帖

〔日〕村上三岛编．—长沙：湖南美术出版社；2008.01；—96 页；29cm

￥CNY20.00

本书为书法技术讲座丛书之一，"十七帖"是东晋王羲之草书代表作，是习草书人必练法书帖。

1288 十夜之梦：夏目漱石随笔集

〔日〕夏目漱石著．—上海：华东师范大学出版社；2008.05；—273 页；20cm

￥CNY19.80

本书是作者的散文选集。

1289 十宅论

〔日〕隈研吾著．—上海：上海人民出版社；2008.05；—178 页；23cm

￥CNY48.00

凭借对建筑史和建筑市场的专业知识与判断，探讨消费需求与社会文化之间的细微关联。

1290 时间启蒙.5～6岁
〔日〕多湖辉主编 .—杭州：浙江人民美术出版
社；2008.01；—72 页；29cm
¥CNY14.80
本书以生动有趣的游戏让孩子在学中玩，在玩
中学，开始对时间概念的启蒙。

1291 食货志汇编
〔日〕松崎鹤雄编 .—北京：国家图书馆出版社；
2008.12；—2 册（1141 页）；27cm
（精装）：¥CNY980.00
本书收录了中国历代食货志。是研究中国经济
史最系统最完备的资料。

**1292 食品的迷信："危险"、"安全"信息背后
隐藏的真相**
〔日〕芳川充著 .—北京：中国计量出版社；2008.
09；—104 页；23cm
¥CNY20.00
由于媒体片面报道，日本国民只迷信本国食品
好，视中国食品"危险"不"安全"，本书以科
学资料揭露了这种谎言。

1293 食品真相大揭秘
〔日〕安邦司著 .—天津：天津教育出版社；2008.
10；—165 页；23cm
¥CNY25.00
本书以作者自身经历，为读者讲述了食品制作
中的真相。

1294 食物有阴阳
〔日〕石原结实著 .—北京：中国画报出版社；
2008.01；—243 页；21cm
¥CNY26.00
本书从食物的阴阳性质入手，介绍不同体质的
人适合的不同食物，为有益的生活参考书。

1295 《史记》战国史料研究
〔日〕藤田胜久著 .—上海：上海古籍出版社；
2008.01；—497 页；21cm
¥CNY42.00
作者继承王国维所提倡的利用纸上史料（文献）
和地下资料（出土资料）研究中国古代史的
"二重证据法"，利用传世文献及简牍、帛书，
分析《史记》战国史料的结构，阐明其编纂意
图和作为历史史料的可信度及其界限。

1296 世界最简单解决问题的方法
〔日〕渡边健介著 .—海口：南海出版公司；2008.

08；—117 页；19cm
¥CNY19.80
本书以青少年为对象，着眼于日常生活中的多种
问题。

1297 市场营销手册
〔日〕桥本博著 .—北京：科学出版社；2008.
01；—167 页；24cm
¥CNY26.00
本书是根据日本早稻田大学函授学院开设的，面
向社会人士讲授的市场营销战略理论的讲义改
编而成的。

1298 适合自己的色彩搭配
〔日〕田原二美著 .—郑州：河南科学技术出版
社；2008.08；—120 页；23cm
¥CNY26.80
本书介绍了如何通过了解自己的个性颜色，找到
最适合自己的着装色彩搭配。

1299 释迦的本心
〔日〕大川隆法著 .—北京：宗教文化出版社；
2008.04；—229 页；20cm
¥CNY30.00
本书阐述了释迦的出家、成道之过程，浅显易懂
地阐述了"八正道"、"六波罗蜜多"等释迦的
思想。

1300 手掌大小的布娃娃
〔日〕靓丽出版社著 .—郑州：河南科学技术出
版社；2008.04；—112 页；26cm
¥CNY25.00
本书介绍了如何制作各种小布娃娃。

1301 手指瑜伽
〔日〕深崛真由美著 .—沈阳：辽宁科学技术出
版社；2008.01；—103 页；21cm
¥CNY15.00
手指瑜伽可以促进全身的血液运行，提高人体的
基础代谢，使身体与心灵都可以得到净化。

1302 手冢治虫：用漫画和卡通连接世界
〔日〕中尾明著 .—上海：学林出版社；2008.05；
—145 页；21cm
¥CNY16.80
本书是关于日本漫画大师手冢治虫的艺术人生
的传记作品。

1303 首届中日高职高专教育论坛文集
王纪安，〔日〕井上雅弘主编 .—天津：天津大

学出版社；2008.05；—465 页；29cm

¥CNY50.00

本书是首届中日高职高专教育论坛收集整理的论文集。

1304 首脑外交：以中日关系为研究视角

〔日〕林振江著．—北京：新华出版社；2008.01；—183 页；23cm

¥CNY26.00

本书以二战后中日关系的发展为主线，论述了首脑外交在中日关系中所起的作用等。

1305 书法艺术学

〔日〕平山观月著．—成都：四川人民出版社；2008.01；—236 页；23cm

¥CNY26.00

书中从艺术学角度对书法艺术的本质、构造、类型、创作、鉴赏等方面进行了详尽的阐述。

1306 书斋闲话

〔日〕幸田露伴著．—北京：中华书局；2008.06；—338 页；21cm

¥CNY26.00

幸田露伴是日本著名的汉学大家，本书是他的一些随笔。

1307 熟年革命

〔日〕渡边淳一著．—上海：文汇出版社；2008.11；—122 页；20cm

¥CNY15.00

本书献给即将或已经步入 50 岁的人们，倡导积极进取的"白金风格"生活方式。

1308 双气囊内镜学

智发朝，〔日〕山本博德主编．—北京：科学出版社；2008.06；—146 页；26cm

（精装）：¥CNY99.00

本书系统论述双气囊内镜的工作原理、检查前准备、检查注意事项、适应症、禁忌症。

1309 谁都能成为一流员工！

〔日〕若松义人著．—北京：中信出版社；2008.09；—186 页；25cm

¥CNY26.00

1310 水果篮子

〔日〕高屋奈月著．—北京：中国少年儿童出版社；2008.01；—166 页；18cm

¥CNY7.20

本书是漫画书。

1311 水果篮子

〔日〕高屋奈月著．—北京：中国少年儿童出版社；2008.01；—189 页；18cm

¥CNY7.20

本书是漫画连环画。

1312 水果篮子

〔日〕高屋奈月著．—北京：中国少年儿童出版社；2008.01；—189 页；18cm

¥CNY7.20

1313 睡眠是最好的药：快速进入高质睡眠的30 个对策

〔日〕志田美保子著．—长春：吉林科学技术出版社；2008.01；—159 页；24cm

¥CNY18.00

本书针对失眠人群，或是睡眠质量低的人群。

1314 瞬间

〔日〕栗林慧著．—广州：广州出版社；2008.06；—40 页；23×23cm

（精装）¥CNY28.00

本书通过日本著名昆虫学家栗林慧的镜头，让孩子们认识昆虫世界的奥秘。图文并茂。

1315 司法精神医学：精神病鉴定与刑事责任能力

〔日〕中田修等著．—天津：天津科学技术出版社；2008.09；—425 页；26cm

（精装）：¥CNY130.00（全套 2 册）

书中收录了大量的案件实例并结合实例进行相应地讲解，深入浅出地向读者说明。

1316 司法精神医学：精神病鉴定与刑事责任能力

〔日〕中田修等著．—天津：天津科学技术出版社；2008.09；—429～875 页；26cm

（精装）：¥CNY130.00（全套 2 册）

有关司法鉴定的专著。

1317 丝巾、围巾、披肩的系法与搭配 120

〔日〕泉书房编辑部编著．—沈阳：辽宁科学技术出版社；2008.10；—127 页；23cm

¥CNY32.00

本书介绍了 120 种丝巾、围巾及披肩的系法。

1318 思考的技术：培养具有竞争力的思维方式

〔日〕大钱研一著．—北京：中信出版社；2008.08；—267 页；21cm

¥CNY25.00

为商务人士指明了在新世界生存下去必需的商业思考方式。

1319 斯普特尼克恋人

〔日〕村上春树著 . —上海：上海译文出版社；2008.07；—227 页；21cm

¥CNY18.00

本书为日本著名作家村上春树的长篇小说。

1320 松茸促繁技术

〔日〕吉村文彦著 . —昆明：云南科技出版社；2008.05；—87 页；26cm

¥CNY26.00

本书是吉村所长在岩泉町从事松茸生产研究 40 多年经验的科学总结。

1321 松尾芭蕉散文

〔日〕松尾芭蕉著 . —北京：作家出版社；2008.09；—217 页；21cm

（精装）：¥CNY26.00

本书为散文集。

1322 速成日本语语法

〔日〕友松悦子，〔日〕和栗雅子著 . —牡丹江：黑龙江朝鲜民族出版社；2008.06；—164 页；26cm

¥CNY18.00

本书为面向学过初级日语的读者在短期内巩固所学内容而编写的速成日语语法书。

1323 塑造平衡美人

〔日〕早川健二著 . —沈阳：辽宁科学技术出版社；2008.09；—127 页；21cm

¥CNY20.80

本书介绍了一些自己在家中就可以操作的美容矫正术，如轮廓矫正、肌肤矫正、健康矫正等。

1324 太阳能光伏电池及其应用

〔日〕滨川圭弘编著 . —北京：科学出版社；2008.09；—244 页；24cm

¥CNY38.00

本书介绍各种太阳能电池种类、工作原理、光伏发电系统以及应用等。

1325 唐朝那些事儿

〔日〕辻原登著 . —海口：南海出版公司；2008.07；—410 页；24cm

¥CNY34.80

本书以麒麟比喻遣唐使朝衡和藤原真幸，既成功演绎了大唐帝国的盛大景象，又描述了细腻

缠绵的男女情怀，充分展现了作者丰富的想象力与梳理史料的功力。

1326 陶渊明·陆放翁·河上肇

〔日〕一海知义著 . —北京：中华书局；2008.02；—197 页；21cm

¥CNY16.00

本书由作者从自己的著作中选出的六篇近作构成，涉及陶渊明、陆游、河上肇三位。

1327 提高营业额优质服务的绝对条件

〔日〕宫内亨著 . —沈阳：辽宁科学技术出版社；2008.10；—320 页；21cm

¥CNY24.00

本书介绍如何运用优质的服务来提高公司或商店的营业额，促销的手段、技巧等。

1328 提姆与莎兰大反串

〔日〕芭蕉绿图/文 . —海口：南海出版公司；2008.10；—31 页；24×24cm

¥CNY16.80

本书为儿童绘本。

1329 提姆与莎兰的藏宝图

〔日〕芭蕉绿图/文 . —海口：南海出版公司；2008.10；—31 页；24×24cm

¥CNY16.80

本书为儿童绘本。

1330 提姆与莎兰的小木屋

〔日〕芭蕉绿图/文 . —海口：南海出版公司；2008.10；—31 页；24×24cm

¥CNY16.80

本书为儿童绘本。

1331 提姆与莎兰的新朋友

〔日〕芭蕉绿图/文 . —海口：南海出版公司；2008.09；—31 页；24×24cm

¥CNY16.80

如何融入一个新环境，如何接纳新朋友的加入，对于孩子都是重要的人生一课。

1332 提姆与莎兰去野餐

〔日〕芭蕉绿图/文 . —海口：南海出版公司；2008.09；—31 页；24×24cm

¥CNY16.80

本书为儿童绘本。

1333 体检之后自我改善甘油三酯与胆固醇

〔日〕山田信博著 . —沈阳：辽宁科学技术出版

社；2008.04；—143 页；21cm

¥CNY18.00

本书对血液中的脂质是什么，高脂血症是怎么
一回事等等问题进行了解说，并且介绍了如何通
过改善我们的生活习惯来改善中性脂肪与胆固
醇的方法。

1334 体检之后自我改善肝功能

〔日〕栗原毅著．—沈阳：辽宁科学技术出版社；
2008.04；—143 页；21cm

¥CNY18.00

本书是以那些在定期诊察中虽然没有自觉症状
却出现了令人担忧的检查数值的人群为对象而
专门出版的。

1335 体检之后自我改善血糖

〔日〕小田原雅人著．—沈阳：辽宁科学技术出
版社；2008.04；—143 页；21cm

¥CNY18.00

本书是针对那些在健康检查中被诊断为"高血
糖"的人而写的。

1336 体检之后自我改善血压

〔日〕岛田和幸著．—沈阳：辽宁科学技术出版
社；2008.04；—143 页；21cm

¥CNY18.00

本书向那些在定期健康检查中被诊断为"高血
压"的人群介绍了如何通过改善自己的生活习
惯与饮食习惯来改善血压的方法。

1337 体温决定生老病死

〔日〕石原结实著．—海口：南海出版公司；2008.
11；—158 页；24cm

¥CNY25.00

本书详细介绍了饮食、洗浴（半身浴、手浴、
足浴）、快走等简单易行的方法，使体温轻松升
高到最佳状态，通过"暖体"达到预防与治疗
各种疾病的目的。

1338 天使之卵

〔日〕村山由佳著．—上海：上海译文出版社；
2008.09；—191 页；21cm

¥CNY20.00

小说创作于 1993 年，当年即获得日本第六届小
说"昂新人奖"；2003 年获得第 129 届直木赏
大奖。

1339 天使之梯

〔日〕村山由佳著．—上海：上海译文出版社；
2008.12；—212 页；20cm

¥CNY22.00

本书是日本作家村山由佳的作品，也是《天使
之卵》的续集。

**1340 田中宥久子的塑颜按摩法：让你找回 10
年前的青春容颜**

〔日〕田中宥久子著．—昆明：云南教育出版社；
2008.06；—48 页；21cm

¥CNY38.00

本书向您介绍可以让您恢复十年前花容月貌的
塑颜按摩法。

1341 铁臂阿童木

〔日〕手冢治虫编绘．—哈尔滨：黑龙江美术出
版社；2008.01；—206 页；18cm

¥CNY38.40（4～6 册）

本书是 80 年代被引进并风靡中国的科幻动画片，
现以长篇科幻漫画形式出版成书。

1342 铁臂阿童木

〔日〕手冢治虫编绘．—哈尔滨：黑龙江美术出
版社；2008.01；—213 页；18cm

¥CNY38.40（1～3 册）

本书是 80 年代被引进并风靡中国的科幻动画片，
现以长篇科幻漫画形式出版成书。

1343 铁臂阿童木

〔日〕手冢治虫编绘．—哈尔滨：黑龙江美术出
版社；2008.05；—212 页；18cm

¥CNY38.40（4～6 册）

本书是 80 年代被引进并风靡中国的科幻动画片，
现以长篇科幻漫画形式出版成书。

1344 铁臂阿童木

〔日〕手冢治虫编绘．—哈尔滨：黑龙江美术出
版社；2008.06；—229 页；18cm

¥CNY38.40（4～6 册）

本书是日本漫画家手冢治虫的四格长篇漫画作品。

1345 铁臂阿童木

〔日〕手冢治虫编绘．—哈尔滨：黑龙江美术出
版社；2008.07；—220 页；18cm

¥CNY38.40（4～6 册）

本书是日本漫画家手冢治虫的四格长篇漫画作品。

1346 铁臂阿童木

〔日〕手冢治虫编绘．—哈尔滨：黑龙江美术出
版社；2008.07；—232 页；18cm

¥CNY38.40（4～6 册）

本书是日本漫画手冢治虫的四格长篇漫画作品。

1347　铁臂阿童木

〔日〕手冢治虫编绘 . —哈尔滨：黑龙江美术出版社；2008.09；—221 页；19cm

￥CNY38.40（全套 3 册）

本书由日本漫画大师手冢治虫动漫改编。

1348　铁臂阿童木

〔日〕手冢治虫编绘 . —哈尔滨：黑龙江美术出版社；2008.09；—237 页；19cm

￥CNY38.40（全套 3 册）

本书根据日本漫画大师手冢治虫动漫改编。

1349　铁臂阿童木

〔日〕手冢治虫编绘 . —哈尔滨：黑龙江美术出版社；2008.11；—202 页；19cm

￥CNY38.40（全套 3 册）

1350　铁臂阿童木

〔日〕手冢治虫编绘 . —哈尔滨：黑龙江美术出版社；2008.11；—209 页；19cm

￥CNY38.40（全套 3 册）

本书根据日本漫画大师手冢治虫动漫改编。

1351　听 MP3 记英语单词 . 基础篇

〔日〕赤井田拓弥著 . —上海：上海世界图书出版公司；2008.04；—254 页；21cm

￥CNY25.00

本书根据不同情况将单词作分类归纳。

1352　听 MP3 记英语单词 . 进阶篇

〔日〕赤井田拓弥著 . —上海：上海世界图书出版公司；2008.04；—253 页；21cm

￥CNY25.00

本书根据不同情况将单词作分类归纳。

1353　听 MP3 学英语表达

〔日〕赤井田拓弥著 . —上海：上海世界图书出版公司；2008.04；—221 页；21cm

￥CNY25.00

本书分为三个部分。

1354　听 MP3 学英语口语短语

〔日〕赤井田拓弥著 . —上海：上海世界图书出版公司；2008.04；—254 页；21cm

￥CNY25.00

本书分为三个部分。

1355　听歌学日语：经典日文歌曲传唱

张祎，〔日〕高岛美咲主编 . —大连：大连理工大学出版社；2008.06；—124 页；17×18cm

￥CNY14.90

本书由"贯通日本语"网站通过大量的网络调查和上万人的投票总结出了 12 首经典日文歌曲汇成专集，并由资深日语教师编写成书。

1356　投资银行青春独白

〔日〕保田隆明著 . —北京：中信出版社；2008.04；—185 页；22cm

￥CNY28.00

本书带有作者的自传版色彩。

1357　图解百魅夜行：妖异、唯美的日式奇幻之源

〔日〕鸟山石燕著 . —西安：陕西师范大学出版社；2008.03；—325 页；24cm

￥CNY68.00

本书汇编了日本著名绘画大师鸟山石燕（1712～1788）四本画册中的 203 幅作品。

1358　图解波特竞争战略

〔日〕中野明著 . —北京：中国人民大学出版社；2008.11；—113 页；21cm

￥CNY25.00

本书分析波特的竞争战略。

1359　图解大肠镜单人操作法：基础和应用

〔日〕岩男泰，〔日〕寺井毅著 . —沈阳：辽宁科学技术出版社；2008.03；—185 页；26cm

￥CNY85.00

本书介绍了大肠镜的临床使用操作方法。

1360　图解德鲁克管理理论

〔日〕中野明著 . —北京：中国人民大学出版社；2008.08；—127 页；21cm

￥CNY25.00

本书彻底剖析了德鲁克管理理论。

1361　图解电气控制线路及应用

〔日〕大浜庄司著 . —北京：科学出版社；2008.03；—256 页；24cm

￥CNY28.00

本书分两个部分，即基础知识和控制线路等。

1362　图解高岛易断：《易经》活解活断 500 例：居家必藏版

〔日〕高岛吞象著 . —西安：陕西师范大学出版社；2008.04；—767 页；24cm

￥CNY88.00

本书是高岛吞象先生研究《周易》地毕生巨著，

百余年来以汉、英等多种文字流传世界，影响颇大。

1363 图解高德拉特约束理论
〔日〕中野明著．—北京：中国人民大学出版社；2008.12；—105 页；21cm
¥CNY25.00
本书作者是物理学家及管理大师，本书以浅显易懂的文字解说高德拉特的约束理论。

1364 图解继电器与顺序控制器：三菱 MELSEC 系列
〔日〕冈本裕生著．—北京：科学出版社；2008.01；—166 页；24cm
¥CNY25.00
本书为"图解继电器与可编程控制器"的姊妹篇，本书则以三菱 PLC 为主讲解。

1365 图解科特勒营销理论
〔日〕宫崎哲也著．—北京：中国人民大学出版社；2008.10；—147 页；21cm
¥CNY25.00
本书分析科特勒营销理论。

1366 图解蓝海战略
〔日〕中野明著．—北京：中国人民大学出版社；2008.10；—107 页；21cm
¥CNY25.00
本书分析蓝海战略，探讨价值创新，战略与商业模式。

1367 图解巾场调查指南
〔日〕酒井隆著．—广州：中山大学出版社；2008.03；—430 页；23cm
¥CNY43.00
本书是为全面学习和运用市场调查方法的人而撰写的务实书。

1368 图解数学学习法：让抽象的数学直观起来
〔日〕畑村洋太郎著．—海口：南海出版公司；2008.01；—163 页；22cm
¥CNY20.00
本书是一本讲解数学学习方法的通俗读物。

1369 图解整脊健康法
〔日〕二宫进著．—海口：南海出版公司；2008.11；—166 页；24cm
¥CNY25.00
本书为大众生活保健类图书。

1370 图说"恐慌障碍"治疗
〔日〕越野好文主编．—北京：国际文化出版公司；2008.09；—135 页；18cm
¥CNY15.00
本书译自日本的科普小册子。

1371 图说青少年网球
〔日〕田头健一主编．—北京：北京体育大学出版社；2008.09；—160 页；20cm
¥CNY25.00
本书从初级、中级和高级三个阶段介绍了青少年网球的基本技术。

1372 图说相对论
〔日〕山口一健著．—北京：华文出版社；2008.10；—191 页；24cm
¥CNY26.00
本书由日本知名的物理学理论研究专家山口健一教授精心编撰而成，已被翻译成多种文字出版。

1373 图说"心癖"治疗
〔日〕越野好文主编．—北京：国际文化出版公司；2008.09；—161 页；18cm
¥CNY16.00
本书译自日本的科普小册子。

1374 图说"抑郁症"治疗
〔日〕越野好文编著．—北京：国际文化出版公司；2008.09；—120 页；18cm
¥CNY14.00
本书译自日本的科普图文小册子。

1375 土地转换因子评价的城乡区位论
余亮，〔日〕柴崎亮介著．—北京：科学出版社；2008.09；—228 页；26cm
（精装）：¥CNY80.00

1376 脱颖而出 50 招 + 成功转型 50 招
〔日〕中谷彰宏著．—北京：科学出版社；2008.04；—1 册；21cm
¥CNY24.00
书中介绍了如何跨越转机获得向上飞越的方法。

1377 外汇炒作技巧
〔日〕小口幸伸，杨铭著．—北京：科学出版社；2008.02；—190 页；24cm
¥CNY28.00
本书全面系统地介绍了外汇的基本知识。

1378 完全图解野外求生宝典
〔日〕梶原玲，〔日〕成田式部著．—海口：南海出版公司；2008.05；—224 页；24cm
￥CNY28.00
本书不仅是一本野外求生指南，还是一本野外生活趣味图书。

1379 万叶集
〔日〕佚名著．—北京：人民文学出版社；2008.02；—2 册（1381 页）；21cm
￥CNY94.00
本书完成于日本奈良时代后期，为日本现存最古的诗歌集。

1380 汪汪
〔日〕长野英子编绘．—南昌：二十一世纪出版社；2008.12；—24 页；19×21cm
（精装）：￥CNY16.80

1381 王羲之尺牍
〔日〕安藤拓石编．—长沙：湖南美术出版社；2008.01；—92 页；29cm
￥CNY20.00
本书为书法技术讲座丛书之一，是国人研究书法艺术与国学的良好教材。

1382 王者速读法
〔日〕齐藤英治著．—杭州：浙江教育出版社；2008.01；—178 页；19cm
￥CNY16.00
本书所教的"王者的速读法"可以让人在 30 分钟内吸取一本书中的精华。

1383 网络营销
〔日〕是永聪著．—北京：科学出版社；2008.01；—233 页；24cm
￥CNY29.50
以如何捕捉和处理互联网为主要视角和中心点对网络市场营销作了详细的解说。

1384 网球王子．烤肉争霸战爆发
〔日〕许斐刚著．—北京：连环画出版社；2008.07；—1 册；18cm
￥CNY8.70
本书为日本长篇卡通漫画《网球王子》系列连载之一。

1385 网球王子．Dear Prince
〔日〕许斐刚编绘．—北京：连环画出版社；2008.10；—169 页；18cm

￥CNY8.70
本书为日本长篇动漫作品《网球王子》系列之一。

1386 网球王子．搞笑网球的恐怖
〔日〕许斐刚编绘．—北京：连环画出版社；2008.07；—185 页；18cm
￥CNY8.70
本书为日本长篇卡通漫画《网球王子》系列连载之一。

1387 网球王子．激战！一球定胜负——越前龙马 VS 远山金太郎
〔日〕许斐刚编绘．—北京：连环画出版社；2008.07；—1 册；18cm
￥CNY8.70
本书是日本长篇卡通漫画《网球王子》系列连载之一。

1388 网球王子．热斗！青学 VS 四天宝寺
〔日〕许斐刚编绘．—北京：连环画出版社；2008.07；—1 册；18cm
￥CNY8.70
《网球王子》（36 卷）讲述了全国大赛上，不二与白石之间的激烈比赛。

1389 网球王子．忘记的网球王子
〔日〕许斐刚著．—北京：连环画出版社；2008.07；—186 页；18cm
￥CNY8.70
本书日本长篇卡通漫画《网球王子》系列连载之一。

1390 网球王子．最终决战！王子 VS 神之子
〔日〕许斐刚编绘．—北京：连环画出版社；2008.07；—1 册；18cm
￥CNY8.70
本书是日本长篇动漫作品《网球王子》系列之一。

1391 威士忌猫咪
〔日〕C.W. 尼可著．—北京：新世界出版社；2008.11；—115 页；23cm
￥CNY25.00
本书系一本讲述威士忌酒窖猫咪的日本环保寓言小说。

1392 微积分入门．多元微积分
〔日〕小平邦彦著．—北京：人民邮电出版社；2008.08；—456 页；24cm
￥CNY39.00

本书是由一位世界级数学大家倾了极大的热情和精力为有志于认真、系统地学习微积分的学生撰写的一本优秀教材。

1393 微积分入门．一元微积分
〔日〕小平邦彦著．—北京：人民邮电出版社；2008.04；—224 页；24cm
￥CNY39.00
本书是第一位获得菲尔兹奖的日本人，倾注极大热情和精力为有志于认真、系统地学习微积分的学生撰写的一本优秀教材。

1394 微利搏杀：43 家药店经营案例剖析
〔日〕山本武道等著．—北京：化学工业出版社；2008.03；—218 页；20cm
￥CNY29.00
本书通过对 43 家药店经营案例剖析。

1395 围棋死活妙机
〔日〕秀哉著．—成都：成都时代出版社；2008.10；—344 页；17cm
￥CNY23.00
本书为围棋死活类图书，共分四章，168 道题，适合中、高级围棋爱好者阅读。

1396 温病之研究
〔日〕源元凯著．—北京：学苑出版社；2008.08；—285 页；21cm
￥CNY18.00
《温病之研究》一书主要评论、辨讹、纠偏，《温疫论》阐发自己的观点。

1397 文明论概略
〔日〕福泽谕吉著．—北京：九州出版社；2008.10；—283 页；21cm
￥CNY25.00
本书作者阐述了文明的涵义，强调了道德智慧的重要性。

1398 我爱洗澡
〔日〕松冈享子文．—海口：南海出版公司；2008.09；—1 册；26×27cm
（精装）：￥CNY29.80
本书是一本儿童绘本，曾获日本产经儿童出版文化奖美术奖，讲述了一个充满想象力的有趣故事。

1399 我爱中国电影
〔日〕水野卫子著．—北京：外文出版社；2008；—227 页；24cm
￥CNY48.00

本书精选了自《英雄》以来在日本公映过的，包括拍片在内的中国电影 36 部。

1400 我不是好学生：诺贝尔奖获得者小柴昌俊的传奇人生
〔日〕小柴昌俊著．—北京：科学出版社；2008.09；—172 页；21cm
￥CNY24.00
本书以自传的形式讲述了小柴昌俊充满坎坷与挫折、却又不断从逆境中崛起的不平凡经历。

1401 我得了抑郁症吗？抑郁症的 100 种征兆
〔日〕佐藤武著．—上海：华东师范大学出版社；2008.10；—219 页；21cm
￥CNY25.00
本书定位为患者及家属的自助手册。

1402 我的宠物是小妖
〔日〕畠中惠著．—海口：南海出版公司；2008.10；—230 页；22cm
￥CNY20.00
本书是日本当代长篇奇幻小说。故事背景是江户时代。

1403 我的第一本亲子游戏书
〔日〕广松由希子著．—西安：陕西师范大学出版社；2008.09；—167 页；24cm
￥CNY28.00
本书是一本教父母与孩子一起做各种有趣的游戏，寓教于乐的亲子教育书。

1404 我的连衣裙
〔日〕西卷茅子编绘．—济南：明天出版社；2008.10；—1 册；19×21cm
（精装）：￥CNY28.80
本书是原创的图画书。

1405 我的留学记
〔日〕吉川幸次郎著．—北京：中华书局；2008.04；—261 页；21cm
￥CNY22.00
本书为日本中国文学研究专家吉川幸次郎的回忆录。

1406 我的朋友好好吃
〔日〕粟田伸子编．—南昌：二十一世纪出版社；2008.11；—1 册；26cm
（精装）：￥CNY21.00

1407 我的图画书论
〔日〕松居直著．—上海：上海人民美术出版社；

2008；—235 页；

¥CNY29.80

本书为儿童画研究。

1408 我和小狐狸

〔日〕小和濑玉三编 .—北京：中国电力出版社；

2008.01；—1 册；26cm

（精装）：¥CNY25.00

本书为图画故事。

1409 我家是动物园

〔日〕正道薰编文 .—南京：南京师范大学出版

社；2008.07；42cm

¥CNY50.00

在这本图画书中，作者将精巧的观察角度和幽

默的想象合理地结合，将家庭成员与动物进行

联想。

1410 我就是我的颜色

〔日〕堀川琢义编文 .—海口：南海出版公司；

2008.07；—1 册；17cm

（精装）：¥CNY18.00

本书是图画故事书。

1411 我妻荣民法讲义 . 新订担保物权法

〔日〕我妻荣原著 .—北京：中国法制出版社；

2008.07；—648 页；21cm

¥CNY386.00（全套 8 册）

本书是日本民法讲义的译作。

1412 我妻荣民法讲义 . 新订民法总则

〔日〕我妻荣原著 .—北京：中国法制出版社；

2008.07；—483 页；21cm

¥CNY386.00（全套 8 册）

本书是日本民法讲义的译作。

1413 我妻荣民法讲义 . 新订物权法

〔日〕我妻荣原著 .—北京：中国法制出版社；

2008.07；—579 页；21cm

¥CNY386.00（全套 8 册）

本书是日本民法讲义的译作。

1414 我妻荣民法讲义 . 新订债权总论

〔日〕我妻荣原著 .—北京：中国法制出版社；

2008.07；—533 页；21cm

¥CNY386.00（全套 8 册）

本书是日本民法讲义的译作。

1415 我妻荣民法讲义 . 债权各论 . 上卷

〔日〕我妻荣原著 .—北京：中国法制出版社；

2008.07；—205 页；21cm

¥CNY386.00（全套 8 册）

本书是日本民法讲义的译作。

1416 我妻荣民法讲义 . 债权各论 . 中卷一

〔日〕我妻荣原著 .—北京：中国法制出版社；

2008.07；—319 页；21cm

¥CNY386.00（全套 8 册）

本书是日本民法讲义的译作。

1417 我妻荣民法讲义 . 债权各论 . 中卷二

〔日〕我妻荣原著 .—北京：中国法制出版社；

2008.07；—354 页；21cm

¥CNY386.00（全套 8 册）

本书是日本民法讲义的译作。

1418 我妻荣民法讲义 . 债权各论 . 下卷一

〔日〕我妻荣原著 .—北京：中国法制出版社；

2008.07；—291 页；21cm

¥CNY386.00（全套 8 册）

本书是日本民法讲义的译作。

1419 我是谁？整理混乱的自己

〔日〕木田拓雄著 .—杭州：浙江科学技术出版

社；2008.08；—147 页；21cm

¥CNY18.80

本书主要针对目前生活压力大的人群。

1420 我为什么讨厌吃奶

〔日〕礒深雪编绘 .—南昌：二十一世纪出版社；

2008.08；—28 页；19×19cm

（精装）：¥CNY16.00

1421 我为什么讨厌穿裤衩

〔日〕礒深雪编绘 .—南昌：二十一世纪出版社；

2008.08；—28 页；19×19cm

（精装）：¥CNY16.00

1422 我为什么讨厌那个女孩

〔日〕礒深雪编绘 .—南昌：二十一世纪出版社；

2008.08；—28 页；19×19cm

（精装）：¥CNY16.00

1423 我想这样年老：戒老录

〔日〕曾野绫子著 .—济南：山东人民出版社；

2008.10；—180 页；23cm

¥CNY22.00

本书为日本著名女作家告诉我们幸福年老的人

生智慧，老年的幸福如何寻找。

1424 我一直在等你喔
〔日〕浅见帆帆子著．—北京：现代出版社；2008.
08；—1册；17cm
（精装）：￥CNY23.80
本书系绘本漫画书，讲述了一个小女孩和可爱小
猪的故事。

1425 我与狗狗的十个约定
〔日〕泽本嘉光著．—天津：天津教育出版社；
2008.10；—172页；21cm
￥CNY20.00
本书为长篇小说。

**1426 我曾当过小八路：一位日本老人的传奇
经历**
〔日〕山口盈文著．—济南：明天出版社；2008.
10；—202页；20cm
￥CNY15.00
本书讲述的是一位日本老人当年在中国的传奇
经历。

1427 我这样嫁给了神经病
〔日〕大原由轨子著．—北京：现代出版社；2008.
01；—151页；19cm
￥CNY22.00
本书是漫画图文书，用漫画的形式讲述了作者
和老公生活中的故事。

1428 无毒生活小苏打
〔日〕岩尾明子著．—长春：吉林科学技术出版
社；2008.01；—95页；21×20cm
￥CNY20.00
本书介绍了食用等级标准以上的小苏打，在日
常生活中的应用。

1429 五岁老奶奶去钓鱼
〔日〕佐野洋子著．—南宁：接力出版社；2008.
09；—31页；26cm
（精装）：￥CNY29.80
本书为儿童的图画故事。

1430 五体不满足
〔日〕乙武洋匡著．—呼和浩特：内蒙古人民出
版社；2008.09；—229页；21cm
￥CNY18.00
本书为日本一位残疾人传记文学作品。

1431 物语北京
〔日〕小林小百合著．—北京：五洲传播出版社；
2008.10；—124页；23cm

￥CNY82.00
本书讲述的是一位在北京工作、生活多年的日本
女性——小林小百合的所见、所闻、所感、
所思。

1432 物语北京
〔日〕小林小百合著．—北京：五洲传播出版社；
2008.10；—136页；23cm
￥CNY42.00
本书讲述的是一位在北京工作、生活多年的日本
女性——小林小百合的所见、所闻、所感、
所思。

1433 物语北京
〔日〕小林小百合著．—北京：五洲传播出版社；
2008.11；—166页；23cm
￥CNY92.00
本书讲述的是一位在北京工作、生活多年的日本
女性——小林小百合的所见、所闻、所感、
所思。

**1434 西红柿优质高产新技术：连续摘心整枝栽
培法**
〔日〕青木宏史著．—北京：金盾出版社；2008.
09；—149页；19cm
￥CNY8.00

1435 西学东渐：中日近代化比较研究
〔日〕渡边与五郎等著．—北京：中国社会科学
出版社；2008.06；—290页；21cm
￥CNY27.00
本书对西洋现代文明的接触与引进在中国与日
本，几乎是同时的，不过多数领域日本要略早并
较中国发展迅速，特别是甲午战争之后。

1436 细致毛孔美人
〔日〕小林浩美著．—沈阳：辽宁科学技术出版
社；2008.09；—127页；21cm
￥CNY20.80
本书让读者重新认识了毛孔并介绍了细致毛孔
让毛孔变得美丽的方法。

1437 夏日的庭院
〔日〕汤本香树实著．—上海：文汇出版社；2008.
04；—209页；19cm
￥CNY19.00
这本书曾经在日本被改编成电影、舞台剧，获得
日本与美国的儿童文学大奖。

1438 先哲医话
〔日〕浅田宗伯著．—北京：学苑出版社；2008.

05；—224 页；21cm

¥CNY15.00

辑录了公元 17 ~ 19 世纪日本 13 位著名医家的言辞行迹。

1439　嫌疑犯 X 的献身

〔日〕东野圭吾著．—海口：南海出版公司；2008.
09；—251 页；21cm

（精装）：¥CNY28.00

日本当代长篇推理小说。

1440　现代老年学：老年病的治疗与陪护

〔日〕井口昭久著．—昆明：云南人民出版社；
2008.06；—310 页；26cm

¥CNY48.00

本书较为系统地论述了现代老年病及治疗与陪护的相关知识。

1441　现代终身学习论：通向"学习社会"的桥梁与基础

吴遵民，〔日〕末本诚，〔日〕小林文人著．—上海：上海教育出版社；2008.09；—136 页；20cm

¥CNY19.00

本书阐述终身教育向终身学习转换这一国际理论背景。

1442　乡土景观设计手法：向乡村学习的城市环境营造

〔日〕进士五十八等编．—北京：中国林业出版社；2008.02；—200 页；29cm

¥CNY60.00

本书介绍乡土景观设计手法的基础、素材以及乡土景观设计手法在城市中的实际应用。

1443　消除疼痛！关节决定健康：重返青春的关节伸展

〔日〕野口克彦著．—北京：中国画报出版社；
2008.01；—101 页；21cm

¥CNY15.00

本书以图文并茂的形式向读者介绍了如何提高关节灵活性，扩大四肢活动范围从而达到健身的目的。

1444　小肠疾病临床诊断与治疗

〔日〕八尾恒良，〔日〕饭田三雄主编．—北京：人民军医出版社；2008.02；—395 页；26cm

（精装）：¥CNY198.00

作者相信本书的翻译出版填补国内无小肠疾病诊断与治疗方面专著的空白。

1445　小豆豆的动物剧场

〔日〕黑柳彻子著．—海口：南海出版公司；2008.
04；—204 页；19cm

（精装）：¥CNY28.00

本书是日本当代作家的儿童短篇小说集。

1446　小豆豆频道

〔日〕黑柳彻子著．—海口：南海出版公司；2008.
04；—275 页；21cm

¥CNY25.00

本书为日本当代作家短篇小说集。

1447　小花兔学跳芭蕾舞

〔日〕三丽鸥著．—南昌：二十一世纪出版社；
2008.03；—32 页；26cm

¥CNY8.00

书中的涂色、贴纸、连线、描画等认知益智小游戏，能够锻炼小朋友们的动手能力，想象能力。

1448　小泥人

〔日〕伊东宽编绘．—南昌：二十一世纪出版社；
2008.01；—1 册；26×22cm

（精装）：¥CNY26.80

1449　小平邦彦复分析

〔日〕小平邦彦著．—北京：人民邮电出版社；
2008.06；—404 页；24cm

¥CNY59.00

本书讲述了复变函数的经典理论。

1450　小蛇散步

〔日〕伊东宽图/文．—海口：南海出版公司；
2008.11；—1 册；24cm

（精装）：¥CNY25.00

本书为儿童绘本。

1451　小手手，出来了

〔日〕林明子编绘．—上海：少年儿童出版社；
2008.09；—1 册；18cm

（精装）：¥CNY15.00

本书是畅销日本 20 多年的婴儿图画书，由大师级图画书作者林明子创作。

1452　小鞋子，走一走

〔日〕林明子编绘．—上海：少年儿童出版社；
2008.09；—1 册；18cm

（精装）：¥CNY15.00

本书是畅销日本 20 多年的婴儿图画书，由大师级图画书作者林明子创作。

1453　小熊宝宝绘本．大声回答"哎"
〔日〕佐佐木洋子编绘．—北京：连环画出版社；
2008.01；—1 册；18cm
　¥CNY98.00（全套）

1454　小熊宝宝绘本．过生日
〔日〕佐佐木洋子编绘．—北京：连环画出版社；
2008.01；—1 册；18cm
　¥CNY98.00（全套）

1455　小熊宝宝绘本．好朋友
〔日〕佐佐木洋子编绘．—北京：连环画出版社；
2008.01；—1 册；18cm
　¥CNY98.00（全套）

1456　小熊宝宝绘本．拉粑粑
〔日〕佐佐木洋子编绘．—北京：连环画出版社；
2008.01；—1 册；18cm
　¥CNY98.00（全套）

1457　小熊宝宝绘本．你好
〔日〕佐佐木洋子编绘．—北京：连环画出版社；
2008.01；—1 册；18cm
　¥CNY98.00（全套）

1458　小熊宝宝绘本．尿床了
〔日〕佐佐木洋子编绘．—北京：连环画出版社；
2008.01；—1 册；18cm
　¥CNY98.00（全套）

1459　小熊宝宝绘本．排好队一个接一个
〔日〕佐佐木洋子编绘．—北京：连环画出版社；
2008.01；—1 册；18cm
　¥CNY98.00（全套）

1460　小熊宝宝绘本．散步
〔日〕佐佐木洋子编绘．—北京：连环画出版社；
2008.01；—1 册；18cm
　¥CNY98.00（全套）

1461　小熊宝宝绘本．收起来
〔日〕佐佐木洋子编绘．—北京：连环画出版社；
2008.01；—1 册；18cm
　¥CNY98.00（全套）

1462　小熊宝宝绘本．刷牙
〔日〕佐佐木洋子编绘．—北京：连环画出版社；
2008.01；—1 册；18cm
　¥CNY98.00（全套）

1463　小熊宝宝绘本．谁哭了
〔日〕佐佐木洋子编绘．—北京：连环画出版社；
2008.01；—1 册；18cm
　¥CNY98.00（全套）

1464　小熊宝宝绘本．睡觉
〔日〕佐佐木洋子编绘．—北京：连环画出版社；
2008.01；—1 册；18cm
　¥CNY98.00（全套）

1465　小熊宝宝绘本．我会穿短裤啦
〔日〕佐佐木洋子编绘．—北京：连环画出版社；
2008.01；—1 册；18cm
　¥CNY98.00（全套）

1466　小熊宝宝绘本．午饭
〔日〕佐佐木洋子编绘．—北京：连环画出版社；
2008.01；—1 册；18cm
　¥CNY98.00（全套）

1467　小熊宝宝绘本．洗澡
〔日〕佐佐木洋子编绘．—北京：连环画出版社；
2008.01；—1 册；18cm
　¥CNY98.00（全套）

1468　笑赢天下：笑容培训课堂
〔日〕门川义彦著．—北京：化学工业出版社；
2008.08；—114 页；24cm
　¥CNY19.80
本书作者总结 18 年"笑容艺术"培训的经验、
利用独特的方法帮你从眼神、心灵等方面掌握笑
容的技巧。

1469　效果卓越促销成功诀窍
〔日〕唐土新市郎著．—沈阳：辽宁科学技术出
版社；2008.12；—298 页；21cm
　¥CNY22.00
本书以促进销售为题目分成了 100 个项目单元，
通过促进销售的实例，能让您以及您的企业销售
能力得到最大限度的提高。

1470　斜屋犯罪
〔日〕岛田庄司著．—北京：新星出版社；2008.
09；—275 页；22cm
　¥CNY25.00
本书是日本新本格推理小说。

1471　斜阳
〔日〕太宰治著．—重庆：重庆出版社；2008.
09；—224 页；21cm

¥ CNY23.80

本书收录太宰治最著名的三部作品：《斜阳》、《维庸之妻》和《人间失格》。

1472　心电图诊断技巧与误区

〔日〕小川聪主编 .—沈阳：辽宁科学技术出版社；2008.05；—254 页；26cm

¥ CNY65.00

适合初中级心内科医师提高自身诊断水平的参考书。

1473　心理测试日记：发现真实的自我，让郁闷的心情变得舒畅

〔日〕涩谷昌三，〔日〕福西勇夫著 .—杭州：浙江科学技术出版社；2008.09；—200 页；21cm

¥ CNY22.00

让读者进行心理的自我剖析，针对普遍存在的心理问题进行解读和引导。

1474　心理减压有办法

〔日〕山下刚利著 .—杭州：浙江人民出版社；2008.01；—205 页；24cm

¥ CNY26.00

本书提出应对心理压力的新理念，介绍作者本人创立的穴位刺激调控法。

1475　心理营销

〔日〕匠英一著 .—北京：科学出版社；2008.01；—169 页；24cm

¥ CNY26.00

本书采用了称之为心理学综合知识的认知科学，深入浅出地解说了市场营销。

1476　心理咨询师临床操作手册

〔日〕吉沅洪，陶新华著 .—重庆：重庆出版社；2008.04；—288 页；21cm

¥ CNY29.00

本书用通俗的语言和具体的案例，系统而前沿地阐述临床心理操作的具体方法和技术。

1477　心

〔日〕夏目漱石著 .—北京：中国宇航出版社；2008.05；—392 页；21cm

¥ CNY24.80

本套书为日汉对照读物，附注释，方便日语学习者学习。本册为长篇小说。

1478　新编日语教程 5 辅导手册

〔日〕稻本丽香主编 .—上海：华东理工大学出版社；2008.10；—151 页；26cm

¥ CNY20.00

本书为《新编日语教程 5》的配套使用辅导手册。

1479　新编日语教程 5 练习册

〔日〕稻本丽香主编 .—上海：华东理工大学出版社；2008.10；—118 页；26cm

¥ CNY18.00

本书紧扣教材，难度适宜，题型多样，体例统一，能够满足学习者的需求。

1480　新编日语教程 6 辅导手册

〔日〕稻本丽香主编 .—上海：华东理工大学出版社；2008.10；—163 页；26cm

¥ CNY21.00

本书为《新编日语教程 6》的配套使用辅导手册。

1481　新编日语教程 6 练习册

〔日〕稻本丽香主编 .—上海：华东理工大学出版社；2008.10；—119 页；26cm

¥ CNY18.00

1482　新·丑陋的日本人

〔日〕金文学著 .—北京：金城出版社；2008.09；—213 页；24cm

¥ CNY30.00

本书是针对当代日本人、日本问题的思考、批判和解读。

1483　新丰田生产方式

〔日〕门田安弘著 .—保定：河北大学出版社；2008.08；—468 页；23cm

¥ CNY58.00

本书主要阐述了日本丰田汽车公司独有的生产、管理模式。

1484　新民事诉讼法

〔日〕新堂幸司著 .—北京：法律出版社；2008.04；—754 页；23cm

¥ CNY64.00

本书是一本关于日本民事诉讼法的经典教科书，自 1974 年初版以来，至今已出第三版。

1485　兴福寺断碑

〔日〕本村知石编 .—长沙：湖南美术出版社；2008.01；—92 页；29cm

¥ CNY20.00

本书是国人研究书法艺术与国学的良好教材。

1486 星星舟
〔日〕村山由佳著 . 一上海：上海译文出版社；
2008.12；—320 页；21cm
￥CNY25.00
本书 2003 年获得日本直木奖。这是一部反映当前日本现实社会的小说。

1487 刑法讲义各论
〔日〕大谷实著 . 一北京：中国人民大学出版社；
2008.01；—591 页；24cm
￥CNY59.00
本书是日本通行的一部基础刑法教科书。

1488 刑法·儒学与亚洲和平：西原春夫教授在华演讲集
〔日〕西原春夫著 . 一济南：山东大学出版社；
2008.01；—268 页；21cm
￥CNY25.00
本书主要从刑法与刑法学、亚洲的现在与未来、21 世纪的儒学几个方面表达了西原春夫教授的学术思想。

1489 行政法学的结构性变革
〔日〕大桥洋一著 . 一北京：中国人民大学出版社；2008.02；—313 页；23cm
￥CNY35.00
本书研究日本行政法相关制度。

1490 行政法总论
〔日〕盐野宏著 . 一北京：北京大学出版社；2008.11；—271 页；23cm
￥CNY38.00
日本有斐阁出版的盐野宏著《行政法》共三册本书为第一册《行政法总论》。

1491 行政救济法
〔日〕盐野宏著 . 一北京：北京大学出版社；2008.11；—294 页；23cm
￥CNY39.00
日本有斐阁出版的盐野宏著《行政法》共三册，本书为第二册《行政救济法》。

1492 行政组织法
〔日〕盐野宏著 . 一北京：北京大学出版社；2008.11；—293 页；23cm
￥CNY39.00
日本有斐阁出版的盐野宏著《行政法》共三册，本书为第三册《行政组织法》。

1493 幸福的大桌子
〔日〕森山京编 . 一南昌：二十一世纪出版社；

2008.01；—31 页；21×22cm
（精装）：￥CNY26.80

1494 幸福旅行箱
〔日〕岛田洋七著 . 一海口：南海出版公司；2008.06；—275 页；21cm
￥CNY25.00
本书是日本当代相声大师、作家岛田洋七回忆自己幼年生活及成长经历的小说体散文集。

1495 幸福是什么
〔日〕大川隆法著 . 一呼和浩特：内蒙古教育出版社；2008.12；—171 页；28cm
ISBN 978 – 7 – 5311 – 7354 – 0 ￥CNY48.00
本书是为了让母亲和孩子们能够为平常对话作为参考而写成的。

1496 熊爸爸
〔日〕佐野洋子著 . 一南宁：接力出版社；2008.08；—1 册；26cm
（精装）：￥CNY29.80

1497 雪姑娘
〔日〕内田莉莎子改编 . 一海口：南海出版公司；2008.12；—32 页；19×27cm
￥CNY12.00
本书为儿童绘本，改编自俄罗斯的民间故事。

1498 雪国
〔日〕川端康成著 . 一北京：人民文学出版社；2008.01；—354 页；21cm
￥CNY18.00
川端康成（1899~1972）是日本当代最负盛名的作家之一，曾于 1968 年荣获诺贝尔文学奖。

1499 雪国
〔日〕川端康成著 . 一北京：人民文学出版社；2008.01；—354 页；21cm
￥CNY21.00
本书是一部日本著名作家川端康成的小说，名家名译。

1500 循循善问 50 招 + 吸引顾客 50 招
〔日〕中谷彰宏著 . 一北京：科学出版社；2008.04；—1 册；21cm
￥CNY24.00
书中记载了如何在服务业成功的专业技巧。

1501 鸦片战争·沧海篇
〔日〕陈舜臣著 . 一上海市：上海古籍出版社；

2008.12；—257 页；24cm

¥CNY68.00（全套 3 册）

华裔作家陈舜臣先生乃当代日本文坛巨擘，《鸦片战争》是他最负盛名也最为重视的历史小说作品。

1502　鸦片战争．风雷篇

〔日〕陈舜臣著 .—上海市：上海古籍出版社；2008.12；—265 页；24cm

¥CNY68.00（全套 3 册）

华裔作家陈舜臣先生乃当代日本文坛巨擘，《鸦片战争》是他最负盛名也最为重视的历史小说作品。

1503　鸦片战争．天涯卷

〔日〕陈舜臣著 .—上海市：上海古籍出版社；2008.12；—254 页；24cm

¥CNY68.00（全套 3 册）

华裔作家陈舜臣先生乃当代日本文坛巨擘，《鸦片战争》是他最负盛名也最为重视的历史小说作品。

1504　鼹鼠博士的地震探险

〔日〕松村由美子编 .—南昌：二十一世纪出版社；2008.10；—39 页；29cm

¥CNY14.80

1505　药治通义

〔日〕丹波元坚编著 .—北京：学苑出版社；2008.09；—284 页；21cm

¥CNY20.00

本书共十二卷，是一部通论临床处方用药精义的著作。

1506　夜潜者

〔日〕渡边淳一著 .—上海：文汇出版社；2008.11；—222 页；20cm

¥CNY22.00

女人的谎言带来了男人的困惑与恐惧，当真相层层剥开时，回首过往，犹如一场潜入夜晚的幻梦。

1507　一个人也可以

〔日〕森下惠美子著 .—北京：现代出版社；2008.03；—127 页；19cm

¥CNY22.00

本书用图文的形式讲述了一个独身女人生活和事业的看法和追求。

1508　一个少年的梦：京瓷的奇迹

〔日〕加藤胜美著 .—北京：机械工业出版社；

2008.01；—279 页；24cm

¥CNY29.80

本书包括创立企业，经营企业的故事，经营理念等方面的知识。

1509　一休和尚诗集

〔日〕一休宗纯撰 .—上海：华东师范大学出版社；2008.09；—248 页；20cm

¥CNY26.00

一休是日本著名的禅僧，在日本文学史上很有影响，本书是其诗集的汇编。

1510　移动通信技术及应用

〔日〕正村达郎编 .—北京：科学出版社；2008.05；—302 页；26cm

¥CNY33.00

本书讲述了第 2 代第 3 代移动通信系统中的主要技术，介绍了未来第 4 代移动通信系统中将要采用的相关技术及研究课题。

1511　异文化理解

〔日〕青木保著 .—北京：中国青年出版社；2008.12；—183 页；21cm

¥CNY18.00

本书是一部涉及异文化的理论专著。

1512　异星人

〔日〕田中光二著 .—成都：四川科学技术出版社；2008.12；—239 页；21cm

¥CNY21.00

本书以第一人称形式到世界各地采访，结果都会遇到一名神秘而友好的客人——外星人。

1513　意中的建筑．空间品味卷

〔日〕中村好文著 .—北京：中国人民大学出版社；2008.10；—137 页；26cm

¥CNY49.80

本书是作者游历世界多国，参观意中的建筑写下的感想。

1514　意中的建筑．美学修养卷

〔日〕中村好文著 .—北京：中国人民大学出版社；2008.10；—134 页；26cm

¥CNY49.80

本书是身为建筑师的作者远赴世界各地参观建筑写下的心得笔记。

1515　因明学的起源与发展

〔日〕武邑尚邦著 .—北京：中华书局；2008.08；—335 页；20cm

¥CNY28.00

是迄今为止首部中日因明学学术史。

1516 殷周秦汉史学的基本问题

〔日〕佐竹靖彦主编.—北京：中华书局；2008.09；—334 页；24cm

¥CNY42.00

是了解日本当代学者研究中国殷周秦汉史现状的重要论著。

1517 印度式数学：开启数学捷径的入门手册

〔日〕远藤昭则著.—西安：陕西师范大学出版社；2008.11；—191 页；22cm

¥CNY25.00

本书介绍了风靡日本的印度数学基础四则运算方法和技巧。

1518 英汉双语精华本哆啦A梦

〔日〕藤子·F·不二雄著.—南昌：二十一世纪出版社；2008.01；—10 册；19cm

¥CNY120.00（全套10册）

本书所有篇目均精选自作者原创作品中影响最广的全45 卷本的"哆啦A梦"黑白漫画。

1519 英汉双语精华本哆啦A梦

〔日〕藤子·F·不二雄著.—南昌：二十一世纪出版社；2008.01；—157 页；19cm

¥CNY8.00

本书共10 册，所有篇目均精选自作者原创作品中影响最广的全45 卷本的"哆啦A梦"黑白漫画。

1520 英汉双语精华本哆啦A梦

〔日〕藤子·F·不二雄著.—南昌：二十一世纪出版社；2008.01；—157 页；19cm

¥CNY8.00

《英汉双语精华本哆啦A梦》共10 册，所有篇目均精选自作者原创作品中影响最广的全45 卷本的"哆啦A梦"黑白漫画。

1521 英汉双语精华本哆啦A梦

〔日〕藤子·F·不二雄著.—南昌：二十一世纪出版社；2008.01；—157 页；19cm

¥CNY8.00

《英汉双语精华本哆啦A梦》共10 册，所有篇目均精选自作者原创作品中影响最广的全45 卷本的"哆啦A梦"黑白漫画。

1522 英汉双语精华本哆啦A梦

〔日〕藤子·F·不二雄著.—南昌：二十一世纪

出版社；2008.01；—157 页；19cm

¥CNY8.00

《英汉双语精华本哆啦A梦》共10 册，所有篇目均精选自作者原创作品中影响最广的全45 卷本的"哆啦A梦"黑白漫画。

1523 英汉双语精华本哆啦A梦

〔日〕藤子·F·不二雄著.—南昌：二十一世纪出版社；2008.01；—157 页；19cm

¥CNY8.00

《英汉双语精华本哆啦A梦》共10 册，所有篇目均精选自作者原创作品中影响最广的全45 卷本的"哆啦A梦"黑白漫画。

1524 英语介词·冠词完全掌握手册

〔日〕尾崎哲夫著.—杭州：浙江教育出版社；2008.08；—167 页；18cm

¥CNY18.00

本书运用图像记忆法和延伸意义学习法，迅速提高英语能力。

1525 樱的圈套

〔日〕歌野晶午著.—北京：群众出版社；2008.01；—299 页；21cm

¥CNY20.00

讲述了一个保险金诈骗案的侦破过程。获 2004 年第57 届日本推理作家协会奖。

1526 永远永远爱你

〔日〕宫西达也编绘.—南昌：二十一世纪出版社；2008.05；—1 册；26cm

（精装）：¥CNY24.80

1527 勇者物语

〔日〕宫部美雪著.—北京：北京十月文艺出版社；2008.02；—346 页；23cm

¥CNY25.00

本书是一部充满爱与勇气的奇幻冒险故事，一部贯彻爱与正义的书。

1528 勇者物语

〔日〕宫部美雪著.—北京：北京十月文艺出版社；2008.02；—363 页；23cm

¥CNY25.00

本书是一本跨越时空挑战想象的勇者之书。

1529 用不织布做甜点小饰物

〔日〕靓丽出版社编著.—郑州：河南科学技术出版社；2008.10；—96 页；26cm

¥CNY22.80

本书介绍了用无纺布做出的甜点饰物，那精致诱人的模样，让人喜爱不已。

1530　悠悠大河

〔日〕平山郁夫著 . —北京：生活 · 读书 · 新知三联书店；2008.04；—328 页；23cm

¥CNY59.00

本书为日本知名画家平山郁夫的自传体随笔。

1531　油爆老妈 . 螃蟹妈妈篇

〔日〕西原理惠子著绘 . —海口：南海出版公司；2008.11；—77 页；21cm

¥CNY40.00（全套 2 册）

本书描绘了一个与众不同的妈妈，她用漫画记录下她与儿子和女儿那些平凡生活的点点滴滴。

1532　有猫真好

〔日〕小泉佐代著绘 . —海口：南海出版公司；2008.11；—95 页；21cm

¥CNY20.00

本书是一本在日本热卖的绘本，描写了作者养猫生活中的点点滴滴，同时介绍了一些养猫的常识。

1533　语言地理类型学

〔日〕桥本万太郎著 . —北京：世界图书出版公司北京公司；2008.06；—197 页；23cm

¥CNY22.00

本书把语言在地理上表现出来的类型失衡看作是语言演变各层次的投影。

1534　与狗狗的 10 个约定

〔日〕川口晴著 . —北京：中信出版社；2008.11；—207 页；19cm

¥CNY28.00

女孩齐藤光 12 岁的时候，母亲病逝，小光也就此与每日忙于医院工作的父亲产生了很深的隔阂。母亲去世之前曾对想要养只小狗的小光说，养狗的时候必须与狗狗作"十个约定"，那是狗狗对主人的十个愿望。

1535　遇到百分之百的女孩

〔日〕村上春树著 . —上海：上海译文出版社；2008.08；—177 页；21cm

¥CNY15.00

本书为村上春树 1983 年的连载短篇小说集，共18 篇。

1536　原野的花束：三浦绫子谈爱与生命

〔日〕三浦绫子著 . —南昌：江西人民出版社；

2008.07；—281 页；19cm

¥CNY28.00

本书是从日本作家三浦绫子的小说、随笔等 60 多本书中摘录其精彩片断、话语汇集而成。

1537　源氏物语

〔日〕紫式部原著 . —天津：天津人民出版社；2008.08；—152 页；21cm

¥CNY12.80

1538　远方寄来的生日礼物

〔日〕芭蕉绿图/文 . —海口：南海出版公司；2008.09；—26 页；24×24cm

¥CNY16.80

本书为儿童绘本。

1539　月亮，晚上好

〔日〕林明子编绘 . —上海：少年儿童出版社；2008.09；—1 册；18cm

（精装）：¥CNY15.00

本书是畅销日本 20 多年的婴儿图画书，由大师级图画书作者林明子创作。

1540　再袭面包店

〔日〕村上春树著 . —上海：上海译文出版社；2008.07；—163 页；21cm

¥CNY15.00

本书为日本著名作家村上春树文集中的一种，六个精巧的短篇小说。

1541　再见小象

〔日〕柳濑嵩编绘 . —北京：中国电力出版社；2008.01；—1 册；26cm

（精装）：¥CNY25.00

1542　在星巴克要买大杯咖啡！价格与生活的经济学

〔日〕吉本佳生著 . —北京：中国轻工业出版社；2008.01；—269 页；19cm

¥CNY26.80

本书是以从消费者的视角来理解身边的商品、服务价格为目的的一本经济学入门书籍。

1543　在智慧的星空下

〔日〕清少纳言等著 . —哈尔滨：黑龙江少年儿童出版社；2008.01；—202 页；23cm

¥CNY22.00

本书采撷古今中外大师各篇佳作。是晨读书中的精品。

1544 在自己的树下

〔日〕大江健三郎著 . —桂林：漓江出版社；2008. 10；—128 页；21cm

￥CNY20.00

本书是日本著名作家、诺贝尔文学奖得主大江健三郎的随笔集。

1545 早餐的革命

〔日〕渡边正著 . —北京：中信出版社；2008. 04；—171 页；21cm

￥CNY25.00

在长年临床经验的基础上，研究不吃早餐的食物治疗方法。

1546 造就人才：经营者的追求

〔日〕北尾吉孝著 . —北京：世界知识出版社；2008.01；—134 页；18cm

￥CNY10.00

本书将古代先哲的教诲融入企业文化。

1547 战后责任论

〔日〕高桥哲哉著 . —北京：社会科学文献出版社；2008.06；—222 页；23cm

￥CNY35.00

审视日本侵略亚洲各国的历史，批判日本国内主张"历史修正"的反动民族主义思潮。

1548 涨潮时代：日本 GDP 倍增构想

〔日〕中川秀直著 . —北京：世界知识出版社；2008.03；—210 页；23cm

（精装）：￥CNY38.00

本书主要述及日本政府的政治改革，日本经济结构的调整，以及亚太国际关系、中日关系等。

1549 昭和时代见证录

〔日〕保阪正康著 . —上海：东方出版中心；2008. 04；—345 页；21cm

￥CNY20.00

日本昭和天皇在位（1926～1989）期间被称为"昭和时代"。本书是关于昭和史的访谈实录。

1550 肇论集解令模钞校释

〔日〕伊藤隆寿，〔日〕林鸣宇撰 . —上海：上海古籍出版社；2008.12；—481 页；21cm

￥CNY49.00

对正确理解原文大有裨益，具有较高的学术价值。

1551 针灸真髓：泽田派见闻录

〔日〕代田文志著，〔日〕赤羽幸兵卫著 . —北京：

学苑出版社；2008.06；—204 页；21cm

￥CNY15.00

《针灸真髓》一书，为针灸名家泽田健先生的入室弟子代田文志，于先生日常治疗时，将十几年来的所见所闻随时笔录，日积月累整理而成。

1552 侦探伽利略

〔日〕东野圭吾著 . —海口：海南出版社；2008. 05；—265 页；21cm

￥CNY24.80

本书为侦探小说。

1553 政治与人生：中曾根康弘回忆录

〔日〕中曾根康弘 . —北京：东方出版社；2008. 05；—287 页；21cm

￥CNY25.00

中曾根康弘 1918 年 5 月 27 日生于日本群马县。1982 年 11 月在自民党总裁预选中大胜，就任第 11 代自民党总裁后当选第 71 代内阁总理大臣，此后连续三次当选。

1554 芝山努和电影哆啦 A 梦《大雄和机器人王国》的世界

〔日〕藤子·F·不二雄原著 . —南昌：二十一世纪出版社；2008.09；—93 页；20×23cm

￥CNY18.00

本书介绍了电影哆啦 A 梦《大雄和机器人王国》的主要故事内容，电影中的卡通人物形象。

1555 直言教育：亚洲第一位诺贝尔化学奖获得者福井谦一谈教育

〔口〕福井谦一著 . —北京：科学出版社；2008. 03；—288 页；21cm

￥CNY33.00

本书以讨论基础教育、人才培养为主，是一本发人深省、极具启发性的传世之作。

1556 智永千字文

〔日〕近藤摄南编 . —长沙：湖南美术出版社；2008.01；—96 页；29cm

￥CNY20.00

本书为书法技术讲座丛书之一，是国人研究书法艺术与国学的良好教材。

1557 中国的美术及其他

〔日〕冈仓天心著 . —北京：中华书局；2008；—页；

￥CNY22.00

本书是对日本著名思想家、美术家、美术批评与教育家冈仓天心（1862～1913）作品的选译。

1558 中国宫苑园林史考

〔日〕冈大路著 . —北京：学苑出版社；2008.
03；—298 页；26cm

￥CNY48.00

本书系统梳理了中国历代有关宫苑园林的史籍
文献，是中国园林建筑和设计等方面研究不可
或缺的参考书。

**1559 中国古代的王权与天下秩序：从日中比较
史的视角出发**

〔日〕渡边信一郎著 . —北京：中华书局；2008.
10；—224 页；23cm

￥CNY36.00

本书描摹出了中国古代所特有的"天下型国家"
的历史样态。

1560 中国绘画史

〔日〕内藤湖南著 . —北京：中华书局；2008.
07；—218 页；21cm

￥CNY20.00

本书是关于中国绘画史的论述集成，译自《内
藤湖南全集》第十三卷（筑摩书房，1973 年）。

1561 中国祭祀戏剧研究

〔日〕田仲一成著 . —北京：北京大学出版社；
2008.02；—349 页；21cm

￥CNY28.00

本书提出众多文献和田野祭祀证据，对宋元戏
剧产生的过程提出了一种新的阐释。

**1562 中国近代经济史研究：清末海关财政与通
商口岸市场圈**

〔日〕滨下武志著 . —南京：江苏人民出版社；
2008.05；—2 册（1083 页）；23cm

￥CNY82.00

本书是作者积十余年心血于 1989 年发表的力作。

1563 中国近代思维的挫折

〔日〕岛田虔次著 . —南京：江苏人民出版社；
2008.04；—231 页；23cm

￥CNY20.00

本书是研究中国思想史的日本学者的必读文献
之一。

1564 中国漫游记七十八日游记

〔日〕德富苏峰著 . —北京：中华书局；2008.
05；—511 页；21cm

￥CNY39.00

《中国漫游记》和《七十八日游记》是德富苏峰
分别于 1917 年和 1906 年游历中国时所写的两本
游记。

1565 中国史学史

〔日〕内藤湖南著 . —上海：上海古籍出版社；
2008.06；—455 页；23cm

（精装）：￥CNY69.00

本书是根据内藤湖南在京都大学所讲授的"中
国史学史"的内容整理而成的。

1566 中国文明记

〔日〕宇野哲人著 . —北京：中华书局；2008.
11；—10 页，247 页；21cm

￥CNY22.00

本书是日本学者宇野哲人在游历了华北、黄河中
下游和长江中下游地区之后写下的数量庞大的
游记。

1567 中国学研究

吴兆路，〔日〕甲斐胜二，〔韩〕林俊相主编 . —
济南：济南出版社；2008.06；—488 页；20cm

￥CNY25.00

本书为有关中国学方面的论文集，内容包括中国
文学、语言学、历史学、哲学、艺术学等。

1568 中日金融制度比较研究

张亦春，〔日〕建部正义主编 . —厦门：厦门大
学出版社；2008.07；—498 页；29cm

￥CNY56.00

本书为厦门大学金融系举办的国际学术研讨会
论文集。

1569 中日日中经贸词典

〔日〕藤本恒，〔日〕卢毛敏美，胡士云编著 .
—北京：外文出版社；2008；—474 页；19cm

（精装）：￥CNY39.00

本词典由中日、日中、附录三部分组成，收录了
约 5500 多个词条，2700 多条例文。

1570 中日文化交流的历史记忆及其展望

侯甬坚，〔日〕江村治树编 . —西安：陕西师范
大学出版社；2008.10；—397 页；23cm

￥CNY50.00

本文从哲学宗教学、文学艺术学、历史考古学、
政治学社会学四个方面收集、梳理了中日文化的
方方面面的资料，对中日文化进行了深度的阐释
和全面比较。

1571 中医内科医鉴

〔日〕大冢敬节著 . —北京：学苑出版社；2008.
01；—351 页；21cm

¥CNY23.00

本书可以称之为国际方面研究中医最具有代表性的学术著作。

1572　终身职业能力开发：劳动者的"学习"论

〔日〕田中万年，〔日〕大木荣一编著．—天津：南开大学出版社；2008.08；—196 页；21cm

　¥CNY13.00

本书主要对日本的职业教育进行了详细的介绍与评价。

1573　重礼仪，讲礼貌，爽！

〔日〕株式会社テプコシステムズ编著．—合肥：中国科学技术大学出版社；2008.03；—205 页；21cm

　¥CNY23.00

本书是一册将日语学习与对日本企业礼仪规范介绍相结合的实用图书。

1574　侏儒警语

〔日〕芥川龙之介著．—北京：中国宇航出版社；2008.05；—158 页；21cm

　¥CNY13.80

本书为日汉对照读物，附注释，方便日语学习者学习。

1575　住区再生：重获新生的欧美集合住宅

〔日〕松村秀一著．—北京：机械工业出版社；2008.07；—168 页；18cm

　¥CNY29.00

本书论述了在旧住区改造中代替大拆大建的住区再生方式。

1576　住宅读本

〔日〕中村好文著．—北京：中国人民大学出版社；2008.08；—117 页；26cm

　¥CNY48.00

本书作者对住宅的思考。

1577　住宅巡礼

〔日〕中村好文著．—北京：中国人民大学出版社；2008.08；—153 页；26cm

　¥CNY56.00

本书作者走访 8 位建筑家的九件住宅名作，将所见、所思、所感记录成书。

1578　专为中国人写的超右脑开发训练

〔日〕七田真著．—海口：南海出版公司；2008.04；—164 页；22cm

　¥CNY25.00

本书是国际著名右脑开发专家七田真博士最新的记忆方法类图书。

1579　姿势健康法

〔日〕成濑悟策著．—上海：文汇出版社；2008.04；—135 页；19cm

　¥CNY12.00

本书通过对身体结构的探究，提供了一系列对身体健康有益的姿态、行动建议。

1580　紫阳花日记

〔日〕渡边淳一著．—上海：文汇出版社；2008.06；—390 页；21cm

　¥CNY32.00

本书系渡边淳一的最新长篇小说作品。

1581　自来水哲学：松下幸之助自传

〔日〕松下幸之助著．—海口：南海出版公司；2008.02；—170 页；21cm

（精装）：¥CNY25.00

本书是世界著名的电器公司松下集团创始人松下幸之助的自传。

1582　自律分散系统入门：从系统概念到应用技术

〔日〕森欣司著．—北京：科学出版社；2008.10；—111 页；24cm

　¥CNY36.00

本书主要介绍自律分散系统的研发历程与背景，等等。

1583　自制美味果汁 353 种

〔日〕川野妙子著．—郑州：河南科学技术出版社；2008.09；—190 页；21cm

　¥CNY26.00

本书介绍了 353 种家里就可以轻松制作的果汁、蔬菜汁和复合果汁。

1584　走遍全球．奥地利和维也纳

〔日〕大宝石出版社原著．—北京：中国旅游出版社；2008.04；—412 页；21cm

　¥CNY58.00

本书为系列丛书"走遍全球"中的一本，是介绍维也纳和奥地利的旅游图书。

1585　走遍全球．法国

〔日〕大宝石出版社原著．—北京：中国旅游出版社；2008.05；—641 页；21cm

　¥CNY88.00

本书为"走遍全球"的法国分册，为法国的旅游指南。

1586　走遍全球．西伯利亚

〔日〕大宝石出版社原著．—北京：中国旅游出版社；2008.03；—249 页；21cm

¥CNY36.00

本书资讯翔实，内容丰富，地图准确，图文并茂地介绍了西伯利亚的风景名胜，历史文化，民俗民情，是中国公民游西伯利亚的最佳指南。

1587　走向世界的陆象山心学

张立文，〔日〕福田殖主编．—北京：人民出版社；2008.10；—675 页；21cm

¥CNY45.00

本书是中日两国专家学者在 2004 年 8 月于湖北荆门和江西抚州举办的"第一次陆学国际研讨会论"的论文集。

1588　最后冲刺 50 招 + 临场制胜 50 招

〔日〕中谷彰宏著．—北京：科学出版社；2008.04；—1 册；21cm

¥CNY24.00

1589　最美丽的彩虹：一位日本老人和中国青少年的通信往来

〔日〕冢本幸司等著．—北京：中国青年出版社；2008.08；—357 页；24cm

（精装）：¥CNY48.00

本书是一位日本慈善家和他资助的十几位中国福建儿童的通信集。

1590　最新饮食营养宝典：厨房里的营养学

〔日〕青野治郎，〔日〕松尾著．—北京：中国人口出版社；2008.11；—240 页；23cm

¥CNY29.80

本书是从日本引进的食物饮食知识图书。

1591　左脑右脑人生趣味测试

〔日〕二枚见著．—成都：四川文艺出版社；2008.03；—213 页；24cm

¥CNY22.00

本书是一本不同于一般同类图书的趣味智力测试书。

1592　左撇子，右撇子

〔日〕前原胜矢著．—上海：文汇出版社；2008.04；—222 页；19cm

¥CNY19.00

左撇子有什么特点？眼睛耳朵也分左右撇吗？本书对这些问题都有准确的回答。

2009

1593　0～1 岁宝宝动作全知道

〔日〕小西行郎，〔日〕小西薰著．—上海：上海世界图书出版公司；2009.08；—220 页；17cm

¥CNY18.80

本书是一本风趣幽默的育儿书。

1594　0～1 岁宝宝身体全知道

〔日〕小西行郎，〔日〕小西薰著．—上海：上海世界图书出版公司；2009.08；—220 页；17cm

¥CNY18.80

本书是一本风趣幽默的育儿书。

1595　0～1 岁宝宝游戏全知道

〔日〕小西行郎，〔日〕小西薰著．—上海：上海世界图书出版公司；2009.08；—160 页；17cm

¥CNY16.80

这是一本风趣幽默的育儿书。

1596　0～2 岁婴幼儿育脑

〔日〕久保田竞著．—长春：吉林科学技术出版社；2009.06；—111 页；22cm

¥CNY19.90

日本医学博士久保田经过 30 年的研究和实验，所总结出来的一套教育方法。

1597　10% 脱力生活：我就是上班达人．身体篇

〔日〕渡边贺子监修．—南宁：广西科学技术出版社；2009.01；—125 页；21cm

¥CNY19.80

本书从身体方面解除你的不安，释放累积起来的沉重压力。

1598　10% 脱力生活：我就是上班达人．心灵篇

〔日〕藤井佐和子监修．—南宁：广西科学技术出版社；2009.01；—128 页；21cm

¥CNY19.80

本书是日本人气减压书。

1599　15 秒打动对方：自信交际法

〔日〕大串亚由美著．—北京：机械工业出版社；2009.04；—16 页，178 页；21cm

¥CNY25.00

本书主要包括如何与人交流，进行良好的人际沟通等知识。

1600 1 天就能完成的宝贝装

〔日〕靓丽出版社编著 . —郑州：河南科学技术出版社；2009.05；—80 页；27cm

￥CNY26.80

本书主要介绍了用各种各样的布制作出漂亮、可爱的宝贝装。

1601 20 世纪外国短篇小说精选

〔日〕川端康成等著 . —上海：上海人民美术出版社；2009.03；—275 页；21cm

￥CNY13.00

本书为"语文新课标必读丛书"中的一本。20 世纪外国短篇小说精选。

1602 20 世纪外国散文精选

〔日〕岛崎藤村等著 . —上海：上海人民美术出版社；2009.03；—220 页；21cm

￥CNY13.00

本书为"语文新课标必读丛书"中的一本。20 世纪外国散文精选集。

1603 21 世纪的日本教育改革：中日学者的视点

田慧生，〔日〕田中耕治主编 . —北京：教育科学出版社；2009.12；—339 页；24cm

￥CNY45.00

本书是中国和日本教育研究人员长期合作研究的共同成果。

1604 30 岁小美女的幸福说明书

〔日〕松原惇子著 . —南宁：广西科学技术出版社；2009.09；—230 页；21cm

￥CNY25.00

本书是让 5000 万女性为之感动，日本重印 10 次的心灵励志书！

1605 320 句用出好日语

〔日〕田中阳子著 . —上海：华东师范大学出版社；2009.12；—189 页；21cm

￥CNY21.00

本套丛书选取语言鲜活、难度适中的语料。

1606 3 分钟完成沟通：高效实用的 69 种技巧

〔日〕高井伸夫著 . —北京：电子工业出版社；2009.07；—198 页；23cm

￥CNY25.00

1607 3 天就能钩出的围巾·披肩·短上衣

〔日〕美创出版著 . —郑州：河南科学技术出版社；2009.10；—63 页；26cm

￥CNY23.80

本书介绍了数十款极具风情的时尚女性围巾、披肩、长巾、短上衣的绒线钩针制作方法。

1608 5/8 人生黄金律：工作达人的幸福生活平衡法

〔日〕野村正树著 . —北京：金城出版社；2009.06；—180 页；24cm

￥CNY26.00

本书多角度地阐述了 5/8 这个"黄金分割"近似值在工作、职场、人际关系及休闲生活中的运用原则。

1609 5 分钟找回舒适睡眠

〔日〕三桥美穗著 . —郑州：河南科学技术出版社；2009.10；—175 页；23cm

￥CNY22.00

本书介绍了切实可行的解决失眠问题、战胜失眠障碍的多种方法。

1610 60 天让你日语变流利

〔日〕伊藤干彦著 . —大连：大连理工大学出版社；2009.08；—228 页；21cm

￥CNY20.00

本书是初级日语会话，情景式日语口语。

1611 7 天足部按摩计划

〔日〕泷泽麻奈美著 . —沈阳：辽宁科学技术出版社；2009.07；—111 页；21cm

￥CNY25.00

书中介绍了十大按摩计划，通过进行这十大按摩计划，能够轻松收获健康与美丽。

1612 99.9% 都是假设

〔日〕竹内薫著 . —北京：中国发展出版社；2009.10；—208 页；23cm

￥CNY26.00

本书为日本畅销科普书籍，引发假设思考新观念。

1613 999 个青蛙兄弟大搬家

〔日〕木村研文 . —海口：南海出版公司；2009.03；—40 页；24cm

（精装）：￥CNY28.00

本书为儿童绘本。

1614 999 个青蛙兄弟

〔日〕木村研文 . —海口：南海出版公司；2009.

03；—39 页；24cm

（精装）：￥CNY28.00

本书为儿童绘本。

1615 9 个月扭亏为盈

〔日〕猿谷雅治著 . —北京：机械工业出版社；2009.09；—208 页；25cm

￥CNY38.00

本书讲述了日本一位总经理奉命将长期亏损公司扭亏为盈的纪实故事。

1616 A4 纸工作法

〔日〕三木雄信著 . —天津：天津教育出版社；2009.04；—184 页；21cm

￥CNY20.00

本书是为那些上司制定了很高的目标，以至于不得不加班、周六日出勤的上班族而写的。

1617 A 型人完全健康手册

〔日〕阿部博幸著 . —海口：南海出版公司；2009.01；—201 页；24cm

￥CNY28.00

本书条理清晰地叙述了有关 A 型人易发生猝死的因素。

1618 Cotton friend 手工生活 . 春号特集

〔日〕靓丽社组织编写 . —北京：化学工业出版社；2009.04；—104 页；29cm

￥CNY35.00

本书介绍了最受欢迎的服装裁剪、布艺杂货、拼布等手工艺。

1619 Cotton friend 手工生活 . 冬号特集

〔日〕靓丽社组织编写 . —北京：化学工业出版社；2009.08；—115 页；29cm

￥CNY35.00

Cottonfriend 手工生活介绍了手工爱好者欢迎的服装裁缝、布衣杂货、拼布刺绣等。

1620 Cotton friend 手工生活 . 秋号特集

〔日〕靓丽社组织编写 . —北京：化学工业出版社；2009.08；—108 页；29cm

￥CNY35.00

本书介绍了手工爱好者欢迎的服装裁缝、布衣杂货、拼布、刺绣等。

1621 Cotton friend 手工生活 . 夏号特集

〔日〕靓丽社组织编写 . —北京：化学工业出版社；2009.04；—116 页；29cm

￥CNY35.00

本书介绍了最受喜爱的服装裁剪、布衣杂货、拼布等手工艺。

1622 IPv6 详解 . 高级协议实现

〔美〕李清，〔日〕神明达哉，〔日〕岛庆一著 . —北京：人民邮电出版社；2009.08；—869 页；26cm

￥CNY128.00

本书全面讲解 IPv6 及相关协议实现的事实标准 KAME，揭示了 KAMEIPv6 协议栈的所有细节。

1623 IPv6 详解 . 核心协议实现

〔美〕李清，〔日〕神明达哉，〔日〕岛庆一著 . —北京：人民邮电出版社；2009.01；—846 页；26cm

￥CNY128.00

本书全面讲解 IPv6 及相关协议的事实标准实现 KAME，揭示了 KAMEIPv6 协议栈的所有细节。

1624 IV 族、III – V 族和 II – VI 族半导体材料的特性

〔日〕Sadao Adachi 著 . —北京：科学出版社；2009.07；—14 页，356 页；24cm

￥CNY68.00

本书主要介绍半导体材料的电学性能、光学特性、热学特性、力学特性等性质。

1625 LED 照明设计与应用

〔日〕LED 照明推进协会编 . —北京：科学出版社；2009.10；—10 页，156 页；24cm

￥CNY29.80

本书内容分四部分：基础篇，试验方法篇，设计篇，应用篇。

1626 MEMS 可靠性

〔日〕O. Tabata，〔日〕T. Tsuchiya 著 . —南京：东南大学出版社；2009.03；—247 页；24cm

￥CNY50.00

本书是国际上 MEMS 可靠性领域第一本专著。

1627 NO.1 名模教您居家护肤新经

〔日〕金子绘美著 . —沈阳：辽宁科学技术出版社；2009.06；—119 页；21cm

￥CNY26.00

本书向大家介绍了即使很忙也可以自己在家中充分享受的美容护理的方法。

1628 Ruby Programming：向 Ruby 之父学程序设计

〔日〕高桥征义，〔日〕后藤裕藏著 . —北京：电

子工业出版社；2009.04；—272 页；26cm

￥CNY42.00

本书是为了让完全没有程序设计经验的读者也能灵活地使用 Ruby。

1629 Ruby 程序设计 268 技

〔日〕青木峰郎，〔日〕后藤裕藏，〔日〕高桥征义著 . —北京：电子工业出版社；2009.07；—18 页，404 页；23cm

￥CNY59.00

本书最重要的就是帮助那些跨过 Ruby 门槛的人，在解决实际问题上收集各式各样的诀窍方法。

1630 阿尔卑斯的猛犬

〔日〕椋鸠十著 . —南昌：二十一世纪出版社；2009.08；—176 页；21cm

￥CNY13.80

以日本文化为观照，对大自然施以现实主义的透视。

1631 阿米巴经营

〔日〕稻盛和夫著 . —北京：中国大百科全书出版社；2009.10；—227 页；23cm

￥CNY28.00

本书系统介绍了这一独创的名为阿米巴式经营的经营管理方式。

1632 哎呀，尿床了

〔日〕清野幸子文/图 . —海口：南海出版公司；2009.11；—1 册；18cm

￥CNY78.00（全套 10 册）

1633 埃及：09~10

〔日〕大宝石出版社原著 . —北京：中国旅游出版社；2009.04；—486 页；21cm

￥CNY78.00

本书为"走遍全球"系列丛书的埃及分册。

1634 爱的左边

〔日〕筒井康隆著 . —北京：人民文学出版社；2009.11；—237 页；21cm

￥CNY19.80

本书描写了一位残疾少女与爱犬结伴，一路寻找父亲的感人故事。

1635 爱尔兰风格编织：迷人小物

〔日〕《爱编之》编写组原著 . —南京：江苏科学技术出版社；2009.06；—64 页；26cm

￥CNY17.80

本书是最新引进日本雄鸡社版权的毛衣款式书。

1636 暗杀丰臣秀吉

〔日〕冈田秀文著 . —北京：华文出版社；2009.10；—311 页；22cm

￥CNY25.00

本书为长篇小说。

1637 巴士到站了

〔日〕五味太郎文/图 . —济南：明天出版社；2009.03；—1 册；25cm

（精装）：￥CNY29.80

这是一本原创的图画书，故事以巴士到站了为回复旋律。

1638 巴提斯塔的荣光

〔日〕海堂尊著 . —上海：上海人民出版社；2009.04；—292 页；21cm

￥CNY25.00

本书是日本继《白色巨塔》之后最傲视群龙的医学推理小说。

1639 爸爸的围巾

〔日〕阿万纪美子编文 . —南昌：二十一世纪出版社；2009.01；—32 页；26×21cm

（精装）：￥CNY24.80

1640 白色巨塔

〔日〕山崎丰子著 . —南京：江苏人民出版社；2009.07；—831 页；24cm

￥CNY48.00

本书是日本社会派小说巨匠山崎丰子的作品。

1641 棒针与钩针：基础手工编织入门

〔日〕雄鸡社原著 . —上海：上海科学技术文献出版社；2009.03；—48 页；26cm

￥CNY15.00

本书从入门开始、从简单着手，一起享受编织的乐趣。

1642 北方夕鹤 2/3 杀人事件

〔日〕岛田庄司著 . —北京：新星出版社；2009.06；—268 页；22cm

￥CNY25.00

1643 绷带俱乐部

〔日〕天童荒太著 . —桂林：广西师范大学出版社；2009.12；—243 页；21cm

￥CNY20.00

本书为一本"治愈系"青春小说。

1644 标准商务基础日语

〔日〕吉冈正毅等主编 . —北京：外语教学与研究出版社；2009.03；—13 页，496 页；26cm

￥CNY59.00

本套教材是以高职院校以及普通高校商务日语专业的学生为对象而编写的。

1645 标准商务日语会话

〔日〕高见泽孟，陈岩主编 . —北京：外语教学与研究出版社；2009.09；—15 页，333 页；26cm

￥CNY45.90

1646 缤纷拼布：65 款可爱小物巧手做

〔日〕靓丽出版社编著 . —郑州：河南科学技术出版社；2009.03；—88 页；26cm

￥CNY23.80

本书介绍了手工缝制的基本针法及简单的刺绣手法。

1647 冰纹

〔日〕渡边淳一著 . —上海：文汇出版社；2009.01；—233 页；21cm

￥CNY23.00

本书系渡边淳一的作品。对于中国的众多读者也有着良好的示范与警示意义。

1648 波上的魔术师

〔日〕石田衣良著 . —上海：上海人民出版社；2009.05；—281 页；21cm

￥CNY22.00

1649 玻璃在建筑中的应用

〔日〕日本建筑学会编著 . —北京：中国建筑工业出版社；2009.05；—217 页；21cm

￥CNY25.00

本书分 7 章，从玻璃建筑的规划设计、施工、运营管理和玻璃的再利用等方面进行说明。

1650 薄膜制备技术基础

〔日〕麻蒔立男著 . —北京：化学工业出版社；2009.05；—336 页；21cm

￥CNY39.80

本书全面介绍了与薄膜制备技术相关的各种基础知识。

1651 不持有的生活

〔日〕金子由纪子著 . —济南：山东人民出版社；2009.09；—191 页；20cm

￥CNY29.00

本书讲述的既是一种生活方式，也是一种生活主张。

1652 不会存钱的女孩，等着瞧！

〔日〕池田晓子著 . —北京：现代出版社；2009.10；—140 页；21cm

￥CNY23.80

本书为绘本，是为不会存钱的女孩专门设计的、巧妙横生的存钱技巧。

1653 不会说日语的 135 个理由：图文解析日语初级语法

杨美玲，〔日〕田中阳子著 . —北京：世界图书出版公司北京公司；2009.10；—187 页；21cm

￥CNY25.00

本书为日语初级语法学习用书。

1654 不看不知道的健康常识 161 问

〔日〕主妇之友社著 . —沈阳：辽宁科学技术出版社；2009.04；—159；19cm

￥CNY14.80

本书介绍了关于“身心健康”的 161 个问题。

1655 不能吃的药

〔日〕滨六郎著 . —北京：东方出版社；2009.03；—177 页；24cm

￥CNY28.00

本书介绍了适用于多种常见疾病的药物。

1656 不生病的 15 个饮食习惯：96 岁的我每天快乐生活和工作的秘诀

〔日〕日野原重明，〔日〕天野晓著 . —北京：科学出版社；2009.02；—134 页；24cm

￥CNY22.80

本书介绍了如何通过调整饮食习惯来预防糖尿病、心脏病、癌症等生活习惯病，并延缓衰老，保持优质的生活质量。

1657 不生病的三大免疫力

〔日〕安保彻著 . —沈阳：辽宁科学技术出版社；2009.07；—179 页；24cm

￥CNY26.00

作为免疫力第一人的作者安保彻在本书中向读者简明扼要地介绍了有关免疫的基础知识。

1658 彩绘法语

〔日〕近田麻美著 . —上海：上海世界图书出版公司；2009.04；—138 页；17cm

￥CNY25.00

本书是通过插图展开的旅行用法语书。可轻松放进口袋的开本，方便携带和使用。

1659 彩绘意大利语

〔日〕萨米．N 著．—上海：上海世界图书出版公司；2009.05；—133 页；17cm

¥ CNY25.00

本书是通过插图展开的旅行用意大利语书。可轻松放进口袋的开本，方便携带和使用。

1660 彩绘英语

〔日〕下川伸一著．—上海：上海世界图书出版公司；2009.05；—119 页；17cm

¥ CNY25.00

本书主要以在英美旅行最大的乐趣——购物为中心编写而成的。

1661 彩云国物语．红风乍现·黄金约定

〔日〕雪乃纱衣著．—海口：南海出版公司；2009.05；—282 页；21cm

¥ CNY20.00

本书日本当代长篇小说。

1662 彩云国物语．紫殿花开·茶都遥想

〔日〕雪乃纱衣著．—海口：南海出版公司；2009.09；—330 页；21cm

¥ CNY22.00

本书是日本当代长篇小说。

1663 长寿的饮食短命的饮食

〔日〕丸元淑生著．—沈阳：辽宁科学技术出版社；2009.04；—143 页；23cm

¥ CNY22.00

本书介绍了"远离疾病改善健康状态的饮食"，更着重介绍了"缩短健康寿命的东西"。

1664 肠道清洁书

〔日〕后藤利夫监修．—海口：南海出版公司；2009.05；—193 页；16cm

¥ CNY22.00

本书为健康养生类图书。本书作者后藤利夫是肠道专科医生。

1665 常胜策略

〔日〕大川隆法著．—北京：中国工人出版社；2009.04；—170 页；23cm

¥ CNY25.00

本书通过阐述生活与工作的方法论，明确地提出了人生制胜的法则。

1666 唱通日语

〔日〕吉田千寿子著．—北京：外语教学与研究出版社；2009.06；—111 页；21cm

¥ CNY18.50

本书通过主题创作歌曲、大众歌曲等，使读者可以在轻松、愉悦的气氛下自然掌握日语的语调、词形变化以及常用表达方式。

1667 超级购物经济学

〔日〕吉本佳生著．—北京：中信出版社；2009.11；—13 页，196 页；23cm

¥ CNY29.00

本书为经济学读物。不是主妇不要紧，谁都需要精明购物！

1668 超简单个性发型梳编

〔日〕靓丽出版社编著．—沈阳：辽宁科学技术出版社；2009.01；—79 页；26cm

¥ CNY32.00

本书特点是可以结合 DVD 来学习大众个性梳编，样式美观大方，更加通俗易懂。

1669 超可爱发型 DIY

〔日〕靓丽出版社编著．—沈阳：辽宁科学技术出版社；2009.01；—131 页；21cm

¥ CNY26.00

本书所登载的发型都是发型师们的最新力作。

1670 超右脑开发训练

〔日〕七田真著．—海口：南海出版公司；2009.08；—164 页；22cm

¥ CNY25.00

这是一本介绍右脑开发方法的图书。

1671 超右脑快速记忆法

〔日〕七田真著．—海口：南海出版公司；2009.07；—168 页；22cm

¥ CNY25.00

本书是记忆方法类图书。

1672 超右脑英语学习法

〔日〕七田真著．—海口：南海出版公司；2009.07；—152 页；22cm

¥ CNY25.00

本书是记忆类图书。

1673 超自然职场化妆术

〔日〕尾花庆子著．—北京：中国轻工业出版社；2009.07；—127 页；21cm

¥ CNY30.00

本书是大师系列的三本书中的其中一本。这本是专门为职场女性而编著的。

1674 炒鱿鱼面谈官
〔日〕垣根凉介著 . —北京：新星出版社；2009.
05；—260 页；23cm
￥CNY25.00
本书为日本最流行的职场小说。

1675 沉默
〔日〕远藤周作著 . —海口：南海出版公司；2009.
08；—237 页；22cm
￥CNY22.00
本书为日本现代长篇小说。

1676 晨间日记的奇迹
〔日〕佐藤传著 . —海口：南海出版公司；2009.
05；—143 页；22cm
￥CNY25.00
本书主要介绍了进行时间管理和自我实现的
方法。

1677 成功染发实用手册
〔日〕长崎英广著 . —沈阳：辽宁科学技术出版
社；2009.11；—108 页；29cm
￥CNY38.00
本书源于美发工作的一线，总结了作者在为顾
客进行染发设计时的想法以及做法。

**1678 成为家中一员的麻雀小珠：一个森林兽医
的动物日记 2**
〔日〕竹田津实著 . —上海：上海人民出版社；
2009.06；—156 页；22cm
（精装）：￥CNY18.00
本书是一本关于"动物疗伤"且充满了温情和
感动的书。

1679 城市交通中存在的问题及其对策
〔日〕山中英生，〔日〕小谷通泰，〔日〕新田
保次著 . —北京：中国建筑工业出版社；2009.
09；—172 页；26cm
￥CNY38.00
本书旨在提高机动车运营方对如何利用城市道
路空间的认识，唤醒市民对交通环境的关注。

1680 吃对了就能大大提高孩子的智力
〔日〕山田丰文著 . —海口：南海出版公司；2009.
03；—150 页；24cm
￥CNY25.00
本书为大众生活保健类图书。

1681 吃对营养不生病
〔日〕宗像伸子著 . —郑州：河南科学技术出版

社；2009.07；—187 页；24cm
￥CNY28.00
本书介绍了人体必需的各种营养，如何正确摄入
这些营养，以保证身体健康，远离疾病。

1682 持续力
〔日〕大桥悦夫著 . —北京：机械工业出版社；
2009.06；—11，149 页；24cm
￥CNY28.00
本书主要介绍了有关专注于你的目标，才能确保
成功这一理念。

1683 耻辱与恢复：《呐喊》与《野草》
〔日〕丸尾常喜著 . —北京：北京大学出版社；
2009.11；—439 页；21cm
￥CNY32.00
本书是秦弓先生编译的日本学者丸尾常喜的一
个文集。

1684 憧憬的季节
〔日〕折原美都著 . —上海：少年儿童出版社；
2009.01；—261 页；20cm
￥CNY13.00
本书是日本畅销儿童小说。

1685 出云传说 7/8 杀人事件
〔日〕岛田庄司著 . —北京：新星出版社；2009.
06；—275 页；22cm
￥CNY25.00

1686 初级电工操作技能
〔日〕冈本裕生著 . —北京：科学出版社；2009.
06；—171 页；21cm
￥CNY23.00
本书主要介绍电线的识别、电缆的施工实例、金
属管工程的施工实例等。

**1687 初学者也能画！：用 Photoshop 绘制漫画
的超级技巧**
〔日〕美术出版社著 . —沈阳：辽宁科学技术出
版社；2009.06；—109 页；26cm
￥CNY29.80
本书主要讲述用 Photoshop 软件绘制漫画的方法
和技巧。本书是 CG 漫画制作的入门教材。

1688 串珠的梦幻世界
〔日〕千叶亘代著 . —郑州：河南科学技术出版
社；2009.01；—88 页；26cm
￥CNY28.80
本书以小狗的旅行为主线，介绍了小狗旅行中的

各种场景和物品的串珠编串方法。

1689 串珠秀 Show
〔日〕靓丽出版社编著 . —北京：中国轻工业出
版社；2009.05；—112 页；29cm
　¥ CNY36.00
本书是一本生活时尚类的编织图书。

1690 窗边的小豆豆
〔日〕黑柳彻子著 . —延吉：延边人民出版社；
2009.03；—245 页；21cm
　¥ CNY15.00
本书主要讲了作者在上小学时候的一段真实故
事，是 20 世纪全球最有影响力的作品之一。

1691 从白手起家到月收一百万
〔日〕泽田尚美著 . —北京：国际文化出版公司；
2009.01；—166 页；21cm
　¥ CNY18.00
本书为商务咨询师泽田尚美根据自己的亲身经
历及创业层的经验累积写成的创业指南。

1692 从包包开始玩拼布
〔日〕拼布通信社编著 . —郑州：河南科学技术
出版社；2009.10；—95 页；26cm
　¥ CNY28.00
本书介绍了多款大包、小包、钱包的制作方法。

1693 从手看病：及早发现癌症与成人常见病
〔日〕直冢松子著 . —北京：世界知识出版社；
2009.01；—210 页；19cm
　¥ CNY24.80
本书介绍根据手的掌纹、形态、皮肤颜色的变化
早期自我诊断癌症与几十种成人常见病的具体
方法。

1694 从新判例看刑法
〔日〕山口厚著 . —北京：中国人民大学出版社；
2009.09；—294 页；24cm
　¥ CNY45.00
本书以专题形式对重大刑法理论问题进行研究。

**1695 聪明宝贝的第一堂折纸课：日本最佳儿童
折纸游戏**
主妇之友社编 . —郑州：河南科学技术出版社；
2009.05；—127 页；21cm
　¥ CNY28.00

1696 聪明格 . 乘法篇初级
〔日〕宫本哲也著 . —上海：华东师范大学出版

社；2009.08；—1 册；24cm
　¥ CNY12.00

1697 聪明格 . 乘法篇高级（含除法）
〔日〕宫本哲也著 . —上海：华东师范大学出版
社；2009.08；—1 册；24cm
　¥ CNY12.00

1698 聪明格 . 乘法篇中级（含除法）
〔日〕宫本哲也著 . —上海：华东师范大学出版
社；2009.08；—1 册；24cm
　¥ CNY12.00

1699 聪明格 . 基础篇
〔日〕宫本哲也著 . —上海：华东师范大学出版
社；2009.08；—1 册；24cm
　¥ CNY12.00
本丛书是与小学数学（运算）能力密切联系的
课外益智类阶梯读物，起点低，趣味性强。

1700 聪明格 . 加法篇初级
〔日〕宫本哲也著 . —上海：华东师范大学出版
社；2009.08；—1 册；24cm
　¥ CNY12.00

1701 聪明格 . 加法篇高级（含除法）
〔日〕宫本哲也著 . —上海：华东师范大学出版
社；2009.08；—1 册；24cm
　¥ CNY12.00

1702 聪明格 . 加法篇中级（含减法）
〔日〕宫本哲也著 . —上海：华东师范大学出版
社；2009.08；—1 册；24cm
　¥ CNY12.00

1703 聪明格 . 入门篇
〔日〕宫本哲也著 . —上海：华东师范大学出版
社；2009.08；—1 册；24cm
　¥ CNY12.00

1704 聪明格 . 四则运算篇初级
〔日〕宫本哲也著 . —上海：华东师范大学出版
社；2009.08；—1 册；24cm
　¥ CNY12.00

1705 聪明格 . 四则运算篇高级
〔日〕宫本哲也著 . —上海：华东师范大学出版
社；2009.08；—1 册；24cm
　¥ CNY12.00

1706 聪明格．四则运算篇中级

〔日〕宫本哲也著．—上海：华东师范大学出版社；2009.08；—1 册；24cm

￥CNY12.00

1707 存在与意义：事的世界观基础

〔日〕广松涉著．—南京：南京大学出版社；2009.08；—510 页；23cm

￥CNY58.00

《存在与意义》是日本当代著名的马克思主义哲学家广松涉的经典著作。

1708 大家的日语：MP3 版

〔日〕株式会社スリーエーネットワーケ编著．—北京：外语教学与研究出版社；2009.06；—244 页；26cm

￥CNY38.00

本教材适用于普通的日语初学者。

1709 大声回答我在这儿

〔日〕木村裕一著．—北京：北京科学技术出版社；2009.06；—1 册；22cm

（精装）：￥CNY76.80（全套 6 册）

1710 戴拿奥特曼经典大战：红钻版

〔日〕圆谷制作株式会社著．—上海：少年儿童出版社；2009.04；—48 页；29cm

￥CNY19.80

本书再现了戴拿与加拉翁、古雷格尔星人、巴佐布等怪兽激战的场面。

1711 戴拿奥特曼经典大战：蓝钻版

〔日〕圆谷制作株式会社著．—上海：少年儿童出版社；2009.04；—48 页；29cm

￥CNY19.80

本书记述了戴拿如何战胜古兰斯菲亚，并在穿越光的瞬间见到父亲的感人结局。

1712 当我谈跑步时 我谈些什么

〔日〕村上春树著．—海口：南海出版公司；2009.01；—198 页；21cm

（精装）：￥CNY25.00

本书是日本当代著名作家村上春树最新散文集。

1713 道家思想的新研究：以《庄子》为中心

〔日〕池田知久著．—郑州：中州古籍出版社；2009.05；—2 册（14 页，736 页）；23cm

￥CNY68.00

本书对周秦及汉代道家的文献与思想进行详细

考辨与综合性研究，具有极高的学术价值。

1714 稻作基本技术

〔日〕桥川潮著．—北京：中国农业科学技术出版社；2009.07；—159 页；21cm

￥CNY20.00

本书阐述了水稻生长发育特点和规律，提出了全新的栽培理念和革新性施肥方法。

1715 德川家康：霸王之家

〔日〕司马辽太郎著．—重庆：重庆出版社；2009.03；—371 页；24cm

￥CNY35.00

本书是历史小说。

1716 德川家康

〔日〕山冈庄八著．—海口：南海出版公司；2009.01；—26 册；21cm

（精装）：￥CNY798.00

本书是日本现代著名作家山冈庄八长篇历史小说。

1717 德川思想小史

〔日〕源了圆著．—北京：外语教学与研究出版社；2009.11；—223 页；21cm

￥CNY20.00

本书共分九章。

1718 德鲁克看中国与日本

〔美〕彼得·F·德鲁克，〔日〕中内功著．—北京：东方出版社；2009.05；—188 页；24cm

￥CNY33.00

过去十年，世界发生了巨大的变化，这正是本书两位作者德鲁克和中内功的对话内容。

1719 登山的智慧

〔日〕田村宣纪著．—武汉：中国地质大学出版社；2009.11；—224 页；21cm

￥CNY25.00

本书主要介绍了登山的基本技巧、常用装备、食品储备等内容，详细记录了中缅联合登山的全景及过程。

1720 地基—结构动力相互作用分析方法：薄层法原理及应用

蒋通，〔日〕田治见宏著．—上海：同济大学出版社；2009.05；—341 页；26cm

￥CNY88.00

本书对地基与结构动力相互作用进行了深入浅出的概述。

1721 地理环境与民俗文化遗产：自然环境与民俗地理学

王静爱，〔日〕小长谷有纪，色音主编 . —北京：知识产权出版社；2009.01；—443 页；26cm

￥CNY75.00

本书收录中、日学者论文 60 余篇。

1722 地球的治理方法

〔美〕梅多斯，〔美〕梅多斯，〔日〕枝广淳子著 . —北京：中国电力出版社；2009.02；—141 页；21cm

￥CNY38.00

本书图文并茂，语言浅显易懂，是不可多得的科普读物。

1723 地铁防火规范详解

〔日〕国土交通省铁道局主编 . —北京：中国建筑工业出版社；2009.06；—167 页；26cm

￥CNY36.00

2003 年的韩国大邱地铁火灾事故以后，日本在吸收最新理论和技术之后，制定了新标准。

1724 地震知识读本

〔日〕神沼克伊编著 . —苏州：苏州大学出版社；2009.04；—92 页；21cm

￥CNY8.00

本书是由一名日本地震工作者所著。

1725 第八日的蝉

〔日〕角田光代著 . —南京：江苏文艺出版社；2009.11；—252 页；21cm

￥CNY24.80

本书是长篇小说。

1726 第一次玩拼布

〔日〕靓丽出版社编著 . —郑州：河南科学技术出版社；2009.10；—96 页；26cm

￥CNY24.00

本书主要介绍了利用可爱布块的时尚缀布拼图法。

1727 第一次学烘焙

〔日〕信太康代等编著 . —沈阳：辽宁科学技术出版社；2009.01；—144 页；24cm

￥CNY36.00

本书介绍了 50 多种点心的制作方法，品种齐全，包括饼干、杯子糕、面包等。

1728 第一次学做面包

〔日〕太田瞳著 . —沈阳：辽宁科学技术出版社；2009.01；—96 页；24cm

￥CNY25.00

本书介绍了 51 种适合在家自己动手制作的面包。

1729 第一次学做西点

〔日〕柴田省治等编著 . —沈阳：辽宁科学技术出版社；2009.01；—115 页；24cm

￥CNY28.00

本书介绍的各种产品简单易操作，十分适合烘焙爱好者们自己在家制作美味可口的糕点。

1730 电工电路

〔日〕岩泽孝治，〔日〕中村征寿著 . —北京：科学出版社；2009.06；—185 页；24cm

￥CNY28.00

本书的主要内容包括电流流动的方法、直流电路、复杂电路、电流的产热作用和电力、单相交流电。

1731 电工电子测量

〔日〕熊谷文宏著 . —北京：科学出版社；2009.01；—166 页；24cm

￥CNY27.00

本书的主要内容包括各种应用测量技术。

1732 电气设备故障分析与对策

〔日〕森下正志著 . —北京：科学出版社；2009.11；—407 页；21cm

￥CNY33.00

本书主要介绍配线用断路器与电磁接触器，漏电和静电感应的防止方法，受变电设备引起的故障原因及对策等。

1733 电气设备检测与试验

〔日〕河野忠男，〔日〕森田洁著 . —北京：科学出版社；2009.06；—192 页；21cm

￥CNY25.00

本书主要介绍高压受变电设备的现场测定。

1734 电气设备维护与控制

〔日〕大浜庄司编 . —北京：科学出版社；2009.11；—16 页，224 页；21cm

￥CNY26.00

本书主要介绍自家用受变电设备的基本技术与实务。

1735 电子电路

〔日〕福田务，〔日〕栗原丰，〔日〕向坂荣夫著 . —北京：科学出版社；2009.06；—206 页；24cm

¥CNY29.80

本书介绍电子电路的相关知识。

1736　东京审判·战争责任·战后责任

〔日〕大沼保昭著．—北京：社会科学文献出版社；2009.09；—225页；23cm

¥CNY35.00

本书是在《从东京审判到战后责任的思想》的基础上写成的。

1737　东京塔：老妈和我，有时还有老爸

〔日〕利利·弗兰克著．—北京：中信出版社；2009.01；—262页；21cm

¥CNY25.00

日本哭泣小说首席代表，以淡雅而真实的笔触，抒发了对母亲的深切追忆。

1738　动物村的钩针玩偶

〔日〕桑原庆子著．—郑州：河南科学技术出版社；2009.10；—79页；26cm

¥CNY22.00

本书介绍了数十款钩针玩偶的钩织方法。

1739　99.9%都是假设

〔日〕竹内薰著．—北京：中国发展出版社；2009.10；—208页；23cm

¥CNY26.00

本书为日本畅销科普书籍，引发假设思考新观念。

1740　毒舌北野武

〔日〕北野武著．—上海：上海人民出版社；2009；—页；

¥CNY20.00

北野武一直被外界奉为"毒舌"，他擅用嘲讽的语气和犀利的言辞。

1741　笃姬

〔日〕童门冬二著．—桂林：广西师范大学出版社；2009.11；—269页；23cm

¥CNY27.50

本书为历史小说。

1742　度过危机：企业领导人必备的绝对条件

〔日〕国司义彦著．—沈阳：辽宁科学技术出版社；2009.05；—238页；24cm

¥CNY29.80

本书作者针对这些问题进行了详细的阐述和讲解。

1743　锻炼脑力的翻绳游戏

〔日〕有木昭久著．—沈阳：辽宁科学技术出版

社；2009.07；—98页；24cm

¥CNY20.00

本书大概分为三个部分。

1744　盾构隧道的抗震研究及算例

〔日〕小泉淳主编．—北京：中国建筑工业出版社；2009.09；—233页；30cm

¥CNY50.00

本书是一本全面论述盾构隧道抗震研究方法的书籍。

1745　多多老板和森林婆婆

〔日〕藤真知子编．—南昌：二十一世纪出版社；2009.01；—36页；22×22cm

（精装）：¥CNY24.80

1746　多维视域：商王朝与中国早期文明研究

荆志淳，唐际根，〔日〕高岛谦一编．—北京：科学出版社；2009.01；—290页；26cm

（精装）：¥CNY110.00

本书为中国早期文明研究的综合论著。

1747　哆拉A梦大搜索

〔日〕藤子·F·不二雄著．—长春：吉林美术出版社；2009.06；—23页；29cm

¥CNY9.80

本书通过游戏的形式带领我们一同进入哆啦A梦的奇趣。

1748　哆拉A梦大搜索

〔日〕藤子·F·不二雄著．—长春：吉林美术出版社；2009.06；—23页；29cm

¥CNY9.80

本书通过游戏的形式带领我们一同进入哆啦A梦的奇趣。

1749　哆啦A梦爆笑全集．今年也要充满活力哟！

〔日〕藤子·F·不二雄著．—长春：吉林美术出版社；2009.02；—179页；18cm

¥CNY6.00

1750　哆啦A梦爆笑全集．就是喜欢那份温柔与善良！

〔日〕藤子·F·不二雄著．—长春：吉林美术出版社；2009.02；—178页；18cm

¥CNY6.00

1751　哆啦A梦爆笑全集．秋日的惊喜！

〔日〕藤子·F·不二雄著．—长春：吉林美术出版社；2009.02；—177页；18cm

¥CNY6.00

1752 哆啦 A 梦爆笑全集．热闹的秋天！
〔日〕藤子·F·不二雄著．—长春：吉林美术出版社；2009.02；—181 页；18cm
¥CNY6.00

1753 哆啦 A 梦爆笑全集．无所不能的哆啦 A 梦！
〔日〕藤子·F·不二雄著．—长春：吉林美术出版社；2009.02；—179 页；18cm
¥CNY6.00

1754 哆啦 A 梦爆笑全集．做的有些过分了？戏剧性的大交换！
〔日〕藤子·F·不二雄著．—长春：吉林美术出版社；2009.02；—174 页；18cm
¥CNY6.00

1755 恶意
〔日〕东野圭吾著．—海口：南海出版公司；2009.06；—264 页；22cm
¥CNY18.00
本书为日本当代长篇小说。

1756 二十世纪思想史年表
〔日〕矢代梓著．—上海：学林出版社；2009.01；—203 页；21cm
（精装）：¥CNY22.00
本书完整地反映了现代思想从 19 世纪末开始到 20 世纪 90 年代基本终结的历程。

1757 发展经济学：从贫困到富裕：第 3 版
〔日〕速水佑次郎，〔日〕神门善久著．—北京：社会科学文献出版社；2009.01；—365 页；24cm
¥CNY59.00
本书是国际知名经济学家速水佑次郎的作品，是发展经济学领域最重要的著作之一。

1758 反自杀俱乐部
〔日〕石田衣良著．—上海：上海人民出版社；2009.08；—225 页；21cm
¥CNY20.00
这是石田衣良"池袋西口公园"系列第五本，包括四个故事。

1759 飞往巴黎的末班机
〔日〕渡边淳一著．—上海：文汇出版社；2009.01；—218 页；21cm
¥CNY22.00

本书为日本著名作家渡边淳一的短篇小说集。书中收录了作者不同时期创作的八篇作品。

1760 飞呀，飞呀，飞上天
〔日〕清野幸子文/图．—海口：南海出版公司；2009.11；—1 册；18cm
¥CNY78.00（全套 10 册）

1761 3 分钟完成沟通：高效实用的 69 种技巧
〔日〕高井伸夫著．—北京：电子工业出版社；2009.07；—198 页；23cm
¥CNY25.00
本书通过 69 个 3 分钟可读完的技巧，让你的沟通能力更上一层楼！

1762 5 分钟找回舒适睡眠
〔日〕三桥美穗著．—郑州：河南科学技术出版社；2009.10；—175 页；23cm
¥CNY22.00
本书介绍了切实可行的解决失眠问题、战胜失眠障碍的多种方法。

1763 丰臣秀吉
〔日〕津本阳著．—石家庄：花山文艺出版社；2009.07；—216 页；23cm
¥CNY23.00
本书为津天阳历史小说系列《丰臣秀吉之天下梦》之二。

1764 丰臣秀吉
〔日〕津本阳著．—石家庄：花山文艺出版社；2009.07；—235 页；23cm
¥CNY23.00
本书为津天阳历史小说系列"丰臣秀吉之天下梦"之一。

1765 丰田人才之道
〔日〕井上久男著．—北京：机械工业出版社；2009.01；—153 页；24cm
¥CNY30.00
本书主包括针对如何提高产品质量，如何降低成本价之类的产品制造等。

1766 丰田式改善力
〔日〕若松义人著．—北京：机械工业出版社；2009.01；—183 页；24cm
¥CNY32.00
本书作者基于对丰田企业的深入研究，大胆整理出十个项目，讲述丰田震撼全世界的"丰田式"的真面目。

1767 风能技术

〔日〕牛山泉编著．—北京：科学出版社；2009.
06；—258 页；24cm
￥CNY39.80
本书内容共 12 章。

1768 浮华世家

〔日〕山崎丰子著．—南京：江苏人民出版社；
2009.07；—739 页；24cm
￥CNY42.00
本书以金融办为舞台，深刻地揭露了资本主义
社会吃人的社会本质。

1769 浮休

〔日〕渡边淳一著．—上海：文汇出版社；2009.
08；—314 页；21cm
￥CNY29.00

1770 负离子的神奇疗效

〔日〕堀口昇著．—上海：上海中医药大学出版
社；2009.06；—132 页；24cm
￥CNY15.00
本书向读者介绍负离子疗法的原理方法，对常
见病的治疗效果等。

**1771 干酪精选 123 款：超级美味干酪的选择和
食用方法**

〔日〕主妇之友社编著．—沈阳：辽宁科学技术
出版社；2009.09；—167 页；24cm
￥CNY36.00

1772 感动顾客的秘密：资生堂之"津田魔法"

〔日〕津田妙子著．—北京：机械工业出版社；
2009.01；—129 页；24cm
￥CNY28.00
本书集中收录了津田流派的经营之道和经营理
念等知识。

1773 肛肠病诊疗精要

〔日〕高野正博著．—北京：化学工业出版社；
2009.07；—302 页；21cm
￥CNY29.00
本书介绍了肛肠病的诊断和治疗。

1774 杠杆思考术：成功人士的思维与导航

〔日〕本田直之著．—天津：天津教育出版社；
2009.11；—194 页；21cm
￥CNY25.80
本书透过对这四大资产的思考与实践，让不论

从事何种工作的商务人士在投入努力的同时，找
到扩大成效的魔术支点，让每一分努力都获得十
倍以上的回报。

1775 杠杆阅读术：商业知识的最佳实研法

〔日〕本田直之著．—天津：天津教育出版社；
2009.11；—192 页；21cm
￥CNY25.80
劳力、时间、知识与人脉，缺一不可。本书透过对
这四大资产的思考与实践，让不论从事何种工作的
商务人士在投入努力的同时，找到扩大成效的魔术
支点，让每一分努力都获得十倍以上的回报。

1776 高温熔体的界面物理化学

〔日〕向井楠宏著．—北京：科学出版社；2009.
04；—92 页；24cm
￥CNY38.00
希望有益于从理论基础开始加深对界面及界面
现象的学术问题界面物理化学的理解。

1777 高血压·动脉硬化：超级图解

〔日〕富野康日己著．—杭州：浙江科学技术出
版社；2009.05；—175 页；24cm
￥CNY35.00
介绍有关高血压以及动脉硬化的基础知识，汇总
最新降压药治疗的进展。

1778 高压输配电设备实用手册

〔日〕高压输配电设备实用手册编辑委员会编．
—北京：机械工业出版社；2009.01；—557 页；
24cm
￥CNY88.00
本书包括高压输配电设备基础知识与设备规划
及选型等知识。

1779 高野圣僧：泉镜花小说选

〔日〕泉镜花著．—重庆：重庆出版社；2009.
03；—14 页，303 页；22cm
￥CNY26.00
独具一格的文体、奇异突兀的故事情节，使世人
耳目一新。

1780 高职高专新概念日语教程．教师用书

〔日〕楠本徹也，李若柏，张群舟主编．—北京：
北京出版社；2009.03；—202 页；26cm
￥CNY21.00
本书供高职高专院校使用。

1781 高职高专新概念日语教程．练习册

〔日〕楠本徹也，李若柏，张群舟主编．—北京：

北京出版社；2009.03；—158 页；26cm

¥CNY16.00

本书供高职高专院校使用。

1782 高职高专新概念日语教程

〔日〕楠本徹也，李若柏主编．—北京：北京出版社；2009.03；—268 页；26cm

¥CNY29.00

本教材供高职高专院校使用。

1783 999 个青蛙兄弟大搬家

〔日〕木村研文．—海口：南海出版公司；2009.03；—40 页；24cm

（精装）：¥CNY28.00

本书为儿童绘本。

1784 999 个青蛙兄弟

〔日〕木村研文．—海口：南海出版公司；2009.03；—39 页；24cm

（精装）：¥CNY28.00

本书为儿童绘本。

1785 9 个月扭亏为盈

〔日〕猿谷雅治著．—北京：机械工业出版社；2009.09；—208 页；25cm

¥CNY38.00

本书讲述了日本一位总经理奉命将长期亏损公司扭亏为盈的纪实故事，其中充满了在任何公司都能运用的经营教诲。

1786 根据词源记忆解剖学英日汉语词集：中文·英文·日文图解式．骨学名词

〔日〕原岛广至原著．—天津：天津科学技术出版社；2009.06；—10 页，125 页，21 页；22cm

¥CNY198.00（全套 4 册）

1787 根据词源记忆解剖学英日汉语词集：中文·英文·日文图解式．肌学名词

〔日〕原岛广至著．—天津：天津科学技术出版社；2009.06；—14 页，136 页，16 页；22cm

¥CNY198.00（全套 4 册）

1788 根据词源记忆解剖学英日汉语词集：中文·英文·日文图解式．脑与神经学名词

〔日〕原岛广至著．—天津：天津科学技术出版社；2009.04；—14 页，147 页，25 页；22cm

¥CNY198.00（全套 4 册）

1789 根据词源记忆解剖学英日汉语词集：中文·英文·日文图解式．内脏学名词

〔日〕原岛广至著．—天津：天津科学技术出版社；2009.06；—147 页；22cm

¥CNY198.00（全套 4 册）

1790 跟我学说日语．白领职场口语

〔日〕内海达志，相培妮编著．—北京：中国宇航出版社；2009.06；—270 页；24cm

¥CNY29.80

这是一本专为在职场工作的白领设计的日语口语书。

1791 跟我做不老操

〔日〕久野谱也著．—沈阳：辽宁科学技术出版社；2009.01；—47 页；25cm

¥CNY22.00

本书主要面对的人群是缺乏运动的中老年人。

1792 跟我做活力操

〔日〕芳贺脩光著．—沈阳：辽宁科学技术出版社；2009.01；—47 页；25cm

¥CNY25.00

1793 攻心说服力

〔日〕内藤谊人著．—海口：南海出版公司；2009.01；—135 页；24cm

¥CNY20.00

本书是一本人际交往的通俗读物。

1794 攻心说服力．有用的聪明

〔日〕内藤谊人著．—海口：南海出版公司；2009.07；—140 页；23cm

¥CNY20.00

本书全面讲解了人们在日常生活中常用的人际交往实用技巧。

1795 宫泽喜一回忆录：访谈记

〔日〕御厨贵，〔日〕中村隆英编．—北京：东方出版社；2009.04；—303 页；21cm

¥CNY26.00

回忆录历数了宫泽的宏伟政治生涯。

1796 宫泽贤治童话

〔日〕宫泽贤治著．—南昌：二十一世纪出版社；2009.07；—208 页；22cm

¥CNY10.00

日本著名作家宫泽贤治的童话集。

1797 钩出超可爱立体小物件 100 款

〔日〕美创出版著．—郑州：河南科学技术出版

社；2009.05；—79 页；26cm

¥CNY26.00

本书主要分六部分，介绍用钩针钩出超可爱的立体小物件。

1798 狗狗驯养入门：根据狗的性格采取不同的培养方法

〔日〕丹羽三枝子著．—沈阳：辽宁科学技术出版社；2009.02；—191 页；21cm

¥CNY28.00

本书就像是一本育儿书。

1799 咕噜噜，拉便便

〔日〕木村裕一著．—北京：北京科学技术出版社；2009.06；—1 册；22cm

（精装）：¥CNY76.80（全套6册）

1800 孤岛野犬

〔日〕椋鸠十著．—南昌：二十一世纪出版社；2009.08；—156 页；21cm

¥CNY13.80

本书以日本文化为观照，对大自然施以现实主义的透视。

1801 怪盗罗宾之古埃及档案

〔日〕二阶堂黎人著．—银川：阳光出版社；2009.10；—170 页；20cm

¥CNY17.30

1802 怪谈

〔日〕小泉八云著．—西安：陕西人民出版社；2009.01；—164 页；25cm

¥CNY26.80

本书为小泉八去《怪谈》的新译本。

1803 关于莉莉周的一切

〔日〕岩井俊二著．—海口：南海出版公司；2009.07；—285 页；21cm

¥CNY28.00

本书为日本当代长篇小说。

1804 观光纪游观光续纪观光游草

〔日〕冈千仞著．—北京：中华书局；2009.05；—10 页，13 页，328 页；21cm

¥CNY28.00

本书是日本人冈千仞在中国的游记。

1805 官僚制社会学

〔日〕佐藤庆幸著．—北京：生活·读书·新知三联书店；2009.09；—324 页；20cm

本书是从组织社会学角度研究官僚制问题。

1806 管理中的行为心理学

〔日〕石田淳著．—北京：机械工业出版社；2009.08；—179 页；25cm

¥CNY36.00

从事商业活动的人们究竟想要得到什么呢？应用行为分析理论的管理方法，就可以科学地回答这一问题。

1807 光与影

〔日〕渡边淳一著．—上海：文汇出版社；2009.08；—187 页；21cm

¥CNY20.00

本书是渡边淳一文学创作早期的四部短篇小说的合集。

1808 广岛札记

〔日〕大江健三郎著．—北京：中国广播电视出版社；2009.01；—127 页；24cm

¥CNY21.00

本书作者多次赴广岛调查原子弹爆炸的惨状，亲眼看见原子弹受害者多年后的生存状态。

1809 贵金属和稀有金属电镀

〔日〕嵇永康等编著．—北京：化学工业出版社；2009.01；—413 页；20cm

¥CNY39.00

本书介绍了金、银、铂、钯等贵金属和稀有金属的实用电镀技术。

1810 国际经济合作：第二版

李小北，〔日〕小野寺直主编．—北京：经济管理出版社；2009.06；—263 页；26cm

¥CNY38.00

是一本高校相关专业学生学习此课程的一本优秀教材。

1811 国家·独生子女·儿童观：对北京市儿童生活的调查研究

〔日〕林光江著．—北京：新华出版社；2009.10；—313 页；21cm

¥CNY36.00

分析了中国城市社会里家庭、学校、政府和媒体的"儿童观"。

1812 国宪泛论

〔日〕小野梓著．—北京：中国政法大学出版社；2009.04；—28 页，336 页；22cm

（精装）：¥CNY29.00

涵盖了宪法学的全部内容，并且多数内容与欧洲众多国家进行了比较研究。

1813 孩子的身体、安全、健康
〔日〕山田真，〔日〕山中龙宏，〔日〕池龟卯女主编．—北京：中国画报出版社；2009.01；—161 页；24cm
￥CNY18.80
本书内容包括："孩子的身体"、"事故预防安心手册"、"孩子的病状、护理常识早知道"等。

1814 韩国
〔日〕大宝石出版社原著．—北京：中国旅游出版社；2009.06；—552 页；21cm
￥CNY82.00
本书为中国公民赴韩国旅游指南。

1815 航海王．DAVYBACKFIGHT
〔日〕尾田荣一郎著．—杭州：浙江人民美术出版社；2009.03；—231 页；18cm
￥CNY8.80

1816 航海王．奥兹的冒险
〔日〕尾田荣一郎著．—杭州：浙江人民美术出版社；2009.11；—231 页；18cm
￥CNY8.80

1817 航海王．变档
〔日〕尾田荣一郎著．—杭州：浙江人民美术出版社；2009.04；—231 页；18cm
￥CNY8.80

1818 航海王．船长
〔日〕尾田荣一郎著．—杭州：浙江人民美术出版社；2009.03；—191 页；18cm
￥CNY8.80

1819 航海王．岛上歌声
〔日〕尾田荣一郎著．—杭州：浙江人民美术出版社；2009.03；—215 页；18cm
￥CNY8.80

1820 航海王．第九号正义
〔日〕尾田荣一郎著．—杭州：浙江人民美术出版社；2009.03；—215 页；18cm
￥CNY8.80

1821 航海王．多云有时有白骨
〔日〕尾田荣一郎著．—杭州：浙江人民美术出版社；2009.11；—221 页；18cm

￥CNY8.80

1822 航海王．噩梦路飞
〔日〕尾田荣一郎著．—杭州：浙江人民美术出版社；2009.11；—231 页；18cm
￥CNY8.80

1823 航海王．海盗 VSCP9
〔日〕尾田荣一郎著．—杭州：浙江人民美术出版社；2009.04；—214 页；18cm
￥CNY8.80

1824 航海王．火箭人
〔日〕尾田荣一郎著．—杭州：浙江人民美术出版社；2009.03；—215 页；18cm
￥CNY8.80

1825 航海王．罗杰和雷利
〔日〕尾田荣一郎著．—杭州：浙江人民美术出版社；2009.12；—215 页；18cm
￥CNY8.80

1826 航海王．11 名超新星
〔日〕尾田荣一郎著．—杭州：浙江人民美术出版社；2009.12；—231 页；18cm
￥CNY8.80

1827 航海王．七水之城
〔日〕尾田荣一郎著．—杭州：浙江人民美术出版社；2009.03；—231 页；18cm
￥CNY8.80

1828 航海王．汤姆先生
〔日〕尾田荣一郎著．—杭州：浙江人民美术出版社；2009.03；—231 页；18cm
￥CNY8.80

1829 航海王．王者资质
〔日〕尾田荣一郎著．—杭州：浙江人民美术出版社；2009.12；—215 页；18cm
￥CNY8.80

1830 航海王．宣战
〔日〕尾田荣一郎著．—杭州：浙江人民美术出版社；2009.04；—231 页；18cm
￥CNY8.80

1831 航海王．英雄传说
〔日〕尾田荣一郎著．—杭州：浙江人民美术出版社；2009.03；—215 页；18cm

￥CNY8.80

1832　航海王.再次到达
〔日〕尾田荣一郎著.—杭州：浙江人民美术出版社；2009.11；—215页；18cm
　￥CNY8.80

1833　航海王.争夺战
〔日〕尾田荣一郎著.—杭州：浙江人民美术出版社；2009.03；—215页；18cm
　￥CNY8.80

1834　好妈妈成就好孩子
〔日〕汐见稔幸，〔日〕野原新之助一家著.—天津：天津教育出版社；2009.10；—208页；23cm
　￥CNY25.00
本书介绍了在孩子0～6岁这个身体、心理都处在快速变化的敏感期，妈妈的亲密教养对孩子的影响。

1835　好性格 吃出来
〔日〕菅原明子著.—上海：上海世界图书出版公司；2009.01；—71页；26cm
　￥CNY20.00
本系列丛书不仅教您轻松学会健康美味、赏心悦目的和食，还用最通俗易懂的语言让您了解自己的身体，了解饮食同疾病的关系。

1836　黑龙江省水稻低温冷害研究进展
矫江，〔日〕中本和夫，李宁辉等编著.—北京：中国农业科学技术出版社；2009.07；—233页；21cm
　￥CNY25.00
本书是2007年出版发行的《黑龙江水稻生产与风险经营》的续篇。

1837　黑色十字架
〔日〕森村诚一著.—北京：中国社会出版社；2009.02；—266页；24cm
　￥CNY28.00
本书是日本著名的社会派推理小说。

1838　黑死馆杀人事件
〔日〕小栗虫太郎著.—北京：新星出版社；2009.01；—344页；22cm
　￥CNY30.00

1839　红茶精选101款：基本的冲泡方法和别致的花式茶DIY
〔日〕卓越创造工作室出版社著.—沈阳：辽宁

科学技术出版社；2009.09；—191页；24cm
　￥CNY39.80
本书共介绍了101种不同的红茶饮品，是百分百品位红茶的一本书。

1840　红茶品鉴大全
〔日〕主妇之友社著.—沈阳：辽宁科学技术出版社；2009.09；—223页；25cm
　￥CNY49.80
本书以大吉岭红茶为中心，对各种茶叶与其种植地都进行了介绍。

1841　红花
〔日〕渡边淳一著.—北京：作家出版社；2009.10；—410页；21cm
　￥CNY29.00
本书是长篇小说。

1842　护理福利学研究
〔日〕一番ケ濑康子著.—北京：中国社会出版社；2009.02；—283页；21cm
　￥CNY25.00
本书主要介绍护理福利学这门学科的意义、目的、内容及护理福利学在社会工作中地位、作用及意义。

1843　花样包装：实用礼品包装110款
〔日〕包装工坊编.—沈阳：辽宁科学技术出版社；2009.04；—125页；25cm
　￥CNY28.00
本书中介绍了多种演绎了个人风格的包装方法。

1844　花园景观百变秀
〔日〕永井一夫编著.—北京：中国轻工业出版社；2009.06；—109页；23cm
　￥CNY32.00
本书是一本介绍花园小景观的时尚类图书。

1845　花之庆次：一梦庵风流记
〔日〕隆庆一郎著.—重庆：重庆出版社；2009.06；—325页；22cm
　￥CNY35.80
本书原名《一梦庵风流记》，在日本曾获得第二届柴田练三郎奖。

1846　哗啦啦，洗澡了
〔日〕木村裕一著.—北京：北京科学技术出版社；2009.06；—1册；22cm
（精装）：￥CNY76.80（全套6册）

1847 画出更美丽的颜色！画材的使用方法

〔日〕美术出版社著．—沈阳：辽宁科学技术出版社；2009.08；—109 页；26cm

¥CNY29.80

本书主要介绍了画漫画使用的主要画材并讲述了各种画材的使用方法和技巧。

1848 话说对了，孩子就会听了：沟通专家教你 33 个与孩子说话的技巧

〔日〕杉山美奈子著．—西安：陕西师范大学出版社；2009.07；—168 页；21cm

¥CNY25.00

本书作者站在家长、老师与儿童的角度，指导成年人如何与孩子相处。

1849 还原离子的基础和临床

〔日〕堀口升著．—上海：上海中医药大学出版社；2009.06；—129 页；24cm

¥CNY28.60

本书主要论述了还原离子与人体健康和治愈疾病的关系。

1850 环境革命的时代：21 世纪的环境概论

〔日〕财团法人地球环境战略研究机构（IGES）编．—武汉：长江出版社；2009.05；—274 页；21cm

¥CNY28.00

本书集日本环境问题研究成果之大成。

1851 环境社会学：站在生活者的角度思考

〔日〕鸟越皓之著．—北京：中国环境科学出版社；2009.04；—171 页；21cm

¥CNY22.00

本书从社会学的角度看环境问题。

1852 谎言法则

〔日〕佐藤富雄著．—长春：吉林文史出版社；2009.04；—190 页；21cm

¥CNY24.00

世界上有能抓住幸福的谎言，也有能放过幸福的谎言。

1853 灰色的彼得潘

〔日〕石田衣良著．—上海：上海人民出版社；2009；—页；

¥CNY20.00

本书是短篇小说集。

1854 灰之迷宫

〔日〕岛田庄司著．—北京：新星出版社；2009.

11；—213 页；22cm

¥CNY22.00

1855 会动的手工游戏书：4～6 岁．巧手篇

〔日〕靓丽出版社编绘．—重庆：重庆出版社；2009.06；—1 册；29cm

¥CNY9.80

本书中制作的手工都是小孩子喜欢的小汽车、帆船、小熊、飞机等。

1856 会动的手工游戏书：4～6 岁．益智篇

〔日〕靓丽出版社编绘．—重庆：重庆出版社；2009.06；—1 册；29cm

¥CNY9.80

本书是引进版权的"会动的手工游戏书"。

1857 会飞的爷爷

〔日〕山中恒著．—长沙：湖南少年儿童出版社；2009.10；—319 页；21cm

¥CNY20.00

本书收录了山中恒的两篇儿童小说《会飞的爷爷》和《我的名字叫一男》。

1858 会说日语的 170 个理由：图文解析日语进阶语法

杨美玲，〔日〕吉松由美著．—北京：世界图书出版公司北京公司；2009.10；—149 页；21cm

¥CNY23.00

本书是日语初中级语法学习用书。

1859 活法．超级〔企业人〕的活法

〔日〕稻盛和夫著．—北京：东方出版社；2009.10；—184 页；19cm

¥CNY25.00

本书中回顾了作者稻盛和夫几十年来的经营心得，并将企业经营成功的条件归纳为能力、努力和态度。

1860 活物

〔日〕福冈伸一著．—汕头：汕头大学出版社；2009.09；—213 页；23cm

¥CNY25.00

本书讲述了 20 世纪分子生物学的发展史。

1861 火车

〔日〕宫部美雪著．—海口：南海出版公司；2009.07；—377 页；22cm

¥CNY28.00

本书为日本当代长篇小说。

1862 霍普夫代数

〔日〕安倍英一著．—北京：世界图书出版公司

北京公司；2009.05；—12 页，284 页；23cm
￥CNY39.00
Hofp 代数概念首次是被引进到代数拓扑理论，而近些年将其发展并应用于数学的其他领域。

1863　基本建筑结构力学：从悬臂梁开始的内力与位移计算
〔日〕泷口克己著．—北京：科学出版社；2009.01；—158 页；24cm
￥CNY39.00
对建筑结构计算中的结构力学问题进行了系统阐述。

1864　基于呼吸及口周肌功能的正畸临床治疗
〔日〕近藤悦子著．—北京：人民军医出版社；2009.08；—276 页；31cm
（精装）￥CNY280.00
本书作者近藤悦子为国际知名口腔正畸专家。

1865　激发购物欲的 3 秒钟
〔日〕喜山庄一，〔日〕DO HOUSE 株式会社著．—北京：中国人民大学出版社；2009.12；—145 页；21cm
￥CNY25.00
本书通过分析顾客购买行为，提出 3 秒间的动机了解顾客购买的真正想法。

1866　吉益南涯医论集
〔日〕吉益南涯著．—北京：学苑出版社；2009.01；—12 页，13 页，311 页；21cm
￥CNY18.00
本书收录吉益南涯《成迹录》、《好生绪言》、《气血水药征》、《医范》、《观证辨》、《险症百问》等六部著作。

1867　吉益氏医论医案
〔日〕吉益东洞，〔日〕吉益南涯著．—北京：学苑出版社；2009.01；—12 页，118 页；21cm
￥CNY10.00
本书共分医论、医案两部分。

1868　即学即用意大利语会话词典
〔意〕Concettina Bucci，〔日〕中矢慎子，〔意〕Mariangela Peratello 编著．—北京：外语教学与研究出版社；2009.01；—15 页，517 页；15cm
￥CNY39.90

1869　集英社学习漫画·世界名人传记：被称为钢琴诗人的天才作曲家．肖邦
〔日〕千明初美．—北京：科学出版社；2009.02；—141 页；21cm
￥CNY18.00

1870　集英社学习漫画·世界名人传记：被称为乐圣的大作曲家．贝多芬
〔日〕葭川进．—北京：科学出版社；2009.02；—141 页；21cm
￥CNY18.00

1871　集英社学习漫画·世界名人传记：被称为魔术师的发明王．爱迪生
〔日〕片冈徹治．—北京：科学出版社；2009.02；—141 页；21cm
￥CNY18.00

1872　集英社学习漫画·世界名人传记：被誉为神童的天才作曲家．莫扎特
〔日〕高瀬直子．—北京：科学出版社；2009.02；—141 页；21cm
￥CNY18.00

1873　集英社学习漫画·世界名人传记：缔造蒙古帝国的草原勇士．成吉思汗
〔日〕古城武司．—北京：科学出版社；2009.04；—141 页；21cm
￥CNY18.00

1874　集英社学习漫画·世界名人传记：发现万有引力的科学家．牛顿
〔日〕葭川进．—北京：科学出版社；2009.02；—141 页；21cm
￥CNY18.00

1875　集英社学习漫画·世界名人传记：发现新大陆的探险家．哥伦布
〔日〕渡部晓．—北京：科学出版社；2009.04；—141 页；21cm
￥CNY18.00

1876　集英社学习漫画·世界名人传记：两度获得诺贝尔奖、发现镭的科学家．居里夫人
〔日〕森有子．—北京：科学出版社；2009.02；—141 页；21cm
￥CNY18.00

1877 集英社学习漫画·世界名人传记：能写出《昆虫记》的虫子诗人．法布尔

〔日〕高濑直子．—北京：科学出版社；2009.02；—141 页；21cm

￥CNY18.00

1878 集英社学习漫画·世界名人传记：诺贝尔奖的创办者．诺贝尔

〔日〕栗原清．—北京：科学出版社；2009.02；—141 页；21cm

￥CNY18.00

1879 集英社学习漫画·世界名人传记：誓死捍卫科学的物理学之父．伽利略

〔日〕熊谷聪．—北京：科学出版社；2009.02；—141 页；21cm

￥CNY18.00

1880 集英社学习漫画·世界名人传记：提出相对论的天才科学家．爱因斯坦

〔日〕葭川进．—北京：科学出版社；2009.02；—141 页；21cm

￥CNY18.00

1881 集英社学习漫画·世界名人传记：为全世界所喜爱的"童话大王"．安徒生

〔日〕森有子．—北京：科学出版社；2009.02；—141 页；21cm

￥CNY18.00

1882 集英社学习漫画·世界名人传记：以机灵著称的高僧．一休

〔日〕崛田明夫．—北京：科学出版社；2009.02；—141 页；21cm

￥CNY18.00

1883 集英社学习漫画·世界名人传记：以《蒙娜丽莎》闻名于世的全能天才．达·芬奇

〔日〕古城武司．—北京：科学出版社；2009.02；—141 页；21cm

￥CNY18.00

1884 集英社学习漫画·世界名人系列：圆人类翱翔之梦的飞机发明者．莱特兄弟

〔日〕熊谷聪．—北京：科学出版社；2009.02；—141 页；21cm

￥CNY18.00

1885 记录式减肥

〔日〕冈田斗司夫著．—长沙：湖南科学技术出版社；2009.08；—192 页；19cm

￥CNY16.80

本书是一部一年内成功减掉 50 千克的减肥达人的总结。

1886 家居布置 ABC

〔日〕江口惠津子著．—郑州：河南科学技术出版社；2009.01；—139 页；25cm

￥CNY28.80

本书介绍了不论是什么样的房间都适合的房屋布置的七个要点。

1887 家庭保健小百科：预防·保健·自疗700 例

〔日〕饭野靖彦，〔日〕小泽礼子主编．—桂林：广西师范大学出版社；2009.03；—29 页，160 页；23cm

￥CNY29.80

从专业的角度提出良好的建议，颇具权威性和实用性。

1888 家庭必备急救手册

〔日〕山本保博著．—郑州：河南科学技术出版社；2009.04；—219 页；19cm

￥CNY22.00

本书介绍了在自然灾害和危险面前如何经行有效的自救、他救，以及安全逃生的多种方法。

1889 家庭厨事 ABC

〔日〕池田书店编辑部编．—郑州：河南科学技术出版社；2009.01；—141 页；25cm

￥CNY28.80

本书介绍了与厨房有关的方法，妙招，包括如何选购厨具、蔬菜，肉类、调料及食物等。

1890 家庭经络淋巴按摩

〔日〕渡边佳子著．—杭州：浙江科学技术出版社；2009.01；—95 页；21cm

￥CNY22.00

本书为引进日本版权的图书。

1891 家庭收纳小百科：归整·布置·美化700 例

〔日〕主妇与生活社供稿．—桂林：广西师范大学出版社；2009.03；—25 页，164 页；23cm

￥CNY29.80

《家庭收纳小窍门700 例》是一本实用居家生活类图书。

1892 家庭足部按摩

〔日〕五十岚康彦著．—杭州：浙江科学技术出版社；2009.01；—95 页；21cm

￥CNY22.00

本书为引进日本版权。

1893 家养陆龟百科

〔日〕小家山仁著．—北京：中国轻工业出版社；2009.01；—127 页；21cm

￥CNY26.00

本书向大家介绍饲养可爱又珍贵的陆龟的正确方法。

1894 家养绿植：装饰·培养·欣赏

〔日〕橘页社编．—北京：中国轻工业出版社；2009.01；—96 页；26cm

￥CNY27.00

本书采用图说形式，推荐 56 种家养绿色植物供读者选择，随时变化家居小环境。

1895 家养水龟百科

〔日〕富水明著．—北京：中国轻工业出版社；2009.01；—143 页；21cm

￥CNY26.00

本书向大家介绍饲养可爱又珍贵的水龟的正确方法。

1896 甲亢自我诊疗与全面调养

〔日〕伊藤公一著．—海口：南海出版公司；2009.10；—159 页；22cm

￥CNY25.00

本书在疾病的症状、诊断、医学检查和治疗手段等方面提供了详尽、科学的标准和方案。

1897 甲田式癌症防治法

〔日〕甲田光雄著．—哈尔滨：北方文艺出版社；2009.08；—184 页；24cm

￥CNY22.00

本书作者提出了负营养学、特殊的血液循环理论和机体自身的防癌功能。

1898 甲田式少食法

〔日〕甲田光雄著．—哈尔滨：北方文艺出版社；2009.04；—243 页；24cm

￥CNY29.00

本书将向你介绍该如何少食，恢复真正健康没有疾病的生活。

1899 甲午战争

〔日〕陈舜臣著．—重庆：重庆出版社；2009.

03；—484 页；23cm

￥CNY39.80

1900 剪纸与折纸的童话世界

〔日〕丹羽兑子著．—沈阳：辽宁科学技术出版社；2009.07；—159 页；24cm

￥CNY28.00

本书登载了多款通过剪与折的方式完成的作品。

1901 简单到不行的职场日本语

戴如君，〔日〕国府俊一郎著．—北京：旅游教育出版社；2009.04；—217 页；21cm

￥CNY26.00

介绍正确的职场礼仪，提醒文化差异及重要文法知识等。

1902 建筑的七个力

〔日〕铃木博之著．—北京：中国建筑工业出版社；2009.10；—146 页；19cm

￥CNY20.00

1903 建筑施工安全与事故分析：日本工程实例

张建东，〔日〕阪本一马主编．—北京：中国建筑工业出版社；2009.01；—176 页；29cm

￥CNY38.00

本书系统地介绍了日本建设施工现场日常安全管理的方法和建筑业的安全管理体系。

1904 健康营养蔬果汁 232

〔日〕谷岛犀子著．—沈阳：辽宁科学技术出版社；2009.07；—95 页；26cm

￥CNY26.00

本书针对各种身体症状详尽介绍了对身体十分有益的鲜榨果汁。

1905 降低胆固醇甘油三酯

〔日〕主妇之友社编．—沈阳：辽宁科学技术出版社；2009.01；—163 页；21cm

￥CNY38.00

本书分为六大部分，彻底介绍了改善高脂血症、生活习惯病等的具体解决方法。

1906 降低糖尿病血糖值

〔日〕主妇之友社编．—沈阳：辽宁科学技术出版社；2009.01；—162 页；21cm

￥CNY38.00

本书介绍了糖的作用，糖尿病的结构，改善高血糖的食品的选择方法和饮食方法。

1907 骄骄的王冠

〔日〕岸田衿子文．—海口：南海出版公司；2009.

06；—19 页；26cm

¥CNY12.00

本书是儿童绘本。

1908 洁净钢生产的中间包技术

〔美〕Yogeshwar Sahai，〔日〕Toshihiko Emi 著．—北京：冶金工业出版社；2009.05；—212 页；24cm

¥CNY39.00

中间包是钢液流入连铸结晶器凝固之前最后需要经过的冶金容器。

1909 结构相变物理：第 2 版

〔日〕腾本著．—北京：科学出版社；2009.01；—277 页；24cm

（精装）：¥CNY58.00

本书系统阐述了相变的物理原理。

1910 解读性格密码性格与人生

〔日〕诧摩武俊著．—上海：上海科学普及出版社；2009.01；—154 页；19cm

¥CNY12.00

本书主要阐述各种性格的特征，教会人们如何塑自我，帮助人们制订相应的人际策略。

1911 金匮要略集注

〔日〕山田业广著．—北京：学苑出版社；2009.07；—362 页；21cm

¥CNY30.00

《金匮要略集注》系山田业广于一八五七年担任江户医学馆讲师，讲授《金匮要略》所用讲稿。

1912 金色夜叉

〔日〕尾崎红叶著．—重庆：重庆出版社；2009.03；—392 页；22cm

¥CNY29.80

明治时代小说中读者最多的作品，被改编成戏剧、电影。

1913 金属材料常识

〔日〕技能士の友编集部编著．—北京：机械工业出版社；2009.01；—162 页；21cm

¥CNY25.00

本书主要内容包括：金属材料的知识及其组织，以及金属材料的形状及成形方法等。

1914 经营沉思录

〔日〕松下幸之助著．—海口：南海出版公司；2009.06；—364 页；22cm

¥CNY28.00

本书是企业经营、管理方面的通俗读物。

1915 晶体管电路

〔日〕饭高成男等著．—北京：科学出版社；2009.01；—188 页；24cm

¥CNY28.00

本书中的主要章节为：半导体的性质、晶体三极管的作用、晶体三极管防大电路的基础。

1916 精选大贯喜也诗集

〔日〕大贯喜也著．—南京：译林出版社；2009.08；—139 页；21cm

（精装）：¥CNY18.00

本书为日本北海道诗人协会理事大贯喜也自己精选的诗集。

1917 精准解读健康检查报告书

〔日〕青木诚孝，〔日〕青木芳和著．—沈阳：辽宁科学技术出版社；2009.07；—303 页；21cm

¥CNY28.00

本书倡导了定期体检这一科学的健康观念，并对进行健康体检提出了实用有效的建议。

1918 颈部决定健康

〔日〕松井孝嘉著．—沈阳：辽宁科学技术出版社；2009.01；—127 页；23cm

¥CNY18.00

书中松本教授详细地解释了大多数病症与脖子有着紧密关联的原因。

1919 颈椎腰椎康复书

〔日〕佐藤正子监修．—海口：南海出版公司；2009.08；—187 页；16cm

¥CNY22.00

《颈椎腰椎康复书》带来了全面预防和治疗颈椎腰椎疾病的有效方法。

1920 净化身心的瑜伽

〔日〕成濑雅春著．—沈阳：辽宁科学技术出版社；2009.01；—143 页；21cm

¥CNY38.80

瑜伽是一种可以在自己能力所及的范围内轻松完成的运动。

1921 镜子的法则：实现幸福人生的魔法

〔日〕野口嘉则著．—北京：中信出版社；2009.08；—78 页；22cm

（精装）：¥CNY16.00

这是一部充满爱与感动，也将带给你无比勇气与启发的心灵佳作。

1922 纠正狗狗的坏习惯

〔日〕爱狗族编辑部编著 . —沈阳：辽宁科学技术出版社；2009.07；—127 页；21cm

￥CNY18.00

便于读者在短时间内了解狗的心理和身体语言，掌握狗的驯养方法。

1923 九鬼周造的哲学：漂泊之魂

〔日〕小浜善信著 . —北京：线装书局；2009.03；—251 页；21cm

￥CNY266.00（全套 10 册）

本书是日本学者小浜善信对九鬼周造哲学思想介绍的学术专著的中译本。

1924 320 句用出好日语

〔日〕田中阳子著 . —上海：华东师范大学出版社；2009.12；—189 页；21cm

￥CNY21.00

本套丛书选取鲜活、难度适中的语料，力求内容贴近日常生活。

1925 绝对减少体脂肪

〔日〕金子基子等著 . —杭州：浙江科学技术出版社；2009.01；—95 页；21×19cm

￥CNY22.00

本书介绍了最简单、最快速、最健康的瘦身方法。

1926 绝对完美肌肤

〔日〕吉木伸子著 . —杭州：浙江科学技术出版社；2009.01；—107 页；21×19cm

￥CNY22.00

本书为日本引进版权图书，书中针对女人所关心的诸多肌肤问题进行了详细的护理介绍。

1927 咖啡品鉴大全

〔日〕田口护著 . —沈阳：辽宁科学技术出版社；2009.01；—151 页；25cm

￥CNY49.80

本书从咖啡豆的种类到咖啡煎焙的方法，是一本网罗了全部咖啡知识的真正的咖啡实用书。

1928 咖啡师顶级技术

〔日〕旭屋出版编 . —北京：中国轻工业出版社；2009.04；—95 页；23cm

￥CNY32.00

本书主要介绍咖啡吧台的相关知识以及吧台师傅拿手的咖啡饮品和独创搭配的基本制作技法。

1929 看不懂财报，做不好管理

〔日〕山根节著 . —北京：中信出版社；2009.07；—14 页，138 页；23cm

￥CNY22.00

本书从管理和经营的角度，通过各种案例，讲授了会计学的必备知识。

1930 看不见的脸

〔日〕夏树静子著 . —北京：中国社会出版社；2009.02；—401 页；24cm

￥CNY42.00

本书为日本著名的社会派推理小说。

1931 看日本：逝去的面影

〔日〕渡边京二著 . —西安：陕西人民出版社；2009.01；—360 页；24cm

￥CNY38.00

本书是一本追寻日本经西洋化、近代化而失去明治末年以前文明样态的书。

1932 可爱 de 手工编织

〔日〕《爱编之》编写组原著 . —南京：江苏科学技术出版社；2009.06；—72 页；26cm

￥CNY18.80

本书是最新引进日本雄鸡社版权的毛衣款式书。

1933 可爱包包头：时尚盘发 72 变

〔日〕靓丽出版社编著 . —沈阳：辽宁科学技术出版社；2009.03；—113 页；21cm

￥CNY25.00

1934 可爱宝贝的棒针衫

〔日〕《爱编之》编写组原著 . —南京：江苏科学技术出版社；2009.06；—113 页；26cm

￥CNY19.80

本书是最新引进日本雄鸡社版权的毛衣款式书。

1935 可爱的手套娃娃

〔日〕远藤真澄著 . —郑州：河南科学技术出版社；2009.01；—80 页；26cm

￥CNY23.80

本书介绍了各种用简单的棉布手套做成的可爱娃娃。

1936 可笑的日本人

〔日〕早坂隆著 . —海口市：南海出版公司；2009.09；—178 页；22cm

￥CNY20.00

本书是一本文化类图书。

1937 恐怖之谷
〔日〕森村诚一著 . —北京：中国社会出版社；
2009.02；—211 页；24cm
￥CNY24.00
本书为日本著名的社会派推理小说。

1938 恐龙大陆：大战肉食恐龙军团 . 三角龙的大对决
〔日〕黑川光广图/文 . —海口：南海出版公司；
2009.04；—39 页；30cm
￥CNY12.80
本书是儿童绘本。

1939 恐龙大陆：横渡险川 . 三角龙和大鳄鱼
〔日〕黑川光广图/文 . —海口：南海出版公司；
2009.03；—38 页；30cm
￥CNY12.80
本书是儿童绘本。

1940 恐龙大陆：巨敌现身 . 三角龙与暴龙
〔日〕黑川光广图/文 . —海口：南海出版公司；
2009.04；—39 页；30cm
￥CNY12.80
本书是儿童绘本。

1941 恐龙大陆：误入奇异世界 . 三角龙来到侏罗纪
〔日〕黑川光广图/文 . —海口：南海出版公司；
2009.04；—39 页；30cm
￥CNY12.80
本书是儿童绘本。

1942 恐龙大陆：智斗空中霸主 . 三角龙和大翼龙
〔日〕黑川光广图/文 . —海口：南海出版公司；
2009.03；—39 页；30cm
￥CNY12.80
本书是儿童绘本。

1943 快乐上班的经济学：藏在生活中的经济学好管家
〔日〕吉本佳生著，〔日〕NHK "快乐上班的经济学" 制作组著 . —北京：华文出版社；2009.
12；—12 页，210 页；21cm
￥CNY26.80
这是一本经济学入门书籍。

1944 狂骨之梦
〔日〕京极夏彦著 . —上海：上海人民出版社；
2009.02；—599 页；21cm

￥CNY39.00

1945 矿泉水才是最好的药：水的终结版
〔日〕藤田纮一郎著 . —哈尔滨：北方文艺出版社；2009.08；—206 页；21cm
￥CNY24.00
本书介绍了水的基本知识。

1946 蜡笔小新之昆虫的奥秘
〔日〕臼井仪人原著 . —北京：现代出版社；2009.
11；—208 页；20cm
￥CNY25.00
本书用漫画和图文并茂的形式，介绍了众多昆虫。

1947 蜡笔小新之世界的伟人：20 人
〔日〕臼井仪人原著 . —北京：现代出版社；2009.
01；—207 页；20cm
￥CNY25.00
本书用图文的形式，介绍世界上科学、艺术、医学等领域的 20 位伟人。

1948 蜡笔小新之世界各国真的好奇妙
〔日〕臼井仪人原著 . —北京：现代出版社；2009.
11；—211 页；20cm
￥CNY25.00
本书用漫画和图文并茂的形式，介绍了世界 60 多个国家的风土人情和风俗。

1949 懒人实用家庭收纳
〔日〕饭田久惠著 . —沈阳：辽宁科学技术出版社；2009.11；—123 页；25cm
￥CNY32.00
本书从居家生活的各个角落进行了分类、整理、介绍。

1950 老公，你跑不掉了！
〔日〕星野裕末著 . —南宁：广西科学技术出版社；2009.05；—126 页；21cm
￥CNY20.00
本书作者介绍了结婚 12 年还恩爱如新婚的 24 个快乐结婚秘诀。

1951 老奶奶的汤匙
〔日〕神泽利子文 . —海口：南海出版公司；
2009.03；—27 页；26cm
￥CNY12.00
本书是儿童绘本。

1952 类聚方广义
〔日〕尾台榕堂著 . —北京：学苑出版社；2009.

07；—12 页，12 页，227 页；21cm

¥CNY16.00

堪称古方派最优秀之临床实用书，至今为日本汉方医界所喜读。

1953 练成销售冠军的关键一年：绝对成交的118 个技巧

〔日〕鹤冈秀子著 . —北京：化学工业出版社；2009.07；—159 页；23cm

¥CNY29.00

本书介绍了鹤冈秀子的销售秘诀，销售经验。

1954 恋爱的烦恼缘于一张脸

〔日〕Afi 著 . —成都：四川文艺出版社；2009.08；—91 页；19cm

¥CNY18.00

本书从女性爱美的角度出发，对女孩的脸部特征进行了分析。

1955 恋上缤纷炫美甲

〔日〕靓丽出版社编著 . —沈阳：辽宁科学技术出版社；2009.05；—111 页；29cm

¥CNY36.00

本书收录有日本所有最新的、富有时尚感的超人气美甲图案及做法。

1956 恋上不织布：手工制作迷你小饰物

〔日〕松村千惠著 . —郑州：河南科学技术出版社；2009.04；—100 页；26cm

¥CNY26.00

本书主要分六个主题，介绍了怎样用简单的方法制作出书中可爱的迷你小饰物。

1957 良知之道：一个经营者的三上磨练

〔日〕矢崎胜彦著 . —北京：中国水利水电出版社；2009.05；—23 页，177 页；21cm

¥CNY25.00

这是一本探讨良知的书。

1958 量刑

〔日〕夏树静子著 . —北京：中国社会出版社；2009.02；—468 页；24cm

¥CNY45.00

本书是日本著名的社会派推理小说。

1959 裂舌

〔日〕金原瞳著 . —上海：上海译文出版社；2009.04；—118 页；20cm

（精装）：¥CNY18.00

本小说描写女主人公、一个女孩和另外两个男

青年发自内心的呼声。

1960 拎着环保包去购物：37 款包包创意 DIY

〔日〕靓丽出版社编著 . —郑州：河南科学技术出版社；2009.01；—80 页；26cm

¥CNY23.80

本书介绍了多种时尚环保购物袋的制作方法。

1961 铃木小提琴教材：钢琴伴奏谱

〔日〕铃木镇一编著 . —北京：人民音乐出版社；2009.01；—58 页；30cm

¥CNY15.00

本书为《铃木小提琴教材》第 3 至 4 册配套书。

1962 铃木小提琴教材：钢琴伴奏谱

〔日〕铃木镇一编著 . —北京：人民音乐出版社；2009.01；—79 页；30cm

¥CNY18.00

本书为《铃木小提琴教材》第 5 至 6 册配套书。

1963 铃木小提琴教材：钢琴伴奏谱

〔日〕铃木镇一编著 . —北京：人民音乐出版社；2009.01；—73 页；30cm

¥CNY17.00

本书为《铃木小提琴教材》第 7 至 8 册配套书。

1964 铃木小提琴教材：钢琴伴奏谱

〔日〕铃木镇一编著 . —北京：人民音乐出版社；2009.01；—52 页；30cm

¥CNY14.00

《铃木小提琴教材》第 1 至 2 册配套书。

1965 铃木小提琴教材

〔日〕铃木镇一编著 . —北京：人民音乐出版社；2009.01；—40 页；30cm

¥CNY26.00

本书是小提琴初级入门教材。

1966 铃木小提琴教材

〔日〕铃木镇一编著 . —北京：人民音乐出版社；2009.01；—43 页；30cm

¥CNY27.00

本书是小提琴初级入门教材。

1967 铃木小提琴教材

〔日〕铃木镇一编著 . —北京：人民音乐出版社；2009.01；—47 页；30cm

¥CNY28.00

本书为小提琴初级入门教材。

1968 铃木小提琴教材

〔日〕铃木镇一编著 . —北京：人民音乐出版社；2009. 01；—39 页；30cm

¥CNY27.00

小提琴初级入门教材。本书为套书的第一本。

1969 流冰之旅

〔日〕渡边淳一著 . —上海：文汇出版社；2009. 01；—383 页；21cm

¥CNY35.00

本书讲述了日本东京富家女在一次北海道之行中，爱上了流冰研究员纸谷诚吾的纯爱故事。

1970 流行不织布手工精粹

〔日〕BOUTIQUE 著 . —青岛：青岛出版社；2009. 12；—88 页；26cm

¥CNY24.00

这是以不织布为素材的手工大全，介绍了各式包、花饰、垫子、针插的制作方法。

1971 龙凤之国

〔日〕陈舜臣著 . —西安：陕西人民出版社；2010. 03；—221 页；

¥CNY28.00

以严谨而丰富的想象力推测日本的形成以及日本祖先来自何方。

1972 卢利尤伯伯

〔日〕伊势英子文/图 . —南昌：二十一世纪出版社；2009.05；—56 页；21×28cm

（精装）：¥CNY30.00

1973 鲁拉鲁先生的院子

〔日〕伊东宽文/图 . —南昌：二十一世纪出版社；2009.06；—1 册；23×25cm

（精装）：¥CNY26.80

1974 鲁拉鲁先生的自行车

〔日〕伊东宽文/图 . —南昌：二十一世纪出版社；2009.06；—1 册；23×25cm

（精装）：¥CNY26.80

1975 鲁拉鲁先生请客

〔日〕伊东宽文/图 . —南昌：二十一世纪出版社；2009.06；—1 册；23×25cm

（精装）：¥CNY26.80

1976 鹿男

〔日〕万城目学著 . —上海：上海人民出版社；2009.08；—249 页；19cm

¥CNY20.00

本书讲述的是一个梦幻故事。

1977 乱鸦之岛

〔日〕有栖川有栖著 . —北京：新星出版社；2009. 11；—352 页；22cm

¥CNY28.00

1978 罗生门

〔日〕芥川龙之介著 . —上海：上海译文出版社；2008.07；—189 页；21cm

¥CNY12.00

《罗生门》为日本著名作家芥川龙之介的名著，收录芥川中短篇小说 13 篇。

1979 马克思历史理论的研究

〔日〕望月清司著 . —北京：北京师范大学出版社；2009.10；—518 页；24cm

¥CNY58.00

本书是日本马克思主义研究专家望月清司的代表作。

1980 蚂蚁扳倒大象：中小企业决胜商场的 15 个法则

〔日〕广川州伸著 . —汕头：汕头大学出版社；2009.09；—208 页；24cm

¥CNY29.00

本书介绍了 15 种日本中小企业取得成绩的独特战略和发展模式。

1981 买在最低点

〔日〕横山利香著 . —天津：天津教育出版社；2009.11；—175 页；23cm

¥CNY23.80

1982 卖场设计 151 诀窍

〔日〕甲田祐三著 . —北京：科学出版社；2009. 01；—160 页；24cm

¥CNY28.00

本书结合插图从店铺外观、照明、平面布置、陈列等方面全面介绍商店设计的思想和经验。

1983 漫画傅里叶解析

〔日〕涉谷道雄著 . —北京：科学出版社；2009. 08；—242 页；24cm

¥CNY32.00

本书以轻松有趣、通俗易懂的漫画及故事的方式将抽象、复杂的傅里叶知识融汇其中。

1984 漫画密码

〔日〕三谷政昭，〔日〕佐藤伸一著 . —北京：

科学出版社；2009.08；—226 页；24cm

¥CNY29.80

为大家讲述了一个生动的密码故事。

1985　漫画人物 CG 技巧：提升版

〔日〕内有一马等著．—沈阳：辽宁科学技术出版社；2009.01；—159 页；26cm

¥CNY42.00

本书主要介绍了使用 PHOTOSHOP、PAINTER 数码图形的技巧。

1986　漫画人物角色设定的技巧

〔日〕美术出版社著．—沈阳：辽宁科学技术出版社；2009.02；—110 页；26cm

¥CNY29.80

本书主要讲述漫画人物角色的设定技巧。

1987　漫画统计学

〔日〕高桥信著．—北京：科学出版社；2009.08；—211 页；24cm

¥CNY29.80

本图书以最简单易懂的方式讲解了人们日常生活工作中需要的统计学知识。

1988　漫画统计学之回归分析

〔日〕高桥信著．—北京：科学出版社；2009.08；—215 页；24cm

¥CNY29.80

本书以漫画方式讲解了与人们的实际生活和工作有着最密切关系的统计学问题。

1989　漫画统计学之因子分析

〔日〕高桥信著．—北京：科学出版社；2009.08；—234 页；24cm

¥CNY29.80

本书以漫画方式讲解了与人们的实际生活和工作有着最密切关系的统计学问题。

1990　漫画微积分

〔日〕小岛宽之著．—北京：科学出版社；2009.08；—229 页；24cm

¥CNY29.80

本书是一本用漫画的方式来讲解微积分知识的入门图书。

1991　漫画物理之力学

〔日〕新田英雄著．—北京：科学出版社；2009.08；—222 页；24cm

¥CNY29.80

本书以轻松有趣、通俗易懂的漫画及故事的方

式将抽象、复杂的物理数知识融会其中。

1992　漫画线性代数

〔日〕高桥信著．—北京：科学出版社；2009.08；—260 页；24cm

¥CNY32.00

本书是一本用漫画的方式来讲解线性代数知识的入门图书。

1993　漫画作品主题的表现方法

〔日〕美术出版社著．—沈阳：辽宁科学技术出版社；2009.07；—115 页；29cm

¥CNY38.00

本书主要讲述日本漫画名家的漫画主题表现方法。

1994　猫国物语：一个你从未见过的奇幻国度．NEARGO 猫城小事 猫城小事

〔日〕莫莉蓟野著绘．—海口：南海出版公司；2009.10；—227 页；23cm

¥CNY48.00

整个阅读过程充满了美和爱的享受。

1995　霉菌书：影响生活和健康的霉

〔日〕井上真由美著．—沈阳：辽宁科学技术出版社；2009.05；—136 页；23cm

¥CNY22.00

掌握与霉有关的正确知识与常识，我们就能过上舒适而健康的生活。

1996　每天懂一点色彩心理学

〔日〕原田玲仁著．—西安：陕西师范大学出版社；2009.06；—313 页；21cm

¥CNY32.80

书中所举的都是最贴近生活的例子，教会读者最简单实用的色彩心理学知识。

1997　每天坚持 30 分钟：人生取得成功的学习法让学习成为习惯

〔日〕古市幸雄著．—北京：金城出版社；2009.09；—12 页，166 页；23cm

¥CNY26.00

本书以没有学习习惯的人为对象，讲述了 55 种养成学习习惯的方法。

1998　美肤达人的 169 个护肤细节

〔日〕吉木伸子著．—沈阳：辽宁科学技术出版社；2009.02；—255 页；19cm

¥CNY26.00

1999　美感是最好的家教

〔日〕山本美芽著 . —北京：中国人民大学出版社；2009.09；—10 页，184 页；21cm

¥CNY28.00

2000　美肌生活

〔日〕佐伯千津著 . —北京：中信出版社；2009.04；—153 页；21cm

¥CNY29.00

本书是日本美容大师佐伯千津的"佐伯式肌肤护理"图文版，在日本销售已超过 55 万册。

2001　美甲时尚讲堂

〔日〕靓丽出版社著 . —沈阳：辽宁科学技术出版社；2009.01；—149 页；21cm

¥CNY36.00

本书详尽介绍了最新流行的法式美甲和花样美甲，是超级实用的美甲大图典。

2002　美甲时尚先锋

〔日〕靓丽出版社编著 . —沈阳：辽宁科学技术出版社；2009.03；—111 页；29cm

¥CNY36.00

本书包括日本时尚明星的私人美甲秘诀、学习明星们的美甲之道等板块。

2003　美甲炫 13000

〔日〕靓丽出版社编著 . —沈阳：辽宁科学技术出版社；2009.05；—153 页；18×21cm

¥CNY29.80

本书共介绍了 12780 款美甲造型，共分为六个部分。

2004　美甲炫 9500

〔日〕靓丽出版社编著 . —沈阳：辽宁科学技术出版社；2009.08；—119 页；19×21cm

¥CNY26.00

本书囊括了最新的美甲技巧与甲片造型设计。是一本最强、最时尚的美甲图片集锦及美甲技法指导用书。

2005　美丽不再让年龄做主

〔日〕吉丸美枝子著 . —沈阳：辽宁科学技术出版社；2009.11；—119 页；21cm

¥CNY19.80

激素瘦身是一种真正变美丽的减肥方法。

2006　美丽上品：高档蕾丝编织披肩·饰物·背心

〔日〕雄鸡社原著 . —上海：上海科学技术文献出版社；2009.03；—88 页；26cm

¥CNY20.00

本书介绍了连接花样的钱包、中心花样的迷你小包等的编织方法。

2007　美丽织出来：最新手工编织款式

〔日〕雄鸡社原著 . —上海：上海科学技术文献出版社；2009.03；—72 页；26cm

¥CNY16.00

本书汇集了数十款最新颖、最新潮、最流行、最时尚的编织花样。

2008　美少女角色设计

〔日〕仁科仁等著 . —北京：人民邮电出版社；2009.01；—120 页；24cm

¥CNY45.00

本书全面介绍了制作游戏角色时需要用到的各种 CG 技巧。

2009　美味烤点心

〔日〕靓丽社组织编写 . —北京：化学工业出版社；2009.03；—96 页；26cm

¥CNY29.00

本书介绍了 100 余款点心的制作方法。

2010　魅力女性盘发：板谷裕实的盘发风格

〔日〕板谷裕实著 . —沈阳：辽宁科学技术出版社；2009.06；—144 页；29cm

¥CNY54.00

本书由日本引进版权，从专业的角度，全方位介绍了盘发的基础知识。

2011　魅力四射的 186 款不败发型

〔日〕主妇之友社编著 . —沈阳：辽宁科学技术出版社；2009.10；—127 页；25cm

¥CNY29.80

本书收集了 225 款发型，是从关注度最高的当季流行发型，到万年不变的经典发式的大汇集。

2012　萌英语单词

〔日〕萌单制作委员会著 . —沈阳：辽宁科学技术出版社；2009.07；—221 页；21cm

¥CNY28.00

本书是一本与动漫结合的英语词典。

2013　迷人的串珠饰界

〔日〕靓丽出版社编著 . —郑州：河南科学技术出版社；2009.01；—89 页；26cm

¥CNY28.80

本书主要介绍用串珠制作包包、饰物等精美的物品。

2014　密室
〔日〕横山秀夫著 . —北京：群众出版社；2009.
01；—158 页；24cm
￥CNY28.00
本书收录了日本畅销书作家横山秀夫的四篇短
篇惊悚悬疑小说。

2015　棉线·丝线·麻线：让你入迷的蕾丝编织
〔日〕雄鸡社原著 . —上海：上海科学技术文献
出版社；2009.03；—64 页；26cm
￥CNY16.00
本书介绍了四角花样的小型装饰桌巾、桌心布
的菠萝蕾丝、结边的杯垫等的编织方法。

2016　面包品鉴大全
〔日〕主妇之友社编著 . —沈阳：辽宁科学技术
出版社；2009.09；—191 页；25cm
￥CNY49.80
本书包含世界各国的面包 134 种，详细介绍面包
的知识、历史、杂学，吃面包时的饮品等。

2017　15 秒打动对方：自信交际法
〔日〕大串亚由美著 . —北京：机械工业出版社；
2009.04；—16 页，178 页；21cm
￥CNY25.00
本书主要包括如何与人交流，进行良好的人际
沟通等知识。

2018　妙龄吸血鬼
〔日〕赤川次郎著 . —海口：南海出版公司；2009.
10；—369 页；21cm
￥CNY22.00
本书为日本当代长篇小说。

2019　明清时代东亚海域的文化交流
〔日〕松浦章著 . —南京：江苏人民出版社；2009.
11；—364 页；23cm
￥CNY26.00
本书以明清时代的东亚海域世界为研究对象，
对这一世界里以中国帆船为媒介的文化交流情
况作了考察、论述。

2020　魔法家居新主张
〔日〕川上雪著 . —郑州：河南科学技术出版社；
2009.06；—126 页；23cm
￥CNY25.00
本书介绍了多种家居收纳，整理、布置及摆放的
方式、方法。

2021　魔法气球玩偶
〔日〕许健太著 . —青岛：青岛出版社；2009.
12；—68 页；27cm
￥CNY22.00
本书介绍了大量通过气球折成的玩偶形象，是亲
子教育的良好范本。

2022　魔女宅急便 . 魔法的歇脚树
〔日〕角野荣子著 . —海口：南海出版公司；2009.
07；—180 页；22cm
￥CNY20.00

2023　魔女宅急便 . 琪琪的恋爱
〔日〕角野荣子著 . —海口：南海出版公司；2009.
03；—183 页；22cm
￥CNY20.00
本书为童话。

2024　墨菲心想事成法则
〔日〕植西聪著 . —天津：天津教育出版社；2009.
07；—229 页；23cm
￥CNY22.00
本书揭开了潜在意识之谜。

2025　男孩来自火星，妈妈怎么办
〔日〕原坂一郎著 . —天津：天津教育出版社；
2009.11；—192 页；22cm
￥CNY20.00
作者是日本男性保育员的先驱者。

2026　南非：09～10
〔日〕大宝石出版社原著 . —北京：中国旅游出
版社；2009.04；—417 页；21cm
￥CNY60.00
本书为"走遍全球"系列丛书的南非分册。

2027　脑电图判读 . 病例篇
〔日〕大熊辉雄等主编 . —北京：科学出版社；
2009.01；—385 页；26cm
￥CNY178.00（全套 2 册）
本书包括入门篇及病例篇。

2028　脑电图判读 . 入门篇
〔日〕大熊辉雄等著 . —北京：科学出版社；
2009.01；—456 页；26cm
￥CNY178.00（全套 2 册）
本书包括入门篇及病例篇。

2029　脑科学与教育入门
〔日〕小泉英明著 . —北京：高等教育出版社；

2009.11；—235 页；21cm

¥CNY22.00

本书是日本脑科学与教育家小泉英明先生的最新研究成果。

2030 脑髓地狱：日本四大推理奇书

〔日〕梦野久作著．—北京：新星出版社；2009.01；—450 页；20cm

¥CNY33.00

2031 内藤湖南汉诗文集

〔日〕内藤湖南著．—桂林：广西师范大学出版社；2009.01；—478 页；21cm

¥CNY42.00

本书收录了日本著名汉学家内藤湖南先生的大量诗歌和散文，乃国内首次出版。

2032 内向所以成功：发掘内向性格迈向成功之路

〔日〕夏本博明著．—北京：科学出版社；2009.01；—256 页；24cm

¥CNY34.00

本书作者是日本著名的畅销书作者，心理学家。

2033 内脏减脂书

〔日〕工藤一彦著．—海口：南海出版公司；2009.06；—199 页；16cm

¥CNY22.00

本书从饮食、运动、生活习惯等方面提供了最科学、最可靠的内脏减脂方案。

2034 你今天 DaLaDaLa 了没．糖果与皮鞭

〔日〕徒步助著．—北京：国际文化出版公司；2009.04；—115 页；20cm

¥CNY20.00

本书是全彩手绘书。

2035 你看起来好像很好吃

〔日〕宫西达也编绘．—南昌：二十一世纪出版社；2009.01；—1 册；26×21cm

（精装）：¥CNY24.80

2036 年轻 5 岁的美点按摩

〔日〕田中玲子著．—沈阳：辽宁科学技术出版社；2009.04；—95 页；22cm

¥CNY16.00

本书是已经为 10 万余人做过美容的拥有"上帝之手"的田中玲子的美容介绍。

2037 农村及农业资源的再生利用：垃圾循环利用的农业实践

〔日〕酒井信一著．—郑州：河南科学技术出版社；2009.10；—147 页；21cm

¥CNY12.00

本书阐述垃圾循环的再生利用问题。

2038 农业机器人．机构与实例

〔日〕近藤直，〔日〕门田充司，〔日〕野口伸编著．—北京：中国农业大学出版社；2009.05；—10 页，242 页；26cm

¥CNY70.00（全套 2 册）

本书介绍了农业机器人的基础和理论。

2039 农业机器人．基础与理论

〔日〕近藤直，〔日〕门田充司，〔日〕野口伸共著．—北京：中国农业大学出版社；2009.05；—10 页，200 页；26cm

¥CNY70.00（全套 2 册）

本书介绍了农业机器人的基础和理论。

2040 女人健康私房书

〔日〕中村清吾著．—海口：南海出版公司；2009.03；—184 页；23cm

¥CNY25.00

本书详细介绍了乳房的保健，乳腺疾病的自检方法等。

2041 女人也怕入错行

〔日〕大田垣晴子著绘．—南昌：江西科学技术出版社；2009.08；—135 页；21cm

¥CNY18.00

本书通过绘本形式，呈现出职场女性的生活百态及值得尊重的职业精神。

2042 女优

〔日〕渡边淳一著．—上海：文汇出版社；2009.08；—395 页；21cm

¥CNY39.00

本书为传记小说，讲述上世纪初日本新话剧奠基人岛村抱月和松井须磨子的奋斗与爱情。

2043 排毒按摩，塑造美人体质

〔日〕原一惠著．—沈阳：辽宁科学技术出版社；2009.06；—79 页；23cm

¥CNY26.80

本书中，介绍了通过促进淋巴液的流动来排毒的按摩方法，在自己的家就可以轻松完成。

2044 泡沫

〔日〕渡边淳一著．—上海：文汇出版社；2009.

04；—453 页；21cm

¥CNY39.00

本书是渡边淳一的一部长篇小说。

2045 啤酒就该这样喝

〔日〕大田垣晴子著绘 . —南昌：江西科学技术出版社；2009.08；—143 页；21cm

¥CNY18.00

告诉读者：啤酒不是男人的专属饮品，作为优雅的女人，同样可以从啤酒中得到很多乐趣。

2046 飘着幽灵的房子

〔日〕小原胜野文/图 . —武汉：湖北美术出版社；2009.10；—1 册；26×26cm

¥CNY26.00

2047 拼合记忆：澳门历史建筑的发展与保护

吴尧，〔葡〕樊飞豪，〔日〕是永美树著 . —北京：中国电力出版社；2009.03；—150 页；21cm

¥CNY38.00

为建筑专业的学生以及对澳门历史与文化感兴趣的普通读者所写的一本著作。

2048 品牌王国瑞士的秘密：向瑞士学习七个智慧

〔日〕矶山有幸著 . —北京：中国社会科学出版社；2009.01；—157 页；24cm

¥CNY25.00

本书主要讲述瑞士这个国家的特点。

2049 品质经营入门

〔日〕久米均著 . —北京：中国经济出版社；2009.06；—224 页；24cm

¥CNY36.00

本书介绍以质量体系为保证的经营方式和经营战略。

2050 苹果胡萝卜汁减肥

〔日〕石原结实著 . —海口：南海出版公司；2009.08；—202 页；24cm

¥CNY28.00

本书介绍了利用苹果胡萝卜汁减肥的具体方法，注意事项等，是减肥者必备的食疗养生书。

2051 破壁腾飞

〔日〕吉川广和著 . —北京：清华大学出版社；2009.02；—138 页；26cm

¥CNY25.00

2052 蒲寿庚考

〔日〕桑原骘藏著 . —北京：中华书局；2009.

05；—187 页；24cm

¥CNY29.00

桑原骘藏是日本东洋史学创始人之一。

2053 溥仪的另一种真相：秘藏日本的伪满皇宫最高机密

〔日〕中田整一著 . —上海：上海人民出版社；2009.09；—12 页，189 页；24cm

¥CNY28.00

本书围绕《绝密会见录》展开。

2054 七彩糖豆

〔日〕夏澄著 . —桂林：广西师范大学出版社；2009.09；—233 页；19cm

¥CNY22.80

2055 七天突破托业考试

〔日〕柴山胜野编著 . —北京：中国人民大学出版社；2009；—页；

¥CNY25.00

本书是托业考试辅导书。

2056 气质美人黑色餐

〔日〕菅原明子著 . —上海：上海世界图书出版公司；2009.01；—73 页；26cm

¥CNY20.00

本系列丛书教您轻松学会健康美味、赏心悦目的和食。

2057 起床了，我能行

〔日〕木村裕一著 . —北京：北京科学技术出版社；2009.06；—1 册；22cm

（精装）：¥CNY76.80（全套 6 册）

2058 千万别当投资白痴：识破 18 种常见的金融陷阱

〔日〕山崎元著 . —汕头：汕头大学出版社；2009.09；—169 页；24cm

¥CNY26.00

帮助投资者认清金融机构的种种陷阱。

2059 钳工能手

〔日〕技能士の友编集部编著 . —北京：机械工业出版社；2009.06；—161 页；21cm

¥CNY25.00

本书主要包括钳工使用的一般工具，锯的种类及使用方法等。

2060 浅草小子

〔日〕北野武著 . —上海：上海人民出版社；2009；

—210 页；

¥CNY20.00

日本知名导演北野武，围绕着"成长"主题，以浅草为舞台，再现自己那充满回忆的青春时代。

2061 亲手缝制的温暖家居服 & 布艺小物

〔日〕靓丽社组织编写．—北京：化学工业出版社；2009.07；—92 页；26cm

¥CNY28.00

本书汇集了日本超人气手工达人设计制作的 37 件家居服和布衣小物。

2062 亲子魔法手工小物

〔日〕松村千惠著．—青岛：青岛出版社；2009.12；—96 页；27cm

¥CNY26.00

本书介绍了 101 种为孩子所喜爱的小编织物，是妈妈、亲子的最好媒介。

2063 寝台特急 1/60 秒障碍

〔日〕岛田庄司著．—北京：新星出版社；2009.04；—220 页；22cm

¥CNY23.00

本书为日本侦探小说。

2064 轻松读懂财报：选对高回报投资对象的秘诀

〔日〕胜间和代著．—北京：中信出版社；2009.11；—12 页，227 页；21cm

¥CNY22.00

掌握阅读财报的秘诀、学会辨别虚增获利的方法、搜寻会计操作的痕迹。

2065 轻松度过更年期

〔日〕菅原明子著．—上海：世界图书出版公司；2009.01；—73 页；26cm

¥CNY20.00

笔者经过多年来的研究，确信通过饮食的改善就能让读者顺利度过更年期。

2066 氢能技术

〔日〕氢能协会编．—北京：科学出版社；2009.08；—202 页；24cm

¥CNY35.00

本书系统且全面地介绍氢能基础知识、氢能相关技术及氢能系统、氢能带来的环境及经济影响等。

2067 清代北京皇城写真帖

〔日〕小川一真摄影．—北京：学苑出版社；2009.01；—233 页；25×26cm

¥CNY78.00

本书收录日本人小川一真在 1901 年拍摄的紫禁城建筑 170 幅照片。

2068 清香缘韻：中国茶文化の素颜

〔日〕棚桥篁峰著．—北京：中国画报出版社；2009.06；—128 页；22cm

¥CNY36.00

本书全面介绍了中国茶文化的历史积淀和制茶业、茶文化发展现状。

2069 情书

〔日〕岩井俊二著．—海口：南海出版公司；2009.02；—206 页；21cm

（精装）：¥CNY25.00

本书为日本当代长篇小说。

2070 穷忙族：忙碌阶层的哀与愁

〔日〕门仓贵史著．—北京：中信出版社；2009.06；—16 页，194 页；21cm

¥CNY22.00

物价上涨、通货膨胀、贫富差距愈来愈大，有一群被称为"穷忙族"的新阶层正在逐渐形成。

2071 秋寒

〔日〕渡边淳一著．—上海：文汇出版社；2009.08；—259 页；21cm

¥CNY24.00

本书以一位年轻女性的视角写了一段婚外恋情，以及深陷其中的女性的心理转变过程。

2072 秋叶原@DEEP

〔日〕石田衣良著．—上海：上海人民出版社；2009.01；—378 页；21cm

¥CNY25.00

2073 去中国的小船

〔日〕村上春树著．—上海：上海译文出版社；2008.07；—193 页；21cm

¥CNY16.00

本书是作者的第二部小说。以银行隐瞒不良债权为主线，多角度描述了日本大型银行的弊端。

2074 趣味小魔术 72 变

〔日〕泷泽辉男著．—沈阳：辽宁科学技术出版社；2009.01；—207 页；21cm

¥CNY19.80

本书图文结合共介绍了 74 种魔术。

2075　全球化中的中日经济关系：发展与深化

山东大学经济学院，〔日〕和歌山大学经济学部汇编．—北京：经济科学出版社；2009.11；—10页，324页；23cm

￥CNY36.00

本书作为一部学术著作。

2076　全图解疾病说明书

〔日〕冈岛重孝，〔日〕水野嘉夫著．—郑州：河南科学技术出版社；2009.08；—187页；23cm

￥CNY28.00

本书是日本著名的医学博士编写的大众医学科普读物。

2077　全图解人体说明书

〔日〕安藤幸夫著．—郑州：河南科学技术出版社；2009.08；—207页；23cm

￥CNY28.00

本书由日本著名医学专家著，分系统对人体进行了全面解读。

2078　《劝学》导读

〔日〕福泽谕吉著．—天津：天津人民出版社；2009.06；—112页；19cm

￥CNY12.00

本书是对名著《劝学》的导读。

2079　让我荡一会儿吧

〔日〕清野幸子文/图．—海口：南海出版公司；2009.11；—1册；18cm

￥CNY78.00（全套10册）

2080　人格权法

〔日〕五十岚清著．—北京：北京大学出版社；2009.11；—228页；23cm

￥CNY32.00

本书主要是通过判例来阐明21世纪初的当今的日本人格权法之现状。

2081　人气发型288个细节

〔日〕严谷春行著．—北京：中国轻工业出版社；2009.04；—76页；24cm

￥CNY26.80

本书主要介绍了根据头发长短和发质来选择适合自己的发型。

2082　人气室内犬选择与饲养

〔日〕佐草一优主编．—长春：吉林科学技术出版社；2009.03；—191页；21cm

￥CNY24.80

这本书在罗列了可爱的室内犬商品名录的同时，也总结了常用的关于犬的教养方法和饲养方法。

2083　5/8人生黄金律：工作达人的幸福生活平衡法

〔日〕野村正树著．—北京：金城出版社；2009.06；—180页；24cm

￥CNY26.00

本书讲述了在工作与生活间取得平衡、获得更加幸福的人生的5/8人生黄金律。

2084　人为什么活着：稻盛和夫的哲学

〔日〕稻盛和夫著．—北京：中国人民大学出版社；2009.02；—16页，147页；23cm

￥CNY29.80

本书包括三部分：与宇宙意志相和谐、秉持利他之心而活、让心智提升到更高的境界。

2085　日本

〔日〕大森和夫，〔日〕大森弘子，曲维著．—北京：外语教学与研究出版社；2009.08；—13页，311页；23cm

￥CNY50.00

本书通过介绍日本的语言、文学、文化、料理方面的内容，使读者对日本有更清晰的了解。

2086　日本的思想

〔日〕丸山真男著．—北京：生活·读书·新知三联书店；2009.05；—14页，136页；21cm

￥CNY19.80

对我们了解日本的思考方式和价值观提供了重要的参考。

2087　日本顶级化妆师的美妆秘笈

〔日〕贵子著．—沈阳：辽宁科学技术出版社；2009.07；—78页；25cm

￥CNY36.00

本书正是为那些不擅长化妆和对自己的容颜没有自信的人写的。

2088　日本国宪法的精神

〔日〕渡边洋三著．—南京：译林出版社；2009.10；—171页；23cm

￥CNY25.00

本书论述了《日本国宪法》作为日本政治的基石，其和平宪法的本质特征。

2089　日本经济政策亲历者实录

〔日〕宫崎勇著．—北京：中信出版社；2009.07；—14页，270页；23cm

￥CNY35.00

本书对我们了解日本经济、全球经济形势至关重要。

2090 日本料理助你更长寿

〔日〕菅原明子著．—上海：世界图书出版公司；2009.01；—73 页；26cm

￥CNY20.00

本系列丛书教您轻松学会健康美味、赏心悦目的和食。

2091 日本漫画创作技法．变形金刚

〔日〕新田康弘著．—北京：中国科学技术出版社；2009.05；—124 页；23cm

￥CNY28.00

本书为动漫绘画技巧的入门级宝典，是奉献给初学漫画的美术学院学生和动漫爱好者的一套精品教程。

2092 日本漫画创作技法．格斗动作

〔日〕中岛诚著．—北京：中国科学技术出版社；2009.05；—126 页；23cm

￥CNY26.00

本书为动漫绘画技巧的入门级宝典，是奉献给初学漫画的美术学院学生和动漫爱好者的一套精品教程。

2093 日本漫画创作技法．色彩运用

〔日〕草野雄著．—北京：中国科学技术出版社；2009.07；—119 页；23cm

￥CNY36.00

木书为动漫绘画技巧的入门级宝典，是奉献给初学漫画的美术学院学生和动漫爱好者的一套精品教程。

2094 日本漫画创作技法．少女角色

〔日〕赤浪著．—北京：中国科学技术出版社；2009.05；—136 页；23cm

￥CNY29.00

本分册带给读者最受欢迎的少女形象。

2095 日本漫画创作技法．神奇幻想

〔日〕翠菊纪子著．—北京：中国科学技术出版社；2009.06；—144 页；23cm

￥CNY39.90

本分册着眼于神奇的幻想和想象，呈现给读者一个不可思议的魔幻世界。

2096 日本漫画创作技法．嘻哈文化

〔日〕中岛诚，〔日〕山本达也著．—北京：中国

科学技术出版社；2009.05；—138 页；23cm

￥CNY29.00

本分册内容涉及嘻哈文化的方方面面。

2097 日本漫画创作技法．妖怪造型

〔日〕PLEX 工作室著．—北京：中国科学技术出版社；2009.06；—142 页；23cm

￥CNY39.90

本分册挖掘民间神话和传说中的妖怪素材，创造出一系列造型各异、风格不同的妖怪形象。

2098 日本漫画创作技法．肢体·表情

〔日〕尾泽忠著．—北京：中国科学技术出版社；2009.05；—138 页；23cm

￥CNY29.00

本分册聚焦于动漫人物的形体、姿态、面部表情，将看似艰深的人物造型绘制过程化繁为简。

2099 日本明星化妆师黑田启藏的王牌化妆术

〔日〕黑田启藏著．—沈阳：辽宁科学技术出版社；2009.04；—119 页；23cm

￥CNY28.00

本书的著者是拥有史上最高超化妆术、女艺人专用、人气极高的化妆大师"黑田启藏"。

2100 日本染发技术解析

〔日〕ZA/ZA 著．—沈阳：辽宁科学技术出版社；2009.04；—176 页；29cm

￥CNY66.00

本书由日本引进版权，从专业的角度，全方位介绍了染发的基础知识。

2101 日本人每天必说的 65 句

〔日〕林崎惠美，〔日〕山本峰规子著．—上海：世界图书出版公司；2009.08；—204 页；21cm

￥CNY28.00

本书挑选出日本人生活中最常用也最基础的 65个短句。

2102 日本人与中国人

〔日〕陈舜臣著．—桂林：广西师范大学出版社；2009.01；—10 页，285 页；24cm

￥CNY28.00

本书作者以中日两种文化亲历者的身份，思考并厘清日本人与中国人在民族文化、性格上的差异。

2103 日本商务礼仪 100 法则

〔日〕中村万里著．—大连：大连理工大学出版

社；2009.07；—20 页，255 页；19cm
￥CNY18.00
本书的侧重点在于措辞，特别强调敬语的表达。

2104 日本孙子书知见录
苏桂亮，〔日〕阿竹仙之助合编 .—济南：齐鲁
书社；2009.01；—22 页，17 页，321 页；23cm
￥CNY56.00
本书以提要和简目的形式，介绍了日本自《孙
子兵法》传入后出版的有关著作共 376 种。

2105 日本行政程序法逐条注释
〔日〕室井力，〔日〕芝池义一，〔日〕浜川清
主编 .—上海：上海三联书店；2009.11；—299
页；23cm
￥CNY38.00
这是一本逐条注释 1993 年颁布的日本《行政程
序法》的著作。

2106 日本语会话 30 天上手
〔日〕木下真彩子著 .—上海：华东理工大学出
版社；2009.01；—238 页；21cm
￥CNY24.00
本书不仅有 30 篇会话，还有相应的练习题与
测验。

2107 日本语能力测试 1 级读解
彭曦，〔日〕笠原祥士郎，汪丽影编著 .—上海：
华东理工大学出版社；2009.02；—260 页；26cm
￥CNY28.00
本书是按照《日本语能力测试出题基准》的要
求编写的 10 套阅读材料，并给文本标注了注音。

2108 日本语能力测试 2 级读解
〔日〕笠原祥士郎，汪丽影，彭曦编著 .—上海：
华东理工大学出版社；2009.02；—210 页；26cm
￥CNY25.00
本书是根据《日本语能力测试基准》编写的 2
级读解练习题。

2109 日本语能力测试文法全攻略：名师讲解版
袁明正，王周秀，〔日〕近藤三元编著 .—北京：
中国宇航出版社；2009.05；—365 页；24cm
￥CNY39.80
本书涵盖日本语能力测试 2 级文法的所有条目，
所有例句均选自历年经典考题或权威工具书。

2110 日本语能力测试文法全攻略：名师讲解版
袁明正，王周秀，〔日〕近藤三元编著 .—北京：
中国宇航出版社；2009.05；—259 页；24cm

￥CNY29.80
所有例句均选自历年经典考题或权威工具书。配
超长真人讲解 MP3 光盘。

2111 日本语新辞典
〔日〕松井荣一编 .—上海：上海外语教育出版
社；2009.07；—12 页，2038 页；22cm
（精装）：￥CNY138.00
本书是中型日汉双语词典，除收录现代日语的词
语条目外，还收录大量的单字、词组、谚语等。

2112 日本走向何方
〔日〕小原雅博著 .—北京：中信出版社；2009.
01；—161 页；25cm
￥CNY26.00
作为一名日本外交官，作者小原雅博首次揭开了
日本外交的内幕。

**2113 日本最漫长的一天：决定命运的八月十
五日**
〔日〕半藤一利著 .—重庆：重庆出版社；2009.
03；—247 页；21cm
￥CNY24.90
本书详细记录了《波茨坦公告》发表以后日本
政坛和部分日本军人的反应及措施。

2114 日本最新设计模板 . POP 设计
〔日〕夏井芸华编著 .—北京：人民美术出版社；
2009.05；—233 页；19cm
￥CNY38.00

2115 日本最新设计模板 . 版面设计
〔日〕夏井芸华编著 .—北京：人民美术出版社；
2009.05；—233 页；19cm
￥CNY38.00

2116 日本最新设计模板 . 标志设计
〔日〕夏井芸华编著 .—北京：人民美术出版社；
2009.05；—233 页；19cm
￥CNY38.00

2117 日本最新设计模板 . 插画设计
〔日〕夏井芸华编著 .—北京：人民美术出版社；
2009.05；—233 页；19cm
￥CNY38.00

2118 日本最新设计模板 . 色彩设计
〔日〕夏井芸华编著 .—北京：人民美术出版社；
2009.05；—233 页；19cm
￥CNY38.00

本系列图书由日本夏井艺华设计事务所编写。

2119　日本最新设计模板·字体设计
〔日〕夏井芸华编著.—北京：人民美术出版社；
2009.05；—233 页；19cm
￥CNY38.00

2120　日美货币谈判：内幕 20 年
〔日〕泷田洋一著.—北京：清华大学出版社；
2009.07；—12 页，302 页；24cm
￥CNY38.00
本书以上世纪 80 年代日本和美国关于货币谈判
的当事者的记录为素材。

2121　日语常用句型 1000
〔日〕桥本友纪等编著.—上海：华东理工大学出
版社；2009.01；—535 页；21cm
￥CNY35.00
本书列出了日常用语中的 1000 个句型。

2122　日语常用句型 1000
〔日〕桥本友纪等著.—上海：华东理工大学出
版社；2009.01；—535 页；21cm
￥CNY29.00
本书以句型的方式学习日语，不仅可以将学到
的内容化零为整，记忆起来也方便，朗朗上口。

2123　日语超级新鲜词：字典里没有的单词
〔日〕神藏康雄著.—北京：世界图书出版公司
北京公司；2009.10；—207 页；21cm
￥CNY24.00
本书收集了 194 个最新最流行的口语单词，配以
会话及简要解说。

2124　日语功能句型指导篇
〔日〕K.A.I.T 编著.—北京：外语教学与研究
出版社；2009.06；—280 页；21cm
￥CNY18.00
本书对中级日语中出现的重点功能句型从其使
用的实际场景、同义句型以及学习者的误用几
个方面进行了彻底分析。

2125　日语会话，1 秒就 KO
〔日〕上杉哲编著.—北京：中国宇航出版社；
2009.01；—247 页；21cm
￥CNY18.80
本书是日语口语书，帮助读者短时间内提高日
语会话能力。

2126　日语教学法入门
〔日〕高见泽孟著.—北京：外语教学与研究出

版社；2009.06；—192 页；26cm
￥CNY37.00
本书以从未有过日语教学经验的日语教学者为
对象，详细介绍日语教学方法。

2127　日语教育基本用语辞典
〔日〕高见泽孟主编.—北京：外语教学与研究
出版社；2009.07；—334 页；21cm
￥CNY27.00
本书非常适合日语专业教师使用。

2128　日语敬语脱口说
〔日〕金子广幸著.—北京：外语教学与研究出
版社；2009.07；—183 页；26cm
￥CNY28.00
本书配合 MP3，采取边听边学的练习方法，让学
习者在大量的练习中自然地掌握敬语。

2129　日语敬语新说
〔日〕佐藤利行，李均洋，〔日〕高永茂著.—
北京：外语教学与研究出版社；2009.09；—130
页；23cm
￥CNY16.00
本书是日本国立重点大学广岛大学（在日本
大学排名中位列前 10 位）和北京市重点大学首
都师范大学长期学术及教育交流合作的成果
之一。

2130　日语口语对话狂
李振东，〔日〕谷口惠主编.—北京：外文出版
社；2009；—2 册（622 页）；19cm
￥CNY36.80
本书以最简练的 AB 对话的方式，网罗生活工作
方方面面，让读者一经被问，就能回答。

2131　日语语言教学基础知识
〔日〕高见泽孟主编.—北京：外语教学与研究
出版社；2009.08；—293 页；26cm
￥CNY45.00
本书以从未有过日语教学经验的日语教学者为
对象。

2132　如果是松下幸之助该怎么办：将危机改变为良机的成功法则
〔日〕大西宏著.—北京：中央广播电视大学出
版社；2009.08；—219 页；19cm
￥CNY26.00
本书通过松下创始人松下幸之助的真实案例，讲
述在逆境中趋利避害，化险为夷的实用方法。

2133　如何让孩子改掉拖拖拉拉的坏毛病，养成积极主动的好习惯！
〔日〕多湖辉著 . —海口：南海出版公司；2009.
02. —140 页；23cm
　¥CNY20.00
本书是家庭教育类图书。

2134　儒教三千年
〔日〕陈舜臣著 . —桂林：广西师范大学出版社；
2009.03. —292 页；24cm
　¥CNY28.00
本书介绍了自尧舜及周公所处的神话时代至今三千年间，儒教之诞生、发展和变化历程。

2135　乳房疾病自我诊疗与全面调养
〔日〕中村清吾著 . —海口：南海出版公司；2009.
10. —184 页；22cm
　¥CNY25.00

2136　软件工程师标准日本语 . 初级
〔日〕加茂隆编著 . —北京：人民邮电出版社；
2009.09. —16 页，416 页；26cm
　¥CNY55.00
编写本书的目的是为对日软件开发工程师提供一本有针对性的教材。

2137　软件工程师标准日本语
〔日〕加茂隆编著 . —北京：人民邮电出版社；
2009.11. —13 页，459 页；26cm
　¥CNY59.00
编写本书的目的就是为对日软件开发工程师提供一本有针对性的教材。

2138　三个月突破托业考试
〔日〕柴山胜野著 . —北京：中国人民大学出版社；2009. —142 页
　¥CNY25.00
本书为托业考试的辅导书。

2139　三只小猪
〔日〕濑田贞二改编 . —海口：南海出版公司；
2009.05. —18 页；26cm
　¥CNY12.00
本书改编自大家所熟悉的英国民间故事。

2140　扫除收纳 ABC
〔日〕池田书店编辑部编 . —郑州：河南科学技术出版社；2009.01. —141 页；24cm
　¥CNY28.80
本书教您解决琐碎问题的有效方法。

2141　色彩魔法书
〔日〕高坂美纪著 . —沈阳：辽宁科学技术出版社；2009.07. —79 页；25cm
　¥CNY18.00
书中阐述个人喜好的颜色是与性格有关的。

2142　色彩学基础与实践
〔日〕渡边安人编写 . —北京：中国建筑工业出版社；2009. —页
　¥CNY40.00

2143　森林都市 EGEC
〔日〕奥野翔编著 . —北京：中国环境科学出版社；2009.01. —124 页；24cm
（精装）：¥CNY45.00
本书是一部生态城市建设的畅想曲。

2144　砂器
〔日〕松本清张著 . —海口：南海出版公司；2009.
11. —426 页；22cm
　¥CNY28.00
世界三大推理小说巨匠中唯一亚洲人、日本文坛一代宗师松本清张的代表作。

2145　山大王
〔日〕椋鸠十著 . —南昌：二十一世纪出版社；
2009.08. —160 页；21cm
　¥CNY13.80
以日本文化为观照，对大自然施以现实主义的透视。

2146　山猫怎么办
〔日〕木村裕一文 . —武汉：湖北美术出版社；
2009.12. —1 册；19×30cm
（精装）：¥CNY26.00

2147　善的研究
〔日〕西田几多郎著 . —北京：光明日报出版社；
2009.07. —169 页；20cm
　¥CNY12.00
本书为日本现代资产阶级唯心主义哲学家西田几多郎的处女作，是一部哲学著作。

2148　伤离别
〔日〕市川拓司著 . —海口：南海出版公司；2009.
02. —290 页；22cm
　¥CNY25.00
本书是日本当代情感小说。

2149　商务日语会话
〔日〕岩泽绿，〔日〕寺田则子著 . —北京：外语

教学与研究出版社；2009.02；—167 页；26cm

¥CNY27.90

2150　商务日语一点通

〔日〕岛田惠，〔日〕涩川晶，〔日〕小川茂夫
著 . —北京：外语教学与研究出版社；2009.03；
—144 页；26cm

¥CNY24.90

本书取材于商务交往中的常用场景，以现场对
话为中心编写而成。

**2151　上海贸易网与近代东亚：19 世纪后半期
东亚的贸易与交流**

〔日〕古田和子著 . —北京：中国社会科学出版
社；2009.09；—253 页；21cm

¥CNY28.00

是一部规范研究和实证研究兼备的学术著作。

2152　设计品牌

〔日〕原田进著 . —南京：江苏美术出版社；2009.
10；—291 页；23cm

¥CNY48.00

本书是引导如何创造品牌的必备指南。

**2153　设施园艺研究新进展：2009 中国·寿光
国际设施园艺高层学术论坛论文集**

杨其长，〔日〕Toyoki Kozai，〔荷〕Gerard P. A. Bot
主编 . —北京：中国农业科学技术出版社；2009.
04；—321 页；26cm

¥CNY52.00

本书为第十届中国（寿光）国际蔬菜科技博览
会（简称“菜博会”）期间举办的研讨会的论
文集。

2154　深河

〔日〕远藤周作著 . —海口：南海出版公司；2009.
07；—278 页；22cm

¥CNY25.00

本书是日本当代长篇小说。

2155　神奇巴娜娜！香蕉早餐减肥法

〔日〕哈麻吉著 . —南宁：广西科学技术出版社；
2009.08；—128 页；21cm

¥CNY28.00

本书观点十分新颖科学，提倡通过吃香蕉喝水
作为早餐的方式减肥。不仅如此，书中还大量介
绍了如何过健康的减肥生活。很适合年龄在 40
岁以下的白领阅读。

2156　神奇宝贝柑橘群岛编 . 1

〔日〕田尻智原著 . —南昌：二十一世纪出版社；
2009.01；—174 页；19cm

¥CNY13.80

本书是风靡全球的日本动画，讲述神奇宝贝和它
的训练师不断历险的故事。

2157　神奇宝贝柑橘群岛编 . 2

〔日〕田尻智原著 . —南昌：二十一世纪出版社；
2009.01；—174 页；19cm

¥CNY13.80

本书是风靡全球的日本动画，讲述神奇宝贝和它
的训练师不断历险的故事。

2158　神奇宝贝柑橘群岛编 . 3

〔日〕田尻智原著 . —南昌：二十一世纪出版社；
2009.01；—175 页；19cm

¥CNY13.80

本书是风靡全球的日本动画，讲述神奇宝贝和它
的训练师不断历险的故事。

2159　神奇宝贝柑橘群岛编 . 4

〔日〕田尻智原著 . —南昌：二十一世纪出版社；
2009.01；—174 页；19cm

¥CNY13.80

本书是风靡全球的日本动画，讲述神奇宝贝和它
的训练师不断历险的故事。

2160　神奇宝贝柑橘群岛编 . 5

〔日〕田尻智原著 . —南昌：二十一世纪出版社；
2009.01；—175 页；19cm

¥CNY13.80

本书是风靡全球的日本动画，讲述神奇宝贝和它
的训练师不断历险的故事。

2161　神奇宝贝柑橘群岛编 . 6

〔日〕田尻智原著 . —南昌：二十一世纪出版社；
2009.01；—175 页；19cm

¥CNY13.80

本书是风靡全球的日本动画，讲述神奇宝贝和它
的训练师不断历险的故事。

2162　神奇宝贝柑橘群岛编 . 7

〔日〕田尻智原著 . —南昌：二十一世纪出版社；
2009.01；—175 页；19cm

¥CNY13.80

本书是风靡全球的日本动画，讲述神奇宝贝和它
的训练师不断历险的故事。

2163　神奇宝贝柑橘群岛编 . 8

〔日〕田尻智原著 . —南昌：二十一世纪出版社；

2009.01；—174 页；19cm
￥CNY13.80
这是风靡全球的日本动画，讲述神奇宝贝和它的训练师不断历险的故事。

2164 神奇宝贝柑橘群岛编.9
〔日〕田尻智原著.—南昌：二十一世纪出版社；
2009.01；—175 页；19cm
￥CNY13.80
这是风靡全球的日本动画，讲述神奇宝贝和它的训练师不断历险的故事。

2165 神奇的纳豆激酶（NK）：终结心脑血管疾病的奥秘
〔日〕须见洋行，李国超著.—大连：大连出版社；2009.04；—149 页；21cm
￥CNY10.00
本书为科普读物。

2166 肾移植治疗学
张小东，〔日〕Kazunari Tanabe，〔美〕Arthur J. Matas 主编.—北京：人民卫生出版社；2009.07；—10 页，454 页；30cm
（精装）：￥CNY126.00
移植术后并发症一直是困扰患者存活率的一个关键问题。

2167 生命的交叉
〔日〕森村诚一著.—北京：中国社会出版社；
2009.02；—242 页；24cm
￥CNY28.00
本书是日本著名的社会派推理小说。

2168 生日快乐
〔日〕清野幸子文/图.—海口：南海出版公司；
2009.11；—1 册；18cm
￥CNY78.00（全套 10 册）
"小猫当当"系列是一套适合 1—3 岁孩子阅读的幼儿绘本。

2169 生
〔日〕柳美里著.—海口：南海出版公司；2009.
02；—249 页；21cm
￥CNY22.00
本书为日本当代长篇小说。

2170 生于天空
〔日〕椋鸠十著.—南昌：二十一世纪出版社；
2009.08；—160 页；21cm
￥CNY13.80

以日本文化为观照，对大自然施以现实主义的透视。

2171 声
〔日〕柳美里著.—海口：南海出版公司；2009.
05；—279 页；21cm
￥CNY22.00
日本当代长篇小说。

2172 时代的空气：一位日本政治家的思考
〔日〕加藤纮一著.—北京：世界知识出版社；
2009.09；—12 页，235 页；23cm
￥CNY25.00
本书作者在这本著作中，以亲身经历和铁的事实，揭露右翼分子纵火事件的始末。

2173 时尚编织小物件
〔日〕希有彩晴著.—北京：中国轻工业出版社；
2009.09；—77 页；24cm
￥CNY22.00
钩出超可爱立体小物件 100 款，57 款可爱小饰品，附有详细步骤图和基础针法。

2174 时尚方程式
〔日〕中野香织著.—天津：天津教育出版社；
2009.02；—215 页；23cm
￥CNY23.00
本书讲述了时装的源流，以及各个时代的时尚风潮，用故事写出了一部服装的发展历史。

2175 时尚饮品大全
〔日〕旭屋出版编著.—郑州：河南科学技术出版社；2009.05；—140 页；21cm
￥CNY23.00
本书主要介绍了数百种果汁、蔬菜汁、冰沙、奶昔等时尚饮品的做法。

2176 识破谎言：借助心理学
〔日〕桦旦纯著.—北京：科学出版社；2009.
01；—175 页；24cm
￥CNY28.00
本书主要针对人们的工作和日常交际，以提升个人的魅力和素质指数为出发点。

2177 实用鲜花折纸
〔日〕久保满里子著.—青岛：青岛出版社；2009.
12；—112 页；26cm
￥CNY28.00
《实用鲜花折纸》一书上市以来，迅速成为折纸手工市场的热点，本书为该图书的升级作品。

2178 食物是最好的医药：全新升级版
〔日〕阿部博幸著 . —海口：南海出版公司；2009.
05；—134 页；22cm
￥CNY28.00
本书为大众生活保健类图书。

2179 使人"落网"的艺术：如何看破对方
〔日〕北芝健著 . —上海：上海人民出版社；2009.
11；—118 页；21cm
￥CNY15.00
本书通过大量的刑事审讯实战案例，总结出一
套系统的揣摩对手心理的方法，最终使对手开
口交代事情的真相。有较强的现实指导意义。

2180 使用 PSIMTM 学习电力电子技术基础
〔日〕野村弘，〔日〕藤原宪一郎，〔日〕吉田
正伸著 . —西安：西安交通大学出版社；2009.
09；—180 页；21cm
￥CNY28.00
本书通过浅显易懂的解说和对例题和练习题的
仿真来介绍电力电子技术的基础。

**2181 21 世纪的日本教育改革：中日学者的
视点**
田慧生，〔日〕田中耕治主编 . —北京：教育科
学出版社；2009.12；—339 页；24cm
￥CNY45.00
本书是中国和日本教育研究人员长期合作研究
的共同成果。该研究以中日双方观点交互呈现
的方式来进行，是国际学术交流的新形式。

2182 20 世纪外国短篇小说精选
〔日〕川端康成等著 . —上海：上海人民美术出
版社；2009.03；—275 页；21cm
￥CNY13.00
本书为语文新课标必读丛书中的一本。20 世纪
外国短篇小说精选。

2183 20 世纪外国散文精选
〔日〕岛崎藤村等著 . —上海：上海人民美术出
版社；2009.03；—220 页；21cm
￥CNY13.00
本书为语文新课标必读丛书中的一本。20 世纪
外国散文精选集。

2184 适合不同脸型的发型 . 长脸型
〔日〕主妇之友社编 . —沈阳：辽宁科学技术出
版社；2009.03；—95 页；21cm
￥CNY22.00
本书中的发型都是人气沙龙热力推荐的发型。

2185 逝去的影子
〔日〕夏树静子著 . —北京：中国社会出版社；
2009.02；—242 页；24cm
￥CNY26.00
本书为日本著名的社会派推理小说。

2186 手工编织 de 最佳款式
〔日〕《爱编之》编写组原著 . —南京：江苏科
学技术出版社；2009.06；—62 页；26cm
￥CNY18.80
本书是最新引进日本雄鸡社版权的毛衣款式书，
是时尚前沿人士的选择。

2187 手工初体验：编织小物入门
〔日〕雄鸡社原著 . —上海：上海科学技术文献
出版社；2009.03；—72 页；26cm
￥CNY16.00
本书介绍了垫布、桌巾、杯套、衣架套、隔热布、
室内鞋、袜套、靠垫、包书皮等的制作方法。

2188 数控机床常识及操作技巧
〔日〕齐藤二郎著 . —北京：机械工业出版社；
2009.05；—161 页；21cm
￥CNY25.00
本书主要包括数控机床的基本概念及特点，数控
机床的主要结构及功能。

2189 数字媒介社会
〔日〕水越申著 . —武汉：武汉大学出版社；
2009.01；—182 页；24cm
￥CNY24.00
本书是日文《数字媒介社会》的翻译书稿。

2190 唰唰唰，刷牙儿
〔日〕木村裕一著 . —北京：北京科学技术出版
社；2009.06；—1 册；22cm
（精装）：￥CNY76.80（全套6册）

2191 水决定健康
〔日〕藤田纮一郎著 . —北京：东方出版社；
2009.05；—142 页；24cm
￥CNY21.00
本书为您详细说明每一种水的性质和特点，并为
您介绍能够预防疾病和衰老的"水谱"。

2192 水仙月四日
〔日〕宫泽贤治著 . —长沙：湖南少年儿童出版
社；2009.03；—231 页；21cm
￥CNY17.00
《水仙月四日》是宫泽贤治的作品精选集。

2193 水知道答案：每一滴水都有一颗心

〔日〕江本胜著．—海口：南海出版公司；2009.06；
—182 页；21cm

　¥ CNY22.50

2194 瞬间洞悉人心：掌握一见"清"心的诀窍

〔日〕桦旦纯著．—北京：科学出版社；2009.01；
—192 页；24cm

　¥ CNY28.00

全书对人们行为的细枝末节予以分析，从中引申出判断对方心理的规律。

2195 瞬时功率理论及其在电力调节中的应用

〔日〕Hirofumi Akagi，〔巴西〕Edson Hirokazu Watanabe，〔巴西〕Mauricio Aredes 著．—北京：机械工业出版社；2009.07；—325 页；24cm

　¥ CNY68.00

本书主要介绍了与电力调节器密切相关的一个理论基础。

2196 私家车检查 & 维护完全指南

〔日〕胁森宏著．—沈阳：辽宁科学技术出版社；
2009.10；—159 页；21cm

　¥ CNY35.00

本书从汽车的构造和维护两个角度。

2197 私家车美容 & 养护完全指南

〔日〕池田书店编辑部编著．—沈阳：辽宁科学技术出版社；2009.10；—159 页；21cm

　¥ CNY35.00

本书是长时间的驾车实践得出的真理。

2198 死亡接力

〔日〕森村诚一著．—北京：中国社会出版社；
2009.02；—167 页；24cm

　¥ CNY20.00

本书是日本著名的社会派推理小说。

2199 死亡坐席

〔日〕森村诚一著．—北京：中国社会出版社；
2009.02；—254 页；24cm

　¥ CNY28.00

本书是日本著名的社会派推理小说。

2200 诉讼法学方法论：中村民事诉讼理论精要

〔日〕中村宗雄，〔日〕中村英郎著．—北京：中国法制出版社；2009.05；—349 页；21cm

　¥ CNY28.00

本书为"中村民事诉讼法学"论文集粹。

2201 宿命

〔日〕东野圭吾著．—海口：南海出版公司；2009.04；—265 页；22cm

　¥ CNY25.00

本书是日本当代长篇小说。

2202 随军慰安妇：长篇纪实文学

〔日〕千里夏光著．—长沙：湖南人民出版社；2009.01；—276 页；23cm

　¥ CNY30.00

本书作者以纪实文学的形式。

2203 0～1 岁宝宝动作全知道

〔日〕小西行郎，〔日〕小西薰著．—上海：上海世界图书出版公司；2009.08；—220 页；17cm

　¥ CNY18.80

本书是一本风趣幽默的育儿书。

2204 0～1 岁宝宝身体全知道

〔日〕小西行郎，〔日〕小西薰著．—上海：上海世界图书出版公司；2009.08；—220 页；17cm

　¥ CNY18.80

本书是一本风趣幽默的育儿书。

2205 0～1 岁宝宝游戏全知道

〔日〕小西行郎，〔日〕小西薰著．—上海：上海世界图书出版公司；2009.08；—160 页；17cm

　¥ CNY16.80

这是一本风趣幽默的育儿书。

2206 30 岁小美女的幸福说明书

〔日〕松原惇子著．—南宁：广西科学技术出版社；2009.09；—230 页；21cm

　¥ CNY25.00

本书是让 5000 万女性为之感动，日本重印 10 次的心灵励志书！

2207 0～2 岁婴幼儿育脑

〔日〕久保田竞著．—长春：吉林科学技术出版社；2009.06；—111 页；22cm

　¥ CNY19.90

2208 索尼市场营销 DNA

〔日〕山村绅一郎著．—深圳：海天出版社；2009.01；—167 页；20cm

　¥ CNY20.00

本书详细介绍了索尼公司营销方略与战术。

2209 太平天国

〔日〕陈舜臣著．—重庆：重庆出版社；2009.

03；—703 页；24cm

¥CNY59.80

本书是长篇小说。

2210 贪婪的资本主义：华尔街的自我毁灭

〔日〕神谷秀树著．—北京：经济科学出版社；

2009.03；—163 页；

¥CNY18.00

这是一本业内人员书写的揭露性著作。

2211 糖尿病不愁吃

〔日〕菅原明子著．—上海：上海世界图书出版

公司；2009.01；—75 页；26cm

¥CNY20.00

本丛书教您轻松学会健康美味、赏心悦目的日

式饮食。

2212 糖尿病自我诊疗与全面调养

〔日〕赤沼安夫监修．—海口：南海出版公司；

2009.10；—215 页；22cm

¥CNY28.00

本书对糖尿病的症状、发病原因、检查、治疗、

糖尿病并发症等 5 方面进行了详细的阐述。

2213 提高免疫力

〔日〕主妇之友社编著．—沈阳：辽宁科学技术

出版社；2009.10；—168 页；21cm

¥CNY38.00

向读者推荐了 6 种提高免疫力的特效食材，以及

如何通过饮食和简单运动，提高免疫力的方法。

2214 体温决定生老病死·病从脚治

〔日〕石原结实著．—海口：南海出版公司；2009.

05；—168 页；24cm

¥CNY25.00

本书为大众健康保健类图书。

2215 天地人：风云男儿的乱世豪情

〔日〕火坂雅志著．—重庆：重庆出版社；2009.

06；—485 页；22cm

¥CNY49.80

本书讲述了日本战国时代中一位为"义"而生

的男子——直江兼续的传奇故事。

2216 天黑以后

〔日〕村上春树著．—上海：上海译文出版社；

2007.07；—203 页；21cm

¥CNY17.00

《天黑以后》系日本著名作家村上春树的重要作

品之一。

2217 3 天就能钩出的围巾·披肩·短上衣

〔日〕美创出版著．—郑州：河南科学技术出版

社；2009.10；—63 页；26cm

¥CNY23.80

本书介绍了数十款极具风情的时尚女性围巾、披

肩、长巾、短上衣的绒线钩针制作方法。

2218 1 天就能完成的宝贝装

〔日〕靓丽出版社编著．—郑州：河南科学技术

出版社；2009.05；—80 页；27cm

¥CNY26.80

本书主要介绍了用各种各样的布制作出漂亮、可

爱的宝贝装。

2219 天哪！数学原来可以这样学

〔日〕野口哲典著．—西安：陕西师范大学出版

社；2009.04；—219 页；24cm

¥CNY24.80

本书全盘揭示了快乐教授孩子算术的秘诀。

2220 60 天让你日语变流利

〔日〕伊藤干彦著．—大连：大连理工大学出版

社；2009.08；—228 页；21cm

¥CNY20.00

本书是初级日语会话，情景式日语口语。

2221 天人诞生图研究：东亚佛教美术史论文集

〔日〕吉村怜著．—上海：上海古籍出版社；2009.

12；—552 页；23cm

¥CNY78.00

本书为日本早稻田大学著名学者吉村怜教授多

年来对于东亚佛教美术相关研究论文之集合。

2222 7 天足部按摩计划

〔日〕泷泽麻奈美著．—沈阳：辽宁科学技术出

版社；2009.07；—111 页；21cm

¥CNY25.00

书中介绍了十大按摩计划。

**2223 田中宥久子的美体按摩法：美丽肌肤的
诞生**

〔日〕田中宥久子著．—昆明：云南教育出版社；

2009.01；—101 页；21cm

¥CNY26.00

本书将教您如何管理自己的面部和身体，帮助您

塑造更加动人的身体曲线。

2224 跳出日语陷阱 36 计

〔日〕新屋映子，〔日〕姬野伴子，〔日〕守屋三

千代著．—北京：外语教学与研究出版社；2009.
06；—237 页；21cm
¥CNY16.90

2225 铁臂阿童木
〔日〕手冢治虫编绘．—哈尔滨：黑龙江美术出
版社；2009.01；—201 页；19cm
¥CNY38.40（全套 3 册）
本书根据日本漫画大师手冢治虫动漫改编。

2226 铁臂阿童木
〔日〕手冢治虫编绘．—哈尔滨：黑龙江美术出
版社；2009.01；—209 页；19cm
¥CNY38.40（全套 3 册）
本书根据日本漫画大师手冢治虫动漫改编。

2227 铁鼠之槛
〔日〕京极夏彦著．—上海：上海人民出版社；
2009.06；—505 页；21cm
¥CNY29.00
束缚人心的不是山林或古寺，而是人心自身的
固执与妄念。

2228 铁鼠之槛
〔日〕京极夏彦著．—上海：上海人民出版社；
2009.06；—477 页；21cm
¥CNY29.00
束缚人心的不是山林或古寺，而是人心自身的
固执与妄念。

2229 听吧：日语 365 题
〔日〕黑羽荣司编著．—北京：外语教学与研究
出版社；2009.07；—445 页；21cm
¥CNY36.00
本书为听力类教辅，分为初、中、高级三个部
分，适合各个层次的读者进行使用。

2230 听不懂日语的 19 个理由
杨美玲，〔日〕藤井胜著．—北京：世界图书出
版公司北京公司；2009.10；—12 页，152 页；21cm
¥CNY25.00
本书是日语初级听力练习用书，对应日语能力
测试 4 级水平。

2231 痛风自我诊疗与全面调养
〔日〕御巫清允监修．—海口：南海出版公司；
2009.10；—186 页；22cm
¥CNY25.00
本书从介绍痛风和高尿酸血症的相关知识入手。

2232 秃鹰：席卷大洋彼岸的资本风暴
〔日〕真山仁著．—北京：中国铁道出版社；2009.
01；—244 页；24cm
¥CNY35.00
本书通过男主人公鹫津政彦的复仇故事，展现了
资本市场的腥风血雨。

2233 秃鹰：席卷大洋彼岸的资本风暴
〔日〕真山仁著．—北京：中国铁道出版社；2009.
01；—178 页；24cm
¥CNY25.00
本书以日本在 20 世纪 90 年代经济泡沫崩溃之后
为背景，描述了资本主义、企业的生存形态。

**2234 图解 5S 管理实务：轻松掌握现场管理与
改善的利器**
〔日〕大西农夫明著．—北京：化学工业出版社；
2009.04；—155 页；22cm
¥CNY25.00
本书向细介绍了如何在企业中创造 5S 活动的环
境和推行方法。

**2235 图解成功要懂自我心理分析：发现未知自
己的实用心理学**
〔日〕榎本博明著．—沈阳：辽宁科学技术出版
社；2009.08；—185 页；23cm
¥CNY25.00
本书介绍了从客观角度认识自己的具体方法。

2236 图解德鲁克管理精粹
〔日〕久恒启一著．—北京：电子工业出版社；
2009.07；—11 页，190 页；24cm
¥CNY29.00
本书运用图解的思考形式和技巧帮助您学习德
鲁克管理学理论。

2237 图解钢结构设计
〔日〕田岛富男，〔日〕德山昭著．—北京：中国
电力出版社；2009.10；—198 页；21cm
¥CNY25.00
本书以简洁易懂、充满趣味的形式介绍了钢结构
的基础计算知识。

**2238 图解古希腊那些事儿：希腊文明手绘图文
大百科**
〔日〕芝崎美幸著绘．—海口：南海出版公司；
2009.04；—397 页；24cm
¥CNY68.00
本书以轻松趣味的故事，配以活泼的手绘插图，

告诉读者想知道的关于希腊的一切。

2239 图解五轮书：世界三大兵法之一
〔日〕宫本武藏原著 . —北京：长征出版社；2009.
04；—223 页；24cm
¥CNY29.80
本书共分为三部分。

2240 图解应急自救手册：从灾难、事故、急病中拯救生命
〔日〕主妇和生活社著 . —杭州：浙江科学技术出版社；2009.01；—215 页；22cm
¥CNY28.00
介绍了当人们突然遇到不可测的自然灾害、事故或者是受伤、急病时正确应对的方法。

2241 图解足球创意训练
〔日〕高畑好秀著 . —南京：江苏科学技术出版社；2009.01；—166 页；21cm
¥CNY20.00
本书主要介绍最新的足球训练方法，从最简单的训练开始，一步一步的介绍现代足球的练习方法。

2242 吐峪沟石窟壁画与禅观
〔日〕宫治昭著 . —上海：上海古籍出版社；2009.
10；—212 页；29cm
¥CNY45.00

2243 10％脱力生活：我就是上班达人 . 身体篇
〔日〕渡边贺子监修 . —南宁：广西科学技术出版社；2009.01；—125 页；21cm
¥CNY19.80
本书从身体方面解除你的不安，释放累积起来的沉重压力。

2244 10％脱力生活：我就是上班达人 . 心灵篇
〔日〕藤井佐和子监修 . —南宁：广西科学技术出版社；2009.01；—128 页；21cm
¥CNY19.80
本书是日本人气减压书。

2245 瓦楞纸的创意生活
〔日〕主妇之友社著 . —沈阳：辽宁科学技术出版社；2009.05；—111 页；21cm
¥CNY25.00
用瓦楞纸制作杯垫、书架、相框、笔筒、装饰墙等，制作方法简单，构思巧妙。

2246 完美美甲
〔日〕NSJ 美甲协会编著 . —沈阳：辽宁科学技术出版社；2009.07；—87 页；26cm
¥CNY32.00
本书从指甲油的涂法到指甲的保养方法均从专业的角度给以细致的介绍。

2247 完全掌握 3 级日本语能力考试语法问题对策
〔日〕重野美枝，关香，〔日〕锦见静惠著 . —北京：外语教学与研究出版社；2009.08；—216 页；21cm
¥CNY15.00
本书适用于进行日语能力 3 级试的读者，针对不同的学习阶段制订了不同的学习本书的方法。

2248 完全掌握 1、2 级日语能力考试词汇问题对策
〔日〕大矢根祐子等著 . —北京：外语教学与研究出版社；2009.10；—135 页；26cm
¥CNY18.90
本书专门针对日语能力考试中高级，通过意义分类对词汇进行整理、区分、点评。

2249 完全掌握 1、2 级日语能力考试外来语词汇问题对策
〔日〕岛野节子等著 . —北京：外语教学与研究出版社；2009.08；—181 页；26cm
¥CNY23.90
本书专门对日语能力考试、日语留学考试以及生活中外来语词汇进行整理、区分、点评。

2250 晚间西红柿减肥 . 美人食谱
〔日〕唐泽明，〔日〕古谷雅慧著 . —杭州：浙江科学技术出版社；2009.09；—127 页；22cm
¥CNY22.00
本书是畅销书《香蕉早餐减肥法》的姊妹篇。西红柿减肥法的优点是血液畅通、肌肤光滑、好吃、轻松、易瘦。

2251 晚间西红柿减肥
〔日〕唐泽明著 . —哈尔滨：北方文艺出版社；2009.08；—128 页；21cm
¥CNY22.00
本书告诉大家如何通过吃西红柿在减肥并且使肌肤回到年轻状态的健康瘦身方法。

2252 万叶集
〔日〕佚名著 . —南京：译林出版社；2009.01；—24 页，863 页；22cm

（精装）：￥CNY68.00

本书为日本最古老的诗集。

2253 王牌幻彩美甲圣经

〔日〕靓丽出版社编著．—沈阳：辽宁科学技术出版社；2009.11；—111 页；29cm

￥CNY36.00

本书收录有日本所有最新的、富有时尚感的超人气美甲图案及做法。

2254 魍魉之匣

〔日〕京极夏彦著．—上海：上海人民出版社；2009.01；—417 页；21cm

￥CNY29.00

本书讲述了人性中依恋、嫉妒与毁灭的一面。

2255 魍魉之匣

〔日〕京极夏彦著．—上海：上海人民出版社；2009.01；—473 页；21cm

￥CNY29.00

本书讲述了人性中依恋、嫉妒与毁灭的一面。

2256 旺铺招揽顾客的 100 个诀窍

〔日〕唐土新市郎著．—沈阳：辽宁科学技术出版社；2009.04；—307 页；21cm

￥CNY24.00

本书内容包括：入门“招揽顾客计划”的制定方法；绝对“招揽顾客”的基本原则等。

2257 危机管理系统

〔日〕铃木敏正等著．—沈阳：辽宁科学技术出版社；2009.04；—162 页；21cm

￥CNY14.00

本书介绍企业危机管理系统的构建基础、构建过程、实施方案以及紧急事态应对指南等。

2258 威士忌品鉴大全

〔日〕潘波若著．—沈阳：辽宁科学技术出版社；2009.07；—239 页；25cm

￥CNY49.80

本书围绕着四种世界最知名的威士忌酒，对于他们的产区、特征、酿造过程进行了详细地介绍。

2259 微笑面对心情沮丧

〔日〕金盛浦子著．—合肥：安徽人民出版社；2009.04；—159 页；21cm

￥CNY19.80

本书是教人们如何应用良好的心态来应对生活中的各种心情沮丧。

2260 为什么孩子要上学

〔日〕大江健三郎著．—天津：天津教育出版社；2009.01；—191 页；21cm

￥CNY20.00

本书围绕“孩子的童年生活中，成人到底应该给他们什么”而写的随笔。

2261 为什么没有业绩：提升销售业绩的 48 个技巧

〔日〕三宅寿雄，王宝玲著．—北京：中国纺织出版社；2009.04；—228 页；23cm

￥CNY24.80

本书颠覆了传统观念，让你重新认识何谓销售，更重要的是向你传授了实用的销售技巧。

2262 为什么听不懂，为什么说不清

〔日〕船川淳志著．—北京：中国人民大学出版社；2009.04；—166 页；23cm

￥CNY32.00

本书创造性地把沟通与思考看作是一种动态、高效的技能。

2263 围棋死活辞典：日本棋院最新版

〔日〕赵治勋著．—沈阳：辽宁科学技术出版社；2009.10；—411 页；21cm

（精装）：￥CNY38.00

本书取材于《玄玄棋经》、《官子谱》和《棋经众妙》三大围棋死活古典名著。

2264 围棋死活辞典

〔日〕赵治勋著．—沈阳：辽宁科学技术出版社；2009.10；—412 页；21cm

￥CNY38.00

本书包括角的死活、边的死活和应用死活三部分。

2265 唯物史观的原像

〔日〕广松涉著．—南京：南京大学出版社；2009.09；—23 页，279 页；23cm

￥CNY32.00

本书是一部讨论马克思历史唯物主义思想原初形态的研究论著。

2266 胃外科要点与盲点

〔日〕荒井邦佳编集．—沈阳：辽宁科学技术出版社；2009.04；—337 页；27cm

（精装）：￥CNY198.00

本书分 8 章，内容涉及了胃的解剖、胃部疾病的诊断、术前术后的管理、胃癌的各种手术方法等。

2267 文化人类学史序说
〔日〕中村俊龙智著 . —北京：中国社会科学出版社；2009.01；—120 页；21cm
¥CNY19.80
本书内容包括：文化人类学的对象、进化主义、文化圈说、机能主义（功能主义）、"二战"后的文化人类学等。

2268 我的多轨人生
〔日〕福原义春著 . —北京：中国青年出版社；2009.06；—373 页；19cm
¥CNY25.00
本书是资生堂名誉会长福原义春的自传。

2269 我的多轨人生
〔日〕福原义春著 . —北京：中国青年出版社；2009.06；—373 页；19cm
（精装）：¥CNY60.00
本书是资生堂名誉会长福原义春的自传。

2270 我的女神：初终
〔日〕冬马由美著 . —沈阳：万卷出版公司；2009.05；—232 页；23cm
¥CNY20.00
日本漫画名家藤岛康介 20 年经典漫画《我的女神》首次降临小说界。

2271 我的圣诞老人呢
〔日〕清野幸子文/图 . —海口：南海出版公司；2009.11；—1 册；18cm
¥CNY78.00（全套 10 册）

2272 我的世界交友录
〔日〕池田大作著 . —长沙：湖南师范大学出版社；2009.03；—216 页；24cm
（精装）：¥CNY38.00
本书记载了作者与 35 位世界知名人士的对谈。

2273 我的图画书论
〔日〕松居直著 . —上海：上海人民美术出版社；2009.03；—235 页；24cm
¥CNY39.00
本书为儿童画研究。

2274 我的血，我们的血
〔日〕石井圣岳图 . —北京：现代出版社；2009.10；—1 册；21cm
¥CNY15.00

2275 我的中国观
〔日〕池田大作著 . —成都：四川人民出版社；2009.09；—297 页；23cm
¥CNY28.00
本书全方位地展现了池田大作根本的中国观，并从一个侧面展现了外国名人眼中的新中国的 60 年。

2276 我的中国观
〔日〕池田大作著 . —成都：四川人民出版社；2009.09；—297 页；24cm
（精装）：¥CNY48.00
本书全方位地展现了池田大作根本的中国观，并从一个侧面展现了外国名人眼中的新中国的 60 年。

2277 我和狗狗的 10 个约定
〔日〕川口晴著 . —北京：中信出版社；2009.09；—197 页；21cm
¥CNY24.00

2278 我还不想睡觉呢
〔日〕清野幸子文/图 . —海口：南海出版公司；2009.11；—1 册；18cm
¥CNY78.00（全套 10 册）

2279 我是霸王龙
〔日〕宫西达也编绘 . —南昌：二十一世纪出版社；2009.01；—1 册；26×21cm
（精装）：¥CNY24.80

2280 我最喜欢游泳了
〔日〕清野幸子文/图 . —海口：南海出版公司；2009.11；—1 册；18cm
¥CNY78.00（全套 10 册）

2281 呜莎呜莎左脑右脑诊断 . 恋爱诊断
〔日〕二枚贝著 . —哈尔滨：北方文艺出版社；2009.10；—126 页；19cm
¥CNY32.00（全套 2 册）
本套书分析了人类左右脑在功能上存在的差异。

2282 呜莎呜莎左脑右脑诊断 . 性格诊断
〔日〕二枚贝著 . —哈尔滨：北方文艺出版社；2009.10；—127 页；19cm
¥CNY32.00（全套 2 册）
本套书分析了人类左右脑在功能上存在的差异。

2283 无病先无忧
〔日〕吉川武彦编著 . —长春：吉林科学技术出版社；2009.03；—320 页；24cm
¥CNY28.00
本书让您自己根据平时的症状来一一解决健康潜在的危机，摆脱压力。

2284 无家可归的中学生

〔日〕田村裕著．—上海：上海译文出版社；2009.01；—203 页；19cm

¥CNY20.00

《无家可归的中学生》是日本当代青年作家、知名艺人田村裕创作的自传体小说，也是他的处女作。

2285 无影灯

〔日〕渡边淳一著．—上海：文汇出版社；2009.01；—477 页；21cm

¥CNY35.00

这是日本小说家渡边淳一的一部长篇小说。

2286 午夜凶铃

〔日〕铃木光司著．—海口：南海出版公司；2009.10；—366 页；22cm

¥CNY28.00

本书是日本当代长篇小说。

2287 武士道

〔日〕新渡户稻造著．—北京：北京理工大学出版社；2009.10；—97 页；24cm

（精装）：¥CNY20.00

这是一部日本人对武士道精神的诠释名作。

2288 夕子的近道

〔日〕长岛有著．—南京：译林出版社；2009.04；—221 页；21cm

¥CNY18.00

2289 洗涤剂消失的日子

〔日〕深井利春著．—北京：中共中央党校出版社；2009.11；—202 页；24cm

¥CNY28.00

本书作者是日本早稻田大学研究员。

2290 洗涤衣物 ABC

〔日〕池田书店编辑部编．—郑州：河南科学技术出版社；2009.01；—139 页；25cm

¥CNY28.80

本书介绍了各种常用的衣物洗涤方法，并详细说明了针对各种衣物的洗涤妙招。

2291 洗澡澡，玩泡泡

〔日〕清野幸子文/图．—海口：南海出版公司；2009.11；—1 册；18cm

¥CNY78.00（全套10册）

2292 夏目漱石汉诗文集

〔日〕夏目漱石撰．—上海：华东师范大学出版社；2009.08；—89 页；21cm

¥CNY13.00

现将创造的汉语诗文汇为一编，以供日本文学爱好者以及研究中日文学关系者参考。

2293 夏日美甲盛宴

〔日〕靓丽出版社编著．—沈阳：辽宁科学技术出版社；2009.08；—111 页；29cm

¥CNY36.00

本书包括由日本时尚明星的私人美甲秘诀、学习明星们的美甲之道等板块。

2294 夏威夷拼布精选 52 款

〔日〕靓丽出版社编著．—郑州：河南科学技术出版社；2009.01；—100 页；26cm

¥CNY25.80

本书介绍了如何自制温馨可爱的夏威夷风格的布艺小物件。

2295 夏威夷印花拼布 DIY

〔日〕三木阳子著．—郑州：河南科学技术出版社；2009.01；—88 页；26cm

¥CNY23.80

本书介绍了如何用夏威夷风格的印花布制作多种家用小物件。

2296 香槟品鉴大全

〔日〕株式会社鳄鱼图书编．—沈阳：辽宁科学技术出版社；2009.08；—159 页；25cm

¥CNY49.80

本书介绍了香槟的基础知识、严格挑选出的附带有价格的 220 种香槟酒和发泡性葡萄酒。

2297 香草茶品鉴大全

〔日〕佐佐木薰著．—沈阳：辽宁科学技术出版社；2009.01；—207 页；25cm

¥CNY49.80

本书介绍了共计 108 种香草，了解了他们之后你就能把香草茶巧妙地引入到自己的生活中去了。

2298 香喷喷，吃饭了

〔日〕木村裕一著．—北京：北京科学技术出版社；2009.06；—1 册；22cm

（精装）：¥CNY76.80（全套6册）

2299 享受初冬美甲时光

〔日〕靓丽出版社编著．—沈阳：辽宁科学技术出版社；2009.12；—111 页；29cm

¥CNY36.00

《NAILUP!》是在日本风行火热的美甲杂志。

2300 享受拼布时光：115 款居家小品巧手做

〔日〕靓丽出版社编著 . —郑州：河南科学技术
出版社；2009.03；—80 页；26cm

¥CNY23.80

本书主要介绍了用小布料制作各种各样的可爱
小物件，如包包、装饰品、文具袋等。

2301 享受时尚：优雅的春夏清爽织物

〔日〕雄鸡社原著 . —上海：上海科学技术文献
出版社；2009.03；—96 页；26cm

¥CNY20.00

本书介绍了优雅颜色的镂空马甲、插肩袖子的
简单毛衣等的编织方法。

2302 向死而生

〔日〕北野武著 . —上海：上海人民出版社；2009；
一页

¥CNY20.00

日本知名导演北野武，经历了严重车祸。大难不
死的他在死亡边缘彷徨时，进行了深刻的思索。
本书分为"向死而生"和"我们没有明天"两
部分。

2303 向着明亮那方

〔日〕金子美玲著 . —北京：新星出版社；2009.
01；—207 页；21cm

¥CNY28.00

本书精选金子美铃童诗 187 首，分为"夏"、
"秋"、"春"、"冬"、"心"、"梦"六卷。

2304 项羽与刘邦

〔日〕司马辽太郎著 . —海口：南海出版公司；
2009.11；—259 页；24cm

¥CNY25.00

本书为日本当代长篇小说。

2305 项羽与刘邦

〔日〕司马辽太郎著 . —海口：南海出版公司；
2009.11；—255 页；24cm

¥CNY25.00

本书为日本现代长篇小说。

**2306 巷口商学院：在 7 ELEVEN 上最精彩的
商业经营课**

〔日〕胜见明著 . —北京：中国城市出版社；2009.
04；—213 页；24cm

¥CNY35.00

本书是 7 ELEVEN 日本创始人兼 CEO、全日本最
大流通商 CEO 铃木敏文现身说法。

2307 巷说百物语

〔日〕京极夏彦著 . —北京：北京十月文艺出版
社；2009.10；—364 页；21cm

¥CNY28.00

本书中的 7 个小故事各自成章，又有明确的角色
和脉络将其贯穿，成为一个整体。

2308 消失的"水晶特快"

〔日〕岛田庄司著 . —北京：新星出版社；2009.
06；—239 页；22cm

¥CNY24.00

本书为长篇小说。

**2309 销售 NO.1，你是怎么说的？：战胜逆境
的推销谈话术**

〔日〕吉野真由美著 . —济南：山东人民出版社；
2009.10；—190 页；21cm

¥CNY24.00

吉野真由美洞悉客户消费心理，帮你提升说话技
巧、掌握议价变动因素。

2310 小达摩和小天狗

〔日〕加古里子文/图 . —海口：南海出版公司；
2009.04；—1 册；19×26cm

¥CNY12.00

本书为儿童绘本。

2311 小红球，等一等

〔日〕清野幸子文/图 . —海口：南海出版公司；
2009.11；—1 册；18cm

¥CNY78.00（全套 10 册）

**2312 小狐狸海伦留下的……：一个森林兽医的
动物日记 1**

〔日〕竹田津实著 . —上海：上海人民出版社；
2009.06；—139 页；22cm

（精装）：¥CNY18.00

这是电影《子狐物语》的原著。

2313 小津安二郎周游

〔日〕田中真澄著 . —桂林：广西师范大学出版
社；2009.05；—375 页；23cm

¥CNY35.00

被誉为"小津传记第一人"的田中真澄所撰写
的第一部正式的小津评传。

2314 小猫

〔日〕石井桃子文 . —海口：南海出版公司；2009.
06；—27 页；19×27cm

¥CNY12.00

本书为儿童绘本，刻画了一只顽皮、天真的小猫，非常惹人喜爱。

2315 小牛的春天
〔日〕五味太郎图/文 . —海口：南海出版公司；2009.04；—31 页；26cm
（精装）：￥CNY25.00
本书为儿童绘本。

2316 小苏打＋香精油绿色环保家居清扫术
〔日〕自然生活研究会编著 . —郑州：河南科学技术出版社；2009.02；—93 页；24cm
￥CNY24.00
本书主要介绍了用小苏打、食用醋、肥皂等素材来清扫居家环境的方法。

2317 小洗剂，大生活
〔日〕大矢胜著 . —沈阳：辽宁科学技术出版社；2009.07；—191 页；23cm
￥CNY29.80
本书清晰地介绍了所有可以去除污垢的洗剂功效。

2318 小学生疑问排行榜 . 关于动物的问题
〔日〕株式会社学习研究社编 . —北京：北京科学技术出版社；2009.09；—159 页；21cm
￥CNY16.00

2319 小学生疑问排行榜 . 关于科学的问题
〔日〕株式会社学习研究社编 . —北京：北京科学技术出版社；2009.09；—158 页；21cm
￥CNY16.00

2320 小学生疑问排行榜 . 关于身体的问题
〔日〕株式会社学习研究社编 . —北京：北京科学技术出版社；2009.09；—158 页；21cm
￥CNY16.00

2321 小学生疑问排行榜 . 身边的怪问题
〔日〕株式会社学习研究社编著 . —北京：北京科学技术出版社；2009.09；—158 页；21cm
￥CNY16.00

2322 小学生疑问排行榜 . 世界各地的问题
〔日〕株式会社学习研究社编 . —北京：北京科学技术出版社；2009.09；—158 页；21cm
￥CNY16.00

2323 小学生疑问排行榜 . 最想知道的问题
〔日〕株式会社学习研究社编 . —北京：北京科

学技术出版社；2009.09；—166 页；21cm
￥CNY16.00

2324 小一步，对不起！
〔日〕丰田一彦著 . —南昌：二十一世纪出版社；2009.03；—24 页；19×19cm
（精装）：￥CNY16.00

2325 小一步，回来了！
〔日〕丰田一彦著 . —南昌：二十一世纪出版社；2009.03；—24 页；19×19cm
（精装）：￥CNY16.00

2326 小一步，你好！
〔日〕丰田一彦著 . —南昌：二十一世纪出版社；2009.03；—24 页；19×19cm
（精装）：￥CNY16.00

2327 小一步，晚安！
〔日〕丰田一彦著 . —南昌：二十一世纪出版社；2009.03；—24 页；19×19cm
（精装）：￥CNY16.00

2328 蟹工船：漫画版
〔日〕小林多喜二著 . —北京：人民文学出版社；2009.07；—160 页，98 页，11；21cm
￥CNY22.00
本书是著名作家小林多喜二创作于 1929 年的小说。

2329 蟹工船
〔日〕小林多喜二著 . —南京：译林出版社；2009.01；—129 页；20cm
（精装）：￥CNY18.00
本书是被誉为日本无产阶级文学旗手的小林多喜二的代表作。

2330 心理学的历史
〔英〕乔治·汉弗瑞，〔日〕齐木深著 . —西安：陕西师范大学出版社；2009.03；—340 页；24cm
￥CNY39.80
本书是一部面向普通读者的心理学普及读物。

2331 心内科医师入门必读
柯若仪，〔日〕日和田邦男主编 . —北京：化学工业出版社；2009.07；—295 页；24cm
￥CNY49.00
本书分别介绍了心血管系统的解剖和生理、循环系统疾病的诊断。

2332 心眼力

〔日〕野口嘉则著．—长春：吉林文史出版社；2009.11；—151页；21cm

¥CNY20.00

本书是一本心灵成长图书，它将教给我们获得幸福的方法。

2333 心脏病自我诊疗与全面调养

〔日〕细田瑳一著．—海口：南海出版公司；2009.10；—12页，216页；22cm

¥CNY28.00

本书向读者介绍了心脏病急救和护理方面的基本常识。

2334 新共生思想

〔日〕黑川纪章著．—北京：中国建筑工业出版社；2009.07；—19页，445页；19cm

¥CNY48.00

本书是作者集几十年来的积累，从建筑、城市规划引申开来，倡导"共生思想"。

2335 新建筑学初步

〔日〕建筑学教育研究会编．—北京：中国建筑工业出版社；2009.06；—14页，170页；21cm

¥CNY22.00

本书介绍构成建筑学的各个学科领域的内容，相互之间的交差关系。

2336 新日语基础教程

〔日〕海外技术者研修协会编著．—北京：外语教学与研究出版社；2009.03；—240页；26cm

¥CNY38.90

本书是一本初级、实用的日语教材。

2337 新校参天台五台山记

〔日〕成寻著．—上海：上海古籍出版社；2009.11；—36页，10页，844页；22cm

（精装）：¥CNY98.00

《参天台五台山记》是日本高僧成寻（1011～1081）撰写的入宋旅行日记。

2338 信

〔日〕东野圭吾著．—南京：译林出版社；2009.08；—12页，267页；21cm

¥CNY25.00

作者通过"信"这样一种日常生活中极为普通的交流方式，来传达亲情和友情，表达各自的思想。

2339 刑事政策学

〔日〕大谷实著．—北京：中国人民大学出版社；2009.12；—10页，476页；24cm

¥CNY58.00

本书是作者有关刑事政策研究的重要著作，阐述了日本最新的刑事政策动向。

2340 行政法

〔日〕南博方著．—北京：中国人民大学出版社；2009.08；—278页；24cm

¥CNY45.00

本书是阐述日本行政法的经典著作。

2341 "幸福的种子"一定能够找到

〔日〕古在丰树著．—北京：中国农业科学技术出版社；2009.11；—210页；21cm

¥CNY23.00

古在丰树先生，一个闻名于世界设施园艺界的学者、科学家。

2342 休闲、淑女两相宜：冬季手工编织入门

〔日〕雄鸡社原著．—上海：上海科学技术文献出版社；2009.03；—87页；26cm

¥CNY20.00

本书介绍了连身裙、开襟衫、小外套、斗篷、裹裙等编织方法。

2343 修养

〔日〕新渡户稻造著．—北京：中央编译出版社；2009.05；—10页，397页；21cm

¥CNY30.00

本书是明治后期至大正时代的思想运动期关于人格形成的优秀的论著。

2344 学日语同义词记口语7000句

〔日〕清水仁，王辉著．—大连：大连理工大学出版社；2009.02；—807页；21cm

¥CNY49.80

本书从日语同义词的角度出发，归纳总结常用日语句子，以及句子中的某些词语的同义词。是学习日语口语和词汇的参考用书。

2345 雪地里的脚印

〔日〕松岗芽衣文/图．—武汉：湖北美术出版社；2009.01；—1册；25cm

（精装）：¥CNY26.00

2346 雪国·古都

〔日〕川端康成著．—南京：译林出版社；2009.07；—261页；22cm

（精装）：¥CNY16.80

本书是曾获得1968年诺贝尔文学奖的日本作家

川端康成的代表作。

2347　血型 AB：潜伏着的人生智慧
〔日〕御泷政子著 . —上海：上海远东出版社；
2009.12；—161 页；18cm
￥CNY16.00
本书为日本畅销的最新血型研究与应用系列丛
书之一。

2348　血型 A：潜伏着的人生智慧
〔日〕御泷政子著 . —上海：上海远东出版社；
2009.12；—190 页；18cm
￥CNY16.00
本书为日本畅销的最新血型研究与应用系列丛
书之一。

2349　血型 B：潜伏着的人生智慧
〔日〕御泷政子著 . —上海：上海远东出版社；
2009.10；—158 页；18cm
￥CNY16.00
本书为日本畅销的最新血型研究与应用系列丛
书之一。

2350　血液清洁书
〔日〕渡边孝监修 . —海口：南海出版公司；2009.
06；—187 页；16cm
￥CNY22.00
本书属于生活保健类图书。

2351　雅越布艺心情
〔日〕靓丽出版社编著 . —郑州：河南科学技术
出版社；2009.02；—80 页；26cm
￥CNY23.80
本书介绍了各种棉麻风格的小物件，可爱的靠
垫、收纳包、厨房小物件等。

2352　眼睛看不见的东西
〔日〕汤川秀树著 . —南京：译林出版社；2009.
12；—147 页；19cm
（精装）：￥CNY20.00
本书为诺贝尔物理奖获得者汤川秀树的随笔集，
是作者鼎盛时期的思想缩影。

2353　燕尾蝶
〔日〕岩井俊二著 . —海口：南海出版公司；2009.
09；—217 页；21cm
（精装）：￥CNY25.00
本书是日本当代长篇小说。

2354　摇摇晃晃桥
〔日〕木村裕一文 . —武汉：湖北美术出版社；

2009.12；—1 册；31cm
（精装）：￥CNY26.00

2355　野外生存手册
〔日〕风间麟平著 . —长沙：湖南人民出版社；
2009.11；—238 页；24cm
￥CNY29.80
本书从生火、寻找水源、切割、打结、吃、捕猎、
睡觉、大便、走、传递信息、测量、救护、危险生
物图鉴十三个方面，讲述灾害来临或野外遇险、日
常生活用具和食物缺乏时的应对办法和生存技巧。

2356　一本书看懂中国人
〔美〕阿瑟・史密斯，〔日〕桑原骘藏，辜鸿铭
著 . —北京：新世界出版社；2009.11；—292 页；
24cm
￥CNY32.80
《中国人气质》是一部百年来研究中国人权威性
传世之作。

2357　一个人住的日子
〔日〕大田垣晴子著绘 . —南昌：江西科学技术
出版社；2009.08；—143 页；21cm
￥CNY18.00
找到生活中看似烦恼，却又多姿多彩的生活细
节，而快乐地面对自己的生活。

2358　一个人住的幸福生活
〔日〕主妇与生活社编 . —海口：南海出版公司；
2009.10；—183 页；21cm
￥CNY25.00
本书囊括了一个人生活应知的所有事项。

2359　一句话说服对方
〔日〕大串亚由美著 . —北京：机械工业出版社；
2009.09；—14 页，150 页；24cm
￥CNY28.00
本书旨在帮助读者提升"综合工作能力"，并以
提高"营销能力"为主题。

2360　一看就会的英语语法书
〔日〕向山淳子，〔日〕向山贵彦文 . —海口：南
海出版公司；2009.09；—197 页；22cm
￥CNY28.00
本书是英语语法学习方面的通俗读物。

2361　伊达政宗
〔日〕山冈庄八著 . —北京：新世界出版社；2009.
01；—2 册（1073 页）；24cm
￥CNY98.00

本书系日本著名作家山冈庄八大师晚期的历史小说作品。

2362　医生没告诉过你的养生法
〔日〕中原英臣著．—西安：陕西师范大学出版社；2009.03；—191页；24cm
￥CNY22.00
本书是一部通俗易懂的健康养生书。

2363　医学天正记．十五指南篇
〔日〕曲直濑玄朔著．—北京：学苑出版社；2009.07；—12页，187页；21cm
￥CNY14.00
《医学天正记》是作者三十年临床诊疗记录的总结，其书分上下两卷。

2364　抑郁症
〔日〕野村总一郎著．—杭州：浙江科学技术出版社；2009.05；—183页；24cm
￥CNY35.00
本选题为引进版权性质，原作者细谷龙男在日本国民众中被公认为顶级的专科医生。

2365　益智的游戏书．量一量，比一比
〔日〕五味太郎著．—南京：江苏少年儿童出版社；2009.01；—23页；26cm
￥CNY9.80 本套丛书将充满创意的游戏与饶有趣味的图画结合，并融入丰富的认知概念，是一套非常适合孩子创造力与想象力的游戏书。

2366　益智的游戏书．试一试，想一想
〔日〕五味太郎著．—南京：江苏少年儿童出版社；2009.01；—23页；26cm
￥CNY9.80 本套丛书将充满创意的游戏与饶有趣味的图画结合，并融入丰富的认知概念，是一套非常适合孩子创造力与想象力的游戏书。

2367　益智的游戏书．数一数，比一比
〔日〕五味太郎著．—南京：江苏少年儿童出版社；2009.01；—23页；26cm
￥CNY9.80 本套丛书将充满创意的游戏与饶有趣味的图画结合，并融入丰富的认知概念，是一套非常适合孩子创造力与想象力的游戏书。

2368　益智的游戏书．找一找，玩一玩
〔日〕五味太郎著．—南京：江苏少年儿童出版社；2009.01；—23页；26cm
￥CNY9.80 本套丛书将充满创意的游戏与饶有趣味的图画结合，并融入丰富的认知概念，是一套非常适合孩子创造力与想象力的游戏书。

2369　益智的游戏书．做一做，想一想
〔日〕五味太郎著．—南京：江苏少年儿童出版社；2009.01；—23页；26cm
是一套非常适合孩子创造力与想象力的游戏书。

2370　意大利幻想曲
〔日〕内田康夫著．—成都：四川文艺出版社；2009.05；—284页；21cm
￥CNY22.00
本书围绕两千年前耶稣蒙难时留下的裹尸布"圣骸节"来展开。

2371　银座幽灵
〔日〕大阪圭吉著．—北京：新星出版社；2009.02；—358页；22cm
￥CNY32.00
本书收录了日本二战前侦探文坛本格最受欢迎作家——大阪圭吉的22篇精彩作品。

2372　婴儿游戏绘本．便便啦！
〔日〕木村裕一著．—南宁：接力出版社；2009.03；—1册；18×21cm
￥CNY13.00

2373　婴儿游戏绘本．藏猫猫
〔日〕木村裕一著．—南宁：接力出版社；2009.03；—1册；18×21cm
￥CNY13.00

2374　婴儿游戏绘本．换衣服
〔日〕木村裕一著．—南宁：接力出版社；2009.03；—1册；21cm
￥CNY13.00

2375　婴儿游戏绘本．挠痒痒
〔日〕木村裕一著．—南宁：接力出版社；2009.03；—1册；21cm
￥CNY13.00

2376　婴儿游戏绘本．你好吗？
〔日〕木村裕一著．—南宁：接力出版社；2009.03；—1册；18×21cm
￥CNY13.00
本书通过不同人物的不断重复，教小宝宝学会打招呼。

2377　婴儿游戏绘本．刷牙啦！
〔日〕木村裕一著．—南宁：接力出版社；2009.03；—1册；18×21cm
￥CNY13.00

2378 婴儿游戏绘本．睡觉啦！
〔日〕木村裕一著．—南宁：接力出版社；2009.
03；—1 册；18×21cm
￥CNY13.00

2379 婴儿游戏绘本．我吃啦！
〔日〕木村裕一著．—南宁：接力出版社；2009.
03；—1 册；18×21cm
￥CNY13.00
在快乐的餐桌游戏中，宝宝吃得香又饱。

2380 婴儿游戏绘本．洗澡啦！
〔日〕木村裕一著．—南宁：接力出版社；2009.
03；—1 册；18×21cm
￥CNY13.00
这是一首快乐的洗澡歌，让小宝宝喜欢洗澡、学
会洗澡。

2381 婴儿游戏绘本．在这儿哪！
〔日〕木村裕一著．—南宁：接力出版社；2009.
03；—1 册；18×21cm
￥CNY13.00
本书在有趣的故事中教会宝宝在听到自己的名
字时如何回答。

2382 萤火虫之墓
〔日〕野坂昭如著．—海口：南海出版公司；2009.
02；—246 页；22cm
￥CNY22.00

2383 "赢"销绝技
〔日〕吉川英夫著．—北京：科学出版社；2009.
01；—234 页；24cm
￥CNY32.00
为指导营销人员具体的实战方式和管理方式提
出了行之有效的建议。

2384 硬质合金刀具常识及使用方法
〔日〕梅泽三造，〔日〕菅野成行编著．—北京：
机械工业出版社；2009.08；—161 页；21cm
￥CNY25.00
本书主要介绍了有关硬质合金刀具知识入门指
导知识。

2385 勇气的力量
〔日〕大川隆法著．—北京：中央编译出版社；
2009.01；—259 页；21cm
￥CNY22.00
本书是一本强调勇气的励志书。

2386 用串珠制作可爱的小动物乐园
〔日〕佐佐木公子著．—郑州：河南科学技术出
版社；2009.03；—88 页；26cm
￥CNY28.00
本书主要介绍用串珠和一些可爱的部分制作闪
闪发光的串珠主题工艺品。

2387 用麻绳编织幸运小饰物
〔日〕雄鸡社著．—沈阳：辽宁科学技术出版社；
2009.10；—71 页；26cm
￥CNY22.00
本书介绍了把大麻和木制的珠子结合在一起制
作出的装饰作品。

2388 用麻绳编织幸运小饰物
〔日〕雄鸡社著．—沈阳：辽宁科学技术出版社；
2009.10；—64 页；26cm
￥CNY22.00
本书图文结合介绍了多款使用麻绳制作成的
作品。

2389 用麻绳编织幸运小饰物
〔日〕雄鸡社著．—沈阳：辽宁科学技术出版社；
2009.10；—72 页；26cm
￥CNY22.00
本书图文结合介绍了多款使用麻绳制作成的
作品。

**2390 用天然石串出幸运首饰：超高人气作品制
作方法大公开**
〔日〕靓丽出版社编著．—郑州：河南科学技术
出版社；2009.05；—87 页；26cm
￥CNY28.00
本书主要介绍了各种天然石的来历、寓意、作用
及对佩戴者的帮助。

2391 优美的安娜贝尔·李：寒彻颤栗早逝去
〔日〕大江健三郎著．—北京：人民文学出版社；
2009；—页
￥CNY15.00
本书为长篇小说。

2392 油爆老妈．爸爸回归
〔日〕西原理惠子著绘．—北京：中国铁道出版
社；2009.09；—97 页；21cm
￥CNY20.00
一个人居住的单身妈妈，用匪夷所思的方式培养
着很马大哈的儿子、很公主的女儿。

2393 油爆老妈．妈妈向前冲
〔日〕西原理惠子著绘．—北京：中国铁道出版

社；2009.09；—97 页；21cm
¥CNY20.00
一个人居住的单身妈妈，用匪夷所思的方式培养着很马大哈的儿子、很公主的女儿。

2394　有钱人性格说明
〔日〕荒木创造著.—北京：中国人民大学出版社；2009.10；—147 页；21cm
¥CNY25.00
本书是作者通过观察千千万万的人，对拥有财富的有钱人群的性格规律进行了总结。

2395　又酷又逗趣的口语日语
〔日〕尾崎一郎著.—北京：世界图书出版公司北京公司；2009.10；—216 页；21cm
¥CNY26.00
本书汇集了200句日语流行口语，配备短小会话例及背景说明。

2396　右脑开发培养天才小学生
〔日〕儿玉光雄著.—北京：电子工业出版社；2009.03；—92 页；24cm
¥CNY39.80（全套2册）
写给父母亲的即看即会，即会即用的关于如何开发孩子大脑智力的必读手册。

2397　右脑开发养育天才儿童
〔日〕儿玉光雄著.—北京：电子工业出版社；2009.03；—89 页；24cm
¥CNY39.80（全套2册）
本书是写给父母亲的即看即会、即会即用的关于如何开发孩子大脑智力的必读手册。

2398　幼儿工作者的视野：置身教育实践的记录
〔日〕津守真著.—上海：华东师范大学出版社；2009.09；—208 页；24cm
¥CNY29.80
他从如何做好保育工作者的角度详细介绍了保育中的方方面面。

2399　欲情课
〔日〕渡边淳一著.—北京：作家出版社；2009.03；—184 页；21cm
¥CNY20.00
本书是散文集。

2400　御手洗洁的问候
〔日〕岛田庄司著.—北京：新星出版社；2009.03；—274 页；22cm
¥CNY25.00
岛田庄司的又一部御手洗洁系列作品，包括《数字锁》等四个精彩的短篇小说。

2401　原味日本语：中国文化日本文化快乐读解
〔日〕平山崇编著.—合肥：中国科学技术大学出版社；2009.02；—14 页，279 页；21cm
¥CNY24.00
本书选取21篇日本学者有关中国文化的文章。

2402　源义经：镰仓战神
〔日〕司马辽太郎著.—重庆：重庆出版社；2009.08；—469 页；24cm
¥CNY45.00
本书作者以俯瞰式笔法讲述了日本家喻户晓的战神源义经的生平。

2403　远离眼病
〔日〕白土城照，〔日〕大鹿哲郎，〔日〕佐藤幸裕编著.—南京：江苏科学技术出版社；2009.01；—242 页；18cm
¥CNY15.00
本书介绍了会导致中途失明的四大眼病：青光眼、白内障、糖尿病视网膜病变、黄斑变性。

2404　远离抑郁症：做健康女人
〔日〕平岛奈津子编著.—杭州：浙江科学技术出版社；2009.01；—175 页；24cm
¥CNY26.00
本书系引进日本版权的图书，主要介绍了产后抑郁症产生的原因、治疗方法。

2405　月轮熊
〔日〕椋鸠十著.—南昌：二十一世纪出版社；2009.08；—175 页；21cm
¥CNY13.80
本书以日本文化为观照，对大自然施以现实主义的透视。

2406　运算放大器电路
〔日〕内山明治，杜野靖著.—北京：科学出版社；2009.01；—192 页；24cm
¥CNY29.00
本书的主要内容包括：什么是运算放大电路，规格的读法及使用，集成电路实例等。

2407　杂病广要.外因类内因类气血类
〔日〕丹波元坚著.—北京：学苑出版社；2009.02；—11 页，13 页，617 页；21cm
¥CNY86.00（全套2册）

2408 杂病广要．脏腑类身体类
〔日〕丹波元坚著．—北京：学苑出版社；2009.
02；—11页，18页，738页；21cm
￥CNY86.00（全套2册）

2409 在漫长的旅途中
〔日〕星野道夫著．—上海：上海人民出版社；
2009；—页
￥CNY30.00
本书以镜头记录生活在严苛自然环境中的人与
动植物。

2410 在萧条中飞跃的大智慧
〔日〕稻盛和夫著．—北京：中国人民大学出版
社；2009.06；—148页；25cm
￥CNY28.00
本书介绍稻盛和夫这位"经营之圣"应对经济
危机的大智慧。

2411 早期教育与天才
〔日〕木村久一著．—南京：江苏人民出版社；
2009.07；—213页；23cm
￥CNY25.00
本书是最早、最完全、最详尽的早期教育理论集
大成之作，是父母们教育子女的首选著作。

2412 早上10点之前完成工作
〔日〕高井伸夫著．—北京：电子工业出版社；
2009.07；—10页，165页；24cm
￥CNY25.00
本书阐述了如何管理好时间。

2413 战胜人生的50个秘诀：打造成功的自己
〔日〕荒井辉雄著．—北京：同心出版社；2009.
04；—182页；21cm
￥CNY18.00
你是想有一个成功而富有活力的人生，还是庸
碌无为的人生？自己的人生取决于自己。

2414 哲学家广松涉的自白式回忆录
〔日〕广松涉著．—南京：南京大学出版社；2009.
10；—218页；23cm
￥CNY26.00
广松涉是战后日本具有代表性的思想家之一。

2415 这样吃更健康
〔日〕阿部绚子著．—海口：南海出版公司；2009.
07；—255页；22cm
￥CNY28.00
本书向读者介绍了近百种常见食物的营养价值

和疗效。

2416 真田幸村：历史背后的十勇士传奇
〔日〕柴田炼三郎著．—重庆：重庆出版社；2009.
06；—298页；22cm
￥CNY32.00
本书是一部围绕着真田幸村和大阪之战的短篇
小说合集。

2417 拯救人类的哲学
〔日〕稻盛和夫，〔日〕梅原猛著．—北京：中国人
民大学出版社；2009.10；—10页，209页；22cm
（精装）：￥CNY29.80
本书是日本"经营之父"稻盛和夫与日本当代
著名哲学家梅原猛的对谈。

2418 只要一分钟
〔日〕原田舞叶著．—天津：天津教育出版社；
2009.03；—226页；21cm
￥CNY23.00
本书讲述了一个人与狗之间的感人故事。

2419 致命相似
〔日〕森村诚一著．—北京：中国社会出版社；
2009.02；—193页；24cm
￥CNY22.00
本书是日本著名的社会派推理小说。

2420 致新人
〔日〕大江健三郎著．—南京：译林出版社；
2009.12；—159页；19cm
（精装）：￥CNY22.00
本书是诺贝尔文学奖得主大江健三郎写给青少
年的一本随笔集。

**2421 中岛雄其人与《往复文信目录》：日本公
使馆与总理衙门通信目录（1874～1899）**
孔祥吉，〔日〕村田雄二郎编著．—北京：国家图
书馆出版社；2009.03；—89页，758页；22cm
（精装）：￥CNY280.00
本书分两部分：第一部分是编者长文，第二部分
为影印《往复文信目录》。

2422 中国的经济革命：二十世纪的乡村工业
〔日〕顾琳著．—南京：江苏人民出版社；2009.
06；—311页；24cm
￥CNY23.00
本书以河北中部的高阳工业区为研究个案，揭示
中国乡村工业的发展面貌。

2423 中国的美术及其他

〔日〕冈仓天心著 . —北京：中华书局；2009.06；
—15 页，278 页；21cm

¥CNY22.00

本书是对日本著名思想家、美术家、美术批评与
教育家冈仓天心（1862~1913）作品的选译。

**2424 中国、东亚与全球经济：区域和历史的
视角**

〔日〕滨下武志著 . —北京：社会科学文献出版
社；2009.12；—275 页；23cm

¥CNY39.00

本书重新诠释了 16 世纪以来东亚地域体系与世
界经济的演化关系。

2425 中国古代诉讼制度研究

〔日〕籾山明著 . —上海：上海古籍出版社；2009.
12；—328 页；22cm

¥CNY36.00

籾山明是日本"新生代"秦汉法制史研究的领
军人物之一。

2426 中国结之典雅配饰

〔日〕雄鸡社著 . —沈阳：辽宁科学技术出版社；
2009.07；—80 页；26cm

¥CNY22.00

本书以传统的中国结手工艺法为中心，创作出
了多种可以作为生活装饰物的小物品。

2427 中国结之吉祥配饰

〔日〕雄鸡社著 . 沈阳：辽宁科学技术出版社；
2009.07；—80 页；26cm

¥CNY22.00

只需用一根绳子，无论何时何地都可以进行
编织。

2428 中国历史风云录

〔日〕陈舜臣著 . —桂林：广西师范大学出版社；
2009.01；—396 页；24cm

¥CNY36.00

**2429 中国人的劣根和优根：日本人眼中的近代
中国**

〔日〕内山完造，〔日〕渡边秀方，〔日〕原惣
兵卫著 . —南昌：江西人民出版社；2009.03；—
291 页；23cm

¥CNY38.00

本书是了解近代中国进而理解现代中国的一部
力作。

2430 中国·日本社会保障制度的比较与借鉴

〔日〕广井良典，沈洁主编 . —北京：中国劳动
社会保障出版社；2009.08；—298 页；21cm

¥CNY26.00

本书包括中国社会保障制度改革对日本的冲击
与影响；日本社会保障制度发展对中国的借鉴等
内容。

2431 中国思想史研究

〔日〕岛田虔次著 . —上海：上海古籍出版社；
2009.08；—465 页；24cm

（精装）：¥CNY75.00

本书是岛田先生毕生研究中国思想史，特别是阳
明学研究的结晶。

**2432 中国我的第二祖国：森川和代未完成的遗
稿集**

〔日〕森川和代，〔日〕森川忍著 . —北京：中国
广播电视出版社；2009.03；—32 页，201 页；
21cm

¥CNY26.00

本书分三部分。

2433 中级电工操作技能

〔日〕欧姆社编 . —北京：科学出版社；2009.
06；—182 页；21cm

¥CNY24.00

本书主要介绍电线与器具的识别、多线图的绘制
顺序及练习题、电缆的施工实例、练习题精
选等。

2434 中日关系：从战后走向新时代

〔日〕毛里和子著 . —北京：社会科学文献出版
社；2009.02；—237 页；23cm

¥CNY35.00

中日两国有源远流长的交流历史，也有近代的战
争与交恶。

2435 终点站

〔日〕森村诚一著 . —北京：中国社会出版社；
2009.02；—214 页；24cm

¥CNY24.00

本书为日本著名的社会派推理小说。

2436 主妇收纳 1500 招

〔日〕主妇生活社编 . —长春：吉林科学技术出
版社；2009.02；—216 页；24cm

¥CNY29.90

打造与本切合 80 后口味的收纳生活书。

2437 主题四十：迫庆一郎的建筑

〔日〕迫庆一郎著．—北京：清华大学出版社；2009.11；—227页；23cm

¥CNY69.00

本书是日本年轻建筑师迫庆一郎的建筑思考的汇集。

2438 住区再生设计手册

〔日〕MIKAN著．—大连：大连理工大学出版社；2009.07；—336页；19cm

（精装）：¥CNY68.00

本书从建筑家和建筑设计的角度对现有住区的改造和更新这一课题进行思考和分析。

2439 抓住时机的人错过时机的人

〔日〕坂本敦子著．—北京：机械工业出版社；2009.09；—136页；25cm

¥CNY26.00

本书以实际案例加22种实践场景分析，告诉你如何辨识、进而掌握最佳时机。

2440 资源、能源与建筑

〔日〕日本建筑学会编．—北京：中国电力出版社；2009.04；—341页；26cm

¥CNY58.00

本书配有大量图表，阐明如何避免资源与能源无端浪费的思考方法和技术。

2441 紫丁香冷的街道

〔日〕渡边淳一著．—上海：文汇出版社；2009.04；—328页；21cm

¥CNY32.00

2442 紫姨

〔日〕桃子著．—北京：中国华侨出版社；2009.07；—396页；25cm

¥CNY39.80

本书是长篇悬疑小说，写的是发生在20世纪30年代旧北平皇粮胡同之内的悬疑故事。

2443 自由刺绣与十字绣：基础刺绣入门

〔日〕雄鸡社著．—上海：上海科学技术文献出版社；2009.03；—50页；26cm

¥CNY15.00

本书介绍了刺绣针、刺绣布、图案大小的换法、图案的复写方法等编织方法。

2444 自制咖啡的美味法则

〔日〕横山千寻著．—沈阳：辽宁科学技术出版社；2009.09；—119页；24cm

¥CNY32.00

本书从咖啡机的起源开始介绍了咖啡机的魅力所在，用咖啡机制作咖啡的基本方法。

2445 自制57款美味比萨

〔日〕主妇之友社编著．—沈阳：辽宁科学技术出版社；2009.10；—79页；26cm

¥CNY25.00

本书介绍了57款在家就能轻松制作出的比萨。各种酱料的特性及使用都有详细的介绍。

2446 最先端医学：治病还得靠西医．常见病卷

〔日〕渡边淳一著．—北京：作家出版社；2009.11；—318页；21cm

¥CNY29.00

本书为渡边淳一医学对谈集，采访日本各领域最顶尖的医生。医学普及读物。

2447 最先端医学：治病还得靠西医．重症卷

〔日〕渡边淳一著．—北京：作家出版社；2009.11；—310页；21cm

¥CNY29.00

本书为渡边淳一医学对谈集，采访日本各领域最顶尖的医生。医学普及读物。

2448 最新花样编织样式及方法131例

〔日〕《爱编之》编写组著．—南京：江苏科学技术出版社；2009.06；—88页；26cm

¥CNY19.80

本书是最新引进日本雄鸡社版权的毛衣款式书，是时尚前沿人士的选择。

2449 最新流行毛衣编织30款．春夏

〔日〕《爱编之》编写组著．—南京：江苏科学技术出版社；2009.06；—96页；26cm

¥CNY19.80

本书是最新引进日本雄鸡社版权的毛衣款式书，是时尚前沿人士的选择。

2450 最新流行毛衣编织30款．秋冬

〔日〕《爱编之》编写组著．—南京：江苏科学技术出版社；2009.06；—96页；26cm

¥CNY19.80

本书是最新引进日本雄鸡社版权的毛衣款式书，是时尚前沿人士的选择。

2451 最新漫画色彩使用技巧

〔日〕美术出版社著．—沈阳：辽宁科学技术出版社；2009.07；—135页；29cm

¥CNY38.00

本书主要讲述日本漫画名家的绘画技法和绘画工具的使用技巧。

2452 最新奢侈名品选购指南.路易威登与爱马仕
〔日〕名牌精品购物编集部编.—沈阳:辽宁科学技术出版社;2009.04;—111页;21cm
¥CNY22.00
可以说是一部名牌的大汇总。

2453 最新奢侈名品选购指南.名表与珠宝
〔日〕名牌精品购物编集部编.—沈阳:辽宁科学技术出版社;2009.04;—111页;21cm
¥CNY22.00
本书介绍了Cartier/Bvlgari/Tiffany等名表、珠宝的珍藏版,为喜欢名牌的人群提供了很大的方便。

2454 最新奢侈名品选购指南.钱包与小饰品
〔日〕名牌精品购物编集部编.—沈阳:辽宁科学技术出版社;2009.04;—111页;21cm
¥CNY22.00
可以说是一部名牌的大汇总。

2455 佐贺的超级阿嬷:亲子共读版
〔日〕岛田洋七著.—海口:南海出版公司;2009.09;—151页;20cm
(精装):¥CNY25.00
本书是日本著名作家岛田洋七精心重新创作的儿童文学中篇小说《佐贺的超级阿嬷》的爱藏版。

2456 佐藤可士和的超整理术
〔日〕佐藤可士和著.—南京:江苏美术出版社;2009.06;—203页;19cm
¥CNY38.00
本书介绍了日本著名设计大师佐藤可士和的作品创作理念及方法,内含其作品的原作手稿等。

2457 做鬼脸
〔日〕清野幸子文/图.—海口:南海出版公司;2009.11;—1册;18cm
¥CNY78.00(全套10册)

2010

2458 14只老鼠吃早餐
〔日〕岩村和朗文/图.—南宁:接力出版社;2010.03;—1册;26cm
ISBN 978-7-5448-1231-3 ¥CNY13.80

2459 14只老鼠大搬家
〔日〕岩村和朗文/图.—南宁:接力出版社;2010.03;—1册;26cm
ISBN 978-7-5448-1230-6 ¥CNY13.80

2460 14只老鼠捣年糕
〔日〕岩村和朗文/图.—南宁:接力出版社;2010.09;—1册;26cm
ISBN 978-7-5448-1254-2 ¥CNY13.80
本书是从日本引进的图画故事书。

2461 14只老鼠的蜻蜓池塘
〔日〕岩村和朗文/图.—南宁:接力出版社;2010.09;—1册;26cm
ISBN 978-7-5448-1240-5 ¥CNY13.80
这是一套从日本引进的图画故事书。

2462 14只老鼠的秋天进行曲
〔日〕岩村和朗文/图.—南宁:接力出版社;2010.09;—1册;26cm
ISBN 978-7-5448-1237-5 ¥CNY13.80
这是一套从日本引进的图画故事书。适合0~6岁儿童阅读。

2463 14只老鼠的摇篮曲
〔日〕岩村和朗文/图.—南宁:接力出版社;2010.09;—1册;26cm
ISBN 978-7-5448-1238-2 ¥CNY13.80
这是一套从日本引进的图画故事书。适合0~6岁儿童阅读。

2464 14只老鼠过冬天
〔日〕岩村和朗文/图.—南宁:接力出版社;2010.03;—1册;26cm
ISBN 978-7-5448-1233-7 ¥CNY13.80

2465 14只老鼠去春游
〔日〕岩村和朗文/图.—南宁:接力出版社;2010.03;—1册;26cm
ISBN 978-7-5448-1234-4 ¥CNY13.80

2466 14只老鼠赏月
〔日〕岩村和朗文/图.—南宁:接力出版社;2010.03;—1册;26cm
ISBN 978-7-5448-1235-1 ¥CNY13.80

2467 14只老鼠挖山药
〔日〕岩村和朗文/图.—南宁:接力出版社;2010.03;—1册;26cm
ISBN 978-7-5448-1232-0 ¥CNY13.80

2468　14 只老鼠洗衣服
〔日〕岩村和朗文/图 . —南宁：接力出版社；
2010. 09；—1 册；26cm
ISBN 978 - 7 - 5448 - 1236 - 8 ¥ CNY13. 80
本书是一套从日本引进的图画故事书。适合 0 ~
6 岁儿童阅读。

2469　14 只老鼠种南瓜
〔日〕岩村和朗文/图 . —南宁：接力出版社；
2010. 09；—1 册；26cm
ISBN 978 - 7 - 5448 - 1239 - 9 ¥ CNY13. 80
这是一套从日本引进的图画故事书。适合 0 ~ 6
岁儿童阅读。

2470　15 分钟居家清洁有妙招
〔日〕株式会社世界文化社编著 . —郑州：河南
科学技术出版社；2010. 05；—143 页；24cm
ISBN 978 - 7 - 5349 - 4513 - 7 ¥ CNY26. 80
本书内容包括厨房、厕所、洗衣机、地板、浴
池、卧室、阳台、玄关、窗户、家具与家电、墙
壁的 15 分钟打扫等。

2471　100 层的房子
〔日〕岩井俊雄绘 . —北京：北京科学技术出版
社；2010. 10；—1 册；21×29cm
ISBN 978 - 7 - 5304 - 4682 - 9(精装)：¥ CNY28. 00

2472　1000 把大提琴的合奏
〔日〕伊势英子文/图 . —贵阳：贵州人民出版
社；2010. 05；—1 册；21×29cm
ISBN 978 - 7 - 221 - 08287 - 9 ¥ CNY12. 80

**2473　14% 成本削减：来自科尔尼的成本管理
实践**
〔日〕栗谷仁编著 . —北京：机械工业出版社；
2010. 08；—10 页，184 页；25cm
ISBN 978 - 7 - 111 - 31154 - 6 ¥ CNY36. 00
本书将通过 A. T. 科尔尼公司的研究成果和专业
知识，为您解读企业如何持续创造经营价值。

2474　1Q84：4 月 ~ 6 月
〔日〕村上春树著 . —海口：南海出版公司；
2010. 05；—392 页；22cm
ISBN 978 - 7 - 5442 - 4726 - 9(精装)：¥ CNY36. 00
本书是日本当代长篇小说。

2475　1Q84：7 月 ~ 9 月
〔日〕村上春树著 . —海口：南海出版公司；
2010. 06；—352 页；21cm
ISBN 978 - 7 - 5442 - 4725 - 2(精装)：¥ CNY36. 00

本书是日本当代长篇小说。作品承接第一部的故
事，继续在与现实有微妙差异的“1Q84”年中，
展开青豆与天吾的故事。

2476　21 世纪的日本家庭，何去何从
〔日〕落合惠美子著 . —济南：山东人民出版社；
2010. 04；—21 页，234 页；23cm
ISBN 978 - 7 - 209 - 05206 - 1 ¥ CNY28. 00
在学界内外引起巨大反响，并荣获山川菊荣妇女
问题研究奖。

2477　2010 投资日本法务·税务指南
周晨，〔日〕能登八郎编著 . —上海：百家出版
社；2010. 01；—83 页；19cm
ISBN 978 - 7 - 80703 - 956 - 3 ¥ CNY20. 00
本书是当前日本法务、税务的要点介绍，是投资
日本的实用手册。

2478　30 分老妈
〔日〕高木直子著绘 . —南昌：江西科学技术出
版社；2010. 09；—155 页；20cm
ISBN 978 - 7 - 5390 - 3991 - 6 ¥ CNY20. 00
本书是以作者孩提时代的记忆为蓝本，把一些趣
事描绘下来的绘本作品。

2479　30 种大脑训练方法：提高你的注意力
〔日〕筱原菊纪著 . —北京：电子工业出版社；
2010. 06；—144 页；23cm
ISBN 978 - 7 - 121 - 10924 - 9 ¥ CNY22. 00
本书讲述了方便实用而又行之有效的 30 种提升
注意力的方法。

2480　5 天戒烟
〔日〕佐佐木温子著 . —杭州：浙江科学技术出
版社；2010. 09；—217 页；24cm
ISBN 978 - 7 - 5341 - 3848 - 5 ¥ CNY29. 00
本书教给人们如何快速有效的戒烟，解释了为什
么吸烟的人想戒却戒不掉的理由和原理。

2481　52 款爱犬服饰 & 布艺用品 DIY
〔日〕靓丽社组织编写 . —北京：化学工业出版
社；2010. 07；—132 页；26cm
ISBN 978 - 7 - 122 - 08033 - 2 ¥ CNY35. 00
本书介绍了为爱犬制作各种服饰和布艺用品。

2482　500 人小镇上的世界级企业
〔日〕千叶望著 . —上海：东方出版中心；2010.
10；—225 页；19cm
ISBN 978 - 7 - 5473 - 0242 - 2(精装)：¥ CNY25. 00
本书堪称最感人的企业家传记。

2483 7 天搞定微积分

〔日〕石山平，〔日〕大上丈彦著．—海口：南海出版公司；2010.08；—188 页；22cm

ISBN 978 - 7 - 5442 - 4824 - 2 ￥CNY25.00

这是一本微积分类入门图书。

2484 7 色蔬果健康养生法

〔日〕中村丁次编著．—沈阳：辽宁科学技术出版社；2010.07；—141 页；24cm

ISBN 978 - 7 - 5381 - 6464 - 0 ￥CNY35.00

本书通过蔬果的颜色，向大家介绍了各种蔬菜和水果，要养成每天吃蔬菜和水果的习惯。

2485 78 款居家实用布杂货

〔日〕主妇与生活社编著．—郑州：河南科学技术出版社；2010.11；—71 页；29cm

ISBN 978 - 7 - 5349 - 4678 - 3 ￥CNY29.80

本书包括了各种日系拼布小杂货，每一款都有它独特的魅力和隐藏在背后的美丽故事。

2486 80 分钟强效塑身健康瑜伽

〔日〕成濑雅春著．—沈阳：辽宁科学技术出版社；2010.01；—119 页；21cm

ISBN 978 - 7 - 5381 - 6164 - 9 ￥CNY36.00

本书倡导一种正确的呼吸方法。

2487 AB 型恋爱密码

〔日〕G·大卫研究所编著．—北京：新世界出版社；2010.06；—157 页；19cm

ISBN 978 - 7 - 5104 - 0985 - 1 ￥CNY18.00

发挥你的恋爱特长，避免你的恋爱陷阱，完美操控 AB 型男人。

2488 AB 型人性格命运鉴定书

〔日〕中山春子编著．—北京：中国工人出版社；2010.02；—133 页；19cm

ISBN 978 - 7 - 5008 - 4654 - 3 ￥CNY12.80

本书描述了形成各种血型缺点、弱点等不利因素的原因，以工作、家庭、友情和爱情为分类标准，找出矛盾之间的关联，讲解相应的处理方法。

2489 A 型恋爱密码

〔日〕G·大卫研究所编著．—北京：新世界出版社；2010.06；—159 页；19cm

ISBN 978 - 7 - 5104 - 0982 - 0 ￥CNY18.00

发挥你的恋爱特长，避免你的恋爱陷阱，完美操控 A 型男人。

2490 A 型人性格命运鉴定书

〔日〕中山春子编著．—北京：中国工人出版社；2010.02；—135 页；19cm

ISBN 978 - 7 - 5008 - 4652 - 9 ￥CNY12.80

本书描述了形成各种血型缺点、弱点等不利因素的原因，以工作、家庭、友情和爱情为分类标准，找出矛盾之间的关联，讲解相应的处理方法。

2491 BCG 战略思想竞争优势原理

〔日〕水越丰著．—北京：电子工业出版社；2010.07；—11 页，302 页；24cm

ISBN 978 - 7 - 121 - 10984 - 3 ￥CNY39.00

本书是波士顿咨询公司（BCG）四十多年战略思想的集大成之作。

2492 B 型恋爱密码

〔日〕G·大卫研究所编著．—北京：新世界出版社；2010.06；—158 页；19cm

ISBN 978 - 7 - 5104 - 0983 - 7 ￥CNY18.00

发挥你的恋爱特长，避免你的恋爱陷阱，完美操控 B 型男人。

2493 B 型人性格命运鉴定书

〔日〕中山春子编著．—北京：中国工人出版社；2010.02；—140 页；19cm

ISBN 978 - 7 - 5008 - 4651 - 2 ￥CNY12.80

本书描述了形成各种血型缺点、弱点等不利因素的原因，以工作、家庭、友情和爱情为分类标准，找出矛盾之间的关联，讲解相应的处理方法。

2494 CGColoring：跟日本漫画大师学上色

〔日〕KEI 著．—北京：人民邮电出版社；2010.07；—192 页；26cm

ISBN 978 - 7 - 115 - 22932 - 8 ￥CNY49.00

本书共 4 个案例，讲解了从草图创建、线稿调整、上色到最终完成的全过程。

2495 CGColoring：跟日本漫画大师学上色

〔日〕POP 著．—北京：人民邮电出版社；2010.07；—186 页；26cm

ISBN 978 - 7 - 115 - 22878 - 9 ￥CNY49.00

本书共 2 个案例，讲解了从草图创建、线稿调整、上色到最终完成的全过程。

2496 CGColoring：跟日本漫画大师学上色

〔日〕深崎暮人，〔日〕黑谷忍著．—北京：人民邮电出版社；2010.07；—188 页；26cm

ISBN 978 - 7 - 115 - 22953 - 3 ￥CNY49.00

本书共 3 个案例，讲解了从草图创建、线稿调整、上色到最终完成的全过程。

2497 Cotton friend 手工生活 . 2010 春夏特刊

〔日〕靓丽社组织编写 . —北京：化学工业出版社；2010.06；—188 页；27cm

ISBN 978 – 7 – 122 – 08037 – 0 ￥CNY58.00

本书将最受手工爱好者欢迎的服装裁剪、布艺杂货、拼布、刺绣等手工汇集成册。

2498 Cotton friend 手工生活 . 2010 夏号

〔日〕靓丽社组织编写 . —北京：化学工业出版社；2010.07；—108 页；27cm

ISBN 978 – 7 – 122 – 08506 – 1 ￥CNY38.00

本书将最受手工爱好者欢迎的服装裁缝、布艺杂货、拼布、刺绣等手工汇集成册。

2499 Dr. Leon 的魔法时空

〔日〕Dr. Leon 著 . —沈阳：辽宁科学技术出版社；2010.02；—111 页；21cm

ISBN 978 – 7 – 5381 – 6237 – 0 ￥CNY28.00

本书的作者是日本魔术大师井弘幸，井弘幸将教你 27 个经典魔术。

2500 GOGO！美人道 . 一个人也可以美丽

〔日〕柿崎江子著绘 . —南昌：江西科学技术出版社；2010.08；—159 页；21cm

ISBN 978 – 7 – 5390 – 3982 – 4 ￥CNY25.00

本书分为上下两册，本册为上册，分为身体篇、旅行篇、化妆篇、健身篇、礼仪篇。

2501 G 少年冬天的战争

〔日〕石田衣良著 . —上海：上海人民出版社；2010.07；—229 页；21cm

ISBN 978 – 7 – 208 – 09283 – 9 ￥CNY20.00

本书是石田衣良"池袋西口公园"系列第七本，曲折的故事和丰富的都市时尚元素，加上冷调暗暖的笔法，可读性极强。

2502 G 时代创业的五大定律

〔日〕梅田望夫著 . —长沙：湖南科学技术出版社；2010.05；—221 页；23cm

ISBN 978 – 7 – 5357 – 6028 – 9 ￥CNY28.00

本书首次公开了梅田望夫最强学习法。

2503 Hellokitty 好朋友

〔日〕三丽鸥株式会社编著 . —青岛：青岛出版社；2010.07；—103 页；29cm

ISBN 978 – 7 – 5436 – 6356 – 5 ￥CNY25.00

《好朋友》、《淘气包》是三丽鸥公司的著名刊物，是日本目前著名的少儿期刊。

2504 IT 导航图：2009 年版 5 年后信息通信技术的变化

〔日〕野村综合研究所技术调查部著 . —北京：化学工业出版社；2010.01；—185 页；21cm

ISBN 978 – 7 – 122 – 06698 – 5 ￥CNY30.00

本书主要介绍了 IT 导航图概要、"移动宽带"、"云计算"和"社会计算"等 6 个技术领域。

2505 M 型社会：中产阶级消失的危机与商机

〔日〕大前研一著 . —北京：中信出版社；2010.10；—13 页，271 页；21cm

ISBN 978 – 7 – 5086 – 2283 – 5 ￥CNY32.00

本书是日本管理大师大前研一的经典图书。

2506 OFF 学：会玩，才会成功

〔日〕大前研一著 . —北京：中信出版社；2010.10；—19 页，300 页；21cm

ISBN 978 – 7 – 5086 – 2303 – 0 ￥CNY32.00

全球著名管理大师大前研一先生现身说法，亲身传授大量企业管理的秘诀。

2507 O 型恋爱密码

〔日〕G·大卫研究所编著 . —北京：新世界出版社；2010.06；—158 页；19cm

ISBN 978 – 7 – 5104 – 0984 – 4 ￥CNY18.00

发挥你的恋爱特长，避免你的恋爱陷阱，完美操控 O 型男人。

2508 O 型人性格命运鉴定书

〔日〕中山春子编著 . —北京：中国工人出版社；2010.02；—134 页；19cm

ISBN 978 – 7 – 5008 – 4653 – 6 ￥CNY12.80

本书描述了形成各种血型缺点、弱点等不利因素的原因，以工作、家庭、友情和爱情为分类标准，找出矛盾之间的关联，讲解相应的处理方法。

2509 PIC 单片机编程

〔日〕光永法明，〔日〕后田敏著 . —北京：科学出版社；2010.04；—10 页，292 页；24cm

ISBN 978 – 7 – 03 – 026844 – 0 ￥CNY39.00

本书是"图解 PIC 单片机应用丛书"之一。

2510 PIC 单片机基础与传感器应用

〔日〕秦明宏，〔日〕荻山正生，〔日〕木村丰著 . —北京：科学出版社；2010.04；—290 页；24cm

ISBN 978 – 7 – 03 – 026807 – 5 ￥CNY39.00

本书共分 6 章。

2511　SUGARDARK 被埋葬的黑暗

〔日〕新井円侍著 . —长沙：湖南美术出版社；
2010.12；—254 页；19cm
ISBN 978 - 7 - 5356 - 4128 - 1 ￥CNY20.00

2512　UC win/Road 实用教程

马智亮，〔日〕伊藤裕二，〔日〕武井千雅子著 .
—北京：中国建筑工业出版社；2010.07；—256
页；26cm
ISBN 978 - 7 - 112 - 11892 - 2 ￥CNY88.00
本书是一个用于道路及其景观虚拟现实规划设
计软件——UC - win/Road 的教科书。

2513　Yuzuko 的不织布迷你小物

〔日〕主妇之友社编著 . —郑州：河南科学技术
出版社；2010.06；—95 页；21cm
ISBN 978 - 7 - 5349 - 4531 - 1 ￥CNY23.80
本书是由我社温暖推出的不织布系列又一精品。
Yuzuko 的不织布迷你小物温馨、可爱，又生机
勃勃。

2514　阿波丸号：日本的泰坦尼克

〔日〕木村丽著 . —北京：新世界出版社；2010.
05；—198 页；23cm
ISBN 978 - 7 - 5104 - 0886 - 1 ￥CNY29.80
这是一部长篇小说。

2515　阿朝快 100 岁了

〔日〕黑柳朝，〔日〕黑柳彻子著 . —海口：南
海出版公司；2010.05；—231 页；21cm
ISBN 978 - 7 - 5442 - 4641 - 5 ￥CNY22.00
本书为作者黑柳彻子在其主持的电视节目"彻
子的小屋"中与九十五岁高龄的母亲黑柳朝的
对谈录。

2516　阿朝来啦

〔日〕黑柳朝著 . —海口：南海出版公司；2010.
01；—248 页；22cm
ISBN 978 - 7 - 5442 - 4570 - 8 ￥CNY22.00
本书为黑柳朝丈夫去世后独立生活时写的第一
部作品，并于 1987 年被 NHK 改编搬上银幕。

2517　爱的流放地

〔日〕渡边淳一著 . —沈阳：万卷出版公司；2010.
06；—428 页；23cm
ISBN 978 - 7 - 5470 - 0899 - 7 ￥CNY32.00
本书描写了陷入困顿的作家村尾菊治与少妇冬
香之间的恋情。

2518　爱犬的衣服我来做

〔日〕靓丽出版社编 . —北京：中国农业大学出
版社；2010.07；—97 页；26cm
ISBN 978 - 7 - 81117 - 679 - 7 ￥CNY23.00
本书从选料、裁剪、制作等几方面，翔实地介绍
了 7 个系列狗狗的服装。

2519　爱上比萨：我的甜蜜烘焙厨房

〔日〕三宅郁美著 . —杭州：浙江科学技术出版
社；2010.11；—95 页；24cm
ISBN 978 - 7 - 5341 - 3958 - 1 ￥CNY29.80
本书是教你轻松做比萨的魔法书。

2520　爱上蛋糕：我的甜蜜烘焙厨房

〔日〕三宅郁美著 . —杭州：浙江科学技术出版
社；2010.11；—95 页；24cm
ISBN 978 - 7 - 5341 - 3956 - 7 ￥CNY29.80
本书是教你轻松做蛋糕的魔法书。

2521　安保彻教你吃出免疫力

〔日〕安保彻监修 . —重庆：重庆出版社；2010.
07；—153 页；23cm
ISBN 978 - 7 - 229 - 02006 - 4 ￥CNY28.00
本书是一本养生保健食疗的经典。

2522　安全饮用水：生物净化法指南

〔日〕中本信忠著 . —北京：科学出版社；2010.
07；—10 页，186 页；21cm
ISBN 978 - 7 - 03 - 027784 - 8 ￥CNY28.00
本书作者在世界上第一次准确地阐述了藻类在
缓速过滤中的重要作用和生物群集的作用。

2523　安野光雅的七堂绘画课

〔日〕安野光雅著 . —南昌：二十一世纪出版社；
2010.07；—178 页；22cm
ISBN 978 - 7 - 5391 - 5761 - 0 ￥CNY30.00
本书是国际级绘本大师安野光雅在 NHK "人间
讲座"节目讲解"绘画与想象力"的内容集结。

2524　暗黑神殿

〔日〕田中芳树著 . —北京：华文出版社；2010.
06；—215 页；22cm
ISBN 978 - 7 - 5075 - 3064 - 3 ￥CNY25.00

2525　奥巴马的书架

〔日〕松本道弘著 . —北京：中国友谊出版公司；
2010.03；—214 页；21cm
ISBN 978 - 7 - 5057 - 2684 - 0 ￥CNY26.80
本书是前美国大使馆即席翻译松元道弘完全解
读奥巴马的锦字金言 50 句、启迪之书 30 本。

2526　八公的故事
〔日〕新藤兼人著 . —北京：世界知识出版社；
2010. 11；—133 页；21cm
ISBN 978 - 7 - 5012 - 3881 - 1 ￥CNY16. 00
本书是根据一个真实的故事编写的小说。

2527　把孩子培养成不怕失败的人
〔日〕星一郎著 . —上海：学林出版社；2010.
01；—191 页；23cm
ISBN 978 - 7 - 80730 - 945 - 1 ￥CNY22. 00
本书教育孩子如何承担起失败所产生的责任。

2528　白内障、青光眼、糖尿病性视网膜病变
〔日〕杉田美由纪编著 . —长春：吉林科学技术
出版社；2010. 02；—152 页；21cm
ISBN 978 - 7 - 5384 - 3628 - 0 ￥CNY16. 90

2529　百变脚趾美甲
〔日〕靓丽出版社编著 . —沈阳：辽宁科学技术
出版社；2010. 06；—131 页；18 × 21cm
ISBN 978 - 7 - 5381 - 6472 - 5 ￥CNY32. 00
本书是一本编纂脚趾美甲的技法与甲片造型精选。

2530　百岁医生教我的生机健康法
〔日〕松田麻美子著 . —海口：南海出版公司；
2010. 04；—152 页；24cm
ISBN 978 - 7 - 5442 - 4459 - 6 ￥CNY20. 00
本书作者总结出更简洁明了、更具操作性的生
机健康法三大原则和十大要点。

**2531　百岁医生教我的生机健康法 . 50 岁开始的
超健康革命**
〔日〕松田麻美子著 . —海口：南海出版公司；
2010. 05；—220 页；24cm
ISBN 978 - 7 - 5442 - 4713 - 9 ￥CNY28. 00
本书揭示了健康长寿的真正原因。

2532　柏林风格小屋：24 个创意家居表情
〔日〕久保田由希著 . —北京：中信出版社；2010.
10；—143 页；21cm
ISBN 978 - 7 - 5086 - 2404 - 4 ￥CNY35. 00
本书包括：跟聪明、睿智的德国女性学独特生活
法；24 个充满个性的室内设计；按照自己的风
格生活。

2533　坂田笃史的超人脉术
〔日〕坂田笃史著 . —天津：天津教育出版社；
2010. 09；—144 页；22cm
ISBN 978 - 7 - 5309 - 6161 - 2（精装）；￥CNY25. 80
本书主要写的是一个在职场工作了六年的职场

小兵怎样通过自己的人脉建设，使自己成为各大
猎头注意的对象。

2534　版式设计全攻略
〔日〕佐佐木刚士编著 . —北京：中国青年出版
社；2010. 07；—175 页；26cm
ISBN 978 - 7 - 5006 - 9328 - 4 ￥CNY59. 00
本书讲述了版式设计中处理整体版面形态以及
文字、图片、附录、表格等版面元素的技巧和
方法。

2535　绑架游戏
〔日〕东野圭吾著 . —上海：上海译文出版社；
2010. 3；—231 页；21cm
ISBN 978 - 7 - 5327 - 4950 - 8 ￥CNY20. 00

2536　抱抱的小猫鱼
〔日〕渡边有一编 . —江西：二十一世纪出版社；
2010. 07；—24；24 × 24cm
ISBN 978 - 7 - 5391 - 5630 - 9 ￥CNY96. 00 （全
套 6 册）

2537　北极光
〔日〕星野道夫著 . —北京：中信出版社；2010.
01；—254 页；21cm
ISBN 978 - 7 - 5086 - 1770 - 1 ￥CNY28. 00
本书充分展现了阿拉斯加人令人羡慕的半传说
式的自主生活。其中收录了许多彩色摄影作品。

2538　北京树之旅
〔日〕阿南史代著 . —北京：五洲传播出版社；
2010. 10；—129 页；19cm
ISBN 978 - 7 - 5085 - 1883 - 1 ￥CNY68. 00
本书作者选取独特的角度，通过古树名木，对古
都北京的名胜古迹作一次巡礼。

2539　碧阳学园学生会议事录 . 学生会的二心
〔日〕葵关南著 . —长沙：湖南美术出版社；2010.
12；—248 页；19cm
ISBN 978 - 7 - 5356 - 3970 - 7 ￥CNY20. 00

2540　碧阳学园学生会议事录 . 学生会的一存
〔日〕葵关南著 . —长沙：湖南美术出版社；2010.
09；—215 页；19cm
ISBN 978 - 7 - 5356 - 3907 - 3 ￥CNY20. 00
本书故事情节围绕着碧阳学园学生会成员展开。

2541　编制幸福的暖暖小物
〔日〕成美堂出版编辑部编著 . —郑州：河南科
学技术出版社；2010. 01；—77 页；26cm

ISBN 978 - 7 - 5349 - 4145 - 0 ￥CNY25.00

本书以图文并茂的形式详细介绍了各种时尚又实用的暖暖小物：暖颈、暖腕、暖腿等。

2542　标志新选 1234

〔日〕长泽均编著 . —北京：中国青年出版社；2010.06；—247 页；17×22cm

ISBN 978 - 7 - 5006 - 8153 - 3 ￥CNY69.00

本书收录了最新的 1234 个优秀标志图形设计案例。

2543　标准商务基础日语

〔日〕吉冈正毅等主编 . —北京：外语教学与研究出版社；2008.08；—443 页；26cm

ISBN 978 - 7 - 5600 - 7732 - 1 ￥CNY58.00

2544　别对我撒谎

〔日〕庄司雅彦著 . —北京：中国人民大学出版社；2010.02；—116 页；21cm

ISBN 978 - 7 - 300 - 11678 - 5 ￥CNY18.00

本书讲解如何识破谎言。

2545　别让医院蒙了你

〔日〕富家孝著 . —天津：天津科学技术出版社；2010.04；—203 页；21cm

ISBN 978 - 7 - 5308 - 5669 - 7 ￥CNY25.80

本书的作者在对待医疗事故方面有丰富经验。听他给我们讲怎样找到好医院、好医生。

2546　濒死之眼

〔日〕东野圭吾著 . —上海：上海译文出版社；2010.04；—244 页；21cm

ISBN 978 - 7 - 5327 - 5006 - 1 ￥CNY22.00

本书是长篇小说。

2547　冰冷密室与博士们

〔日〕森博嗣著 . —南京：江苏文艺出版社；2010.06；—291 页；21cm

ISBN 978 - 7 - 5399 - 3786 - 1 ￥CNY25.00

本书为当代小说。

2548　博士的爱情算式

〔日〕小川洋子著 . —北京：人民文学出版社；2010；—211 页

ISBN 978 - 7 - 02 - 008323 - 7 ￥CNY15.00

2549　薄刀·针

〔日〕西尾维新著 . —南京：江苏文艺出版社；2010.06；—148 页；21cm

ISBN 978 - 7 - 5399 - 3785 - 4 ￥CNY21.00

本书为当代小说。

2550　不公平的月

〔日〕秦建日子著 . —南京：南京大学出版社；2010.06；—231 页；21cm

ISBN 978 - 7 - 305 - 07029 - 7 ￥CNY24.00

2551　不会笑的数学家

〔日〕森博嗣著 . —南京：江苏文艺出版社；2010.09；—305 页；21cm

ISBN 978 - 7 - 5399 - 3871 - 4 ￥CNY25.00

本书是长篇小说。

2552　不结婚，好吗？小好的明天

〔日〕益田米莉著 . —北京：现代出版社；2010.01；—127 页；21cm

ISBN 978 - 7 - 80244 - 558 - 1 ￥CNY20.00

本书是女性漫画绘本。讲述了中年单身女性如何对待生活。

2553　不眠的珍珠

〔日〕石田衣良著 . —青岛：青岛出版社；2010.01；—256 页；21cm

ISBN 978 - 7 - 5436 - 5888 - 2 ￥CNY20.00

一个离过婚的中年女版画家，在快进入更年期的恐慌中，寻找可以让他依靠的男人的故事。

2554　不疲劳的活法

〔日〕安保彻著 . —北京：中信出版社；2010.10；—11，227 页；21cm

ISBN 978 - 7 - 5086 - 2251 - 4 ￥CNY25.00

日本免疫学权威安保彻医师解析现代人疲劳的成因，针对"各类型的疲劳"提供适合的改善方法。

2555　不上当的心理学

〔日〕内藤谊人著 . —海口：南方出版社；2010.10；—128 页；21cm

ISBN 978 - 7 - 80760 - 855 - 4 ￥CNY24.00

本书立足于日常生活，列举出我们平常生活中最常见的、案发率很高的骗子骗术，揭示出骗子的狡猾与伎俩。

2556　步进电机应用技术

〔日〕坂本正文著 . —北京：科学出版社；2010.05；—162 页；21cm

ISBN 978 - 7 - 03 - 027211 - 9 ￥CNY22.00

本书共9章。

2557　彩绘日语常用拟声、拟态词

〔日〕山本峰规子著 . —上海：上海世界图书出

版公司；2010.05；—203 页；21cm
ISBN 978 - 7 - 5100 - 2142 - 8 ￥CNY28.00
本书挑选出最常用的 500 多个拟声、拟态词，用清楚明了的分类与编排，搭配插图、例句和 MP3。

2558 彩云国物语．黑之月宴·残银漏急
〔日〕雪乃纱衣著 . —海口：南海出版公司；2010.01；—326 页；21cm
ISBN 978 - 7 - 5442 - 4543 - 2 ￥CNY22.00
本书是日本当代长篇小说。

2559 彩云国物语．心深于蓝·光耀碧野
〔日〕雪乃纱衣著 . —海口：南海出版公司；2010.10；—320 页；21cm
ISBN 978 - 7 - 5442 - 4723 - 8 ￥CNY22.00
本书是日本当代长篇小说。

2560 彩妆的可能性
〔日〕千吉良惠子著 . —北京：中国轻工业出版社；2010.01；—127 页；21cm
ISBN 978 - 7 - 5019 - 7416 - 0 ￥CNY30.00
本书是日本著名化妆师千吉良惠子老师在 2008 年 7 月新出版作品的引进版。

2561 餐桌花艺
〔日〕鸭田由利子，〔日〕鬼头郁子，〔日〕武内启子著 . —长春：吉林科学技术出版社；2010.05；—104 页；28cm
ISBN 978 - 7 - 5384 - 4656 - 2 ￥CNY35.00
本书介绍了不同类型餐桌的插花类型。

2562 残虐记
〔日〕桐野夏生著 . —桂林：广西师范大学出版社；2010.09；—236 页；21cm
ISBN 978 - 7 - 5633 - 9918 - 5 ￥CNY22.00
本书讲述了一个令人震惊、谜团重重的少女诱拐事件。

2563 苍狼
〔日〕森村诚一著 . —海口：南海出版公司；2010.07；—305 页；23cm
ISBN 978 - 7 - 5442 - 4647 - 7 ￥CNY28.00
日本著名作家森村诚一的历史小说代表作。

2564 苍狼
〔日〕森村诚一著 . —海口：南海出版公司；2010.09；—269 页；23cm
ISBN 978 - 7 - 5442 - 4624 - 8 ￥CNY28.00
日本著名作家森村诚一的历史小说代表作。

2565 苍穹之昴
〔日〕浅田次郎著 . —长沙：湖南人民出版社；2010.03；—338 页
ISBN 978 - 7 - 5438 - 6431 - 3 ￥CNY29.80
本书是一部长篇历史小说。

2566 苍穹之昴
〔日〕浅田次郎著 . —长沙：湖南人民出版社；2010.02；—314 页
ISBN 978 - 7 - 5438 - 6284 - 5 ￥CNY29.80
本书是一部历史长篇小说。

2567 操作工具常识及使用方法
〔日〕技能士の友编集部编著 . —北京：机械工业出版社；2010.03；—161 页；21cm
ISBN 978 - 7 - 111 - 29387 - 3 ￥CNY25.00
从卡盘、台虎钳这些机械加工中不可缺少的操作工具，再到扳手、螺钉旋具等简单的操作工具，都随其使用方法的不同有不同的效果。

2568 曹操
〔日〕陈舜臣著 . —福州：福建人民出版社；2010.05；—308 页；23cm
ISBN 978 - 7 - 211 - 06169 - 3 ￥CNY29.00
本书作者根据《三国志》史料，再现了曹操这一重要的历史人物。

2569 测量技术
〔日〕技能士の友编集部编著 . —北京：机械工业出版社；2010.01；—169 页；21cm
ISBN 978 - 7 - 111 - 27195 - 6 ￥CNY25.00
本书主要介绍了有关在机械加工车间工作的机械加工工人必须掌握的多种测量技术。

2570 茶之书
〔日〕冈仓天心著 . —济南：山东画报出版社；2010.06；—27 页，143 页；21cm
ISBN 978 - 7 - 5474 - 0091 - 3 ￥CNY15.00
在书中，不仅讲述茶道，更谈及美学、修养、世界观、宇宙观，日本传统文化背后的中国文化渊源。

2571 茶之书
〔日〕冈仓天心著 . —北京：北京出版社；2010.02；—99 页；21cm
ISBN 978 - 7 - 200 - 08144 - 2 ￥CNY10.00
本书以艺术鉴赏的眼光，从一碗茶水入手，展现了支配着日本人民生活的美的理想。

2572 禅林夜话
〔日〕有马赖底著 . —北京：宗教文化出版社；

2010.09；—162 页；19cm

ISBN 978 - 7 - 80254 - 292 - 1(精装)：￥CNY18.00

本书是作者从日常生活中感悟到的禅宗修行哲理的结集。

2573 禅与生活

〔日〕铃木大拙著．—合肥：黄山书社；2010.06；—334 页；24cm

ISBN 978 - 7 - 5461 - 1256 - 5 ￥CNY40.00

铃木大拙强调了禅与生活的一致。

2574 禅者的初心

〔日〕铃木俊隆著．—海口：三环出版社；2010.06；—218 页；23cm

ISBN 978 - 7 - 80700 - 177 - 5 ￥CNY25.00

本书指导人们如何在修行生活和日常生活中保持初心。

2575 肠道按摩减肥

〔日〕真野和香著．—沈阳：辽宁科学技术出版社；2010.10；—95 页；21cm

ISBN 978 - 7 - 5381 - 6638 - 5 ￥CNY22.80

本书介绍的肠道按摩法结合了内脏的工作机理。

2576 肠胃好才能身体好

〔日〕新谷弘实著．—海口：南海出版公司；2010.08；—153 页；24cm

ISBN 978 - 7 - 5442 - 4857 - 0 ￥CNY25.00

本书是介绍通过改善胃肠环境防治疾病的健康类图书。

2577 肠胃会说话

〔日〕新谷弘实著．—海口：南海出版公司；2010.03；—226 页；24cm

ISBN 978 - 7 - 5442 - 4707 - 8 ￥CNY28.00

本书是日本医生新谷弘实撰写的一本健康类图书。

2578 常用字解

〔日〕白川静著．—北京：九州出版社；2010.10；—15 页，482 页；24cm

ISBN 978 - 7 - 5108 - 0670 - 4 ￥CNY49.80

本书作者创造了别树一帜的汉字阐释系统。

2579 超个性时尚美甲秀

〔日〕靓丽出版社编著．—沈阳：辽宁科学技术出版社；2010.07；—111 页；29cm

ISBN 978 - 7 - 5381 - 6537 - 1 ￥CNY36.00

《NAILUP!》是在日本风行火热的美甲杂志。

2580 超级阿嬷的信

〔日〕岛田洋七著．—海口：南海出版公司；2010.07；—203 页；22cm

ISBN 978 - 7 - 5442 - 4593 - 7 ￥CNY18.00

本书为当代日本喜剧泰斗、作家岛田洋七的长篇小说。

2581 超级理发师

〔日〕角野荣子著．—北京：中国少年儿童出版社；2010.05；—75 页；21cm

ISBN 978 - 7 - 5007 - 9562 - 9 ￥CNY15.00

2582 超级漫画素描技法．人物与素材篇

〔日〕林晃著．—沈阳：辽宁科学技术出版社；2010.10；—199 页；26cm

ISBN 978 - 7 - 5381 - 6657 - 6 ￥CNY29.80

本书主要讲述漫画的素描技法。

2583 超级名模教你 show 出明星腿

〔日〕金子绘美著．—沈阳：辽宁科学技术出版社；2010.08；—127 页；24cm

ISBN 978 - 7 - 5381 - 6498 - 5 ￥CNY32.00

日本超级名模为您带来了独家美腿秘籍。

2584 超级有趣的动物记

〔日〕实吉达郎著．—长沙：湖南科学技术出版社；2010.07；—205 页；18cm

ISBN 978 - 7 - 5357 - 5996 - 2 ￥CNY25.00

本书通过 74 则生动有趣的小故事，彻底颠覆我们关于动物的常识。

2585 超简单新手烘焙

〔日〕祐成二叶，〔日〕高沢纪子主编．—北京：中国轻工业出版社；2010.09；—112 页；24cm

ISBN 978 - 7 - 5019 - 7644 - 7 ￥CNY26.00

本书是一本烘焙菜谱书。

2586 超人气蛋糕·点心·面包

〔日〕信太康代著．—沈阳：辽宁科学技术出版社；2010.07；—87 页；24cm

ISBN 978 - 7 - 5381 - 6480 - 0 ￥CNY22.00

本书从绝品松饼的烤法到法式薄饼、平底锅蛋糕、铜锣烧、甜甜圈、蒸蛋糕、海绵蛋糕、磅蛋糕、贝壳蛋糕、戚风蛋糕……满载多彩多姿的点心，都能在一会儿工夫中简单出炉！

2587 朝鲜燕行使与朝鲜通信使：使节视野中的中国·日本

〔日〕夫马进著．—上海：上海古籍出版社；2010.12；—370 页；23cm

ISBN 978 - 7 - 5325 - 5683 - 0 ￥CNY58.00
在书中，作者根据所掌握的材料探讨了明清朝鲜使者视野中的中国和日本。

2588 沉默的佛陀
〔日〕大川隆法著．—北京：宗教文化出版社；2010.03；—237 页；21cm
ISBN 978 - 7 - 80254 - 249 - 5 ￥CNY25.00
本书以佛教修行论为中心，论述佛教的基本义理。

2589 成为幸运女神的 101 种习惯
〔日〕恒吉彩矢子著．—哈尔滨：黑龙江教育出版社；2010.09；—240 页；21cm
ISBN 978 - 7 - 5316 - 5577 - 0 ￥CNY26.00
本书是自我励志类图书，教会读者如何对自己的生活进行规划并收到良好的效果。

2590 诚刀·铨
〔日〕西尾维新著．—南京：江苏文艺出版社；2010.12；—171 页；21cm
ISBN 978 - 7 - 5399 - 3884 - 4 ￥CNY18.00
本书是小说。

2591 吃遍世界看经济
〔日〕榊原英资著．—北京：中信出版社；2010.04；—16 页，139 页；21cm
ISBN 978 - 7 - 5086 - 1947 - 7 ￥CNY22.00
本书从"吃"切入，把我们送入一条饮食文化形成和经济板块轮动的时间隧道。

2592 齿轮的功用及加工
〔日〕技能士の友编集部编著．—北京：机械工业出版社；2010.06；—161 页；21cm
ISBN 978 - 7 - 111 - 30062 - 5 ￥CNY25.00
主要有齿轮的理论、类型、用途、应用、制图方法等基础知识。

2593 冲出逆境：一个日本企业家理解的先哲箴言
〔日〕北尾吉孝著．—北京：清华大学出版社；2010.07；—11 页，215 页；19cm
ISBN 978 - 7 - 302 - 22988 - 9 ￥CNY23.00
本书向读者讲述了作者所推崇的世界名人名言。

2594 冲绳现代史
〔日〕新崎盛晖著．—北京：生活·读书·新知三联书店；2010.02；—466 页；21cm
ISBN 978 - 7 - 108 - 03402 - 1 ￥CNY42.00
本书作者呈现了冲绳民众自"二战"结束，在

60 年漫长的时间里为和平、民主、自立而苦斗的曲折过程。

2595 冲绳札记
〔日〕大江健三郎著．—北京：生活·读书·新知三联书店；2010.02；—185 页；21cm
ISBN 978 - 7 - 108 - 03347 - 5 ￥CNY19.80
本书为随笔集。

2596 出场记
〔日〕那须正干著．—南昌：二十一世纪出版社；2010.09；—156 页；19cm
ISBN 978 - 7 - 5391 - 6012 - 2 ￥CNY14.00
本书以三个性格各异的小学生为主角，通过思考、推理和判断他们生活中遇到的一些事情，解决了一桩又一桩的难题。

2597 初会瑜伽
〔日〕西川真知子著．—北京：中信出版社；2010.06；—11 页，112 页；21cm
ISBN 978 - 7 - 5086 - 2038 - 1 ￥CNY22.00
这是一本适合初学者的瑜伽练习书，由日本瑜伽天后率真解读 54 种体位法。

2598 初级日语语法使用指南
〔日〕市川保子著．—天津：南开大学出版社；2010.07；—376 页；26cm
ISBN 978 - 7 - 310 - 03477 - 2 ￥CNY40.00
本书主要针对初级日语学习者在学习常用语法中难于理解的问题，以及经常出现的病句进行了解惑和指导。

2599 初玩刺绣 100 招
〔日〕小仓幸子著．—郑州：河南科学技术出版社；2010.01；—72 页；26cm
ISBN 978 - 7 - 5349 - 4142 - 9 ￥CNY19.80

2600 船的世界
〔日〕柳原良平著．—北京：北京科学技术出版社；2010.09；—1 册；26×26cm
ISBN 978 - 7 - 5304 - 4817 - 5(精装)：￥CNY25.00
本书是作者们精心绘制的图画书。

2601 创造商业头脑的 7 种框架力：日本财经女王决胜商场的思考术
〔日〕胜间和代著．—北京：化学工业出版社；2010.01；—183 页；24cm
ISBN 978 - 7 - 122 - 06367 - 0 ￥CNY28.00
本书点明打造逻辑思维思考力、水平思考力、可视力、语言力等 7 种框架力的实用技巧。

2602 春夏美景

〔日〕田中达也著 . —长沙：湖南美术出版社；
2010.05；—189 页；23cm

ISBN 978 - 7 - 5356 - 2912 - 8 ￥CNY35.00

本书图文并茂地介绍了春季和夏季自然风景的
拍摄方法。

2603 此世双人难全

〔日〕山崎纳奥可乐著 . —北京：金城出版社；
2010.10；—133 页；21cm

ISBN 978 - 7 - 80251 - 565 - 9 ￥CNY26.00

本小说描写了男女主人公从相知相恋到分手后
仍是朋友的故事。

2604 从初级开始日语会话练习

〔日〕小林瞳编 . —天津：南开大学出版社；2010.
01；—111 页；26cm

ISBN 978 - 7 - 310 - 03322 - 5 ￥CNY19.00

本书是面向初级的日语学习者，帮助他们提高
日语实际会话水平的教材。

2605 从头散发吸引力

〔日〕主妇与生活社供稿 . —北京：中国轻工业
出版社；2010.01；—192 页；21cm

ISBN 978 - 7 - 5019 - 7391 - 0 ￥CNY30.00

本书是与日本《ar》杂志、宝洁公司合作出版的
发型类图书。

2606 从早到晚的日语会话

〔日〕山田玲奈著 . —大连：大连理工大学出版
社；2010.11；—185 页；21cm

ISBN 978 - 7 - 5611 - 5794 - 7 ￥CNY25.00

本书分为"假名与发音""先寒暄一下""基本
句型""说说自己""旅游日语"五大部分。

2607 从早到晚的生活日语单词

〔日〕西村惠子著 . —大连：大连理工大学出版
社；2010.11；—163 页；21cm

ISBN 978 - 7 - 5611 - 5795 - 4 ￥CNY25.00

本书共分为"数字""人跟大自然""家事""上
课、上班"和基本句型五大部分。

2608 聪明的大脑

〔日〕加占里子著 . —北京：北京科学技术出版
社；2010.01；—35 页；22cm

ISBN 978 - 7 - 5304 - 4361 - 3 ￥CNY12.00

2609 聪明格 . 乘法篇初级

〔日〕宫本哲也著 . —北京：中国铁道出版社；
2010.02；—1 册；19cm

ISBN 978 - 7 - 5617 - 7466 - 3 ￥CNY22.00（全
套 5 册）

2610 聪明格 . 乘法篇高级（含除法）

〔日〕宫本哲也著 . —北京：中国铁道出版社；
2010.02；—1 册；19cm

ISBN 978 - 7 - 5617 - 7465 - 6 ￥CNY28.00（全
套 6 册）

2611 聪明格 . 乘法篇中级（含除法）

〔日〕宫本哲也著 . —北京：中国铁道出版社；
2010.02；—1 册；19cm

ISBN 978 - 7 - 5617 - 7465 - 6 ￥CNY28.00（全
套 6 册）

2612 聪明格 . 基础篇

〔日〕宫本哲也著 . —北京：中国铁道出版社；
2010.02；—1 册；19cm

ISBN 978 - 7 - 5617 - 7466 - 3 ￥CNY22.00（全
套 5 册）

2613 聪明格 . 加法篇初级

〔日〕宫本哲也著 . —北京：中国铁道出版社；
2010.02；—1 册；19cm

ISBN 978 - 7 - 5617 - 7466 - 3 ￥CNY22.00（全
套 5 册）

2614 聪明格 . 加法篇高级（含减法）

〔日〕宫本哲也著 . —北京：中国铁道出版社；
2010.02；—1 册；19cm

ISBN 978 - 7 - 5617 - 7465 - 6 ￥CNY28.00（全
套 6 册）

2615 聪明格 . 加法篇中级（含减法）

〔日〕宫本哲也著 . —北京：中国铁道出版社；
2010.02；—1 册；19cm

ISBN 978 - 7 - 5617 - 7465 - 6 ￥CNY28.00（全
套 6 册）

2616 聪明格 . 入门篇

〔日〕宫本哲也著 . —北京：中国铁道出版社；
2010.02；—1 册；19cm

ISBN 978 - 7 - 5617 - 7466 - 3 ￥CNY22.00（全
套 5 册）

2617 聪明格 . 四则运算篇初级

〔日〕宫本哲也著 . —北京：中国铁道出版社；
2010.02；—1 册；19cm

ISBN 978 - 7 - 5617 - 7466 - 3 ￥CNY22.00（全
套 5 册）

2618　聪明格．四则运算篇高级

〔日〕宫本哲也著 ．—北京：中国铁道出版社；
2010.02；—1 册；19cm

ISBN 978 - 7 - 5617 - 7465 - 6 ￥CNY28.00（全
套 6 册）

2619　聪明格．四则运算篇中级

〔日〕宫本哲也著 ．—北京：中国铁道出版社；
2010.02；—1 册；19cm

ISBN 978 - 7 - 5617 - 7465 - 6 ￥CNY28.00（全
套 6 册）

2620　聪明孩子都爱玩的折纸游戏：3～5 岁

〔日〕主妇之友社著 ．—郑州：河南科学技术出
版社；2010.08；—127 页；24cm

ISBN 978 - 7 - 5349 - 4516 - 8 ￥CNY29.80

本书介绍了 48 款适合 3～5 岁幼儿折叠的折纸
作品。

2621　聪明孩子都爱玩的折纸游戏：5～7 岁

〔日〕主妇之友社著 ．—郑州：河南科学技术出
版社；2010.08；—125 页；24cm

ISBN 978 - 7 - 5349 - 4598 - 4 ￥CNY29.80

本书专门为爱动手、爱动脑的小朋友们和愿意
和他们一起重温动手乐趣的大朋友们设计。

2622　打开打开

〔日〕福岛由子著 ．—上海：少年儿童出版社；
2010.10；—1 册；21cm

ISBN 978 - 7 - 5324 - 8324 - 2 ￥CNY18.00

在这本图画书中，画家用柔和的笔触画出一个
个极富质感的纸盒形象，写实的风格使幼儿有
触摸纸盒的感觉。

2623　大道说法

〔日〕有马赖底著 ．—北京：宗教文化出版社；
2010.09；—208 页；19cm

ISBN 978 - 7 - 80254 - 289 - 1（精装）：￥CNY20.00

本书是作者从日常生活中感悟到的禅宗修行哲
理的结集。

2624　大家的日语：MP3 版

〔日〕株式会社スリーエーネットワーク编著 ．
—北京：外语教学与研究出版社；2010.06；—
206 页；26cm

ISBN 978 - 7 - 5600 - 9571 - 4 ￥CNY36.00

本书为面向普通日语学习者的日语学习中级
教材。

2625　大家的日语

〔日〕株式会社スリーエーネットワーク编著 ．
—北京：外语教学与研究出版社；2010.06；—
186 页；26cm

ISBN 978 - 7 - 5600 - 9570 - 7 ￥CNY28.00

本书是《大家的日语·中级 1》的配套辅导用书。

2626　大家的日语．听力入门

〔日〕牧野昭子等著 ．—北京：外语教学与研究
出版社；2010.06；—148 页；26cm

ISBN 978 - 7 - 5600 - 9438 - 0 ￥CNY29.00

本书是《大家的日语》系列的听力辅导用书。

2627　大家的日语．听力入门

〔日〕牧野昭子，〔日〕田中よね，〔日〕北川
逸子著 ．—北京：外语教学与研究出版社；
2010.06；—132 页；26cm

ISBN 978 - 7 - 5600 - 9437 - 3 ￥CNY29.00

本书是《大家的日语》系列的听力辅导用书。

2628　大家说日语

〔韩〕崔忠熙，〔日〕町田小雪，〔韩〕朴敏瑛编
著 ．—北京：群言出版社；2010.03；—167 页；
26cm

ISBN 978 - 7 - 80080 - 995 - 8 ￥CNY29.90

2629　大家说日语

〔韩〕崔忠熙，〔日〕町田小雪，〔韩〕朴敏瑛编
著 ．—北京：群言出版社；2010.03；—175 页；
26cm

ISBN 978 - 7 - 80080 - 994 - 1 ￥CNY29.90

2630　大家说日语

〔日〕二日市壮等编著 ．—北京：群言出版社；
2010.03；—191 页；26cm

ISBN 978 - 7 - 80080 - 999 - 6 ￥CNY29.90

2631　大家说日语

〔日〕二日市壮等编著 ．—北京：群言出版社；
2010.03；—176 页；26cm

ISBN 978 - 7 - 80080 - 998 - 9 ￥CNY29.90

2632　大家说日语

〔日〕二日市壮等著 ．—北京：群言出版社；2010.
03；—167 页；26cm

ISBN 978 - 7 - 80080 - 997 - 2 ￥CNY29.90

2633　大家说日语

〔日〕小泽康则，〔日〕吉本一，〔日〕泉千春编
著 ．—北京：群言出版社；2010.03；—167 页；

26cm
ISBN 978 - 7 - 80080 - 996 - 5 ￥CNY29. 90

2634　大家想知道的动物园 50 问
〔日〕加藤由子著 . —长沙：湖南科学技术出版
社；2010. 07；—203 页；18cm
ISBN 978 - 7 - 5357 - 6003 - 6 ￥CNY25. 00
书中简单有趣的讲解、生动可爱的漫画、实地拍
摄的小动物照片。

2635　大家想知道的水族馆 50 问
〔日〕中村元著 . —长沙：湖南科学技术出版社；
2010. 07；—205 页；18cm
ISBN 978 - 7 - 5357 - 6002 - 9 ￥CNY25. 00
在本书中，作者对水族馆的设计与建设、生态系
统的维系、水族馆与人类社会的关系、所发挥的
作用等问题做出深入的分析研究。

2636　大象的时间老鼠的时间
〔日〕本川达雄著 . —海口：南海出版公司；2010.
06；—174 页；22cm
ISBN 978 - 7 - 5442 - 4721 - 4 ￥CNY22. 00
这是一本讲解动物知识的科普类读物。

2637　大萧条时期的中国：市场、国家与世界经济
〔日〕城山智子著 . —南京：江苏人民出版社；
2010. 11；—250 页；23cm
ISBN 978 - 7 - 214 - 06505 - 6 ￥CNY24. 00
20 世纪 30 年代的经济大萧条是一次全球性事
件，它深刻地影响了中国现代历史。

2638　大萧条时期的中国：市场、国家与世界经济（1929 ~ 1937）
〔日〕城山智子著 . —南京：江苏人民出版社；
2010. 03；—250 页；23cm
ISBN 978 - 7 - 214 - 06029 - 7 ￥CNY25. 00
此书不仅向我们说明了中国未能幸免于国际资
金流和贸易大幅萎缩的负面影响，同时提供了
了解中国现代历史的全新视角。

2639　戴拿奥特曼眼力大搜索 . 火眼金睛
〔日〕圆谷制作株式会社著 . —上海：少年儿童
出版社；2010. 08；—32 页；26cm
ISBN 978 - 7 - 5324 - 8442 - 3 ￥CNY9. 00
本书为游戏图书。

2640　戴拿奥特曼眼力大搜索 . 视觉迷踪
〔日〕圆谷制作株式会社著 . —上海：少年儿童
出版社；2010. 08；—32 页；26cm
ISBN 978 - 7 - 5324 - 8443 - 0 ￥CNY9. 00
本书为游戏图书。

2641　单反摄影随身手册 . 提高篇
〔日〕森村进著 . —北京：中国青年出版社；
2010. 06；—159 页；21cm
ISBN 978 - 7 - 5006 - 9320 - 8 ￥CNY35. 00
本书是一本面向摄影初学者的摄影教学类书籍。

2642　单恋
〔日〕东野圭吾著 . —海口：南海出版公司；2010.
10；—375 页；21cm
ISBN 978 - 7 - 5442 - 4888 - 4 ￥CNY28. 00
本书是日本当代长篇小说。

2643　到底要不要撒谎？
〔日〕生天目章著 . —长沙：湖南科学技术出版
社；2010. 07；—205 页；18cm
ISBN 978 - 7 - 5357 - 6000 - 5 ￥CNY25. 00
本书运用"博弈论"的方法，对日常生活中与
竞争对手、朋友相处的问题进行解说。

2644　道歉是门心理学
〔日〕涉谷昌三著 . —北京：机械工业出版社；
2010. 06；—10 页，180 页；19cm
ISBN 978 - 7 - 111 - 30538 - 5 ￥CNY25. 00
擅长道歉的人，即使在工作与人际关系中出现了
失误、惹下了麻烦，也能够较为容易地将其解
决、消除，使事情取得进展。

2645　稻盛和夫自传
〔日〕稻盛和夫著 . —北京：华文出版社；2010.
06；—10 页，259 页；21cm
ISBN 978 - 7 - 5075 - 3148 - 0 ￥CNY39. 80
本书是稻盛和夫亲笔撰写的唯一传记。

2646　得中国者得天下
〔日〕周政毅主编 . —北京：机械工业出版社；
2010. 05；—227 页；24cm
ISBN 978 - 7 - 111 - 30585 - 9 ￥CNY38. 00
本书通过日本汽车产业咨询公司 Fourin 的独特视
角，全面系统地剖析、解读了中国汽车市场的格
局与竞争态势。

2647　德川家光 . 奇正相生
〔日〕山冈庄八著 . —北京：群言出版社；2010.
11；—297 页；24cm
ISBN 978 - 7 - 80256 - 147 - 2 ￥CNY28. 00

本书是对三代将军德川家光后半生的描写。

2648　德川家光．守正出奇

〔日〕山冈庄八著．—北京：群言出版社；2010.07；—314 页；24cm

ISBN 978 - 7 - 80256 - 116 - 8 ￥CNY28.00

本书是长篇小说。

2649　等待，只为与你相遇

〔日〕市川拓司著．—青岛：青岛出版社；2010.01；—306 页；21cm

ISBN 978 - 7 - 5436 - 5910 - 0 ￥CNY20.00

本书是根据长泽正美、山田孝之主演电影《等待，只为与你相遇》改编的长篇小说。

2650　等等，等等！

〔日〕宫西达也著．—南宁：接力出版社；2010.12；—24 页；21×29cm

ISBN 978 - 7 - 5448 - 1517 - 8 ￥CNY12.80

2651　等云到：与黑泽明导演在一起

〔日〕野上照代著．—上海：上海人民出版社；2010.01；—275 页；23cm

ISBN 978 - 7 - 208 - 08708 - 8 ￥CNY28.00

本书是野上照代追述她与黑泽合作近半世纪、共 19 部作品的回忆录。

2652　低智商社会：如何从智商衰退中跳脱出来

〔日〕大前研一著．—北京：中信出版社；2010.04；—20 页，345 页；21cm

ISBN 978 - 7 - 5086 - 1926 - 2 ￥CNY32.00

本书从日本的政治、经济、网络社会、教育等各个范畴去分析，点出了各种现实存在的低智商现象。

2653　迪戴盖怪兽大图鉴

〔日〕圆谷制作株式会社著．—上海：少年儿童出版社；2010.02；—40 页；26cm

ISBN 978 - 7 - 5324 - 8190 - 3 ￥CNY18.00

2654　迪戴盖怪兽大图鉴

〔日〕圆谷制作株式会社著．—上海：少年儿童出版社；2010.02；—40 页；26cm

ISBN 978 - 7 - 5324 - 8189 - 7 ￥CNY18.00

2655　迪戴盖怪兽大图鉴

〔日〕圆谷制作株式会社著．—上海：少年儿童出版社；2010.02；—40 页；26cm

ISBN 978 - 7 - 5324 - 8191 - 0 ￥CNY18.00

2656　迪迦奥特曼眼力大搜索．时空追踪

〔日〕圆谷制作株式会社著．—上海：少年儿童出版社；2010.08；—32 页；26cm

ISBN 978 - 7 - 5324 - 8441 - 6 ￥CNY9.00

本书为游戏图书。

2657　迪迦奥特曼眼力大搜索．星际航游

〔日〕圆谷制作株式会社著．—上海：少年儿童出版社；2010.08；—32 页；26cm

ISBN 978 - 7 - 5324 - 8440 - 9 ￥CNY9.00

本书为游戏图书。

2658　地头力：从结果出发解决问题

〔日〕细谷功著．—北京：中华工商联合出版社；2010.07；—243 页；21cm

ISBN 978 - 7 - 80249 - 304 - 9 ￥CNY28.00

本书是职场励志类图书。

2659　地下室开始的奇妙旅行

〔日〕柏叶幸子著．—海口：南海出版公司；2010.06；—197 页；19cm

ISBN 978 - 7 - 5442 - 4716 - 0 ￥CNY15.00

本书讲述了一段奇幻世界中曲折动人的冒险旅程。

2660　地狱奇术师

〔日〕二阶堂黎人著．—北京：新星出版社；2010.05；—326 页；22cm

ISBN 978 - 7 - 80225 - 915 - 7 ￥CNY28.00

《地狱的奇术师》是二阶堂黎人正式出版的首部作品。

2661　点点点

〔日〕和歌山静子文/图．—上海：少年儿童出版社；2010.10；—1 册；20cm

ISBN 978 - 7 - 5324 - 8326 - 6 ￥CNY18.00

这本图画书介绍不同的动物，促进幼儿好奇心、智能的发展。

2662　点与线

〔日〕松本清张著．—海口：南海出版公司；2010.01；—212 页；22cm

ISBN 978 - 7 - 5442 - 4573 - 9 ￥CNY20.00

当代日本长篇小说。文坛巨匠松本清张的代表作。

2663　电波女与青春男

〔日〕入间人间著．—长沙：湖南美术出版社；2010.11；—276 页；19cm

ISBN 978 - 7 - 5356 - 4053 - 6 ￥CNY22.00

2664 顶级意大利面·披萨技术教本

〔日〕永濑正人编著 . —沈阳：辽宁科学技术出版社；2010.09；—96 页；26cm

ISBN 978 - 7 - 5381 - 6504 - 3 ￥CNY36.00

本书主要介绍意大利面及披萨的做法。

2665 定本·育儿百科：畅销 10 年纪念版

〔日〕松田道雄著 . —北京：华夏出版社；2010.05；—935 页；21cm

ISBN 978 - 7 - 5080 - 5699 - 9(精装)：￥CNY49.00

《定本·育儿百科》是日本著名儿科专家松田道雄一生心血的结晶。

2666 定本育儿百科

〔日〕松田道雄著 . —北京：华夏出版社；2010.06；—4 册（15 页，759 页）；23cm

ISBN 978 - 7 - 5080 - 5789 - 7 ￥CNY79.00

本书介绍了孩子从出生到上学时各个年龄段的一般发育特点、喂养方法、生长环境、异常情况及集体保育等内容。

2667 东京·里风景

〔日〕苍井下树编著 . —济南：山东人民出版社；2010.11；—218 页；24cm

ISBN 978 - 7 - 209 - 05534 - 5 ￥CNY42.00

本书是一本涉及日本的建筑设计、生活美学和行销创意，兼顾速度与深度的情报志。

2668 东京塔：老妈和我，有时还有老爸

〔日〕利利·弗兰克著 . —北京：中信出版社；2010.08；—285 页；21cm

ISBN 978 - 7 - 5086 - 2199 - 9 ￥CNY24.00

本书是一本感人至深的小说。

2669 东京心理师教你王牌驭人术：30 招迅速提升好感度

〔日〕优希有著 . —南昌：江西科学技术出版社；2010.01；—199 页；19cm

ISBN 978 - 7 - 5390 - 3612 - 0 ￥CNY22.00

本书详述了现代人人际交往中的各种戒律以及人际交往中的心理活动。

2670 冬季用品商店

〔日〕福泽由美子编绘 . —北京：教育科学出版社；2010.12；—40 页；46cm

ISBN 978 - 7 - 5041 - 5278 - 7 ￥CNY65.00

2671 冬季用品商店

〔日〕福泽由美子文/图 . —北京：教育科学出版

社；2010.04；—40 页；30cm

ISBN 978 - 7 - 5041 - 4558 - 1(精装)：￥CNY29.80

本书适宜 3 - 6 岁幼儿阅读。

2672 动物的奥秘

〔日〕今泉忠明主编 . —成都：四川少年儿童出版社；2010.05；—110 页；27cm

ISBN 978 - 7 - 5365 - 4937 - 1 ￥CNY28.00

本书用生动活泼、信息准确的图片和浅显易懂的文字介绍各种动物知识。

2673 都与京

〔日〕酒井顺子著 . —济南：山东人民出版社；2010.06；—195 页；21cm

ISBN 978 - 7 - 209 - 05273 - 3 ￥CNY28.00

本书通过描写东京与京都这两个都市的各自差异描绘出两地京城的绝妙风情。

2674 毒舌北野武

〔日〕北野武著 . —上海：上海人民出版社；2010.03；—217 页；21cm

ISBN 978 - 7 - 208 - 08946 - 4 ￥CNY22.00

本书中北野武对世界杯的"十大败笔"、审判法官、大阪申办奥运会、《富国论》等十件事物进行了评论。

2675 毒笑小说

〔日〕东野圭吾著 . —海口：南海出版公司；2010.08；—256 页；22cm

ISBN 978 - 7 - 5442 - 4708 - 5 ￥CNY25.00

日本当代短篇小说集。

2676 独眼猴

〔日〕道尾秀介著 . —南京：译林出版社；2010.12；—216 页；22cm

ISBN 978 - 7 - 5447 - 1516 - 4 ￥CNY22.00

2677 读故事听音乐：从小故事接触古典音乐的100 首入门音乐

〔日〕森本真由美著 . —北京：现代出版社；2010.01；—211 页；24cm

ISBN 978 - 7 - 80244 - 527 - 7 ￥CNY25.00

本书让读者通过逸事了解古典音乐，感受百首古典名曲的艺术魅力。

2678 肚脐眼的秘密

〔日〕加古里子著 . —北京：北京科学技术出版社；2010.01；—35 页；22cm

ISBN 978 - 7 - 5304 - 4370 - 5 ￥CNY12.00

2679 锻炼脑力的折纸

〔日〕渡边修著．—郑州：河南科学技术出版社；
2010.07；—96 页；26cm

ISBN 978 - 7 - 5349 - 4550 - 2 ￥CNY23.80

本书是由我社温暖推出的折纸系列又一精品。

2680 敦煌变文写本的研究

〔日〕荒见泰史著．—北京：中华书局；2010.11；
—321 页；21cm

ISBN 978 - 7 - 101 - 07532 - 8 ￥CNY28.00

本书作者系统梳理了掌握的变文材料。

2681 敦煌讲唱文学写本研究

〔日〕荒见泰史著．—北京：中华书局；2010.03；
—242 页；21cm

ISBN 978 - 7 - 101 - 07167 - 2 ￥CNY25.00

本书主要探讨变文特有的文体——散韵相兼的
讲唱体的演变过程。

2682 敦煌

〔日〕井上靖著．—北京：北京十月文艺出版社；
2010.10；—184 页；21cm

ISBN 978 - 7 - 5302 - 1050 - 5 ￥CNY20.00

小说以一个虚构的敦煌石窟藏经的故事。

2683 敦煌之旅

〔日〕陈舜臣著．—桂林：广西师范大学出版社；
2010.05；—243 页；23cm

ISBN 978 - 7 - 5633 - 9814 - 0 ￥CNY29.00

《敦煌之旅》是一部著名的散文。

2684 多层低温共烧陶瓷技术

〔日〕今中佳彦著．—北京：科学出版社；2010.
01；—150 页；24cm

ISBN 978 - 7 - 03 - 026198 - 4 ￥CNY45.00

本书正文主要分两大部分，第一部分为材料技
术，第二部分为过程技术。

**2685 哆啦 A 梦爆笑全集．击退酷暑！超级爆笑
力量！**

〔日〕藤子·F·不二雄著．—长春：吉林美术出
版社；2010.01；—175 页；18cm

ISBN 978 - 7 - 5386 - 3721 - 2 ￥CNY6.00

2686 哆啦 A 梦彩色作品合集

〔日〕藤子·F·不二雄著．—南昌：二十一世纪
出版社；2010.06；—159 页；17cm

ISBN 978 - 7 - 5391 - 5379 - 7 ￥CNY10.00

这部全集是彩色的"哆啦 A 梦"最完整、最权
威、最灿烂、最精美的结集。

2687 哆啦 A 梦彩色作品合集

〔日〕藤子·F·不二雄著．—南昌：二十一世纪
出版社；2010.06；—159 页；17cm

ISBN 978 - 7 - 5391 - 5375 - 9 ￥CNY10.00

这部全集是彩色的"哆啦 A 梦"最完整、最权
威、最灿烂、最精美的结集。

2688 哆啦 A 梦彩色作品合集

〔日〕藤子·F·不二雄著．—南昌：二十一世纪
出版社；2010.06；—159 页；17cm

ISBN 978 - 7 - 5391 - 5376 - 6 ￥CNY10.00

这部全集是彩色的"哆啦 A 梦"最完整、最权
威、最灿烂、最精美的结集。

2689 哆啦 A 梦彩色作品合集

〔日〕藤子·F·不二雄著．—南昌：二十一世纪
出版社；2010.06；—159 页；17cm

ISBN 978 - 7 - 5391 - 5377 - 3 ￥CNY10.00

这部全集是彩色的"哆啦 A 梦"最完整、最权
威、最灿烂、最精美的结集。

2690 哆啦 A 梦彩色作品合集

〔日〕藤子·F·不二雄著．—南昌：二十一世纪
出版社；2010.06；—159 页；17cm

ISBN 978 - 7 - 5391 - 5378 - 0 ￥CNY10.00

这部全集是彩色的"哆啦 A 梦"最完整、最权
威、最灿烂、最精美的结集。

2691 哆啦 A 梦彩色作品合集

〔日〕藤子·F·不二雄著．—南昌：二十一世纪
出版社；2010.06；—159 页；17cm

ISBN 978 - 7 - 5391 - 5380 - 3 ￥CNY10.00

这部全集是彩色的"哆啦 A 梦"最完整、最权
威、最灿烂、最精美的结集。

2692 哆啦 A 梦超级棒球传

〔日〕麦原伸太郎著．—长春：吉林美术出版社；
2010.01；—182 页；18cm

ISBN 978 - 7 - 5386 - 3719 - 9 ￥CNY6.50

2693 哆啦 A 梦超级棒球传

〔日〕麦原伸太郎著．—长春：吉林美术出版社；
2010.01；—183 页；18cm

ISBN 978 - 7 - 5386 - 3718 - 2 ￥CNY6.50

2694 哆啦 A 梦超级棒球传

〔日〕麦原伸太郎著．—长春：吉林美术出版社；
2010.01；—187 页；18cm

ISBN 978 - 7 - 5386 - 3717 - 5 ￥CNY6.50

2695　俄罗斯幽灵军舰之谜

〔日〕岛田庄司著 . —南京：译林出版社；2010.
10；—219 页；20cm

ISBN 978 – 7 – 5447 – 1397 – 9（精装）：￥CNY25.00
本书描写了侦探手洗洁接受一位老人的临终托
付，找到七十多年前流传下来的一张照片，破解
了俄罗斯幽灵军舰之迷，意外地揭开了俄罗斯
帝国不为人知的秘密，以及罗曼诺夫王朝末代
公主安娜塔西亚的奇特遭遇。

2696　恶刀·铚

〔日〕西尾维新著 . —南京：江苏文艺出版社；
2010.09；—180 页；21cm

ISBN 978 – 7 – 5399 – 3870 – 7 ￥CNY18.00
本书是长篇小说。

2697　恶魔迷宫

〔日〕二阶堂黎人著 . —北京：新星出版社；2010.
08；—238 页；22cm

ISBN 978 – 7 – 80225 – 917 – 1 ￥CNY25.00

2698　恶人

〔日〕吉田修一著 . —北京：文化艺术出版社；
2010.01；—324 页；21cm

ISBN 978 – 7 – 5039 – 4173 – 3 ￥CNY25.00
本书讲述了究竟因寂寞产生的爱，是否能相信
至死不渝。

2699　儿童手工大百科：儿童手工创意专辑

〔日〕靓丽出版社编著 . —郑州：河南科学技术
出版社；2010.10；—168 页；26cm

ISBN 978 – 7 – 5349 – 4633 – 2 ￥CNY29.80
本书介绍了 212 款趣味手工小制作。

2700　烦恼力

〔日〕姜尚中著 . —上海：上海译文出版社；2010.
01；—141 页；19cm

ISBN 978 – 7 – 5327 – 4951 – 5 ￥CNY18.00
在本书中，作者转变思维方式，认为"苦恼即
喜悦"。

2701　防灾格言：守护生命的一百条训诫

〔日〕山村武彦著 . —北京：北京师范大学出版
社；2010.12；—158 页；23cm

ISBN 978 – 7 – 303 – 10700 – 1 ￥CNY21.00
以格言的形式，通过简练、通俗易懂的语言介绍
了应对常见灾害（自然灾害、社会灾害）的方
法和技巧。

2702　放学后

〔日〕东野圭吾著 . —海口：南海出版公司；2010.
01；—215 页；22cm

ISBN 978 – 7 – 5442 – 4551 – 7 ￥CNY20.00
本书是日本当代长篇小说，荣获第 31 届江户川
乱步奖。

2703　飞翔的小猫鱼

〔日〕渡边有一编 . —江西：二十一世纪出版社；
2010.07；—24 页；24×24cm

ISBN 978 – 7 – 5391 – 5630 – 9 ￥CNY96.00（全
套 6 册）

2704　废园天使

〔日〕飞浩隆著 . —成都：四川科学技术出版社；
2010.04；—327 页；21cm

ISBN 978 – 7 – 5364 – 6993 – 8 ￥CNY26.00
本书讲的是一场虚拟与现实之间的战争。

2705　分身

〔日〕东野圭吾著 . —海口：南海出版公司；2010.
08；—336 页；22cm

ISBN 978 – 7 – 5442 – 4739 – 9 ￥CNY28.00
本书是日本当代长篇小说。

2706　丰田的思考习惯

〔日〕日比野省三著 . —北京：国际文化出版公
司；2010.01；—239 页；23cm

ISBN 978 – 7 – 80173 – 965 – 0（精装）：￥CNY36.00
这是一本关于日本丰田公司经济管理方面的论著。

2707　丰田领导者

〔日〕佐藤正明著 . —北京：清华大学出版社；
2010.06；—290 页；25cm

ISBN 978 – 7 – 302 – 22713 – 7 ￥CNY38.00
本书是"潜伏"丰田汽车和日本汽车行业数十
年来厚积薄法的登峰之作。

2708　风光摄影实战

〔日〕深泽武著 . —杭州：浙江摄影出版社；2010.
09；—142 页；25cm

ISBN 978 – 7 – 80686 – 897 – 3 ￥CNY45.00
本书是为数码时代的风光摄影爱好者准备的，讲
解了花朵、树叶、山水、海景等常见的风光拍摄
对象，也讲解了各个季节和不同天气条件下的风
光拍摄。

**2709　风景摄影用光与构图：风景摄影的完美指
导手册**

〔日〕江口慎一著 . —北京：中国摄影出版社；
2010.09；—141 页；26cm

ISBN 978 – 7 – 80236 – 462 – 2 ￥CNY52.00

本书是有关风景摄影的技术书。

2710 风、太阳与海洋：清洁的自然能源
〔日〕牛山泉等著 . —北京：机械工业出版社；
2010.09；—10 页，113 页；24cm
ISBN 978 – 7 – 111 – 31253 – 6 ￥CNY30.00
本书在全面介绍可再生能源的基础上，分述
了太阳能发电、风力发电、海洋能以及生物
质能。

2711 风中的蝴蝶
〔日〕木村丽著 . —北京：新世界出版社；2010.
03；—210 页；23cm
ISBN 978 – 7 – 5104 – 0777 – 2 ￥CNY28.00

2712 佛教逻辑学之研究
〔日〕武邑尚邦著 . —北京：中华书局；2010.
09；—324 页；21cm
ISBN 978 – 7 – 101 – 07431 – 4 ￥CNY36.00
本书是在当今学术界享誉甚高的一部关于佛教
逻辑学方法论研究的名著。

2713 福村弘美的手工泰迪熊
〔日〕福村弘美著 . —北京：化学工业出版社；
2010.05；—80 页；26cm
ISBN 978 – 7 – 122 – 06859 – 0 ￥CNY28.00
本书介绍了如何做泰迪熊。

2714 福泽谕吉《文明论概略》精读
〔日〕子安宣邦著 . —北京：清华大学出版社；
2010.04；—13 页，189 页；23cm
ISBN 978 – 7 – 302 – 20336 – 0 ￥CNY20.00
本书对深入了解本书精神极有助益。

2715 父子约定
〔日〕渡边美树著 . —哈尔滨：黑龙江教育出版
社；2010.04；—218 页；23cm
ISBN 978 – 7 – 5316 – 5473 – 5 ￥CNY28.00
这本书让读者了解在日本的一个父亲教育孩子
的完美的、成功案例。

2716 复乐园
〔日〕渡边淳一著 . —北京：作家出版社；2010.
01；—311 页；21cm
ISBN 978 – 7 – 5063 – 5230 – 7 ￥CNY29.00
本书是长篇小说。

2717 复杂系统暨鲁棒控制的理论和应用
黄杰，刘康志，〔日〕太田快人编著 . —北京：清
华大学出版社；2010.08；—285 页；25cm

ISBN 978 – 7 – 302 – 23486 – 9(精装)：￥CNY78.00
本论文集汇集了中日两国控制界在复杂系统和
鲁棒控制这两个前沿领域里的最新研究成果。

2718 该起床了吧
〔日〕松野正子文/图 . —上海：少年儿童出版
社；2010.10；—1 册；20cm
ISBN 978 – 7 – 5324 – 8325 – 9 ￥CNY18.00

2719 改变 2 万人的 PUSH 美腿秘籍
〔日〕齐藤美惠子著 . —北京：中信出版社；2010.
11；—116 页；21cm
ISBN 978 – 7 – 5086 – 2408 – 2 ￥CNY25.00
本书着重介绍了美腿秘籍——PUSH。

2720 改变 2 万人的 PUSH 美腰秘籍
〔日〕齐藤美惠子著 . —北京：中信出版社；2010.
11；—124 页；21cm
ISBN 978 – 7 – 5086 – 2409 – 9 ￥CNY25.00
作者通过深入浅出的步骤分析"push"骨骼、
肌肉、内脏一起来编织美丽的腰线。

2721 干法：稻盛和夫写给职场人的工作真谛
〔日〕稻盛和夫著 . —北京：华文出版社；2010.
06；—189 页；21cm
ISBN 978 – 7 – 5075 – 3147 – 3 ￥CNY36.00
稻盛先生与读者探讨工作真正的意义以及如何
在工作中取得成绩。

2722 干劲的开关
〔日〕山崎拓巳著 . —南昌：江西教育出版社；
2010.06；—159 页；19cm
ISBN 978 – 7 – 5392 – 5707 – 5 ￥CNY25.00
如何控制自己的干劲是山崎拓巳先生所有演讲
中最受欢迎的主题。

2723 肝病自我诊疗与全面调养
〔日〕野村喜重郎监修 . —海口：南海出版公司；
2010.01；—177 页；23cm
ISBN 978 – 7 – 5442 – 4620 – 0 ￥CNY25.00
本书针对肝病的预防、诊疗和调养等方面进行了
详细阐述。

2724 杠杆经营术：破译成功商业模式的密码
〔日〕本田直之著 . —天津：天津教育出版社；
2010.01；—12 页，208 页；21cm
ISBN 978 – 7 – 5309 – 5872 – 8 ￥CNY26.80
本书是一本企业管理方面的著作。

2725 杠杆时间术：无风险、高报酬的时间投资法则
〔日〕本田直之著．—天津：天津教育出版社；2010.01；—191 页；21cm
ISBN 978－7－5309－5868－1 ￥CNY26.80
本书是一本企业管理方面的著作。

2726 高德拉特问题解决法
〔日〕岸良裕司著．—北京：中国人民大学出版社；2010.05；—205 页；21cm
ISBN 978－7－300－12071－3 ￥CNY32.00
本书作者向我们阐述了解决问题的一些实用的方法和图表工具。

2727 高等教育财政与管理
〔日〕金子元久著．—上海：华东师范大学出版社；2010.11；—287 页；21cm
ISBN 978－7－5617－7549－3 ￥CNY25.00
本书是一部以国际比较的视角宏观论述高等教育财政和管理的著作。

2728 高级计量经济学
〔日〕雨宫健著．—上海：上海财经大学出版社；2010.02；—412 页；26cm
ISBN 978－7－5642－0368－9 ￥CNY49.00
本书是计量经济学领域的经典之作。

2729 高山杀人行 1/2 女人
〔日〕岛田庄司著．—珠海：珠海出版社；2010.01；—221 页；21cm
ISBN 978　7　5453　0290　5 ￥CNY18.00
本书是日本现代长篇推理小说。

2730 高血压
〔日〕新启一郎主编．—长春：吉林科学技术出版社；2010.02；—159 页；21cm
ISBN 978－7－5384－3618－1 ￥CNY17.90

2731 高血压正确治疗与生活调养
〔日〕渡边孝著．—南宁：广西科学技术出版社；2010.06；—215 页；23cm
ISBN 978－7－80763－468－3 ￥CNY28.00
本书针对的对象为日常血压偏高者以及正在接受高血压治疗的人士。

2732 高血压自我诊疗与全面调养
〔日〕平田恭信监修．—海口：南海出版公司；2010.01；—11 页，196 页；22cm
ISBN 978－7－5442－4621－7 ￥CNY28.00

本书针对高血压的预防、诊疗和调养等方面进行了详细阐述。

2733 高血脂自我诊疗与全面调养
〔日〕小田原雅人监修．—海口：南海出版公司；2010.01；—11 页，211 页；23cm
ISBN 978－7－5442－4640－8 ￥CNY28.00
本书针对高血脂的预防、诊疗和调养等方面进行了详细阐述。

2734 高脂血症正确治疗与生活调养
〔日〕渡边孝著．—南宁：广西科学技术出版社；2010.07；—205 页；23cm
ISBN 978－7－80763－497－3 ￥CNY28.00
本书针对的对象为出现血脂异常者以及正在接受降血脂治疗的患者。

2735 告白
〔日〕湊佳苗著．—哈尔滨：哈尔滨出版社；2010.07；—181 页；20cm
ISBN 978－7－5484－0108－7（精装）：￥CNY26.00
本书是一部推理悬疑小说。

2736 跟着 DVD 快乐学折纸
〔日〕小林一夫著．—沈阳：辽宁科学技术出版社；2010.04；—191 页；21cm
ISBN 978－7－5381－6225－7 ￥CNY32.80
本书共收录了从各个节日的装饰物到可爱小动物的折纸方法，共 86 种。

2737 工作的规则
〔日〕滨口直太著．—武汉：华中科技大学出版社；2010.10；—218 页；21cm
ISBN 978－7－5609－6315－0 ￥CNY29.50

2738 工作力
〔日〕大前研一著．—北京：中华工商联合出版社；2010.05；—12 页，222 页；21cm
ISBN 978－7－80249－243－1 ￥CNY29.80
在本书中，从自身角度出发，揭示在这个贫富差距时代所不可或缺的实用技巧。

2739 公共外交："舆论时代"的外交战略
〔日〕金子将史，〔日〕北野充主编．—北京：外语教学与研究出版社；2010.05；—220 页；23cm
ISBN 978－7－5600－8444－2 ￥CNY30.00
本书是日本 PHP 综合研究所"战略公共外交研究会"的研究成果。

2740 攻克 CTO：慢性完全闭塞冠状动脉病变介入治疗

韩雅玲，吕树铮，〔日〕土金悦夫主编 .—北京：人民卫生出版社；2010.04；—10 页，462 页；29cm

ISBN 978 – 7 – 117 – 12614 – 4（精装）：￥CNY148.00

本书为国内首部关于慢性完全闭塞性冠状动脉病变（CTO）介入治疗的专业书籍。

2741 共犯体系和共犯理论

〔日〕高桥则夫著 .—北京：中国人民大学出版社；2010.12；—287 页；24cm

ISBN 978 – 7 – 300 – 12932 – 7 ￥CNY48.00

本书对共犯的处罚根据和共同正犯的归属原理等重大理论问题进行了深入的系统研究。

2742 钩针的基础：凯蒂和三丽鸥明星们的超人气形象！

〔日〕三丽鸥公司著 .—青岛：青岛出版社；2010.03；—80 页；26cm

ISBN 978 – 7 – 5436 – 6197 – 4 ￥CNY25.00

该书以凯蒂猫系列形象为目标，教给读者学习钩针的基本技术。

2743 钩针狗狗的每一天

〔日〕星光辉著 .—郑州：河南科学技术出版社；2010.04；—71 页；21cm

ISBN 978 – 7 – 5349 – 4514 – 4 ￥CNY19.00

本书介绍了用各种各样的毛线编织各种各样的小狗狗。

2744 构图

〔日〕山口高志著 .—长沙：湖南美术出版社；2010.05；—173 页；23cm

ISBN 978 – 7 – 5356 – 2911 – 1 ￥CNY32.00

独特的构图手法给读者有用的帮助。

2745 古都

〔日〕川端康成著 .—南昌：江西美术出版社；2010.06；—84 页；14×19cm

ISBN 978 – 7 – 5322 – 6296 – 0（精装）：￥CNY30.00

2746 骨头会碎也会折

〔日〕加古里子著 .—北京：北京科学技术出版社；2010.01；—35 页；22cm

ISBN 978 – 7 – 5304 – 4363 – 7 ￥CNY12.00

2747 "故乡"与"他乡"：广东归侨的多元社区、文化适应

〔日〕奈仓京子著 .—北京：社会科学文献出版社；2010.11；—17 页，294 页；23cm

ISBN 978 – 7 – 5097 – 1649 – 6 ￥CNY45.00

笔者研究的分析基础是归侨社区的多元结构和群体关系，而社会变迁及文化适应则为其论述的展开提供了令人折服的研究视角。

2748 顾客抱怨成就销售冠军

〔日〕菊原智明著 .—北京：企业管理出版社；2010.01；—177 页；19cm

ISBN 978 – 7 – 80255 – 294 – 4 ￥CNY30.00

本书内容包括听取顾客意见，改进销售方式，达到销售目的。

2749 怪人们

〔日〕东野圭吾著 .—北京：人民文学出版社；2010.08；—179 页；21cm

ISBN 978 – 7 – 02 – 008185 – 1 ￥CNY22.00

本书是一部作者最新的短篇推理小说杰作集。

2750 关原之战：争霸天下

〔日〕司马辽太郎著 .—重庆：重庆出版社；2010.09；—547 页；24cm

ISBN 978 – 7 – 229 – 01651 – 7 ￥CNY49.80

本书是历史小说。

2751 光圈与快门速度

〔日〕井村淳，〔日〕福田健太郎著 .—长沙：湖南美术出版社；2010.05；—189 页；23cm

ISBN 978 – 7 – 5356 – 3405 – 4 ￥CNY35.00

本书通过大量实例，深入浅出地介绍了光圈与快门的知识。

2752 光学材料手册

〔日〕Moriaki Wakaki, Keiei Kudo, Takehisa Shibuya 编著 .—北京：化学工业出版社；2010.01；—463 页；25cm

ISBN 978 – 7 – 122 – 06738 – 8（精装）：￥CNY128.00

本书介绍了包括100 多种典型的、经常使用的各类光学材料。

2753 广告心理

〔日〕仁科贞文，〔日〕田中洋，〔日〕丸冈吉人著 .—北京：外语教学与研究出版社；2008.07；—261 页；21cm

ISBN 978 – 7 – 5600 – 7656 – 0 ￥CNY30.00

本书重视从广告心理的角度阐述品牌沟通这一广告的主要作用。

2754 国家基金：国际金融资本市场的新主角

〔日〕前田匡史著.—北京：中国环境科学出版社；2010.03；—11页，163页；21cm

ISBN 978 - 7 - 5111 - 0172 - 3 ￥CNY25.00

本书分析那些为了实现国家战略而活跃于市场的各种"国家基金"的行动原理。

2755 果然！这样的男人还是分了好

〔日〕角川五日著.—上海：上海人民出版社；2010.10；—156页；19cm

ISBN 978 - 7 - 208 - 09410 - 9 ￥CNY20.00

本书是一本与众不同的女性婚恋指南书。

2756 哈！粉色 A 型人

〔日〕下田巨作著.—乌鲁木齐：新疆人民卫生出版社；2010.09；—143页；19cm

ISBN 978 - 7 - 5372 - 4539 - 5 ￥CNY22.00（全套）

本书是鉴定书。

2757 孩子的宇宙

〔日〕河合隼雄著.—上海：东方出版中心；2010.01；—309页；21cm

ISBN 978 - 7 - 5473 - 0074 - 9 ￥CNY29.00

探讨孩子丰富、深邃的内心世界，教我们体会许多在生活中看来普通、细微的情感。

2758 汉方小说

〔日〕中岛玳子著.—上海：上海译文出版社；2010.01；—171页；21cm

ISBN 978 - 7 - 5327 - 4947 - 8(精装)：￥CNY20.00

2759 汉字文化圈的思想与宗教：儒教、佛教、道教

〔日〕福井文雅著.—武汉：武汉大学出版社；2010.05；—291页；23cm

ISBN 978 - 7 - 307 - 07621 - 1 ￥CNY26.00

本书以文集的形式讨论了汉字文化圈中有关儒、道、佛的学术课题。

2760 好玩儿的比萨饼

〔日〕角野荣子著.—北京：中国少年儿童出版社；2010.05；—77页；21cm

ISBN 978 - 7 - 5007 - 9565 - 0 ￥CNY15.00

2761 好喜欢你

〔日〕竹本圣文.—杭州：浙江科学技术出版社；2010.01；—1册；20cm

ISBN 978 - 7 - 5341 - 3564 - 4(精装)：￥CNY22.00

本书作为礼物送给自己身边最重要的人的一本书。

2762 何处是归程

〔日〕渡边淳一著.—上海：文汇出版社；2010.01；—362页；21cm

ISBN 978 - 7 - 80741 - 776 - 7 ￥CNY33.00

这是自传性的作品。

2763 何为日本人

〔日〕山本七平著.—北京：国际文化出版公司；2010.05；—472页；24cm

ISBN 978 - 7 - 5125 - 0009 - 9 ￥CNY45.00

本书简略地介绍了日本的起源、对外交往特点等当代人关注的话题。

2764 和爸爸妈妈一起玩剪纸

〔日〕石川真理子著.—沈阳：辽宁科学技术出版社；2010.10；—95页；25cm

ISBN 978 - 7 - 5381 - 6661 - 3 ￥CNY25.00

本书介绍了百余款剪纸小样。

2765 和小雨滴一起天天向上

〔日〕日本学习研究社编著.—北京：中国青年出版社；2010.01；—10册；26cm

ISBN 978 - 7 - 5006 - 9062 - 7 ￥CNY240.00

2766 河流的一生

〔日〕前川一夫著.—北京：北京科学技术出版社；2010.09；—1册；26×26cm

ISBN 978 - 7 - 5304 - 4819 - 9(精装)：￥CNY25.00

本书是作者们精心绘制的图画书。

2767 黑色幽默经济学

〔日〕橘玲著.—北京：中信出版社；2010.07；—245页；21cm

ISBN 978 - 7 - 5086 - 2030 - 5 ￥CNY29.00

畅销作家橘玲，让你轻松消化吸收深奥的经济学知识，找到解决问题的"一剂良方"。

2768 黑笑小说

〔日〕东野圭吾著.—海口：南海出版公司；2010.07；—240页；22cm

ISBN 978 - 7 - 5442 - 4628 - 6 ￥CNY22.00

日本当代短篇小说集。

2769　黑泽明 VS 好莱坞

〔日〕田草川弘著 . —北京：人民文学出版社；2010；—页

ISBN 978 - 7 - 02 - 008414 - 2 ￥CNY28.00

本书围绕电影《虎！虎！虎！》事件阐述黑泽明与好莱坞的恩恩怨怨。

2770　弘法大师·空海与书法

〔日〕木本南邨著 . —杭州：中国美术学院出版社；2010.01；—143 页；20cm

ISBN 978 - 7 - 81083 - 763 - 7 ￥CNY28.00

本书介绍空海在日本书法上的情况及空海与佛教的关系。

2771　红白蓝色的血

〔日〕加古里子著 . —北京：北京科学技术出版社；2010.01；—35 页；22cm

ISBN 978 - 7 - 5304 - 4367 - 5 ￥CNY12.00

2772　红薯·南瓜·栗子点心 DIY

〔日〕信太康代著 . —沈阳：辽宁科学技术出版社；2010.05；—95 页；24cm

ISBN 978 - 7 - 5381 - 6299 - 8 ￥CNY25.00

本书介绍了只需要番薯、南瓜和栗子就能制作的各种种类和口味的午茶小点心。

2773　糊糊·臭臭·便便·球球

〔日〕村上八千世著 . —北京：北京科学技术出版社；2010.06；—1 册；22×22cm

ISBN 978 - 7 - 5304 - 4690 - 4 ￥CNY15.00

2774　花卉圣经

〔日〕川原田邦彦主编 . —哈尔滨：哈尔滨出版社；2010.01；—319 页；22cm

ISBN 978 - 7 - 80753 - 954 - 4 ￥CNY38.00

本书按照花卉的面市季节排序，介绍了440 余种花卉，讲述了每种花的特点和种植要点。

2775　花猫幻语

〔日〕莫莉蓟野著绘 . —南昌：江西科学技术出版社；2010.12；—1 册；21×30cm

ISBN 978 - 7 - 5390 - 4149 - 0(精装)：￥CNY39.80

本书作者以绘本的形式，用画笔描绘出猫咪自然又可爱的形态。

2776　化妆改变女人命运

〔日〕密坦小姐著 . —哈尔滨：北方文艺出版社；2010.03；—111 页；21cm

ISBN 978 - 7 - 5317 - 2421 - 6 ￥CNY24.00

本书根据人的脸部容易分辨的部位来解说化妆的三个不同模式。

2777　桦鬼·恋之华

〔日〕梨沙著 . —南昌：二十一世纪出版社；2010.11；—300 页；19cm

ISBN 978 - 7 - 5391 - 5925 - 6 ￥CNY20.00

本书为长篇小说。

2778　坏人们

〔日〕松本清张著 . —北京：作家出版社；2010.07；—401 页；21cm

ISBN 978 - 7 - 5063 - 5416 - 5 ￥CNY30.00

2779　换个活法：临终前会后悔的 25 件事

〔日〕大津秀一著 . —北京：中信出版社；2010.03；—11 页，275 页；21cm

ISBN 978 - 7 - 5086 - 1883 - 8 ￥CNY22.00

本书的作者在目睹并亲自送走了一千例垂危病例后，总结出了 25 件最让人后悔的事。

2780　荒木隆次的呼吸健康法

〔日〕荒木隆次著 . —沈阳：辽宁科学技术出版社；2010.01；—143 页；21cm

ISBN 978 - 7 - 5381 - 5896 - 0 ￥CNY19.80

本书作者研究总结出一套类似于体操的"深腹式呼吸方法"。

2781　黄昏清兵卫

〔日〕藤泽周平著 . —北京：新星出版社；2010.04；—226 页；22cm

ISBN 978 - 7 - 80225 - 781 - 8 ￥CNY20.00

本书收录八个短篇。

2782　灰色 byebye：职场抑郁终结手册

〔日〕伊藤克人著 . —北京：世界图书出版公司北京公司；2010.07；—186 页；21cm

ISBN 978 - 7 - 5100 - 2391 - 0 ￥CNY19.00

在本书中，用通俗易懂的语言介绍了抑郁症的发病原因、症状以及预防与治疗。

2783　灰色的彼得潘

〔日〕石田衣良著 . —上海：上海人民出版社；2010.01；—236 页；21cm

ISBN 978 - 7 - 208 - 08944 - 0 ￥CNY20.00

本书是短篇小说集。

2784　回廊亭杀人事件

〔日〕东野圭吾著 . —北京：华文出版社；2010.05；—217 页；20cm

ISBN 978 - 7 - 5075 - 3108 - 4(精装)：￥CNY25.00

本书是东野圭吾最耽美、最诡异的本格推理极致之作。

2785 会变形的汉堡包

〔日〕角野荣子著 . —北京：中国少年儿童出版社；2010.05；—76 页；21cm

ISBN 978 - 7 - 5007 - 9563 - 6 ￥CNY15.00

2786 会说话的女人，人人爱

〔日〕小太郎著 . —南昌：二十一世纪出版社；2010.07；—166 页；21cm

ISBN 978 - 7 - 5391 - 5428 - 2 ￥CNY19.00

本书通过银座顶尖公关小姐的实际演练案例，为读者传授魅力女人的说话秘诀。

2787 混凝土实务手册

〔日〕小林一辅主编 . —北京：中国电力出版社；2010.01；—476 页；27cm

ISBN 978 - 7 - 5083 - 7579 - 3（精装）：￥CNY80.00

本书不仅展示了混凝土的特征和混凝土结构物的一般性特征，而且，记述了混凝土构件及混凝土结构物的分类和构造力学的基础。

2788 火烈鸟的家

〔日〕伊藤高见著 . —北京：人民文学出版社；2010.10；—208 页；21cm

ISBN 978 - 7 - 02 - 008275 - 9 ￥CNY19.00

本书讲述了一个离异家庭里的小女孩儿和多年未见的父亲重新在一起开始新生活的故事。

2789 火影忍者

〔日〕岸本齐史绘 . —北京：连环画出版社；2010.06；—188 页；18cm

ISBN 978 - 7 - 5056 - 1265 - 5 ￥CNY9.80

《火影忍者（NARUTO）》讲述的是忍者漩涡鸣人的故事。

2790 火影忍者 . 水牢中的死斗！

〔日〕岸本齐史绘 . —北京：连环画出版社；2010.05；—188 页；18cm

ISBN 978 - 7 - 5056 - 1243 - 3 ￥CNY9.80

《火影忍者（NARUTO）》讲述的是忍者漩涡鸣人的故事。

2791 火影忍者 . 五影会谈，开幕！

〔日〕岸本齐史绘 . —北京：连环画出版社；2010.04；—184 页；18cm

ISBN 978 - 7 - 5056 - 1181 - 8 ￥CNY9.80

《火影忍者（NARUTO）》讲述的是忍者漩涡鸣人的故事。

2792 霍金的"赌注"：物理巨匠的"争吵"

〔日〕竹内薰著 . —大连：大连理工大学出版社；2010.04；—205 页；21cm

ISBN 978 - 7 - 5611 - 5365 - 9 ￥CNY26.00

本书介绍物理学巨匠们辉煌的科学业绩、鲜为人知的坎坷人生，围绕一些科学问题而"争吵"的有趣故事。

2793 机巧馆神秘杀人事件

〔日〕勇岭薰著 . —海口：南海出版公司；2010.07；—204 页；21cm

ISBN 978 - 7 - 5442 - 4730 - 6 ￥CNY15.00

"日本少年推理第一人"勇岭薰的代表作。

2794 机械图样解读

〔日〕技能士の友编集部编著 . —北京：机械工业出版社；2010.01；—161 页；21cm

ISBN 978 - 7 - 111 - 28399 - 7 ￥CNY25.00

本书主要包括解读图形，识读图样尺寸，识读机械零件和正确理解机械图样。

2795 鸡尾酒 315 种：世界鸡尾酒百科全书

〔日〕稻保幸著 . —北京：中国轻工业出版社；2010.01；—223 页；24cm

ISBN 978 - 7 - 5019 - 6993 - 7（精装）：￥CNY49.80

本书是一本介绍世界流行鸡尾酒调制方法的工具书，内容信息量大。

2796 基本化妆术

〔日〕山本浩未著 . —北京：中国轻工业出版社；2010.01； 143 页；21cm

ISBN 978 - 7 - 5019 - 7417 - 7 ￥CNY30.00

本书是两本畅销书《基本化妆》《基本化妆》的合集。

2797 基于能量平衡的建筑结构抗震设计

〔日〕秋山宏著 . —北京：清华大学出版社；2010.12；—217 页；21cm

ISBN 978 - 7 - 302 - 24301 - 4 ￥CNY33.00

本书即是秋山宏教授长期、系统、全面研究成果的代表之作。

2798 吉野家的逆境经营学：安部修仁·反败为胜的经营课

〔日〕户田显司著 . —北京：中信出版社；2010.04；—10 页，156 页；21cm

ISBN 978 - 7 - 5086 - 1921 - 7 ￥CNY22.00

这本书取材于吉野家从牛肉饭经营停滞到重新营业这三年间的实录。

2799　疾病写在脸上：不可不知的 46 个疾病信号
〔日〕石原结实著 . —沈阳：辽宁科学技术出版社；2010.12；—192 页；23cm
ISBN 978 - 7 - 5381 - 6683 - 5 ￥CNY28.00
本书介绍了怎样从面部及全身了解和判断疾病前兆，以及如何通过不使用药物的方法自己治愈这些疾病。

2800　计量经济学：基础理论与方法
〔日〕森栋公夫，赵国庆著 . —北京：中国金融出版社；2010.02；—260 页；23cm
ISBN 978 - 7 - 5049 - 5388 - 9 ￥CNY32.00
本书是在森栋公夫先生日语版的计量经济学一书基础上改写的著作。

2801　加速实现目标的 5 × 5 法则
〔日〕内方惠一朗著 . —北京：中国人民大学出版社；2010.07；—176 页；22cm
ISBN 978 - 7 - 300 - 12183 - 3(精装)：￥CNY25.00
本书是一本经管方面的书。

2802　佳能 EOS500D 完全实用手册
〔日〕株式会社学研控股编著 . —北京：中国青年出版社；2010.03；—79 页；26cm
ISBN 978 - 7 - 5006 - 9192 - 1 ￥CNY39.00
本书以佳能 EOS500D 为例介绍数码单反相机的基本用法。

2803　家养孔雀鱼百科
〔日〕岩崎登著 . —北京：中国轻工业出版社；2010.01；—127 页；21cm
ISBN 978 - 7 - 5019 - 7352 - 1 ￥CNY24.00
本书是一本家用孔雀鱼饲养技巧攻略的生活书。

2804　甲状腺疾病
〔日〕伊藤公一主编 . —长春：吉林科学技术出版社；2010.02；—151 页；21cm
ISBN 978 - 7 - 5384 - 4467 - 4 ￥CNY16.90
本书系统地介绍了甲状腺疾病的成因、预防以及诊疗办法。

2805　甲子园的梦想
〔日〕岛田洋七著 . —海口：南海出版公司；2010.10；—212 页；22cm
ISBN 978 - 7 - 5442 - 4897 - 6 ￥CNY20.00
本书是日本当代长篇小说。

2806　价值百万的职场地图
〔日〕琦本宝珠著 . —海口：南方出版社；2010.11；—213 页；23cm
ISBN 978 - 7 - 80760 - 929 - 2 CNY28.00
本书以描述错综复杂的职场关系图为主线，将公司里的各类员工对职场升迁的利害关系逐一进行阐述。

2807　简单即效的穴位按摩
〔日〕落合壮一郎著 . —沈阳：辽宁科学技术出版社；2010.06；—143 页；21cm
ISBN 978 - 7 - 5381 - 6375 - 9 ￥CNY32.80
本书介绍了全身的穴位知识，通过对这些穴位的按摩，能够获得健康和美丽。

2808　简单实用防身术
〔日〕柴田晃一主编 . —福州：福建科学技术出版社；2010.07；—194 页；21cm
ISBN 978 - 7 - 5335 - 3669 - 5 ￥CNY13.50

2809　简单又好做的小烤箱面包
〔日〕Kimie Oguro 著 . —沈阳：辽宁科学技术出版社；2010.05；—95 页；24cm
ISBN 978 - 7 - 5381 - 6298 - 1 ￥CNY25.00
本书介绍了多款适合家庭制作的小烤箱面包，非常简单实用，可操作性强，成功率高。

2810　"碱"来的健康：神奇的青梅精
〔日〕松本纮齐著 . —北京：中国科学技术出版社；2010.01；—163 页；23cm
ISBN 978 - 7 - 5046 - 5557 - 8 ￥CNY39.80
这是一本全面、系统介绍青梅提取物青梅精的功效与健康养生的科普专著。

2811　建筑风荷载流体计算指南
〔日〕日本建筑学会编 . —北京：中国建筑工业出版社；2010.12；—208 页；26cm
ISBN 978 - 7 - 112 - 12368 - 1 ￥CNY48.00
本书注重基本概念和基本公式的阐述，对相关计算方法和操作步骤讲解详尽、工程背景深厚。

2812　建筑木质构造
〔日〕菊池重昭编著 . —北京：中国电力出版社；2010.08；—219 页；26cm
ISBN 978 - 7 - 5123 - 0056 - 9 ￥CNY33.00
本书内容包括了材料、构筑方法、施工工艺及结构设计方法等木质构造的综合知识。

2813　建筑与环境共生的 25 个要点
〔日〕大西正宜著 . —北京：中国建筑工业出版社；2010.02；—231 页；21cm
ISBN 978 - 7 - 112 - 11459 - 7 ￥CNY26.00

本书旨在对"与环境共生的建筑"做一番概览。

2814 建筑院校学生毕业设计指导
〔日〕日本建筑学会编．—北京：中国建筑工业出版社；2010.06；—186页；26cm
ISBN 978 - 7 - 112 - 11567 - 9 ￥CNY39.00
本书以即将跨入毕业阶段的学生为主要对象，分六个部分。

2815 健康养颜蔬果汁 1 + 1
〔日〕幻冬舍编著．—沈阳：辽宁科学技术出版社；2010.09；—103页；26cm
ISBN 978 - 7 - 5381 - 6536 - 4 ￥CNY29.80
本书介绍了如何利用身边的蔬菜或水果，此外另加任何一种，就可以做出的简单饮料，使用的工具只是搅拌机。

2816 交响情人梦 - 1
〔日〕二之宫知子著．—北京：人民文学出版社；2010.02；—170页；17cm
ISBN 978 - 7 - 02 - 007864 - 6 ￥CNY16.00

2817 交响情人梦 - 2
〔日〕二之宫知子著．—北京：人民文学出版社；2010.03；—173页；17cm
ISBN 978 - 7 - 02 - 007921 - 6 ￥CNY16.00

2818 交响情人梦 - 3
〔日〕二之宫知子著．—北京：人民文学出版社；2010.02；—180页；17cm
ISBN 978 - 7 - 02 - 007865 - 3 ￥CNY16.00

2819 交响情人梦 - 4
〔日〕二之宫知子著．—北京：人民文学出版社；2010.02；—180页；17cm
ISBN 978 - 7 - 02 - 007868 - 4 ￥CNY16.00

2820 交响情人梦 - 5
〔日〕二之宫知子著．—北京：人民文学出版社；2010.03；—186页；17cm
ISBN 978 - 7 - 02 - 007924 - 7 ￥CNY16.00

2821 交响情人梦 - 6
〔日〕二之宫知子著．—北京：人民文学出版社；2010.02；—200页；17cm
ISBN 978 - 7 - 02 - 007860 - 8 ￥CNY16.00

2822 交响情人梦 - 7
〔日〕二之宫知子著．—北京：人民文学出版社；2010.02；—183页；17cm

ISBN 978 - 7 - 02 - 007862 - 2 ￥CNY16.00

2823 交响情人梦 - 8
〔日〕二之宫知子著．—北京：人民文学出版社；2010.02；—176页；17cm
ISBN 978 - 7 - 02 - 007863 - 9 ￥CNY16.00

2824 交响情人梦 - 9
〔日〕二之宫知子著．—北京：人民文学出版社；2010.02；—158页；17cm
ISBN 978 - 7 - 02 - 007866 - 0 ￥CNY16.00

2825 交响情人梦 - 10
〔日〕二之宫知子著．—北京：人民文学出版社；2010.02；—177页；17cm
ISBN 978 - 7 - 02 - 007867 - 7 ￥CNY16.00

2826 交响情人梦 - 11
〔日〕二之宫知子著．—北京：人民文学出版社；2010.03；—185页；17cm
ISBN 978 - 7 - 02 - 007928 - 5 ￥CNY16.00

2827 交响情人梦 - 12
〔日〕二之宫知子著．—北京：人民文学出版社；2010.02；—191页；17cm
ISBN 978 - 7 - 02 - 007869 - 1 ￥CNY16.00

2828 交响情人梦 - 13
〔日〕二之宫知子著．—北京：人民文学出版社；2010.02；—184页；17cm
ISBN 978 - 7 - 02 - 007861 - 5 ￥CNY16.00

2829 交响情人梦 - 14
〔日〕二之宫知子著．—北京：人民文学出版社；2010.03；—181页；17cm
ISBN 978 - 7 - 02 - 007925 - 4 ￥CNY16.00

2830 交响情人梦 - 15
〔日〕二之宫知子著．—北京：人民文学出版社；2010.03；—168页；17cm
ISBN 978 - 7 - 02 - 007923 - 0 ￥CNY16.00

2831 交响情人梦 - 16
〔日〕二之宫知子著．—北京：人民文学出版社；2010.03；—189页；17cm
ISBN 978 - 7 - 02 - 007922 - 3 ￥CNY16.00

2832 交响情人梦 - 17
〔日〕二之宫知子著．—北京：人民文学出版社；2010.03；—184页；17cm

ISBN 978 - 7 - 02 - 007929 - 2 ￥CNY16. 00

2833　交响情人梦 - 18
〔日〕二之宫知子著. —北京：人民文学出版社；
2010. 03；—176 页；17cm
ISBN 978 - 7 - 02 - 007927 - 8 ￥CNY16. 00

2834　交响情人梦 - 19
〔日〕二之宫知子著. —北京：人民文学出版社；
2010. 03；—179 页；17cm
ISBN 978 - 7 - 02 - 007926 - 1 ￥CNY16. 00

2835　交响情人梦 - 20
〔日〕二之宫知子著. —北京：人民文学出版社；
2010. 03；—184 页；17cm
ISBN 978 - 7 - 02 - 007930 - 8 ￥CNY16. 00

2836　接触网与受电弓特性
〔日〕财团法人铁道综合技术研究所著. —北京：
中国铁道出版社；2010. 05；—213 页；26cm
ISBN 978 - 7 - 113 - 10771 - 0(精装)：￥CNY60. 00
本书对接触网与受电弓的相关特性做了全面介
绍，并对高速弓网关系作了详细介绍。

2837　截肢与假肢
〔日〕泽村诚志著. —北京：中国社会出版社；
2010. 10；—20 页，474 页；26cm
ISBN 978 - 7 - 5087 - 3365 - 4 ￥CNY88. 00
本书是一部为截肢患者，配制最先进，最科学的
现代假肢康复技术和最新产品。

2838　解体诸因
〔日〕西泽保彦著. —北京：新星出版社；2010.
04；—334 页；22cm
ISBN 978 - 7 - 80225 - 891 - 4 ￥CNY28. 00

2839　金阁寺
〔日〕三岛由纪夫著. —青岛：青岛出版社；2010.
01；—288 页；21cm
ISBN 978 - 7 - 5436 - 5562 - 1 ￥CNY20. 00
三岛由纪夫曾两次获得诺贝尔文学奖提名。其
代表作是《金阁寺》、《潮骚》。

2840　金牌推销员的 50 条真经
〔日〕牛泽毅一郎著. —北京：中国轻工业出版
社；2010. 07；—196 页；20cm
ISBN 978 - 7 - 5019 - 7542 - 6 ￥CNY20. 00
本书是一本讲述营销方法的实用型图书。

2841　金融大崩坏之后的世界变局
〔日〕水野和夫著. —太原：山西经济出版社；
2010. 01；—182 页；21cm
ISBN 978 - 7 - 80767 - 246 - 3 ￥CNY28. 00
本书披露了美国金融帝国的终结，并分析和预测
中国经济的未来冲击，从而预测世界经济走向。

2842　金色梦乡
〔日〕伊坂幸太郎著. —南京：译林出版社；2010.
10；—428 页；20cm
ISBN 978 - 7 - 5447 - 1398 - 6(精装)：￥CNY35. 00

2843　进阶文化日本语教程. 日本经典故事集萃
〔日〕目黑真实著. —北京：外语教学与研究出
版社；2010. 12；—229 页；26cm
ISBN 978 - 7 - 5135 - 0381 - 5 ￥CNY38. 00
本书是“进阶文化日本语教程”系列的第四册。

**2844　近代刑法思想史序说：费尔巴哈和刑法思
想史的近代化**
〔日〕庄子邦雄著. —北京：中国检察出版社；
2010. 09；—211 页；21cm
ISBN 978 - 7 - 5102 - 0321 - 3 ￥CNY25. 00
本书作为对开拓刑法思想史这一新的学术领域
助以一臂之力的著作。

2845　经典面包制作大全
〔日〕坂本利佳著. —沈阳：辽宁科学技术出版
社；2010. 04；—207 页；24cm
ISBN 978 - 7 - 5381 - 6332 - 2 ￥CNY48. 00
全书采用精美照片图解方式，将成功面包与失败
案例一起呈现对比。

2846　经方药论
〔日〕江部洋一郎，〔日〕和泉正一郎，〔日〕
内田隆一著. —北京：学苑出版社；2010. 12；—
154 页；21cm
ISBN 978 - 7 - 5077 - 3675 - 5 ￥CNY16. 00
本书介绍《伤寒论》、《金匮要略》两书中方药
在日本的临床应用情况，着重分析方药中具体药
味的性味、使用心得。

2847　经方医学
〔日〕江部洋一郎，〔日〕和泉正一郎著. —北京：
学苑出版社；2010. 12；—214 页；21cm
ISBN 978 - 7 - 5077 - 3672 - 4 ￥CNY21. 00
本书介绍《伤寒论》、《金匮要略》两书中方药
在日本的临床应用情况，并加入作者自己在使用
中的体会和对中医基础理论、伤寒理论的理解。

2848 经方医学

〔日〕江部洋一郎，〔日〕横田静夫著．—北京：学苑出版社；2010.12；—169页；21cm

ISBN 978 - 7 - 5077 - 3673 - 1 ￥CNY17.00

本书介绍《伤寒论》、《金匮要略》两书中方药在日本的临床应用情况，并加入作者自己在使用中的体会和对中医基础理论、伤寒理论的理解。

2849 经营的本质

〔日〕松下幸之助著．—海口：南海出版公司；2010.07；—229页；22cm

ISBN 978 - 7 - 5442 - 4820 - 4 ￥CNY22.00

本书是企业管理方面的通俗读物。

2850 经营管理秘诀：身为经理应该掌握的 30 门基本科目

〔日〕新将命著．—长沙：湖南人民出版社；2010.12；—214页；23cm

ISBN 978 - 7 - 5438 - 6652 - 2 ￥CNY30.00

本书通俗易懂地介绍经营管理原理的著作。

2851 警惕！小毛病变大麻烦

〔日〕安东满著．—南昌：江西科学技术出版社；2010.09；—269页；24cm

ISBN 978 - 7 - 5390 - 4001 - 1 ￥CNY32.80

本书是安东满通过多年医疗及企业健康检查工作获得珍贵现场经验所著。

2852 净化血液的革命：洁净的血液乃健康之本

〔日〕长谷川信博著．—北京：经济管理出版社；2010.05；—169页；21cm

ISBN 978 - 7 - 5096 - 0537 - 0 ￥CNY26.00

由于人们饮食习惯不科学导致了现代疾病的出现，作者进行了一系列的分析，并提出调理方法。

2853 净化自我的 101 种习惯

〔日〕恒吉彩矢子著．—哈尔滨：黑龙江教育出版社；2010.09；—240页；21cm

ISBN 978 - 7 - 5316 - 5578 - 7 ￥CNY26.00

本书是自我励志类图书。

2854 境界·比玫瑰更鲜红，比百合更洁白

〔日〕久保带人绘．—北京：连环画出版社；2010.05；—203页；18cm

ISBN 978 - 7 - 5056 - 1149 - 8 ￥CNY9.80

为了维护人类和神界的和平，一护、露琪亚和伙伴们开始了漫漫征程。

2855 境界·不可撼动的王座

〔日〕久保带人编绘．—北京：连环画出版社；2010.06；—187页；18cm

ISBN 978 - 7 - 5056 - 1198 - 6 ￥CNY9.80

2856 境界·不死之身

〔日〕久保带人绘．—北京：连环画出版社；2010.05；—181页；18cm

ISBN 978 - 7 - 5056 - 1145 - 0 ￥CNY9.80

为了维护人类和神界的和平，一护、露琪亚和伙伴们开始了漫漫征程。

2857 境界·不要毁了我的乐趣

〔日〕久保带人编绘．—北京：连环画出版社；2010.06；—179页；18cm

ISBN 978 - 7 - 5056 - 1211 - 2 ￥CNY9.80

为了维护人类和神界的和平，一护、露琪亚和伙伴们开始了漫漫征程。

2858 境界·不走运！

〔日〕久保带人绘．—北京：连环画出版社；2010.05；—188页；18cm

ISBN 978 - 7 - 5056 - 1155 - 9 ￥CNY9.80

为了维护人类和神界的和平，一护、露琪亚和伙伴们开始了漫漫征程。

2859 境界·催眠的终结

〔日〕久保带人绘．—北京：连环画出版社；2010.05；—219页；18cm

ISBN 978 - 7 - 5056 - 1152 - 8 ￥CNY9.80

为了维护人类和神界的和平，一护、露琪亚和伙伴们开始了漫漫征程。

2860 境界·荡回的钟摆

〔日〕久保带人绘．—北京：连环画出版社；2010.06；—195页；18cm

ISBN 978 - 7 - 5056 - 1207 - 5 ￥CNY9.80

为了维护人类和神界的和平，一护、露琪亚和伙伴们开始了漫漫征程。

2861 境界·刀峰与我

〔日〕久保带人绘．—北京：连环画出版社；2010.04；—181页；18cm

ISBN 978 - 7 - 5056 - 1113 - 9 ￥CNY9.80

为了维护人类和神界的和平，一护、露琪亚和伙伴们开始了漫漫征程。

2862 境界·对战斗的恐惧

〔日〕久保带人绘．—北京：连环画出版社；2010.

09；—184 页；18cm
ISBN 978 - 7 - 5056 - 1229 - 7 ￥CNY9.80
为了维护人类和神界的和平，一护、露琪亚和伙伴们开始了漫漫征程。

2863　境界·刽子手
〔日〕久保带人绘.—北京：连环画出版社；2010.09；—188 页；18cm
ISBN 978 - 7 - 5056 - 1230 - 3 ￥CNY9.80
为了维护人类和神界的和平，一护、露琪亚和伙伴们开始了漫漫征程。

2864　境界·黑月升起
〔日〕久保带人绘.—北京：连环画出版社；2010.05；—201 页；18cm
ISBN 978 - 7 - 5056 - 1151 - 1 ￥CNY9.80
为了维护人类和神界的和平，一护、露琪亚和伙伴们开始了漫漫征程。

2865　境界·晃动的白塔
〔日〕久保带人绘.—北京：连环画出版社；2010.05；—192 页；18cm
ISBN 978 - 7 - 5056 - 1146 - 7 ￥CNY9.80

2866　境界·悔恨之夜
〔日〕久保带人绘.—北京：连环画出版社；2010.05；—188 页；18cm
ISBN 978 - 7 - 5056 - 1148 - 1 ￥CNY9.80

2867　境界·就像岩壁上的花一样
〔日〕久保带人绘.—北京：连环画出版社；2010.04；—192 页；18cm
ISBN 978 - 7 - 5056 - 1109 - 2 ￥CNY9.80

2868　境界·巨人的右臂
〔日〕久保带人绘.—北京：连环画出版社；2010.04；—189 页；18cm
ISBN 978 - 7 - 5056 - 1116 - 0 ￥CNY9.80

2869　境界·冷笑话
〔日〕久保带人编绘.—北京：连环画出版社；2010.06；—180 页；18cm
ISBN 978 - 7 - 5056 - 1213 - 6 ￥CNY9.80

2870　境界·美丽是如此孤寂
〔日〕久保带人绘.—北京：连环画出版社；2010.06；—195 页；18cm
ISBN 978 - 7 - 5056 - 1228 - 0 ￥CNY9.80

2871　境界·灭却师射手的憎恨
〔日〕久保带人绘.—北京：连环画出版社；2010.04；—189 页；18cm
ISBN 978 - 7 - 5056 - 1117 - 7 ￥CNY9.80

2872　境界·明日死亡的开始
〔日〕久保带人绘.—北京：连环画出版社；2010.05；—178 页；18cm
ISBN 978 - 7 - 5056 - 1147 - 4 ￥CNY9.80

2873　境界·男爵的讲座全过程
〔日〕久保带人编绘.—北京：连环画出版社；2010.06；—190 页；18cm
ISBN 978 - 7 - 5056 - 1205 - 1 ￥CNY9.80

2874　境界·女王突击
〔日〕久保带人绘.—北京：连环画出版社；2010.09；—184 页；18cm
ISBN 978 - 7 - 5056 - 1227 - 3 ￥CNY9.80

2875　境界·破碎的结局
〔日〕久保带人绘.—北京：连环画出版社；2010.04；—194 页；18cm
ISBN 978 - 7 - 5056 - 1114 - 6 ￥CNY9.80

2876　境界·强烈的欲望
〔日〕久保带人绘.—北京：连环画出版社；2010.09；—172 页；18cm
ISBN 978 - 7 - 5056 - 1231 - 0 ￥CNY9.80

2877　境界·1
〔日〕久保带人编绘.—北京：连环画出版社；2010.06；—187 页；18cm
ISBN 978 - 7 - 5056 - 1267 - 9 ￥CNY9.80

2878　境界·2
〔日〕久保带人编绘.—北京：连环画出版社；2010.06；—194 页；18cm
ISBN 978 - 7 - 5056 - 1266 - 2 ￥CNY9.80

2879　境界·3
〔日〕久保带人编绘.—北京：连环画出版社；2010.06；—188 页；18cm
ISBN 978 - 7 - 5056 - 1212 - 9 ￥CNY9.80

2880　境界·4
〔日〕久保带人编绘.—北京：连环画出版社；2010.06；—172 页；18cm

ISBN 978 - 7 - 5056 - 1210 - 5 ￥CNY9.80

2881 境界·5

〔日〕久保带人编绘.—北京：连环画出版社；
2010.06；—181 页；18cm

ISBN 978 - 7 - 5056 - 1209 - 9 ￥CNY9.80

2882 境界·6

〔日〕久保带人编绘.—北京：连环画出版社；
2010.06；—200 页；18cm

ISBN 978 - 7 - 5056 - 1206 - 8 ￥CNY9.80

2883 境界·7

〔日〕久保带人编绘.—北京：连环画出版社；
2010.06；—184 页；18cm

ISBN 978 - 7 - 5056 - 1204 - 4 ￥CNY9.80

2884 境界·杀戮之王

〔日〕久保带人编绘.—北京：连环画出版社；
2010.06；—208 页；18cm

ISBN 978 - 7 - 5056 - 1214 - 3 ￥CNY9.80

2885 境界·神之蓝调

〔日〕久保带人绘.—北京：连环画出版社；2010.
05；—151 页；18cm

ISBN 978 - 7 - 5056 - 1144 - 3 ￥CNY9.80

2886 境界·十四天的阴谋

〔日〕久保带人绘.—北京：连环画出版社；2010.
04；—191 页；18cm

ISBN 978 - 7 - 5056 - 1112 - 2 ￥CNY9.80

2887 境界·死神三部曲·序曲

〔日〕久保带人绘.—北京：连环画出版社；2010.
04；—189 页；18cm

ISBN 978 - 7 - 5056 - 1115 - 3 ￥CNY9.80

2888 境界·死神一护再现

〔日〕久保带人绘.—北京：连环画出版社；2010.
05；—174 页；18cm

ISBN 978 - 7 - 5056 - 1150 - 4 ￥CNY9.80

2889 境界·死神与草莓

〔日〕久保带人绘.—北京：连环画出版社；2010.
04；—189 页；18cm

ISBN 978 - 7 - 5056 - 1119 - 1 ￥CNY9.80

2890 境界·天空中的刺青

〔日〕久保带人绘.—北京：连环画出版社；2010.

04；—199 页；18cm

ISBN 978 - 7 - 5056 - 1111 - 5 ￥CNY9.80

2891 境界·心

〔日〕久保带人绘.—北京：连环画出版社；2010.
09；—187 页；18cm

ISBN 978 - 7 - 5056 - 1232 - 7 ￥CNY9.80

2892 境界·星星与野狗

〔日〕久保带人绘.—北京：连环画出版社；2010.
04；—206 页；18cm

ISBN 978 - 7 - 5056 - 1110 - 8 ￥CNY9.80

2893 境界·雨中的回忆

〔日〕久保带人绘.—北京：连环画出版社；2010.
04；—189 页；18cm

ISBN 978 - 7 - 5056 - 1118 - 4 ￥CNY9.80

2894 境界·月亮之上

〔日〕久保带人绘.—北京：连环画出版社；2010.
06；—173 页；18cm

ISBN 978 - 7 - 5056 - 1208 - 2 ￥CNY9.80

2895 境界·再见小鹦鹉，晚安我的妹妹

〔日〕久保带人绘.—北京：连环画出版社；2010.
04；—189 页；18cm

ISBN 978 - 7 - 5056 - 1120 - 7 ￥CNY9.80

2896 境界·征服者

〔日〕久保带人绘.—北京：连环画出版社；2010.
05；—200 页；18cm

ISBN 978 - 7 - 5056 - 1154 - 2 ￥CNY9.80

2897 境界·做我的同伴吗

〔日〕久保带人绘.—北京：连环画出版社；2010.
05；—179 页；18cm

ISBN 978 - 7 - 5056 - 1153 - 5 ￥CNY9.80

2898 酒井法子：孤独的兔子

〔日〕渡边裕二著.—北京：中国友谊出版公司；
2010.02；—218 页；21cm

ISBN 978 - 7 - 5057 - 2681 - 9 ￥CNY28.80

本书是围绕酒井法子半生演艺圈故事、涉毒事件
内幕书籍。

2899 酒井法子：隐藏的素颜

〔日〕梨元胜著.—北京：中国友谊出版公司；
2010.02；—157 页；21cm

ISBN 978 - 7 -5057 - 2683 - 3 ￥CNY26.80
本书被外界认为是迄今为止关于酒井法子丛书中最好的一本。

2900 居所中的水与火：厨房、浴室、厕所的历史
〔日〕光藤俊夫，〔日〕中山繁信著 .—北京：清华大学出版社；2010.07；—121 页；26cm
ISBN 978 - 7 - 302 - 23079 - 3 ￥CNY39.00
本书通过大量手绘图使读者轻松直观地了解人类生活历史，既有生活场景又有具体物件的临摹。

2901 橘瑞超西行记
〔日〕橘瑞超著 .—乌鲁木齐：新疆人民出版社；2010.04；—12 页，13 页，300 页；21cm
ISBN 978 - 7 - 228 - 13248 - 5 ￥CNY33.00
本书包括作者的《中亚探险》、《新疆探险记》、《新疆通信摘抄》三部著作。

2902 巨人和公主的眼泪：新美南吉童话精选
〔日〕新美南吉著 .—上海：少年儿童出版社；2010.04；—122 页；23cm
ISBN 978 - 7 - 5324 - 8278 - 8 ￥CNY15.00
本书收录了新美南吉最为经典的童话故事。

2903 卷毛狗狗的日常护理与驯养
〔日〕成美堂出版编辑部编著 .—郑州：河南科学技术出版社；2010.05；—159 页；24cm
ISBN 978 - 7 - 5349 - 4520 - 5 ￥CNY32.00
本书介绍了卷毛犬的种类和不同种类的卷毛犬的生活习性、生理特征和日常护理与驯养的多种知识。

2904 绝刀·铇
〔日〕西尾维新著 .—南京：江苏文艺出版社；2010.06；—188 页；21cm
ISBN 978 - 7 - 5399 - 3793 - 9 ￥CNY22.00
本书为当代小说。

2905 绝密大作战
〔日〕那须正干著 .—南昌：二十一世纪出版社；2010.09；—155 页；19cm
ISBN 978 - 7 - 5391 - 6013 - 9 ￥CNY14.00

2906 卡迪斯红星 -1
〔日〕逢坂刚著 .—北京：新星出版社；2010.05；—367 页；22cm
ISBN 978 - 7 - 80225 - 895 - 2 ￥CNY30.00

2907 卡迪斯红星 -2
〔日〕逢坂刚著 .—北京：新星出版社；2010.04；—327 页；22cm
ISBN 978 - 7 - 80225 - 894 - 5 ￥CNY30.00

2908 凯蒂猫小线偶
〔日〕三丽鸥公司著 .—青岛：青岛出版社；2010.03；—80 页；26cm
ISBN 978 - 7 - 5436 - 6198 - 1 ￥CNY25.00
该书以凯蒂猫系列形象为目标，通过编织这种方式，推出了大量小线偶形象。

2909 看过来！我是日语听力王
〔日〕前川智编著 .—上海：华东理工大学出版社；2010.11；—155 页；24cm
ISBN 978 - 7 - 5628 - 2924 - 9 ￥CNY32.00
本书为日语听说类图书，以听力为主，会话为辅，形式参考现已停刊的畅销杂志《日语新干线》。

2910 可乐小子 -1
〔日〕樫本学著 .—长春：吉林美术出版社；2010.01；—177 页；18cm
ISBN 978 - 7 - 5386 - 3728 - 1 ￥CNY6.00

2911 可乐小子 -2
〔日〕樫本学著 .—长春：吉林美术出版社；2010.01；—186 页；18cm
ISBN 978 - 7 - 5386 - 3724 - 3 ￥CNY6.00

2912 可乐小子 -3
〔日〕樫本学著 .—长春：吉林美术出版社；2010.01；—181 页；18cm
ISBN 978 - 7 - 5386 - 3725 - 0 ￥CNY6.00

2913 可乐小子 -4
〔日〕樫本学著 .—长春：吉林美术出版社；2010.01；—180 页；18cm
ISBN 978 - 7 - 5386 - 3726 - 7 ￥CNY6.00

2914 可乐小子 -5
〔日〕樫本学著 .—长春：吉林美术出版社；2010.01；—180 页；18cm
ISBN 978 - 7 - 5386 - 3727 - 4 ￥CNY6.00

2915 可乐小子 -6
〔日〕樫本学著 .—长春：吉林美术出版社；2010.01；—191 页；18cm

ISBN 978 – 7 – 5386 – 3729 – 8 ￥CNY6.00

2916　可怕的咖哩饭
〔日〕角野荣子著 . —北京：中国少年儿童出版社；2010.05；—77 页；21cm
ISBN 978 – 7 – 5007 – 9566 – 7 ￥CNY15.00

2917　可以对心灵编程吗
〔日〕有田隆也著 . —长沙：湖南科学技术出版社；2010.07；—205 页；18cm
ISBN 978 – 7 – 5357 – 6022 – 7 ￥CNY25.00
从人工生命的研究中，找到了一条解析"人类最终的谜题——心灵"的有效途径。

2918　克服胆怯
〔日〕源赖朝著 . —哈尔滨：哈尔滨出版社；2010.08；—209 页；18cm
ISBN 978 – 7 – 5484 – 0192 – 6 ￥CNY60.00（全套 6 册）
本书是一本指导性很强的心理自助及励志类图书。

2919　刻在石头上的世界：画像石述说的古代中国的生活和思想
〔日〕林巳奈夫著 . —北京：商务印书馆；2010.09；—239 页；19cm
ISBN 978 – 7 – 100 – 07334 – 9 ￥CNY18.00
本书向读者讲述了古代中国的生活与理想。

2920　空腹力革命
〔日〕石原结实著 . —北京：中信出版社；2010.12；—13 页，232 页；21cm
ISBN 978 – 7 – 5086 – 2155 – 5 ￥CNY25.00
日本知名医学博士石原结实首创的"空腹力"保健方法。

2921　空间思维大挑战 . 立体王 – 观察能力篇
〔日〕高滨正伸，〔日〕平须贺信洋编著 . —北京：中国青年出版社；2010.02；—89 页；26cm
ISBN 978 – 7 – 5006 – 9054 – 2 ￥CNY24.00
本书定位于综合功能的练习册。

2922　空间思维大挑战 . 立体王 – 入门篇 – 简单的立方体 100
〔日〕高滨正伸，〔日〕平须贺信洋编著 . —北京：中国青年出版社；2010.02；—87 页，15 页；26cm
ISBN 978 – 7 – 5006 – 9054 – 2 ￥CNY144.00（全套 6 册）
本书是一套以培养儿童的空间认知能力为目标的数学练习册。

2923　空间思维大挑战 . 立体王 – 入门篇 – 快乐的立方体 100
〔日〕高滨正伸，〔日〕平须贺信洋编著 . —北京：中国青年出版社；2010.02；—87 页，15 页；26cm
ISBN 978 – 7 – 5006 – 9054 – 2 ￥CNY144.00（全套 6 册）

2924　空间思维大挑战 . 立体王 – 研究能力篇
〔日〕高滨正伸，〔日〕岩片夏雄编著 . —北京：中国青年出版社；2010.02；—89 页；26cm
ISBN 978 – 7 – 5006 – 9054 – 2 ￥CNY24.00
本书是一套以培养儿童的空间认知能力为目标的数学练习册。

2925　空间思维大挑战 . 立体王 – 展开图初级篇
〔日〕高滨正伸，〔日〕岩片夏雄编著 . —北京：中国青年出版社；2010.02；—104 页；26cm
ISBN 978 – 7 – 5006 – 9054 – 2 ￥CNY144.00（全套 6 册）

2926　空间思维大挑战 . 立体王 – 展开图进阶篇
〔日〕高滨正伸，〔日〕岩片夏雄编著 . —北京：中国青年出版社；2010.02；—104 页；26cm
ISBN 978 – 7 – 5006 – 9054 – 2 ￥CNY144.00（全套 6 册）

2927　空中庭园
〔日〕角田光代著 . —长沙：湖南文艺出版社；2010.09；—225 页；21cm
ISBN 978 – 7 – 5404 – 4625 – 3 ￥CNY25.00
本书以日本相当标准的中产四口之家的成员作为故事主人翁，将每个家庭成员内心独白在读者面前一一展开。

2928　孔子
〔日〕井上靖著 . —北京：北京十月文艺出版社；2010.01；—289 页；21cm
ISBN 978 – 7 – 5302 – 1024 – 6 ￥CNY25.00
本小说以虚构的第一人称叙述，追寻了孔子及其门徒从周游列国到最后回到鲁国的种种经历。

2929　恐龙之谷
〔日〕黑川光广著 . —北京：北京科学技术出版社；2010.09；—1 册；26×26cm
ISBN 978 – 7 – 5304 – 4816 – 8（精装）：￥CNY25.00
这是作者们精心绘制的图画书。

2930　口红将军的凯旋
〔日〕海棠尊著 . —哈尔滨：哈尔滨出版社；2010.01；—289 页；22cm

ISBN 978 - 7 - 80753 - 864 - 6 ￥CNY26.00
本书是一部医疗探案小说。

2931 跨时代证言：中日民间友好运动的一幕
〔日〕坂田辉昭著.—北京：世界知识出版社；
2010.08；—13 页，294 页；21cm
ISBN 978 - 7 - 5012 - 3853 - 8 ￥CNY25.00
本书主要记述了中日恢复邦交前日本民间友好
人士坂田辉昭为了中日友好，反对佐藤首相访
美而被捕，其后又在法庭上持续斗争 13 年的
过程。

2932 快出来快出来
〔日〕林明子文/图.—上海：少年儿童出版社；
2010.10；—1 册；20cm
ISBN 978 - 7 - 5324 - 8322 - 8 ￥CNY18.00

2933 快乐保健一点通：幽默图解版
〔日〕米山公启著.—南宁：广西科学技术出版
社；2010.12；—170 页；23cm
ISBN 978 - 7 - 80763 - 559 - 8 ￥CNY28.00
本书告诉读者在日常生活中如何进行自我健康
管理，学会一些家庭保健必须的急救方法和用
药常识。

2934 快乐学习数学基础
〔日〕星田直彦著.—长沙：湖南科学技术出版
社；2010.07；—245 页；18cm
ISBN 978 - 7 - 5357 - 6021 - 0 ￥CNY25.00
在本书中，作者把数学基础阶段容易卡壳的地
方，以及数学中感人的知识点总结在一起。

2935 快速提高算术力
〔日〕键本聪著.—海口：南海出版公司；2010.
01；—154 页；22cm
ISBN 978 - 7 - 5442 - 4644 - 6 ￥CNY20.00
这是一本介绍速算技巧的图书。

2936 傀儡之城
〔日〕和田龙著.—重庆：重庆出版社；2010.
05；—228 页；24cm
ISBN 978 - 7 - 229 - 01319 - 6 ￥CNY25.00
本书讲述了日本战国时代发生在忍城的一场城
堡守卫战。

2937 老年痴呆症：生活史·症状·对策
〔日〕清水允熙，〔日〕北村学主编.—北京：人民
卫生出版社；2010.10；—194 页；24cm
ISBN 978 - 7 - 117 - 13489 - 7 ￥CNY28.00
本书主要介绍痴呆的分类、痴呆症状的分析、痴

呆 NS 表的运用、痴呆程度的判定。

2938 乐园：我的诺贝尔奖之路
〔日〕朝永振一郎著.—北京：科学出版社；2010.
10；—271 页；21cm
ISBN 978 - 7 - 03 - 029151 - 6 ￥CNY32.00

2939 棱镜
〔日〕神林长平著.—成都：四川科学技术出版
社；2010.03；—240 页；21cm
ISBN 978 - 7 - 5364 - 6915 - 0 ￥CNY20.00
作品设想人类地球上方 3 万米的高空漂浮着一个
超级计算机——浮游都市控制体。

2940 离子交换膜基本原理及应用
〔日〕田中良修著.—北京：化学工业出版社；
2010.06；—379 页；25cm
ISBN 978 - 7 - 122 - 07581 - 9（精装）：￥CNY78.00
本书从基本原理与应用两个方面介绍了离子交
换膜。

2941 理科生也可以结婚吗？
〔日〕高世惠理子著.—北京：现代出版社；2010.
08；—173 页；21cm
ISBN 978 - 7 - 80244 - 758 - 5 ￥CNY22.00
本书以一个理科生女友的视角，描绘了理科生男
友向她求婚、两人婚前准备直至结婚的过程。

2942 理由
〔日〕宫部美雪著.—海口：南海出版公司；2010.
01；—359 页；22cm
ISBN 978 - 7 - 5442 - 4633 - 0 ￥CNY28.00

**2943 历史的启示：欧亚大陆·希腊英雄·应仁
之乱**
〔日〕熊谷弘著.—北京：中国环境科学出版社；
2010.06；—98 页；21cm
ISBN 978 - 7 - 5111 - 0304 - 8 ￥CNY12.00
本书作者试图把古典著作作为教案来讲。

2944 立体纸艺巧手做
〔日〕中泽圭子著.—沈阳：辽宁科学技术出版
社；2010.01；—95 页；26cm
ISBN 978 - 7 - 5381 - 6192 - 2 ￥CNY22.80
本书以介绍立体纸艺为中心，通过简单的描画、
剪裁、雕刻、折叠等构筑奇妙的立体纸艺世界。

2945 灵魂离体杀人事件
〔日〕岛田庄司著.—北京：新星出版社；2010.

05；—196 页；22cm

ISBN 978 – 7 – 80225 – 910 – 2 ￥CNY22.00

本书是侦探推理小说。

2946　零的焦点

〔日〕松本清张著．—海口：南海出版公司；2010.
01；—305 页；22cm

ISBN 978 – 7 – 5442 – 4574 – 6 ￥CNY25.00

日本当代长篇小说。日本文坛巨匠松本清张的
代表作。

2947　零起步玩手工．儿童手作服上衣

〔日〕靓丽社组织编写．—北京：化学工业出版
社；2010.09；—64 页；26cm

ISBN 978 – 7 – 122 – 08771 – 3 ￥CNY26.00

本书介绍了 22 款精美的儿童罩衫和罩群的制作
方法。

2948　流体力学

〔日〕武居昌宏著．—北京：科学出版社；2010.
11；—192 页；24cm

ISBN 978 – 7 – 03 – 029015 – 1 ￥CNY32.00

以漫画及故事的方式将抽象、复杂的流体力学
知识融会其中。

2949　流星之绊

〔日〕东野圭吾著．—海口：南海出版公司；2010.
03；—324 页；22cm

ISBN 978 – 7 – 5442 – 4702 – 3 ￥CNY28.00

本书是日本当代长篇小说，著名作家东野圭吾
的代表作之一。

2950　六朝精神史研究

〔日〕吉川忠夫著．—南京：江苏人民出版社；
2010.11；—469 页；23cm

ISBN 978 – 7 – 214 – 06436 – 3 ￥CNY42.00

本书对中国中古思想史以及中古政治与学术和
思想的表现之间的联系等进行了细致的梳理和
描绘。

2951　龙卧亭杀人事件

〔日〕岛田庄司著．—南京：译林出版社；2010.
12；—286 页；22cm

ISBN 978 – 7 – 5447 – 1522 – 5 ￥CNY25.00

本书是长篇小说。

2952　龙卧亭杀人事件

〔日〕岛田庄司著．—南京：译林出版社；2010.
12；—286 页；22cm

ISBN 978 – 7 – 5447 – 1524 – 9 ￥CNY25.00

本书为长篇小说。

2953　陆拾柒目：画花·话花道

〔日〕石山皆勇编．—太原：三晋出版社；2010.
04；—150 页；14×21cm

ISBN 978 – 7 – 5457 – 0227 – 9 ￥CNY42.00

本书属日本的全彩铜版画册。

2954　旅游政策学

〔日〕寺前秀一著．—北京：人民邮电出版社；
2010.11；—244 页；24cm

ISBN 978 – 7 – 115 – 23951 – 8 ￥CNY38.00

本书在政策的层面为旅游从业人员提出有价值
的参考。

2955　论社会责任对公司治理模式的影响

〔日〕佐藤孝弘著．—北京：光明日报出版社；
2010.05；—216 页；23cm

ISBN 978 – 7 – 5112 – 0461 – 5 ￥CNY30.00

本书从社会责任对公司治理模式的影响进行
研究。

2956　《论语》和日本人

〔日〕伊东教夫著．—北京：外语教学与研究出
版社；2010.09；—10 页，162 页；21cm

ISBN 978 – 7 – 5135 – 0062 – 3（精装）：￥CNY20.00

重点收录了作者认为对现代人有教育意义的部
分，将论语原文与日语译文相结合，并配有中文
解读。

2957　罗生门：芥川龙之介短篇小说选

〔日〕芥川龙之介著．—南京：译林出版社；
2010.11；—347 页；21cm

ISBN 978 – 7 – 5447 – 1444 – 0（精装）：￥CNY23.80

芥川龙之介是日本现代的杰出作家，本书精选其
最富代表性的经典名篇《罗生门》等。

2958　罗生门：芥川龙之介小说集

〔日〕芥川龙之介著．—上海：上海三联书店；
2010.04；—256 页；21cm

ISBN 978 – 7 – 5426 – 3233 – 3 ￥CNY25.00

本书收集了芥川最有代表性的作品 21 篇，包括
《罗生门》《地狱变》《鼻子》等。

2959　罗生门：全译本

〔日〕芥川龙之介著．—呼和浩特：内蒙古人民
出版社；2010.08；—314 页；25cm

ISBN 978 – 7 – 204 – 10251 – 8（精装）：￥CNY58.00

《罗生门》是一篇风格特异、技巧精湛的短篇
小说。

2960 螺纹加工

〔日〕技能士の友编辑部编著．—北京：机械工业出版社；2010.11；—161 页；21cm

ISBN 978 - 7 - 111 - 31000 - 6 ￥CNY25.00

本书主要内容有：螺纹的种类，螺纹切削标准车刀等。

2961 裸妆

〔日〕林真理子著．—北京：中信出版社；2010.11；—257 页；21cm

ISBN 978 - 7 - 5086 - 2313 - 9 ￥CNY26.00

这是一本优秀的适合女性阅读的小说。

2962 络新妇之理 - 1

〔日〕京极夏彦著．—上海：上海人民出版社；2010.01；—488 页；21cm

ISBN 978 - 7 - 208 - 08835 - 1 ￥CNY29.00

2963 络新妇之理 - 2

〔日〕京极夏彦著．—上海：上海人民出版社；2010.01；—513 页；21cm

ISBN 978 - 7 - 208 - 08834 - 4 ￥CNY29.00

2964 妈妈的小裤裤

〔日〕山冈光文/图．—上海：少年儿童出版社；2010.09；—1 册；19cm

ISBN 978 - 7 - 5324 - 8327 - 3 ￥CNY15.00

2965 妈咪拼布：给宝贝的 64 款可爱小物件

〔日〕靓丽出版社编著．—郑州：河南科学技术出版社；2010.01；—80 页；29cm

ISBN 978 - 7 - 5349 - 4413 - 0 ￥CNY28.00

本书介绍妈妈为孩子手工制作的上幼儿园的必备品。

2966 麻辣烫为什么穿在签子上卖？

〔日〕初鹿野浩明著．—北京：中国人民大学出版社；2010.09；—220 页；21cm

ISBN 978 - 7 - 300 - 12651 - 7 ￥CNY32.00

本书通过麻辣烫、烤鸡肉、拉面、关东煮等餐饮店的经营管理故事，教授读者生产管理的必备知识。

2967 马尔代夫：09 ~ 10

〔日〕大宝石出版社原著．—北京：中国旅游出版社；2010.01；—323 页；21cm

ISBN 978 - 7 - 5032 - 3893 - 2 ￥CNY55.00

本书主要介绍马尔代夫的旅游情况。

2968 马来西亚文莱：10 ~ 11

〔日〕大宝石出版社原著．—北京：中国旅游出版社；2010.03；—460 页；21cm

ISBN 978 - 7 - 5032 - 3896 - 3 ￥CNY68.00

本书为《走遍全球》丛书的马来西亚、文莱分册。

2969 卖毒的女人

〔日〕岛田庄司著．—珠海：珠海出版社；2010.01；—250 页；21cm

ISBN 978 - 7 - 5453 - 0291 - 2 ￥CNY20.00

本书是日本现代短篇推理小说集。

2970 "满映"电影研究

〔日〕古市雅子著．—北京：九州出版社；2010.09；—228 页；24cm

ISBN 978 - 7 - 5108 - 0612 - 4 ￥CNY38.00

本书由中文写就，是作者在北京大学中文系的博士论文，全球首次出版发行。

2971 漫画半导体

〔日〕涉谷道雄著．—北京：科学出版社；2010.11；—182 页；24cm

ISBN 978 - 7 - 03 - 029093 - 9 ￥CNY32.00

以轻松有趣、通俗易懂的漫画及故事的方式将抽象、复杂的半导体知识融会其中。

2972 漫画测量

〔日〕栗原哲彦，〔日〕佐藤安雄著．—北京：科学出版社；2010.05；—243 页；24cm

ISBN 978 - 7 - 03 - 027139 - 6 ￥CNY32.00

本书以轻松有趣、通俗易懂的漫画方式讲解了土木建设、施工中用到的测量相关知识。

2973 漫画的背景与透视

〔日〕日下部夏月著．—沈阳：辽宁科学技术出版社；2010.07；—143 页；26cm

ISBN 978 - 7 - 5381 - 6487 - 9 ￥CNY28.80

本书主要讲解利用透视关系描绘漫画背景的画法，全书共分 7 部分。

2974 漫画电气电路

〔日〕饭田芳一著．—北京：科学出版社；2010.11；—227 页；24cm

ISBN 978 - 7 - 03 - 029163 - 9 ￥CNY20.00

以轻松有趣、通俗易懂的漫画及故事的方式将抽象、复杂的电气电路知识融会其中。

2975 漫画电学原理

〔日〕藤泷和弘著．—北京：科学出版社；2010.05；—211 页；24cm

ISBN 978 - 7 - 03 - 027093 - 1 ¥ CNY32. 00

《漫画电学原理》是欧姆社学习漫画系列之一。

2976　漫画电子电路

〔日〕 田中贤一著 . —北京：科学出版社；2010. 05；—171 页；24cm

ISBN 978 - 7 - 03 - 027107 - 5 ¥ CNY32. 00

本书是以漫画的形式讲解电子电路基础的入门图书。

2977　漫画分子生物学

〔日〕 武村政春著 . —北京：科学出版社；2010. 05；—230 页；24cm

ISBN 978 - 7 - 03 - 027138 - 9 ¥ CNY32. 00

《漫画分子生物学》是欧姆社学习漫画系列之一。

2978　漫画量子力学

〔日〕 石川宪二著 . —北京：科学出版社；2010. 11；—239 页；24cm

ISBN 978 - 7 - 03 - 029192 - 9 ¥ CNY32. 00

本书以轻松有趣、通俗易懂的漫画及故事的方式将抽象、复杂的量子力学知识融会其中。

2979　漫画热力学

〔日〕 原田知广著 . —北京：科学出版社；2010. 11；—185 页；24cm

ISBN 978 - 7 - 03 - 029189 - 9 ¥ CNY32. 00

本书以轻松有趣、通俗易懂的漫画及故事的方式将抽象、复杂的热力学知识融会其中。

2980　漫画人物的绘画技法与描红

〔日〕 碧风羽著 . —沈阳：辽宁科学技术出版社；2010.05；—191 页；26cm

ISBN 978 - 7 - 5381 - 6374 - 2 ¥ CNY36. 00

本书主要讲述漫画人物的绘画技法和绘画技巧。

2981　漫画生物化学

〔日〕 武村政春著 . —北京：科学出版社；2010. 05；—247 页；24cm

ISBN 978 - 7 - 03 - 027106 - 8 ¥ CNY32. 00

《漫画生物化学》是欧姆社学习漫画系列之一。

2982　漫画数据库

〔日〕 高桥麻奈著 . —北京：科学出版社；2010. 05；—220 页；24cm

ISBN 978 - 7 - 03 - 027168 - 6 ¥ CNY32. 00

《漫画数据库》是欧姆社学习漫画系列之一。

2983　漫画顺序控制

〔日〕 藤泷和弘著 . —北京：科学出版社；2010.

05；—197 页；24cm

ISBN 978 - 7 - 03 - 027108 - 2 ¥ CNY32. 00

本书是以漫画的形式讲解顺序控制基础的入门图书。

2984　漫画素描与人物表现

〔日〕 美术出版社著 . —沈阳：辽宁科学技术出版社；2010.01；—119 页；29cm

ISBN 978 - 7 - 5381 - 5897 - 7 ¥ CNY38. 00

主要讲述日本漫画名家的漫画主题表现方法。

2985　漫画微分方程

〔日〕 佐藤实著 . —北京：科学出版社；2010. 11；—227 页；24cm

ISBN 978 - 7 - 03 - 029193 - 6 ¥ CNY32. 00

以轻松有趣、通俗易懂的漫画及故事的方式将抽象、复杂的高等数学的基础知识——微分方程式知识融会其中。

2986　漫画相对论

〔日〕 山本将史著 . —北京：科学出版社；2010. 11；—176 页；24cm

ISBN 978 - 7 - 03 - 029164 - 6 ¥ CNY32. 00

本书以轻松有趣、通俗易懂的漫画及故事的方式将抽象、复杂的相对论知识融会其中。

2987　漫画宇宙

〔日〕 石川宪二著 . —北京：科学出版社；2010. 05；—239 页；24cm

ISBN 978 - 7 - 03 - 027170 - 9 ¥ CNY32. 00

本书以轻松有趣、通俗易懂的漫画方式讲解了介绍了宇宙知识。

2988　猫的上帝

〔日〕 东良美季著 . —北京：华文出版社；2010. 02；—181 页；21cm

ISBN 978 - 7 - 5075 - 3021 - 6 ¥ CNY24. 80

2989　猫拉面

〔日〕 高岸研治著 . —北京：现代出版社；2010. 09；—142 页；19cm

ISBN 978 - 7 - 80244 - 811 - 7 ¥ CNY16. 00

本书为引进版权的日本畅销绘本。

2990　猫咪眼里的万花镜

〔日〕 高木雅行著 . —长沙：湖南科学技术出版社；2010.07；—205 页；18cm

ISBN 978 - 7 - 5357 - 6001 - 2 ¥ CNY25. 00

作者高木雅行通过对现实中一些事件的解析，了解 "心理的" 和 "物理的" 之间奇异的鸿沟。

2991 猫型员工的时代：超越自我实现梦想
〔日〕山本直人著 . —天津：天津科学技术出版社；2010.07；—212 页；21cm
ISBN 978 - 7 - 5308 - 5721 - 2 ￥CNY23.80
本书就是告诉你，如何将自己培养成为一个猫型人才，如何让自己更适合现在的社会。

2992 帽子 围巾 鞋袜编织精选
〔日〕靓丽出版社编著 . —北京：中国纺织出版社；2010.01；—103 页；24cm
ISBN 978 - 7 - 5064 - 6118 - 4 ￥CNY19.80
本书介绍了帽子、围巾、披肩、手套、鞋袜、背心、手机袋、小提包等 42 款毛线小物件的编织方法。

2993 没有卖不出去的商品
〔日〕松本朋子著 . —北京：中国人民大学出版社；2010.10；—213 页；21cm
ISBN 978 - 7 - 300 - 12717 - 0 ￥CNY32.00
任何人或多或少都应该有过在冲动购物之后，才思索当下为什么会购买的经验。这种行为动机最合理的解释，就是商品本身拥有无法言喻的魅力，让人看上一眼就产生非买不可的购买欲望。

2994 没有声音的地方就是寂寞：诗人何其芳的一生
〔日〕宇田礼著 . —北京：社会科学文献出版社；2010.09；—343 页；22cm
ISBN 978 - 7 - 5097 - 1401 - 0 ￥CNY39.00
《没有声音的地方就是寂寞》这一书名，取自何其芳的诗《河》。

2995 没有凶手的杀人夜
〔日〕东野圭吾著 . —北京：人民文学出版社；2010.08；—246 页；21cm
ISBN 978 - 7 - 02 - 008186 - 8 ￥CNY25.00
融合了人类心理变化与推理元素的 7 个短篇，都是以高中为故事舞台的"小小故意杀人事件"。

2996 每日妈妈 . 黑潮家族
〔日〕西原理惠子著绘 . —北京：中国铁道出版社；2010.05；—94 页；21cm
ISBN 978 - 7 - 113 - 11201 - 1 ￥CNY20.00
一个人居住的单身妈妈，用匪夷所思的方式培养着很马大哈的儿子、很公主的女儿。

2997 每天懂一点创意心理学
〔日〕原田玲仁著 . —西安：陕西师范大学出版社；2010.07；—204 页；21cm

ISBN 978 - 7 - 5613 - 4885 - 7 ￥CNY28.00

2998 每天懂一点恋爱心理学
〔日〕原田玲仁著 . —西安：陕西师范大学出版社；2010.09；—201 页；21cm
ISBN 978 - 7 - 5613 - 4883 - 3 ￥CNY28.00
本书是浅显易懂，生动有趣的经济学入门读物。

2999 每天 15 分钟学日语
〔日〕前田光子，〔日〕冈田志寿代著 . —北京：旅游教育出版社；2010.03；—160 页；19cm
ISBN 978 - 7 - 5637 - 1922 - 8 ￥CNY29.80
本书围绕生活中常见的会话场景，将语言学习课程分为十二个主题。

3000 美肌革命
〔日〕佐伯千津著 . —北京：中信出版社；2010.10；—127 页；21cm
ISBN 978 - 7 - 5086 - 2298 - 9 ￥CNY25.00
佐伯千津将自己多年来从事美丽革命的心得与我们分享。

3001 美肌特权色：让你瞬间年轻 10 岁的色彩搭配经
〔日〕保坂真里奈著 . —沈阳：辽宁科学技术出版社；2010.09；—76 页；21cm
ISBN 978 - 7 - 5381 - 6505 - 0 ￥CNY22.80
使用书中介绍的方法，通过对自己肤色的鉴定，就能找出属于自己的美肌特权色。

3002 美肌有道
〔日〕佐伯千津著 . —北京：中信出版社；2010.01；—108 页；19cm
ISBN 978 - 7 - 5086 - 1647 - 6 ￥CNY19.00
本书是日本美容大师佐伯千津的"佐伯式肌肤护理"美容法的绘本版。

3003 美甲达人的超炫技法
〔日〕靓丽出版社编著 . —沈阳：辽宁科学技术出版社；2010.06；—111 页；29cm
ISBN 978 - 7 - 5381 - 6479 - 4 ￥CNY36.00
收录有日本所有最新的、富有时尚感的超人气美甲图案及做法。

3004 美甲炫 11000
〔日〕靓丽出版社编著 . —沈阳：辽宁科学技术出版社；2010.04；—141 页；19×21cm
ISBN 978 - 7 - 5381 - 6330 - 8 ￥CNY32.00
本书中的甲面造型全部以季节进行了分类，共介绍了万余款美甲造型。

3005 美甲炫 11000

〔日〕靓丽出版社编著 . —沈阳：辽宁科学技术
出版社；2010.04；—141 页；19×21cm
ISBN 978 - 7 - 5381 - 6329 - 2 ￥CNY32.00
本书中的甲面造型全部以季节进行了分类，共
介绍了万余款美甲造型。

3006 美丽永驻的鲜花饰品 DIY

〔日〕靓丽出版社编著 . —郑州：河南科学技术
出版社；2010.08；—79 页；26cm
ISBN 978 - 7 - 5349 - 4604 - 2 ￥CNY23.80
本书详细介绍了各种干花制作的方法、过程和
保存。

3007 美味方丈记

〔日〕陈舜臣，蔡锦墩著 . —桂林：广西师范大
学出版社；2010.03；—262 页；21cm
ISBN 978 - 7 - 5633 - 9653 - 5 ￥CNY26.00
本书为陈舜臣夫妇谐趣美食对谈集。

3008 美味可口的蛋糕·点心·派

〔日〕太田瞳著 . —沈阳：辽宁科学技术出版社；
2010.05；—87 页；24cm
ISBN 978 - 7 - 5381 - 6301 - 8 ￥CNY22.00
本书介绍了 59 种变化多端小点心。

3009 迷路的小猫鱼

〔日〕渡边有一编 . —江西：二十一世纪出版社；
2010.07；—24；24×24cm
ISBN 978 - 7 - 5391 - 5630 - 9 ￥CNY96.00（全
套 6 册）

3010 秘本三国志

〔日〕陈舜臣著 . —北京：新星出版社；2010.
05；—2 册（789 页）；24cm
ISBN 978 - 7 - 80225 - 834 - 1 ￥CNY69.00
本书以陈寿的《三国志》为蓝本，在陈舜臣的作品
中主要由特有的边境民族所发生的事情所构成。

3011 面包新语：风味面包 创新秘籍

〔日〕西川功晃著 . —海口：南海出版公司；2010.
06；—159 页；28cm
ISBN 978 - 7 - 5442 - 4756 - 6 ￥CNY39.80
本书是一本面包烘焙书。

3012 面包新语：基本面包 烘培秘籍

〔日〕西川功晃著 . —海口：南海出版公司；2010.
02；—135 页；29cm
ISBN 978 - 7 - 5442 - 4631 - 6 ￥CNY39.80
本书是一本面包烘焙书。

3013 妙龄吸血鬼 . 湖底荒村

〔日〕赤川次郎著 . —海口：南海出版公司；2010.
10；—312 页；21cm
ISBN 978 - 7 - 5442 - 4854 - 9 ￥CNY20.00
本书是日本当代长篇小说。

3014 妙龄吸血鬼 . 杀人魔杰克

〔日〕赤川次郎著 . —海口：南海出版公司；2010.
10；—306 页；21cm
ISBN 978 - 7 - 5442 - 4853 - 2 ￥CNY20.00
本书是日本当代长篇小说。

3015 妙龄吸血鬼 . 死亡天使

〔日〕赤川次郎著 . —海口：南海出版公司；2010.
07；—312 页；21cm
ISBN 978 - 7 - 5442 - 4595 - 1 ￥CNY20.00
本书为日本当代长篇小说。

3016 妙龄吸血鬼 . 吸血鬼烹饪班

〔日〕赤川次郎著 . —海口：南海出版公司；2010.
01；—312 页；21cm
ISBN 978 - 7 - 5442 - 4458 - 9 ￥CNY20.00
本书为日本当代长篇小说。

3017 民间传承论与乡土生活研究法

〔日〕柳田国男著 . —北京：学苑出版社；2010.
02；—341 页；21cm
ISBN 978 - 7 - 5077 - 3504 - 8 ￥CNY35.00
本书为"日本民俗学之父"柳田国男的两本概
论书《民间传承论》、《乡土生活研究法》的中
文合译木。

3018 闽东区福宁片四县市方言音韵研究

〔日〕秋谷裕幸著 . —福州：福建人民出版社；
2010.03；—251 页；26cm
ISBN 978 - 7 - 211 - 06148 - 8 ￥CNY29.00
本书共分 7 章。

3019 名侦探的守则

〔日〕东野圭吾著 . —海口：南海出版公司；2010.
03；—230 页；22cm
ISBN 978 - 7 - 5442 - 4687 - 3 ￥CNY22.00
收选 1990 年至 1995 年发表的系列短篇小说。

3020 名侦探的诅咒

〔日〕东野圭吾著 . —海口：南海出版公司；2010.
10；—217 页；22cm
ISBN 978 - 7 - 5442 - 4850 - 1 ￥CNY20.00
日本当代著名推理小说作家东野圭吾长篇小说。

3021　明代乡村纠纷与秩序：以徽州文书为中心
〔日〕中岛乐章著 . —南京：江苏人民出版社；
2010.11；—308 页；23cm
ISBN 978 - 7 - 214 - 06556 - 8 ￥CNY30.00
本书利用徽州文书，以徽州为个案，分析了明代
乡村社会的治理模式。

3022　明末清初的思想与佛教
〔日〕荒木见悟著 . —上海：上海古籍出版社；
2010.06；—209 页；23cm
ISBN 978 - 7 - 5325 - 5572 - 7 ￥CNY36.00
在书中作者对明末清初儒佛思想的特点及两家
的交涉，由个案到整体予以深入的考察并给出
独到的见解。

3023　明治天皇 . 碧血怒涛卷
〔日〕山冈庄八著 . —北京：金城出版社；2010.
05；—335 页；24cm
ISBN 978 - 7 - 80251 - 324 - 2 ￥CNY29.80

3024　明治天皇 . 天皇降生卷
〔日〕山冈庄八著 . —北京：金城出版社；2010.
01；—330 页；24cm
ISBN 978 - 7 - 80251 - 252 - 8 ￥CNY29.80

3025　明治天皇 . 孝明帝驾崩卷
〔日〕山冈庄八著 . —北京：金城出版社；2010.
08；—355 页；24cm
ISBN 978 - 7 - 80251 - 323 - 5 ￥CNY29.80

3026　茗壶图录
〔日〕奥玄宝撰 . —济南：山东画报出版社；2010.
10；—96 页；23cm
ISBN 978 - 7 - 5474 - 0166 - 8 ￥CNY18.00
K876.32

3027　磨床操作
〔日〕技能士の友编集部编著 . —北京：机械工
业出版社；2010.06；—161 页；21cm
ISBN 978 - 7 - 111 - 30140 - 0 ￥CNY25.00
本书收编了从磨石的选择到磨床实际操作规程
等一些基本知识。

**3028　魔法棒针：1 天就能完成的围巾、帽子、
小物件**
〔日〕主妇之友社编著 . —郑州：河南科学技术
出版社；2010.01；—64 页；26cm
ISBN 978 - 7 - 5349 - 4372 - 0 ￥CNY22.80
本书提供了基本的棒针编织技巧和针法。

**3029　魔法钩针：1 天就能完成的围巾、帽子、
小物件**
〔日〕主妇之友社编著 . —郑州：河南科学技术
出版社；2010.01；—63 页；26cm
ISBN 978 - 7 - 5349 - 4373 - 7 ￥CNY22.80
本书提供了基本的钩针编织技巧和针法。

3030　魔法师俱乐部
〔日〕青山七惠著 . —北京：金城出版社；2010.
10；—299 页；21cm
ISBN 978 - 7 - 80251 - 564 - 2 ￥CNY28.00

**3031　魔鬼交涉术：律师亲授日常必备的交涉
心法**
〔日〕谷原诚著 . —北京：金城出版社；2010.
09；—172 页；21cm
ISBN 978 - 7 - 80251 - 549 - 9 ￥CNY25.00

3032　魔装少女就是本少爷！
〔日〕木村心一著 . —长沙：湖南美术出版社；
2010.12；—250 页；19cm
ISBN 978 - 7 - 5356 - 4129 - 8 ￥CNY20.00
本故事采用倒叙的形式。

3033　末日的愚者
〔日〕伊坂幸太郎著 . —南京：译林出版社；2010.
12；—249 页；19cm
ISBN 978 - 7 - 5447 - 1534 - 8（精装）：￥CNY25.00
本书共收录八则短篇故事，描述各形各样的人面
对世界末日将来临之前的内心挣扎。

3034　哪个怪怪的？
〔日〕岩井俊雄 . —哈尔滨：北方文艺出版社；
2010.01；—1 册；14cm
ISBN 978 - 7 - 5317 - 2445 - 2（精装）：￥CNY30.00
（全套 3 册）
本书是一本适合亲子阅读的图书。

3035　哪个是哪个？
〔日〕岩井俊雄著 . —哈尔滨：北方文艺出版社；
2010.01；—1 册；14cm
ISBN 978 - 7 - 5317 - 2445 - 2（精装）：￥CNY30.00
（全套 3 册）
本书是一本适合亲子阅读的图书。

3036　纳棺夫日记
〔日〕青木新门著 . —海口：南海出版公司；2010.
12；—200 页；20cm
ISBN 978 - 7 - 5442 - 4906 - 5 ￥CNY20.00
日本最著名的"纳棺夫"——青木新门先生的

自传体小说。

3037 男人这东西
〔日〕渡边淳一著 . —北京：作家出版社；2010.
03；—263 页；21cm
ISBN 978 - 7 - 5063 - 5232 - 1 ￥CNY28. 00
本书是长篇杂文。

3038 南丁格尔的沉默
〔日〕海堂尊著 . —哈尔滨：哈尔滨出版社；2010.
09；—397 页；21cm
ISBN 978 - 7 - 80753 - 865 - 3 ￥CNY29. 80
本书是一部医疗探案小说。

3039 你不孤单
〔日〕石黑谦吾著 . —上海：上海人民出版社；
2010.01；—149 页；20cm
ISBN 978 - 7 - 208 - 08709 - 5 ￥CNY18. 00
本书是石黑谦吾首度尝试的短篇小说集。

3040 你也能拍出好照片
〔日〕西川晃太郎著 . —北京：人民邮电出版社；
2010.08；—178 页；24cm
ISBN 978 - 7 - 115 - 23385 - 1 ￥CNY39. 00
本书指导爱好摄影的初学者学会使用家用数码
相机拍出效果更好的佳作。

3041 你最重要
〔日〕竹本圣著 . —杭州：浙江科学技术出版社；
2010.11；—1 册；19cm
ISBN 978 - 7 - 5341 - 3961 - 1（精装）：￥CNY24. 00

3042 鸟类的迁徙之旅：候鸟的卫星追踪
〔日〕樋口广芳著 . —上海：复旦大学出版社；
2010.04；—239 页；19cm
ISBN 978 - 7 - 309 - 07168 - 9 ￥CNY25. 00
本书采用简洁通俗的语言，对候鸟迁徙的过程、
候鸟的生活习性、候鸟多样化的迁徙方式、候鸟
迁徙的研究以及研究候鸟迁徙对环境保护的意
义等做生动详细的介绍。

3043 柠檬的力量
〔日〕柠檬的力量研究所编 . —北京：中国画报
出版社；2010.05；—143 页；18cm
ISBN 978 - 7 - 80220 - 780 - 6 ￥CNY32. 00
本书介绍了柠檬中成分对人体的有益之处，在
生活中使用柠檬的小窍门，以及用柠檬做菜的
方法。

3044 女人 25 +
〔日〕岸红子，〔日〕吉柳沙织著 . —沈阳：辽
宁科学技术出版社；2010.04；—127 页；23cm
ISBN 978 - 7 - 5381 - 6290 - 5 ￥CNY22. 80
本书教给读者 30 个使人更年轻、漂亮的小妙招，
包括举止、身体和心理三个部分。

3045 女人三十正单身
〔日〕伊藤理佐著 . —北京：现代出版社；2010.
07；—116 页；21cm
ISBN 978 - 7 - 80244 - 754 - 7 ￥CNY18. 00
本书将年过三十的单身女人的生活、心理刻画得
入木三分。

3046 女人一生的美丽计划
〔日〕山下步著 . —沈阳：辽宁科学技术出版社；
2010.01；—148 页；23cm
ISBN 978 - 7 - 5381 - 5779 - 6 ￥CNY22. 00
日本著名的美容美体记者执笔，在查阅大量资料
后写著了本书。

3047 女人这东西
〔日〕渡边淳一著 . —北京：作家出版社；2010.
01；—219 页；22cm
ISBN 978 - 7 - 5063 - 5229 - 1 ￥CNY25. 00
本书是长篇杂文。

3048 女性的品格：从着装到人生态度珍藏版
〔日〕坂东真理子著 . —北京：中信出版社；2010.
05；—201 页；21cm
ISBN 978 - 7 - 5086 - 1956 - 9 ￥CNY28. 00
本书是一本经典的女性修养读物。

3049 女性睡眠宝典
〔日〕涉井佳代，〔日〕远藤拓郎编著 . —济南：
山东科学技术出版社；2010.01；—153 页；25cm
ISBN 978 - 7 - 5331 - 5437 - 0 ￥CNY19. 80
本书重点关注更容易出现睡眠障碍的女性朋友
们的生活方式，并由医生提供具体治疗方案。

**3050 趴睡健康法：100 岁皇家传奇医师的睡眠
大法**
〔日〕川岛绿，〔日〕丸川征四郎著 . —南宁：广
西科学技术出版社；2010.08；—144 页；21cm
ISBN 978 - 7 - 80763 - 505 - 5 ￥CNY22. 00
本书告诉大家，趴睡是最符合人体自然法则的
睡姿。

3051 潘多拉的盒子
〔日〕太宰治著 . —广州：花城出版社；2010.
06；—267 页；21cm
ISBN 978 - 7 - 5360 - 6000 - 5 ￥CNY20. 00

本书收入作者的书信体小说《潘多拉的盒子》
和日记体小说《正义与微笑》。

3052　盘发造型设计
〔日〕大川雅之著 . —沈阳：辽宁科学技术出版
社；2010.01；—101 页；29cm
ISBN 978 - 7 - 5381 - 6176 - 2 ￥CNY35.00
本书是日本女性时尚出版社最新出版的美发技
术类图书。

3053　判断力
〔日〕源赖朝著 . —哈尔滨：哈尔滨出版社；2010.
08；—209 页；18cm
ISBN 978 - 7 - 5484 - 0192 - 6 ￥CNY60.00（全
套 6 册）
本书以理性的分析帮助读者获得实用的判断力
和敏锐的感悟力。

3054　跑吧！美乐斯
〔日〕太宰治著 . —沈阳：万卷出版公司；2010.
01；—195 页；21cm
ISBN 978 - 7 - 5470 - 0606 - 1 ￥CNY19.80
本书中收录了被誉为日本文坛"不朽杰作"的
短篇小说。

**3055　培养孩子从画画开始：走进孩子的涂鸦
世界**
〔日〕鸟居昭美著 . —桂林：漓江出版社；2010.
11；—211 页；21cm
ISBN 978 - 7 - 5407 - 4900 - 2 ￥CNY25.00
本书是日本著名的儿童美术教育专家鸟居昭美
最经典的一部著作。

3056　培育聪明大脑 90 法：6 岁之前
〔日〕脑科学与育儿研究会著 . —上海：华东师
范大学出版社；2010.04；—175 页；24cm
ISBN 978 - 7 - 5617 - 7445 - 8 ￥CNY24.00
本书为日本脑科学育子研究学会专著。

3057　屁股小起来
〔日〕寺门琢己著 . —杭州：浙江科学技术出版
社；2010.7；—22 页，215 页；21cm
ISBN 978 - 7 - 5341 - 3849 - 2 ￥CNY29.80
本书介绍的是骨盆体操减肥法。

**3058　骗子为什么要穿阿玛尼：你是如何被心理
学搞定的**
〔日〕桦旦纯著 . —海口：南方出版社；2010.
08；—192 页；20cm
ISBN 978 - 7 - 80760 - 728 - 1 ￥CNY22.00

本书是近期在日本畅销的一部生活心理学作品。

3059　贫困大国美国
〔日〕堤未果著 . —北京：北京科学技术出版社；
2010.06；—258 页；24cm
ISBN 978 - 7 - 5304 - 4750 - 5 ￥CNY35.00
本书为您解析美国贫困的根源，并探讨解决之道。

3060　品牌制胜：日本新商店设计
〔日〕广田公司编 . —天津：天津大学出版社；
2010.03；—233 页；31cm
ISBN 978 - 7 - 5618 - 3377 - 3（精装）：￥CNY
240.00
本书介绍品牌设计的案例集。

3061　曝光
〔日〕井村淳，〔日〕福田健太郎著 . —长沙：湖
南美术出版社；2010.05；—189 页；23cm
ISBN 978 - 7 - 5356 - 2909 - 8 ￥CNY35.00
本书就是指导广大读者如何在风景摄影中设定
正确的曝光值。

3062　七彩幸运手编小物
〔日〕拼布通讯社编著 . —郑州：河南科学技术
出版社；2010.10；—79 页；26cm
ISBN 978 - 7 - 5349 - 4643 - 1 ￥CNY26.80
本书图文并茂，介绍了数十款用七彩麻绳、七彩
串珠和彩色宝石等材料编制的幸运手环、项链、
耳坠、脚环、手机吊坠等小饰物。

3063　七天肚皮舞减肥
〔日〕tae 著 . —南京：译林出版社；2010.08；
—66 页；28cm
ISBN 978 - 7 - 5447 - 1385 - 6 ￥CNY28.00
《七天肚皮舞减肥》是教女性通过跳肚皮舞减肥
的生活图书。

3064　七天突破托业考试
〔日〕柴山胜野著 . —北京：中国人民大学出版
社；2010.05；—119 页；26cm
ISBN 978 - 7 - 300 - 11410 - 1 ￥CNY28.00
本书是托业考试辅导书。

3065　七田真超右脑学习法
〔日〕七田真著 . —海口：南海出版公司；2010.
10；—160 页；22cm
ISBN 978 - 7 - 5442 - 4899 - 0 ￥CNY20.00
本书是介绍中小学生开发右脑方法的图书。

3066　七田真天才胎教法
〔日〕七田真著 . —海口：南海出版公司；2010.

01；—173 页；22cm

ISBN 978 - 7 - 5442 - 4569 - 2 ¥ CNY20.00

这是一本介绍胎教知识和婴幼儿能力开发的图书。

3067　奇妙的生物超感

〔日〕森田由子著．—长沙：湖南科学技术出版社；2010.07；—205 页；18cm

ISBN 978 - 7 - 5357 - 6005 - 0 ¥ CNY25.00

本书以图解的方式简单易懂地解说这些进化而来的超级感应器的构造。

3068　企业社会责任实践论

〔日〕清川佑二著．—北京：中国经济出版社；2010.05；—181 页；24cm

ISBN 978 - 7 - 5017 - 7756 - 3 ¥ CNY32.00

本书讲述企业管理。

3069　汽车设计：历史·实践·教育·理论

〔日〕釜池光夫，张福昌，李勇编著．—北京：清华大学出版社；2010.08；—15 页，221 页；26cm

ISBN 978 - 7 - 302 - 23116 - 5 ¥ CNY59.00

本书共 6 章，介绍了汽车设计的历史、设计实务、汽车设计程序、设计训练、训练作品介绍等内容。

3070　千刀·铩

〔日〕西尾维新著．—南京：江苏文艺出版社；2010.06；—180 页；21cm

ISBN 978 - 7 - 5399 - 3784 - 7 ¥ CNY21.00

本书为当代小说。

3071　前列腺增生、前列腺癌

〔日〕泽村良胜主编．—长春：吉林科学技术出版社；2010.02；—144 页；21cm

ISBN 978 - 7 - 5384 - 3626 - 6 ¥ CNY16.90

本书系统地介绍了前列腺增生、前列腺癌的成因、预防以及诊疗办法。

3072　钱不要存银行

〔日〕胜间和代著．—北京：中信出版社；2010.06；—17 页，197 页；21cm

ISBN 978 - 7 - 5086 - 2004 - 6 ¥ CNY25.00

作者通过最通俗的语言普及金融理财知识。

3073　浅草小子

〔日〕北野武著．—上海：上海人民出版社；2010.03；—208 页；21cm

ISBN 978 - 7 - 208 - 08694 - 4 ¥ CNY22.00

日本知名导演北野武，围绕着"成长"主题，以浅草为舞台，再现自己那充满回忆的青春时代。

3074　强化计算力的龟鹤训练

〔日〕鹿持涉著．—长沙：湖南科学技术出版社；2010.07；—205 页；18cm

ISBN 978 - 7 - 5357 - 6004 - 3 ¥ CNY25.00

3075　青梅竹马

〔日〕樋口一叶著．—沈阳：万卷出版公司；2010.11；—216 页；21cm

ISBN 978 - 7 - 5470 - 1208 - 6(精装)：¥ CNY21.00

本书是短篇小说作品集。

3076　青蛙的水坑

〔日〕宫西达也著．—南宁：接力出版社；2010.12；—24 页；21×29cm

ISBN 978 - 7 - 5448 - 1516 - 1 ¥ CNY12.80

儿童图画故事。

3077　青蛙头上的包

〔日〕宫西达也著．—南宁：接力出版社；2010.12；—24 页；21×29cm

ISBN 978 - 7 - 5448 - 1515 - 4 ¥ CNY12.80

儿童图画故事。

3078　青玉狮子香炉

〔日〕陈舜臣著．—桂林：广西师范大学出版社；2010.01；—277 页；21cm

ISBN 978 - 7 - 5633 - 9377 - 0 ¥ CNY25.00

本书陈舜臣的中篇小说集。

3079　轻轻松松开好会

〔日〕八幡纰芦史著．—北京：中国人民大学出版社；2010.02；—213 页；21cm

ISBN 978 - 7 - 300 - 11443 - 9 ¥ CNY28.00

本书作者设计了一种严谨又不失生动的开会流程图。

3080　轻轻松松制作机器人

〔日〕城井田胜仁著．—北京：科学出版社；2010.09；—181 页；24cm

ISBN 978 - 7 - 03 - 028675 - 8 ¥ CNY28.00

本书主要介绍机器人制作所需工具、机器人各种功能实现、机器人投射功能、机器人制作常用直流电机等。

3081　轻松简单！用电脑绘制漫画

〔日〕美术出版社著．—沈阳：辽宁科学技术出

版社；2010.01；—109 页；26cm
ISBN 978 - 7 - 5381 - 5828 - 1 ￥CNY29.80
本书主要介绍了用电脑画漫画的方法和技巧。

3082 清朝全史：珍藏版
〔日〕稻叶君山著 . —长春：吉林出版集团有限
责任公司；2010.12；—307 页；23cm
ISBN 978 - 7 - 5463 - 4350 - 1 ￥CNY18.80
本书完整清晰地展示了清代历史发展的基本
面貌。

3083 清晨 3 分钟改变你一生
〔日〕佐藤传著 . —青岛：青岛出版社；2010.
04；—127 页；19cm
ISBN 978 - 7 - 5436 - 6231 - 5 ￥CNY15.00
2007、2008 年度日本十大畅销书，主题是"如
果重视早上，你的人生将为之一变"。

3084 清代内河水运史研究
〔日〕松浦章著 . —南京：江苏人民出版社；2010.
06；—438 页；23cm
ISBN 978 - 7 - 214 - 06228 - 4 ￥CNY39.00
本书收录了雍正年间编撰成书的《北新关志》
船谱中所载全部民船图像。

3085 清代中国的物价与经济波动
〔日〕岸本美绪著 . —北京：社会科学文献出版
社；2010.04；—501 页；21cm
ISBN 978 - 7 - 5097 - 0758 - 6 ￥CNY45.00
本书论述了清朝经济环境（物价高低、赋役轻
重等）的长期性变化。

3086 清末中琉日关系史研究
〔日〕西里喜行著 . —北京：社会科学文献出版
社；2010.04；—2 册（10 页，819 页）；21cm
ISBN 978 - 7 - 5097 - 0855 - 2 ￥CNY69.00
本书是迄今为止中琉日关系史研究的集大成
著作。

3087 情路 9 号
〔日〕原田舞叶著 . —天津：天津教育出版社；
2010.01；—276 页；21cm
ISBN 978 - 7 - 5309 - 5880 - 3 ￥CNY25.00

3088 情趣烘焙：新手自制美味甜点
〔日〕靓丽出版社编著 . —沈阳：辽宁科学技术
出版社；2010.06；—95 页；26cm
ISBN 978 - 7 - 5381 - 6413 - 8 ￥CNY28.00
本书以家庭制作美味点心的基本工具和基本材
料开篇，介绍了 50 余款可爱美味的小点心。

3089 情有独钟的钩针花样
〔日〕村林和子著 . —郑州：河南科学技术出版
社；2010.04；—87 页；25cm
ISBN 978 - 7 - 5349 - 4500 - 7 ￥CNY25.00
本书介绍了各种钩针花样的编织方法。

3090 秋冬美景
〔日〕田中达也著 . —长沙：湖南美术出版社；
2010.05；—189 页；23cm
ISBN 978 - 7 - 5356 - 2913 - 5 ￥CNY35.00
本书图文并茂地介绍了秋季和冬季自然风景的
拍摄方法。

3091 秋日森林
〔日〕林真理子著 . —青岛：青岛出版社；2010.
01；—236 页；21cm
ISBN 978 - 7 - 5436 - 5561 - 4 ￥CNY20.00

3092 球形季节
〔日〕恩田陆著 . —北京：人民文学出版社；2010.
06；—270 页；21cm
ISBN 978 - 7 - 02 - 008091 - 5 ￥CNY22.00
本书是新锐的校园前卫恐怖小说。

3093 去年的树
〔日〕新美南吉著 . —北京：同心出版社；2010.
10；—239 页；24cm
ISBN 978 - 7 - 5477 - 0036 - 5 ￥CNY22.80
本书辑选了日本著名儿童文学作家新美南吉的
38 篇经典童话。

3094 趣味翻绳游戏
〔日〕野口广主编 . —长春：吉林科学技术出版
社；2010.11；—99 页；23cm
ISBN 978 - 7 - 5384 - 4663 - 0 ￥CNY22.00

3095 趣味学韩语
〔日〕韩诚著 . —上海：上海世界图书出版公司；
2010.05；—197 页；21cm
ISBN 978 - 7 - 5062 - 9127 - 9 ￥CNY25.00
本书教读者从最基础的韩语字母开始循序渐进
地学习韩语。

3096 全部成为 F
〔日〕森博嗣著 . —南京：江苏文艺出版社；2010.
06；—359 页；21cm
ISBN 978 - 7 - 5399 - 3790 - 8 ￥CNY27.00
本书为当代小说。

3097 全优发展数学·初级篇

〔日〕黑泽俊二编著.—北京:中国青年出版社;
2010.08;—4册;28cm

ISBN 978-7-5006-9311-6 ¥CNY76.00

本套丛书是由日本最富经验的小学数学教育专家特别编制的进阶式数学学习读本。

3098 全优发展数学·高级篇

〔日〕黑泽俊二编著.—北京:中国青年出版社;
2010.08;—4册;28cm

ISBN 978-7-5006-9308-6 ¥CNY76.00

本套丛书是由日本最富经验的小学数学教育专家特别编制的进阶式数学学习读本。

3099 燃烧吧!剑

〔日〕司马辽太郎著.—上海:上海人民出版社;
2010.10;—346页;24cm

ISBN 978-7-208-09326-3 ¥CNY32.00

本书呈现给读者的是幕府末期生于剑、又死于剑的武士、新选组副长土方岁三顽强好胜的一生。

3100 燃烧吧!剑

〔日〕司马辽太郎著.—上海:上海人民出版社;
2010.10;—360页;24cm

ISBN 978-7-208-09327-0 ¥CNY32.00

本书呈现给读者的是幕府末期生于剑、又死于剑的武士、新选组副长土方岁三顽强好胜的一生。

3101 让会议卓有成效

〔日〕清宫普美代著.—北京:中国人民大学出版社;2010.09;—178页;21cm

ISBN 978-7-300-12681-4 ¥CNY29.80

本书是一本讲企业内部会议管理的书。

3102 让你沟通自如的日语发音课本

〔日〕户田贵子著.—北京:世界图书出版公司北京公司;2010.09;—129页;26cm

ISBN 978-7-5100-2408-5 ¥CNY25.00

本书着重于再交流当中能够清晰、正确地发音,达到流畅交流的目的。

3103 让他迷上你的恋爱法则

〔日〕冲川东横著.—济南:山东文艺出版社;
2010.02;—180页;19cm

ISBN 978-7-5329-3142-2 ¥CNY22.00

本书是日本青春类心理指导读本。

3104 人间失格

〔日〕太宰治著.—沈阳:万卷出版公司;2010.
01;—181页;21cm

ISBN 978-7-5470-0607-8 ¥CNY19.80

本书收入了太宰治的《人间失格》、《鱼服记》、《小丑之花》、《逆行》、《阴火》等短篇小说。

3105 人气发型 FRESH

〔日〕主妇之友社编著.—沈阳:辽宁科学技术出版社;2010.09;—127页;19cm

ISBN 978-7-5381-6499-2 ¥CNY20.80

本书按照7种不同的变化介绍了60款在家就能自己完成的超人气发型。

3106 人山人海的停车场:三个故事改变你的职场人生

〔日〕福岛正伸著.—北京:中国画报出版社;
2010.09;—108页;19cm

ISBN 978-7-80220-814-8 ¥CNY18.00

本书是引进自日本的职场励志读物。

3107 人生的活法

〔日〕本多静六著.—北京:新世界出版社;2010.
07;—11,266页;24cm

ISBN 978-7-5104-1006-2 ¥CNY33.80

本书是日本最受推崇的"活法"书,政界商界的枕边书。

3108 人生十八局

〔日〕吴清源著.—北京:中信出版社;2010.
01;—292页;21cm

ISBN 978-7-5086-1834-0 ¥CNY35.00

本书详细回顾了吴清源一生重要的十八局棋,并附有棋谱。

3109 人体的奥秘

〔日〕黑川叔彦主编.—成都:四川少年儿童出版社;2010.05;—94页;27cm

ISBN 978-7-5365-4936-4 ¥CNY25.00

本书主要讲述了人体方方面面的知识。

3110 忍者之国

〔日〕和田龙著.—重庆:重庆出版社;2010.
05;—211页;24cm

ISBN 978-7-229-01373-8 ¥CNY25.00

本书为日本当代历史小说。

3111 日本藏西夏文文献

武宇林,〔日〕荒川慎太郎主编.—北京:中华书局;2010.12;—2册;38cm

ISBN 978-7-101-07649-3(精装):¥CNY2600.00

本书是以图录的形式将日本所藏西夏文文献集

中汇编、影印，收录图版共计 532 面。

3112　日本的佛教与神祇信仰

〔日〕义江彰夫著 . —北京：商务印书馆；2010. 04；—15 页，188 页；21cm

ISBN 978 - 7 - 100 - 06261 - 9 ￥CNY18. 00

本书论述了佛教在日本的流变以及宗教神道的发生、发展和在佛教影响下产生的转变。

3113　日本的近代建筑

〔日〕藤森照信著 . —济南：山东人民出版社；2010. 09；—387 页；23cm

ISBN 978 - 7 - 209 - 05468 - 3 ￥CNY48. 00

本书是日本建筑史上的重要著作，是研究日本近代建筑的经典之作。

3114　日本的社会病：富人的傲慢和穷人的怠慢

〔日〕中野雅至著 . —北京：现代出版社；2010. 09；—196 页；21cm

ISBN 978 - 7 - 80244 - 834 - 6 ￥CNY26. 00

本书是预测"继小泉之后的差别社会"的发展动向。

3115　日本的形象与农业

〔日〕田代洋一著 . —北京：中国农业出版社；2010. 01；—173 页；21cm

ISBN 978 - 7 - 109 - 14250 - 3 ￥CNY20. 00

本书作者对日本农业政策的现状、形成背景及其存在的问题进行了深刻而独到的论述。

3116　日本的选择

〔日〕小岛明著 . —北京：东方出版社；2010. 06；—249 页；24cm

ISBN 978 - 7 - 5060 - 3834 - 8 ￥CNY36. 00

在这样一个动荡的时代日本的路在何方，本书试图回答日本必须面对的一个现实而又紧迫的问题。

3117　日本顶级法式美甲 129 款

〔日〕NSJ 美甲协会编著 . —沈阳：辽宁科学技术出版社；2010. 04；—110 页；25cm

ISBN 978 - 7 - 5381 - 6224 - 0 ￥CNY28. 00

本书针对广大美甲爱好者和美甲从业者。

3118　日本顶级化妆师黑田启藏的星级美妆术

〔日〕黑田启藏著 . —沈阳：辽宁科学技术出版社；2010. 08；—71 页；26cm

ISBN 978 - 7 - 5381 - 6497 - 8 ￥CNY32. 00

书中介绍了怎样巧妙地利用色彩、光以及轮廓，让妆容活起来，从此摆脱一板一眼的美妆方法。

3119　日本顶级美甲盛典

〔日〕靓丽出版社编著 . —沈阳：辽宁科学技术出版社；2010. 12；—111 页；29cm

ISBN 978 - 7 - 5381 - 6746 - 7 ￥CNY36. 00

收录有日本所有最新的、富有时尚感的超人气美甲图案及做法。

3120　日本顶级魔术师亲授超魔术入门

〔日〕Mr. Maric 著 . —沈阳：辽宁科学技术出版社；2010. 01；—143 页；21cm

ISBN 978 - 7 - 5381 - 6173 - 1 ￥CNY28. 80

50 个简单魔术采取图文对照的方式进讲解。

3121　日本儿童教育之路：近代日本儿童文化史考论

〔日〕冈本定男著 . —天津：天津人民出版社；2010. 06；—249 页；21cm

ISBN 978 - 7 - 201 - 06636 - 3 ￥CNY24. 00

本书对教育与儿童文化之间的关联及其内在性的发展进行了深入研究。

3122　日本官僚制研究

〔日〕辻清明著 . —北京：商务印书馆；2010. 10；—20 页，327 页；21cm

ISBN 978 - 7 - 100 - 07232 - 8 ￥CNY25. 00

本书作者用政治学的方法对日本官僚制进行了深刻的剖析。

3123　日本建筑院校毕业设计优秀作品集

〔日〕近代建筑编 . —北京：中国建筑工业出版社；2010. 01；—275 页；30cm

ISBN 978 - 7 - 112 - 10943 - 2 ￥CNY85. 00

本书约访了目前活跃在日本建筑界的著名建筑师讲述自己毕业设计的过程。

3124　日本劳动法

〔日〕荒木尚志著 . —北京：北京大学出版社；2010. 09；—187 页；23cm

ISBN 978 - 7 - 301 - 17681 - 8 ￥CNY23. 00

本书是作者专门写给外国人介绍本国劳动法制度的书籍，并反映了自 2002 年以来的最新进展。

3125　日本漫画大师讲座 . 林晃 × 角丸圆讲漫画服饰造型

〔日〕林晃，〔日〕角丸圆编著 . —北京：中国青年出版社；2010. 12；—191 页；26cm

ISBN 978 - 7 - 5006 - 9634 - 6 ￥CNY37. 00

本书对漫画中的服装绘制进行了详细而深刻的讲解。

3126 日本漫画名家的艺术世界．如何成为职业画手

〔日〕美术出版社著．—沈阳：辽宁科学技术出版社；2010.09；—111 页；29cm

ISBN 978 – 7 – 5381 – 6500 – 5 ￥CNY38.00

本书主要讲述日本漫画名家的创作技法，和成为一名漫画家的必备技能和要素。

3127 日本玫瑰

〔日〕木村丽著．—北京：新世界出版社；2010.05；—227 页；24cm

ISBN 978 – 7 – 5104 – 0778 – 9 ￥CNY29.80

本书主人公宫本小百合为给亲人朋友报仇，毅然加入神风特攻队。

3128 日本美容名品："丹邸好士"与"蜜丝芭莉"的秘密

〔日〕下村朱美著．—上海：上海人民出版社；2010.11；—170 页；19cm

ISBN 978 – 7 – 208 – 09659 – 2 ￥CNY30.00

本书讲述的是日本美容专家、"蜜丝芭莉"与"丹邸好士"品牌创立者下村朱美的创业经营之路。

3129 日本密教与中国文化

〔日〕静慈圆著．—上海：文汇出版社；2010.06；—17 页，373 页；23cm

ISBN 978 – 7 – 80741 – 893 – 1 ￥CNY58.00

3130 日本民俗学方法序说：柳田国男与民俗学

〔日〕福田亚细男著．—北京：学苑出版社；2010.07；—257 页；21cm

ISBN 978 – 7 – 5077 – 3612 – 0 ￥CNY27.00

本书为日本现代民俗学领军人物福田亚细男教授所著《日本民俗学方法序说：柳田国男と民俗学》的中文译本。

3131 日本人的处事术：什么人在日本能得到回报

〔日〕中野雅至著．—北京：现代出版社；2010.09；—147 页；21cm

ISBN 978 – 7 – 80244 – 835 – 3 ￥CNY23.00

本书是一本研究日本当代社会现状的图书。

3132 日本人读《论语》：涩泽荣一《论语》言习录

〔日〕涩泽荣一著．—北京：中国工人出版社；2010.10；—437 页；24cm

ISBN 978 – 7 – 5008 – 4768 – 7 ￥CNY43.80

《论语讲义》是一部《论语》解读以及运用《论语》中的道理指导我们人生实践、为人处世、企业经营管理等方方面面的书稿。

3133 日本人四书：洞察日本民族特性的四个范本

〔日〕新渡户稻造等著．—武汉：武汉出版社；2010.01；—447 页；24cm

ISBN 978 – 7 – 5430 – 4525 – 5 ￥CNY39.80

《菊与刀》、《武士道》、《日本论》、《五轮书》，恰是美国人、日本人、中国人洞察日本民族特性的四大文本。

3134 日本人为什么长寿？

〔日〕白泽卓二著．—长春：北方妇女儿童出版社；2011.03；—172 页；19cm

ISBN 978 – 7 – 5385 – 4881 – 5 ￥CNY18.80

本书在为广大读者介绍诸多世界百岁老人生活实态的同时，将一一解读长寿的"秘诀"。

3135 日本商务礼仪

〔日〕高田拓，顾春编著．—上海：华东理工大学出版社；2010.09；—175 页；24cm

ISBN 978 – 7 – 5628 – 2872 – 3 ￥CNY26.00

本教材为适应日语（商务）专业学生专业课教学需求而编写。

3136 日本社会福利法制概论

〔日〕桑原洋子著．—北京：商务印书馆；2010.01；—10 页，348 页；23cm

ISBN 978 – 7 – 100 – 06582 – 5 ￥CNY38.00

本书是一部有关日本社会福利法制体系的著作。

3137 日本式生产管理方式的国际转移

〔日〕安保哲夫等著．—北京：中国市场出版社；2010.03；—264 页；21cm

ISBN 978 – 7 – 5092 – 0631 – 7 ￥CNY26.00

本书是以原东京大学教授安保哲夫为代表的"日本跨国公司研究小组"的课题报告集。

3138 日本现代知识产权法理论

〔日〕田村善之编．—北京：法律出版社；2010.03；—10 页，341 页；21cm

ISBN 978 – 7 – 5118 – 0403 – 7 ￥CNY29.00

本书是由 12 篇论文构成的论文集。

3139 日本新建筑．集合住宅

范悦，〔日〕四方裕主编．—大连：大连理工大学出版社；2010.08；—155 页；30cm

ISBN 978 – 7 – 5611 – 5693 – 3 ￥CNY58.00

本书主题为集合住宅，利用大量精美的彩色照片和丰富的线图向读者展示了日本最新建筑设计理念。

3140 日本著名建筑师的毕业作品访谈

〔日〕五十岚太郎编 .—北京：中国建筑工业出版社；2010.01；—202 页；21cm

ISBN 978 – 7 – 112 – 11458 – 0 ￥CNY26.00

本书约访了目前活跃在日本建筑界的著名建筑师讲述自己毕业设计的过程。

3141 日本最了不起的公司：永续经营的闪光之魂

〔日〕坂本光司著 .—银川：宁夏人民出版社；2010.06；—148 页；22cm

ISBN 978 – 7 – 227 – 04487 – 1（精装）：￥CNY25.80

本书原作者通过调研日本 6000 家企业，总结出了一些比较珍贵的经营理念。

3142 日地环境指南

〔日〕上出洋介，〔巴西〕简进隆编著 .—北京：科学出版社；2010.07；—13 页，580 页；27cm

ISBN 978 – 7 – 03 – 028359 – 7 （精装）：￥CNY198.00

本书比较系统、全面介绍了日地空间环境的基础理论、主要观测事实、主要研究结果以及未来要加强研究的问题。

3143 日语单词训练 . 惯用句 · 四字熟语

〔日〕仓品纱香编 .—天津：南开大学出版社；2010.01；—111 页；26cm

ISBN 978 – 7 – 310 – 03321 – 8 ￥CNY14.00

本书的第一章介绍了常用的惯用句，第二章是成语、谚语的总结。

3144 日语的价格

〔日〕井上史雄著 .—延吉：延边大学出版社；2010.06；—198 页；21cm

ISBN 978 – 7 – 5634 – 3223 – 3 ￥CNY25.00

本书通过丰富的定性和定量方法分析日语的历史、现状。

3145 日语写作黄金句型 190

〔日〕村山俊夫，〔日〕长谷川由美，〔韩〕朝韩娜著 .—北京：世界图书出版公司北京公司；2010.01；—15 页，280 页；26cm

ISBN 978 – 7 – 5062 – 8746 – 3 ￥CNY35.00

本书将日语写作必备的 190 个句型分成基础句型、应用句型、高级句型 3 个阶段进行学习。

3146 日语专业四级考试综合辅导与强化训练

〔日〕蛎原正子，史兆红主编 .—北京：外语教学与研究出版社；2010.06；—522 页；23cm

ISBN 978 – 7 – 5600 – 9664 – 3 ￥CNY49.00

本书为日语专业学生四级考试的备考用书，以及教师的四级辅导和讲解用书。

3147 肉食系女子の恋爱学

〔日〕樱木 PIROKO 著 .—北京：中信出版社；2010.10；—215 页；21cm

ISBN 978 – 7 – 5086 – 2402 – 0 ￥CNY25.00

本书作者教大家如何真诚地对待对方，最终得到真爱。

3148 《三国志演义》版本研究

〔日〕中川谕著 .—上海：上海古籍出版社；2010.08；—277 页；22cm

ISBN 978 – 7 – 5325 – 5628 – 1（精装）：￥CNY35.00

本书作者中川谕，是研究《三国演义》的日本知名学者，此书是其著作的中译本。

3149 森林大事件

〔日〕福泽由美子编绘 .—北京：教育科学出版社；2010.12；—40 页；46cm

ISBN 978 – 7 – 5041 – 5275 – 6 ￥CNY65.00

3150 森林大事件

〔日〕福泽由美子文/图 .—北京：教育科学出版社；2010.04；—40 页；30cm

ISBN 978 – 7 – 5041 – 4559 – 8（精装）：￥CNY29.80

3151 森林里最好的朋友

〔日〕福泽由美子编绘 .—北京：教育科学出版社；2010.12；—40 页；46cm

ISBN 978 – 7 – 5041 – 5276 – 3 ￥CNY65.00

3152 森林里最好的朋友

〔日〕福泽由美子文/图 .—北京：教育科学出版社；2010.04；—40 页；30cm

ISBN 978 – 7 – 5041 – 4557 – 4（精装）：￥CNY29.80

3153 杀戮之病

〔日〕我孙子武丸著 .—北京：新星出版社；2010.01；—297 页；22cm

ISBN 978 – 7 – 80225 – 782 – 5 ￥CNY28.00

3154 杀心

〔日〕桐野夏生著 .—桂林：广西师范大学出版社；2010.09；—278 页；21cm

ISBN 978 - 7 - 5633 - 9917 - 8 ￥CNY25.00

本书是一部令人灵魂冻结的恋爱"抹杀"小说。

3155 沙漠

〔日〕伊坂幸太郎著 . —北京：新星出版社；2010.
03；—445 页；22cm

ISBN 978 - 7 - 80225 - 877 - 8 ￥CNY32.00

本书是长篇小说。

3156 山野式头部 SPA

〔日〕山野光夫著 . —沈阳：辽宁科学技术出版
社；2010.11；—125 页；24cm

ISBN 978 - 7 - 5381 - 6679 - 8 ￥CNY28.80

本书介绍了日本顶级沙龙的独家头部护理秘籍。

3157 擅长工作的人才是公司需要的人

〔日〕酒井英之著 . —天津：天津教育出版社；
2010.04；—209 页；21cm

ISBN 978 - 7 - 5309 - 5990 - 9 ￥CNY23.80

在本书中，作者站在公司员工的立场，通过具体
的事例，以亲切的语气指导了员工如何应对棘
手的工作。

3158 伤寒论解故

〔日〕铃木良知著 . —北京：学苑出版社；2010.
04；—317 页；21cm

ISBN 978 - 7 - 5077 - 3514 - 7 ￥CNY30.00

本书系日本江户时代名医铃木良知阐释《伤寒
论》之作。

3159 伤

〔日〕幸田真音著 . —北京：中信出版社；2010.
05；—20 页，392 页；21cm

ISBN 978 - 7 - 5086 - 1963 - 7 ￥CNY28.00

3160 商务日语口语速成

〔日〕宫崎道子，〔日〕乡司幸子著 . —大连：大连
理工大学出版社；2010.08；—16 页，230 页；21cm

ISBN 978 - 7 - 5611 - 5570 - 7 ￥CNY21.00

本书介绍了在日本公司工作的最基本和最必要
的一些常用日语，包括敬语的使用，商务礼
节等。

3161 商务日语

〔日〕米田隆介等著 . —北京：外语教学与研究
出版社；2006.08；—11 页，145 页；26cm

ISBN 978 - 7 - 5600 - 5437 - 7 ￥CNY26.90

3162 上司不成为"魔鬼"组织就无法运行

〔日〕染谷和巳著 . —沈阳：辽宁科学技术出版

社；2010.01；—224 页；24cm

ISBN 978 - 7 - 5381 - 5735 - 2 ￥CNY29.00

本书让更多的经营者和管理者们增强危机意识，
让更多的人承认"上司应该成为魔鬼"，从而更
好地带领企业的发展。

3163 社会意识论

〔日〕石井伸男著 . —北京：中国社会科学出版
社；2010.02；—183 页；24cm

ISBN 978 - 7 - 5004 - 8303 - 8 ￥CNY28.00

本文从社会意识等基本概念出发，结合日本的现
实状况，就日本当前的社会问题进行了分析。

**3164 摄影必备附件完全实用手册：使用技巧及
选择方法**

〔日〕株式会社学研控股编著 . —北京：中国青
年出版社；2010.03；—109 页；26cm

ISBN 978 - 7 - 5006 - 9204 - 1 ￥CNY45.00

本书分别介绍了滤镜、三脚架及云台、闪光灯、
反光板、清洁用品、摄影包及其使用技巧和购买
指导。

3165 摄影构图技法实战手册

〔日〕山口高志著 . —北京：中国青年出版社；
2010.03；—111 页；26cm

ISBN 978 - 7 - 5006 - 9191 - 4 ￥CNY45.00

本书详细讲解了风景摄影构图中最重要的构图
方法，讲解内容兼顾数码相机和胶片相机。

3166 深谷里的羚羊

〔日〕椋鸠十著 . —南昌：二十一世纪出版社；
2010.05；—180 页；21cm

ISBN 978 - 7 - 5391 - 5600 - 2 ￥CNY14.00

本书成功地塑造了一系列感人肺腑且活泼可爱
的动物形象。

3167 深夜鸣响的一千只铃

〔日〕岛田庄司著 . —北京：新星出版社；2010.
06；—197 页；22cm

ISBN 978 - 7 - 80225 - 919 - 5 ￥CNY22.00

推理小说

3168 神奇宝贝角色解密大事典

〔日〕木村光雄著 . —南昌：二十一世纪出版社；
2010.10；—399 页；17cm

ISBN 978 - 7 - 5391 - 5881 - 5 ￥CNY25.00

本书是《神奇宝贝角色解密大图鉴》的升级版。

3169 神奇小保姆

〔日〕角野荣子著 . —北京：中国少年儿童出版

社；2010.05；—77 页；21cm
ISBN 978 – 7 – 5007 – 9561 – 2 ￥CNY15.00
儿童图画故事。

3170 神狩
〔日〕山田正纪著.—成都：四川科学技术出版
社；2010.03；—176 页；21cm
ISBN 978 – 7 – 5364 – 6903 – 7 ￥CNY16.00
本书从现代社会中全然不同的两种哲学流派入
手，由此引入现实中的人与臆想中的神所产生
的尖锐对立。

3171 生菜治百病
〔日〕甲田光雄著.—杭州：浙江科学技术出版
社；2010.04；—245 页；24cm
ISBN 978 – 7 – 5341 – 3798 – 3 ￥CNY29.00
本书作者在书中论述了改善体制的关键和生菜
食的功效、实施方法、注意事项等问题。

3172 生活日语情景口语100主题
郭永乐，〔日〕高野孝一著.—北京：外文出版
社；2010.01；—326 页；25cm
ISBN 978 – 7 – 119 – 06010 – 1 ￥CNY39.00
本书将呈现原生态的日本生活场景，帮助读者
突破口语瓶颈。

3173 生活中的实用绳结
〔日〕小暮干雄著.—沈阳：辽宁科学技术出版
社；2010.02；—139 页；21cm
ISBN 978 – 7 – 5381 – 6278 – 3 ￥CNY28.00
本书介绍了生活中很实用的打结方法。

3174 生命保险数学
〔日〕二见隆著.—成都：西南财经大学出版社；
2010.01；—2 册（288 页）（246 页）；21cm
ISBN 978 – 7 – 81138 – 592 – 2 ￥CNY38.00
本书是一本学术价值高，数学效果好、成熟完善
的保险精算教材，十分值得引进。

3175 生命的奇迹，水知道
〔日〕江本胜著.—北京：新世界出版社；2010.
12；—148 页；21cm
ISBN 978 – 7 – 5104 – 1355 – 1 ￥CNY25.00
作者用上百张美轮美奂的水结晶照片，向世人
展示了一项独一无二的科学观察。

3176 生命的游行
〔日〕恩田陆著.—北京：中国友谊出版公司；
2010.09；—279 页；21cm
ISBN 978 – 7 – 5057 – 2760 – 1 ￥CNY28.00

本书是有"乡愁魔术师"之称的日本作家恩田
陆的短篇玄幻小说集，共收录了 15 篇小说。

3177 生态能源电动汽车的构造原理与设计制作
〔日〕日本太阳能学会编.—西安：西安交通大
学出版社；2010.05；—181 页；24cm
ISBN 978 – 7 – 5605 – 3492 – 3 ￥CNY36.00
本书详细地介绍了燃料电池汽车和太阳能汽车
的工作原理与制作方法。

3178 生物生境再生技术
〔日〕养父志乃夫著.—北京：中国建筑工业出
版社；2010.02；—183 页；26cm
ISBN 978 – 7 – 112 – 11048 – 3 ￥CNY39.00
本书主要介绍自然再生技术，这是一种有助于提
高自然恢复力的技术。

3179 圣诞老人你别走
〔日〕角野荣子著.—北京：中国少年儿童出版
社；2010.05；—74 页；21cm
ISBN 978 – 7 – 5007 – 9564 – 3 ￥CNY15.00

3180 尸体长发之谜
〔日〕绫辻行人著.—珠海：珠海出版社；2010.
05；—299 页；21cm
ISBN 978 – 7 – 5453 – 0359 – 9 ￥CNY24.00
本书为日本现代长篇推理小说。

3181 失乐园
〔日〕渡边淳一著.—北京：作家出版社；2010.
04；—438 页；21cm
ISBN 978 – 7 – 5063 – 5306 – 9 ￥CNY33.00

3182 诗般的杀意
〔日〕森博嗣著.—南京：江苏文艺出版社；
2010.09；—324 页；21cm
ISBN 978 – 7 – 5399 – 3869 – 1 ￥CNY26.00
长篇小说。

3183 十九岁的夏天
〔日〕羽田圭介著.—北京：金城出版社；2010.
10；—115 页；21cm
ISBN 978 – 7 – 80251 – 566 – 6 ￥CNY25.00
长篇小说。

3184 十六岁
〔日〕石田衣良著.—桂林：广西师范大学出版
社；2010.10；—255 页；21cm
ISBN 978 – 7 – 5633 – 9778 – 5 ￥CNY22.00
本书为青春小说，是 129 届直木赏《14 岁》的

续篇。

3185 十四岁

〔日〕石田衣良著 . —桂林：广西师范大学出版
社；2010.10；—265 页；21cm

ISBN 978 - 7 - 5633 - 9779 - 2 ￥CNY22.00

本书为青春小说。

3186 十一字杀人

〔日〕东野圭吾著 . —上海：上海译文出版社；
2010.02；—233 页；21cm

ISBN 978 - 7 - 5327 - 4952 - 2 ￥CNY20.00

推理小说。

3187 时尚串珠饰品 DIY

〔日〕靓丽出版社编著 . —沈阳：辽宁科学技术
出版社；2010.06；—80 页；26cm

ISBN 978 - 7 - 5381 - 6427 - 5 ￥CNY29.80

3188 时尚美甲全攻略

〔日〕靓丽出版社编著 . —沈阳：辽宁科学技术
出版社；2010.05；—95 页；26cm

ISBN 978 - 7 - 5381 - 6376 - 6 ￥CNY29.80

本书介绍了最新流行的法式美甲、光疗甲、彩绘
美甲、立体美甲等等的制作技巧大揭秘和 790 款
美甲造型，以及最新的美甲用语。

3189 时尚七彩美甲全攻略

〔口〕靓丽出版社编著 . —沈阳：辽宁科学技术
出版社；2010.04；—111 页；29cm

ISBN 978 - 7 - 5381 - 6368 - 1 ￥CNY36.00

收录有日本所有最新的、富有时尚感的超人气
美甲图案及做法。

3190 时生

〔日〕东野圭吾著 . —海口：南海出版公司；2010.
01；—291 页；22cm

ISBN 978 - 7 - 5442 - 4585 - 2 ￥CNY25.00

本书是日本当代长篇小说。

3191 实用礼品包装

〔日〕成美堂出版编辑部编著 . —郑州：河南科
学技术出版社；2010.06；—127 页；24cm

ISBN 978 - 7 - 5349 - 4530 - 4 ￥CNY32.00

本书介绍有不同风格的、适合不同场合的 48 种
包装方法。

3192 食物的神奇旅行

〔日〕加古里子著 . —北京：北京科学技术出版
社；2010.01；—35 页；22cm

ISBN 978 - 7 - 5304 - 4369 - 9 ￥CNY12.00

**3193 世上没有成绩不好的孩子：不可思议的成
长进步法**

〔日〕石田淳著 . —上海：华东师范大学出版社；
2010.11；—160 页；21cm

ISBN 978 - 7 - 5617 - 8133 - 3 ￥CNY18.00

本书作者在书中详细介绍了如何将行为科学法
应用在学习上。

3194 视觉传达设计史

〔日〕白石和也编著 . —北京：机械工业出版社；
2010.01；—29 页，401 页；23cm

ISBN 978 - 7 - 111 - 28707 - 0 ￥CNY48.00

本书全面地论述了视觉传达发展的轨迹，探索了
视觉传达的本质问题，阐释了其在社会发展过程
中的重要作用。

3195 视觉新发现 . 动物乐园

〔日〕KIDSLABEL 著 . —杭州：浙江人民美术出
版社；2010.01；—29 页；29cm

ISBN 978 - 7 - 5340 - 2817 - 5 ￥CNY12.00

本书围绕 "动物乐园" 这一主题，由一个中英
文对照的小故事串连全书。

3196 视觉新发现 . 惊险之旅

〔日〕KIDSLABEL 著 . —杭州：浙江人民美术出
版社；2010.01；—29 页；29cm

ISBN 978 - 7 - 5340 - 2688 - 1 ￥CNY12.00

本书围绕 "惊险之旅" 这一主题，由一个中英
文对照的小故事串连全书。

3197 视觉新发现 . 美好未来

〔日〕KIDSLABEL 著 . —杭州：浙江人民美术出
版社；2010.01；—29 页；29cm

ISBN 978 - 7 - 5340 - 2692 - 8 ￥CNY12.00

本书围绕 "美好未来" 这一主题，由一个中英
文对照的小故事串连全书。

3198 视觉新发现 . 秘境寻宝

〔日〕KIDSLABEL 著 . —杭州：浙江人民美术出
版社；2010.01；—29 页；29cm

ISBN 978 - 7 - 5340 - 2691 - 1 ￥CNY12.00

本书围绕 "秘境寻宝" 这一主题，由一个中英
文对照的小故事串连全书。

3199 视觉新发现 . 色彩王国

〔日〕KIDSLABEL 著 . —杭州：浙江人民美术出
版社；2010.01；—29 页；29cm

ISBN 978 - 7 - 5340 - 2694 - 2 ￥CNY12.00

本书围绕"色彩王国"这一主题，由一个中英文对照的小故事串联全书。

3200 视觉新发现．神奇梦境
〔日〕KIDSLABEL 著 ．—杭州：浙江人民美术出版社；2010.01；—29 页；29cm
ISBN 978 - 7 - 5340 - 2693 - 5 ￥CNY12.00
本书围绕"神奇梦境"这一主题，由一个中英文对照的小故事串连全书。

3201 视觉新发现．圣诞奇梦
〔日〕KIDSLABEL 著 ．—杭州：浙江人民美术出版社；2010.01；—29 页；29cm
ISBN 978 - 7 - 5340 - 2695 - 9 ￥CNY12.00
本书围绕"圣诞奇梦"这一主题，由一个中英文对照的小故事串连全书。

3202 视觉新发现．童话国度
〔日〕KIDSLABEL 著 ．—杭州：浙江人民美术出版社；2010.01；—29 页；29cm
ISBN 978 - 7 - 5340 - 2696 - 6 ￥CNY12.00
本书围绕"童话国度"这一主题，由一个中英文对照的小故事串连全书。

3203 视觉新发现．童年伙伴
〔日〕KIDSLABEL 著 ．—杭州：浙江人民美术出版社；2010.01；—29 页；29cm
ISBN 978 - 7 - 5340 - 2697 - 3 ￥CNY12.00
本书围绕"童年伙伴"这一主题，由一个中英文对照的小故事串连全书。

3204 视觉新发现．温馨家园
〔日〕KIDSLABEL 著 ．—杭州：浙江人民美术出版社；2010.01；—29 页；29cm
ISBN 978 - 7 - 5340 - 2698 - 0 ￥CNY12.00
本书围绕"温馨家园"这一主题，由一个中英文对照的小故事串连全书。

3205 视网膜疾病电生理诊断
〔日〕Y. Miyake 著 ．—北京：北京科学技术出版社；2010.01；—240 页；29cm
ISBN 978 - 7 - 5304 - 3849 - 7 （精装）：￥CNY150.00
本书以随笔短文的形式，记述了三宅养三教授对视网膜疾病电生理诊断的经历和学术观点。

3206 手把手教你超人气日韩流行串珠饰品
〔日〕boutique 编辑部著 ．—汕头：汕头大学出版社；2010.01；—101 页；27cm
ISBN 978 - 7 - 81120 - 722 - 4 ￥CNY28.00

本书汇集日本顶级串珠大师的倾心力作。

3207 手把手教你超实用手工家居小布艺
〔日〕boutique 编辑部著 ．—汕头：汕头大学出版社；2010.01；—92 页；27cm
ISBN 978 - 7 - 81120 - 723 - 1 ￥CNY25.00
本书从一些简单又实用的家居小布艺开始，带你进入手工营造的那个宁静又曼妙的世界。

3208 手把手教你超温馨新生宝宝布艺用品
〔日〕boutique 编辑部著 ．—汕头：汕头大学出版社；2010.01；—80 页；27cm
ISBN 978 - 7 - 81120 - 724 - 8 ￥CNY29.80
本书将介绍最好掌握、最简单的缝制方法。

3209 手工乐园．3 岁
〔日〕多湖辉主编 ．—杭州：浙江人民美术出版社；2010.06；—64 页；29×21cm
ISBN 978 - 7 - 5340 - 2832 - 8 ￥CNY15.80
使用本书可以系统地进行剪切，折叠，粘贴等手工作业的练习。

3210 手工乐园．4 岁
〔日〕多湖辉主编 ．—杭州：浙江人民美术出版社；2010.06；—64 页；29×21cm
ISBN 978 - 7 - 5340 - 2833 - 5 ￥CNY15.80

3211 手工乐园．5 岁
〔日〕多湖辉主编 ．—杭州：浙江人民美术出版社；2010.06；—64 页；29×21cm
ISBN 978 - 7 - 5340 - 2834 - 2 ￥CNY15.80

3212 手工乐园．6 岁
〔日〕多湖辉主编 ．—杭州：浙江人民美术出版社；2010.06；—64 页；29×21cm
ISBN 978 - 7 - 5340 - 2835 - 9 ￥CNY15.80

3213 手工族一定要会的缝纫基本功
〔日〕靓丽出版社编著 ．—郑州：河南科学技术出版社；2010.02；—112 页；29cm
ISBN 978 - 7 - 5349 - 4146 - 7 ￥CNY32.80

3214 舒适快眠的 40 个方法
〔日〕三桥美穗著 ．—郑州：河南科学技术出版社；2010.01；—143 页；23cm
ISBN 978 - 7 - 5349 - 4358 - 4 ￥CNY22.00
本书向失眠患者和有睡眠困难的读者介绍了切实可行的解决失眠问题、战胜失眠障碍的40多种方法。

3215 数码单反摄影轻松学

〔日〕冈岛和幸著.—北京：中国摄影出版社；
2010.05；—127页；26cm

ISBN 978 - 7 - 80236 - 438 - 7 ￥CNY45.00

本书是引进自日本玄光社的数码单反摄影简明
教程。

3216 数学与生活

〔日〕远山启著.—北京：人民邮电出版社；2010.
12；—403页；21cm

ISBN 978 - 7 - 115 - 23770 - 5 ￥CNY39.00

本书系统地介绍了从数的产生直到微分方程为
止全部的数学知识。

3217 数字里的谎言

〔日〕野口哲典著.—长沙：湖南科学技术出版
社；2010.07；—213页；18cm

ISBN 978 - 7 - 5357 - 5999 - 3 ￥CNY25.00

本书讲述生活中有关数字误读的知识。

3218 双刀·锤

〔日〕西尾维新著.—南京：江苏文艺出版社；
2010.09；—178页；21cm

ISBN 978 - 7 - 5399 - 3867 - 7 ￥CNY18.00

本书是长篇小说。

3219 双足步行机器人 DIY

〔日〕坂本范行著.—北京：科学出版社；2010.
09；—170页；24cm

ISBN 978 - 7 - 03 - 028774 - 8 ￥CNY28.00

本书讲述清晰，图片生动，内容翔实，适合大
学，高中学生制作机器人使用。

3220 谁的自行车

〔日〕高畠纯文/图.—北京：中国电力出版社；
2010.06；—1册；21×22cm

ISBN 978 - 7 - 5123 - 0120 - 7(精装)：￥CNY25.00

本书巧妙的给小读者讲了一个有趣、好玩的
故事。

3221 水晶金字塔

〔日〕岛田庄司著.—北京：新星出版社；2010.
05；—484页；22cm

ISBN 978 - 7 - 80225 - 908 - 9 ￥CNY33.00

推理小说。

3222 睡虎地秦简所见秦代国家与社会

〔日〕工藤元男著.—上海：上海古籍出版社；
2010.11；—429页；21cm

ISBN 978 - 7 - 5325 - 5668 - 7 ￥CNY38.00

本书从"法和习俗"这一社会史研究视角，对
睡虎地秦简所见秦律与《日书》作了全新的
解读。

3223 睡觉的小猫鱼

〔日〕渡边有一编.—江西：二十一世纪出版社；
2010.07；—24；24×24cm

ISBN 978 - 7 - 5391 - 5630 - 9 ￥CNY96.00（全
套6册）

儿童读物。

3224 睡前 3 分钟改变你一生

〔日〕佐藤传著.—青岛：青岛出版社；2010.
04；—127页；19cm

ISBN 978 - 7 - 5436 - 6232 - 2 ￥CNY15.00

本书是日本 2007、2008 年度十大畅销书。主题
是"人生由睡前 3 分钟决定"。

3225 瞬间搞定对方的谈话术：插图版

〔日〕内藤谊人著.—海口：南方出版社；2010.
10；—142页；21cm

ISBN 978 - 7 - 80760 - 694 - 9 ￥CNY24.00

本书是一本简单实用，同时又充满趣味的与谈话
技巧相关的指导说明书。

3226 司法伦理

〔日〕森际康友编.—北京：商务印书馆；2010.
01；—355页；23cm

ISBN 978 - 7 - 100 - 06581 - 8 ￥CNY40.00

本书对日本司法伦理的历史、现状及未来发展进
行了梳理和展望。

3227 私人行政：法的统制的比较研究

〔日〕米丸恒治著.—北京：中国人民大学出版
社；2010.04；—13页，351页；24cm

ISBN 978 - 7 - 300 - 11856 - 7 ￥CNY55.00

本书主要以德国为参照系，介绍了德国公法
（学）是如何应对这种变化的，同时也介绍了日
本近年来的改革及其问题。

3228 思考的技术：思考力决定竞争力

〔日〕大前研一著.—北京：中信出版社；2010.
11；—14页，284页；21cm

ISBN 978 - 7 - 5086 - 2342 - 9 ￥CNY32.00

本书汇集了作者对于企业经营管理及策略规划
精辟而独到的见解。

3229 思考力决定竞争力：翻新你的思考力

〔日〕船川淳志著.—北京：化学工业出版社；
2010.06；—213页；21cm

ISBN 978 - 7 - 122 - 07462 - 1 ￥CNY25.00
本书介绍了日本商业管理顾问船川淳志的现代管理经验。

3230　斯特林引擎模型制作
〔日〕滨口和洋，〔日〕户田富士夫，〔日〕平田宏一著.—上海：上海交通大学出版社；2010.06；—171 页；23cm
ISBN 978 - 7 - 313 - 06434 - 9 ￥CNY30.00
本书系统地讲述斯特林发动机的基本概念和基本原理，并列举了在相应领域具有参考价值的模型制作方法。

3231　四叠半神话大系
〔日〕森见登美彦著.—上海：上海人民出版社；2010.08；—311 页；21cm
ISBN 978 - 7 - 208 - 09412 - 3 ￥CNY24.00
长篇小说。

3232　四季都可穿着的手作服
〔日〕靓丽社组织编写.—北京：化学工业出版社；2010.11；—88 页；26cm
ISBN 978 - 7 - 122 - 09379 - 0 ￥CNY35.00
本书集合了 36 款简单、实用的外套、裤子等的制作方法。

3233　四季箴言
〔日〕池田大作著.—成都：四川人民出版社；2010.05；—230 页；18cm
ISBN 978 - 7 - 220 - 08112 - 5（精装）￥CNY30.00
本书作者以其深厚的哲学、佛学和社会学造诣以及丰富人生阅历，就勇气、希望、信赖、信仰、师生、女性、青年等问题发表的智慧性言论之结集。

3234　四季箴言
〔日〕池田大作著.—成都：四川人民出版社；2010.05；—230 页；18cm
ISBN 978 - 7 - 220 - 08111 - 8（精装）￥CNY20.00

3235　宋以前医籍考
〔日〕冈西为人著.—北京：学苑出版社；2010.04；—2 册（47 页，1407 页）；26cm
ISBN 978 - 7 - 5077 - 3516 - 1（精装）￥CNY260.00
本书为中国医学工具书上最为重要之一种，由医学博士冈西为人编成。

3236　宋元史学的基本问题
〔日〕近藤一成主编.—北京：中华书局；2010.05；—305 页；24cm

ISBN 978 - 7 - 101 - 06300 - 4 ￥CNY39.00
本书是日本学者关于中国宋元时期历史研究的最具代表性的论文的汇编，收文截至 20 世纪 90 年代。

3237　素肌美人
〔日〕吉木伸子著.—沈阳：辽宁科学技术出版社；2010.04；—15 页，247 页；23cm
ISBN 978 - 7 - 5381 - 6276 - 9 ￥CNY36.80
本书是日本著名的护肤专家吉木伸子为时尚丽人打造的肌肤护理秘籍。

3238　算计
〔日〕米泽穗信著.—南京：译林出版社；2010.10；—366 页；20cm
ISBN 978 - 7 - 5447 - 1401 - 3（精装）￥CNY30.00
本书为长篇小说。

3239　隋唐小说研究
〔日〕内山知也著.—上海：复旦大学出版社；2010.02；—476 页；23cm
ISBN 978 - 7 - 309 - 06989 - 1 ￥CNY48.00
《隋唐小说研究》是日本知名学者内山知也的代表作，在国际汉学界享有盛誉。原书初版于1977 年。

3240　随机过程
〔日〕伊藤清著.—北京：人民邮电出版社；2010.04；—199 页；21cm
ISBN 978 - 7 - 115 - 22314 - 2 ￥CNY25.00
本书详细叙述伊藤积分、伊藤随机过程、伊藤公式和伊藤随机微分方程等内容。

3241　所罗门之犬
〔日〕道尾秀介著.—北京：新星出版社；2010.07；—323 页；22cm
ISBN 978 - 7 - 80225 - 945 - 4 ￥CNY26.00
推理小说。

3242　太阳赐予的生物质：不产生 CO2 的未来能源
〔日〕松村幸彦著.—北京：机械工业出版社；2010.06；—96 页；24cm
ISBN 978 - 7 - 111 - 30209 - 4 ￥CNY28.00
本书主要介绍了生物质的特征和存在何处以及如何利用。

3243　太阳电池
〔日〕产业技术综合研究所，太阳光发电研究中心编著.—北京：化学工业出版社；2010.06；—

151 页；21cm

ISBN 978 - 7 - 122 - 07555 - 0 ￥CNY25. 00

本书系统介绍了太阳能电池的历史、构造和将来。

3244　太阳光利用型植物工厂：植物工厂的可持续性与设计

〔日〕古在丰树编著 . —北京：中国农业出版社；2010. 08；—123 页；26cm

ISBN 978 - 7 - 109 - 13705 - 9 ￥CNY30. 00

本书为《太阳光利用型植物工厂——先进植物工厂的可持续性设计》日文原版的中文翻译书。

3245　太阳经济：日中共同开创世界未来

〔日〕山崎养世著 . —北京：东方出版社；2010. 03；—140 页；23cm

ISBN 978 - 7 - 5060 - 3841 - 6 ￥CNY20. 00

本书系能源经济研究工作。

3246　太阳之塔

〔日〕森见登美彦著 . —上海：上海人民出版社；2010. 08；—188 页；21cm

ISBN 978 - 7 - 208 - 09156 - 6 ￥CNY20. 00

本书是一部"青春私小说"，讲述了一群没有女人缘的大学生充满"男汁"味的生活。

3247　探险记

〔日〕那须正干著 . —南昌：二十二世纪出版社；2010. 09；—155 页；19cm

ISBN 978 - 7 - 5391 - 6010 - 8 ￥CNY14. 00

本书以三个性格各异的小学生为主角，通过思考、推理和判断他们生活中遇到的一些事情，解决了一桩又一桩的难题。

3248　糖尿病就得这么治

〔日〕牧田善二著 . —海口：南海出版公司；2010. 01；—141 页；24cm

ISBN 978 - 7 - 5442 - 4681 - 1 ￥CNY25. 00

本书作者运用深厚的专业知识和丰富的临床经验，向读者介绍糖尿病的发病机理及治疗方法。

3249　糖尿病正确治疗与生活调养

〔日〕相矶嘉孝著 . —南宁：广西科学技术出版社；2010. 06；—216 页；23cm

ISBN 978 - 7 - 80763 - 465 - 2 ￥CNY28. 00

本书针对的对象为日常血糖偏高者以及正在接受高血糖治疗的人士。

3250　体温升高就健康

〔日〕石原结石著 . —哈尔滨：北方文艺出版社；

2010. 03；—127 页；21cm

ISBN 978 - 7 - 5317 - 2415 - 5 ￥CNY22. 00

本书详细介绍了针对流感、肥胖、肩酸、腰痛、失眠等 50 种常见现代病的简单易行的去寒治病法。

3251　体液容量监测葡萄糖稀释技术

〔日〕H. Ishihara，〔美〕A. H. Giesecke 著 . —北京：人民卫生出版社；2010. 07；—15 页，173 页；21cm

ISBN 978 - 7 - 117 - 12897 - 1 ￥CNY20. 00

本书简要介绍了围术期生理病理的体液变化，着重讲解了无创和有创血流动力学监测原理与操作、各项指标及其评估方法。

3252　替身伯爵的冒险

〔日〕清家未森著 . —长沙：湖南美术出版社；2010. 11；—239 页；19cm

ISBN 978 - 7 - 5356 - 4052 - 9 ￥CNY20. 00

3253　天才！儿童 IQ 训练 100 题 . 5 ~ 6 岁

〔日〕儿玉光雄著 . —南宁：接力出版社；2010. 12；—109 页；26cm

ISBN 978 - 7 - 5448 - 1556 - 7 ￥CNY30. 00

本套书是基于 3 ~ 7 岁儿童大脑发育水平，促进儿童智力提升的一套益智图书。

3254　天才！儿童 IQ 训练 100 题 . 6 ~ 7 岁

〔日〕儿玉光雄著 . —南宁：接力出版社；2010. 12；—109 页；26cm

ISBN 978 - 7 - 5448 - 1555 - 0 ￥CNY30. 00

本套书是基于 3 ~ 7 岁儿童大脑发育水平，促进儿童智力提升的一套益智图书。

3255　天才！儿童 IQ 训练 100 题 . 3 ~ 4 岁

〔日〕儿玉光雄著 . —南宁：接力出版社；2010. 12；—109 页；26cm

ISBN 978 - 7 - 5448 - 1558 - 1 ￥CNY30. 00

儿童阶梯益智系列是基于 3 ~ 7 岁儿童大脑发育水平，促进儿童智力提升的一套益智图书。

3256　天才！儿童 IQ 训练 100 题 . 4 ~ 5 岁

〔日〕儿玉光雄著 . —南宁：接力出版社；2010. 12；—109 页；26cm

ISBN 978 - 7 - 5448 - 1557 - 4 ￥CNY30. 00

儿童阶梯益智系列是基于 3 ~ 7 岁儿童大脑发育水平，促进儿童智力提升的一套益智图书。

3257　天才少年神秘失踪事件

〔日〕勇岭薰著 . —海口：南海出版公司；2010.

07；—216 页；21cm

ISBN 978 - 7 - 5442 - 4729 - 0 ￥CNY15.00

"日本少年推理第一人"勇岭薰的代表作。本稿为"名侦探梦水清志郎"系列第一部。

3258　天国的邮递员

〔日〕北川悦吏子，〔韩〕金美助著 . —北京：华文出版社；2010.09；—267 页；21cm

ISBN 978 - 7 - 5075 - 3204 - 3 ￥CNY39.80

长篇小说。

3259　天花板里的奇妙朋友

〔日〕柏叶幸子著 . —海口：南海出版公司；2010.06；—203 页；19cm

ISBN 978 - 7 - 5442 - 4717 - 7 ￥CNY15.00

本书为日本当代著名儿童文学作家柏叶幸子的"奇妙三部曲"之一，该作品妙趣横生又温馨动人。

3260　田口教你看风水

〔日〕田口二州著 . —哈尔滨：北方文艺出版社；2010.03；—366 页；21cm

ISBN 978 - 7 - 5317 - 2418 - 6 ￥CNY29.80

本书提倡通过好的地理位置带来好的心情，使恋爱、家庭、工作事事顺心。

3261　田口教你看手相

〔日〕田口二州著 . —哈尔滨：北方文艺出版社；2010.03；—375 页；21cm

ISBN 978 - 7 - 5317 - 2419 - 3 ￥CNY29.80

本书主要是通过手的特点来了解你的健康状况、性格特点，从而提出适合个性发展的建议。

3262　甜蜜的假日美甲时光

〔日〕靓丽出版社编著 . —沈阳：辽宁科学技术出版社；2010.04；—111 页；29cm

ISBN 978 - 7 - 5381 - 6390 - 2 ￥CNY36.00

3263　甜蜜蜜的烘焙时光：自制美味甜点

〔日〕检见崎聪美著 . —沈阳：辽宁科学技术出版社；2010.06；—79 页；26cm

ISBN 978 - 7 - 5381 - 6428 - 2 ￥CNY28.00

本书介绍了43 款精美蛋糕的制作方法。

3264　甜甜私房猫．搬家惊魂

〔日〕湖南彼方著 . —北京：世界图书出版公司北京公司；2010.08；—146 页；19cm

ISBN 978 - 7 - 5100 - 2306 - 4 ￥CNY16.80

儿童漫画作品。

3265　甜甜私房猫．不速之客

〔日〕湖南彼方著 . —北京：世界图书出版公司北京公司；2010.05；—154 页；19cm

ISBN 978 - 7 - 5100 - 2075 - 9 ￥CNY16.80

儿童漫画作品。

3266　甜甜私房猫．猫急跳窗

〔日〕湖南彼方著 . —北京：世界图书出版公司北京公司；2010.08；—144 页；19cm

ISBN 978 - 7 - 5100 - 2307 - 1 ￥CNY16.80

儿童漫画作品。

3267　甜甜私房猫．无家可归

〔日〕湖南彼方著 . —北京：世界图书出版公司北京公司；2010.05；—162 页；19cm

ISBN 978 - 7 - 5100 - 2076 - 6 ￥CNY16.80

儿童漫画作品。

3268　挑战国际市场

〔日〕鹤莳靖夫著 . —北京：经济日报出版社；2010.03；—148 页；21cm

ISBN 978 - 7 - 80257 - 113 - 6 ￥CNY29.80

本书介绍了日本货币期权市场的兴起过程以及日本人投资观念的转变。

3269　跳舞的小猫鱼

〔日〕渡边有一编 . —江西：二十一世纪出版社；2010.07；—24；24×24cm

ISBN 978 - 7 - 5391 - 5630 - 9 ￥CNY96.00（全套6 册）

3270　庭园与建筑设计

〔日〕丰田美纪著 . —北京：中国建筑工业出版社；2010.01；—125 页；27cm

ISBN 978 - 7 - 112 - 11192 - 3 ￥CNY68.00

本书列举了包括别墅、住宅、店铺里的庭院设计等18 个案例，讲述了庭院与这些建筑的关系。

3271　通过漫画学日语．生活篇

〔日〕加藤清方等著 . —北京：外语教学与研究出版社；2007.10；—128 页；21cm

ISBN 978 - 7 - 5600 - 6999 - 9 ￥CNY8.90

3272　痛风

〔日〕小田原雅人主编 . —长春：吉林科学技术出版社；2010.02；—143 页；21cm

ISBN 978 - 7 - 5384 - 3629 - 7 ￥CNY16.90

3273　图解钢筋混凝土结构抗震加固技术

〔日〕抗震加固研究会编 . —北京：中国建筑工

业出版社；2010.01；—226 页；26cm

ISBN 978 - 7 - 112 - 11047 - 6 ￥CNY46.00

3274　图解空调设备检修与维护

〔日〕间秀夫著．—北京：科学出版社；2010.07；—240 页；24cm

ISBN 978 - 7 - 03 - 027617 - 9 ￥CNY38.00

本书介绍了空调设备各主要环节的原理、功能及构成。

3275　图解六西格玛

〔日〕钻石社六西格玛研究组著．—北京：电子工业出版社；2010.01；—166 页；24cm

ISBN 978 - 7 - 121 - 09866 - 6 ￥CNY25.00

从煮鸡蛋到解决公司的产品质量管理问题，以文图结合的形式，逐渐让你了解六西格玛的奥妙和魅力。

3276　图解女性身体百科

〔日〕天野惠子著．—北京：中国青年出版社；2010.01；—227 页；21cm

ISBN 978 - 7 - 5006 - 9138 - 9 ￥CNY29.00

本书巨细靡遗地列出 107 个女性身体必知秘密，教你如何认识自己的身体，关注自己的身体变化。

3277　图解完全解压手册

〔日〕田中ウルヴエ京，〔日〕奈良雅弘著．—北京：机械工业出版社；2010.01；—12 页,149 页；21cm

ISBN 978 - 7 - 111 - 28675 - 2 ￥CNY26.00

本书从认识压力开始，先分析自己的压力状态，以自我对话的方式面对压力，接着以具体有效的解决之道，将压力彻底释放排除。

3278　图解心理学

〔日〕大村政男监修．—海口：南海出版公司；2010.02；—304 页；24cm

ISBN 978 - 7 - 5442 - 4601 - 9 ￥CNY28.00

本书是图解类的心理学普及读物。

3279　图解心理学入门

〔日〕深堀元文著．—海口：南海出版公司；2010.05；—244 页；24cm

ISBN 978 - 7 - 5442 - 4661 - 3 ￥CNY25.00

这是一本图解类的心理学普及读物。

3280　图说日本住居生活史

〔日〕稻叶和也，〔日〕中山繁信著．—北京：清华大学出版社；2010.01；—215 页；26cm

ISBN 978 - 7 - 302 - 21655 - 1 ￥CNY39.00

本书再现了日本这一片土地上的居住者不断与自然相调适，建立起美观实用的居住空间和居住形式的历史。

3281　土耳其和伊斯坦布尔：10～11

〔日〕大宝石出版社原著．—北京：中国旅游出版社；2010.06；—568 页；21cm

ISBN 978 - 7 - 5032 - 3895 - 6 ￥CNY85.00

本书主要介绍了土耳其各大城市以及观光名胜的情况，并绘制了各个地区详细的地图。

3282　兔本幸子的插画教室．可爱动物篇

〔日〕兔本幸子著．—北京：人民邮电出版社；2010.06；—110 页；21cm

ISBN 978 - 7 - 115 - 22687 - 7 ￥CNY20.00

本书旨在让没有任何绘画基础的人按照自己的心意动笔画出想要的图案，主题为各种可爱的动物。

3283　兔本幸子的插画教室．快乐人物篇

〔日〕兔本幸子著．—北京：人民邮电出版社；2010.06；—110 页；21cm

ISBN 978 - 7 - 115 - 22689 - 1 ￥CNY20.00

本书旨在让没有任何绘画基础的人按照自己的心意动笔画出想要的图案，主题为各种的人物。

3284　兔本幸子的插画教室．梦幻森林篇

〔日〕兔本幸子著．—北京：人民邮电出版社；2010.06；—111 页；21cm

ISBN 978 - 7 - 115 - 22688 - 4 ￥CNY20.00

本书旨在让没有任何绘画基础的人按照自己的心意动笔画出想要的图案，主题为各种的植物。

3285　兔本幸子的插画教室．上色魔法篇

〔日〕兔本幸子著．—北京：人民邮电出版社；2010.12；—111 页；21cm

ISBN 978 - 7 - 115 - 24017 - 0 ￥CNY20.00

书中介绍了许多在绘制插图时很实用的思考方式。

3286　兔之眼

〔日〕灰谷健次郎著．—北京：中国城市出版社；2010.09；—274 页；21cm

ISBN 978 - 7 - 5074 - 2325 - 9 ￥CNY24.80

本书是日本的儿童长篇小说。

3287　推理小说

〔日〕秦建日子著．—南京：南京大学出版社；2010.06；—235 页；21cm

ISBN 978 – 7 – 305 – 07026 – 6 ￥CNY24.00
本书是对推理小说爱好者的挑战，是对推理小说惯用套路的讥讽。

3288　推销学全集
〔日〕原一平著 . 一北京：北京燕山出版社；2010.08；—468 页；26cm
ISBN 978 – 7 – 5402 – 2370 – 0 ￥CNY48.00

3289　哇！蓝色 B 型人
〔日〕下田巨作著 . 一乌鲁木齐：新疆人民卫生出版社；2010.09；—161 页；19cm
ISBN 978 – 7 – 5372 – 4539 – 5 ￥CNY22.00（全套）
书中除了讲述不同血型人的特征以外，还为读者提供了许多难得而又非常实用的生活技巧。

3290　外表的秘密：一眼读懂你周围的人
〔日〕竹内一郎著 . 一北京：国际文化出版公司；2010.06；—146 页；22cm
ISBN 978 – 7 – 5125 – 0037 – 2 ￥CNY18.00
本书作者详细介绍了依靠语言传递信息相比非言语交流（通过语言以外的形式传递信息）的感染力更高。

3291　玩转手工 100 招：布艺、刺绣、编织全掌握
〔日〕主妇之友社编著 . 一郑州：河南科学技术出版社；2010.11；—188 页；24cm
ISBN 978 – 7 – 5349 – 4667 – 7 ￥CNY38.80
全书介绍了布艺、刺绣、编织、钩织、串珠、缝纫等手工制作的基础知识和技巧。

3292　万花筒制作
〔日〕酒井祜子著 . 一杭州：浙江科学技术出版社；2010.11；—48 页；17×19cm
ISBN 978 – 7 – 5341 – 3951 – 2 ￥CNY12.00
本书引进日本版权，内容分彩色效果图和步骤图两部分。

3293　万花筒制作特辑
〔日〕丰田芳弘著 . 一杭州：浙江科学技术出版社；2010.11；—68 页；17×19cm
ISBN 978 – 7 – 5341 – 3944 – 4 ￥CNY15.00
本书引进日本版权，内容分彩色效果图和步骤图两部分。

3294　王刀·锯
〔日〕西尾维新著 . 一南京：江苏文艺出版社；2010.12；—162 页；21cm

ISBN 978 – 7 – 5399 – 3883 – 7 ￥CNY18.00
本书为长篇小说。

3295　微创内腔镜下泌尿外科手术图解
〔日〕木原和德著 . 一南宁：广西科学技术出版社；2010.12；—135 页；29cm
ISBN 978 – 7 – 80763 – 578 – 9 ￥CNY100.00
本书介绍了无气腹小切口内腔镜下的创作思路。

3296　微刀·钗
〔日〕西尾维新著 . 一南京：江苏文艺出版社；2010.12；—173 页；21cm
ISBN 978 – 7 – 5399 – 3882 – 0 ￥CNY18.00
本书为长篇小说。

3297　为何不分手
〔日〕渡边淳一著 . 一上海：文汇出版社；2010.01；—281 页；21cm
ISBN 978 – 7 – 80741 – 753 – 8 ￥CNY28.00
渡边淳一的小说代表作之一。

3298　为追逐风险而生：挑战型经营
〔日〕千本倖生著 . 一北京：北京大学出版社；2010.03；—204 页；23cm
ISBN 978 – 7 – 301 – 16488 – 4 ￥CNY32.00
本书作者在书中披露了自己从 NTT 员工，到大学教授，最后自主创业，并在日本通信业界做出了革命性突破的艰难历程。

3299　围棋定式辞典：日本棋院最新版
〔日〕石田芳夫著 . 一沈阳：辽宁科学技术出版社；2010.02；—523 页；21cm
ISBN 978 – 7 – 5381 – 6199 – 1（精装）￥CNY46.00
本书主要介绍围棋定式中的小目定式，包括小飞挂角、一间高挂、大飞挂角、二间高挂等 4 个部分。

3300　围棋定式辞典：日本棋院最新版
〔日〕石田芳夫著 . 一沈阳：辽宁科学技术出版社；2010.02；—524 页；21cm
ISBN 978 – 7 – 5381 – 6200 – 4（精装）￥CNY46.00
本书主要介绍围棋定式中的小目定式，包括小飞挂角、一间高挂、大飞挂角、二间高挂等 4 个部分。

3301　围棋让子棋辞典：日本棋院最新版
〔日〕大竹英雄著 . 一沈阳：辽宁科学技术出版社；2010.08；—411 页；21cm
ISBN 978 – 7 – 5381 – 6197 – 7（精装）￥CNY38.00
本书主要介绍围棋让子棋中的角部定式、定式的

灵活运用及定式以后的攻防、边上的战斗要领
等级部分内容。

3302　围棋让子棋辞典：日本棋院最新版
〔日〕大竹英雄著.—沈阳：辽宁科学技术出版
社；2010.08；—412 页；21cm
ISBN 978 - 7 - 5381 - 6198 - 4(精装) ￥CNY38.00
本书主要介绍围棋让子棋中的角部定式、定式
的灵活运用及定式以后的攻防、边上的战斗要
领等级部分内容。

3303　围棋手筋辞典：日本棋院最新版
〔日〕藤泽秀行著.—沈阳：辽宁科学技术出版
社；2010.01；—523 页；21cm
ISBN 978 - 7 - 5381 - 6201 - 1(精装) ￥CNY46.00
本书介绍围棋手筋中的中盘部分，包括攻击的
手筋 11 种类型，并同时介绍和攻击对应的防守
手筋，也是 11 种类型。

3304　围棋手筋辞典：日本棋院最新版
〔日〕藤泽秀行著.—沈阳：辽宁科学技术出版
社；2010.01；—524 页；21cm
ISBN 978 - 7 - 5381 - 6202 - 8(精装) ￥CNY46.00
本书介绍围棋手筋中的中盘部分，包括攻击的
手筋 11 种类型，并同时介绍和攻击对应的防守
手筋，也是 11 种类型。

3305　未婚女子爱情说明书
〔日〕沫沫娜娜著.—南宁：接力出版社；2010.
09；—111 页；19cm
ISBN 978 - 7 - 5448 - 1458 - 4(精装) ￥CNY19.80
本书是 本风靡日本的生活实用书。

**3306　未来的幼儿教育：培育幸福生活的能力之
根基**
〔日〕岸井勇雄著.—上海：华东师范大学出版
社；2010.01；—165 页；24cm
ISBN 978 - 7 - 5617 - 7425 - 0 ￥CNY22.00
本书集中介绍了今后家庭保育的关键要素——
如何培育孩子幸福生活的能力。

3307　胃、十二指肠疾病
〔日〕平冢秀雄主编.—长春：吉林科学技术出
版社；2010.02；—174 页；21cm
ISBN 978 - 7 - 5384 - 3622 - 8 ￥CNY17.90
本书系统地介绍了胃、十二指肠疾病的成因、预
防以及诊疗办法。

3308　魏晋南北朝隋唐史学的基本问题
〔日〕谷川道雄主编.—北京：中华书局；2010.

10；—385 页；24cm
ISBN 978 - 7 - 101 - 07407 - 9 ￥CNY48.00
本书集合了日本当代著名学者对魏晋南北朝隋
唐史若干重要问题所进行的论述。

3309　温暖美人减肥法
〔日〕石原结实著.—北京：中信出版社；2010.
11；—95 页；21cm
ISBN 978 - 7 - 5086 - 2367 - 2 ￥CNY22.00
日本超人气健康疗法的医师石原结实，针对女性
肥胖问题提出了独到的观点。

3310　温馨花生活
〔日〕竹中丽湖著.—长春：吉林科学技术出版
社；2010.05；—117 页；28cm
ISBN 978 - 7 - 5384 - 4655 - 5 ￥CNY35.00

3311　《文明论概略》导读
〔日〕福泽谕吉著.—天津：天津人民出版社；
2010.06；—99 页；19cm
ISBN 978 - 7 - 201 - 06346 - 1 ￥CNY12.00
本书主要内容有：作者简介、穿越时空：《文明
论概略》的故事、精彩导读、大家跟帖和拓展
阅读五个部分。

3312　文心雕龙索引
〔日〕冈村繁编撰.—上海：上海古籍出版社；
2010.04；—13 页，447 页，112 页；29cm
ISBN 978 - 7 - 5325 - 5555 - 0 （精装） ￥CNY118.00
《冈村繁全集》十卷 2009 年已全部出齐，此为
别卷。

3313　文学少女背负污名的天使
〔日〕野村美月文.—北京：人民文学出版社；
2010.12；—235 页；19cm
ISBN 978 - 7 - 02 - 008357 - 2 ￥CNY20.00

3314　问题解决术：问题解决入门
〔日〕佐藤允一著.—北京：中国人民大学出版
社；2010.10；—222 页；21cm
ISBN 978 - 7 - 300 - 12742 - 2 ￥CNY32.00
不要害怕问题，作者用图解的形式清晰地介绍了
标准的思考模式。

3315　我爱唱歌
〔日〕角野荣子著.—北京：中国少年儿童出版
社；2010.05；—77 页；21cm
ISBN 978 - 7 - 5007 - 9560 - 5 ￥CNY15.00

3316　我才不放手呢
〔日〕宫西达也著.—南宁：接力出版社；2010.

12；—24 页；21×29cm
ISBN 978 - 7 - 5448 - 1518 - 5 ￥CNY12.80

3317　我的零售人生：铃木敏文自传
〔日〕铃木敏文著 . —北京：中信出版社；2010.
10；—10 页，237 页；21cm
ISBN 978 - 7 - 5086 - 2150 - 0 ￥CNY26.00
本书在介绍了日本 7 11 便利店经营思路和管理
方法的同时，也介绍了日本 7 - 11 便利店创始人
铃木敏文的创业经历。

3318　我的漫画人生
〔日〕手冢治虫著 . —北京：中信出版社；2010.
07；—23 页，213 页；19cm
ISBN 978 - 7 - 5086 - 2177 - 7 ￥CNY26.00
这是日本漫画之神手冢治虫的自传。

3319　我的妹妹哪有这么可爱！
〔日〕伏见司著 . —长沙：湖南美术出版社；2010.
11；—249 页；19cm
ISBN 978 - 7 - 5356 - 4051 - 2 ￥CNY20.00
长篇小说。

3320　我的男人
〔日〕樱庭一树著 . —上海：上海译文出版社；
2010.02；—394 页；21cm
ISBN 978 - 7 - 5327 - 4991 - 1 ￥CNY28.00
本书是日本第 138 届直木奖作品，悬疑小说，讲
述女主人公腐野花如何摆脱恋父情结束缚的心
理成长过程。

3321　我的生活方式：写给年轻人的人生经验书
〔日〕小林一三著 . —沈阳：辽宁教育出版社；
2010.09；—213 页；21cm
ISBN 978 - 7 - 5382 - 8967 - 1 ￥CNY24.80
《我的生活方式》是写给年轻人的人生经验书，
励志类作品。

3322　我的一本化妆 BOOK
〔日〕橘香彩页著 . —沈阳：辽宁科学技术出版
社；2010.10；—83 页；26cm
ISBN 978 - 7 - 5381 - 6615 - 6 ￥CNY29.00
本书从底妆的上妆方法开始介绍，分别从立变
小脸的眉妆以及闪亮润泽的唇妆等方面进行了
详细的阐述。

**3323　我的在家生活：平凡的我与悠闲的作家
岁月**
〔日〕益田米莉著 . —北京：现代出版社；2010.
07；—156 页；21cm

ISBN 978 - 7 - 80244 - 757 - 8 ￥CNY22.00
本书是益田米莉的自传体绘本。

3324　我和妈妈的宝贝
〔日〕齐藤荣美文 . —北京：连环画出版社；2010.
11；—1 册；20×27cm
ISBN 978 - 7 - 5056 - 1179 - 5 ￥CNY12.80

3325　我会保护眼睛
〔日〕加古里子著 . —北京：北京科学技术出版
社；2010.01；—32 页；22cm
ISBN 978 - 7 - 5304 - 4364 - 4 ￥CNY12.00

**3326　我们同年生：大江健三郎·小泽征尔对
话录**
〔日〕大江健三郎，〔日〕小泽征尔著 . —上海：
文汇出版社；2010.08；—177 页；21cm
ISBN 978 - 7 - 80741 - 976 - 1 ￥CNY15.00
两位享誉世界的大师在世纪之交开始了一段对
话——这是音乐与文学的对话。

3327　我们喜欢新鲜空气
〔日〕加古里子著 . —北京：北京科学技术出版
社；2010.01；—35 页；22cm
ISBN 978 - 7 - 5304 - 4362 - 0 ￥CNY12.00

3328　我是便便超人
〔日〕村上八千世著 . —北京：北京科学技术出
版社；2010.06；—1 册；22×22cm
ISBN 978 - 7 - 5304 - 4689 - 8 ￥CNY15.00

3329　我是猫
〔日〕夏目漱石著 . —南京：译林出版社；2010.
11；—407 页；21cm
ISBN 978 - 7 - 5447 - 1449 - 5（精装）￥CNY26.00
小说通过猫的视觉观察明治维新后的日本社会。

3330　我是手绘韩语单词书
〔日〕前川智主编 . —上海：华东理工大学出版
社；2010.05；—153 页；24cm
ISBN 978 - 7 - 5628 - 2784 - 9 ￥CNY28.00
本套书为手绘图说流行单词系列。

3331　我是手绘日语单词书
〔日〕前川智编著 . —上海：华东理工大学出版
社；2010.05；—151 页；24cm
ISBN 978 - 7 - 5628 - 2759 - 7 ￥CNY26.00
本选题为手绘图说流行单词系列，分英语、日
语、韩语、法语和德语。

3332　我是手绘英语单词书
〔日〕前川智主编．—上海：华东理工大学出版社；2010.05；—153页；24cm
ISBN 978－7－5628－2781－8 ￥CNY26.00
本选题为手绘图说流行单词系列，分英语、日语、韩语。

3333　我是这样考上东大哈佛的：一个穷小子的求学记
〔日〕本山胜宽著．—哈尔滨：黑龙江教育出版社；2010.07；—197页；23cm
ISBN 978－7－5316－5514－5 ￥CNY26.00
本书讲述作者取得优良学业成绩的方法和历程。

3334　我是中小企业掌门人：铃木修自传
〔日〕铃木修著．—北京：中信出版社；2010.08；—14页，183页；21cm
ISBN 978－7－5086－2152－4 ￥CNY26.00
本书在介绍了铃木汽车经营思路和管理方法的同时，也介绍了铃木汽车创始人铃木修的创业经历。

3335　我笑故我在
〔日〕土屋贤二著．—南京：译林出版社；2010.01；—310页；23cm
ISBN 978－7－5447－0985－9 ￥CNY26.00
《我大笑故我在》是日本东京御茶水女子大学哲学教授土屋贤二的随笔集。

3336　我要当明星厨师
〔日〕角野荣子著．—北京：中国少年儿童出版社；2010.05；—77页；21cm
ISBN 978－7－5007－9568－1 ￥CNY15.00

3337　我要上学
〔日〕角野荣子著．—北京：中国少年儿童出版社；2010.05；—75页；21cm
ISBN 978－7－5007－9559－9 ￥CNY15.00

3338　我要学编织．棒针篇
〔日〕靓丽出版社编著．—郑州：河南科学技术出版社；2010.03；—104页；26cm
ISBN 978－7－5349－4484－0 ￥CNY21.00

3339　我要学编织．钩针篇
〔日〕靓丽出版社编著．—郑州：河南科学技术出版社；2010.03；—104页；26cm
ISBN 978－7－5349－4483－3 ￥CNY21.00
本书提供了基本的钩针编织技巧和针法。

3340　我与北野武
〔日〕岛田洋七著．—海口：南海出版公司；2010.
11；—156页；19cm
ISBN 978－7－5442－4917－1 ￥CNY16.00
本书为《佐贺的超级阿嬷》作者岛田洋七的长篇小说。

3341　我在松下三十年：上司的哲学下属的哲学
〔日〕江口克彦著．—海口：南海出版公司；2010.05；—262页；22cm
ISBN 978－7－5442－4701－6 ￥CNY25.00
本书是企业管理方面的通俗读物。

3342　我这样做到"月收入增长10000倍"
〔日〕大坪勇二著．—南京：江苏人民出版社；2010.10；—211页；21cm
ISBN 978－7－214－06464－6 ￥CNY25.00
本书作者总结出"五大成功引擎"，帮助职场人士提高行动力，使收入得到大幅提高。

3343　我最想知道的色彩心理学
〔日〕木下代理子著．—南宁：广西科学技术出版社；2010.08；—219页；21cm
ISBN 978－7－80763－481－2 ￥CNY28.00
本书是日本亚马逊畅销书，是超实用的职场色彩百科全书。

3344　污水处理再生利用技术指南
〔日〕奥野长晴著．—西安：西安地图出版社；2010.04；—112页；21cm
ISBN 978－7－80748－552－0 ￥CNY39.00
本书从污水处理再生利用基本原则和实际案例等方面详细叙述了日本城市污水再利用的技术经验。

3345　无头骑士异闻录 Durarara
〔日〕成田良悟著．—长沙：湖南美术出版社；2010.09；—305页；19cm
ISBN 978－7－5356－3910－3 ￥CNY24.00
本书将神话的灵异元素融入都市题材，风格新颖，情节跌宕起伏。

3346　无衣可穿：找到你衣橱里永远少的那件衣服
〔日〕中野香织著．—桂林：漓江出版社；2010.07；—169页；21cm
ISBN 978－7－5407－4835－7 ￥CNY25.00
本书集合了素有"服饰史学家"之称的作者中野香织，在日本知名媒体上的专栏随笔文章。

3347　无印良品 MUJI BOOK
〔日〕金井政明等著．—桂林：广西师范大学出

版社；2010.11；—253 页；30cm

ISBN 978 - 7 - 5633 - 6251 - 6 ￥CNY150.00

这本 Muji Book 整合了 Muji 的商品、形象广告与营销相关概念。

3348　无欲胜利法

〔日〕田中宇留京著 . —北京：华夏出版社；2010.06；—200 页；21cm

ISBN 978 - 7 - 5080 - 5777 - 4 ￥CNY28.00

本书是一部心理健康指导的书。

3349　午后曳航

〔日〕三岛由纪夫著 . —杭州：浙江文艺出版社；2010.01；—186 页；19cm

ISBN 978 - 7 - 5339 - 2954 - 1（精装）：￥CNY23.00

本书收录《午后曳航》等一系列三岛由纪夫中短篇小说代表作。

3350　午夜凶铃

〔日〕铃木光司著 . —海口：南海出版公司；2010.01；—339 页；22cm

ISBN 978 - 7 - 5442 - 4522 - 7 ￥CNY28.00

本书是日本当代长篇小说。

3351　伍拾叁次：浮世·浮世绘

〔日〕歌川广重绘 . —太原：三晋出版社；2010.04；—130 页；14×21cm

ISBN 978 - 7 - 5457 - 0226 - 2 ￥CNY42.00

本书是日本著名浮世绘画家歌川广重的画本为底本，重新编译而成。

3352　武士道

〔日〕新渡户稻造著 . —上海：文汇出版社；2010.03；—142 页；24cm

ISBN 978 - 7 - 80741 - 507 - 7 ￥CNY20.00

本书是一部日本人对武士道精神的诠释名作。

3353　雾中的奇妙小镇

〔日〕柏叶幸子著 . —海口：南海出版公司；2010.06；—155 页；19cm

ISBN 978 - 7 - 5442 - 4718 - 4 ￥CNY15.00

本书为日本当代著名儿童文学作家柏叶幸子的代表作。

3354　西岛悦的"黄金比"美妆术

〔日〕西岛悦著 . —沈阳：辽宁科学技术出版社；2010.08；—95 页；26cm

ISBN 978 - 7 - 5381 - 6515 - 9 ￥CNY32.00

本书介绍怎样通过美妆打造具有完美比例的面部妆效。

3355　西式糕点制作大全

〔日〕川上文代著 . —沈阳：辽宁科学技术出版社；2010.04；—207 页；24cm

ISBN 978 - 7 - 5381 - 6294 - 3 ￥CNY48.00

本书以介绍西式糕点的做法为主，同时也包括了常见的日式点心及亚洲甜点的做法。

3356　西学东渐与中国事情

〔日〕增田涉著 . —南京：江苏人民出版社；2010.11；—250 页；23cm

ISBN 978 - 7 - 214 - 06415 - 8 ￥CNY23.00

本书为作者根据多年精心搜集和珍藏的有关书籍，加以考订、比较、研究而写成。

3357　膝痛、腰痛、肩痛

〔日〕三井弘编著 . —长春：吉林科学技术出版社；2010.02；—175 页；21cm

ISBN 978 - 7 - 5384 - 3627 - 3 ￥CNY17.90

本书系统地介绍了膝痛、腰痛、肩痛的成因、预防以及诊疗办法。

3358　洗钱

〔日〕橘玲著 . —北京：中信出版社；2010.05；—352 页；21cm

ISBN 978 - 7 - 5086 - 1953 - 8 ￥CNY30.00

3359　铣床操作

〔日〕技能士之友编集部编著 . —北京：机械工业出版社；2010.05；—169 页；21cm

ISBN 978 - 7 - 111 - 29843 - 4 ￥CNY25.00

本书是一本关于铣床操作入门指导书。

3360　喜欢照镜子的女人不会老

〔日〕山村慎一郎著 . —南宁：广西科学技术出版社；2010.05；—213 页；21cm

ISBN 978 - 7 - 80763 - 422 - 5 ￥CNY25.00

本书告诉我们身体某个部位出现了异常，其实意味着我们身体内部的问题。

3361　夏日大作战

〔日〕岩井恭平著 . —长沙：湖南美术出版社；2010.09；—286 页；19cm

ISBN 978 - 7 - 5356 - 3912 - 7 ￥CNY24.00

本书原著为细田守创作的同名电影。

3362　先秦经籍考

〔日〕内藤虎次郎等著 . —北京：国家图书馆出版社；2010.03；—2 册（1123 页）；21cm

ISBN 978 - 7 - 5013 - 3825 - 2（精装）：￥CNY560.00

本书编译日本学者关于先秦经籍的研究文章
41 篇。

3363 嫌疑人 X 的献身
〔日〕东野圭吾著．—海口：南海出版公司；2010.
01；—251 页；22cm
ISBN 978 – 7 – 5442 – 4555 – 5 ￥CNY19.80
本书是日本当代长篇小说。

3364 现代建筑文脉主义
〔日〕秋元馨著．—大连：大连理工大学出版社；
2010.05；—231 页；19cm
ISBN 978 – 7 – 5611 – 5459 – 5 ￥CNY35.00
本书通过对文脉主义概念的明确论证，来纵观
现代建筑的发展。

3365 现代科学与人类
〔日〕汤水秀树著．—上海：上海辞书出版社；
2010.07；—201 页；23cm
ISBN 978 – 7 – 5326 – 3104 – 9 ￥CNY26.00
本书由日本物理学家、诺贝尔奖获得者汤川秀
树撰写。

3366 想要教给别人的数学
〔日〕根上生也著．—长沙：湖南科学技术出版
社；2010.07；—207 页；18cm
ISBN 978 – 7 – 5357 – 5998 – 6 ￥CNY25.00
本书用大量的实例，通过奇妙的画画和简单的
计算，让一直认为自己数学不行的人也能体会
其乐趣的数学。

3367 向日葵不开的夏天
〔日〕道尾秀介著．—北京：新星出版社；2009.
04；—348 页；22cm
ISBN 978 – 7 – 80225 – 657 – 6 ￥CNY25.00
本书为日本侦探小说。

3368 向死而生
〔日〕北野武著．—上海：上海人民出版社；2010.
03；—205 页；21cm
ISBN 978 – 7 – 208 – 08695 – 1 ￥CNY22.00
本书分为"向死而生"和"我们没有明天"两
部分。

3369 向野早苗玫瑰拼布
〔日〕向野早苗著．—北京：人民邮电出版社；
2010.01；—107 页；26cm
ISBN 978 – 7 – 115 – 21793 – 6 ￥CNY29.80

3370 橡皮章休闲时光
〔日〕浜野厚子著．—郑州：河南科学技术出版

社；2010.06；—72 页；26cm
ISBN 978 – 7 – 5349 – 4518 – 2 ￥CNY23.80
本书介绍了用橡皮雕刻休闲雅趣的图章的基本
方法，并介绍了 250 款创意图章的款式和图案
模板。

3371 消化内镜工作手册
〔日〕松本雄三，〔日〕木下千万子主编．—沈
阳：辽宁科学技术出版社；2010.02；—16 页，
295 页；26cm
ISBN 978 – 7 – 5381 – 6205 – 9 ￥CNY98.00
本书由日本引进，囊括了内镜管理方面很多宝贵
的经验。

3372 小 DJ 的恋爱物语
〔日〕鬼冢忠著．—北京：中信出版社；2010.06；
—205 页；21cm
ISBN 978 – 7 – 5086 – 2072 – 5 ￥CNY22.00
这是一个温柔的带有理想主义色彩的感人故事。

**3373 小动作，大减压！超实用的 NLP 便携式
减压术**
〔日〕北冈泰典著．—北京：金城出版社；2010.
11；—154 页；21cm
ISBN 978 – 7 – 80251 – 587 – 1 ￥CNY28.00
本书讲述来自最受推崇的心理愈疗 NLP 体系的
最新研究成果的轻松减压技巧。

**3374 小关铃子的拼布物语：快乐，源于拼布制
作的生活小物件**
〔日〕小关铃子著．—郑州：河南科学技术出版
社；2010.03；—95 页；25cm
ISBN 978 – 7 – 5349 – 4490 – 1 ￥CNY26.00
本书介绍了在家中使用的小物制作，外出时可以
使用的包包等的制作方法，以及拼布的基础知识
和基本技巧。

3375 小猫鱼
〔日〕渡边有一编．—江西：二十一世纪出版社；
2010.07；—24；24×24cm
ISBN 978 – 7 – 5391 – 5630 – 9 ￥CNY96.00（全
套 6 册）

3376 小说十八史略．春秋战国
〔日〕陈舜臣著．—北京：新星出版社；2010.
01；—305 页；24cm
ISBN 978 – 7 – 80225 – 807 – 5 ￥CNY168.00（全
套 5 册）

3377 小说十八史略．大汉王朝
〔日〕陈舜臣著．—北京：新星出版社；2010.

01；—553 页；24cm

ISBN 978 - 7 - 80225 - 807 - 5 ¥CNY168.00（全套 5 册）

3378　小说十八史略．大唐帝国

〔日〕陈舜臣著．—北京：新星出版社；2010.01；—390 页；24cm

ISBN 978 - 7 - 80225 - 807 - 5 ¥CNY168.00（全套 5 册）

3379　小说十八史略．两宋王朝

〔日〕陈舜臣著．—北京：新星出版社；2010.01；—258 页；24cm

ISBN 978 - 7 - 80225 - 807 - 5 ¥CNY168.00（全套 5 册）

3380　小说十八史略．魏晋南北朝

〔日〕陈舜臣著．—北京：新星出版社；2010.01；—389 页；24cm

ISBN 978 - 7 - 80225 - 807 - 5 ¥CNY168.00（全套 5 册）

3381　小苏打 + 醋全方位扫除 188 招

〔日〕小苏打生活研究会著．—沈阳：辽宁科学技术出版社；2010.04；—128 页；21cm

ISBN 978 - 7 - 5381 - 5832 - 8 ¥CNY29.80

本书介绍了使用小苏打 + 醋来解决扫除中遇到的疑难杂症。

3382　小小剪纸

〔日〕靓丽出版社著．—沈阳：辽宁科学技术出版社；2010.02；—48 页；21cm

ISBN 978 - 7 - 5381 - 6219 - 6 ¥CNY12.80

本书的作品共分为 8 大类，分别是花朵、食物、动物、服饰、交通工具、昆虫、季节、标志等。

3383　效率提升 10 倍的 Google 化知性生产技巧

〔日〕胜间和代著．—北京：化学工业出版社；2010.01；—185 页；24cm

ISBN 978 - 7 - 122 - 06179 - 9 ¥CNY29.80

本书作者根据自己在麦肯锡磨炼出来的经验，告诉读者知识化如何化为生产力。

3384　写给经理的教科书

〔日〕酒井穰著．—北京：中华工商联合出版社；2010.01；—205 页；21cm

ISBN 978 - 7 - 80249 - 213 - 4 ¥CNY25.00

本书介绍了时下经理人必知的 9 个基点、8 种技能、3 个游戏、9 个问题的解决法与 8 种执业规则。

3385　写给没有男朋友的你

〔日〕岩月谦司著．—北京：中国长安出版社；2010.11；—209 页；24cm

ISBN 978 - 7 - 5107 - 0279 - 2 ¥CNY28.00

本书通过众多实例分析了当下剩女们爱情不美满的现状，深入研究她们一直交不到男朋友的诸多原因。

3386　写给生存不安的年轻人：30 岁，突破未来的完全工作策略

〔日〕山本真司著．—北京：龙门书局；2010.11；—260 页；24cm

ISBN 978 - 7 - 5088 - 2705 - 6 ¥CNY29.80

3387　心绞痛心肌梗死正确治疗与生活调养

〔日〕相泽忠范著．—南宁：广西科学技术出版社；2010.06；—196 页；23cm

ISBN 978 - 7 - 80763 - 469 - 0 ¥CNY28.00

本书针对的对象为心绞痛、心肌梗死患者以及有此方面不良症状的人士。

3388　心理读心术

〔日〕内藤谊人著．—海口：南海出版公司；2010.01；—142 页；24cm

ISBN 978 - 7 - 5442 - 4462 - 6 ¥CNY20.00

本书介绍了通过遵循有科学根据的心理学规律和法则来看透人心的技巧。

3389　心理治疗之路

〔日〕河合隼雄著．—上海：东方出版中心；2010.08；—225 页；21cm

ISBN 978 - 7 - 5473 - 0191 - 3 ¥CNY25.00

本书作者在多年临床分析所积累的体验基础上，写下的这本对心理疗法的概述性论著。

3390　心脏病

〔日〕中村治雄主编．—长春：吉林科学技术出版社；2010.02；—192 页；21cm

ISBN 978 - 7 - 5384 - 3616 - 7 ¥CNY17.90

本书系统地介绍了心脏病的成因、预防以及诊疗办法。

3391　新标准日语教程．初级

〔日〕谷光忠彦，刘金钊总主编．—大连：大连出版社；2010.02；—195 页；26cm

ISBN 978 - 7 - 80684 - 870 - 8 ¥CNY32.00

本书专为大学基础日语学习者打造。

3392　新标准日语教程同步练习．初级

〔日〕谷光忠彦，刘金钊总主编．—大连：大连

出版社；2010.04；—134 页；26cm
ISBN 978 - 7 - 80684 - 882 - 1 ￥CNY16.00
本书是与《新标准日语教程·初级 2》配套使用
的练习册。

3393　新标准日语教程同步练习．初级
〔日〕谷光忠彦，刘金钊总主编 . —大连：大连
出版社；2010.04；—96 页；26cm
ISBN 978 - 7 - 80684 - 883 - 8 ￥CNY13.00
本书是与《新标准日语教程·初级 1》配套使用
的练习册。

3394　新标准日语教程．中级
〔日〕谷光忠彦，刘金钊总主编 . —大连：大连
出版社；2010.09；—289 页；26cm
ISBN 978 - 7 - 80684 - 958 - 3 ￥CNY39.00
本书是高等院校日语专业基础阶段教材。

3395　新标准日语听力教程．初级
〔日〕谷光忠彦，刘金钊总主编 . —大连：大连
出版社；2010.08；—232 页；26cm
ISBN 978 - 7 - 80684 - 954 - 5 ￥CNY36.00
本书是针对高等院校学生编写的基础阶段日语
听力教材。

3396　新标准日语听力教程．初级
〔日〕谷光忠彦，刘金钊总主编 . —大连：大连
出版社；2010.08；—279 页；26cm
ISBN 978 - 7 - 80684 - 968 - 2 ￥CNY38.00
本书以实战演练为主，配有单词提示，并对听力
文中所出现的语法进行讲解。

3397　新标准日语听力教程．中级
〔日〕谷光忠彦，刘金钊总主编 . —大连：大连
出版社；2010.09；—289 页；26cm
ISBN 978 - 7 - 80684 - 967 - 5 ￥CNY39.00
本书以实战演练为主，配有单词提示，并对听力
中所出现的语法进行讲解。

3398　新妇女抄：在胸中回荡的话语
〔日〕池田大作著 . —北京：中国文联出版社；
2010.03；—117 页；24cm
ISBN 978 - 7 - 5059 - 6650 - 5(精装) ￥CNY60.00
本书为献给女性的散文、随笔。

3399　新口腔摄影方法与技巧
〔日〕熊谷崇，〔日〕熊谷ふじ子，〔日〕铃木昇
一著 . —沈阳：辽宁科学技术出版社；2010. 06；
—105 页；29cm
ISBN 978 - 7 - 5381 - 6343 - 8 （精装） ￥CNY128.00

本书是日本义齿药出版社出版的一本关于最新
口腔数码摄影实用技术的图书。

3400　新日能测验全真模拟题集
〔日〕青山丰，〔日〕青山美佳编 . —天津：南开
大学出版社；2010.06；—131 页；26cm
ISBN 978 - 7 - 310 - 03439 - 0 ￥CNY24.00
本书是一本专门面向即将参加 2010 年 7 月的新
日语能力测验 N2 的考生而编写的考前辅导
教材。

3401　新日能测验全真模拟题集
〔日〕青山丰，〔日〕青山美佳编 . —天津：南开
大学出版社；2010.06；—113 页；26cm
ISBN 978 - 7 - 310 - 03432 - 1 ￥CNY24.00
本书是一本专门面向即将参加 2010 年 7 月的新
日语能力测验 N3 的考生而编写的考前辅导
教材。

3402　新日能测验全真模拟题集
〔日〕青山丰，〔日〕青山美佳编 . —天津：南
开大学出版社；2010.06；—135 页；26cm
ISBN 978 - 7 - 310 - 03437 - 6 ￥CNY24.00
本书是一本专门面向即将参加 2010 年 7 月的新
日语能力测验 N1 的考生而编写的考前辅导
教材。

3403　新日语能力考试考前对策．N2 词汇
〔日〕佐佐木仁子，〔日〕松本纪子著 . —北京：
世界图书出版公司北京公司；2010.10；—147
页；26cm
ISBN 978 - 7 - 5100 - 2794 - 9 ￥CNY19.80
本书是针对改革之后的日语能力考试。

3404　新日语能力考试考前对策．N3 词汇
〔日〕佐佐木仁子，〔日〕松本纪子著 . —北京：
世界图书出版公司北京公司；2010.10；—114
页；26cm
ISBN 978 - 7 - 5100 - 2791 - 8 ￥CNY16.80
本系列是针对改革之后的日语能力考试。

3405　新日语能力考试考前对策．N1 词汇
〔日〕佐佐木仁子，〔日〕松本纪子著 . —北京：
世界图书出版公司北京公司；2010.10；—146
页；26cm
ISBN 978 - 7 - 5100 - 2797 - 0 ￥CNY19.80
本系列是针对改革之后的日语能力考试。

3406　新日语能力考试考前对策．N3 汉字
〔日〕佐佐木仁子，〔日〕松本纪子著 . —北京：

世界图书出版公司北京公司；2010.10；—115
页；26cm
ISBN 978 – 7 – 5100 – 2790 – 1 ¥ CNY16.80
本套书是针对改革之后的日语能力考试。

3407　新日语能力考试考前对策．N2 汉字
〔日〕佐佐木仁子，〔日〕松本纪子著．—北京：
世界图书出版公司北京公司；2010.10；—159
页，15 页；26cm
ISBN 978 – 7 – 5100 – 2793 – 2 ¥ CNY19.80
本套书是针对改革之后的日语能力考试。

3408　新日语能力考试考前对策．N1 汉字
〔日〕佐佐木仁子，〔日〕松本纪子著．—北京：
世界图书出版公司北京公司；2010.10；—159
页，15 页；26cm
ISBN 978 – 7 – 5100 – 2796 – 3 ¥ CNY19.80
本系列是针对改革之后的日语能力考试。

3409　新日语能力考试考前对策．N2 语法
〔日〕佐佐木仁子，〔日〕松本纪子著．—北京：
世界图书出版公司北京公司；2010.10；—146
页；26cm
ISBN 978 – 7 – 5100 – 2795 – 6 ¥ CNY19.80
本书是针对改革之后的日语能力考试。

3410　新日语能力考试考前对策．N3 语法
〔日〕佐佐木仁子，〔日〕松本纪子著．—北京：
世界图书出版公司北京公司；2010.10；—111
页；26cm
ISBN 978 – 7 – 5100 – 2792 – 5 ¥ CNY16.80
本书是针对改革之后的日语能力考试。

3411　新日语能力考试考前对策．N1 语法
〔日〕佐佐木仁子，〔日〕松本纪子著．—北京：
世界图书出版公司北京公司；2010.10；—146
页；26cm
ISBN 978 – 7 – 5100 – 2798 – 7 ¥ CNY19.80
本系列是针对改革之后的日语能力考试。

3412　新世纪日本语教程中级·参考书
冯峰，〔日〕船山久美，佟广生编．—北京：外
语教学与研究出版社；2010.04；—10 页，303
页；26cm
ISBN 978 – 7 – 5600 – 9516 – 5 ¥ CNY46.00
本书为《新世纪日本语教程中级》的参考书。

3413　新手学烘焙·地道甜点
〔日〕藤野真纪子著．—沈阳：辽宁科学技术出
版社；2010.06；—127 页；24cm

ISBN 978 – 7 – 5381 – 6446 – 6 ¥ CNY32.00
本书为您介绍了近 60 种西式甜点的制作方法。

3414　新手学烘焙·正点面包
〔日〕岛津睦子著．—沈阳：辽宁科学技术出版
社；2010.06；—127 页；24cm
ISBN 978 – 7 – 5381 – 6411 – 4 ¥ CNY32.00
本书介绍了 50 余种经典面包的基本制作方法。

3415　新手学摄影·风景篇
〔日〕株式会社学研控股编著．—北京：中国青
年出版社；2010.03；—95 页；26cm
ISBN 978 – 7 – 5006 – 9205 – 8 ¥ CNY39.00
本书是一本面向初学者的风景摄影指导图书。

3416　新手学摄影·花卉篇
〔日〕株式会社学研控股编著．—北京：中国青
年出版社；2010.11；—87 页；26cm
ISBN 978 – 7 – 5006 – 9648 – 3 ¥ CNY39.00
本书是一部杰出摄影师的代表人体作品集锦。

3417　新手学摄影·基础篇
〔日〕株式会社学研控股编著．—北京：中国青
年出版社；2010.03；—95 页；26cm
ISBN 978 – 7 – 5006 – 9221 – 8 ¥ CNY39.00
本书主要面向初级数码摄影爱好者。

3418　新手学摄影·实践篇
〔日〕株式会社学研控股编著．—北京：中国青
年出版社；2010.03；—95 页；26cm
ISBN 978 – 7 – 5006 – 9206 – 5 ¥ CNY39.00
本书共分基础篇和实践篇两部分。

3419　新童话大王·彩虹湖
〔日〕宫泽贤治等著．—广州：广州出版社；2010.
05；—135 页；24cm
ISBN 978 – 7 – 5462 – 0202 – 0 ¥ CNY12.80

3420　新选组血风录
〔日〕司马辽太郎著．—重庆：重庆出版社；2010.
06；—340 页；22cm
ISBN 978 – 7 – 229 – 02162 – 7 ¥ CNY36.80
本书中以新选组中的几个主要角色为主线，分别
讲述了发生在他们身上的一个个光怪陆离的
故事。

3421　新血液革命
〔日〕福田千晶著．—沈阳：辽宁科学技术出版
社；2010.01；—151 页；21cm
ISBN 978 – 7 – 5381 – 6134 – 2 ¥ CNY19.80

3422 星辰啜露

〔日〕村田沙耶香著 . —北京：金城出版社；2010. 10；—171 页；21cm

ISBN 978 – 7 – 80251 – 569 – 7 ￥CNY26. 00

本书为小说。

3423 刑事诉讼法

〔日〕田口守一著 . —北京：中国政法大学出版社；2010. 11；—11 页，12 页，421 页；23cm

ISBN 978 – 7 – 5620 – 3674 – 6 ￥CNY46. 00

本书主张建立多样化的刑事司法体系，而且应当把这种多样性的刑事司法体系的总体作为研究的对象。

3424 幸福甜蜜的芝士蛋糕

〔日〕信太康代著 . —沈阳：辽宁科学技术出版社；2010. 05；—81 页；24cm

ISBN 978 – 7 – 5381 – 6300 – 1 ￥CNY22. 00

本书介绍了三大类的芝士蛋糕。

3425 嘘！紫色 AB 型人

〔日〕下田巨作著 . —乌鲁木齐：新疆人民卫生出版社；2010. 09；—148 页；19cm

ISBN 978 – 7 – 5372 – 4540 – 1 ￥CNY22. 00（全套）

书中除了讲述不同血型人的特征以外，还为读者提供了许多难得而又非常实用的生活技巧。

3426 炫彩美甲技法大全

〔日〕靓丽出版社编著 . —沈阳：辽宁科学技术出版社；2010. 09；—95 页；29cm

ISBN 978 – 7　5381 – 6520 – 3 ￥CNY32. 00

本书是日本靓丽出版社《NAILUP!》的增刊。

3427 眩晕

〔日〕岛田庄司著 . —北京：新星出版社；2010. 01；—424 页；22cm

ISBN 978 – 7 – 80225 – 841 – 9 ￥CNY32. 00

3428 学习的新革命：即使讨厌数学也能飞速掌握的数学的思考力

〔日〕细野真宏著 . —北京：中国轻工业出版社；2010. 01；—225 页；20cm

ISBN 978 – 7 – 5019 – 7340 – 8 ￥CNY29. 80

本书不仅在数学、经济方面，在商务、日常生活等各个领域都能运用。

3429 学园节神秘咒语事件

〔日〕勇岭薫著 . —海口：南海出版公司；2010. 07；—228 页；21cm

ISBN 978 – 7 – 5442 – 4727 – 6 ￥CNY15. 00

本书是"日本少年推理第一人"勇岭薫的代表作。

3430 雪国 – 古都 – 千只鹤

〔日〕川端康成著 . —南京：译林出版社；2010. 06；—323 页；22cm

ISBN 978 – 7 – 5447 – 1124 – 1（精装）：￥CNY20. 00

1968 年度诺贝尔文学奖得主川端康成的三部最主要的代表作。

3431 雪国

〔日〕川端康成著 . —海口：南海出版公司；2010. 08；—416 页；23cm

ISBN 978 – 7 – 5442 – 4866 – 2 ￥CNY28. 00

本书为诺贝尔文学奖得主日本作家川端康成的作品集，收入《雪国》《古都》《千只鹤》等代表作。

3432 雪精灵

〔日〕小原胜野文/图 . —武汉：湖北美术出版社；2010. 11；—1 册；25×25cm

ISBN 978 – 7 – 5394 – 3791 – 0（精装）：￥CNY26. 00

3433 雪舞

〔日〕渡边淳一著 . —上海：文汇出版社；2010. 04；—243 页；21cm

ISBN 978 – 7 – 80741 – 828 – 3 ￥CNY24. 00

本书讲述了一位年轻的脑外科医师，无视医疗小组的决定，又没有得到患者父母的一致同意，擅自为一个患有脑积水下半身严重瘫痪的病孩做脑部手术，术后患儿死亡的故事。这一起看似普通的医疗事故，但在渡边淳一解剖刀一样细腻敏锐的笔下，却展示出人性中凄美无奈的那一面。

3434 血型与人生命运鉴定书：解决版

〔日〕高岛玉凤编著 . —北京：中国工人出版社；2010. 06；—130 页；19cm

ISBN 978 – 7 – 5008 – 4650 – 5 ￥CNY13. 80

本书描述了形成各种血型缺点、弱点等不利因素的原因，以工作、家庭、友情和爱情为分类标准，找出矛盾之间的关联，讲解相应的处理方法。

3435 血液暗号

〔日〕藤田纮一郎著 . —杭州：浙江科学技术出版社；2010. 06；—208 页；17cm

ISBN 978 – 7 – 5341 – 3824 – 9（精装）：￥CNY29. 00

在《血液暗号》一书中，"寄生虫博士"藤田纮一郎公布了他的重大发现：依据血型的遗传密码可以推知，O 型人最健康，AB 型人的体质最差。藤田纮一郎长期从事免疫学研究。他从自己所熟悉的医学领域入手，追本溯源，对血型的共性和特性进行了细致入微的剖析。

3436 鸭川小鬼
〔日〕万城目学著．—上海：上海人民出版社；2010.08；—241 页；21cm
ISBN 978 - 7 - 208 - 09395 - 9 ￥CNY24.00
《鸭川小鬼》讲述了一个发生在当代的奇幻传说：平静祥和的京都古城里，一场惊天动地的"荷尔摩"之战即将开打。这不仅是攸关命运的竞赛，更是一场赌上爱情、友情和荣誉，孤注一掷的青春大战。

3437 牙细菌大冒险
〔日〕加古里子著．—北京：北京科学技术出版社；2010.01；—35 页；22cm
ISBN 978 - 7 - 5304 - 4368 - 2 ￥CNY12.00
本书讲述了如何对孩子进行健康教育这一很棘手的问题。幼儿教育受制于幼儿生理、心理的发展，太过专业的健康教育图书对幼儿来说太难，很难引起他们的兴趣，而太过简单的绘本又很难做到讲解明晰、面面俱到。

3438 雅米老师的 3 步骤点心
〔日〕雅米著．—沈阳：辽宁科学技术出版社；2010.09；—95 页；24cm
ISBN 978 - 7 - 5381 - 6481 - 7 ￥CNY25.00
雅米老师的 3 步骤点心，不需要烤箱、做法简便。还有这种做法！使用小烤箱．平底锅．微波炉来烹调的令人吃惊的简单食谱！即使没有用具，也没有时间 但以 1，2，3，就能完成全世界地道的面包与果子！

3439 亚尔斯兰战记．旌旗流转 - 妖云群行
〔日〕田中芳树著．—北京：华文出版社；2010.06；—260 页；22cm
ISBN 978 - 7 - 5075 - 3065 - 0 ￥CNY25.00
《亚尔斯兰战记》描述王子亚尔斯兰如何集结众多能人志士，复兴被外族夺去的国土，并成为一代贤君的历程。除了战争斗志场面惊心动魄，小说并穿插奇幻元素恐怖蛇王的重生，加上恶灵、妖魔等元素，与《魔戒》的索伦魔王可堪比拟。

3440 亚尔斯兰战记．落日悲歌 - 汗血公路
〔日〕田中芳树著．—北京：华文出版社；2010.05；—283 页；22cm
ISBN 978 - 7 - 5075 - 3070 - 4 ￥CNY25.00

《亚尔斯兰战记》描述王子亚尔斯兰如何集结众多能人志士，复兴被外族夺去的国土，并成为一代贤君的历程。除了战争斗志场面惊心动魄，小说并穿插奇幻元素恐怖蛇王的重生，加上恶灵、妖魔等元素，与《魔戒》的索伦魔王可堪比拟。

3441 亚尔斯兰战记．魔军袭来
〔日〕田中芳树著．—北京：华文出版社；2010.07；—219 页；22cm
ISBN 978 - 7 - 5075 - 3069 - 8 ￥CNY25.00
《亚尔斯兰战记》描述王子亚尔斯兰如何集结众多能人志士，复兴被外族夺去的国土，并成为一代贤君的历程。除了战争斗志场面惊心动魄，小说并穿插奇幻元素恐怖蛇王的重生，加上恶灵、妖魔等元素，与《魔戒》的索伦魔王可堪比拟。

3442 亚尔斯兰战记．王都夺还 - 假面兵团
〔日〕田中芳树著．—北京：华文出版社；2010.06；—293 页；22cm
ISBN 978 - 7 - 5075 - 3066 - 7 ￥CNY25.00
《亚尔斯兰战记》描述王子亚尔斯兰如何集结众多能人志士，复兴被外族夺去的国土，并成为一代贤君的历程。除了战争斗志场面惊心动魄，小说并穿插奇幻元素恐怖蛇王的重生，加上恶灵、妖魔等元素，与《魔戒》的索伦魔王可堪比拟。

3443 亚尔斯兰战记．王都烈焰王子之争
〔日〕田中芳树著．—北京：华文出版社；2010.05；—277 页；22cm
ISBN 978 - 7 - 5075 - 3071 - 1 ￥CNY25.00
《亚尔斯兰战记》描述王子亚尔斯兰如何集结众多能人志士，复兴被外族夺去的国土，并成为一代贤君的历程。除了战争斗志场面惊心动魄，小说并穿插奇幻元素恐怖蛇王的重生，加上恶灵、妖魔等元素，与《魔戒》的索伦魔王可堪比拟。

3444 亚尔斯兰战记．征马孤影风尘乱舞
〔日〕田中芳树著．—北京：华文出版社；2010.05；—278 页；22cm
ISBN 978 - 7 - 5075 - 3067 - 4 ￥CNY25.00
《亚尔斯兰战记》描述王子亚尔斯兰如何集结众多能人志士，复兴被外族夺去的国土，并成为一代贤君的历程。除了战争斗志场面惊心动魄，小说并穿插奇幻元素恐怖蛇王的重生，加上恶灵、妖魔等元素，与《魔戒》的索伦魔王可堪比拟。

3445 亚洲城市建筑史

〔日〕布野修司主编 .—北京：中国建筑工业出版社；2010.03；—10 页，384 页；21cm

ISBN 978 - 7 - 112 - 11457 - 3 ￥CNY39.00

本书介绍了亚洲不同文化背景下发展传承延续至今的城市建筑谱系。

3446 亚洲季风年科学计划：2007～2012

王斌，〔日〕松本淳，吴国雄，李建平著 .—北京：气象出版社；2010.11；—67 页；26cm

ISBN 978 - 7 - 5029 - 5069 - 9 ￥CNY20.00

本书为亚洲季风年（2007～2012）的科学计划。

3447 亚洲季风年（2007～2012）执行计划

〔日〕松本淳等著 .—北京：气象出版社；2010.11；—38 页；26cm

ISBN 978 - 7 - 5029 - 5068 - 2 ￥CNY15.00

本书为亚洲季风年（2007～2012）的执行计划。

3448 严流岛后的宫本武藏

〔日〕小山胜清著 .—北京：新世界出版社；2010.07；—2 册（951 页）；24cm

ISBN 978 - 7 - 5104 - 0957 - 8 ￥CNY98.00

3449 研磨商业力

〔日〕大前研一著 .—北京：中华工商联合出版社；2010.05；—31 页，169 页；21cm

ISBN 978 - 7 - 80249 - 241 - 7 ￥CNY25.00

3450 扬声器系统

〔日〕山本武夫编著 .—北京：国防工业出版社；2010.01；—20 页，388 页；26cm

ISBN 978 - 7 - 118 - 06572 - 5 ￥CNY42.00

本书详细介绍了纸盆扬声器、球顶形扬声器、号筒扬声器和各种扬声器箱的结构、工作原理及特性，以及与扬声器有关的声学知识。

3451 仰望半月的夜空

〔日〕桥本纺著 .—长沙：湖南美术出版社；2010.12；—230 页；19cm

ISBN 978 - 7 - 5356 - 4130 - 4 ￥CNY18.00

3452 仰望半月的夜空

〔日〕桥本纺著 .—长沙：湖南美术出版社；2010.09；—199 页；19cm

ISBN 978 - 7 - 5356 - 3908 - 0 ￥CNY18.00

3453 摇滚妈妈

〔日〕角田光代著 .—北京：人民文学出版社；2010.03；—217 页；21cm

ISBN 978 - 7 - 02 - 007824 - 0 ￥CNY19.00

本书收录了包括荣获川端康成文学奖作品《摇滚妈妈》在内的六部短篇小说。

3454 耶！红色 O 型人

〔日〕下田巨作著 .—乌鲁木齐：新疆人民卫生出版社；2010.09；—161 页；19cm

ISBN 978 - 7 - 5372 - 4540 - 1 ￥CNY22.00（全套）

本图书与其说是血型说明书，不如说是属于我们自己的私人生活宝典。

3455 野兽岛

〔日〕椋鸠十著 .—南昌：二十一世纪出版社；2010.05；—192 页；21cm

ISBN 978 - 7 - 5391 - 5602 - 6 ￥CNY14.00

椋鸠十的动物小说取材广泛，成功地塑造了一系列感人肺腑且活泼可爱的动物形象。

3456 野性的呼唤

〔日〕椋鸠十著 .—南昌：二十一世纪出版社；2010.05；—176 页；21cm

ISBN 978 - 7 - 5391 - 5598 - 2 ￥CNY14.00

椋鸠十的动物小说取材广泛，成功地塑造了一系列感人肺腑且活泼可爱的动物形象。

3457 野鸭的友情

〔日〕椋鸠十著 .—南昌：二十一世纪出版社；2010.05；—191 页；21cm

ISBN 978 - 7 - 5391 - 5601 - 9 ￥CNY14.00

椋鸠十的动物小说取材广泛，成功地塑造了一系列感人肺腑且活泼可爱的动物形象。

3458 叶隐入门

〔日〕三岛由纪夫著 .—南京：江苏文艺出版社；2010.07；—153 页；21cm

ISBN 978 - 7 - 5399 - 3888 - 2 ￥CNY21.00

本书是被称作对日本民族心理具有重大影响的一部内籍。

3459 液压机构

〔日〕手岛力著 .—北京：机械工业出版社；2010.10；—161 页；21cm

ISBN 978 - 7 - 111 - 30732 - 7 ￥CNY25.00

通过本书可以学习由液压驱动的机械原理、管路的作用等。

3460 一分半懒人瑜伽

〔日〕铃木真由美著 .—沈阳：辽宁科学技术出版社；2010.03；—106 页；21cm

ISBN 978 - 7 - 5381 - 6279 - 0 ￥CNY25.00
本书所介绍的瑜伽动作不论身在何处都可以轻松地练习。

3461 一分钟读心术：瞬间读懂女人心

〔日〕松岗正彦著 .—北京：中国友谊出版公司；2010.08；—11 页，236 页；21cm
ISBN 978 - 7 - 5057 - 2777 - 9 ￥CNY28.00
本书不仅可作为女性心理学课程的教材，而且还可作为普通心理学、发展心理学、社会心理学、女性学等课程的补充教材和参考资料。

3462 一个人旅行 2

〔日〕高木直子编绘 .—南昌：江西科学技术出版社；2010.07；—151 页；20cm
ISBN 978 - 7 - 5390 - 3822 - 3 ￥CNY25.00
本书作者以其所擅长的图画绘本形式，描绘了她一个人旅行途中的喜、怒、哀、乐。

3463 一个人住第 9 年

〔日〕高木直子编绘 .—南昌：江西科学技术出版社；2010.05；—157 页；18cm
ISBN 978 - 7 - 5390 - 3515 - 4 ￥CNY20.00
本书通过诙谐幽默的语言、轻松风趣的绘本形式，将作者生活中烦恼而又有趣的事情记录下来。

3464 一秒钟看穿他的心

〔日〕藤泽步著 .—长春：北方妇女儿童出版社；2010.08；—190 页；21cm
ISBN 978 - 7 - 5385 - 4801 - 3 ￥CNY25.00
本书就教授你挖掘男人真正心声的 48 个秘诀。

3465 一切都是因为你

〔日〕咲良色著 .—沈阳：万卷出版公司；2010.01；—2 册（277 页，259 页）；21cm
ISBN 978 - 7 - 5470 - 0555 - 2 ￥CNY45.00
爱与被爱，伤害与被伤害，命运的安排让两人相遇。

3466 一首朋克救地救

〔日〕伊坂幸太郎著 .—南京：译林出版社；2010.12；—251 页；20cm
ISBN 978 - 7 - 5447 - 1515 - 7（精装）：￥CNY25.00
本书由四个短篇故事组成，包含了伊坂幸太郎出道后的第一部和最新一部短篇小说。

3467 一学就会的爱心便当

〔日〕学习研究社编著 .—北京：中国青年出版社；2010.07；—64 页；26cm
ISBN 978 - 7 - 5006 - 9330 - 7 ￥CNY32.00
本书收录了很多小动物、卡通人物、交通工具等造型的孩子喜爱的形象角色的爱心便当，样式繁多，乐趣无穷。

3468 一学就会的钩针小物

〔日〕靓丽社组织编写 .—北京：化学工业出版社；2010.08；—72 页；26cm
ISBN 978 - 7 - 122 - 08595 - 5 ￥CNY19.80
本书列举了 70 余种女孩喜欢的钩针小物。

3469 一学就会心电图

〔日〕前田如矢著 .—北京：华夏出版社；2010.03；—194 页；26cm
ISBN 978 - 7 - 5080 - 5659 - 3 ￥CNY39.00

3470 一只耳朵的大鹿

〔日〕椋鸠十著 .—南昌：二十一世纪出版社；2010.05；—175 页；21cm
ISBN 978 - 7 - 5391 - 5599 - 9 ￥CNY14.00
椋鸠十的动物小说取材广泛，成功地塑造了一系列感人肺腑且活泼可爱的动物形象。

3471 一只猫的巴黎晃悠

〔日〕藤野优哉著/绘 .—北京：中信出版社；2010.07；—277 页；21cm
ISBN 978 - 7 - 5086 - 2120 - 3 ￥CNY45.00
本书是一本文化气息浓厚的旅行绘本。

3472 伊豆的舞女

〔日〕川端康成著 .—海口：南海出版公司；2010.08；—345 页；23cm
ISBN 978 - 7 - 5442 - 4867 - 9 ￥CNY28.00
本书为诺贝尔文学奖得主日本作家川端康成的作品集。收入《伊豆的舞女》《山音》等代表作，川端以此获得一九六八年的诺贝尔文学奖。

3473 咿呀呀 . 刷刷牙

〔日〕童公佳文图 .—南昌：二十一世纪出版社；2011.08；—23 页；21cm
ISBN 978 - 7 - 5391 - 5938 - 6 ￥CNY54.00（全套 9 册）

3474 亿万富翁专门学校

〔日〕Chris 冈崎著 .—北京：中信出版社；2010.01；—224 页；23cm
ISBN 978 - 7 - 5086 - 1796 - 1 ￥CNY29.00
本书深入独到的建议，一定能帮你实现成为亿万富翁的理想！

3475　艺术疗法

〔日〕山中康裕，〔日〕饭森真喜雄，〔日〕德田良仁等著．—南京：江苏教育出版社；2010.03；—11页，250页；24cm

ISBN 978 - 7 - 5343 - 9613 - 7 ￥CNY36.00

本书主要介绍了艺术疗法中绘画、箱庭、陶艺、音乐等在精神病例和非精神病例中运用的理论和临床实践。

3476　异邦骑士

〔日〕岛田庄司著．—北京：新星出版社；2009.04；—357页；22cm

ISBN 978 - 7 - 80225 - 645 - 3 ￥CNY29.00

3477　异常

〔日〕桐野夏生著．—桂林：广西师范大学出版社；2010.06；—444页；21cm

ISBN 978 - 7 - 5633 - 9916 - 1 ￥CNY35.00

本书讲述的是一个关于如何在浮躁市侩的社会中理解、认识人性中正常需求的故事。

3478　抑郁，撒由那拉！

〔日〕最上悠著．—北京：华夏出版社；2010.10；—220页；21cm

ISBN 978 - 7 - 5080 - 5979 - 2 ￥CNY28.00

本书针对大众读者，介绍抑郁症的自助治疗。

3479　抑郁症自我诊疗与全面调养

〔日〕春日武彦监修．—海口：南海出版公司；2010.01；—192页；23cm

ISBN 978 - 7 - 5442 - 4623 - 1 ￥CNY25.00

本书针对抑郁症的预防、诊疗和调养等方面进行了详细阐述。

3480　意大利餐制作大全

〔日〕川上文代著．—沈阳：辽宁科学技术出版社；2010.04；—223页；24cm

ISBN 978 - 7 - 5381 - 6327 - 8 ￥CNY48.00

3481　应对中国：日本经济对策

〔日〕大前研一著．—青岛：青岛出版社；2010.12；—146页；21cm

ISBN 978 - 7 - 5436 - 6783 - 9 ￥CNY18.00

3482　英汉法德日俄空间科学词典

庄逢甘，〔日〕二宫敬虔主编．—北京：中国宇航出版社；2010.11；—16页，664页；22cm

ISBN 978 - 7 - 80218 - 816 - 7（精装）：￥CNY188.00

本词典由国际宇航科学院组织编写，搜集了近3000个空间科学术语。

3483　英伦风格小屋：22 个创意家居表情

〔日〕niko works 著．—北京：中信出版社；2010.11；—143页；21cm

ISBN 978 - 7 - 5086 - 2279 - 8 ￥CNY35.00

向会生活、懂情调的伦敦女孩学习充满魅力的生活法。22 个别具特色的房间布置。

3484　樱花树下

〔日〕渡边淳一著．—上海：文汇出版社；2010.05；—402页；21cm

ISBN 978 - 7 - 80741 - 834 - 4 ￥CNY33.00

本书为长篇小说。

3485　樱花乡神秘复仇事件

〔日〕勇岭薰著．—海口：南海出版公司；2010.07；—216页；21cm

ISBN 978 - 7 - 5442 - 4731 - 3 ￥CNY15.00

"日本少年推理第一人"勇岭薰的代表作。

3486　赢在问题解决力

〔日〕萩原正英著．—北京：化学工业出版社；2010.01；—158页；22cm

ISBN 978 - 7 - 122 - 06627 - 5 ￥CNY25.00

本书是一本可以大大提高经理人和员工工作效率与业绩的书。

3487　影武者

〔日〕隆庆一郎著．—沈阳：万卷出版公司；2010.12；—250页；21cm

ISBN 978 - 7 - 5470 - 1303 - 8 ￥CNY28.00

这部小说结构磅礴，推理严谨，风格自成一家，在日本文学史上有着重要地位，本册为结局篇。

3488　影武者

〔日〕隆庆一郎著．—沈阳：万卷出版公司；2010.09；—350页；21cm

ISBN 978 - 7 - 5470 - 1211 - 6 ￥CNY32.80

这部小说结构磅礴，推理严谨，风格自成一家，在日本文学史上有着重要地位。

3489　影响力

〔日〕源赖朝著．—哈尔滨：哈尔滨出版社；2010.08；—209页；18cm

ISBN 978 - 7 - 5484 - 0192 - 6 ￥CNY60.00（全套6册）

这是一本介绍源赖朝人生哲学的书。

3490　用毛线编织七彩生活

〔日〕伊藤浩史著 .—郑州：河南科学技术出版社；
2010.03；—79 页；26cm
ISBN 978 – 7 – 5349 – 4147 – 4 ￥CNY22.80

3491　优睡眠：打造压力社会的舒适睡眠

〔日〕斋藤恒博著 .—沈阳：辽宁科学技术出版
社；2010.01；—149 页；23cm
ISBN 978 – 7 – 5381 – 5699 – 7 ￥CNY22.00
针对各种治疗睡眠质量不好的处方，作为临床
医学的专门医生作者向读者进行了详细的解说。

**3492　优秀儿童的黄金时间表：揭开孩子优秀成
因之谜**

〔日〕中畑千弘著 .—桂林：漓江出版社；
2010.06；—135 页；21cm
ISBN 978 – 7 – 5407 – 4830 – 2 ￥CNY25.00
本书作者历时 12 年，调查了 5 万多名儿童的学习
行为模式，终于揭开"优秀儿童的生活习惯"之谜。

3493　悠然动物园

〔日〕多田宽著 .—北京：北京科学技术出版社；
2010.09；—1 册；26×26cm
ISBN 978 – 7 – 5304 – 4818 – 2（精装）：￥CNY25.00
本书是作者精心绘制的图画书。

3494　有病不能乱投医

〔日〕主妇之友社编著 .—沈阳：辽宁科学技术
出版社；2010.12；—223 页；24cm
ISBN 978 – 7 – 5381 – 6680 – 4 ￥CNY38.00
本书让你能更轻松、及时、准确地发现自己的健
康状况是否存在危机。

3495　幼儿园里上大便

〔日〕村上八千世著 .—北京：北京科学技术出版
社；2010.06；—1 册；22×22cm
ISBN 978 – 7 – 5304 – 4688 – 1 ￥CNY15.00

3496　羽衣传说的记忆

〔日〕岛田庄司著 .—北京：新星出版社；
2010.10；—174 页；22cm
ISBN 978 – 7 – 5133 – 0050 – 6 ￥CNY21.00

3497　雨天的礼物

〔日〕福泽由美子编绘 .—北京：教育科学出版
社；2010.12；—40 页；46cm
ISBN 978 – 7 – 5041 – 5277 – 0 ￥CNY65.00

3498　雨天的礼物

〔日〕福泽由美子文/图 .—北京：教育科学出版

社；2010.04；—40 页；30cm
ISBN 978 – 7 – 5041 – 4560 – 4（精装）：￥CNY29.80

3499　雨月物语春雨物语

〔日〕上田秋成著 .—北京：新世界出版社；
2010.03；—218 页；21cm
ISBN 978 – 7 – 5104 – 0808 – 3 ￥CNY25.00
日本江户时代后期的读本（一种江户时期通俗
文学的形式）代表作之一。

3500　玉岭的叹息

〔日〕陈舜臣著 .—桂林：广西师范大学出版社；
2010.01；—217 页；21cm
ISBN 978 – 7 – 5633 – 9260 – 5 ￥CNY22.00
本书曾获 1970 年度日本推理作家协会奖，是陈
舜臣推理小说的经典作品之一。

3501　浴缸里的灵感：益川敏英的诺贝尔奖人生

〔日〕益川敏英著 .—北京：科学出版社；
2010.06；—176 页；21cm
ISBN 978 – 7 – 03 – 027879 – 1 ￥CNY25.00
从对科学本质的深入理解到子女教育、性别对
待、学术研究以及科学家责任，个性鲜明的益川
敏英教授在各方面都有自己的独特见解。

3502　遇见我的百万金贵人

〔日〕崎本宝珠著 .—海口：南方出版社；
2010.11；—220 页；23cm
ISBN 978 – 7 – 80760 – 927 – 8 ￥CNY28.00
本书教你怎样识别贵人、寻找贵人、结交贵人，
最终赢得贵人的赏识，顺利挖到人生第一桶金。

3503　圆圆的真好吃

〔日〕小西英子文/图 .—上海：少年儿童出版社；
2010.10；—1 册；20cm
ISBN 978 – 7 – 5324 – 8323 – 5 ￥CNY18.00

3504　源氏物语绘本

〔日〕紫式部著 .—上海：上海古籍出版社；
2010.02；—295 页；25cm
ISBN 978 – 7 – 5325 – 5427 – 0 ￥CNY48.00
《源氏物语》是日本的古典名著。

3505　源氏物语

〔日〕紫式部著 .—北京：中国华侨出版社；
2010.08；—490 页；29cm
ISBN 978 – 7 – 5113 – 0485 – 8 ￥CNY29.80
本书是日本著名作家紫式部的代表著作。

3506　越玩越聪明的折纸游戏

〔日〕半田丈直，〔日〕丹羽兑子著 .—郑州：

河南科学技术出版社；2010.01；—157 页；25cm
ISBN 978 - 7 - 5349 - 4435 - 2 ￥CNY29.80
本书介绍数种可爱的折纸作品以及能够用这些
折纸进行的趣味游戏。

3507 再见吧，美国：后金融危机的全球趋势
〔日〕大前研一著 . —北京：中华工商联合出版
社；2010.05；—183 页；23cm
ISBN 978 - 7 - 80249 - 242 - 4 ￥CNY28.00
本书是大前研一最新的美国观点，是直接了解
世界权利与地区经济的重要著作。

3508 在漫长的旅途中
〔日〕星野道夫著 . —上海：上海人民出版社；
2010.02；—254 页；21cm
ISBN 978 - 7 - 208 - 08447 - 6 ￥CNY29.00
本书收录了星野道夫生前未及发表的摄影与文
字作品。

3509 在那忧郁无尽蔓延的黑夜
〔日〕中村文则著 . —北京：金城出版社；
2010.10；—139 页；21cm
ISBN 978 - 7 - 80251 - 563 - 5 ￥CNY26.00

3510 在仙后座山丘上
〔日〕重松清著 . —北京：北京理工大学出版社；
2010.9；—385 页；23cm
ISBN 978 - 7 - 5640 - 3807 - 6 ￥CNY29.00
本书是日本当代著名作家重松清的作品。

3511 早稻田大学与中国：架起通向未来之桥
〔日〕安藤彦太郎著 . —武汉：武汉大学出版社；
2010.09；—246 页；23cm
ISBN 978 - 7 - 307 - 07957 - 1 ￥CNY25.00
本书论述了日本学者有关中国研究的基本方法，
也有学者的风采和学人的精神。

**3512 早衰的人与永葆青春的人：避开糖化，就
能延缓衰老**
〔日〕米井嘉一著 . —上海：学林出版社；
2010.10；—13 页，173 页；21cm
ISBN 978 - 7 - 5486 - 0068 - 8 ￥CNY20.00
本书是一本有关抗衰老话题的通俗保健读物。

3513 贼刀·铠
〔日〕西尾维新著 . —南京：江苏文艺出版社；2010.
09；—170 页；21cm
ISBN 978 - 7 - 5399 - 3868 - 4 ￥CNY18.00
本书是长篇小说。

3514 炸鸡恐龙学
〔日〕盛口满著 . —长沙：湖南科学技术出版社；
2010.07；—213 页；18cm
ISBN 978 - 7 - 5357 - 5997 - 9 ￥CNY25.00
本书讲到鸡、鸭、企鹅等几种常见的动物，从它
们身上发现进化之谜。

3515 斋藤家的核弹头
〔日〕筱田节子著 . —上海：上海文艺出版社；
2010.01；—317 页；21cm
ISBN 978 - 7 - 5321 - 3685 - 8 ￥CNY26.00
本书为长篇小说。

3516 斩刀·钝
〔日〕西尾维新著 . —南京：江苏文艺出版社；
2010.06；—174 页；21cm
ISBN 978 - 7 - 5399 - 3792 - 2 ￥CNY21.00
本书为当代小说。

3517 占星术杀人魔法
〔日〕岛田庄司著 . —北京：新星出版社；
2010.01；—334 页；23cm
ISBN 978 - 7 - 80225 - 760 - 3（精装）：￥CNY36.00
本书是日本新本格推理小说。

3518 战国日本
〔日〕茂吕美耶著 . —桂林：广西师范大学出版
社；2010.09；—240 页；23cm
ISBN 978 - 7 - 5633 - 9894 - 2 ￥CNY36.00
本书作者用流利的中文将日本百余年的战国时
代娓娓道来。

3519 战国旋风记
〔日〕柴田炼三郎著 . —北京：华文出版社；
2010.06；—222 页；22cm
ISBN 978 - 7 - 5075 - 3160 - 2 ￥CNY25.00
本书由 6 个中短篇小说构成。通过这几个故事可
以了解到日本的风俗人情及相关历史。

3520 战前日本国家主义运动史
〔日〕堀幸雄著 . —北京：社会科学文献出版社；
2010.05；—466 页；22cm
ISBN 978 - 7 - 5097 - 1391 - 4 ￥CNY59.00
本书探讨了日本战前的国家主义运动史及其背
后的思想根源。

3521 站在制造业原点：吉田庄一郎自传
〔日〕吉田庄一郎著 . —北京：中信出版社；
2010.09；—12 页，131 页；21cm
ISBN 978 - 7 - 5086 - 2151 - 7 ￥CNY26.00

本书在介绍了尼康公司经营思路和管理方法，再现了日本成为制造业强国的传奇。

3522 掌纹说明书
〔日〕沙野光玲著 . —哈尔滨：北方文艺出版社；2010.08；—125 页；21cm
ISBN 978 – 7 – 5317 – 2478 – 0 ￥CNY23.80
本书以丰富的图解介绍掌纹，使读者通过其轻松愉快地解读自己的婚姻、事业等运势。

3523 丈夫这东西
〔日〕渡边淳一著 . —北京：作家出版社；2010.04；—215 页；21cm
ISBN 978 – 7 – 5063 – 5311 – 3 ￥CNY25.00

3524 折纸全集
〔日〕拼布通信社编著 . —郑州：河南科学技术出版社；2010.02；—79 页；26cm
ISBN 978 – 7 – 5349 – 4157 – 3 ￥CNY26.00

3525 折纸全集
〔日〕拼布通信社编著 . —郑州：河南科学技术出版社；2010.02；—79 页；26cm
ISBN 978 – 7 – 5349 – 4432 – 1 ￥CNY26.00

3526 这样吃药最有效
〔日〕森川明信监修 . —海口：南海出版公司；2010.01；—190 页；23cm
ISBN 978 – 7 – 5442 – 4567 – 8 ￥CNY25.00
对正确的服药方法、药物的副作用、名称、剂型、规格，以及如何选择处方药，儿童、老人、孕妇如何正确服药等进行了清楚、详尽的介绍。

3527 这样思考，人生就不一样
〔日〕外山滋比古著 . —北京：北京科学技术出版社；2010.02；—203 页；21cm
ISBN 978 – 7 – 5304 – 4539 – 6 ￥CNY28.00
本书意在通过作者自身的体验，把学生带回到进行独立且富有创造性的思考的路上，从而为日后走向社会打好基础。

3528 这一生再也不会有的奇遇
〔日〕喜多川泰著 . —南京：江苏文艺出版社；2010.09；—170 页；21cm
ISBN 978 – 7 – 5399 – 3979 – 7 ￥CNY24.00
本书是一部启迪人生的奇妙的小说。

3529 侦探队
〔日〕那须正干著 . —南昌：二十一世纪出版社；2010.09；—155 页；19cm

ISBN 978 – 7 – 5391 – 6011 – 5 ￥CNY14.00
"活宝三人组"以三个性格各异的小学生为主角，通过思考、推理和判断他们生活中遇到的一些事情，解决了一桩又一桩的难题。

3530 真希望我 20 几岁就知道的事：白金版
〔日〕崎本宝珠著 . —海口：南方出版社；2010.10；—193 页；23cm
ISBN 978 – 7 – 80760 – 903 – 2 ￥CNY28.00
本书是一本写给职场新人的入门宝典。

3531 政治少年之死
〔日〕大江健三郎著 . —杭州：浙江文艺出版社；2010.07；—208 页；20cm
ISBN 978 – 7 – 5339 – 3025 – 7（精装）：￥CNY25.00
通过对 17 岁少年沦为暗杀凶手的描写，揭露了天皇制的政治制度。

3532 支气管内超声引导针吸活检术操作手册：EBUS-TBNA
〔日〕腾泽武彦主编 . —北京：人民卫生出版社；2010.06；—10，86 页；26cm
ISBN 978 – 7 – 117 – 12955 – 8 ￥CNY48.00
本书全面系统介绍了 EBUS-TBNA 这一技术的基础和临床。

3533 肢解尸体之谜
〔日〕绫辻行人著 . —珠海：珠海出版社；2010.05；—251 页；21cm
ISBN 978 – 7 – 5453 – 0360 – 5 ￥CNY21.00
本书为日本推理小说。

3534 职场人格说明书：职场中的四型人格交际术
〔日〕前田明著 . —北京：金城出版社；2010.11；—162 页；21cm
ISBN 978 – 7 – 80251 – 588 – 8 ￥CNY25.00
本书是有关职场人格的判定，以及对四种类型人的潜在习惯、本性和价值观的分析。

3535 职场人脉经营术
〔日〕本田直之著 . —北京：中国人民大学出版社；2010.07；—197 页；21cm
ISBN 978 – 7 – 300 – 12290 – 8 ￥CNY32.00
本书是关于职场人际沟通、构建人脉网的书。

3536 职场孙子兵法
〔日〕商业兵法研究会著 . —北京：中国人民大学出版社；2010.02；—176 页；21cm
ISBN 978 – 7 – 300 – 11645 – 7 ￥CNY22.00
本书通过有趣的插图，详解世界公认最强的谋略之书《孙子兵法》。

3537　职场心理控制术

〔日〕植西聪著 .—北京：中国人民大学出版社；2010.02；—111页；21cm

ISBN 978 – 7 – 300 – 11674 – 7 ￥CNY19.80

本书介绍了关于人际关系和人际沟通。

3538　职场抑郁症者重返社会

〔日〕渡部芳德著 .—北京：人民卫生出版社；2010.08；—10页，97页；24cm

ISBN 978 – 7 – 117 – 12904 – 6 ￥CNY18.00

本书是一本告诉职场抑郁症患者如何才能早一天恢复健康，并回归社会、回归职场的科普书。

3539　痔疮自我诊疗与全面调养

〔日〕平田雅彦著 .—海口：南海出版公司；2010.01；—178页；23cm

ISBN 978 – 7 – 5442 – 4643 – 9 ￥CNY25.00

本书针对痔疮的预防、诊疗和调养等方面进行了详细阐述。

3540　中岛凯西的花样拼布

〔日〕中岛凯西著 .—郑州：河南科学技术出版社；2010.04；—95页；26cm

ISBN 978 – 7 – 5349 – 4488 – 8 ￥CNY28.00

本书介绍了艺术品一样的拼布作品的做法。

3541　中岛凯西的居家拼布88款

〔日〕中岛凯西著 .—郑州：河南科学技术出版社；2010.08；—95页；26cm

ISBN 978 – 7 – 5349 – 4609 – 7 ￥CNY32.00

本书是中岛凯西的作品集，书中涉及88种居家拼布的制作。

3542　中二病中毒说明书

〔日〕塞神霫夜著 .—海口：南方出版社；2010.09；—138页；19cm

ISBN 978 – 7 – 80760 – 786 – 1 ￥CNY22.00

作者幽默轻松解读"中二病"的成因及"症状"，并对此提出建设性的看法。

3543　中风正确治疗与生活调养

〔日〕内山真一郎著 .—南宁：广西科学技术出版社；2010.07；—198页；23cm

ISBN 978 – 7 – 80763 – 486 – 7 ￥CNY28.00

本书针对的对象为中风（脑卒中）治疗以及中风后遗症的人士。

3544　中高级日语语法精解

〔日〕白川博之主编 .—北京：外语教学与研究出版社；2010.03；—10页，722页；21cm

ISBN 978 – 7 – 5600 – 9233 – 1 ￥CNY39.90

3545　中国长三角与日本东海地区的产业经济发展

姜宁，李晓春，〔日〕多和田真主编 .—北京：中国财政经济出版社；2010.09；—11页，379页；23cm

ISBN 978 – 7 – 5095 – 2439 – 8 ￥CNY48.00

本书是南京大学长三角社会经济发展研究中心与日本名古屋大学经济学部的学术交流成果。

3546　中国长三角与日本东海地区的产业经济发展

李晓春，姜宁，〔日〕多和田真主编 .—北京：中国财政经济出版社；2010.12；—379页；23cm

ISBN 978 – 7 – 5095 – 2673 – 6 ￥CNY48.00

本书是南京大学长三角社会经济发展研究中心与日本名古屋大学经济学部的学术交流成果。

3547　中国的道教

〔日〕小林正美著 .—济南：齐鲁书社；2010.01；—273页；21cm

ISBN 978 – 7 – 5333 – 2338 – 7 ￥CNY28.00

本书论述了道教的形成及南北朝至清代道教的历史，具有较高的学术价值。

3548　中国的经济革命：二十世纪的乡村工业

〔日〕顾琳著 .—南京：江苏人民出版社；2010.01；—311页；23cm

ISBN 978 – 7 – 214 – 06100 – 3 ￥CNY30.00

本书以河北中部的高阳工业区为研究个案，从该工业区20世纪的发展历程揭示中国乡村工业的发展面貌。

3549　中国古代的"家"与国家

〔日〕尾形勇著 .—北京：中华书局；2010.01；—258页；24cm

ISBN 978 – 7 – 101 – 07127 – 6 ￥CNY46.00

本书作者在中国秦汉史以及中国古代国家形态研究方面卓有成就。

3550　中国古代的家族与国家

〔日〕守屋美都雄著 .—上海：上海古籍出版社；2010.03；—498页；24cm

ISBN 978 – 7 – 5325 – 5458 – 4（精装）：￥CNY90.00

本书收录了已故守屋博士晚年所撰论文中的主要作品，同时也涉及一部分早年代表作。

3551 中国近世戏曲史

〔日〕青木正儿著 . —北京：中华书局；2010.01；—598 页；24cm

ISBN 978 - 7 - 101 - 06444 - 5 ￥CNY96.00

此书是一本材料丰富、编排系统、有一定影响的中国戏曲史研究专著。

3552 中国秘密社会史

〔日〕平山周著 . —北京：东方出版社；2010.09；—179 页；23cm

ISBN 978 - 7 - 5060 - 3986 - 4 ￥CNY32.00

本书主要介绍中国秘密社会的起源及内部情况，是研究和介绍中国秘密社会的经典作品。

3553 中国"女权"概念的变迁：清末民初的人权和社会性别

〔日〕须藤瑞代著 . —北京：社会科学文献出版社；2010.02；—277 页；23cm

ISBN 978 - 7 - 5097 - 0897 - 2 ￥CNY39.00

本书对"女权"概念的引入和发展进行了较为全面的考察。

3554 中国善书研究

〔日〕酒井忠夫著 . —南京：江苏人民出版社；2010.08；—2 册（840 页）；23cm

ISBN 978 - 7 - 214 - 06319 - 9 ￥CNY75.00

本书是全面论述善书制作、流传以及影响的学术著作。

3555 中国，我误解你了吗

〔日〕加藤嘉一著 . —北京：华文出版社；2010.08；—196 页；23cm

ISBN 978 - 7 - 5075 - 3220 - 3 ￥CNY36.00

《中国，我误解你了吗》是日本青年加藤嘉一刊发来华多年后，对自己在中国的所见所闻、所思所想的沉淀和梳爬。

3556 中级日语语法使用指南

〔日〕市川保子著 . —天津：南开大学出版社；2010.10；—410 页；26cm

ISBN 978 - 7 - 310 - 03585 - 4 ￥CNY42.00

本书主要针对中级日语学习者在学习常用语法中难于理解的问题，以及经常出现的病句进行了解惑和指导。

3557 中小企业制订经营计划的程序

〔日〕平松阳一著 . —沈阳：辽宁科学技术出版社；2010.04；—12 页，162 页；24cm

ISBN 978 - 7 - 5381 - 5519 - 8 ￥CNY25.00

全书附有经营计划报告例文集，极大地方便了

企业用来参考和借鉴。

3558 种出来的意大利面条

〔日〕角野荣子著 . —北京：中国少年儿童出版社；2010.05；—75 页；21cm

ISBN 978 - 7 - 5007 - 9567 - 4 ￥CNY15.00

3559 《周氏冥通记》研究：译注篇

〔日〕麦谷邦夫，〔日〕吉川忠夫编 . —济南：齐鲁书社；2010.01；—389 页；21cm

ISBN 978 - 7 - 5333 - 2340 - 0 ￥CNY40.00

本书作为《周氏冥通记》的研究著作，主要包括原文、注释、译文、索引等。

3560 诸葛孔明

〔日〕陈舜臣著 . —福州：福建人民出版社；2010.02；—404 页；23cm

ISBN 978 - 7 - 211 - 06119 - 8 ￥CNY35.00

本书体现出作者深邃宏大的历史观，曾荣获日本第二十六届吉川英治文学奖。

3561 竹中平藏解读日本经济与改革：日本原财相与北大学生面对面

〔日〕竹中平藏著 . —北京：新华出版社；2010.07；—168 页；21cm

ISBN 978 - 7 - 5011 - 9317 - 2 ￥CNY28.00

本书是在演讲稿的基础上整理而成，是中国读者了解日本的重要参考书。

3562 专业主义

〔日〕大前研一著 . —北京：中信出版社；2010.10；—16 页，272 页；21cm

ISBN 978 - 7 - 5086 - 2301 - 6 ￥CNY32.00

以翔实的案例和敏锐的洞察力分析了企业和国家在复杂的前进道路上需要面临的挑战和应具备的专业素质。

3563 赚钱老板不告诉你的数字经济学：就算有客人逃单，也不要请服务员

〔日〕山田真哉著 . —海口：南海出版公司；2010.06；—18 页，193 页；22cm

ISBN 978 - 7 - 5442 - 4796 - 2 （精装）：￥CNY29.80

本书主要阐述了数字在日常生活中和商业交往以及会计核算中的重要作用。

3564 赚钱老板的经济学：看穿数字不吃亏

〔日〕山田真哉著 . —南昌：江西科学技术出版社；2010.09；—233 页；21cm

ISBN 978 - 7 - 5390 - 3983 - 1 ￥CNY29.80

本书列举出四种"禁忌的数字"所带来的陷阱

和谎言，帮助读者克服对数字的盲信。

3565　捉迷藏
〔日〕木本百子文/图 . —北京：教育科学出版社；
2010.04；—31 页；22cm
ISBN 978 - 7 - 5041 - 4118 - 7（精装）：￥CNY19.80
本书是精装版的幼儿图画书。

3566　灼眼的夏娜
〔日〕高桥弥七郎著 . —长沙：湖南美术出版社；
2010.12；—263 页；19cm
ISBN 978 - 7 - 5356 - 4115 - 1 ￥CNY22.00

3567　灼眼的夏娜
〔日〕高桥弥七郎著 . —长沙：湖南美术出版社；
2010.09；—263 页；19cm
ISBN 978 - 7 - 5356 - 3911 - 0 ￥CNY22.00

3568　资本主义为什么会自我崩溃？新自由主义者的忏悔
〔日〕中谷岩著 . —北京：社会科学文献出版社；
2010.07；—241 页；24cm
ISBN 978 - 7 - 5097 - 1443 - 0 ￥CNY35.00
本书是一本反思欧美新自由主义经济思想的著作。

3569　资源危机：留给我们解决的时间不多了
〔日〕加藤尚武著 . —北京：石油工业出版社；
2010.04；—187 页；25cm
ISBN 978 - 7 - 5021 - 7716 - 4 ￥CNY29.80
这是全世界人人都要关心的问题，是现代社会必须研究并解决的课题 .

3570　自然风格的家居拼布 DIY
〔日〕靓丽社组织编写 . —北京：化学工业出版社；2010.02；—128 页；26cm
ISBN 978 - 7 - 122 - 07162 - 0 ￥CNY29.80
本书介绍了各种拼布的基础知识。

3571　自然图鉴：认识 · 采摘 · 烹调 . 我们的蘑菇朋友
〔日〕松冈达英编 . —贵阳：贵州人民出版社；
2010.08；—37 页；24 × 26cm
ISBN 978 - 7 - 221 - 08900 - 7 ￥CNY68.00（全套 5 册）
本书是能让孩子与自然成为朋友的科普读物。

3572　自然图鉴：认识 · 烹调 · 玩耍 . 我们的海滨朋友
〔日〕松冈达英编 . —贵阳：贵州人民出版社；
2010.08；—37 页；24 × 26cm
ISBN 978 - 7 - 221 - 08900 - 7 ￥CNY68.00（全套 5 册）
本书是能让孩子与自然成为朋友的科普读物。

3573　自然图鉴：认识 · 烹调 · 游戏 . 我们的花草朋友
〔日〕松冈达英编 . —贵阳：贵州人民出版社；
2010.08；—37 页；24 × 26cm
ISBN 978 - 7 - 221 - 08900 - 7 ￥CNY68.00（全套 5 册）
本书是能让孩子与自然成为朋友的科普读物。

3574　自然图鉴：认识 · 玩耍 · 烹调 . 我们的果树朋友
〔日〕松冈达英编 . —贵阳：贵州人民出版社；
2010.08；—37 页；24 × 26cm
ISBN 978 - 7 - 221 - 08900 - 7 ￥CNY68.00（全套 5 册）
本书是能让孩子与自然成为朋友的科普读物。

3575　自然图鉴：认识 · 栽培 · 烹调 . 我们的莓子朋友
〔日〕松冈达英编 . —贵阳：贵州人民出版社；
2010.08；—37 页；24 × 26cm
ISBN 978 - 7 - 221 - 08900 - 7 ￥CNY68.00（全套 5 册）
本书是能让孩子与自然成为朋友的科普读物。

3576　自我治愈肩痛
〔日〕奈斯库主编 . —长春：吉林科学技术出版社；2010.03；—167 页；21cm
ISBN 978 - 7 - 5384 - 4339 - 4 ￥CNY16.90

3577　自我治愈膝盖痛：双色图解版
〔日〕奈斯库主编 . —长春：吉林科学技术出版社；2010.03；—167 页；21cm
ISBN 978 - 7 - 5384 - 4337 - 0 ￥CNY16.90

3578　自我治愈腰痛：双色图解版
〔日〕奈斯库主编 . —长春：吉林科学技术出版社；2010.03；—167 页；21cm
ISBN 978 - 7 - 5384 - 4338 - 7 ￥CNY16.90

3579　自制健康美味的果汁、果酱、果实酒
〔日〕村井苹果著 . —沈阳：辽宁科学技术出版社；2010.09；—127 页；24cm
ISBN 978 - 7 - 5381 - 6535 - 7 ￥CNY32.00
本书介绍了 80 种鲜榨果汁的调配方法，简单实用。

3580　字谜杀人事件

〔日〕岛田庄司著 .—北京：新星出版社；
2010.06；—184 页；22cm
ISBN 978 – 7 – 80225 – 937 – 9 ￥CNY21.00

3581　总生岛神秘消失事件

〔日〕勇岭薰著 .—海口：南海出版公司；
2010.07；—216 页；21cm
ISBN 978 – 7 – 5442 – 4728 – 3 ￥CNY15.00
本书是"日本少年推理第一人"勇岭薰的代
表作。

3582　综合日语

彭广陆，〔日〕守屋三千代总主编 .—北京：北
京大学出版社；2010.08；—343 页；26cm
ISBN 978 – 7 – 301 – 17691 – 7 ￥CNY47.00
本书是首次由中日两国从事日语教学与日语研
究的一批专家学者全面合作、共同编写的全新
教材。

3583　走、跑、跳

〔日〕加古里子著 .—北京：北京科学技术出版
社；2010.01；—35 页；22cm
ISBN 978 – 7 – 5304 – 4366 – 8 ￥CNY12.00

3584　最后的家庭

〔日〕村上龙著 .—上海：上海译文出版社；
2010.02；—11 页，383 页；21cm
ISBN 978 – 7 – 5327 – 4927 – 0 ￥CNY26.00
通过这个家庭遭遇到的自闭、家庭暴力等现代
社会出现的种种问题。

**3585　最危险的厕所和最美丽的星空 . 全世界 9
万 5000 公里自行车旅行 Ⅱ**

〔日〕石田裕辅著 .—北京：中信出版社；
2010.06；—225 页；21cm
ISBN 978 – 7 – 5086 – 2086 – 2 ￥CNY25.00
本书是石田裕辅为满足大家（还有自己）对世
界第一的好奇而写成的"任性版"旅游指南。

3586　最新胎教

〔日〕七田真著 .—上海：华东师范大学出版社；
2010.08；—156 页；21cm
ISBN 978 – 7 – 5617 – 7847 – 0 ￥CNY15.00
宝宝的未来从怀孕开始，孕妇不但要改善饮食
结构，了解自然分娩知识，还要化分娩前的不安
慰安心，迎接聪明健康的宝宝。

3587　左手和右手

〔日〕加古里子著 .—北京：北京科学技术出版

社；2010.01；—30 页；22cm
ISBN 978 – 7 – 5304 – 4365 – 1 ￥CNY12.00

3588　佐伯千津 de 美容课

〔日〕佐伯千津著 .—北京：中信出版社；
2010.02；—110 页；21cm
ISBN 978 – 7 – 5086 – 1791 – 6 ￥CNY20.00
全书系统介绍了肌肤诊断，肌肤基础护理，各种
护肤品、化妆品的用法。

3589　佐贺的超级阿嬷

〔日〕岛田洋七著 .—海口：南海出版公司；
2010.01；—260 页；22cm
ISBN 978 – 7 – 5442 – 4592 – 0 ￥CNY25.00
本书为日本当代长篇小说。

2011

3590　0 ~ 3 岁婴幼儿的日常手作服 & 小物

〔日〕宝库社编著 .—北京：化学工业出版社；
2011.11；—107 页；26cm
ISBN 978 – 7 – 122 – 11405 – 1 ￥CNY49.80
本书从教你选适和宝宝的布料开始，到缝纫前的
准备工作，以及如何按照本书教程完成漂亮的
作品。

3591　1 周就能完成的钩针小物 . 可爱篇

〔日〕河合真弓著 .—郑州：河南科学技术出版
社；2011.06；—63 页；27cm
ISBN 978 – 7 – 5349 – 4921 – 0 ￥CNY25.00

3592　1 周就能完成的钩针小物 . 俏皮篇

〔日〕河合真弓著 .—郑州：河南科学技术出版
社；2011.06；—71 页；27cm
ISBN 978 – 7 – 5349 – 4920 – 3 ￥CNY28.00

3593　1、2、3！三步搞定物理波动学

〔日〕桑子研著 .—北京：科学出版社；2011.08；
—255 页；21cm
ISBN 978 – 7 – 03 – 031884 – 8 ￥CNY32.00

3594　1、2、3！三步搞定物理力学

〔日〕桑子研著 .—北京：科学出版社；2011.08；
—225 页；21cm
ISBN 978 – 7 – 03 – 031914 – 2 ￥CNY32.00

3595　10 分钟就完成的可爱手工改造

〔日〕主妇之友组织编写 .—北京：化学工业出
版社；2011.10；—95 页；21cm
ISBN 978 – 7 – 122 – 11937 – 7 ￥CNY29.80

本书详细介绍了各种改造小技巧。

3596 10 万人都说赞的美腿秘籍

〔日〕齐藤美惠子著 . —重庆：重庆出版社；2011.10；—121 页；21cm

ISBN 978 - 7 - 229 - 04527 - 2 ￥CNY22.00

作者根据自己克服 O 型腿的经历，开创出一系列独特的美腿方法。

3597 10 万人亲身实践，10 天打造坚实俏臀

〔日〕齐藤美惠子著 . —重庆：重庆出版社；2011.08；—123 页；21cm

ISBN 978 - 7 - 229 - 04250 - 9 ￥CNY22.00

这是一本从日本引进的美体书。

3598 10 个人快乐大搬家

〔日〕安野光雅著/绘 . —北京：中国城市出版社；2011.07；—48 页；26cm

ISBN 978 - 7 - 5074 - 2455 - 3 ￥CNY78.00（全套 5 册）

本套绘本深入浅出地介绍了数数、加减法、概率、排列组合等数学原理。

3599 15 分钟聊出好交情：66 个开场、提问、接话的超级说话术

〔日〕野口敏著 . —南昌：二十一世纪出版社；2011.12；—175 页；21cm

ISBN 978 - 7 - 5391 - 6561 - 5 ￥CNY25.00

日本最厉害的说话专家，倾囊传授实用高超的说话技巧。

3600 100 次哭泣

〔日〕中村航著 . —青岛：青岛出版社；2011.01；—168 页；21cm

ISBN 978 - 7 - 5436 - 6785 - 3 ￥CNY18.00

本书是纯爱畅销小说。

3601 100 岁老人给 10 岁孩子的心灵邮件

〔日〕日野原重明著 . —北京：中信出版社；2011.08；—15 页，150 页；21cm

ISBN 978 - 7 - 5086 - 2866 - 0 ￥CNY28.00

本书向 10 岁前后的广大青少年，语重心长地诠释生命的意义，并告诉青少年如何珍爱生命，如何健康成长。

3602 20 世纪中国的社会体系

〔日〕森时彦主编 . —北京：社会科学文献出版社；2011.12；—2 册（699 页）；23cm

ISBN 978 - 7 - 5097 - 2663 - 1 ￥CNY99.00

本书系日本京都大学中国研究系列之二，收录 21 篇论文，以 20 世纪中国社会为主要考察对象。

3603 22 岁大学生赚了一个亿

〔日〕原田翔太著 . —北京：中国人民大学出版社；2011.09；—179 页；21cm

ISBN 978 - 7 - 300 - 14205 - 0 ￥CNY29.80

本书以一位 22 岁大学生的创业经历为案例，为读者指出网络营销的秘诀。

3604 3D 标准背后的故事

〔日〕本田雅一著 . —北京：电子工业出版社；2011.09；—190 页；19cm

ISBN 978 - 7 - 121 - 14562 - 9 ￥CNY23.00

本书全面真实地叙述了 DVD、蓝光（Blu-ray）及 3D 蓝光规格标准制定的翔实过程。

3605 30 秒快瘦 POSE101：腰、腿、胸、背一次变美

〔日〕齐藤美惠子著 . —重庆：重庆出版社；2011.08；—123 页；21cm

ISBN 978 - 7 - 229 - 04248 - 6 ￥CNY22.00

本书针对女性最普遍的形体问题，收录了 101 个姿势供大家锻炼。

3606 30 年后，你的身价是多少

〔日〕中村繁夫著 . —长沙：湖南文艺出版社；2011.09；—186 页；21cm

ISBN 978 - 7 - 5404 - 5067 - 0 ￥CNY26.00

本书以倒叙＋插叙＋插图的方式，讲述作者中村的创业经历。

3607 30 天转运之旅：水谷小猴周游世界

〔日〕水谷小猴著 . —北京：中信出版社；2011.11；—151 页；21cm

ISBN 978 - 7 - 5086 - 3014 - 4 ￥CNY29.00

本书是轻松幽默的旅行题材的绘本作品。

3608 30 天转运之旅：水谷小猴周游世界

〔日〕水谷小猴著 . —北京：中信出版社；2011.11；—149 页；21cm

ISBN 978 - 7 - 5086 - 2918 - 6 ￥CNY29.00

这是一本轻松幽默的旅行题材的绘本作品。

3609 30 天转运之旅：水谷小猴周游世界

〔日〕水谷小猴著 . —北京：中信出版社；2011.11；—141 页；21cm

ISBN 978 - 7 - 5086 - 2919 - 3 ￥CNY29.00

这是一本轻松幽默的旅行题材的绘本作品。

3610 31 岁又怎样

〔日〕山本文绪著 .—海口：南海出版公司；
2011.08；—210 页；21cm

ISBN 978 - 7 -5442 - 5461 - 8 ￥CNY22.00

本书是日本当代短篇小说集，收录直木奖获奖
作家山本文绪的 31 则精彩短篇小说。

3611 310 例营养蔬果汁 DIY

〔日〕植木桃子著 .—沈阳：辽宁科学技术出版
社；2011.08；—223 页；21cm

ISBN 978 - 7 -5381 - 6946 - 1 ￥CNY38.00

本书介绍了 310 款蔬果汁的制作方法。

3612 365 日！电吉他手的养成计划

〔日〕宫胁俊郎著 .—长沙：湖南文艺出版社；
2011.11；—110 页；30cm

ISBN 978 - 7 -5404 - 5163 - 9 ￥CNY38.00

本书由日本 rittor music 引进，是日本目前人气最
高的电吉他训练教材。

3613 4 点起床：最养生和高效的时间管理

〔日〕中岛孝志著 .—北京：印刷工业出版社；
2011.08；—10 页，166 页；23cm

ISBN 978 - 7 -5142 - 0057 - 7 ￥CNY34.80

本书介绍了作者长期实践并获益的早起工作法。

3614 50 岁开始的健康高手

〔日〕生岛博著 .—上海：第二军医大学出版社；
2011.05；—207 页；24cm

ISBN 978 - 7 -5481 - 0200 - 7 ￥CNY29.00

作者在来自于健康专家以及自己尝试的多种健
康法中，挑选几十个养生方法给中老年朋友。

3615 69

〔日〕村上龙著 .—上海：上海译文出版社；
2011.10；—200 页；19cm

ISBN 978 - 7 -5327 - 5595 - 0（精装）：￥CNY24.00

本书是关于村上龙高中生活的畅快淋漓的自传
体青春小说，2004 年被翻拍成电影。

3616 7 只老鼠去上学

〔日〕山下明生文 .—南宁：接力出版社；
2011.07；—38 页；23cm

ISBN 978 - 7 -5448 - 1861 - 2 ￥CNY12.00

本书是日本著名图画书大师岩村和朗继“14 只
老鼠系列”之后的又一经典代表作品。

3617 7 只老鼠挖红薯

〔日〕山下明生文 .—南宁：接力出版社；
2011.07；—38 页；23cm

ISBN 978 - 7 -5448 - 1859 - 9 ￥CNY12.00

本书是现代都市儿童人格启蒙的一套优质成长
图画书。

3618 7 只老鼠学钓鱼

〔日〕山下明生文 .—南宁：接力出版社；
2011.07；—38 页；23cm

ISBN 978 - 7 -5448 - 1858 - 2 ￥CNY12.00

本书是现代都市儿童人格启蒙的一套优质成长
图画书。

3619 7 只老鼠在海边

〔日〕山下明生文 .—南宁：接力出版社；
2011.07；—37 页；23cm

ISBN 978 - 7 -5448 - 1860 - 5 ￥CNY12.00

本书是现代都市儿童人格启蒙的一套优质成长
图画书。

3620 8.1

〔日〕山田悠介著 .—上海：文汇出版社；
2011.06；—242 页；21cm

ISBN 978 - 7 -5496 - 0195 - 0 ￥CNY25.00

本书是一部洋溢着青春哀伤气息的短篇恐怖小
说集。

**3621 99％的人都用错了销售技巧：日本销售大
王让你业绩翻 5 倍**

〔日〕河濑和幸著 .—苏州：古吴轩出版社；
2011.07；—12 页，179 页；21cm

ISBN 978 - 7 -80733 - 667 - 9 ￥CNY29.80

本书是一本关于销售技巧的作品。

3622 999 个青蛙兄弟的春天

〔日〕木村研著 .—北京：新星出版社；
2011.09；—40 页；23cm

ISBN 978 - 7 -5133 - 0320 - 0（精装）：￥CNY29.80

这是一本儿童图画故事书。

3623 BC 级战犯从地狱喊出的声音

〔日〕大森淳郎，〔日〕渡边考著 .—北京：金
城出版社；2011.06；—10 页，216 页；23cm

ISBN 978 - 7 -80251 - 496 - 6 ￥CNY29.80

3624 Cotton friend 手工生活

〔日〕靓丽社组织编写 .—北京：化学工业出版
社；2011.11；—119 页；27cm

ISBN 978 - 7 - 122 - 11406 - 8 ￥CNY49.80

本书将最受手工爱好者欢迎的服装裁缝、布艺杂
货、拼布、刺绣等手工汇集成册。

3625　Cotton friend 手工生活

〔日〕靓丽社组织编写．—北京：化学工业出版社；2011.10；—124 页；27cm

ISBN 978－7－122－11477－8 ￥CNY49.80

本书将最受手工爱好者欢迎的服装裁缝、布艺杂货、拼布、刺绣等手工汇集成册。

3626　CUCITO 儿童手作服

〔日〕靓丽社组织编写．—北京：化学工业出版社；2011.11；—112 页；27cm

ISBN 978－7－122－11818－9 ￥CNY49.80

日本畅销多年的婴幼儿、儿童服装裁剪与缝纫杂志书原版引进。

3627　CUCITO 儿童手作服

〔日〕靓丽社组织编写．—北京：化学工业出版社；2011.10；—112 页；27cm

ISBN 978－7－122－11356－6 ￥CNY49.80

本书为读者提供了手把手的缝纫教学指导。

3628　Debug Hacks 中文版：深入调试的技术和工具

〔日〕吉冈弘隆等著．—北京：电子工业出版社；2011.09；—17 页，401 页；23cm

ISBN 978－7－121－14048－8 ￥CNY69.00

本书是 Miracle Linux 的创始人吉冈弘隆和几位工程师们多年从事内核开发的经验积累。

3629　DSLR 数码摄影攻略本．构图篇

〔日〕Digital Photo 编辑部编．—北京：中国青年出版社；2011.07；—208 页；18cm

ISBN 978－7－5006－9952－1 ￥CNY32.00

一本详细介绍摄影构图的基础知识和拍摄技能的图书。

3630　DSLR 数码摄影攻略本．基础篇

〔日〕Digital Photo 编辑部编．—北京：中国青年出版社；2011.07；—208 页；18cm

ISBN 978－7－5006－9936－1 ￥CNY32.00

本书是 DSLR 数码摄影攻略本系列书的第一本，采用了口袋书的开本尺寸，方便读者携带。

3631　DSLR 数码摄影攻略本．镜头篇

〔日〕Digital Photo 编辑部编．—北京：中国青年出版社；2011.07；—199 页；18cm

ISBN 978－7－5006－9848－7 ￥CNY32.00

本书是 DSLR 数码摄影攻略本的一本，采用了口袋书的开本尺寸，方便读者携带。

3632　EQ 瘦身法：想想就能瘦的无压力塑身魔法

〔日〕稻川龙男著．—北京：金城出版社；2011.10；—146 页；21cm

ISBN 978－7－5155－0140－6 ￥CNY26.80

3633　Hello Kitty·小淑女

〔日〕三丽鸥株式会社著．—青岛：青岛出版社；2011.03；—24 页；26cm

ISBN 978－7－5436－7110－2 ￥CNY5.00

本次将整合成单本图书系列，内容以手工制作、益智游戏、礼仪学习、安全知识、色彩和绘画学习等内容为主。

3634　Hills 垂直花园城市：未来城市的整体构想设计

〔日〕森稔著．—北京：五洲传播出版社；2011.06；—235 页；20cm

ISBN 978－7－5085－2106－0 ￥CNY25.00

本书回顾了森稔作为城市"创新者"的创业史，阐述了其垂直花园城市理念。

3635　idea＋：打开设计师的创意百宝箱

〔日〕DTPWORLD 编辑部编著．—北京：中国青年出版社；2011.11；—243 页；23cm

ISBN 978－7－5153－0196－9 ￥CNY59.00

一本介绍平面设计创意的书。

3636　IT 大趋势：2010～2014 年全球信息技术导航图

〔日〕野村综合研究所技术调查部著．—北京：电子工业出版社；2011.06；—188 页；24cm

ISBN 978－7－121－13773－0 ￥CNY49.80

本书通过具体事例，介绍 IT 技术的应用。

3637　超杀人事件：推理作家的苦恼

〔日〕东野圭吾著．—海口：南海出版公司；2011.07；—227 页；22cm

ISBN 978－7－5442－5320－8 ￥CNY22.00

日本当代短篇小说集，由《超税金对策杀人事件》等 8 篇短篇小说组成。

3638　MAMA

〔日〕红玉伊月著．—长沙：湖南美术出版社；2011.11；—237 页；19cm

ISBN 978－7－5356－4801－3 ￥CNY21.00

本书是一部感人至深的奇幻轻小说。

3639　N2 文字词汇习题集

〔日〕桑山哲郎编著．—上海：上海外语教育出版社；2011.07；—193 页；26cm

ISBN 978 – 7 – 5446 – 2225 – 7 ￥CNY23.00
本书针对日本语能力考试 N2 文字词汇部分。

3640　N1 文字词汇习题集
〔日〕桑山哲郎编著 . —上海：上海外语教育出版社；2011.07；—227 页；26cm
ISBN 978 – 7 – 5446 – 2223 – 3 ￥CNY26.00
本书针对日本语能力考试 N1 文字词汇部分。

3641　N3 文字词汇习题集
〔日〕桑山哲郎编著 . —上海：上海外语教育出版社；2011.07；—148 页；26cm
ISBN 978 – 7 – 5446 – 2250 – 9 ￥CNY18.00
本书针对日本语能力考试 N3 文字词汇部分。

3642　ONE PIECE 发条岛大冒险
〔日〕尾田荣一郎，〔日〕滨崎达也著尾田荣一郎绘画 . —上海：上海译文出版社；2011.04；—181 页；21cm
ISBN 978 – 7 – 5327 – 5233 – 1 ￥CNY17.00

3643　Photoshop 伴侣：日本 PS 达人的 7 日速成攻略
〔日〕设计实验室编辑部编 . —北京：人民邮电出版社；2011.03；—153 页；29cm
ISBN 978 – 7 – 115 – 24758 – 2 ￥CNY49.00
前 60 页的篇幅全面讲解了 PS 最该讲的技术知识，后面的 100 页则安排了 20 个典型的 PS 案例。

3644　Photoshop 伴侣：日本 PS 达人实战技巧精粹
〔日〕藤本圭著 . —北京：人民邮电出版社；2011.01；—356 页；23cm
ISBN 978 – 7 – 115 – 23669 – 2 ￥CNY69.00
226 个实例安排合理，将 PS 所有常用经典的功能命令和图像处理、合成、特效技法讲解了一遍。

3645　PIC 单片机应用
〔日〕神崎康宏著 . —北京：科学出版社；2011.01；—10 页，361 页；24cm
ISBN 978 – 7 – 03 – 029338 – 1 ￥CNY49.00
本书可供学习 PIC 单片机的有关技术人员和爱好者，以及工科院校相关专业的师生阅读参考。

3646　PIC 单片机与机电一体化技术
〔日〕河西真史，〔日〕鹤见惠一，〔日〕山本健一著 . —北京：科学出版社；2011.01；—224 页；24cm
ISBN 978 – 7 – 03 – 029410 – 4 ￥CNY36.00
本书共分 6 章，主要介绍电子工作中使用 PIC 的

基础知识以及具体的应用实例。

3647　Q 弹美肌很简单
〔日〕吉木伸子著 . —重庆：重庆出版社；2011.04；—157 页；21cm
ISBN 978 – 7 – 229 – 03458 – 0 ￥CNY25.00
本书是日本一位皮肤科医师的作品。

3648　Super Junior 的秘密：舞台上的光 舞台下的暖
〔日〕木越优著 . —长沙：湖南文艺出版社；2011.07；—224 页；21cm
ISBN 978 – 7 – 5404 – 4987 – 2 ￥CNY28.00
本书揭秘成员和粉丝之间发生的爆笑秘闻，学生时代不为人知的内情，声乐老师讲述练习生时代故事，事务所内部制度等。

3649　W 的悲剧
〔日〕夏树静子著 . —南京：译林出版社；2011.07；—243 页；21cm
ISBN 978 – 7 – 5447 – 1765 – 6 ￥CNY25.00
本书是享有"社会派推理女旗手"称号的日本作家夏树静子的代表作品。

3650　阿拉伯大富豪：点油成金的海湾传奇
〔日〕前田高行著 . —重庆：重庆出版社；2011.03；—169 页；22cm
ISBN 978 – 7 – 229 – 03649 – 2 ￥CNY25.00
本书详细介绍了海湾几个依赖天然气和石油资源而生存的国家的政治、经济和社会生活情况。

3651　哀悼人
〔日〕天童荒太著 . —北京：人民文学出版社；2011.11；—430 页；21cm
ISBN 978 – 7 – 02 – 008541 – 5 ￥CNY38.00
本书是 2009 年日本直木奖获奖作品。

3652　癌症的免疫疗法：日本癌症免疫治疗新进展
〔日〕宇野克明著 . —上海：上海中医药大学出版社；2011.05；—242 页；19cm
ISBN 978 – 7 – 81121 – 195 – 5 ￥CNY16.00
本书分五章，从基础到临床全面介绍肿瘤的免疫疗法，并列举实例说明应用方法与疗效。

3653　爱的绊
〔日〕山中晴子著 . —沈阳：辽宁人民出版社；2011.01；—331 页；23cm
ISBN 978 – 7 – 205 – 06947 – 6 ￥CNY36.00
本书是以自述的语气和回忆的方式讲述了一个

穿越两个世纪、真实而感人的跨国亲情与爱情故事。

3654　爱怜纪

〔日〕川上弘美著 . —海口：南海出版公司；2011.09；—227 页；21cm

ISBN 978 - 7 - 5442 - 5113 - 6 ￥CNY25.00

日本当代著名女作家川上弘美长篇小说。

3655　爱情心理学拿来就用

〔日〕齐藤勇著 . —南京：江苏文艺出版社；2011.03；—189 页；21cm

ISBN 978 - 7 - 5399 - 4252 - 0 ￥CNY26.00

这是一本解读成人内心隐藏的"恋爱法则"的书。

3656　爱上面包：我的甜蜜烘焙厨房

〔日〕大冢节子著 . —杭州：浙江科学技术出版社；2011.01；—100 页；24cm

ISBN 978 - 7 - 5341 - 3957 - 4 ￥CNY29.80

本书是教你轻松做面包的魔法书。

3657　爱无眠，至死方休

〔日〕吉原清隆著 . —北京：新世界出版社；2011.04；—116 页；21cm

ISBN 978 - 7 - 5104 - 1499 - 2 ￥CNY19.80

3658　爱与幸福的原点

〔日〕大川隆法著 . —北京：宗教文化出版社；2011.10；—188 页；21cm

ISBN 978 - 7 - 80254 - 444 - 4 ￥CNY30.00

本书以平实的语言论述了作者对爱、幸福、信仰、勇气、人生等的理解，行文中闪烁着作者对于人生的智慧思考。

3659　安徒生童话剪纸

〔日〕太田拓美著 . —郑州：河南科学技术出版社；2011.05；—143 页；21cm

ISBN 978 - 7 - 5349 - 4881 - 7 ￥CNY28.80

本书介绍了 133 款以童话为主题的剪纸作品，有拇指姑娘、皇帝的新装、美人鱼等。

3660　奥杜邦的祈祷

〔日〕伊坂幸太郎著 . —南京：译林出版社；2011.01；—285 页；19cm

ISBN 978 - 7 - 5447 - 1523 - 2 （精装）￥CNY28.00

3661　奥州小路

〔日〕松尾芭蕉著 . —南京：译林出版社；2011.02；—108 页；23cm

ISBN 978 - 7 - 5447 - 1564 - 5 ￥CNY22.00

《奥州小路》收录了芭蕉的散文纪行文章和精美俳句。

3662　巴菲特密码：巴菲特式简单投资的秘密

〔日〕荒井拓也著 . —北京：化学工业出版社；2011.09；—211 页；21cm

ISBN 978 - 7 - 122 - 11627 - 7 ￥CNY29.80

观察他的行为就能找到蕴藏在他经验和言语之中的必不可少的投资知识。

3663　巴黎恋爱教科书：浪漫主义者的魅力教科书手绘本

〔日〕长谷川著 . —北京：金城出版社；2011.08；—121 页；21cm

ISBN 978 - 7 - 80251 - 685 - 4 ￥CNY29.80

3664　爸爸真好玩

〔日〕佐藤和贵子图文 . —南昌：江西科学技术出版社；2011.01；—31 页；26cm

ISBN 978 - 7 - 5390 - 4146 - 9 ￥CNY45.00 （全套 3 册）

3665　爸爸真可爱

〔日〕佐藤和贵子图文 . —南昌：江西科学技术出版社；2011.01；—31 页；26cm

ISBN 978 - 7 - 5390 - 4146 - 9 ￥CNY45.00 （全套 3 册）

3666　爸爸做饭啦

〔日〕佐藤和贵子图文 . —南昌：江西科学技术出版社；2011.01；—31 页；26cm

ISBN 978 - 7 - 5390 - 4146 - 9 ￥CNY45.00 （全套 3 册）

3667　白马山庄杀人事件

〔日〕东野圭吾著 . —北京：人民文学出版社；2011.02；—273 页；21cm

ISBN 978 - 7 - 02 - 008308 - 4 ￥CNY28.00

本书为推理小说。

3668　白色魔术师

〔日〕阿刀田高著 . —上海：上海译文出版社；2011.12；—186 页；21cm

ISBN 978 - 7 - 5327 - 5608 - 7 ￥CNY22.00

本书包含以悬疑怪谈为主题的十个风格迥异的故事。

3669 白鹦鹉的森林
〔日〕安房直子著．—上海：少年儿童出版社；
2011.01；—142 页；19cm
ISBN 978 – 7 – 5324 – 8547 – 5 ￥CNY10.00
《白鹦鹉的森林》是日本著名儿童文学作家安房
直子的幻想小说选集。

3670 百变创意丝带：为简约的幸福系个结儿
〔日〕Koyuki 著．—北京：中国青年出版社；
2011.01；—95 页；26cm
ISBN 978 – 7 – 5006 – 9699 – 5 ￥CNY29.80
本书主要介绍了使用塑料圈、包扣、细铁丝和丝
带手工制作各种生活小饰品的方法。

3671 百搭缤纷珠饰：为生活镶上浪漫的边儿
〔日〕Midori Nishida，〔日〕C・R・Kdesign 著．—
北京：中国青年出版社；2011.01；—87 页；26cm
ISBN 978 – 7 – 5006 – 9698 – 8 ￥CNY29.80
本书主要介绍了使用小型米珠进行手工制作的各种
方法。

3672 百万人的空调技术
〔日〕小原淳平主编．—北京：科学出版社；
2011.10；—462 页；24cm
ISBN 978 – 7 – 03 – 032418 – 4 ￥CNY68.00
本书从空调设备开发、设计施工、选型计算、工
程验收实际出发，对棘手问题、关键技术讲解得
十分透彻。

3673 坂本龙马 1
〔日〕司马辽太郎著．—海口：南海出版公司；
2011.10；—355 页；24cm
ISBN 978 – 7 – 5442 – 5322 – 2 ￥CNY32.00
《坂本龙马》塑造了龙马这位平凡的少年钝才变
为革命志士，并成长为成熟政治家的传奇一生。

3674 坂本龙马 2
〔日〕司马辽太郎著．—海口：南海出版公司；
2011.12；—334 页；24cm
ISBN 978 – 7 – 5442 – 5545 – 5 ￥CNY32.00
本书是日本历史小说。

3675 半天就能完成的布艺小物
〔日〕靓丽出版社编著．—郑州：河南科学技术
出版社；2011.05；—88 页；28cm
ISBN 978 – 7 – 5349 – 4880 – 0 ￥CNY26.80
本书介绍了 33 款简单实用的布艺小物作品，书
中还附有每个作品详细的制作图与做法。

3676 绑架游戏
〔日〕东野圭吾著．—上海：上海译文出版社；
2011.10；—231 页；21cm
ISBN 978 – 7 – 5327 – 5593 – 6 ￥CNY22.00

3677 宝宝的心我最懂：0~5 岁宝宝的成长历程
〔日〕小西行郎主编．—北京：世界图书出版公
司北京公司；2011.01；—166 页；24cm
ISBN 978 – 7 – 5100 – 2723 – 9 ￥CNY29.00
本书主要介绍 0~5 岁宝宝们的成长历程。

3678 爆漫王．出道与心焦
〔日〕大场鸫著．—合肥：安徽少年儿童出版社；
2011.07；—1 册；18cm
ISBN 978 – 7 – 5397 – 5162 – 7 ￥CNY9.80
《爆漫王》讲述的是一群热爱漫画的少年的故事。

3679 爆漫王．电话与前夜
〔日〕大场鸫著．—合肥：安徽少年儿童出版社；
2011.07；—1 册；18cm
ISBN 978 – 7 – 5397 – 5163 – 4 ￥CNY9.80
《爆漫王》讲述的是一群热爱漫画的少年的故事。

3680 爆漫王．搞笑与严肃
〔日〕大场鸫著．—合肥：安徽少年儿童出版社；
2011.07；—1 册；18cm
ISBN 978 – 7 – 5397 – 5344 – 7 ￥CNY9.80
《爆漫王》讲述的是一群热爱漫画的少年的
故事。

3681 爆漫王．露内裤与救世主
〔日〕大场鸫著．—合肥：安徽少年儿童出版社；
2011.07；—1 册；18cm
ISBN 978 – 7 – 5397 – 5345 – 4 ￥CNY9.80
《爆漫王》讲述的是一群热爱漫画的少年为的
故事。

3682 爆漫王．冒进与坚持
〔日〕大场鸫著．—合肥：安徽少年儿童出版社；
2011.07；—1 册；18cm
ISBN 978 – 7 – 5397 – 5343 – 0 ￥CNY9.80
《爆漫王》讲述的是一群热爱漫画的少年的故事。

3683 爆漫王．梦想与现实
〔日〕大场鸫著．—合肥：安徽少年儿童出版社；
2011.07；—1 册；18cm
ISBN 978 – 7 – 5397 – 5160 – 3 ￥CNY9.80
《爆漫王》讲述的是一群热爱漫画的少年的故事。

3684 爆漫王．巧克力与赤丸
〔日〕大场鸫著．—合肥：安徽少年儿童出版社；
2011.07；—1 册；18cm

ISBN 978 - 7 - 5397 - 5161 - 0 ￥CNY9.80

《爆漫王》讲述的是一群热爱漫画的少年的故事。

3685　爆漫王．文集与写真集

〔日〕大场鸫著．—合肥：安徽少年儿童出版社；

2011.07；—1册；18cm

ISBN 978 - 7 - 5397 - 5342 - 3 ￥CNY9.80

《爆漫王》是一部不折不扣的少年励志漫画。

3686　本吉的礼物

〔日〕市川里美文／图．—贵阳：贵州人民出版社；

2011.06；—1册；21×26cm

ISBN 978 - 7 - 221 - 09439 - 1（精装）：￥CNY26.80

3687　笨蛋、测验、召唤兽-1

〔日〕井上坚二著．—长沙：湖南美术出版社；

2011.12；—284页；19cm

ISBN 978 - 7 - 5356 - 4914 - 0 ￥CNY24.00

本书是轻小说《笨蛋测验召唤兽》系列的第1集。

3688　笨蛋、测验、召唤兽-2

〔日〕井上坚二著．—长沙：湖南美术出版社；

2011.08；—286页；19cm

ISBN 978 - 7 - 5356 - 4628 - 6 ￥CNY24.00

本书是轻小说《笨蛋测验召唤兽》系列的第2集。

3689　笨蛋、测验、召唤兽-3

〔日〕井上坚二著．—长沙：湖南美术出版社；

2011.06；—246页；19cm

ISBN 978 - 7 - 5356 - 4452 - 7 ￥CNY20.00

本书是轻小说《笨蛋测验召唤兽》系列的第3集。

3690　笨蛋、测验、召唤兽-4

〔日〕井上坚二著．—长沙：湖南美术出版社；

2011.10；—242页；19cm

ISBN 978 - 7 - 5356 - 4758 - 0 ￥CNY21.00

本书是系列轻小说《笨蛋测验召唤兽》的第4集。

3691　笨蛋、测验、召唤兽-5

〔日〕井上坚二著．—长沙：湖南美术出版社；

2011.01；—274页；19cm

ISBN 978 - 7 - 5356 - 4204 - 2 ￥CNY22.00

3692　笨蛋也能年赚100万

〔日〕伊藤喜之著．—南昌：江西科学技术出版社；2011.08；—213页；24cm

ISBN 978 - 7 - 5390 - 4438 - 5 ￥CNY28.00

本书是一本关于成功励志的书籍，为读者提供了很多赚钱的"绝招"。

3693　笔谈女公关

〔日〕齐藤里惠著．—上海：上海译文出版社；

2011.10；—138页；21cm

ISBN 978 - 7 - 5327 - 5504 - 2 ￥CNY22.00

本书描写了一名失聪女子成为王牌女公关的奋斗历程。

3694　碧阳学园学生会默示录．学生会的月末

〔日〕葵关南著．—长沙：湖南美术出版社；

2011.09；—255页；19cm

ISBN 978 - 7 - 5356 - 4713 - 9 ￥CNY22.00

本书是人气轻小说《碧阳学园学生会议事录》系列的番外篇第二集。

3695　碧阳学园学生会议事录．学生会的七光

〔日〕葵关南著．—长沙：湖南美术出版社；

2011.11；—250页；19cm

ISBN 978 - 7 - 5356 - 4824 - 2 ￥CNY21.00

本书是人气轻小说《碧阳学园学生会议事录》系列的第七集。

3696　碧阳学园学生会议事录．学生会的五彩

〔日〕葵关南著．—长沙：湖南美术出版社；

2011.07；—275页；19cm

ISBN 978 - 7 - 5356 - 4557 - 9 ￥CNY23.00

本书是人气轻小说《碧阳学园学生会议事录》系列的第五集。

3697　避暑地的猫

〔日〕宫本辉著．—北京：新世界出版社；

2011.11；—190页；21cm

ISBN 978 - 7 - 5104 - 2250 - 8 ￥CNY26.00

3698　标识的世界

〔日〕长谷川纯雄，〔日〕奥田政喜著．—上海：上海人民美术出版社；2011.01；—397页；29cm

ISBN 978 - 7 - 5322 - 6347 - 9（精装）：￥CNY260.00

本书为一本标识设计图书。

3699　表扬批评都有道．传递父母的爱

〔日〕明桥人二著．—厦门：鹭江出版社；2011.08；

—175页；21cm

ISBN 978 - 7 - 5459 - 0343 - 0 ￥CNY28.00

本书教给父母如何在各种不同情况下解决教育孩子以及亲子之间的问题。

3700　憋不住，憋不住，快要憋不住了

〔日〕土屋富士夫著．—贵阳：贵州人民出版社；

2011.06；—1 册；30cm

ISBN 978 – 7 – 221 – 09436 – 0 ￥CNY26. 80

3701　别上美元的当：以日本金融战败为鉴

〔日〕岩本沙弓著 . —广州：广东经济出版社；

2011.07；—186 页；25cm

ISBN 978 – 7 – 5454 – 0807 – 2 ￥CNY35. 00

本书从各个角度追溯和探讨美国伏击式经济战略，分析了欧元、日元与美元的激烈纷争中的成败得失，揭开全球化的帝国货币阴谋。

3702　冰凉凉滑溜溜的杯装甜点

〔日〕安食雄二等著 . —沈阳：辽宁科学技术出版社；2011.06；—95 页；24cm

ISBN 978 – 7 – 5381 – 6932 – 4 ￥CNY25. 00

本书邀集了八位在日本广受好评的大厨，示范最经典及最具创意的杯装甜点制作法。

3703　博士的爱情算式

〔日〕小川洋子著 . —北京：人民文学出版社；

2011.12；—202 页；21cm

ISBN 978 – 7 – 02 – 008323 – 7 ￥CNY20. 00

3704　不安的童话

〔日〕恩田陆著 . —重庆：重庆出版社；2011.06；

—244 页；21cm

ISBN 978 – 7 – 229 – 03736 – 9 ￥CNY26. 00

3705　不动心

〔日〕大川隆法著 . —北京：宗教文化出版社；

2011.10；—156 页；21cm

ISBN 978 – 7 – 80254 – 449 – 9 ￥CNY30. 00

本书以灵性世界观为根基，讲述了构筑崇高人格的理论和方法。

3706　不发火的育儿法

〔日〕汐见稔幸编著 . —广州：广东经济出版社；

2011.12；—143 页；23cm

ISBN 978 – 7 – 5454 – 1046 – 4 ￥CNY29. 50

本书作者是一位教育学博士，他将自己的育儿经验、实际中遇到的一些案例同育儿理论相结合，给父母和即将成为父母的人们以有效的启迪和指引。

3707　不发想，无设计

〔日〕木全贤著 . —南京：江苏文艺出版社；

2011.11；—173 页；19cm

ISBN 978 – 7 – 5399 – 4639 – 9 ￥CNY32. 00

3708　不花钱做玩具

〔日〕学习研究社编著 . —北京：中国青年出版社；2011.1；—159 页；26cm

ISBN 978 – 7 – 5006 – 9730 – 5 ￥CNY39. 80

《不花钱做玩具》这本书是玩美幼教变废为宝系列图书的第三辑。

3709　不可思议的血液！了解与自检血液的新常识

〔日〕奈良信雄著 . —北京：中国画报出版社；

2011.03；—208 页；21cm

ISBN 978 – 7 – 80220 – 875 – 9 ￥CNY26. 80

本书将血液检查这种专业性较强的知识通过通俗易懂的语言进行描述。

3710　不睡没必要的觉：3 小时深度睡眠法

〔日〕大石健一著 . —北京：金城出版社；

2011.10；—114 页；21cm

ISBN 978 – 7 – 5155 – 0141 – 3 ￥CNY25. 00

3711　不说话就赢的企划术：打造必胜商用文本

〔日〕天野畅子著 . —北京：世界图书出版公司北京公司；2011.07；—227 页；21cm

ISBN 978 – 7 – 5100 – 3423 – 7 ￥CNY28. 00

适用于企划案、投标书、个人简历、应聘信、广告文案等商用文书。

3712　不锈钢及其应用

〔日〕桥本政哲著 . —北京：冶金工业出版社；

2011.01；—11 页，272 页；21cm

ISBN 978 – 7 – 5024 – 5371 – 8 ￥CNY29. 00

3713　不用 Make 就能 Up

〔日〕小岛梓著 . —海口：南方出版社；

2011.02；—170 页；20cm

ISBN 978 – 7 – 80760 – 976 – 6 ￥CNY25. 00

本书为女性朋友介绍了 30 个简单又有趣的美胸小动作，同时还介绍了一些美胸食谱。

3714　不做衰神：成功扭转六大失败心理

〔日〕加藤谛三著 . —北京：中国人民大学出版社；2011.10；—156 页；21cm

ISBN 978 – 7 – 300 – 14440 – 5 ￥CNY28. 00

本书是一部心理自助类型的通俗心理学书籍。

3715　不做遗憾人，不做遗憾事：为什么你离成功总是只差一点点

〔日〕山崎将志著 . —北京：中信出版社；

2011.11；—182 页；21cm

ISBN 978 – 7 – 5086 – 2942 – 1 ￥CNY29. 00

本书以各种实例为题材，针对培养判断力所需的思考法、逻辑等，简单易懂的说明。

3716 布，你要这样玩！：超乎想象的可爱布艺小花边100款

〔日〕美创出版著 .—郑州：河南科学技术出版社；2011.06；—79页；26cm

ISBN 978 - 7 - 5349 - 4916 - 6 ￥CNY26.00

本书介绍了100款布艺小饰物，不但有单独的小装饰，也有连接在一起的花边装饰。

3717 彩绘法布尔昆虫记

〔日〕熊田千佳慕著 .—贵阳：贵州人民出版社；2011.11；—5册；29cm

ISBN 978 - 7 - 221 - 09516 - 9 ￥CNY85.00

3718 彩色纸咻咻

〔日〕松永安纪文 .—南昌：江西科学技术出版社；2011.08；—24页；18cm

ISBN 978 - 7 - 5390 - 4372 - 2 ￥CNY99.00（全套11册）

3719 彩云国物语：红梅暗香·绿风如刃

〔日〕雪乃纱衣著 .—海口：南海出版公司；2011.10；—327页；21cm

ISBN 978 - 7 - 5442 - 5548 - 6 ￥CNY22.00

本书日本当代长篇小说。

3720 彩云国物语：外传·近朱者赤·青出于蓝

〔口〕雪乃纱衣著 .—海口：南海出版公司；2011.05；—335页；21cm

ISBN 978 - 7 - 5442 - 5323 - 9 ￥CNY22.00

本书是日本当代长篇小说。

3721 菜粉蝶为什么爱吃圆白菜？

〔日〕石井象二郎编 .—北京：北京科学技术出版社；2011.09；—107页；21cm

ISBN 978 - 7 - 5304 - 5263 - 9 ￥CNY16.00

本套书用简洁的语言、大量的插图向读者揭示了昆虫世界中潜藏的奥秘。

3722 草莓之夜

〔日〕誉田哲也著 .—南京：译林出版社；2011.12；—285页；22cm

ISBN 978 - 7 - 5447 - 2393 - 0 ￥CNY28.00

3723 茶道的历史

〔日〕桑田忠亲著 .—南京：南京大学出版社；2011.01；—133页；23cm

ISBN 978 - 7 - 305 - 07806 - 4 ￥CNY22.00

本书叙述了日本茶道传统文化的规范、著名茶具的由来、茶会的变迁、茶道的精神等。

3724 茶之书·"粹"的构造

〔日〕冈仓天心，〔日〕九鬼周造著 .—上海：上海人民出版社；2011.08；—226页；19cm

ISBN 978 - 7 - 208 - 10102 - 9（精装）：￥CNY28.00

本书是一本有关日本美学思想著作的合集，收录了冈仓天心的《茶之书》与九鬼周造的《粹的构造》两篇著作。

3725 柴田明美的幸福拼布

〔日〕柴田明美著 .—北京：化学工业出版社；2011.06；—95页；26cm

ISBN 978 - 7 - 122 - 10360 - 4 ￥CNY39.80

本书详细解说了柴田明美的拼布作品。

3726 缠足史话

〔日〕冈本隆三著 .—北京：商务印书馆；2011.07；—250页；19cm

ISBN 978 - 7 - 100 - 08341 - 6 ￥CNY20.00

本书详尽地描述了缠足的历史和直至民国前的状况。

3727 长驴耳朵的国王

〔日〕平田昭吾绘 .—北京：海豚出版社；2011.11；—45页；17×18cm

ISBN 978 - 7 - 5110 - 0574 - 8 ￥CNY10.80

3728 常常旅行

〔日〕安西水丸图/文 .—上海：上海人民出版社；2011.08；—188页；18cm

ISBN 978 - 7 - 208 - 09963 - 0 ￥CNY26.00

本书收录了日本首屈一指的插画家——安西水丸的旅游日志与心情素描。

3729 常胜之法

〔日〕大川隆法著 .—北京：中国工人出版社；2011.05；—168页；15cm

ISBN 978 - 7 - 5008 - 4991 - 9 ￥CNY18.00

本书的内容是根据大川隆法曾做过的讲演整理而成的。

3730 畅谈东方智慧：季羡林、池田大作、蒋忠新对谈录

季羡林，〔日〕池田大作，蒋忠新著 .—北京：人民日报出版社；2011.01；—230页；24cm

ISBN 978 - 7 - 5115 - 0190 - 5 ￥CNY29.80

本书是我国著名学者季羡林、社科院学者蒋忠新和日本著名思想家池田大作的长篇对谈录。

3731 超好学日本语．初阶

〔日〕池畑裕介，〔日〕桥本友纪，〔日〕叶平亭编著．—上海：华东理工大学出版社；2011.03；—19页，190页；24cm

ISBN 978 - 7 - 5628 - 2982 - 9 ￥CNY29.50

本书利用"句型"的方式导入，慢慢地让大家习惯日文的语顺。

3732 超级决断技巧

〔日〕三谷宏治著．—北京：中国铁道出版社；2011.01；—127页；24cm

ISBN 978 - 7 - 113 - 11727 - 6 ￥CNY22.80

3733 超级漫画素描技法．人物表现篇

〔日〕瓦屋根，〔日〕竜田，〔日〕林晃著．—北京：中国青年出版社；2011.01；—192页；26cm

ISBN 978 - 7 - 5006 - 9709 - 1 ￥CNY32.00

本书引进日本漫画社版权，是《超级漫画素描技法》系列丛书的又一力作。

3734 超级漫画素描技法．人物结构篇

〔日〕荻野仁著．—北京：中国青年出版社；2011.05；—160页；26cm

ISBN 978 - 7 - 5006 - 9898 - 2 ￥CNY32.00

本书重点讲解如何绘制人物整体以及各部分的结构。

3735 超级小厨师

〔日〕竹下文子文．—北京：教育科学出版社；2011.11；—32页；23×24cm

ISBN 978 - 7 - 5041 - 5853 - 6 ￥CNY19.80

本书是引进日本的幼儿读物。

3736 超级整理术：工作效率是整理出来的

〔日〕泉正人著．—北京：中国友谊出版公司；2011.12；—11页，156页；21cm

ISBN 978 - 7 - 5057 - 2926 - 1 ￥CNY26.00

本书分别介绍了对文件和办公桌、电脑与电子邮件、大脑信息、时间的整理规则和整理方法。

3737 超人气狗狗的选购和驯养指南

〔日〕芝风有限公司著．—沈阳：辽宁科学技术出版社；2011.01；—132页；21cm

ISBN 978 - 7 - 5381 - 6720 - 7 ￥CNY29.80

本书介绍了狗狗幼崽的性格、运动量、耐寒性、常见的疾病以及打理毛发需要的工具等。

3738 沉落的城

〔日〕辻井乔著．—北京：作家出版社；2011.09；—2册（590页）；24cm

ISBN 978 - 7 - 5063 - 6069 - 2 ￥CNY200.00（全套5册）

本书是长篇小说。

3739 沉睡在森林里的鱼

〔日〕角田光代著．—长沙：湖南文艺出版社；2011.01；—284页；21cm

ISBN 978 - 7 - 5404 - 4668 - 0 ￥CNY26.00

本书是角田光代最新的长篇小说。

3740 成功运作亿万资产的商业模式：世界上最有效的赢利模式概念与操作方法

〔日〕稻盛萌美，钱太金著．—北京：北京工业大学出版社；2011.11；—238页；24cm

ISBN 978 - 7 - 5639 - 2883 - 5 ￥CNY28.80

本书为社科经济管理类通俗读物。

3741 成人手作服．上衣

〔日〕靓丽社组织编写．—北京：化学工业出版社；2011.06；—64页；26cm

ISBN 978 - 7 - 122 - 10346 - 8 ￥CNY28.00

本书讲述了20款上衣的制作方法。

3742 成人手作服．下装

〔日〕靓丽社组织编写．—北京：化学工业出版社；2011.08；—64页；26cm

ISBN 978 - 7 - 122 - 10998 - 9 ￥CNY29.90

本书手把手教你做出27款超漂亮好搭配的裙装。

3743 成熟款秋冬毛衫、披肩、帽子

〔日〕靓丽社著．—长春：吉林科学技术出版社；2011.12；—95页；23cm

ISBN 978 - 7 - 5384 - 5541 - 0 ￥CNY22.00

本书介绍了在北欧国家非常流行的棒针与钩针的编织技巧。

3744 城市物流：网络建模与智能交通系统

〔日〕谷口荣一等著．—北京：电子工业出版社；2011.11；—214页；25cm

ISBN 978 - 7 - 121 - 14831 - 6 ￥CNY68.00

本书共9章。

3745 吃大苹果啦

〔日〕藤本智彦文/图．—北京：教育科学出版社；2011.06；—24页；20×28cm

ISBN 978 - 7 - 5041 - 5412 - 5 ￥CNY13.80

本书讲述了一辆会说话的黄色公共汽车戴着小老鼠去寻找大苹果的奇妙旅程。

3746 抽屉里的情书
〔日〕新堂冬树著.—沈阳：万卷出版公司；
2011.01；—249 页；22cm
ISBN 978 - 7 - 5470 - 1240 - 6 ￥CNY20.00
本书是长篇小说。

3747 丑陋的韩国人
〔日〕金文学著.—贵阳：贵州人民出版社；
2011.03；—160 页；24cm
ISBN 978 - 7 - 221 - 09212 - 0 ￥CNY23.00
书中除了戏谑和调侃之外，作者还用尖锐的笔
触刻画了韩国的另一种面貌以及韩国人的另
一面。

3748 出版大畅销
〔日〕植田康夫主编.—北京：国际文化出版公
司；2011.07；—395 页；24cm
ISBN 978 - 7 - 5125 - 0216 - 1 ￥CNY45.00
本书描述了日本出版业的兴盛和衰落。

3749 雏菊人生
〔日〕吉本芭娜娜著.—上海：上海译文出版社；
2011.04；—159 页；19cm
ISBN 978 - 7 - 5327 - 5336 - 9 （精装）：￥CNY25.00

3750 穿着 MINA 去旅行
〔日〕皆川明著.—济南：山东人民出版社；
2011.01；—130 页；21cm
ISBN 978 - 7 - 209 - 05504 - 8 ￥CNY25.00
本书介绍服装设计知识。

3751 传热学
〔日〕圆山重直主编.—北京：北京大学出版社；
2011.09；—254 页；29cm
ISBN 978 - 7 - 301 - 19529 - 1 ￥CNY40.00
这本《传热学》教材是在吸收日本机械学会原
有资料精华的基础上编译而成的。

3752 串珠饰品大收藏
〔日〕日本贵妇人出版社著.—长春：吉林科学
技术出版社；2011.12；—96 页；23cm
ISBN 978 - 7 - 5384 - 5537 - 3 ￥CNY25.00
本书介绍深受广大串珠手工爱好者喜爱的各名
家设计的代表作品。

3753 创新者的思考力
〔日〕三谷宏治著.—北京：印刷工业出版社；
2011.08；—205 页；23cm
ISBN 978 - 7 - 5142 - 0055 - 3 ￥CNY39.00
本书主要介绍了"比较""计算""空间观察"

三种提高构思能力的方法，其中结合了大量
实例。

3754 创意折纸
〔日〕主妇之友社编著.—郑州：河南科学技术
出版社；2011.10；—126 页；23cm
ISBN 978 - 7 - 5349 - 4966 - 1 ￥CNY28.00
本书是一本专门为男孩子准备的折纸书。

3755 创意折纸王．动物
〔日〕浴口国男编著.—上海：少年儿童出版社；
2011.05；—45 页；28cm
ISBN 978 - 7 - 5324 - 8611 - 3 ￥CNY16.00
让孩子在折纸的同时了解动物的各种形态。

3756 创意折纸王．交通工具和玩具
〔日〕浴口国男编著.—上海：少年儿童出版社；
2011.05；—45 页；28cm
ISBN 978 - 7 - 5324 - 8615 - 1 ￥CNY16.00
让孩子在折纸的同时了解各种交通工具和玩具，
增加对它们的直观认识。

3757 创意折纸王．昆虫和鱼
〔日〕浴口国男编著.—上海：少年儿童出版社；
2011.05；—45 页；28cm
ISBN 978 - 7 - 5324 - 8613 - 7 ￥CNY16.00
这是一套教小朋友学习动手折纸的图书。

3758 创意折纸王．鸟
〔日〕浴口国男编著.—上海：少年儿童出版社；
2011.05；—45 页；28cm
ISBN 978 - 7 - 5324 - 8612 - 0 ￥CNY16.00
让孩子在折纸的同时认识各种不同的鸟，从而增
加对各种鸟类的直观认识。

3759 创意折纸王．娃娃和花
〔日〕浴口国男编著.—上海：少年儿童出版社；
2011.05；—45 页；28cm
ISBN 978 - 7 - 5324 - 8614 - 4 ￥CNY16.00
让孩子在折纸的同时了解娃娃和花的各种形态。

3760 纯白之夜
〔日〕三岛由纪夫著.—上海：上海译文出版社；
2011.07；—158 页；21cm
ISBN 978 - 7 - 5327 - 5404 - 5 ￥CNY22.00
本书是三岛由纪夫中篇小说代表作，心理小说代
表作之一。

3761 此景可待：绝美风景摄影心经
〔日〕Motor Magazine 出版社编.—北京：中国青

年出版社；2011.08；—176 页；23cm
ISBN 978 - 7 - 5153 - 0025 - 2 ￥CNY39.80
本书按照拍摄题材划可分为十二个章节，每个章节都附带有拍摄地的地图和中桥富士夫摄影秘诀。

3762 从东瀛皇居到紫禁城：晚清中日关系史上的重要事件与人物
孔祥吉，〔日〕村田雄二男著．—广州：广东人民出版社；2011.01；—422 页；21cm
ISBN 978 - 7 - 218 - 06898 - 5 ￥CNY40.00
本书主要讲述晚清时期中日两国关系史中的重要史事和人物。

3763 从绩效管理到绩效领导的公共部门创新理论与实践：首届政府绩效管理与绩效领导国际学术研讨会论文集
包国宪，〔美〕罗纳德·塔门，〔日〕小林麻理主编．—北京：科学出版社；2011.12；—223 页；26cm
ISBN 978 - 7 - 03 - 032688 - 1 ￥CNY60.00
本书收录了来自于 2009 年 9 月 14 日至 16 日在中国兰州召开的"首届政府绩效管理与绩效领导国际学术研讨会"的 47 篇会议论文。

3764 从零开始玩拼布
〔日〕靓丽出版社编著．—郑州：河南科学技术出版社；2011.06；—96 页；26cm
ISBN 978 - 7 - 5349 - 4871 - 8 ￥CNY29.80
日本知名出版社推出的拼布普及读本。

3765 从日本中学课本学文法
〔日〕高岛匡弘著．—北京：中国传媒大学出版社；2011.03；—256 页；24cm
ISBN 978 - 7 - 5657 - 0039 - 2 ￥CNY32.80
精心挑选日本近代文坛杰出的名家随笔、短篇，让读者从阅读中体验原汁原味的日式人文思想，学习日语文法。

3766 从庭园到世博：户田景观设计 30 年
〔日〕户田芳树著．—北京：中国建筑工业出版社；2011.02；—201 页；29cm
ISBN 978 - 7 - 112 - 12313 - 1 ￥CNY99.00
本书为日本景观设计大师户田芳树及其设计团队近年来优秀作品，共 16 个项目。

3767 从终点开始的旅程
〔日〕辻井乔著．—北京：作家出版社；2011.09；—403 页；24cm
ISBN 978 - 7 - 5063 - 6069 - 2 ￥CNY200.00（全

套 5 册）
本书是长篇小说。

3768 村上朝日堂的卷土重来
〔日〕村上春树，〔日〕安西水丸著．—上海：上海译文出版社；2010.12；—226 页；19cm
ISBN 978 - 7 - 5327 - 5225 - 6（精装）：￥CNY25.00
本书是村上春树随笔系列之一，共 48 篇。

3769 村上春树，去见河合隼雄
〔日〕河合隼雄，〔日〕村上春树著．—上海：东方出版中心；2011.06；—150 页；29cm
ISBN 978 - 7 - 5473 - 0302 - 3（精装）：￥CNY23.00
日本文化界与小说界两大天王河合隼雄与村上春树的深度对话。

3770 打工吧！魔王大人
〔日〕和原聪司著．—长沙：湖南美术出版社；2011.11；—260 页；19cm
ISBN 978 - 7 - 5356 - 4823 - 5 ￥CNY24.00
本书是日本轻小说作家和原聪司创作的轻小说系列《打工吧！魔王大人》的第一集。

3771 打开理工科世界的"金钥匙"
〔日〕江口弘文编著．—北京：科学出版社；2011.08；—229 页；21cm
ISBN 978 - 7 - 03 - 031889 - 3 ￥CNY32.00
这本书通俗易懂地讲解了从数学的基础到各种单位的知识。

3772 打开世界的遥控器：解密顺序控制
〔日〕井出万盛著．—北京：科学出版社；2011.08；—178 页；21cm
ISBN 978 - 7 - 03 - 031900 - 5 ￥CNY32.00
百余幅精彩的图片、生动有趣的讲解，让人轻松地理解特殊相对论和一般相对论。

3773 大肠疾病正确治疗与生活调养
〔日〕渡边昌彦著．—南宁：广西科学技术出版社；2011.10；—187 页；23cm
ISBN 978 - 7 - 80763 - 693 - 9 ￥CNY28.00
本书是预防疾病、自我诊断、选择治疗手段的居家参考书。

3774 大耳狗的手帕世界
〔日〕竹井史郎编．—武汉：湖北美术出版社；2011.01；—47 页；29cm
ISBN 978 - 7 - 5394 - 3833 - 7 ￥CNY10.00

3775　大耳狗的折纸世界
〔日〕竹井史郎编．—武汉：湖北美术出版社；
2011.01；—47 页；29cm
ISBN 978 - 7 - 5394 - 3834 - 4 ￥CNY10.00

3776　大规模 Web 服务开发技术：数据结构、内存、操作系统、数据库、服务器、基础设施
〔日〕伊藤直也，〔日〕田中慎司著．—北京：电子工业出版社；2011.07；—17 页，336 页；23cm
ISBN 978 - 7 - 121 - 13884 - 3 ￥CNY59.00
本书的内容主要来自 Hatena 为学生们举行的暑期实习的课程。

3777　大建筑项目与小空间设计
范悦，〔日〕四方裕主编．—大连：大连理工大学出版社；2011.07；—136 页；30cm
ISBN 978 - 7 - 5611 - 6321 - 4 ￥CNY58.00
本书利用大量精美的彩色照片和丰富的线图向读者展示了日本最新建筑设计理念。

3778　大口吃饭的秘密
〔日〕山胁恭文．—石家庄：河北教育出版社；
2011.08；—1 册；21×22cm
ISBN 978 - 7 - 5434 - 8014 - 8 （精装）：￥CNY
88.00 （全套 3 册）

3779　大脑
〔日〕山元大辅著．—上海：上海科学技术文献出版社；2011.01；—219 页；19cm
ISBN 978 - 7 - 5439 - 4674 - 3 ￥CNY18.00
本系列是日本著名长期常销选题，每一种都由该领域内的著名专家编写。

3780　大野耐一的现场管理
〔日〕大野耐一著．—北京：机械工业出版社；
2011.01；—15 页，182 页；21cm
ISBN 978 - 7 - 111 - 32036 - 4 ￥CNY26.00
本书中讲述的内容是丰田汽车公司困境中脱颖而出、迅速达到世界领先水平过程的全记录。

3781　丹特丽安的书架
〔日〕三云岳斗著．—长沙：湖南美术出版社；
2011.10；—278 页；19cm
ISBN 978 - 7 - 5356 - 4782 - 5 ￥CNY24.00
《丹特丽安的书架4》是一本魔幻风格的轻小说。

3782　丹特丽安的书架
〔日〕三云岳斗著．—长沙：湖南美术出版社；
2011.06；—234 页；19cm
ISBN 978 - 7 - 5356 - 4456 - 5 ￥CNY22.00

《丹特丽安的书架1》是一本魔幻风格的寓言类轻小说。

3783　丹特丽安的书架
〔日〕三云岳斗著．—长沙：湖南美术出版社；
2011.08；—259 页；19cm
ISBN 978 - 7 - 5356 - 4627 - 9 ￥CNY22.00
《丹特丽安的书架3》是一本魔幻风格的轻小说。

3784　丹特丽安的书架
〔日〕三云岳斗著．—长沙：湖南美术出版社；
2011.07；—224 页；19cm
ISBN 978 - 7 - 5356 - 4502 - 9 ￥CNY20.00
《丹特丽安的书架2》是一本魔幻风格的轻小说。

3785　单女的美好生活．带着老妈去旅行
〔日〕村松江梨子，〔日〕中川碧著绘．—北京：中信出版社；2011.01；—187 页；20cm
ISBN 978 - 7 - 5086 - 2364 - 1 ￥CNY32.00
本书是一本旅行绘本。

3786　单女的美好生活．葡萄牙早、午、晚
〔日〕村松江梨子，〔日〕中川碧著绘．—北京：中信出版社；2011.01；—125 页；20cm
ISBN 978 - 7 - 5086 - 2365 - 8 ￥CNY26.00
本书一本旅行绘本，以手绘插图为主，配合文字内容。

3787　刀剑神域．艾恩葛朗特
〔日〕川原砾著．—长沙：湖南美术出版社；
2011.10；—274 页；20cm
ISBN 978 - 7 - 5356 - 4757 - 3 ￥CNY24.00
本书讲述了虚拟网游世界"艾恩葛朗特"里发生的真实而感人的故事。

3788　刀剑神域．艾恩葛朗特
〔日〕川原砾著．—长沙：湖南美术出版社；
2011.08；—297 页；19cm
ISBN 978 - 7 - 5356 - 4626 - 2 ￥CNY25.00
本书是轻小说，作品讲述了一个发生在虚拟网络世界但又充满真实感的故事。

3789　刀剑神域．妖精之舞
〔日〕川原砾著．—长沙：湖南美术出版社；
2011.12；—261 页；19cm
ISBN 978 - 7 - 5356 - 4851 - 8 ￥CNY23.00
本书讲述了一个发生在虚拟网游世界里的真实而感人的故事。

3790　倒错的死角
〔日〕折原一著．—北京：新星出版社；2011.10；

—299 页；22cm

ISBN 978 - 7 - 5133 - 0382 - 8 ￥CNY28.00

3791　稲盛和夫の论语

〔日〕皆木和义著 . —海口：海南出版社；2011.

05；—175 页；23cm

ISBN 978 - 7 - 5443 - 3696 - 3 ￥CNY25.00

本书作者是稻盛和夫的学生，他用了大量的篇幅介绍了后者的经营哲学和经营思想。

3792　德川家光 . 奇正相生

〔日〕山冈庄八著 . —北京：金城出版社；2011.

10；—297 页；24cm

ISBN 978 - 7 - 5155 - 0031 - 7 ￥CNY32.80

3793　德川家光 . 守正出奇

〔日〕山冈庄八著 . —北京：金城出版社；2011.

10；—314 页；24cm

ISBN 978 - 7 - 5155 - 0030 - 0 ￥CNY32.80

本书通过对细节的描写，从不同的人物角度来还原这个充满矛盾的将军。

3794　德川家康 . 兵变本能寺

〔日〕山冈庄八著 . —海口：南海出版公司；2011.

10；—406 页；23cm

ISBN 978 - 7 - 5442 - 5099 - 3 ￥CNY32.00

本书为日本著名历史小说家山冈庄八的代表作。

3795　德川家康 . 关原合战

〔日〕山冈庄八著 . —海口：南海出版公司；2011.

10；—357 页；23cm

ISBN 978 - 7 - 5442 - 5091 - 7 ￥CNY32.00

本书为日本著名历史小说家山冈庄八的代表作。

3796　德川家康 . 崛起三河

〔日〕山冈庄八著 . —海口：南海出版公司；2011.

10；—385 页；23cm

ISBN 978 - 7 - 5442 - 5097 - 9 ￥CNY32.00

本书为日本著名历史小说家山冈庄八的代表作。

3797　德川家康 . 龙争虎斗

〔日〕山冈庄八著 . —海口：南海出版公司；2011.

10；—417 页；23cm

ISBN 978 - 7 - 5442 - 5095 - 5 ￥CNY32.00

本书为日本著名历史小说家山冈庄八的代表作。

3798　德川家康 . 乱世孤主

〔日〕山冈庄八著 . —海口：南海出版公司；2011.

10；—392 页；23cm

ISBN 978 - 7 - 5442 - 5098 - 6 ￥CNY32.00

本书为日本著名历史小说家山冈庄八的代表作。

3799　德川家康 . 幕府将军

〔日〕山冈庄八著 . —海口：南海出版公司；2011.

10；—343 页；23cm

ISBN 978 - 7 - 5442 - 5090 - 0 ￥CNY32.00

本书为日本著名历史小说家山冈庄八的代表作。

3800　德川家康 . 南征北战

〔日〕山冈庄八著 . —海口：南海出版公司；2011.

10；—345 页；23cm

ISBN 978 - 7 - 5442 - 5093 - 1 ￥CNY32.00

本书为日本著名历史小说家山冈庄八的代表作。

3801　德川家康 . 双雄罢兵

〔日〕山冈庄八著 . —海口：南海出版公司；2011.

10；—373 页；23cm

ISBN 978 - 7 - 5442 - 5094 - 8 ￥CNY32.00

本书为日本著名历史小说家山冈庄八的代表作。

3802　德川家康 . 天下布武

〔日〕山冈庄八著 . —海口：南海出版公司；2011.

10；—391 页；23cm

ISBN 978 - 7 - 5442 - 5096 - 2 ￥CNY32.00

本书为日本著名历史小说家山冈庄八的代表作。

3803　德川家康 . 王道无敌

〔日〕山冈庄八著 . —海口：南海出版公司；2011.

10；—349 页；23cm

ISBN 978 - 7 - 5442 - 5089 - 4 ￥CNY32.00

本书为日本著名历史小说家山冈庄八的代表作。

3804　德川家康 . 枭雄归尘

〔日〕山冈庄八著 . —海口：南海出版公司；2011.

10；—370 页；23cm

ISBN 978 - 7 - 5442 - 5092 - 4 ￥CNY32.00

本书为日本著名历史小说家山冈庄八的代表作。

3805　德川庆喜 . 无为大治

〔日〕山冈庄八著 . —北京：金城出版社；2011.

04；—360 页；24cm

ISBN 978 - 7 - 80251 - 868 - 1 ￥CNY29.80

3806　德川庆喜 . 执中守一

〔日〕山冈庄八著 . —北京：金城出版社；2011.

02；—392 页；24cm

ISBN 978 - 7 - 80251 - 786 - 8 ￥CNY29.80

3807　德川庆喜 . 中正掉阖

〔日〕山冈庄八著 . —北京：金城出版社；2011.

03；—392 页；24cm

ISBN 978 - 7 - 80251 - 785 - 1 ￥CNY29.80

3808　德国

〔日〕大宝石出版社著 . —北京：中国旅游出版
社；2011.01；—584 页；21cm

ISBN 978 - 7 - 5032 - 4027 - 0 ￥CNY80.00

本书为《走遍全球》丛书的德国分册，供游客
查阅的德国旅游指南书。

3809　低预算庭院设计案例

〔日〕靓丽社组织编写 . —北京：化学工业出版
社；2011.12；—89 页；26cm

ISBN 978 - 7 - 122 - 12194 - 3 ￥CNY39.80

本书精选的都是性价比超高的较低成本外装实例。

3810　地下 100 层的房子

〔日〕岩井俊雄著 . —北京：北京科学技术出版
社；2011.01；—1 册；30×22cm

ISBN 978 - 7 - 5304 - 4972 - 1（精装）：￥CNY28.00

本书为纵开式绘本。

3811　地下

〔日〕村上春树著 . —上海：上海译文出版社；
2011.06；—428 页；21cm

ISBN 978 - 7 - 5327 - 5466 - 3 ￥CNY32.00

村上春树追踪地铁沙林事件的纪实文学作品，
描写逼真。

3812　地狱训练·摇滚吉他

〔日〕小林信一著 . —长沙：湖南文艺出版社；
2011.01；—142 页；28cm

ISBN 978 - 7 - 5404 - 4692 - 5 ￥CNY38.00

3813　第六个小夜子

〔日〕恩田陆著 . —北京：人民文学出版社；2011.
12；—283 页；15cm

ISBN 978 - 7 - 02 - 008279 - 7 ￥CNY14.00

3814　第一次说日语：快速入门 88 句

〔日〕西村惠子著 . —上海：上海世界图书出版
公司；2011.08；—159 页；21cm

ISBN 978 - 7 - 5100 - 3525 - 8 ￥CNY24.00

本书按照场景分类介绍了初次说日语时会用到
的单词和句型。

3815　第一次玩爱尔兰立体蕾丝钩编

〔日〕河合真弓著 . —北京：化学工业出版社；
2011.10；—79 页；26cm

ISBN 978 - 7 - 122 - 11407 - 5 ￥CNY36.80

3816　第一次玩草木染

〔日〕靓丽社组织编写 . —北京：化学工业出版
社；2011.08；—72 页；26cm

ISBN 978 - 7 - 122 - 11150 - 0 ￥CNY35.00

本书使用日常生活中常见的栗子壳、洋葱皮、草
叶、花瓣甚至咖啡、茶叶，就可以为棉布、丝
巾、毛线等各种物品染上漂亮的颜色，这就是神
奇的草木染。

3817　电波女与青春男

〔日〕入间人间著 . —长沙：湖南美术出版社；
2011.10；—263 页；19cm

ISBN 978 - 7 - 5356 - 4781 - 8 ￥CNY22.00

本书是人气轻小说《电波女与青春男》系列
作品。

3818　电波女与青春男

〔日〕入间人间著 . —长沙：湖南美术出版社；
2011.06；—302 页；19cm

ISBN 978 - 7 - 5356 - 4459 - 6 ￥CNY24.00

本书是人气轻小说《电波女与青春男》系列
作品。

3819　电波女与青春男

〔日〕入间人间著 . —长沙：湖南美术出版社；
2011.01；—342 页；19cm

ISBN 978 - 7 - 5356 - 4205 - 9 ￥CNY26.00

本书是人气轻小说《电波女与青春男》系列
作品。

3820　电波女与青春男

〔日〕入间人间著 . —长沙：湖南美术出版社；
2011.12；—279 页；19cm

ISBN 978 - 7 - 5356 - 4897 - 6 ￥CNY24.00

本书是人气轻小说《电波女与青春男》系列
作品。

**3821　电动汽车时代的企业战略革新：对汽车、
高科技、材料、能源、通信产业的影响**

A·T·科尔尼，〔日〕川原英司等著 . —上海：
上海交通大学出版社；2011.01；—172 页；24cm

ISBN 978 - 7 - 313 - 06895 - 8 ￥CNY48.00

本书分析了全球范围内电动车前沿技术突破、成
本下降的趋势，并对 2020 年全球电动车商业化
的程度进行了预测。

**3822　电话销售魔法：将约见成功率瞬间提升 7
倍的绝对法则！**

〔日〕吉野真由美著 . —北京：企业管理出版社；

2011.10；—126 页；24cm
ISBN 978 - 7 - 80255 - 846 - 5 ￥CNY25.00
本书介绍电话销售成功技巧。

3823　电火花加工：学以致用
〔日〕今井祥人编著 .—北京：机械工业出版社；
2011.10；—172 页；21cm
ISBN 978 - 7 - 111 - 35904 - 3 ￥CNY38.00
本书主要由基础篇和应用篇构成。

3824　顶顶鼻子
〔日〕武内祐人文图 .—南昌：江西科学技术出
版社；2011.08；—1 册；18cm
ISBN 978 - 7 - 5390 - 4372 - 2 ￥CNY99.00（全
套 11 册）

3825　定本育儿百科 . 0 ~ 5 个月
〔日〕松田道雄著 .—北京：华夏出版社；
2011.01；—26 页，484 页；15cm
ISBN 978 - 7 - 5080 - 5895 - 5 ￥CNY18.00
本书从婴儿诞生前一直写到孩子满五个月，以
孩子的年龄段为单元划分，各部分相互独立。

3826　定本育儿百科 . 6 个月 ~ 1 岁半
〔日〕松田道雄著 .—北京：华夏出版社；
2011.01；—26 页，499 页；15cm
ISBN 978 - 7 - 5080 - 5898 - 6 ￥CNY18.00
本书从婴儿诞生前一直写到孩子满五个月，以
孩子的年龄段为单元划分，各部分相互独立。

3827　定本育儿百科 . 1 岁半以上
〔日〕松田道雄著 .—北京：华夏出版社；
2011.01；—476 页；15cm
ISBN 978 - 7 - 5080 - 5897 - 9 ￥CNY18.00
本书从婴儿诞生前一直写到孩子满五个月，以
孩子的年龄段为单元划分，各部分相互独立。

3828　东方神起——神遗落在人间的奇迹
〔日〕山川智著 .—长沙：湖南文艺出版社；
2011.01；—197 页；21cm
ISBN 978 - 7 - 5404 - 4747 - 2 ￥CNY26.00
韩国著名音乐组合东方神起在出道六年之后，
遭遇解散危机，本书作者围绕解散内幕，独家揭
秘了此事件的全过程。

3829　东方妖游记 . 灵光制裁的第三盟约
〔日〕村田栞著 .—长沙：湖南美术出版社；
2011.08；—246 页；19cm
ISBN 978 - 7 - 5356 - 4634 - 7 ￥CNY22.00

本书是《东方妖游记》系列轻小说的第三集。

3830　东方妖游记 . 心灵交织的第二盟约
〔日〕村田刊著 .—长沙：湖南美术出版社；
2011.06；—244 页；19cm
ISBN 978 - 7 - 5356 - 4458 - 9 ￥CNY21.00
《东方妖游记 2 心灵交织的第二盟约》是《东方
妖游记》系列小说的第二集。

3831　东海道徒步旅行记
〔日〕十返舍一九著 .—济南：山东画报出版社；
2011.08；—283 页；23cm
ISBN 978 - 7 - 5474 - 0328 - 0 ￥CNY35.00

3832　东京昆虫物语
〔日〕泉麻人文 .—上海：上海人民出版社；
2011.09；—197 页；19cm
ISBN 978 - 7 - 208 - 10079 - 4 ￥CNY26.00
这是一本绝佳的都市观虫札记。

3833　东亚的产业集聚：形成、机制与转型
〔日〕平川均等编著 .—北京：社会科学文献出
版社；2011.02；—261 页；23cm
ISBN 978 - 7 - 5097 - 1998 - 5 ￥CNY39.00
本书以东亚地区为范围，对东亚地区主要产业集
群进行深度有别的分析。

3834　东亚论：日本现代思想批判
〔日〕子安宣邦著 .—长春：吉林人民出版社；
2011.01；—283 页；24cm
ISBN 978 - 7 - 206 - 07154 - 6 ￥CNY34.00
本书是日本著名学者子安宣邦先生的一部精华
结集作品。

3835　东亚三国志
〔日〕金文学著 .—贵阳：贵州人民出版社；2011.
03；—125 页；24cm
ISBN 978 - 7 - 221 - 09210 - 6 ￥CNY22.00

3836　冬天里的蝴蝶
〔日〕高柳芳惠编 .—北京：北京科学技术出版
社；2011.09；—156 页；21cm
ISBN 978 - 7 - 5304 - 5264 - 6 ￥CNY16.00
本套书用简洁的语言、大量的插图向读者揭示了
昆虫世界中潜藏的奥秘。

3837　冬天球球
〔日〕间所寿子著；〔日〕黑井健插画 .—北京：

中信出版社；2011.12；—24 页；19×19cm
ISBN 978 – 7 – 5086 – 2925 – 4 ￥CNY48.00（全套 6 册）
本书是一套日本著名图画书画家黑井健的系列图画书。

3838 咚咚！搭积木
〔日〕竹下文子文 .—北京：教育科学出版社；
2011.11；—32 页；23×24cm
ISBN 978 – 7 – 5041 – 5852 – 9 ￥CNY19.80
本书是引进日本的幼儿读物。

3839 毒刀·镀
〔日〕西尾维新著 .—南京：江苏文艺出版社；
2011.03；—180 页；21cm
ISBN 978 – 7 – 5399 – 4289 – 6 ￥CNY18.00
本书是长篇小说。

3840 独立，从一个人旅行开始
〔日〕新井一二三著 .—上海：上海译文出版社；
2011.04；—230 页；19cm
ISBN 978 – 7 – 5327 – 5324 – 6（精装）：￥CNY26.00
本书是作者用中文写成的散文。

3841 读杜札记
〔日〕吉川幸次郎著 .—南京：凤凰出版社；
2011.02；—273 页；21cm
ISBN 978 – 7 – 5506 – 0212 – 0 ￥CNY28.00
本书是日本著名汉学家吉川幸次郎研究杜诗的成果。

3842 读书人
〔日〕大江健三郎著 .—北京：作家出版社；
2011.01；—236 页；22cm
ISBN 978 – 7 – 5063 – 5627 – 5（精装）：￥CNY29.00
本书是随笔集。

3843 堵塞学
〔日〕西成活裕著 .—北京：北京科学技术出版社；2011.02；—231 页；21cm
ISBN 978 – 7 – 5304 – 4806 – 9 ￥CNY38.00
东京大学的西成活裕教授，揭示各种不同堵塞背后的共同原因，并探讨解决之道。

3844 短码之美：编程达人的心得技法
〔日〕Ozy 著 .—北京：人民邮电出版社；
2011.01；—338 页；24cm
ISBN 978 – 7 – 115 – 24044 – 6 ￥CNY59.00
本书主要介绍短码编程。

3845 断食瑜伽：五天即见效的身体与心灵修炼
〔日〕友永淳子著 .—北京：金城出版社；
2011.08；—141 页；21cm
ISBN 978 – 7 – 80251 – 688 – 5 ￥CNY26.80
本书将详尽而准确地讲解断食瑜伽的修炼步骤，并配以完整的图解。

3846 锻炼"地头力"：打造你的黄金思考力
〔日〕细谷功著 .—北京：金城出版社；
2011.03；—181 页；23cm
ISBN 978 – 7 – 80251 – 144 – 6 ￥CNY27.00
本书是一本思维训练的实用指导书。

3847 对话笈川：学习日语不得不谈的那些事儿
〔日〕笈川幸司编 .—大连：大连理工大学出版社；2011.04；—190 页；24cm
ISBN 978 – 7 – 5611 – 6155 – 5 ￥CNY29.80
本书是继《笈川日语教科书》《笈川朗读教科书》之后推出的第三本笈川老师的著作。

3848 敦煌的光彩：常书鸿、池田大作对谈录
常书鸿，〔日〕池田大作著 .—北京：人民日报出版社；2011.03；—216 页；24cm
ISBN 978 – 7 – 5115 – 0151 – 6 ￥CNY48.00
本书是我国著名学者常书鸿和日本著名思想家池田大作的长篇对谈录。

3849 多田便利屋
〔日〕三浦紫苑著 .—北京：人民文学出版社；
2011.05；—302 页；15cm
ISBN 978 – 7 – 02 – 008277 – 3 ￥CNY14.00

3850 俄罗斯风格小屋：24 个神秘家居表情
〔日〕丰田菜穗子著 .—北京：中信出版社；
2011.12；—143 页；21cm
ISBN 978 – 7 – 5086 – 3084 – 7 ￥CNY35.00
通过书中的介绍带你体会充满浓郁俄罗斯风情的生活气息。

3851 儿童手作服·下装
〔日〕靓丽社组织编写 .—北京：化学工业出版社；2011.08；—64 页；26cm
ISBN 978 – 7 – 122 – 10999 – 6 ￥CNY29.90
本书手把手教你做出 24 款超人气可爱小女生下装。

3852 耳部疾病正确治疗与生活调养
〔日〕石井正则著 .—南宁：广西科学技术出版社；2011.11；—200 页；23cm
ISBN 978 – 7 – 80763 – 691 – 5 ￥CNY28.00

本书着重介绍消除耳鸣、重听（耳聋）、眩晕的方法。

3853　发现特别的自己：青春期心理与成长
〔日〕佐佐木正美著．—北京：世界图书出版公司北京公司；2011.01；—184页；19cm
ISBN 978－7－5100－2681－2 ￥CNY19.00
本书向大家介绍一些方法，让正受到困扰的孩子们在青春期这一"自我形成"的重要时期理解自己、发现自己。

3854　发育障碍儿童诊断与训练指导
〔日〕柚木馥，〔日〕白崎研司主编．—北京：华夏出版社；2008.05；—150页；24cm
ISBN 978－7－5080－4665－5 ￥CNY20.00
本书介绍学龄前发育障碍儿童在家庭和幼儿园中配合正常保育活动所进行的训练。

3855　法国奶酪品鉴
〔日〕增井和子，〔日〕山田友子著．—北京：旅游教育出版社；2011.05；—284页；23cm
ISBN 978－7－5637－1995－2（精装）：￥CNY48.00
这是一本全面的法国奶酪品鉴指南。

3856　法华经新释
〔日〕庭野日敬著．—上海：上海古籍出版社；2011.07；—500页；21cm
ISBN 978－7－5325－5715－8 ￥CNY38.00
依据《法华经》精神，对之进行现代解读，使之能为现代人理解和共鸣，并在日常生活中实践之。

3857　法华经新释
〔日〕庭野日敬著．—上海：上海古籍出版社；2011.07；—538页；22cm
ISBN 978－7－5325－5717－2（精装）：￥CNY58.00
依据《法华经》精神，对之进行现代解读，使之能为现代人理解和共鸣，并在日常生活中实践之。

3858　反哲学入门
〔日〕木田元著．—北京：中信出版社；2011.10；—13页，253页；21cm
ISBN 978－7－5086－2994－0 ￥CNY29.00
明确区分"哲学"与"反哲学"，深入浅出地解读"反哲学"的发展轨迹及影响。

3859　放浪记
〔日〕林芙美子著．—上海：复旦大学出版社；2011.01；—14页，375页；22cm

ISBN 978－7－309－07762－9 ￥CNY28.00
林芙美子在日本文学界和电影界有着重要影响，其六部作品先后被成濑改编为经典电影。

3860　飞吧！小飞机
〔日〕山本忠敬图．—南昌：二十一世纪出版社；2011.10；—31页；19×26cm
ISBN 978－7－5391－5770－2（精装）：￥CNY26.00

3861　非比寻常的一天
〔日〕平安寿子著．—北京：新世界出版社；2011.11；—195页；21cm
ISBN 978－7－5104－2249－2 ￥CNY26.00
平安寿子成名作《非比寻常的一天》领衔的短篇小说集，讲述了六个意想不到的、离奇的故事。

3862　非实体店铺营销策略
〔日〕池本克之著．—北京：中国纺织出版社；2011.09；—226页；24cm
ISBN 978－7－5064－7732－1 ￥CNY29.80
本书作者是日本知名的营销顾问，在本书中将自己丰富的实践经验公之于众。

3863　非线性最优化基础
〔日〕Masao Fukushima著．—北京：科学出版社；2011.05；—188页；23cm
ISBN 978－7－03－030992－1 ￥CNY45.00
本书目的是从凸分析的观点讲解在处理最优化问题时的必要的基础知识。

3864　风的生涯
〔日〕辻井乔著．—北京：作家出版社；2011.09；—378页；24cm
ISBN 978－7－5063－6069－2 ￥CNY200.00（全套5册）
本书是长篇小说。

3865　风景构成法：一种独具特色的绘画心理治疗
〔日〕皆藤章著．—北京：中国轻工业出版社；2011.05；—282页；24cm
ISBN 978－7－5019－7980－6 ￥CNY38.00
本书作者皆藤章是日本著名的临床心理学家，他根据自己几十年的临床经验写成了这本书。

3866　风靡亚欧的手编小饰物 119 款
〔日〕靓丽出版社编著．—郑州：河南科学技术出版社；2011.10；—119页；21cm
ISBN 978－7－5349－5229－6 ￥CNY25.00
全书提供各种手编作品119款，并对各种常用结艺做了详细介绍。

3867 佛罗伦萨乡间生活：小村庄的春夏秋冬
〔日〕奥村千穗著．—北京：学苑出版社；
2011.09；—223页；21cm
ISBN 978 - 7 - 5077 - 3855 - 1 ￥CNY36.00
本书描绘了意大利托斯卡纳山顶上的小村庄里
四季的生活。

3868 服务从心开始
〔日〕林田正光著．—海口：南海出版公司；
2011.12；—203页；20cm
ISBN 978 - 7 - 5442 - 4665 - 1 ￥CNY25.00
本书分属企业管理类。

3869 福利国家的社会学：全球化、个体化与社会政策
〔日〕武川正吾著．—北京：商务印书馆；
2011.07；—308页；21cm
ISBN 978 - 7 - 100 - 07567 - 1 ￥CNY23.00
本书的主要目的是确立"福利国家社会学"的
分析框架。

3870 父母离去前你要做的55件事
〔日〕尽孝执行委员会编著．—北京：北京大学
出版社；2011.06；—185页；21cm
ISBN 978 - 7 - 301 - 18752 - 4 ￥CNY28.00
本书充满了父母与子女间的挚爱亲情，饱含着
对彼此的依恋和牵挂。

3871 父亲的肖像
〔日〕辻井乔著．—北京：作家出版社；2011.09；
—391页；24cm
ISBN 978 - 7 - 5063 - 6069 - 2 ￥CNY200.00（全
套5册）
本书是长篇小说。

3872 伽利略的苦恼
〔日〕东野圭吾著．—南京：译林出版社；
2011.90；—287页；21cm
ISBN 978 - 7 - 5447 - 2288 - 9 ￥CNY25.00
本书包括五个推理故事，主角为帝都大学物理
教授被称为神探伽利略的汤川。

3873 改善视力提升注意力3D益智游戏
〔日〕德永贵久监修．—海口：南海出版公司；
2011.11；—5册；28cm
ISBN 978 - 7 - 5442 - 5151 - 8 ￥CNY79.00
本书是一套益智游戏书，共包括5本书。

3874 盖房记
〔日〕柏木博，〔日〕中村好文著．—济南：山
东人民出版社；2011.02；—139页；21cm
ISBN 978 - 7 - 209 - 05625 - 0 ￥CNY25.00
本书是从建筑评论家及建筑家的眼光出发，对几
座房屋的修缮过程进行详细记录。

3875 概率，统计
〔日〕小林道正著．—上海：上海科学技术文献
出版社；2011.01；—195页；19cm
ISBN 978 - 7 - 5439 - 4676 - 7 ￥CNY18.00
本系列是日本著名长期常销选题，是一套深入浅
出、通俗易懂的入门读物。

3876 钢筋混凝土构件抗震施工技术
〔日〕酒见庄次郎著．—北京：机械工业出版社；
2011.10；—150页；26cm
ISBN 978 - 7 - 111 - 35307 - 2 ￥CNY42.00
本书具体地阐述了实际中出现过的各种各样施
工缺陷，它们产生的原因及其对策。

3877 高等微积分
〔日〕高木贞治著．—北京：人民邮电出版社；
2011.08；—494页；24cm
ISBN 978 - 7 - 115 - 25928 - 8 ￥CNY79.00
本书以初等函数为重点，介绍了微积分相关的
内容。

3878 高跟鞋的魔力
〔日〕Madamu由美子著．—沈阳：辽宁科学技术
出版社；2011.07；—109页；23cm
ISBN 978 - 7 - 5381 - 6712 - 2 ￥CNY28.00
本书针对这些在女性朋友中常见的穿高跟鞋问
题展开详细的介绍。

3879 高考翻身记：那一年，我们都还有机会
〔日〕和田秀树著．—北京：中信出版社；
2011.12；—251页；21cm
ISBN 978 - 7 - 5086 - 2843 - 1 ￥CNY26.00
本书是一本小说。

3880 高速电力线通信系统（PLC）和EMC
〔日〕电气学会高速电力线通信系统和EMC调
查专门委员会编．—北京：中国电力出版社；
2011.06；—177页；23cm
ISBN 978 - 7 - 5123 - 1462 - 7 ￥CNY28.00
为了使读者在较短的时间内理解全书内容，本书
在第一章概括性汇总了全书内容。

3881 高效工作术
〔日〕浜口直太著．—武汉：华中科技大学出版

社；2011.11；—161 页；24cm

ISBN 978 - 7 - 5609 - 7362 - 3 ￥CNY25.00

作者把自己在日常生活中每日实行，并取得成果的高效率工作方法毫无保留地记入了书中。

3882 高职高专新概念日语教程练习册

〔日〕楠本徹也，李若柏总主编 .—北京：北京出版社；2011.08；—189 页；26cm

ISBN 978 - 7 - 200 - 08792 - 5 ￥CNY22.00

本练习册是针对初级日语教材《高职高专新概念日语教程3》编写的。

3883 高职高专新概念日语教程

〔日〕楠本徹也，李若柏总主编 .—北京：北京出版社；2011.08；—180 页；26cm

ISBN 978 - 7 - 200 - 08794 - 9 ￥CNY27.00

本书贯彻了教育部提出的外语教育要向实用性方向发展的方针。

3884 羔羊的盛宴

〔日〕米泽穗信著 .—南京：译林出版社；2011.12；—253 页；22cm

ISBN 978 - 7 - 5447 - 2363 - 3 ￥CNY28.00

本书由跟"巴别会"有关的五个短篇小说构成。

3885 哥就要 Hold 住

〔日〕潮凪洋介著 .—北京：现代出版社；2011.12；—170 页；19cm

ISBN 978 - 7 - 5143 - 0350 - 6 ￥CNY30.00

本书是一本男性励志读物。

3886 蛤蟆爷爷的秘诀

〔日〕庆子·凯萨兹文/图 .—南京：江苏少年儿童出版社；2011.07；—30 页；29cm

ISBN 978 - 7 - 5346 - 5624 - 8（精装）：￥CNY24.80

3887 给未来的记忆：河合隼雄回忆录

〔日〕河合隼雄著 .—上海：东方出版中心；2011.09；—348 页；19cm

ISBN 978 - 7 - 5473 - 0342 - 9 ￥CNY28.00

本书讲述了作者前半生的经历。

3888 公司病：企业风气改革大师的诊断与处方

〔日〕柴田昌治著 .—北京：中信出版社；2011.08；—16 页，287 页；23cm

ISBN 978 - 7 - 5086 - 2881 - 3 ￥CNY35.00

书中介绍的企业风气与体制改革的复兴方法，受到日本众多知名人士的推荐。

3889 公司持续繁荣的秘诀

〔日〕小宫一庆著 .—北京：中国纺织出版社；

2011.09；—156 页；24cm

ISBN 978 - 7 - 5064 - 7510 - 5 ￥CNY26.80

本书将这两类公司分成持续繁荣的"伟大公司"，和业绩不错、不会倒闭，但却"停滞不前的公司"两种类型。

3890 公司法概论

〔日〕落合诚一著 .—北京：法律出版社；2011.11；—262 页；21cm

ISBN 978 - 7 - 5118 - 2695 - 4 ￥CNY24.00

本书通过对日本股份公司法律规范的梳理和介绍，展示日本公司法律规范的整体。

3891 公义之死

〔日〕秦建日子著 .—南京：南京大学出版社；2011.04；—246 页；21cm

ISBN 978 - 7 - 305 - 08069 - 2 ￥CNY24.00

本书是长篇推理小说。

3892 供水系统病原微生物对策

〔日〕金子光美编著 .—北京：中国建筑工业出版社；2011.03；—215 页；26cm

ISBN 978 - 7 - 112 - 12805 - 1 ￥CNY45.00

本书对凡与水质卫生相关的各种问题均做了详细的阐述。

3893 沟口健二的世界

〔日〕佐藤忠男著 .—海口：南方出版社；2011.04；—302 页；21cm

ISBN 978 - 7 - 5501 - 0178 - 4 ￥CNY28.00

本书是已经公认的一本权威的电影专著。

3894 钩出超可爱立体小物件 100 款 . 情迷玫瑰篇

〔日〕美创出版著 .—郑州：河南科学技术出版社；2011.06；—79 页；26cm

ISBN 978 - 7 - 5349 - 4935 - 7 ￥CNY26.00

书中精选了各种玫瑰花钩织，涵盖居家实用小物件 100 款。

3895 钩出超可爱立体小物件 100 款 . 唯美植物篇

〔日〕美创出版著 .—郑州：河南科学技术出版社；2011.06；—79 页；26cm

ISBN 978 - 7 - 5349 - 4845 - 9 ￥CNY26.00

本书介绍了 100 款用钩针编织的植物主题小饰物。

3896 钩出我的贴心小物

〔日〕深尾幸世著 .—郑州：河南科学技术出版

社；2011.03；—72 页；26cm

ISBN 978 - 7 - 5349 - 4821 - 3 ￥CNY23.80

专门为爱动手、爱享受编织手工的朋友们倾力打造。

3897　古绘诗经名物

〔日〕渊在宽绘画 . —武汉：武汉大学出版社；2011.08；—359 页；24cm

ISBN 978 - 7 - 307 - 08877 - 1 ￥CNY68.00

本书以鉴赏古画为主。

3898　骨关节 X 线摄片及读片指南

〔日〕堀尾重治原著 . —南京：江苏科学技术出版社；2011.01；—436 页；26cm

ISBN 978 - 7 - 5345 - 7650 - 8 ￥CNY85.00

详细介绍了全身骨科及神经系统疾病的 X 线拍片方法及临床意义。

3899　顾客买的是服务：掌握提升顾客满意度的关键

〔日〕诹访良武著 . —北京：企业管理出版社；2011.04；—181 页；23cm

ISBN 978 - 7 - 80255 - 737 - 6 ￥CNY35.00

本书介绍企业如何提升顾客的满意度，为企业营销打下基础。

3900　怪诞创富学：赚钱的学问来自于花钱的艺术

〔日〕午堂登纪雄著 . —北京：印刷工业出版社；2011.12；—159 页；23cm

ISBN 978 - 7 - 5142 - 0058 - 4 ￥CNY25.00

本书为日语引进版图书，属于面向普通读者的经管类图书。

3901　光与影的魔幻乐园：有趣的透镜

〔日〕桑岛干著 . —北京：科学出版社；2011.08；—210 页；21cm

ISBN 978 - 7 - 03 - 031885 - 5 ￥CNY32.00

把我们生活和身边方方面面的科学知识，活灵活现、生动有趣地展示给你！

3902　规范论和刑法解释论

〔日〕高桥则夫著 . —北京：中国人民大学出版社；2011.09；—217 页；24cm

ISBN 978 - 7 - 300 - 14198 - 5 ￥CNY38.00

本书围绕"行为规范和制裁规范的对置"这一范式，结合判例对刑法中的一些重要概念进行阐释。

3903　国际会议英语表达实例

〔日〕石井隆之著 . —北京：外文出版社；

2011.05；—13 页，290 页；21cm

ISBN 978 - 7 - 119 - 07028 - 5 ￥CNY29.00

本教材以国际学术会议为主导，详细介绍了国际学术交流活动的操作惯例和相关规则。

3904　国际食品安全及农业资源经济分析

〔日〕甲斐谕著 . —上海：立信会计出版社；2011.11；—311 页；24cm

ISBN 978 - 7 - 5429 - 3075 - 0 ￥CNY46.00

提出了中肯的食品安全管理和控制的科学理念和解决问题的清晰思路。

3905　国际文化论

〔日〕平野健一郎著 . —北京：中国大百科全书出版社；2011.02；—262 页；23cm

ISBN 978 - 7 - 5000 - 8514 - 0 ￥CNY36.00

本书以文化要素的国际性活动为素材。

3906　国债的历史：凝结在利率中的过去与未来

〔日〕富田俊基著 . —南京：南京大学出版社；2011.06；—602 页；23cm

ISBN 978 - 7 - 305 - 08179 - 8 ￥CNY76.00

本书中，作者追溯了国债的起源，阐明其本质。

3907　哈佛老妈的教育笔记：我是如何将三个孩子都送上哈佛的

〔日〕森田友代著 . —北京：中国友谊出版公司；2011.11；—184 页；21cm

ISBN 978 - 7 - 5057 - 2886 - 8 ￥CNY22.80

本书作者分享自己的教育心得。

3908　海水鱼图鉴：世界 600 种海水鱼饲养与鉴赏图典

〔日〕小林道信著 . —沈阳：辽宁科学技术出版社；2011.07；—223 页；24cm

ISBN 978 - 7 - 5381 - 6945 - 4 ￥CNY49.80

本书为一本海水鱼类饲养入门。

3909　海外旅行

〔美〕David A. Thayne，〔日〕小池信孝编著 . —北京：世界图书出版公司北京公司；2011.01；—185 页；19cm

ISBN 978 - 7 - 5100 - 3098 - 7 ￥CNY22.00

3910　汉方诊疗三十年

〔日〕大冢敬节著 . —北京：华夏出版社；2011.01；—419 页；25cm

ISBN 978 - 7 - 5080 - 6152 - 8 ￥CNY48.00

本书是一部难得的、风格独特的医案集。

3911　航海王．BLUE 伟大内幕集锦

〔日〕尾田荣一郎著．—杭州：浙江人民美术出版社；2011.12；—194 页；18cm

ISBN 978 - 7 - 5340 - 3110 - 6 ￥CNY17.80

本书再现航海王的幕后故事、人物及世界背后展现的"数字档案"。

3912　航海王．RED 伟大人物特写

〔日〕尾田荣一郎著．—杭州：浙江人民美术出版社；2011.12；—258 页；18cm

ISBN 978 - 7 - 5340 - 3111 - 3 ￥CNY18.80

伟大的人物实况完全收录，充分显示冒险者的魅力。

3913　航海王．罗格镇篇

〔日〕尾田荣一郎，〔日〕滨崎达也著．—上海：上海译文出版社；2011.04；—205 页；21cm

ISBN 978 - 7 - 5327 - 5271 - 3 ￥CNY17.00

3914　航海王．投降吧！海盗冈扎克

〔日〕尾田荣一郎，〔日〕滨崎达也著．—上海：上海译文出版社；2011.04；—204 页；21cm

ISBN 978 - 7 - 5327 - 5270 - 6 ￥CNY17.00

3915　航海王：尾田荣一郎画集．狮子 Lion

〔日〕尾田荣一郎绘．—杭州：浙江人民美术出版社；2011.05；—105 页；30cm

ISBN 978 - 7 - 5340 - 2989 - 9 ￥CNY48.00

本画集收集了大量《航海王》作者尾田荣一郎在《航海王》中的精彩原图画作品。

3916　航海王：尾田荣一郎画集．鹰 Eagle

〔日〕尾田荣一郎绘．—杭州：浙江人民美术出版社；2011.05；—105 页；30cm

ISBN 978 - 7 - 5340 - 2986 - 8 ￥CNY48.00

本书是画集。

3917　好大好大的红薯

〔日〕赤羽末吉图文．—南昌：二十一世纪出版社；2011.10；—1 册；22cm

ISBN 978 - 7 - 5391 - 5771 - 9（精装）：￥CNY30.00

3918　好斗男孩

〔日〕伊东章夫绘．—大连：大连出版社；2011.09；—203 页；19cm

ISBN 978 - 7 - 5505 - 0223 - 9 ￥CNY14.00

本书讲述的是一只小恐龙——好斗男孩的故事。

3919　好斗男孩

〔日〕伊东章夫绘．—大连：大连出版社；

2011.09；—206 页；19cm

ISBN 978 - 7 - 5505 - 0222 - 2 ￥CNY14.00

本书讲述的是一只小恐龙——好斗男孩的故事。

3920　好妈妈的第一本漫画育儿书

〔日〕亲野智可等，〔日〕橡橡橡树果著．—沈阳：辽宁科学技术出版社；2011.05；—190 页；21cm

ISBN 978 - 7 - 5381 - 6891 - 4 ￥CNY19.80

本书采用四格漫画的形式，介绍了简单快乐的育儿心经。

3921　好妈妈的亲子按摩书：亲子间身体与心灵的愉悦放松

〔日〕月山绮罗著．—北京：金城出版社；2011.01；—135 页；21cm

ISBN 978 - 7 - 80251 - 663 - 2 ￥CNY26.80

配图详解妈妈们可轻松掌握的穴位按摩术、推拿术，芳香疗法。

3922　好喜欢吃蔬菜

〔日〕柳原良平文/图．—上海：少年儿童出版社；2011.05；—1 册；20×21cm

ISBN 978 - 7 - 5324 - 8562 - 8（精装）：￥CNY15.00

本书以孩童的视角看待常见的蔬菜。

3923　和红酒一起享用

〔日〕植野美枝子著．—杭州：浙江科学技术出版社；2011.02；—111 页；19cm

ISBN 978 - 7 - 5341 - 3984 - 0 ￥CNY24.00

本书作者介绍了与红酒一起享用的 81 种美味的菜谱。

3924　和纽约客飚口语

〔日〕吉村幸子著．—北京：外文出版社；2011.05；—238 页；21cm

ISBN 978 - 7 - 119 - 07027 - 8 ￥CNY26.00

一本收录了纽约人"纯正英语"的听说教材。

3925　和颜爱语

〔日〕山田无文著．—合肥：黄山书社；2011.03；—378 页；21cm

ISBN 978 - 7 - 5461 - 1639 - 6 ￥CNY29.80

本书收入日本当代名人、文化大师山田无文先生谈论人生哲理的短文 165 篇。

3926　荷兰比利时卢森堡：11～12

〔日〕大宝石出版社著．—北京：中国旅游出版社；2011.04；—482 页；21cm

ISBN 978 - 7 - 5032 - 4089 - 8 ￥CNY68.00

本书是《走遍全球》系列的荷兰比利时卢森堡分册。

3927　核电员工最后遗言：福岛事故十五年前的灾难预告
〔日〕平井宪夫著 . —北京：人民文学出版社；
2011.11；—12 页，155 页；21cm
ISBN 978 – 7 – 02 – 008759 – 4 ￥CNY25.00
汇集若干有关日本核电发展问题的文章、访谈录。

3928　黑色回廊
〔日〕阿刀田高著 . —上海：上海译文出版社；
2011.12；—208 页；21cm
ISBN 978 – 7 – 5327 – 5609 – 4 ￥CNY23.00
本书包含以恐怖为主题的十个风格迥异的故事。

3929　黑执事
〔日〕枢梁绘 . —合肥：安徽美术出版社；
2011.09；—170 页；19cm
ISBN 978 – 7 – 5398 – 2816 – 9 ￥CNY9.80
本漫画讲述的主要是英国贵族凡多姆海伍家族的故事。

3930　黑执事
〔日〕枢梁绘 . —合肥：安徽美术出版社；
2011.11；—162 页；19cm
ISBN 978 – 7 – 5398 – 2868 – 8 ￥CNY9.80
本漫画讲述的主要是英国贵族凡多姆海伍家族的故事。

3931　黑执事
〔日〕枢梁绘 . —合肥：安徽美术出版社；
2011.10；—166 页；19cm
ISBN 978 – 7 – 5398 – 2867 – 1 ￥CNY9.80
本漫画讲述的主要是英国贵族凡多姆海伍家族的故事。

3932　黑执事
〔日〕枢梁绘 . —合肥：安徽美术出版社；
2011.11；—171 页；19cm
ISBN 978 – 7 – 5398 – 2866 – 4 ￥CNY15.00
本漫画讲述的主要是英国贵族凡多姆海伍家族的故事。

3933　黑执事
〔日〕枢梁绘 . —合肥：安徽美术出版社；
2011.09；—182 页；19cm
ISBN 978 – 7 – 5398 – 2815 – 2 ￥CNY9.80
本漫画讲述的主要是英国贵族凡多姆海伍家族的故事。

3934　黑执事
〔日〕枢梁绘 . —合肥：安徽美术出版社；
2011.09；—184 页；19cm
ISBN 978 – 7 – 5398 – 2817 – 6 ￥CNY9.80
本漫画讲述的主要是英国贵族凡多姆海伍家族的故事。

3935　黑执事
〔日〕枢梁绘 . —合肥：安徽美术出版社；
2011.09；—187 页；19cm
ISBN 978 – 7 – 5398 – 2814 – 5 ￥CNY9.80
本漫画讲述的主要是英国贵族凡多姆海伍家族的故事。

3936　黑执事
〔日〕枢梁绘 . —合肥：安徽美术出版社；
2011.10；—176 页；19cm
ISBN 978 – 7 – 5398 – 2885 – 5 ￥CNY9.80
本书讲述的主要是英国贵族凡多姆海伍家族的故事。

3937　弘法大师著述辑要
〔日〕空海著 . —北京：国家图书馆出版社；
2011.12；—390 页；27cm
ISBN 978 – 7 – 5013 – 4697 – 4（精装）：￥CNY580.00
本书收入日本高僧空海的著述 28 种，是了解日本真言宗和唐代中国密宗的珍贵资料。

3938　红莲
〔日〕伊东杂音编绘 . —长沙：湖南美术出版社；
2011.12；—127 页；30cm
ISBN 978 – 7 – 5356 – 4894 – 5（精装）：￥CNY68.00
《伊东杂音画集红莲》是著名插画家伊东杂音精心收录的绘画集，全书分为五个部分。

3939　红色诱惑
〔日〕阿刀田高著 . —上海：上海译文出版社；
2011.12；—204 页；21cm
ISBN 978 – 7 – 5327 – 5606 – 3 ￥CNY23.00
本书包含以男女为主题的十一个风格迥异的故事。

3940　红手指
〔日〕东野圭吾著 . —海口：南海出版公司；
2011.11；—211 页；22cm
ISBN 978 – 7 – 5442 – 5589 – 9 ￥CNY25.00
本书为日本当代长篇小说，直木奖得主东野圭吾社会派推理杰作。

3941　狐狸和狼 . 到明天还是朋友
〔日〕内田麟太郎著 . —南昌：江西科学技术出

版社；2011.02；—31 页；24cm

ISBN 978 – 7 – 5390 – 3479 – 9 ￥CNY88.00 （全八册）

本系列绘本图书共八册，反映了 3 岁以上幼儿的心理成长历程。

3942　狐狸和狼．对不起，朋友

〔日〕内田麟太郎著．—南昌：江西科学技术出版社；2011.02；—31 页；24cm

ISBN 978 – 7 – 5390 – 3479 – 9 ￥CNY88.00 （全八册）

本系列绘本图书共八册，反映了 3 岁以上幼儿的心理成长历程。

3943　狐狸和狼．好朋友出租

〔日〕内田麟太郎著．—南昌：江西科学技术出版社；2011.02；—31 页；24cm

ISBN 978 – 7 – 5390 – 3479 – 9 ￥CNY88.00 （全八册）

本系列绘本图书共八册，反映了 3 岁以上幼儿的心理成长历程。

3944　狐狸和狼．好朋友明天会不会来

〔日〕内田麟太郎著．—南昌：江西科学技术出版社；2011.02；—31 页；24cm

ISBN 978 – 7 – 5390 – 3479 – 9 ￥CNY88.00 （全八册）

本系列绘本图书共八册，反映了 3 岁以上幼儿的心理成长历程。

3945　狐狸和狼．朋友回收站

〔日〕内田麟太郎著．—南昌：江西科学技术出版社；2011.02；—31 页；24cm

ISBN 978 – 7 – 5390 – 3479 – 9 ￥CNY88.00 （全八册）

本系列绘本图书共八册，反映了 3 岁以上幼儿的心理成长历程。

3946　狐狸和狼．他也是我们的朋友

〔日〕内田麟太郎著．—南昌：江西科学技术出版社；2011.02；—31 页；24cm

ISBN 978 – 7 – 5390 – 3479 – 9 ￥CNY88.00 （全八册）

本系列绘本图书共八册，反映了 3 岁以上幼儿的心理成长历程。

3947　狐狸和狼．谢谢你，朋友

〔日〕内田麟太郎著．—南昌：江西科学技术出版社；2011.02；—31 页；24cm

ISBN 978 – 7 – 5390 – 3479 – 9 ￥CNY88.00 （全八册）

本系列绘本图书共八册，反映了 3 岁以上幼儿的心理成长历程。

3948　狐狸和狼．最挂念的朋友

〔日〕内田麟太郎著．—南昌：江西科学技术出版社；2011.02；—31 页；24cm

ISBN 978 – 7 – 5390 – 3479 – 9 ￥CNY88.00 （全八册）

本系列绘本图书共八册，反映了 3 岁以上幼儿的心理成长历程。

3949　狐者异

〔日〕畠中惠著．—海口：南海出版公司；2011.04；—321 页；21cm

ISBN 978 – 7 – 5442 – 5001 – 6 ￥CNY28.00

本书为日本当代推理小说。

3950　壶中的故事

〔日〕安野雅一郎著．—北京：中国城市出版社；2011.07；—43 页；26cm

ISBN 978 – 7 – 5074 – 2455 – 3 ￥CNY100.00

深入浅出地介绍了数数、加减法、概率、排列组合等数学原理。

3951　花木村和盗贼们

〔日〕新美南吉著．—天津：新蕾出版社；2011.12；—37 页；23cm

ISBN 978 – 7 – 5307 – 5273 – 9 ￥CNY48.00 （全套 4 册）

3952　花小兔视觉发现

〔日〕三丽鸥公司编．—武汉：湖北美术出版社；2011.01；—47 页；29cm

ISBN 978 – 7 – 5394 – 3836 – 8 ￥CNY10.00

3953　花叶死亡之日

〔日〕陈舜臣著．—北京：金城出版社；2011.10；—250 页；21cm

ISBN 978 – 7 – 5155 – 0019 – 5 ￥CNY29.80

3954　化学工业中的过程控制

〔日〕伊藤利昭编著．—北京：机械工业出版社；2011.07；—10 页，159 页；24cm

ISBN 978 – 7 – 111 – 34118 – 5 ￥CNY49.80

本书主要介绍了以控制理论为先导的控制技术在化学工业中的应用。

3955　桦鬼甘月时刻

〔日〕梨沙著．—南昌：二十一世纪出版社；

2011.02；—368 页；19cm
ISBN 978 - 7 - 5391 - 6159 - 4 ￥CNY20.00

3956 怀抱花月的水妖
〔日〕野村美月文 .—北京：人民文学出版社；
2011.02；—233 页；19cm
ISBN 978 - 7 - 02 - 008427 - 2 ￥CNY20.00

3957 怀抱猫咪，与象共泳
〔日〕小川洋子著 .—北京：人民文学出版社；
2011.06；—267 页；21cm
ISBN 978 - 7 - 02 - 008588 - 0 ￥CNY25.00
本书为小川洋子的最新力作，也被评价为目前
最成功的作品。

3958 环境经济学新论：环境经济学讲义
〔日〕吉田文和著 .—北京：人民邮电出版社；
2011.11；—231 页；24cm
ISBN 978 - 7 - 115 - 26227 - 1 ￥CNY45.00
通过 3 个关键词：可持续性、潜在能力和管治，
对环境经济学进行论述。

3959 环境色彩设计技法：街区色彩营造
〔日〕吉田慎悟著 .—北京：中国建筑工业出版
社；2011.01；—184 页；23cm
ISBN 978 - 7 - 112 - 12516 - 6 ￥CNY78.00
本书国际环境色彩规划权威专家吉田慎悟先生
的专著之一，日文版原著出版于 1998 年。

3960 幻之翼
〔日〕逢坂刚著 .—北京：新星出版社；2011.10；
—282 页；21cm
ISBN 978 - 7 - 5133 - 0390 - 3 ￥CNY26.00

3961 宦官史话
〔日〕寺尾善雄著 .—北京：商务印书馆；
2011.07；—227 页；19cm
ISBN 978 - 7 - 100 - 08416 - 1 ￥CNY20.00
作者日本学者寺尾善雄以一个局外人的眼光审
视中国宦官世界。

3962 唤出幸福的心经智慧
〔日〕寻幸哉，〔日〕阿纯孝著 .—西安：陕西
师范大学出版总社有限公司；2011.11；—212
页；18cm
ISBN 978 - 7 - 5613 - 5685 - 2 ￥CNY22.00
本书是让人感知和了解怎样从佛经中汲取幸福
生活的智慧。

3963 荒岛上的野狗
〔日〕久保田彦穗著 .—太原：希望出版社；

2011.07；—155 页；24cm
ISBN 978 - 7 - 5379 - 3573 - 9 ￥CNY28.00

3964 黄昏色的咏使.夏娃在黎明时微笑
〔日〕细音启著 .—长沙：湖南美术出版社；
2011.09；—273 页；19cm
ISBN 978 - 7 - 5356 - 4716 - 0 ￥CNY24.00
《黄昏色的咏使》是一部架构在幻想世界，围绕
"名咏"展开叙述的轻小说系列。

3965 黄昏色的咏使.咏唱少女将往何方
〔日〕细音启著 .—长沙：湖南美术出版社；
2011.10；—232 页；19cm
ISBN 978 - 7 - 5356 - 4789 - 4 ￥CNY21.00
《黄昏色的咏使》系列轻小说第 2 集。

3966 回归原点：丰田方式的管理会计
〔日〕河田信著 .—北京：机械工业出版社；
2011.11；—16 页，158 页；24cm
ISBN 978 - 7 - 111 - 35819 - 0 ￥CNY29.80
本书所描写的丰田方式的管理会计重点就在于
从会计角度分析清楚了丰田方式的"道"。

3967 回忆，扑克牌
〔日〕向田邦子著 .—北京：人民文学出版社；
2011.11；—169 页；21cm
ISBN 978 - 7 - 02 - 008705 - 1 ￥CNY20.00
本书包括十三篇短篇小说，十三篇故事均以家庭
为主题。

3968 会算计才能赚钱
〔日〕榊原正幸著 .—汕头：汕头大学出版社；
2011.02；—211 页；24cm
ISBN 978 - 7 - 5658 - 0054 - 2 ￥CNY25.00
通过简单、有趣、实用的会计学知识介绍了家庭
或者个人的理财技巧。

3969 绘本之力
〔日〕河合隼雄，〔日〕松居直，〔日〕柳田邦
男著 .—贵阳：贵州人民出版社；2011.08；—159
页；21cm
ISBN 978 - 7 - 221 - 09385 - 1 ￥CNY22.00
日本三大名人从各自的专业领域对谈绘本的力量。

3970 魂断阿寒
〔日〕渡边淳一著 .—上海：上海译文出版社；
2011.07；—327 页；21cm
ISBN 978 - 7 - 5327 - 5508 - 0 ￥CNY32.00

3971　活宝三人组．儿童会会长

〔日〕那须正干著．—南昌：二十一世纪出版社；
2011.01；—177 页；19cm

ISBN 978 - 7 - 5391 - 6176 - 1￥CNY14.00

3972　活宝三人组．花样记者团

〔日〕那须正干著．—南昌：二十一世纪出版社；
2011.01；—153 页；19cm

ISBN 978 - 7 - 5391 - 6177 - 8￥CNY14.00

3973　活宝三人组．婚姻咨询所

〔日〕那须正干著．—南昌：二十一世纪出版社；
2011.01；—161 页；19cm

ISBN 978 - 7 - 5391 - 6178 - 5￥CNY14.00

3974　活宝三人组．绒毛猪的秘密

〔日〕那须正干著．—南昌：二十一世纪出版社；
2011.01；—145 页；19cm

ISBN 978 - 7 - 5391 - 6211 - 9￥CNY14.00

3975　活宝三人组．时间漂流记

〔日〕那须正干著．—南昌：二十一世纪出版社；
2011.01；—153 页；19cm

ISBN 978 - 7 - 5391 - 6212 - 6￥CNY14.00

3976　火车火车朝前开

〔日〕竹下文子文．—北京：教育科学出版社；
2011.11；—32 页；23×24cm

ISBN 978 - 7 - 5041 - 5854 - 3￥CNY19.80

本书是引进日本的幼儿读物。

3977　火箭小蜡笔

〔日〕竹下文子文．—北京：教育科学出版社；
2011.11；—32 页；23×24cm

ISBN 978 - 7 - 5041 - 5850 - 5￥CNY19.80

本书是引进日本的幼儿读物。

3978　火影忍者．鸣人 VS 鼬！

〔日〕岸本齐史绘．—北京：连环画出版社；
2011.12；—207 页；18cm

ISBN 978 - 7 - 5056 - 1997 - 5￥CNY9.80

3979　火影忍者．鸣人的战场！

〔日〕岸本齐史绘．—北京：连环画出版社；
2011.11；—180 页；18cm

ISBN 978 - 7 - 5056 - 1900 - 5￥CNY9.80

本书讲述的是忍者漩涡鸣人的故事。

3980　饥饿岛大冒险

〔日〕上野与志著．—天津：新蕾出版社；2011.06；

—36 页；23×26cm

ISBN 978 - 7 - 5307 - 5083 - 4￥CNY13.50

本书的三位主人公是三个淘气又贪吃的小猫，他们分别叫作波奇、皮奇和贝奇。

3981　机动战士敢达 UC：独角兽之日（上）

〔日〕福井晴敏著．—长沙：湖南美术出版社；
2011.10；—203 页；19cm

ISBN 978 - 7 - 5356 - 4759 - 7￥CNY19.00

本书是轻小说《机动战士敢达 UC》系列的第一集。

3982　机械公式活用手册

〔日〕安达胜之等著．—北京：科学出版社；
2011.06；—278 页；21cm

ISBN 978 - 7 - 03 - 030946 - 4￥CNY25.00

本书收集了机械领域或专业的最主要的公式。

3983　积木小屋

〔日〕加藤久仁生绘．—青岛：青岛出版社；
2011.06；—1 册；26cm

ISBN 978 - 7 - 5436 - 7128 - 7（精装）￥CNY29.80

《积木小屋》动画片曾获 2008 年法国阿讷西国际动画电影节的短篇作品最高奖——水晶奖，2009 年第 81 届奥斯卡最佳动画短片奖。

3984　基于球杆仪的数控机床精度评价方法

〔日〕垣野義昭，〔日〕井原之敏，〔日〕篠原章翁著．—西安：西安交通大学出版社；
2011.04；—162 页；23cm

ISBN 978 - 7 - 5605 - 3891 - 4￥CNY29.00

本书介绍了基于球杆仪进行数控机床运动精度评价的方法。

3985　畸形的日本人

〔日〕岸田国士著．—西安：陕西人民出版社；
2011.08；—15 页，162 页；24cm

ISBN 978 - 7 - 224 - 09763 - 4￥CNY25.00

对日本人、日本文化进行了犀利深刻的批判。

3986　笈川日语发音教科书

〔日〕笈川幸司编．—大连：大连理工大学出版社；2011.10；—198 页；24cm

ISBN 978 - 7 - 5611 - 6502 - 7￥CNY32.00

本书主要以初学者和零基础日语学习者为读者对象。

3987　笈川日语基础会话

〔日〕笈川幸司编．—大连：大连理工大学出版社；2011.04；—178 页；24cm

ISBN 978 - 7 - 5611 - 6180 - 7 ￥CNY28.00

3988 记事本圆梦计划
〔日〕熊谷正寿著.—北京:同心出版社;
2011.07;—190页;21cm
ISBN 978 - 7 - 5477 - 0160 - 7 ￥CNY29.80
日本最具影响力的网络公司 GMO 集团创办人熊谷正寿,详细解析自身从零开始的筑梦经验。

3989 继父
〔日〕宫部美雪著.—海口:南海出版公司;
2011.08;—221页;21cm
ISBN 978 - 7 - 5442 - 5492 - 2 ￥CNY22.00
本书为日本当代长篇小说。宫部美雪早期幽默推理杰作。

3990 加速世界.黑雪公主再临
〔日〕川原砾著.—长沙:湖南美术出版社;
2011.11;—251页;19cm
ISBN 978 - 7 - 5356 - 4826 - 6 ￥CNY23.00
本作品是由网络起家的超人气日本轻小说作家川原砾的出道之作。

3991 加速世界.红色暴风公主
〔日〕川原砾著.—长沙:湖南美术出版社;
2011.12;—275页;19cm
ISBN 978 - 7 - 5356 - 4852 - 5 ￥CNY24.00
本作品是由网络起家的超人气日本轻小说作家川原砾的出道之作。

3992 家里的朋友们
〔日〕柳原良平文/图.—上海:少年儿童出版社;
2011.05;—1册;20×21cm
ISBN 978 - 7 - 5324 - 8561 - 1(精装):￥CNY15.00
本书以孩童的视角看家中的事物,适合作为 0~3
岁孩子阅读的图画书。

3993 家门外的自然课
〔日〕石森爱彦著绘.—北京:中信出版社;
2011.03;—62页;23cm
ISBN 978 - 7 - 5086 - 2637 - 6 ￥CNY18.00
本书是很可爱的自然观察图画书。

3994 家庭自疗速查手册
〔日〕带津良一主编.—南宁:广西科学技术出版社;2011.06;—730页;23cm
ISBN 978 - 7 - 80763 - 629 - 8 ￥CNY88.00
本书就日常生活中常发生的 77 种身体不适症状,进行简单明了的科学解说。

3995 家鸭与野鸭的投币式寄物柜
〔日〕伊坂幸太郎著.—南京:译林出版社;
2011.11;—294页;21cm
ISBN 978 - 7 - 5447 - 1716 - 8 ￥CNY28.00

3996 甲状腺疾病正确治疗与生活调养
〔日〕伊藤公一著.—南宁:广西科学技术出版社;2011.10;—198页;23cm
ISBN 978 - 7 - 80763 - 692 - 2 ￥CNY28.00
本书就是一本教人如何战胜甲状腺疾病的健康普及读本。

3997 剪纸游戏
〔日〕大原麻由美著.—郑州:河南科学技术出版社;2011.09;—143页;21cm
ISBN 978 - 7 - 5349 - 5216 - 6 ￥CNY29.80
《剪纸游戏》是一本手工剪纸作品集。

3998 简单的博弈论
〔日〕梶井厚志著.—北京:中国人民大学出版社;2011.12;—244页;21cm
ISBN 978 - 7 - 300 - 14883 - 0 ￥CNY36.00
这是一本关于经济管理的书,是博弈论的入门书籍。

3999 简单的心理学
〔日〕和田秀树著.—北京:中国人民大学出版社;2011.11;—194页;21cm
ISBN 978 - 7 - 300 - 14582 - 2 ￥CNY32.00
本书是一本心理学入门书。

4000 简单!好学!日语单词
〔日〕金仓宽平编著.—北京:群言出版社;
2011.01;—178页;21cm
ISBN 978 - 7 - 80256 - 155 - 7 ￥CNY19.80
本书系统讲解常用的日语单词。

4001 简单开始种蔬菜
〔日〕北条雅章主编.—长沙:湖南科学技术出版社;2011.08;—191页;27cm
ISBN 978 - 7 - 5357 - 6697 - 7 ￥CNY35.00
本书详细地介绍了如何种蔬菜。

4002 建筑的未来
范悦,〔日〕四方裕主编.—大连:大连理工大学出版社;2011.3;—143页;30cm
ISBN 978 - 7 - 5611 - 6037 - 4 ￥CNY58.00
利用大量精美的彩色照片和丰富的线图向读者展示了日本最新建筑设计理念。

4003 建筑结构设计精髓

〔日〕深泽义和著 . —北京：中国建筑工业出版社；2011.01；—231 页；19cm
ISBN 978 – 7 – 112 – 12495 – 4 ￥CNY25.00
建筑设计，一般都是通过建筑师与结构师的互动来完成的。本书亦试图让建筑师们认识到，具备一定的结构技术水准，也是合作的充分条件之一。

4004 建筑与环境

范悦，〔日〕四方裕主编 . —大连：大连理工大学出版社；2011.12；—151 页；30cm
ISBN 978 – 7 – 5611 – 6644 – 4 ￥CNY58.00
本书利用大量精美的彩色照片和丰富的线图向读者展示了日本最新建筑设计理念。

4005 剑客生涯

〔日〕池波正太郎著 . —上海：上海人民出版社；2011.08；—304 页；21cm
ISBN 978 – 7 – 208 – 09885 – 5 ￥CNY29.00
本书包含四个短篇小说。

4006 健康长寿饮食指南

〔日〕家森幸男著 . —南宁：广西科学技术出版社；2011.06；—223 页；23cm
ISBN 978 – 7 – 80763 – 634 – 2 ￥CNY29.00
本书生动地描述了世界各地的饮食习惯，以及这些饮食习惯与健康长寿之间的关系。

4007 健康从水开始：电解还原水全攻略

〔日〕白畑实隆，〔日〕河村宗典著 . —广州：华南理工大学出版社；2008.02；—149 页；21cm
ISBN 978 – 7 – 5623 – 2896 – 4 ￥CNY15.00
本书是电解水的科普读物。

4008 践行德鲁克．思考篇

〔日〕佐藤等编著 . —长春：吉林出版集团有限责任公司；2011.10；—235 页；19cm
ISBN 978 – 7 – 5463 – 5188 – 9 ￥CNY25.00
本书不仅包含时间管理的要领，还具体介绍了目标管理的方法、计划和实践的秘诀及成功人士的行为习惯等。

4009 践行德鲁克．行动篇

〔日〕佐藤等编著 . —长春：吉林出版集团有限责任公司；2011.10；—179 页；19cm
ISBN 978 – 7 – 5463 – 5189 – 6 ￥CNY25.00
本书不仅包含时间管理的要领，还具体介绍了目标管理的方法、计划和实践的秘诀及成功人士的行为习惯等。

4010 交通工具大集合

〔日〕柳原良平文/图 . —上海：少年儿童出版社；2011.05；—1 册；20×21cm
ISBN 978 – 7 – 5324 – 8563 – 5（精装）：￥CNY15.00
本书是柳原良平最知名的婴幼儿认知绘本之一。

4011 交响情人梦

〔日〕二之宫知子著 . —北京：人民文学出版社；2011.02；—180 页；17cm
ISBN 978 – 7 – 02 – 008419 – 7 ￥CNY16.00

4012 交响情人梦

〔日〕二之宫知子著 . —北京：人民文学出版社；2011.02；—187 页；17cm
ISBN 978 – 7 – 02 – 008418 – 0 ￥CNY16.00

4013 交响情人梦

〔日〕二之宫知子著 . —北京：人民文学出版社；2011.02；—173 页；17cm
ISBN 978 – 7 – 02 – 008417 – 3 ￥CNY16.00

4014 角色书信疗法：一种针对"问题少年"的心理咨询方法

〔日〕春口德雄著 . —北京：中国轻工业出版社；2011.09；—16 页，269 页；24cm
ISBN 978 – 7 – 5019 – 8348 – 3 ￥CNY36.00
本书结合大量问题少年的案例，向读者介绍了书信疗法的原理、实践操作方法以及在心理治疗中的应用价值。

4015 角鸮与夜之王

〔日〕红玉伊月著 . —长沙：湖南美术出版社；2011.08；—241 页；19cm
ISBN 978 – 7 – 5356 – 4625 – 5 ￥CNY21.00
本书是一部感人至深的奇幻轻小说，荣获第十三届电击小说大赛"大奖"。

4016 叫醒布拉格

〔日〕菅泽佳代著 . —合肥：黄山书社；2011.11；—110 页；19cm
ISBN 978 – 7 – 5461 – 2036 – 2 ￥CNY35.00
《叫醒布拉格》是日本人气绘本作家菅泽佳代的旅行绘本系列之一。

4017 教育力

〔日〕斋藤孝著 . —上海：华东师范大学出版社；2011.06；—177 页；23cm
ISBN 978 – 7 – 5617 – 8625 – 3 ￥CNY26.00
本书旨在探讨作为教育工作者应该具备哪些能力和素质。

4018 教育评价
〔日〕田中耕治著 .—北京：北京师范大学出版社；2011.01；—219 页；23cm
ISBN 978 - 7 - 303 - 11747 - 5 ￥CNY28.00
本书系日本筑波大学教育学院著名教授田中耕治的专著。

4019 接班铁律：超越父辈的经营手腕与为人哲学
〔日〕井上和弘著 .—北京：中信出版社；2011.10；—20 页，362 页；23cm
ISBN 978 - 7 - 5086 - 2967 - 4 ￥CNY48.00
本书是井上和弘先生培养富二代企业家的全部技巧的首次公开。

4020 结缔组织病正确治疗与生活调养
〔日〕桥本博史著 .—南宁：广西科学技术出版社；2011.11；—210 页；23cm
ISBN 978 - 7 - 80763 - 687 - 8 ￥CNY28.00
本书讲述了结缔组织的病因、症状等基础知识，各种结缔组织疾病的分类诊断法和治疗方法。

4021 结构设计专家入门 . 钢结构篇
〔日〕青木博文，〔日〕细泽治，〔日〕成原弘之著 .—北京：中国建筑工业出版社；2011.12；—325 页；26cm
ISBN 978 - 7 - 112 - 13801 - 2 ￥CNY69.00

4022 解救公主
〔日〕山本和子著 .—天津：新蕾出版社；2011.06；—36 页；23×26cm
ISBN 978 - 7 - 5307 - 5085 - 8 ￥CNY13.50

4023 芥川龙之介读本
〔日〕芥川龙之介著 .—北京：人民文学出版社；2011.06；—449 页；23cm
ISBN 978 - 7 - 02 - 008177 - 6 ￥CNY38.00
精选日本文坛鬼才芥川龙之介小说、散文佳作。

4024 金鹅
〔日〕平田昭吾绘 .—北京：海豚出版社；2011.11；—45 页；17×18cm
ISBN 978 - 7 - 5110 - 0577 - 9 ￥CNY10.80

4025 金匮玉函要略辑义
〔日〕多纪元简著 .—北京：学苑出版社；2011.08；—12 页，556 页；21cm
ISBN 978 - 7 - 5077 - 3817 - 9 ￥CNY38.00
《金匮玉函要略辑义》是丹波元简所撰《金匮要略》注释之作，全六卷，十册。

4026 金鱼饲养大全
〔日〕吉田信行著 .—北京：中国轻工业出版社；2011.08；—166 页；21cm
ISBN 978 - 7 - 5019 - 8166 - 3 ￥CNY29.80
本书是一本宠物园艺类生活书。

4027 紧凑型城市的规划与设计
〔日〕海道清信著 .—北京：中国建筑工业出版社；2011.03；—269 页；24cm
ISBN 978 - 7 - 112 - 12394 - 0 ￥CNY55.00
力求为关心和关注紧凑型城市建设发展的人们提供最基本的相关资料。

4028 禁色
〔日〕三岛由纪夫著 .—上海：上海译文出版社；2011.04；—473 页；21cm
ISBN 978 - 7 - 5327 - 5222 - 5 ￥CNY32.00
《禁色》是作者创作于 1951 年的一部长篇小说，标志着作家开始迈进创作的新阶段。

4029 经营理念：继承与传播的经营人类学研究
〔日〕住原则也编 .—北京：经济管理出版社；2011.02；—205 页；24cm
ISBN 978 - 7 - 5096 - 1147 - 0 ￥CNY39.00
本书特别关注经营理念的内涵和存在形式、经营理念对于组织和社会的意义，以及经营理念形成并得以在组织内外传播、继承的"过程"。

4030 精神医学和精神医疗：从临床到社区
〔日〕浅井邦彦著 .—上海：复旦大学出版社；2011.05；—224 页；21cm
ISBN 978 - 7 - 309 - 08008 - 7 ￥CNY22.00
本书是精神疾病的系列康复著作。

4031 竞争力：日本企业间竞争的启示
〔日〕宇田川胜，〔日〕橘川五郎，〔日〕新宅纯二郎著 .—北京：经济管理出版社；2011.04；—248 页；25cm
ISBN 978 - 7 - 5096 - 1236 - 1 ￥CNY36.00
本书所关心的问题是，从长期来看，同质竞争和差别化竞争的局面会出现什么样的方式，而这种方式对该产业的发展、产业的竞争力将会产生什么样的影响。

4032 境界 · 苦涩的爱我，甜蜜的讨厌我
〔日〕久保带人绘 .—北京：连环画出版社；2011.11；—186 页；18cm
ISBN 978 - 7 - 5056 - 1898 - 5 ￥CNY9.80

4033　境界·六种完现术

〔日〕久保带人绘 .—北京：连环画出版社；
2011.07；—189 页；18cm
ISBN 978 - 7 - 5056 - 1708 - 7 ￥CNY9.80

4034　境界·同盟的终结

〔日〕久保带人绘 .—北京：连环画出版社；
2011.12；—180 页；18cm
ISBN 978 - 7 - 5056 - 1950 - 0 ￥CNY9.80

4035　镜子之家

〔日〕三岛由纪夫著 .—上海：上海译文出版社；
2011.04；—473 页；21cm
ISBN 978 - 7 - 5327 - 5338 - 3 ￥CNY32.00
本书是男性成长之书。

4036　酒和熟化的化学

〔日〕北条正司，〔日〕能势晶著 .—大连：大
连理工大学出版社；2011.02；—168 页；21cm
ISBN 978 - 7 - 5611 - 5999 - 6 ￥CNY25.00
本书为《酒和熟成的化学》原著的缩略版的版
权引进书。

4037　酒井式瘦身法

〔日〕酒井慎太郎著 .—沈阳：辽宁科学技术出版
社；2011.08；—127 页；21cm
ISBN 978 - 7 - 5381 - 6715 - 3 ￥CNY22.80
本书通过活动放松关节进行减肥。

4038　旧京书影：一九三三年

〔日〕仓石武四郎编拍；赵万里撰集 .—北京：
人民文学出版社；2011.01；—987 页；27cm
ISBN 978 - 7 - 02 - 007576 - 8（精装）：￥CNY220.00
《旧京书影》是拍摄于八十年前的 716 幅宋元善
本书影，当时只是少量洗印，存世量极少，现由
人民文学出版社首次影印出版。

4039　居住的学问

〔日〕杉本贤司著 .—北京：中国建筑工业出版
社；2011.01；—224 页；19cm
ISBN 978 - 7 - 112 - 12474 - 9 ￥CNY25.00
本书则介绍了人在居住中遇到的各种问题及其
预防、解决方法。

**4040　菊谱翻新调：百年前日本人眼中的中国
戏曲**

〔日〕辻听花著 .—杭州：浙江古籍出版社；
2011.12；—204 页；21cm
ISBN 978 - 7 - 80715 - 774 - 8 ￥CNY22.00
本书是日本人辻听花介绍中国戏曲知识的普及

读物，也是一部较早系统研究中国戏曲的著作。

4041　巨型建筑设计之谜

〔日〕高桥俊介著 .—济南：山东画报出版社；
2011.10；—75 页；21cm
ISBN 978 - 7 - 5474 - 0439 - 3 ￥CNY35.00
本书以图解与珍贵的图片为您解析世界知名巨
大高层建筑的特殊之处与历史缘由。

4042　嚼出好脸型！口香糖小脸书

〔日〕咀嚼健康委员会著 .—南宁：广西科学技
术出版社；2011.03；—107 页；21cm
ISBN 978 - 7 - 80763 - 531 - 4 ￥CNY22.00
本书讲述了口香糖为何可以瘦脸的医学根据，介
绍如何利用口香糖来进行咀嚼的训练。

4043　均衡饮食瘦身法

〔日〕菅原明子著 .—上海：上海世界图书出版
公司；2011.06；—159 页；19cm
ISBN 978 - 7 - 5100 - 3465 - 7 ￥CNY16.80
本书介绍了“均衡饮食瘦身法”。

4044　卡巴拉数字密码

〔日〕浅野八郎编著 .—广州：南方日报出版社；
2011.08；—191 页；24cm
ISBN 978 - 7 - 5491 - 0230 - 3 ￥CNY25.00
本书讲述的是从遥远的毕达哥拉斯时代开始传
承下来的“卡巴拉”数字理论体系的历史、奥
秘与深刻的含义。

4045　开车去兜风

〔日〕间濑直方文/图 .—南昌：二十一世纪出版
社；2011.09；—24 页；24×24cm
ISBN 978 - 7 - 5391 - 6548 - 6 ￥CNY18.00

4046　开花老爷爷

〔日〕平田昭吾绘 .—北京：海豚出版社；
2011.11；—45 页；17×18cm
ISBN 978 - 7 - 5110 - 0575 - 5 ￥CNY10.80

4047　开口就能说重点

〔日〕斋藤孝著 .—南昌：江西科学技术出版社；
2011.08；—13 页，180 页；24cm
ISBN 978 - 7 - 5390 - 4435 - 4 ￥CNY32.00
本书内容犀利独到，先是通过现实生活中的常见
现象，说明谈话拖泥带水，不得要领的烦人之
处，然后又给出了很好的操作方法。

4048　开心的折纸过家家

〔日〕新宫文明著 .—郑州：河南科学技术出版

社；2011.06；—159 页；24cm

ISBN 978 - 7 - 5349 - 4834 - 3 ￥CNY32.80

专门为爱动手、爱动脑的小朋友们和愿意和他们一起重温动手乐趣的大朋友们设计。

4049 凯蒂猫的折纸世界

〔日〕三丽欧公司编 . —武汉：湖北美术出版社；2011.11；—47 页；29cm

ISBN 978 - 7 - 5394 - 3834 - 4 ￥CNY10.00

这是一套趣味游戏书。

4050 凯蒂猫和朋友们的趣味绘画

〔日〕三丽鸥公司编 . —武汉：湖北美术出版社；2011.01；—47 页；29cm

ISBN 978 - 7 - 5394 - 3833 - 7 ￥CNY10.00

4051 看报纸学日语：日语新闻读听说训练教程

〔日〕水谷修，〔日〕水谷信子编著 . —北京：世界图书出版公司北京公司；2011.02；—157 页；26cm

ISBN 978 - 7 - 5100 - 3234 - 9 ￥CNY29.80

本书共收录 60 篇短小精悍的新闻报道。

4052 看穿人心术拿来就用

〔日〕涩谷昌三著 . —南京：江苏文艺出版社；2011.01；—183 页；21cm

ISBN 978 - 7 - 5399 - 4156 - 1 ￥CNY26.00

本书是一本教你轻松处理家庭，公司，工作中人际关系的教科书。

4053 看得见的相对论

〔日〕飞车来人编著 . —北京：科学出版社；2011.08；—10 页，181 页；21cm

ISBN 978 - 7 - 03 - 031882 - 4 ￥CNY32.00

百余幅精彩的图片、生动有趣的讲解，让你轻松地理解特殊相对论和一般相对论。

4054 科学的社会史：从文艺复兴到 20 世纪 from the renaissance to the 20th century

〔日〕古川安著 . —北京：科学出版社；2011.06；—208 页；24cm

ISBN 978 - 7 - 03 - 031185 - 6 ￥CNY39.00

本书描述了文艺复兴以来，科学在欧洲社会中的成长、变革和发展。

4055 科学故事集 . 超级好玩

〔日〕大山光晴主编 . —青岛：青岛出版社；2011.11；—183 页；21cm

ISBN 978 - 7 - 5436 - 7636 - 7 ￥CNY18.00

这是一套科学知识图书，配合小学阶段孩子的

阅读能力分年级编写为 6 本。

4056 可爱的花式巧克力甜点

〔日〕成美堂出版编辑部编著 . —郑州：河南科学技术出版社；2011.07；—95 页；26cm

ISBN 978 - 7 - 5349 - 5164 - 0 ￥CNY29.80

本书是引进日本的一本介绍花式巧克力甜点制作方法的烘焙类图书。

4057 可爱女孩子的画法

〔日〕雄著 . —沈阳：辽宁科学技术出版社；2011.01；—143 页；26cm

ISBN 978 - 7 - 5381 - 6718 - 4 ￥CNY28.00

本书首先从人体的构造上讲解了女性身体的绘画技巧，然后涉入细节绘画的若干问题。

4058 可怕的心理学

〔日〕齐藤勇主编 . —北京：北京联合出版公司；2011.09；—157 页；25cm

ISBN 978 - 7 - 5502 - 0277 - 1 ￥CNY29.80

详细阐述了人们普遍存在的心理规律，各种心理问题产生的原因及解决方法。

4059 空间设计技法图典

〔日〕日本建筑学会编 . —北京：中国建筑工业出版社；2011.06；—213 页；21cm

ISBN 978 - 7 - 112 - 12489 - 3 ￥CNY39.00

本书整理并分类了对空间进行规划、设计时所用到的概念和技法。

4060 口红

〔日〕柳美里著 . —海口：南海出版公司；2011.12；—236 页；21cm

ISBN 978 - 7 - 5442 - 5603 - 2 ￥CNY25.00

本书为日本现代长篇小说。

4061 跨越性批判：康德与马克思

〔日〕柄谷行人著 . —北京：中央编译出版社；2011.01；—276 页；23cm

ISBN 978 - 7 - 5117 - 0616 - 4 ￥CNY49.00

本书作者通过对马克思《资本论》批判方法和康德批判方法的深入分析，提出了"资本—国家—民族"的埋论。

4062 快乐的每一天

〔日〕黑柳彻子，〔日〕淀川长治著 . —海口：南海出版公司；2011.07；—210 页；22cm

ISBN 978 - 7 - 5442 - 5313 - 0 ￥CNY22.00

本书是日本现代长篇小说。

4063 快跑，小猫鱼

〔日〕渡边有一图/文．—北京：二十一世纪出版社；2011.07；—24 页；24×24cm

ISBN 978 - 7 - 5391 - 6369 - 7 ￥CNY96.00（全套 6 册）

4064 快跑，云梯消防车

〔日〕间濑直方文/图．—南昌：二十一世纪出版社；2011.09；—24 页；24×24cm

ISBN 978 - 7 - 5391 - 6547 - 9 ￥CNY18.00

4065 宽松的纽带

〔日〕大江健三郎著．—天津：天津教育出版社；2011.12；—206 页；21cm

ISBN 978 - 7 - 5309 - 6618 - 1 ￥CNY32.00

本书是诺贝尔文学奖得主、日本作家大江健三郎的随笔集，是《康复的家庭》的姐妹篇。

4066 葵

〔日〕西加奈子著．—上海：上海译文出版社；2011.12；—188 页；19cm

ISBN 978 - 7 - 5327 - 5523 - 3 ￥CNY22.00

《葵》由两个短篇小说构成，分别名为《葵》和《寒的事》。

4067 昆虫记．法布尔传——昆虫诗人的一生

〔日〕奥本大三郎著．—北京：旅游教育出版社；2011.07；—265 页；21cm

ISBN 978 - 7 - 5637 - 2183 - 2 ￥CNY15.00

本书是日本研究法国文学专家同样也是昆虫研究专家的奥本大三郎对《昆虫记》的全新解读。

4068 昆虫是怎样过冬的？

〔日〕茅野春雄编．—北京：北京科学技术出版社；2011.09；—135 页；21cm

ISBN 978 - 7 - 5304 - 5265 - 3 ￥CNY16.00

本套书用简洁的语言、大量的插图向读者揭示了昆虫世界中潜藏的奥秘。

4069 昆虫为什么能在玻璃上行走？

〔日〕石井象二郎编．—北京：北京科学技术出版社；2011.09；—112 页；21cm

ISBN 978 - 7 - 5304 - 5266 - 0 ￥CNY16.00

本套书用简洁的语言、大量的插图向读者揭示了昆虫世界中潜藏的奥秘。

4070 老师的提包

〔日〕川上弘美著．—海口：南海出版公司；2011.06；—242 页；21cm

ISBN 978 - 7 - 5442 - 4920 - 1 ￥CNY25.00

本书是日本当代长篇小说。

4071 垃圾筐电影院

〔日〕岩井俊二著．—海口：南海出版公司；2011.06；—152 页；21cm

ISBN 978 - 7 - 5442 - 5325 - 3 ￥CNY25.00

本书是日本当代随笔集。

4072 拉筋让你更年轻

〔日〕荒川裕志著．—杭州：浙江科学技术出版社；2011.12；—158 页；21cm

ISBN 978 - 7 - 5341 - 4302 - 1 ￥CNY29.80

本书讲述的是运用拉筋操锻炼身体。

4073 蜡笔咕噜咕噜

〔日〕松永安纪文．—南昌：江西科学技术出版社；2011.08；—23 页；18cm

ISBN 978 - 7 - 5390 - 4372 - 2 ￥CNY99.00（全套 11 册）

4074 蓝色圈套

〔日〕阿刀田高著．—上海：上海译文出版社；2011.12；—207 页；21cm

ISBN 978 - 7 - 5327 - 5607 - 0 ￥CNY23.00

本书是有"日本短篇王"之誉的日本笔会会长阿刀田高的代表作品系列之一。

4075 老爸这样的男人

〔日〕益田米莉著．—北京：现代出版社；2011.01；—133 页；21cm

ISBN 978 - 7 - 80244 - 931 - 2 ￥CNY18.00

此书是益田米莉描写自己老爸的日常生活和人物性格的绘本。

4076 老妈这样的女人

〔日〕益田米莉著．—北京：现代出版社；2011.01；—157 页；21cm

ISBN 978 - 7 - 80244 - 930 - 5 ￥CNY20.00

此书是益田米莉描写自己老妈的日常生活和人物性格的绘本。

4077 老年住宅设计手册

〔日〕财团法人高龄者住宅财团编著．—北京：中国建筑工业出版社；2011.09；—206 页；29cm

ISBN 978 - 7 - 112 - 13575 - 2 ￥CNY68.00

本书通过丰富的图例，具体地说明了老年住宅设计上应予考虑的事项。

4078 老子的密语

〔日〕千贺一生著．—北京：金城出版社；

2011.01；—159 页；24cm
ISBN 978 - 7 - 80251 - 789 - 9 ￥CNY28.80

4079　离别的钢琴奏鸣曲
〔日〕杉井光著 .—长沙：湖南美术出版社；
2011.07；—280 页；19cm
ISBN 978 - 7 - 5356 - 4496 - 1 ￥CNY25.00
本书讲述了少年摇滚乐迷小直与少女钢琴家真
冬因音乐相识、相知，并创建属于自己的乐队而
奋斗的故事。

4080　离别的钢琴奏鸣曲
〔日〕杉井光著 .—长沙：湖南美术出版社；
2011.09；—265 页；19cm
ISBN 978 - 7 - 5356 - 4715 - 3 ￥CNY23.00
一段关于少男少女的校园故事。

4081　离别的钢琴奏鸣曲
〔日〕杉井光著 .—长沙：湖南美术出版社；
2011.11；—296 页；19cm
ISBN 978 - 7 - 5356 - 4800 - 6 ￥CNY26.00
一段关于少男少女的校园故事。

4082　理科的人
〔日〕吉谷编绘 .—长沙：湖南美术出版社；
2011.08；—175 页；21cm
ISBN 978 - 7 - 5356 - 4637 - 8 ￥CNY25.00
本部作品通过一个又一个精短的单篇画面，描
绘了理科生毕业后上班的有趣生活。

4083　理科的人
〔日〕吉谷编绘 .—长沙：湖南美术出版社；
2011.09；—173 页；21cm
ISBN 978 - 7 - 5356 - 4727 - 6 ￥CNY25.00
本部作品通过一个又一个精短的单篇画面，描
绘了理科生毕业后上班的有趣生活。

4084　历史与反复
〔日〕柄谷行人著 .—北京：中央编译出版社；
2011.01；—10 页，208 页；23cm
ISBN 978 - 7 - 5117 - 0615 - 7 ￥CNY42.00
本书作者运用马克思《路易·波拿巴的雾月十
八日》的历史分析方法透视世界近代史。

4085　立体纸工大图鉴.大恐龙
〔日〕神谷正德著 .—南昌：二十一世纪出版社；
2011.11；—80 页；30cm
ISBN 978 - 7 - 5391 - 5506 - 7 ￥CNY50.00
这是一部亦真亦幻的童话。

4086　立体纸工大图鉴.动物馆
〔日〕神谷正德著 .—南昌：二十一世纪出版社；
2011.11；—60 页；28cm
ISBN 978 - 7 - 5391 - 5514 - 2 ￥CNY30.00

4087　立体纸工大图鉴.海洋馆
〔日〕神谷正德著 .—南昌：二十一世纪出版社；
2011.11；—48 页；28cm
ISBN 978 - 7 - 5391 - 5515 - 9 ￥CNY25.00

4088　立体纸工大图鉴.交通车馆
〔日〕神谷正德著 .—南昌：二十一世纪出版社；
2011.11；—60 页；28cm
ISBN 978 - 7 - 5391 - 5962 - 1 ￥CNY30.00

4089　立体纸工大图鉴.恐龙馆
〔日〕神谷正德著 .—南昌：二十一世纪出版社；
2011.11；—56 页；28cm
ISBN 978 - 7 - 5391 - 5513 - 5 ￥CNY30.00

4090　立体纸工大图鉴.昆虫馆
〔日〕神谷正德著 .—南昌：二十一世纪出版社；
2011.11；—48 页；28cm
ISBN 978 - 7 - 5391 - 5964 - 5 ￥CNY25.00

4091　立体纸工大图鉴.昆虫馆
〔日〕神谷正德著 .—南昌：二十一世纪出版社；
2011.11；—48 页；28cm
ISBN 978 - 7 - 5391 - 5963 - 8 ￥CNY25.00

4092　恋爱时代
〔日〕野泽尚著 .—北京：人民文学出版社；
2011.11；—423 页；15cm
ISBN 978 - 7 - 02 - 008278 - 0 ￥CNY18.00
本书是长篇小说。

4093　恋空：绘本版
〔日〕美嘉著 .—哈尔滨：哈尔滨出版社；
2011.03；—173 页；19cm
ISBN 978 - 7 - 5484 - 0711 - 9 ￥CNY19.80

4094　恋空：绘本版
〔日〕美嘉著 .—哈尔滨：哈尔滨出版社；
2011.03；—173 页；19cm
ISBN 978 - 7 - 5484 - 0737 - 9 ￥CNY19.80

4095　恋空
〔日〕美嘉著 .—上海：上海译文出版社；
2011.04；—356 页；19cm
ISBN 978 - 7 - 5327 - 5284 - 3 ￥CNY25.00

日本畅销手机小说《恋空》讲述了一段纯真的爱情故事。

4096　恋空

〔日〕美嘉著 . —上海：上海译文出版社；

2011.04；—342 页；19cm

ISBN 978 – 7 – 5327 – 5283 – 6 ￥CNY25.00

日本畅销手机小说《恋空》讲述了一段纯真的爱情故事。

4097　恋上刺绣

〔日〕森丽子著 . —郑州：河南科学技术出版社；

2011.05；—79 页；25cm

ISBN 978 – 7 – 5349 – 4905 – 0 ￥CNY23.80

本书介绍了几十种小图样的刺绣方法以及小物件的制作方法。

4098　灵魂之匣

〔日〕誉田哲也著 . —南京：译林出版社；

2011.9；—287 页；22cm

ISBN 978 – 7 – 5447 – 2346 – 6 ￥CNY28.00

4099　领导者收服人心的沟通之道

〔日〕菅原美千子著 . —北京：印刷工业出版社；

2011.08；—202 页；23cm

ISBN 978 – 7 – 5142 – 0060 – 7 ￥CNY39.00

本书是一部帮助领导者收获人心，得到支持进而得到事业上更大成功的指导书。

4100　流动与沉淀：哲学断章

〔日〕大森庄藏著 . —北京：北京大学出版社；

2011.01；—186 页；23cm

ISBN 978 – 7 – 301 – 16104 – 3 ￥CNY25.00

本书是哲学散文，是一本极好的哲学入门读物。

4101　六点准时下班：打造黄金团队的秘密武器

〔日〕小室淑惠著 . —北京：中国友谊出版公司；

2011. ；—17 页，168 页；21cm

ISBN 978 – 7 – 5057 – 2858 – 5 ￥CNY29.80

重视“生活”就是提升“工作”效率最便捷的方式，小室淑惠用亲身经验告诉你如何最快乐的工作。

4102　龙眠

〔日〕宫部美雪著 . —海口：南海出版公司；

2011.06；—302 页；23cm

ISBN 978 – 7 – 5442 – 4982 – 9 ￥CNY28.00

日本著名作家宫部美雪长篇小说。

4103　龙卧亭幻想

〔日〕岛田庄司著 . —南京：译林出版社；

2011.07；—288 页；22cm

ISBN 978 – 7 – 5447 – 1567 – 6 ￥CNY28.00

本书为长篇小说。

4104　龙卧亭幻想

〔日〕岛田庄司著 . —南京：译林出版社；

2011.07；—287 页；22cm

ISBN 978 – 7 – 5447 – 1566 – 9 ￥CNY28.00

4105　龙与虎

〔日〕竹宫悠由子著 . —长沙：湖南美术出版社；

2011.09；—252 页；19cm

ISBN 978 – 7 – 5356 – 4699 – 6 ￥CNY22.00

本书是人气轻小说《龙与虎》系列作品的第二集。

4106　龙与虎

〔日〕竹宫悠由子著 . —长沙：湖南美术出版社；

2011.10；—209 页；19cm

ISBN 978 – 7 – 5356 – 4763 – 4 ￥CNY19.00

本书是人气轻小说《龙与虎》系列作品的第三集。

4107　龙与虎

〔日〕竹宫悠由子著 . —长沙：湖南美术出版社；

2011.12；—213 页；19cm

ISBN 978 – 7 – 5356 – 4873 – 0 ￥CNY20.00

本书是人气轻小说《龙与虎》系列作品的第四集。

4108　龙与虎

〔日〕竹宫悠由子著 . —长沙：湖南美术出版社；

2011.07；—211 页；19cm

ISBN 978 – 7 – 5356 – 4495 – 4 ￥CNY20.00

本书是人气轻小说《龙与虎》系列作品的第一集。

4109　炉边情话

〔日〕幸田露伴著 . —广州：花城出版社；

2011.08；—215 页；21cm

ISBN 978 – 7 – 5360 – 6297 – 9 ￥CNY20.00

本书由三部长篇随笔《幽情记》、《连环记》、《命运》组成。

4110　驴子了不起：职场小剩女的幸福生活

〔日〕益田米莉著 . —上海：上海译文出版社；

2011.04；—203 页；19cm

ISBN 978 – 7 – 5327 – 5234 – 8 ￥CNY25.00

全书均为 4 格漫画。

4111　旅行回忆的杂货教室

〔日〕菅泽佳代著 . —合肥：黄山书社；

2011.09；—110 页；19cm

ISBN 978 - 7 - 5461 - 1861 - 1 ￥CNY35.00

《旅行回忆的杂货教室》是日本人气绘本作家菅泽佳代的旅行绘本系列之一。

4112 旅游日语简单到不行

〔日〕西村惠子著 . —大连：大连理工大学出版社；2011.01；—157 页；21cm

ISBN 978 - 7 - 5611 - 5845 - 6 ￥CNY22.50

本书共分为"日本人天天说的句型"和"自己爱说的日语"两大部分。

4113 绿色的革命：漫话燃料电池

〔日〕本间琢也，〔日〕上松宏吉著 . —北京：科学出版社；2011.08；—194 页；21cm

ISBN 978 - 7 - 03 - 031869 - 5 ￥CNY32.00

4114 论语和算盘

〔日〕涩泽荣一著 . —南昌：江西美术出版社；—176 页；23cm

ISBN 978 - 7 - 5480 - 0280 - 2 ￥CNY20.00

本书是被称为日本近代产业先驱的涩泽荣一的代表作品，书中强调经商既是精打红算的赚钱之术。

4115 罗德斯岛战记．灰色魔女

〔日〕水野良著 . —海口：南海出版公司；2011.06；—214 页；23cm

ISBN 978 - 7 - 5442 - 5103 - 7 ￥CNY20.00

本书是日本当代长篇奇幻小说。

4116 罗德斯岛战记．火龙山魔龙

〔日〕水野良著 . —海口：南海出版公司；2011.06；—289 页；23cm

ISBN 978 - 7 - 5442 - 5101 - 3 ￥CNY25.00

本书是日本当代长篇奇幻小说。

4117 罗德斯岛战记．罗德斯圣骑士

〔日〕水野良著 . —海口：南海出版公司；2011.06；—297 页；23cm

ISBN 978 - 7 - 5442 - 5100 - 6 ￥CNY25.00

本书是日本当代长篇奇幻小说。

4118 罗德斯岛战记．王者圣战

〔日〕水野良著 . —海口：南海出版公司；2011.06；—243 页；23cm

ISBN 978 - 7 - 5442 - 5104 - 4 ￥CNY20.00

本书是日本当代长篇奇幻小说。

4119 罗德斯岛战记．炎之魔神

〔日〕水野良著 . —海口：南海出版公司；

2011.06；—230 页；23cm

ISBN 978 - 7 - 5442 - 5102 - 0 ￥CNY20.00

本书是日本当代长篇奇幻小说。

4120 罗马人的故事．罗马不是一天建成的

〔日〕盐野七生著 . —北京：中信出版社；2011.12；—231 页；23cm

ISBN 978 - 7 - 5086 - 3025 - 0 ￥CNY36.00

本书作为系列作品中的第一部，讲述的是罗马从国到第一次、第二次布匿战争之前的五百年间的历史。

4121 罗生门

〔日〕芥川龙之介著 . —青岛：青岛出版社；2011.11；—213 页；22cm

ISBN 978 - 7 - 5436 - 7589 - 6 （精装）：￥CNY25.00

本书收录芥川的中短篇小说共十三篇。包括《罗生门》、《鼻》、《地狱变》、《密林中》等。

4122 落洼物语

〔日〕佚名著 . —上海：上海译文出版社；2011.07；—175 页；21cm

ISBN 978 - 7 - 5327 - 5473 - 1 ￥CNY22.00

《落洼物语》成书年代约在十世纪末。本书内容带有警世意味。

4123 马氏过程

〔日〕福岛正俊，〔日〕竹田雅好著 . —北京：科学出版社；2011.06；—253 页；24cm

ISBN 978 - 7 - 03 - 031376 - 8 ￥CNY56.00

本书内容包括测度的构造，积分定义与性质，随机变量与分布，随机变量的各种收敛性及其关系等。

4124 蚂蚁有智慧吗？

〔日〕石井象二郎编 . —北京：北京科学技术出版社；2011.09；—104 页；21cm

ISBN 978 - 7 - 5304 - 5267 - 7 ￥CNY16.00

本套书用简洁的语言、大量的插图向读者揭示了昆虫世界中潜藏的奥秘。

4125 满月之夜白鲸现

〔日〕片山恭一著 . —青岛：青岛出版社；2011.11；—176 页；21cm

ISBN 978 - 7 - 5436 - 7594 - 0 ￥CNY20.00

在爱情与个体寻求独立的自由发生冲突的时候我们究竟应作何选择？

4126 漫画财务管理：漫画商场实战故事，轻松入门财务管理！

〔日〕林总著 . —北京：金城出版社；2011.01；

—385 页；21cm
ISBN 978 - 7 - 80251 - 661 - 8￥CNY35.00
本书以讲故事的形式，轻松教给你财经管理知识。

4127 漫画·结构力学入门
〔日〕原口秀昭著.—北京：中国建筑工业出版
社；2011.03；—256 页；18cm
ISBN 978 - 7 - 112 - 12425 - 1￥CNY26.00
本书对什么是内力、单位面积内力、截面二次力
矩、截面系数的重要性作了详细地解说。

4128 漫画人物 CG 技巧提升版.机械篇
〔日〕百濑寿等著.—沈阳：辽宁科学技术出版
社；2011.12；—151 页；26cm
ISBN 978 - 7 - 5381 - 7142 - 6￥CNY39.80
本书主要讲述机械类器物的 CG 画法的知识和
技巧。

4129 漫画人物 CG 技巧：提升版
〔日〕麻梨乃，〔日〕勇吾，〔日〕池田淳，〔日〕
七六著.—沈阳：辽宁科学技术出版社；
2011.01；—143 页；26cm
ISBN 978 - 7 - 5381 - 6701 - 6￥CNY39.80
本书是已经出版的《漫画人物 CG 技巧提升版》
的提升篇。

4130 漫画人物 CG 技巧提升版.校园美少女
〔日〕麻梨乃等著.—沈阳：辽宁科学技术出版
社；2011.11；—143 页；26cm
ISBN 978 - 7 - 5381 - 7143 - 3￥CNY39.80
本书主要讲述校园美少女的 CG 画法的知识和
技巧。

4131 猫的事务所：宫泽贤治童话精选
〔日〕宫泽贤治著.—上海：上海文艺出版社；
2011；—页；cm
ISBN 978 - 7 - 5321 - 3963 - 7￥CNY38.00
宫泽贤治的童话将人、神、鬼、动植物、风、雪
等熔为一炉，同时也富有哲学、宗教和佛理。

4132 猫拉面：大长篇
〔日〕高岸研治著.—北京：现代出版社；
2011.06；—144 页；19cm
ISBN 978 - 7 - 5143 - 0172 - 4￥CNY16.00
本书讲述了猫拉面店主大将与父亲进行拉面厨
艺大赛的故事。

4133 猫拉面
〔日〕高岸研治著.—北京：现代出版社；2011.
01；—142 页；18cm

ISBN 978 - 7 - 80244 - 929 - 9￥CNY16.00
本书为引进版权的日本畅销绘本。以一个普通上
班族田中的视角，描绘了一只做拉面的猫的故事。

4134 帽子戏法
〔日〕野崎昭弘著.—北京：中国城市出版社；
2011.07；—43 页；26cm
ISBN 978 - 7 - 5074 - 2455 - 3￥CNY78.00（全
套 5 册）
本书介绍了数数、加减法、概率、排列组合等数
学原理。

4135 帽子制作
〔日〕靓丽社组织编写.—北京：化学工业出版
社；2011.08；—64 页；26cm
ISBN 978 - 7 - 122 - 11152 - 4￥CNY35.00
手把手教你制作出日常穿戴频率最高的 21 款
帽子。

4136 没想到我也能：一点就破的思维玄机
〔日〕道幸武久著.—苏州：古吴轩出版社；
2011.09；—183 页；21cm
ISBN 978 - 7 - 80733 - 686 - 0￥CNY28.00
本书为一本励志心理书籍，作者用了 32 种方法
解开人们平常在生活中所遇到的困惑。

4137 没有双手的小猫，奇比
〔日〕猫吉著.—沈阳：万卷出版公司；2011.01；
—158 页；21cm
ISBN 978 - 7 - 5470 - 1238 - 3￥CNY25.50

4138 玫瑰花开
〔日〕市川里美文/图.—贵阳：贵州人民出版社；
2011.06；—1 册；21×26cm
ISBN 978 - 7 - 221 - 09438 - 4（精装）：￥CNY26.80

**4139 每天都想用的布包：镰仓 SWANY 的 36
款优雅手作包**
〔日〕镰仓 SWANY 著.—北京：化学工业出版
社；2011.11；—71 页；26cm
ISBN 978 - 7 - 122 - 11707 - 6￥CNY39.80
本书集合了来自 SWANY 的经典、优雅、时尚之
手作包 36 款。

4140 每天读一点有趣的世界史
〔日〕小松田直著.—海口：南海出版公司；
2011.06；—381 页；22cm
ISBN 978 - 7 - 5442 - 5419 - 9￥CNY29.80
本书讲述了从人类起源直至冷战结束后包罗万
象、纷繁复杂的世界历史。

4141 美点·按摩：用现代美容穴位打造真实美丽
〔日〕田中玲子著 . —北京：中国画报出版社；
2011.10；—144 页；21cm
ISBN 978 - 7 - 5146 - 0233 - 3 ￥CNY25.00

4142 美肤必修课：不可不知的肌肤护理之道
〔日〕吉木伸子著 . —沈阳：辽宁科学技术出版社；2011.08；—125 页；24cm
ISBN 978 - 7 - 5381 - 6982 - 9 ￥CNY32.80
为了让大家明确最正确的肌肤护理方法，作者将大量的临床经验总结在一起，搭配真人示范照片进行了介绍。

4143 美乐蒂和酷洛米的趣味迷宫
〔日〕三丽鸥公司编 . —武汉：湖北美术出版社；
2011.01；—47 页；29cm
ISBN 978 - 7 - 5394 - 3833 - 7 ￥CNY10.00

4144 美乐蒂和酷洛米视觉发现
〔日〕三丽鸥公司编 . —武汉：湖北美术出版社；
2011.01；—47 页；29cm
ISBN 978 - 7 - 5394 - 3836 - 8 ￥CNY10.00

4145 美丽的凶器
〔日〕东野圭吾著 . —海口：南海出版公司；
2011.08；—236 页；21cm
ISBN 978 - 7 - 5442 - 5452 - 6 ￥CNY22.00
本书是日本当代长篇小说。

4146 美丽的雪夜
〔日〕柴原智文/图 . —北京：教育科学出版社；
2011.06；—24 页；20×28cm
ISBN 978 - 7 - 5041 - 5413 - 2 ￥CNY13.80
《美丽的雪夜》讲述了一个充满乐观和想象趣味的故事。

4147 美女会计师藤原萌实
〔日〕山田真哉著 . —海口：南海出版公司；
2011.10；—250 页；20cm
ISBN 978 - 7 - 5442 - 5504 - 2 ￥CNY25.00
日本现代长篇小说，将常用的会计知识融于妙趣横生的故事之中。

4148 美女入门
〔日〕林真理子著 . —桂林：漓江出版社；
2011.12；—267 页；19cm
ISBN 978 - 7 - 5407 - 5375 - 7（精装）：￥CNY35.00
继畅销书《美女入门》风靡日本后，当红作家林真理子推出了《美女入门2》，仍以讲述自己

作为"不漂亮也没有模特身材"的普通女人，在"美女锤炼之路"上的心酸与笑料为主。

4149 美女入门
〔日〕林真理子著 . —桂林：漓江出版社；
2011.12；—259 页；19cm
ISBN 978 - 7 - 5407 - 5376 - 4（精装）：￥CNY35.00
这是一本让女人时而捧腹大笑，时而会心一笑，在流畅阅读中获得温暖安慰的时尚生活随笔。

4150 美少女的画法
〔日〕入江泰浩，〔日〕椎名见早子，〔日〕小野正幸著 . —沈阳：辽宁科学技术出版社；
2011.01；—175 页；26cm
ISBN 978 - 7 - 5381 - 6705 - 4 ￥CNY32.00
本书由 3 位著名日本漫画家鼎力打造。

4151 "美学"事始：近代日本"美学"的诞生
〔日〕神林恒道著 . —武汉：武汉大学出版社；
2011.11；—174 页；24cm
ISBN 978 - 7 - 307 - 09326 - 3 ￥CNY28.00
本书简要阐述了近代日本美学诞生的历史文化背景以及近代日本美学的各种流派的观点。

4152 "蒙混"心理术：如何使上司、同事、客户彻底改变对你的看法
〔日〕内藤谊人著 . —北京：中信出版社；
2011.12；—10 页，188 页；21cm
ISBN 978 - 7 - 5086 - 3069 - 4 ￥CNY29.00
内藤谊人读心术系列中的第一本。

4153 梦见街
〔日〕宫本辉著 . —北京：新世界出版社；
2011.10；—213 页；21cm
ISBN 978 - 7 - 5104 - 2248 - 5 ￥CNY26.00
不同的市井人物，相同的生存挣扎，煎熬出人性的丑陋与光辉。

4154 梦十夜
〔日〕夏目漱石著 . —上海：文汇出版社；
2011.10；—190 页；21cm
ISBN 978 - 7 - 5496 - 0305 - 3 ￥CNY20.00
本书以"梦"的形式，反映出个人对爱情、亲情、童年与人生的深刻体悟。

4155 梦游妖怪城
〔日〕冈本一郎著 . —天津：新蕾出版社；
2011.06；—36 页；23×26cm
ISBN 978 - 7 - 5307 - 5087 - 2 ￥CNY13.50

4156　迷失日本：十一位赴日新娘的情感实录

〔日〕安藤雨倩，〔日〕也文著．—天津：天津社会科学院出版社；2011.06；—287 页；21cm

ISBN 978 - 7 - 80688 - 670 - 0 ￥CNY26.80

文学性较强的纪实作品。

4157　蜜糖邦尼的趣味绘画

〔日〕竹井史郎编．—武汉：湖北美术出版社；2011.01；—47 页；29cm

ISBN 978 - 7 - 5394 - 3834 - 4 ￥CNY40.00（全 4 册）

这是一套趣味游戏书。

4158　蜜糖邦尼的手帕世界

〔日〕竹井史郎编．—武汉：湖北美术出版社；2011.01；—47 页；29cm

ISBN 978 - 7 - 5394 - 3833 - 7 ￥CNY10.00

4159　蜜糖邦尼的折纸世界

〔日〕水野政雄编．—武汉：湖北美术出版社；2011.01；—47 页；29cm

ISBN 978 - 7 - 5394 - 3834 - 4 ￥CNY10.00

4160　蜜糖邦尼视觉发现

〔日〕三丽鸥公司编．—武汉：湖北美术出版社；2011.01；—2 册（47 页；47 页）；29cm

ISBN 978 - 7 - 5394 - 3836 - 8 ￥CNY20.00

4161　蜜月旅行

〔日〕吉本芭娜娜著．—上海：上海译文出版社；2011.10；—125 页；19cm

ISBN 978 - 7 - 5327 - 5532 - 5（精装）：￥CNY21.00

4162　棉被

〔日〕田山花袋著．—上海：上海译文出版社；2011.10；—130 页；20cm

ISBN 978 - 7 - 5327 - 5531 - 8（精装）：￥CNY20.00

4163　免疫力是最好的药

〔日〕西原克成著．—北京：光明日报出版社；2011.07；—161 页；20cm

ISBN 978 - 7 - 5112 - 1195 - 8 ￥CNY25.00

本书是日本免疫病治疗研究会会长西原克成的重要著作之一。

4164　面具下的日本人

〔日〕金两基编著．—济南：山东人民出版社；2011.04；—190 页；23cm

ISBN 978 - 7 - 209 - 05600 - 7 ￥CNY28.00

本书作者以文化随笔的形式，深刻揭示出了隐藏在细节、现象和具体事物背后的民族差异、文化差异。

4165　妙龄吸血鬼．我的男友是吸血鬼

〔日〕赤川次郎著．—海口：南海出版公司；2011.04；—237 页；21cm

ISBN 978 - 7 - 5442 - 5043 - 6 ￥CNY18.00

本书为日本当代长篇小说。

4166　民间信仰与社会生活

〔日〕酒井忠夫，胡小伟等著．—上海：上海人民出版社；2011.12；—438 页；24cm

ISBN 978 - 7 - 208 - 10293 - 4 ￥CNY51.00

本书主要对民间信仰与大众社会生活的关系进行了梳理，全书由四篇文章组成。

4167　名犬大百科

〔日〕藤原尚太郎编著．—长春：吉林科学技术出版社；2011.03；—264 页；28cm

ISBN 978 - 7 - 5384 - 4733 - 0 ￥CNY59.00

本书介绍了世界著名的犬种共 246 种。

4168　名犬图鉴：全世界 331 种名犬驯养与鉴赏图典

〔日〕芝风有限公司著．—沈阳：辽宁科学技术出版社；2011.07；—223 页；24cm

ISBN 978 - 7 - 5381 - 6795 - 5 ￥CNY49.80

本书共介绍了 331 种犬种的外型、原产国、性格、价格、习性（包括体力及性格等方面）以及历史、特征等信息。

4169　明治大帝

〔日〕飞鸟井雅道著．—北京：人民出版社；2011.10；—174 页；24cm

ISBN 978 - 7 - 01 - 010225 - 2 ￥CNY29.80

阐明了在天皇制中的明治天皇的权威和权力的真相，并对天皇在日本近代史上各个重要时期起到的作用进行了分析和评论。

4170　命好不如性格好

〔日〕心屋仁之助著．—北京：华夏出版社；2011.10；—239 页；21cm

ISBN 978 - 7 - 5080 - 6582 - 3 ￥CNY28.00

通过本书更全面地认识自我、发现自己，进而改变自己的性格。

4171　魔鬼的无聊

〔日〕坂口安吾著．—上海：文汇出版社；2011.05；—188 页；21cm

ISBN 978 - 7 - 5496 - 0185 - 1 ￥CNY19.00

本书为日本战后著名的"无赖派"文学旗手坂口安吾的代表作。

4172　魔鬼预见术：职场先知先觉教战手册

〔日〕村中刚志著 . —北京：金城出版社；2011.08；—185 页；21cm

ISBN 978 – 7 – 80251 – 684 – 7 ￥CNY26.80

本书告诉大家在各种工作场合如何运用预见术。

4173　魔装少女就是本少爷！

〔日〕木村心一著 . —长沙：湖南美术出版社；2011.07；—253 页；19cm

ISBN 978 – 7 – 5356 – 4558 – 6 ￥CNY23.00

4174　魔装少女就是本少爷！

〔日〕木村心一著 . —长沙：湖南美术出版社；2011.09；—247 页；19cm

ISBN 978 – 7 – 5356 – 4725 – 2 ￥CNY21.00

本书是《魔装少女就是本少爷！》系列轻小说的第五本。

4175　魔装少女就是本少爷！

〔日〕木村心一著 . —长沙：湖南美术出版社；2011.11；—268 页；19cm

ISBN 978 – 7 – 5356 – 4798 – 6 ￥CNY23.00

本书是轻小说《魔装少女就是本少爷！》系列的第六本，也是本系列的第一本短篇集。

4176　魔装少女就是本少爷！

〔日〕木村心一著 . —长沙：湖南美术出版社；2011.02；—250 页；19cm

ISBN 978 – 7 – 5356 – 4249 – 3 ￥CNY20.00

4177　男人本色：男性最佳职场形象配色指南

〔日〕今井志保子著 . —北京：印刷工业出版社；2011.12；—11 页，183 页；23cm

ISBN 978 – 7 – 5142 – 0025 – 6 ￥CNY39.80

本书以颜色为中心，指导商务人士如何运用颜色来提高自身的魅力，图文并茂，让人对各种颜色和服饰的搭配一目了然。

4178　脑力活化术：活化大脑的 50 个新习惯

〔日〕外山滋比古著 . —北京：金城出版社；2011.08；—120 页；21cm

ISBN 978 – 7 – 80251 – 683 – 0 ￥CNY26.80

外山滋比古博士对 1200 名成功人士的用脑习惯进行了统计研究，将上述研究的重要成果分类归纳为 50 个全新的日常习惯。

4179　内观疗法

〔日〕真荣城辉明著 . —北京：人民卫生出版社；2011.10；—15 页，237 页；21cm

ISBN 978 – 7 – 117 – 13356 – 2 ￥CNY21.00

本书对内观疗法作系统性、全面介绍，较为广泛与深入介绍。

4180　内观之说：心灵和谐的疗法

〔日〕真荣城辉明著 . —上海：上海交通大学出版社；2011.08；—151 页；21cm

ISBN 978 – 7 – 313 – 07663 – 2 ￥CNY22.00

本书为精神医学中新兴的内观疗法的解读。

4181　能玩又能用的折纸

〔日〕新宫文明著 . —郑州：河南科学技术出版社；2011.06；—159 页；24cm

ISBN 978 – 7 – 5349 – 4917 – 3 ￥CNY32.80

书中提供了基本折法与图示说明，还有许多精美的图片，栩栩如生，个个好玩又生动。

4182　能源与国家的作用：考虑地球温室效应时代的税制

〔日〕十市勉等著 . —北京：机械工业出版社；2011.01；—109 页；24cm

ISBN 978 – 7 – 111 – 31984 – 9 ￥CNY29.00

本书中介绍了 21 世纪国际能源形势的新潮流，以及亚洲能源、环境问题。

4183　你不可不知的"云计算"

〔日〕八子知礼著 . —北京：科学出版社；2011.01；—130 页；24cm

ISBN 978 – 7 – 03 – 029377 – 0 ￥CNY29.80

本书用最简明的形式、最短的时间、最通俗易懂的内容，让你迅速搭上"云计算"的 IT 直通车。

4184　你的公司有什么病

〔日〕若松义人著 . —北京：中信出版社；2011.11；—10 页，208 页；23cm

ISBN 978 – 7 – 5086 – 2941 – 4 ￥CNY38.00

本书以"问题导向，案例分析"的写作模式，深入剖析了以丰田为代表的日式企业管理之道。

4185　你是冷读术高手：三十秒看穿人心

〔日〕石井裕之著 . —南昌：二十一世纪出版社；2011.10；—179 页；21cm

ISBN 978 – 7 – 5391 – 6623 – 0 ￥CNY25.00

所谓"冷读术"，其实是一种交谈和心理技巧。

4186　年轻十岁的柔体健康法

〔日〕石原结实著 . —南宁：广西科学技术出版社；2011.06；—154 页；23cm

ISBN 978 – 7 – 80763 – 607 – 6 ￥CNY28.00

向读者展示了保持身体柔软对防治常见疾病的独特功效。

4187　鸟人计划
〔日〕东野圭吾著．—海口：南海出版公司；2011.06；—256页；22cm
ISBN 978 - 7 - 5442 - 5321 - 5 ￥CNY25.00
本书是日本当代长篇小说。

4188　尿尿是什么？
〔日〕山胁恭文．—石家庄：河北教育出版社；2011.08；—1册；21×22cm
ISBN 978 - 7 - 5434 - 8014 - 8（精装）：￥CNY 88.00（全套3册）

4189　纽扣的游戏
〔日〕加藤真有里著．—郑州：河南科学技术出版社；2011.06；—88页；26cm
ISBN 978 - 7 - 5349 - 4926 - 5 ￥CNY29.00
《纽扣的游戏》是一本用纽扣制作工艺品的作品集。

4190　女神记
〔日〕桐野夏生著．—重庆：重庆出版社；2011.12；—204页；22cm
ISBN 978 - 7 - 229 - 04150 - 2（精装）：￥CNY32.00
《女神记》取材于日本最古的文学作品《古事记》。

4191　女巫的神奇罐
〔日〕中野宏隆著、绘．—天津：新蕾出版社；2011.06；—36页；23×26cm
ISBN 978 - 7 - 5307 - 5090 - 2 ￥CNY13.50

4192　女性身体使用手册
〔日〕井尾裕子著．—北京：中信出版社；2011.08；—127页；21cm
ISBN 978 - 7 - 5086 - 2794 - 6 ￥CNY26.00
本书是一本解说女性常见健康问题及典型疾病的防控与自我保健的书。

4193　女装结构版型修正
〔日〕土屋郁子著．—上海：上海科学技术出版社；2011.04；—135页；26cm
ISBN 978 - 7 - 5478 - 0642 - 5 ￥CNY29.80
关于服装结构设计时如何进行纸样补正的实用技术类图书。

4194　挪威的森林：电影特别版
〔日〕村上春树著．—上海：上海译文出版社；2011.08；—359页；22cm
ISBN 978 - 7 - 5327 - 5538 - 7（精装）：￥CNY35.00
本小说主人公渡边以第一人称展开他同两个女孩间的爱情纠葛。

4195　欧风创意家居教室
〔日〕久保田由希，〔日〕富田千惠子编著．—北京：中国青年出版社；2011.08；—142页；21cm
ISBN 978 - 7 - 5153 - 0061 - 0 ￥CNY39.80
读者由此可以对北欧家居装饰的特点与风格有更直观的印象与了解。

4196　排便力
〔日〕松生恒夫著．—长沙：湖南科学技术出版社；2011.06；—177页；20cm
ISBN 978 - 7 - 5357 - 6634 - 2（精装）：￥CNY26.80
这本书不仅能解决一般便秘，对于重度便秘也给予了一些必要并可行的建议。

4197　培养孩子从画画开始：孩子的画如何看，怎么教提高版
〔日〕鸟居昭美著．—桂林：漓江出版社；2011.01；—184页；21cm
ISBN 978 - 7 - 5407 - 5015 - 2 ￥CNY25.00
本书是早教畅销书《培养孩子从画画开始：走进孩子的涂鸦世界》的姊妹篇。

4198　培养孩子收拾整理的好习惯
〔日〕高取静著．—合肥：安徽科学技术出版社；2011.05；—118页；21cm
ISBN 978 - 7 - 5337 - 4886 - 9 ￥CNY13.00
本书为购买日本版权图书，从物品分类、买东西、扔东西的标准、变快乐的收纳等各方面训练，培养孩子自主整理的能力。

4199　培养孩子掌控时间的好习惯
〔日〕高取静著．—合肥：安徽科学技术出版社；2011.05；—147页；21cm
ISBN 978 - 7 - 5337 - 4885 - 2 ￥CNY15.00
本书为购买日本版权图书，从划分优先顺序、定计划、考虑步骤、逆算等各方面训练，培养孩子自主管理时间的能力。

4200　培养孩子自主理财的好习惯
〔日〕高取静著．—合肥：安徽科学技术出版社；2011.05；—134页；21cm
ISBN 978 - 7 - 5337 - 4884 - 5 ￥CNY14.00
本书为购买日本版权图书，主要讲述教孩子自己掌握使用金钱的方法和建立正确的金钱观。

4201 培养有自制力的孩子：帮助孩子管理情绪的育儿法则
〔日〕国米欣明著．—桂林：漓江出版社；2011.08；—10 页，222 页；24cm
ISBN 978 - 7 - 5407 - 5190 - 6 ￥CNY32.00
为广大父母解决迫在眉睫的育儿问题。

4202 碰碰脑门儿
〔日〕武内祐人文图．—南昌：江西科学技术出版社；2011.08；—1 册；18cm
ISBN 978 - 7 - 5390 - 4372 - 2 ￥CNY99.00（全套 11 册）

4203 啤酒市集：最实用的啤酒品饮百科
〔日〕藤原宏之著．—北京：金城出版社；2011.01；—178 页；21cm
ISBN 978 - 7 - 80251 - 628 - 1 ￥CNY28.00
本书为"主义生活"系列中的一本。入门级的最实用的创意啤酒百科小书。

4204 漂流的日本政治
〔日〕安世舟著．—北京：社会科学文献出版社；2011.03；—243 页；23cm
ISBN 978 - 7 - 5097 - 1914 - 5 ￥CNY39.00
对日本政治的发展进行了历史梳理，并对未来发展方向进行了展望。

4205 平衡美人会走路
〔日〕黑田惠美子著．—南京：译林出版社；2011.01；—142 页；24cm
ISBN 978 - 7 - 5447 - 1535 - 5 ￥CNY18.00
这是一本健康类的图书。

4206 扑克牌魔术大全
〔日〕扑克男著．—海口：南海出版公司；2011.04；—190 页；22cm
ISBN 978 - 7 - 5442 - 4981 - 2 ￥CNY28.00
本书作者是日本金牌魔术师。

4207 妻与罚
〔日〕土屋贤二著．—北京：中信出版社；2011.11；—12 页，196 页；21cm
ISBN 978 - 7 - 5086 - 3085 - 4 ￥CNY28.00
本书是日本最著名的"快乐哲学家"土屋贤二的一本散文集。

4208 齐藤谣子的生活拼布精选 101：101 件富有生活气息的人气拼布作品
〔日〕齐藤谣子著．—北京：化学工业出版社；2011.06；—96 页；27cm
ISBN 978 - 7 - 122 - 10374 - 1 ￥CNY39.80
本书精选了日本拼布师的人气拼布作品 101 件。

4209 奇妙的种子
〔日〕安野光雅著绘．—北京：中国城市出版社；2011.07；—34 页；26cm
ISBN 978 - 7 - 5074 - 2455 - 3 ￥CNY78.00（全套 5 册）
深入浅出地介绍了数数、加减法、概率、排列组合等数学原理。

4210 千年龙的传说
〔日〕尾田荣一郎，〔日〕滨崎达也著．—上海：上海译文出版社；2011.04；—184 页；21cm
ISBN 978 - 7 - 5327 - 5232 - 4 ￥CNY17.00

4211 欠踹的背影
〔日〕绵矢莉莎著．—上海：上海译文出版社；2011.11；—137 页；19cm
ISBN 978 - 7 - 5327 - 5524 - 0 ￥CNY20.00
典型的青春文学代表作。

4212 青光眼·白内障正确治疗与生活调养
〔日〕户张几生著．—南宁：广西科学技术出版社；2011.10；—156 页；23cm
ISBN 978 - 7 - 80763 - 689 - 2 ￥CNY28.00
本书详细介绍了眼睛的构造、出现异常时的各种症状、需要在医院做的检查项目、应该采取何种治疗方法等。

4213 青木和子的十字绣·野花园 Wildflower garden
〔日〕青木和子著．—郑州：河南科学技术出版社；2011.02；—71 页；26cm
ISBN 978 - 7 - 5349 - 4778 - 0 ￥CNY23.80
本书介绍了日本著名刺绣专家——青木和子的十字绣作品，全书收录了作品数十种。

4214 清纯的家居小布艺
〔日〕靓丽社著．—北京：中国纺织出版社；2011.02；—88 页；26cm
ISBN 978 - 7 - 5064 - 7035 - 3 ￥CNY22.80
《清纯的家居小布艺》内附 84 款详细的裁剪制作方法，用天然布料制作家居小饰品。

4215 清代鸦片政策史研究
〔日〕井上裕正著．—拉萨：西藏人民出版社；2011.06；—237 页；21cm
ISBN 978 - 7 - 223 - 03128 - 8 ￥CNY21.00
本书是一本日本学者研究中国清代历史的学术著作。

4216　清代中国的若干问题
〔日〕石桥秀雄著．—济南：山东画报出版社；
2011.06；—12 页，332 页；21cm
ISBN 978 – 7 – 80713 – 853 – 2 ￥CNY40.00
本书属于国家清史编撰委员会组织的清史工程
中的一册，具有较高的学术价值和参考价值。

4217　清馨的环保小布包
〔日〕靓丽社著．—北京：中国纺织出版社；
2011.03；—88 页；26cm
ISBN 978 – 7 – 5064 – 7303 – 3 ￥CNY24.80
内附 70 款详细的裁剪制作方法。

4218　清雅的纸卷小工艺品
〔日〕西山广子著．—北京：中国纺织出版社；
2011.03；—88 页；26cm
ISBN 978 – 7 – 5064 – 7127 – 5 ￥CNY24.80
《清雅的纸卷小工艺品》内附 66 款详细的制作
方法。

4219　球球和娃娃
〔日〕间所寿子著；〔日〕黑井健插画．—北京：
中信出版社；2011.12；—24 页；19 × 19cm
ISBN 978 – 7 – 5086 – 2925 – 4 ￥CNY48.00（全
套 6 册）
这是一套日本著名图画书画家黑井健的系列图
画书。

4220　球球和小刺球
〔日〕间所寿子著；〔日〕黑井健插画．—北京：
中信出版社；2011.12；—24 页；19 × 19cm
ISBN 978 – 7 – 5086 – 2925 – 4 ￥CNY48.00（全
套 6 册）
这是一套日本著名图画书画家黑井健的系列图
画书。

4221　球球在大风天
〔日〕间所寿子著；〔日〕黑井健插画．—北京：
中信出版社；2011.12；—24 页；19 × 19cm
ISBN 978 – 7 – 5086 – 2925 – 4 ￥CNY48.00（全
套 6 册）
这是一套日本著名图画书画家黑井健的系列图
画书。

4222　球球在下雨天
〔日〕间所寿子著；〔日〕黑井健插画．—北京：
中信出版社；2011.12；—24 页；19 × 19cm
ISBN 978 – 7 – 5086 – 2925 – 4 ￥CNY48.00（全
套 6 册）
这是一套日本著名图画书画家黑井健的系列图

画书。

4223　球球在夜里
〔日〕间所寿子著；〔日〕黑井健插画．—北京：
中信出版社；2011.12；—24 页；19 × 19cm
ISBN 978 – 7 – 5086 – 2925 – 4 ￥CNY48.00（全
套 6 册）
本书是一套日本著名图画书画家黑井健的系列
图画书。

4224　去年的树
〔日〕新美南吉著．—天津：新蕾出版社；
2011.12；—35 页；23cm
ISBN 978 – 7 – 5307 – 5273 – 9 ￥CNY48.00（全
套 4 册）

4225　趣味科学馆
〔日〕米村传治郎主编．—北京：科学出版社；
2011.07；—156 页；24cm
ISBN 978 – 7 – 03 – 031570 – 0 ￥CNY26.00
我们的生活中科学无处不在，本书旨在为人们设
计一本通往神秘的科学世界的指南。

4226　趣味折纸
〔日〕主妇之友社编著．—郑州：河南科学技术
出版社；2011.10；—126 页；23cm
ISBN 978 – 7 – 5349 – 4965 – 4 ￥CNY28.00
本书是一本专门为女孩子准备的折纸书，每款作
品都可爱别致，适合甜美可爱的女孩子。

4227　全球金融攻防 30 年：欧洲债务的来龙去脉
〔日〕太田康夫著．—北京：经济科学出版社；
2011.12；—238 页；24cm
ISBN 978 – 7 – 5141 – 1352 – 5 ￥CNY35.00
本书深入揭示了在放宽金融管制导致全球性信
贷泡沫形成与破灭的历史过程中，那些曾热衷于
玩弄兼并重组的金融机构所经历的盛衰史。

4228　全日本都在玩的手相识人术
〔日〕田口二州著．—长沙：湖南文艺出版社；
2011.10；—211 页；21cm
ISBN 978 – 7 – 5404 – 5118 – 9 ￥CNY26.00
本书集结了手相学的精华，有兴趣或是想认真研
究的读者，都能拥有满意的收获。

4229　全世界只有我看得见你
〔日〕白岩玄著．—北京：同心出版社；
2011.08；—230 页；21cm
ISBN 978 – 7 – 5477 – 0207 – 9 ￥CNY29.80
本书是一部很轻很淡雅的小说，描写了存在于不

同生活空间中的两个灵魂的爱情故事。

4230 劝学篇

〔日〕福泽谕吉著 . —长春：吉林出版集团有限责任公司；2011.6；—18 页，191 页；19cm

ISBN 978 - 7 - 5463 - 5062 - 2 ￥CNY28.00

他毕生从事著述和教育活动，形成了富有启蒙意义的教育思想，本书阐述他的劝学之道。

4231 劝学书

〔日〕福泽谕吉著 . —北京：光明日报出版社；2011.07；—175 页；19cm

ISBN 978 - 7 - 5112 - 1311 - 2 ￥CNY24.00

本书写于 1872 1876 年，是作者启蒙思想的代表作之一，是近代日本思想史上的一部名著。

4232 让爱犬长寿的 50 个秘诀

〔日〕臼杵新著 . —北京：北京科学技术出版社；2011.01；—219 页；21cm

ISBN 978 - 7 - 5304 - 4747 - 5 ￥CNY36.00

本书讲解了爱犬生活更方面的注意事项，帮助您的爱犬避开危险，健康长寿。

4233 让父母健康长寿的 31 件事

〔日〕米山公启著 . —北京：北京大学出版社；2011.06；—139 页；21cm

ISBN 978 - 7 - 301 - 18751 - 7 ￥CNY22.00

这本书向大家介绍了 31 种让父母健康而又不太费事儿的方法。

4234 让猫咪长寿的 50 个秘诀

〔日〕加藤由子著 . —北京：北京科学技术出版社；2011.01；—216 页；21cm

ISBN 978 - 7 - 5304 - 4748 - 2 ￥CNY36.00

本书告诉你让猫咪身心健康、快乐长寿的 50 个秘诀。

4235 让您见笑了！在笑话中透视真实的日本

〔日〕早坂隆著 . —海口市：南海出版公司；2011.09；—178 页；21cm

ISBN 978 - 7 - 5442 - 5083 - 2 ￥CNY25.00

本书是一本文化类图书。

4236 让榨汁机成为你的药房

〔日〕蒲原圣可著 . —杭州：浙江科学技术出版社；2011.06；—159 页；24cm

ISBN 978 - 7 - 5341 - 4079 - 2 ￥CNY29.80

本书介绍蔬菜水果汁对人体健康具有很强大的抗氧化作用，还介绍了改善、治好疾病的 350 款蔬菜果汁。

4237 热带鱼图鉴：世界 600 种热带鱼饲养与鉴赏图典

〔日〕小林道信著 . —沈阳：辽宁科学技术出版社；2011.07；—222 页；24cm

ISBN 978 - 7 - 5381 - 6905 - 8 ￥CNY49.80

本书首先对 600 种热带鱼从背景、身长、生长地以及饲养难易程度等角度进行了分类介绍，在后半部分介绍了有关热带鱼饲养的知识。

4238 热力学

〔日〕圆山重直主编 . —北京：北京大学出版社；2011.09；—198 页；29cm

ISBN 978 - 7 - 301 - 19509 - 3 ￥CNY34.00

本书是在吸收日本机械学会原有资料精华的基础上编译而成的。

4239 热销面包

〔日〕松原裕吉编著 . —北京：中国纺织出版社；2011.01；—126 页；24cm

ISBN 978 - 7 - 5064 - 7052 - 0 ￥CNY28.00

本书主要介绍了面包的制作方法。

4240 人间椅子

〔日〕江户川乱步著 . —北京：新星出版社；2011.07；—287 页；22cm

ISBN 978 - 7 - 5133 - 0329 - 3 ￥CNY28.00

《人间椅子》为《江户川乱步作品集》第三卷乱步的第二十一则短篇。

4241 人脉术

〔日〕后藤芳德著 . —北京：电子工业出版社；2011.09；—13 页，225 页；23cm

ISBN 978 - 7 - 121 - 14316 - 8 ￥CNY28.00

本书所讲述的是一位酒店大亨的亲身经历。

4242 人体地图

〔日〕海堂尊著 . —沈阳：辽宁科学技术出版社；2011.10；—188 页；22cm

ISBN 978 - 7 - 5381 - 6808 - 2 ￥CNY25.00

本书将帮助您全面了解身体的各部分器官。

4243 人体结构

〔日〕田野井正雄著 . —上海：上海科学技术文献出版社；2011.01；—237 页；19cm

ISBN 978 - 7 - 5439 - 4673 - 6 ￥CNY18.00

本系列是日本著名长期常销选题，是一套深入浅出、通俗易懂的入门读物。

4244 人像摄影的柔软时光：美女生活摄影 60 例

〔日〕上原辰也著 . —北京：中国青年出版社；

2011.04；—144 页；26cm
ISBN 978 – 7 – 5006 – 9839 – 5 ￥CNY45.00
本书详细、生动地介绍了人像摄影中所使用的各种技巧以及作者在进行创作时的心得体会。

4245　任天堂快乐创意方程式
〔日〕井上理著．—海口：南海出版公司；
2011.10；—241 页；21cm
ISBN 978 – 7 – 5442 – 5568 – 4 ￥CNY28.00
本书讲述了全球知名企业任天堂的经营理念和发展历史。

4246　扔在八月的路上
〔日〕伊藤高见著．—北京：人民文学出版社；
2011.05；—155 页；15cm
ISBN 978 – 7 – 02 – 008276 – 6 ￥CNY10.00

4247　日本柴窑烧成揭秘
〔日〕日下部正和，〔美〕马克·兰赛特著．—上海：上海科学技术出版社；2011.09；—316页；22×29cm
ISBN 978 – 7 – 5478 – 0943 – 3（精装）：￥CNY250.00
本书主要介绍日本柴窑烧成知识。

4248　日本超级漫画课堂．人物的画法
〔日〕平田亮著．—沈阳：辽宁科学技术出版社；
2011.01；—175 页；26cm
ISBN 978 – 7 – 5381 – 6704 – 7 ￥CNY32.00

4249　日本的逻辑
〔日〕加藤嘉一著．—北京：光明日报出版社；
2011.11；—208 页；21cm
ISBN 978 – 7 – 5112 – 1809 – 4 ￥CNY30.00
本书论述了自己对日本政治经济文化的见解。

4250　日本的前途与亚洲的未来：来自未来的剧本
〔日〕西原春夫著．—北京：中国人民大学出版社；2011.12；—275 页；21cm
ISBN 978 – 7 – 300 – 14915 – 8 ￥CNY26.00
本书表达了作者对于日本、亚洲与世界的思考。

4251　日本的神道
〔日〕津田左右吉著．—北京：商务印书馆；
2011.09；—12 页，281 页；21cm
ISBN 978 – 7 – 100 – 07420 – 9 ￥CNY22.00
本书详尽地介绍了日本原始宗教神道的性质及内容。

4252　日本的未来
〔日〕大前研一著．—青岛：青岛出版社；

2011.01；—240 页；21cm
ISBN 978 – 7 – 5436 – 6782 – 2 ￥CNY20.00

4253　日本顶级甜点师的烘焙创意
〔日〕高木康政著．—沈阳：辽宁科学技术出版社；2011.09；—207 页；24cm
ISBN 978 – 7 – 5381 – 7065 – 8 ￥CNY48.00
本书共介绍了 54 款甜点的制作方法。

4254　日本会社文化：昔日的大名，今日的会社
〔日〕中牧弘允著．—北京：北京大学出版社；
2011.08；—106 页；23cm
ISBN 978 – 7 – 301 – 18957 – 3 ￥CNY20.00
本书试图从大名及其家臣集团经营的江户时代的藩（1603～1868 年）中，去探究会社命运共同体的性质及其历史渊源。

4255　日本集合住宅 20 例
范悦，〔日〕四方裕主编．—大连：大连理工大学出版社；2011.11；—157 页；30cm
ISBN 978 – 7 – 5611 – 6601 – 7 ￥CNY58.00
本书利用大量精美的彩色照片和丰富的线图向读者展示了日本最新建筑设计理念。

4256　日本近代国语批判
〔日〕小森阳一著．—长春：吉林人民出版社；
2011.01；—269 页；24cm
ISBN 978 – 7 – 206 – 07190 – 4 ￥CNY33.00
引发国内知识界的强烈共鸣和思考。

4257　日本经典动漫技法教程．角色设计基础
〔日〕菅本顺一编著．—北京：中国青年出版社；
2011.08；—173 页；26cm
ISBN 978 – 7 – 5153 – 0070 – 2 ￥CNY38.00
本书引进日文版权，讲解了漫画角色的创作理论及相关知识。

4258　日本历史
〔日〕井上清著．—西安：陕西人民出版社；
2011.08；—415 页；24cm
ISBN 978 – 7 – 224 – 09603 – 3 ￥CNY39.80
这是一部介绍日本历史的译著。

4259　日本漫画大师讲座．林晃×角丸圆讲魅力角色造型
〔日〕林晃，〔日〕角丸圆编著．—北京：中国青年出版社；2011.06；—191 页；26cm
ISBN 978 – 7 – 5006 – 9912 – 5 ￥CNY37.00
本书最大的特点是将理论讲解与实践技巧完美结合。

4260 日本侵权行为法

〔日〕田山辉明著 . —北京：北京大学出版社；
2011.06；—242 页；23cm

ISBN 978 - 7 - 301 - 18856 - 9 ¥ CNY32.00

分四章对日本侵权行为法进行全面、翔实的
介绍。

4261 日本三书

〔日〕宫本武藏，〔美〕鲁思·本尼迪克特，〔日〕
新渡户稻造著 . —哈尔滨：哈尔滨出版社；
2011.05；—354 页；24cm

ISBN 978 - 7 - 5484 - 0484 - 2 ¥ CNY36.00

本书是集《五轮书》《菊与刀》和《武士道》
于一体的合集，从不同角度对日本国进行深入
剖析。

4262 日本社会的历史

〔日〕网野善彦著 . —北京：社会科学文献出版
社；2011.12；—348 页；23cm

ISBN 978 - 7 - 5097 - 2750 - 8 ¥ CNY59.00

考察日本列岛上地域性丰富的社会和国家的
历史。

4263 日本文化史重构：以生命观为中心

〔日〕铃木贞美著 . —北京：中国社会科学出版
社；2011.06；—181 页；21cm

ISBN 978 - 7 - 5004 - 9801 - 8 ¥ CNY26.00

作者在论著中强调了"大正生命主义"或"生
命观"的历史作用与意义。

**4264 日木以外：东亚区域主义的动态 the dy-
namics of east asian regionalism**

〔美〕彼得·J·卡赞斯坦，〔日〕白石隆编 . —
北京：中国人民大学出版社；2012.01；—333
页；23cm

ISBN 978 - 7 - 300 - 14314 - 9 ¥ CNY58.00

分析了 20 世纪 90 年代以来、特别是新世纪初，
日本与中国、美国之间的相互关系对于东亚新
秩序所产生的影响。

4265 日本语初级语法

刘文照，〔日〕海老原博编著 . —上海：华东理
工大学出版社；2011.09；—335 页；24cm

ISBN 978 - 7 - 5628 - 3126 - 6 ¥ CNY35.00

主要就助词、助动词的使用方法和技巧，以及日
本人惯用的表达方法等进行了系统的梳理。

4266 日本知识产权法

〔日〕田村善之著 . —北京：知识产权出版社；
2011.01；—17 页，557 页；21cm

ISBN 978 - 7 - 8024 - 7074 - 3 ¥ CNY48.00

本书是日本著名知识产权法学家田村善之先生
的力作《知识产权法》的中译本。

4267 日常会话 & 商务

〔美〕David A. Thayne，〔日〕小池信孝编著 . —
北京：世界图书出版公司北京公司；2011.01；
—191 页；19cm

ISBN 978 - 7 - 5100 - 3099 - 4 ¥ CNY22.00

4268 日常英语会话

〔美〕David A. Thayne，〔日〕小池信孝编著 . —
北京：世界图书出版公司北京公司；2011.01；
—180 页；19cm

ISBN 978 - 7 - 5100 - 3100 - 7 ¥ CNY22.00

4269 日语教学法：以会话教学为中心

〔日〕平山崇著 . —南京：南京大学出版社；
2011.02；—235 页；23cm

ISBN 978 - 7 - 305 - 07958 - 0 ¥ CNY30.00

本书由"基础知识"、"基本事项的教学方法"、
"各种教室活动"三大章构成。

4270 日语日语我爱你，就像老鼠爱大米

〔韩〕林承珍，〔日〕本山贵子编著 . —北京：世界
图书出版公司北京公司；2011.07；—295 页；
26cm

ISBN 978 - 7 - 5100 - 3173 - 1 ¥ CNY39.80

本书为面向 20 几岁年轻日语爱好者编写的日语
会话书。

4271 日语写作法：作文论文电子信件

〔日〕平山崇编著 . —南京：南京大学出版社；
2011.02；—269 页；23cm

ISBN 978 - 7 - 305 - 07957 - 3 ¥ CNY33.00

本书重点讲解日语作文和论文的写作形式与方法。

4272 日语修辞法

〔日〕平山崇著 . —南京：南京大学出版社；
2011.02；—398 页；23cm

ISBN 978 - 7 - 305 - 07956 - 6 ¥ CNY46.00

本书由日语的"修辞体系"和"修辞应用分析"
两大部分构成。

4273 日语语法越学越简单：基础日语入门语法

〔日〕福田真理子编著 . —北京：世界图书出版
公司北京公司；2011.07；—265 页；24cm

ISBN 978 - 7 - 5100 - 3541 - 8 ¥ CNY26.00

本书为图文并茂、简单又好玩的日语语法入门
教材。

4274　柔软地盛放：唤醒内在的女性感

〔日〕光野桃著．—桂林：漓江出版社；2011.11；—205页；19cm

ISBN 978-7-5407-5295-8（精装）：￥CNY30.00

关注女性本质的日本作家光野桃为面临身心枯竭危机的女性们提供了实际解决之道。

4275　如果高中棒球队女子经理读了彼得·德鲁克

〔日〕岩崎夏海著．—海口：南海出版公司；2011.09；—223页；19cm

ISBN 978-7-5442-5209-6￥CNY25.00

本书是日本当代长篇小说。

4276　如何成为富人妻：15位豪门富太亲口告诉你

〔日〕白河桃子著．—北京：印刷工业出版社；2011.07；—182页；23cm

ISBN 978-7-5142-0050-8￥CNY35.00

本书作者从多个角度分析了要成为富人妻的各种途径。

4277　软件质量知识体系指南

〔日〕SQu BOK策定部会编著．—北京：清华大学出版社；2011.08；—284页；26cm

ISBN 978-7-302-25420-1￥CNY39.00

本书的主要内容包括：软件质量的基本概念、软件质量管理、软件质量技术。

4278　三国志．桃园结义

〔日〕吉川英治著．—重庆：重庆出版社；2011.11；—337页；24cm

ISBN 978-7-229-04219-6￥CNY32.00

本书为日本著名作家吉川英治所著《三国志》之桃园卷和群星卷。

4279　三十三年之梦

〔日〕宫崎滔天著．—桂林：广西师范大学出版社；2011.03；—21页，284页；23cm

ISBN 978-7-5495-0330-8￥CNY36.00

本书是宫崎记述自己的前半生的传记。

4280　三月的邀请函

〔日〕角田光代著．—上海：上海译文出版社；2011.08；—281页；21cm

ISBN 978-7-5327-5483-0￥CNY23.00

4281　三只小猪

〔日〕森毅著．—北京：中国城市出版社；2011.07；—34页；26cm

ISBN 978-7-5074-2455-3￥CNY78.00（全套5册）

介绍了数数、加减法、概率、排列组合等数学原理。

4282　三只小猪

〔日〕中川李枝子著．—上海：少年儿童出版社；2011.08；—108页；21cm

ISBN 978-7-5324-8760-8￥CNY12.00

本套书共三本，为日本著名儿童文学作家中川李枝子创作的经典亲子故事。

4283　色彩斑斓的风格小屋：25个玩色家居表情

〔日〕光晕组合著．—北京：中信出版社；2011.12；—137页；21cm

ISBN 978-7-5086-3082-3￥CNY35.00

本书向读者，尤其是女性读者传递一种温情、自然的生活方式。

4284　色彩设计的原理

〔日〕伊达千代著．—北京：中信出版社；2011.10；—155页；23cm

ISBN 978-7-5086-2990-2￥CNY45.00

本书以丰富的范例及简洁的文句，告诉你连设计师都不懂的"色彩的原理"。

4285　色彩学用语词典

〔日〕尾上孝一等编著．—北京：中国建筑工业出版社；2011.07；—219页；21cm

ISBN 978-7-112-12351-3￥CNY49.00

本书作为一本日本翻译版色彩专业图书，收入1900个色彩学词汇，附有800个图标，书中大量词汇配有详细的文字、图表说明。

4286　色铅笔的动物日记

〔日〕秋草爱等著．—海口：南海出版公司；2011.07；—127页；21cm

ISBN 978-7-5442-5394-9￥CNY25.00

本书是介绍如何用色铅笔画画的图书。

4287　色铅笔的狗狗絮语

〔日〕秋草爱著．—海口：南海出版公司；2011.09；—127页；21cm

ISBN 978-7-5442-5460-1￥CNY25.00

本书的目标读者主要是爱好画画的成年人。

4288　色铅笔的散步随笔

〔日〕秋草爱等著．—海口：南海出版公司；2011.09；—127页；20cm

ISBN 978-7-5442-5525-7￥CNY25.00

本书的目标读者主要是爱好画画的成年人。

4289　森林里的快递员
〔日〕森山京著．—北京：新时代出版社；
2011.01；—107 页；20cm
ISBN 978 - 7 - 5042 - 1388 - 4 ￥CNY14.80
描绘森林伙伴们互相交流的温馨童话。

4290　森林美学
〔日〕新岛善直，〔日〕村山酿造著．—北京：
中国环境科学出版社；2011.07；—344 页；23cm
ISBN 978 - 7 - 5111 - 0552 - 3 ￥CNY35.00
探讨如何经营森林才能满足人们观赏美的需求。

4291　杀人之门
〔日〕东野圭吾著．—海口：南海出版公司；
2011.04；—413 页；22cm
ISBN 978 - 7 - 5442 - 5125 - 9 ￥CNY29.80
本书是日本当代长篇小说。

4292　杉田奈穗子的 100 种可爱串珠首饰
〔日〕杉田奈穗子著．—长春：吉林科学技术出
版社；2011.12；—96 页；23cm
ISBN 978 - 7 - 5384 - 5543 - 4 ￥CNY22.00
本书介绍深受广大串珠手工爱好者喜爱的各名
家设计的代表作品。

4293　闪闪发光的宝藏：金属全接触
〔日〕田中和明著．—北京：科学出版社；
2011.08；—178 页；21cm
ISBN 978 - 7 - 03 - 032004 - 9 ￥CNY32.00

4294　伤寒论辨脉法平脉法讲义
〔日〕大冢敬节著．—北京：华夏出版社；
2011.07；—205 页；21cm
ISBN 978 - 7 - 5080 - 6540 - 3 ￥CNY25.00
本书既是一部对伤寒论辨脉法平脉法的研究著
作，也是一部脉学专著。

4295　伤寒论辑义
〔日〕丹波元简著．—北京：学苑出版社；
2011.08；—12 页，582 页；21cm
ISBN 978 - 7 - 5077 - 3801 - 8 ￥CNY38.00
《伤寒论辑义》在义理阐发方面，是旁征博引，
融会贯通。

4296　商品摄影完全攻略
〔日〕玄光社编辑部编．—北京：中国青年出版
社；2011.05；—127 页；26cm
ISBN 978 - 7 - 5006 - 9876 - 0 ￥CNY55.00

本书详细、生动地介绍了商品摄影中用到的器
材、拍摄技巧以及后期处理的相关知识。

4297　商务英文 E-mail 表达实例
〔日〕味园有纪，〔日〕小林知子著．—北京：
外文出版社；2011.07；—272 页；21cm
ISBN 978 - 7 - 119 - 07029 - 2 ￥CNY27.00
本书列举了商务交流中必不可少的各个项目的
E-mail 范例，网罗了可以自由组合的各种英文
表达。

4298　商务英语会话
〔美〕David A. Thayne，〔日〕小池信孝编著．—
北京：世界图书出版公司北京公司；2011.01；
—191 页；19cm
ISBN 978 - 7 - 5100 - 3097 - 0 ￥CNY22.00

4299　商务英语演讲表达实例
〔日〕妻岛千鹤子著．—北京：外文出版社；
2011.05；—360 页；21cm
ISBN 978 - 7 - 119 - 07031 - 5 ￥CNY32.00
本书对用英文演讲时讲演稿的写法、讲演中的技
巧和常用的表达方式进行了总结。

4300　上班的智慧
〔日〕大林伸安著．—北京：华夏出版社；
2011.05；—252 页；17cm
ISBN 978 - 7 - 5080 - 6285 - 3 ￥CNY18.00
生动地叙述自己从不快乐工作到快乐工作，解读
上班的智慧。

4301　上班族抑郁自救手册
〔日〕野村总一郎著．—北京：印刷工业出版社；
2011.09；—160 页；21cm
ISBN 978 - 7 - 5142 - 0273 - 1 ￥CNY29.80

4302　少女
〔日〕凑佳苗著．—海口：南海出版公司；
2011.09；—242 页；20cm
ISBN 978 - 7 - 5442 - 5488 - 5 ￥CNY25.00
本书是日本当代长篇小说。

4303　舍弃
〔日〕臼井由妃著．—北京：中信出版社；
2011.10；—160 页；21cm
ISBN 978 - 7 - 5086 - 2915 - 5 ￥CNY22.00
本书是一本成功心理学读物。

4304　设计的深读
〔日〕坂井直树著．—济南：山东人民出版社；

2011.11；—141 页；21cm
ISBN 978 - 7 - 209 - 05874 - 2 ¥CNY38.00
科技与设计议题的绝对权威。

4305　设计概论
张福昌，〔日〕宫崎清著 . —合肥：合肥工业大学出版社；2011.04；—259 页；26cm
ISBN 978 - 7 - 5650 - 0386 - 8 ¥CNY36.00
本书主要阐述了设计的概念、分类、原理、应用，现代设计的发展以及设计工作者须具备的职业素质。

4306　设计开发的质量管理
〔日〕久米均著；张晓东译 . —北京：中国质检出版社；2011.08；—13 页，285 页；21cm
ISBN 978 - 7 - 5026 - 3458 - 2 ¥CNY32.00
本书所说的质量管理是：策划、开发、生产、销售符合市场要求的产品的活动；解决、预防市场及组织内部质量问题的活动；提升这些活动绩效的活动。

4307　社交英语发言表达实例
〔日〕妻岛千鹤子，Mark Stafford 著 . —北京：外文出版社；2011.05；—312 页；21cm
ISBN 978 - 7 - 119 - 07030 - 8 ¥CNY29.00
本书收集了大量读者可以拿来就用的英文发言范例。

4308　摄亦有道 .0 基础学数码单反摄影
〔日〕阿部秀之著 . —北京：中国青年出版社；2011.07；—125 页；29cm
ISBN 978 - 7 - 5153 - 0027 - 6 ¥CNY45.00
本书是引进日本版权，由日本知名摄影师亲自解说，从繁复的摄影知识中精心梳理出最重要的内容。

4309　摄影构图技巧
〔日〕樱井始，〔日〕浅井慎平，〔日〕冈岛和幸著 . —北京：中国摄影出版社；2011.06；—144 页；26cm
ISBN 978 - 7 - 80236 - 563 - 6（精装）：¥CNY49.00
这是一本从日本引进的摄影取景构图技巧图书。

4310　神的记事本
〔日〕杉井光著 . —长沙：湖南美术出版社；2011.08；—299 页；19cm
ISBN 978 - 7 - 5356 - 4624 - 8 ¥CNY26.00
本书是尼特族青少年的青春冒险轻小说第三集。

4311　神的记事本
〔日〕杉井光著 . —长沙：湖南美术出版社；

2011.11；—307 页；19cm
ISBN 978 - 7 - 5356 - 4825 - 9 ¥CNY27.00
本书是尼特族青少年有点不堪、有点可笑却又带着一点点勇气的青春冒险轻小说第五集。

4312　神的记事本
〔日〕杉井光著 . —长沙：湖南美术出版社；2011.07；—283 页；19cm
ISBN 978 - 7 - 5356 - 4501 - 2 ¥CNY25.00
尼特族青少年青春冒险轻小说第二集。

4313　神的记事本
〔日〕杉井光著 . —长沙：湖南美术出版社；2011.09；—315 页；19cm
ISBN 978 - 7 - 5356 - 4698 - 9 ¥CNY26.00
尼特族青少年有点不堪、有点可笑却又带着一点点勇气的青春冒险轻小说第四集。

4314　生病与不生病的心理法则
〔日〕土桥重隆著 . —北京：华夏出版社；2011.01；—182 页；21cm
ISBN 978 - 7 - 5080 - 6151 - 1 ¥CNY25.00
在本书中，作者本着"病由心生"的假设，希望针对"会生病的人"与"不会生病的人"的倾向，提出他个人的结论。

4315　胜间和代教你提升思考力
〔日〕胜间和代著 . —北京：中华工商联合出版社；2011.10；—189 页；23cm
ISBN 978 - 7 - 80249 - 876 - 1 ¥CNY29.80
本书作者提出了立体思考力的概念，并提供了大量旨在提升思考力的智力游戏。

4316　胜山氏小脸美肌法
〔日〕主妇与生活社编著 . —沈阳：辽宁科学技术出版社；2011.06；—71 页；24cm
ISBN 978 - 7 - 5381 - 6930 - 0 ¥CNY29.80
本书介绍了能够调整面部肌肤和轮廓的按摩方法。

4317　圣诞节的礼物
〔日〕五味太郎文/图 . —济南：明天出版社；2011.12；—1 册；24cm
ISBN 978 - 7 - 5332 - 6432 - 1（精装）：¥CNY29.80
本书是日本图画书大师五味太郎的代表作之一，讲述了小女孩和圣诞老公公互换礼物的故事。

4318　圣斗士星矢 . 冥王神话
〔日〕车田正美著 . —北京：中国少年儿童出版社；2011.11；—180 页；18cm

ISBN 978 - 7 - 5148 - 0208 - 5 ￥CNY9.80
故事内容是原《圣斗士星矢》的延续。

4319　圣斗士星矢．冥王神话
〔日〕车田正美著．—北京：中国少年儿童出版
社；2011.11；—180 页；18cm
ISBN 978 - 7 - 5148 - 0222 - 1 ￥CNY9.80
故事内容是原《圣斗士星矢》的延续。

4320　圣斗士星矢．冥王神话
〔日〕车田正美著．—北京：中国少年儿童出版
社；2011.11；—187 页；18cm
ISBN 978 - 7 - 5148 - 0221 - 4 ￥CNY9.80
故事内容是原《圣斗士星矢》的延续。

4321　圣斗士星矢．冥王神话
〔日〕车田正美著．—北京：中国少年儿童出版
社；2011.11；—197 页；18cm
ISBN 978 - 7 - 5148 - 0207 - 8 ￥CNY9.80
故事内容是原《圣斗士星矢》的延续。

4322　圣斗士星矢．冥王神话
〔日〕车田正美著．—北京：中国少年儿童出版
社；2011.06；—186 页；18cm
ISBN 978 - 7 - 5148 - 0209 - 2 ￥CNY9.80
故事内容是原《圣斗士星矢》的延续。

4323　圣斗士星矢．冥王神话
〔日〕车田正美著．—北京：中国少年儿童出版
社；2011.06；—183 页；18cm
ISBN 978 - 7 - 5148 - 0230 - 6 ￥CNY9.80
故事内容是原《圣斗士星矢》的延续。

4324　圣斗士星矢．冥王神话
〔日〕车田正美著．—北京：中国少年儿童出版
社；2011.06；—184 页；18cm
ISBN 978 - 7 - 5148 - 0227 - 6 ￥CNY9.80
故事内容是原《圣斗士星矢》的延续。

4325　圣斗士星矢．冥王神话
〔日〕车田正美著．—北京：中国少年儿童出版
社；2011.06；—185 页；18cm
ISBN 978 - 7 - 5148 - 0229 - 0 ￥CNY9.80
故事内容是原《圣斗士星矢》的延续。

4326　圣斗士星矢．冥王神话
〔日〕车田正美著．—北京：中国少年儿童出版
社；2011.06；—187 页；18cm
ISBN 978 - 7 - 5148 - 0226 - 9 ￥CNY9.80
故事内容是原《圣斗士星矢》的延续。

4327　圣斗士星矢．冥王神话
〔日〕车田正美著．—北京：中国少年儿童出版
社；2011.06；—195 页；18cm
ISBN 978 - 7 - 5148 - 0231 - 3 ￥CNY9.80
故事内容是原《圣斗士星矢》的延续。

4328　圣斗士星矢．冥王神话
〔日〕车田正美著．—北京：中国少年儿童出版
社；2011.06；—175 页；18cm
ISBN 978 - 7 - 5148 - 0225 - 2 ￥CNY9.80
故事内容是原《圣斗士星矢》的延续。

4329　圣斗士星矢．冥王神话
〔日〕车田正美著．—北京：中国少年儿童出版
社；2011.06；—175 页；18cm
ISBN 978 - 7 - 5148 - 0224 - 5 ￥CNY9.80
故事内容是原《圣斗士星矢》的延续。

4330　圣斗士星矢．冥王神话
〔日〕车田正美原作．—北京：中国少年儿童出
版社；2011.06；—178 页；18cm
ISBN 978 - 7 - 5148 - 0223 - 8 ￥CNY9.80
故事内容是原《圣斗士星矢》的延续。

4331　圣斗士星矢．冥王神话
〔日〕车田正美著．—北京：中国少年儿童出版
社；2011.06；—183 页；18cm
ISBN 978 - 7 - 5148 - 0228 - 3 ￥CNY9.80
故事内容是原《圣斗士星矢》的延续。

4332　《诗经》原意研究
〔日〕家井真著．—南京：江苏人民出版社；
2011.01；—381 页；23cm
ISBN 978 - 7 - 214 - 06557 - 5 ￥CNY35.00
本书是日本著名《诗经》研究学者家井真《诗经》
研究的代表作，对《诗经》做了别开生面的解释。

4333　狮子大开口
〔日〕萩野千夏编绘．—汕头：汕头大学出版社；
2011.03；—1 册；22×30cm
ISBN 978 - 7 - 5658 - 0131 - 0 ￥CNY16.00
演绎了一出"友情力量大，打败小病魔"的生
动故事。

4334　狮子大开口
〔日〕萩野千夏编绘．—汕头：汕头大学出版社；
2011.03；—1 册；22×30cm
ISBN 978 - 7 - 5658 - 0093 - 1（精装）：￥CNY32.00
演绎了一出"友情力量大，打败小病魔"的生
动故事。

4335 什么火车来了？

〔日〕山本省三文．—南昌：江西科学技术出版社；2011.08；—1 册；18cm

ISBN 978 – 7 – 5390 – 4372 – 2 ￥CNY99.00（全套 11 册）

4336 什么汽车来了？

〔日〕山本省三文．—南昌：江西科学技术出版社；2011.08；—1 册；18cm

ISBN 978 – 7 – 5390 – 4372 – 2 ￥CNY99.00（全套 11 册）

4337 石原结实讲温度决定健康

〔日〕石原结实著．—北京：中国轻工业出版社；2011.01；—159 页；24cm

ISBN 978 – 7 – 5019 – 7636 – 2 ￥CNY25.00

本书作者以体温为切入点，汲取大量的中医理念，以中医为基础的保健方法。

4338 时间，会用才能身价倍增：告别"穷忙"的 35 个实用时间技巧

〔日〕胜间和代著．—北京：中信出版社；2011.12；—28 页，255 页；21cm

ISBN 978 – 7 – 5086 – 3011 – 3 ￥CNY32.00

本书是一本职场励志读物。

4339 时尚花式冰饮大全

〔日〕永濑正人编著．—郑州：河南科学技术出版社；2011.07；—144 页；24cm

ISBN 978 – 7 – 5349 – 5204 – 3 ￥CNY29.80

本书是一本介绍时尚花式冰饮的图书。

4340 时尚花饰 100 例

〔日〕美创出版著．—郑州：河南科学技术出版社；2011.10；—79 页；26cm

ISBN 978 – 7 – 5349 – 5291 – 3 ￥CNY28.00

4341 时尚秋冬披肩、吊带

〔日〕靓丽社著．—长春：吉林科学技术出版社；2011.11；—83 页；23cm

ISBN 978 – 7 – 5384 – 5525 – 0 ￥CNY22.00

4342 时尚设计师的言语·心·梦想

〔日〕福田春美著．—济南：山东人民出版社；2011.01；—150 页；21cm

ISBN 978 – 7 – 209 – 05501 – 7 ￥CNY25.00

本书告诉读者的是"如何结合现实实现梦想"。

4343 时时少年时

〔日〕五味太郎著．—贵阳：贵州人民出版社；2011.09；—189 页；20cm

ISBN 978 – 7 – 221 – 09382 – 0 ￥CNY23.80

五位太郎是中国大陆读者耳熟能详的绘本作家，其作品很受小读者和家长们的欢迎。

4344 实现梦想的口头禅法则

〔日〕佐藤富雄著．—北京：中国画报出版社；2011.02；—175 页；16cm

ISBN 978 – 7 – 80220 – 897 – 1 ￥CNY18.00

本书告诉读者如何运用正面的想象力和有声语言，学会运用乐天的能量。

4345 实用妙趣染色：四季草果染出天然彩儿

〔日〕SETSUKO ISHII 著．—北京：中国青年出版社；2011.01；—87 页；26cm

ISBN 978 – 7 – 5006 – 9702 – 2 ￥CNY29.80

本书主要讲解如何运用身边的花草蔬果在家里亲自动手对天然织物进行手工染色。

4346 蚀罪

〔日〕堂场瞬一著．—南京：译林出版社；2011.08；—301 页；21cm

ISBN 978 – 7 – 5447 – 2000 – 7 ￥CNY27.00

4347 史上最好用口语日语 2000

〔日〕吉松由美，〔日〕田中阳子，〔日〕西村惠子，〔日〕山田玲奈著．—大连：大连理工大学出版社；2011.01；—206 页；21cm

ISBN 978 – 7 – 5611 – 5852 – 4 ￥CNY27.00

本书是从台湾引进的版权书。

4348 史上最强的 24 个管理法则：图解德鲁克的 5 维管理精髓

〔日〕冈本宪宏，〔日〕师瑞德著．—北京：中国华侨出版社；2011.05；—238 页；23cm

ISBN 978 – 7 – 5113 – 1299 – 0 ￥CNY32.00

本书是从杜拉克的著作中，集结出 24 个影响众多跨国企业经理人的管理法则。

4349 世界上最硬的虫茧

〔日〕石井象二郎编．—北京：北京科学技术出版社；2011.09；—119 页；21cm

ISBN 978 – 7 – 5304 – 5268 – 4 ￥CNY16.00

本书用简洁的语言、大量的插图向读者揭示了昆虫世界中潜藏的奥秘。

4350 世界在你不知道的地方运转

〔日〕片山恭一著．—青岛：青岛出版社；2011.11；—275 页；21cm

ISBN 978 – 7 – 5436 – 7592 – 6 ￥CNY20.00

少男少女"我"、薰和治幸三个人成长和恋爱的故事。

4351 世界住居
〔日〕布野修司编 . 一北京：中国建筑工业出版社；2011.01；—12 页，388 页；21cm
ISBN 978 - 7 - 112 - 12476 - 3 ￥CNY39.00
本书涉猎了世界五大洲的 200 多颇具特色的乡土民居。

4352 手作达人教室：每天一款靓包包
〔日〕主妇与生活社编著 . 一郑州：河南科学技术出版社；2011.11；—79 页；26cm
ISBN 978 - 7 - 5349 - 5322 - 4 ￥CNY28.00
本书是一本包包制作的图书。

4353 手作服缝纫基础
〔日〕坂上典子著 . 一北京：化学工业出版社；2011.10；—79 页；26cm
ISBN 978 - 7 - 122 - 11149 - 4 ￥CNY48.00
本书为对缝纫感兴趣的读者量身打造。

4354 手做风铃系儿童春夏装
〔日〕靓丽社著 . 一北京：中国纺织出版社；2011.09；—80 页；26cm
ISBN 978 - 7 - 5064 - 7567 - 9 ￥CNY29.80
本书内附 48 款详细的裁剪制作方法。

4355 手做枫叶系儿童秋冬装
〔日〕靓丽社著 . 一北京：中国纺织出版社；2011.09；—80 页；26cm
ISBN 978 - 7 - 5064 - 7799 - 4 ￥CNY29.80
本书内附 42 款详细的裁剪制作方法。

4356 手做清凉系儿童春夏装
〔日〕靓丽社著 . 一北京：中国纺织出版社；2011.09；—88 页；26cm
ISBN 978 - 7 - 5064 - 7668 - 3 ￥CNY29.80
本书内附 25 款详细的裁剪制作方法。

4357 手做香草系时尚小单品
〔日〕靓丽社著 . 一北京：中国纺织出版社；2011.05；—80 页；26cm
ISBN 978 - 7 - 5064 - 7301 - 9 ￥CNY28.80
内附 42 款详细的裁剪制作方法，用棉布、亚麻布缝制小巧单品。

4358 手做雪绒系儿童秋冬装
〔日〕靓丽社著 . 一北京：中国纺织出版社；2011.10；—96 页；26cm

ISBN 978 - 7 - 5064 - 7802 - 1 ￥CNY29.80
本书内附 43 款详细的裁剪制作方法。

4359 手做自然系亲子装
〔日〕靓丽社著 . 一北京：中国纺织出版社；2011.02；—96 页；26cm
ISBN 978 - 7 - 5064 - 7057 - 5 ￥CNY28.80

4360 受苦者的目光：早期马克思的复兴
〔日〕山之内靖著 . 一北京：北京师范大学出版社；2011.01；—22 页，384 页；24cm
ISBN 978 - 7 - 303 - 11479 - 5 ￥CNY45.00
本书是对马克思早期思想，尤其是《1844 年经济学哲学手稿》的研究著作。

4361 赎罪
〔日〕湊佳苗著 . 一海口：南海出版公司；2011.04；—216 页；21cm
ISBN 978 - 7 - 5442 - 5193 - 8 ￥CNY22.00

4362 赎罪
〔日〕酒井法子著 . 一西安：陕西师范大学出版总社有限公司；2011.12；—204 页；23cm
ISBN 978 - 7 - 5613 - 5848 - 1 ￥CNY29.80
本书详细记述了酒井法子吸毒的经过，以及自己在逃亡生涯中甚至想过自杀的念头等具体内容。

4363 数码单反 100 法
〔日〕冈岛和幸著 . 一北京：中国摄影出版社；2011.06；—133 页；26cm
ISBN 978 - 7 - 80236 - 564 - 3 ￥CNY48.00
本书是从日本引进的数码单反新常识的摄影图书。

4364 数码单反摄影从入门到精通 . 镜头篇
〔日〕田中希美男著 . 一北京：中国青年出版社；2011.06；—157 页；26cm
ISBN 978 - 7 - 5006 - 9925 - 5 ￥CNY45.00
本书是详细介绍数码单反镜头种类和使用技巧的图书。

4365 数学符号理解手册
〔日〕黑木哲德著 . 一上海：学林出版社；2011.08；—274 页；21cm
ISBN 978 - 7 - 5486 - 0208 - 8 ￥CNY23.00
本书生动地描述了符号们的成长历程，由浅入深地概括了数学公式。

4366 衰神附身记
〔日〕浅田次郎著 . 一北京：人民文学出版社；2011.07；—276 页；19cm

ISBN 978 - 7 - 02 - 008413 - 5 ￥CNY22.00

4367　双重幻想
〔日〕村山由佳著 . —北京：文化艺术出版社；
2011.06；—284 页；23cm
ISBN 978 - 7 - 5039 - 5116 - 9 ￥CNY32.00
本书是日本女作家村山由佳的长篇爱情小说，
作者描写情爱纠葛的各种样貌。

4368　双足步行机器人制作入门
〔日〕浅草研著 . —北京：科学出版社；
2011.01；—193 页；24cm
ISBN 978 - 7 - 03 - 029363 - 3 ￥CNY29.80
把双足机器人制作方法就像讲故事那样向读者
娓娓道来。

4369　谁都逃不掉的世界经济大崩溃
〔日〕朝仓庆著 . —北京：中国友谊出版公司；
2011.11；—193 页；24cm
ISBN 978 - 7 - 5057 - 2903 - 2 ￥CNY29.80
预测 2011 年以后世界经济形势的著作。

4370　谁惹了地球：人类生存的危机与出路
〔日〕旭硝子财团著 . —北京：中共中央党校出
版社；2011.03；—365 页；24cm
ISBN 978 - 7 - 5035 - 4479 - 8 ￥CNY86.00
内容包括《生存的条件》报告书以及解读《生
存的条件》的数据集。

4371　水浒英雄传 . 风云篇
〔日〕柴田炼三郎著 . —海口：南海出版公司；
2011.08；—290 页；21cm
ISBN 978 - 7 - 5442 - 5116 - 7 ￥CNY25.00
本书是日本当代长篇小说。

4372　水浒英雄传 . 疾风篇
〔日〕柴田炼三郎著 . —海口：南海出版公司；
2011.11；—322 页；22cm
ISBN 978 - 7 - 5442 - 5609 - 4 ￥CNY28.00
本书是日本当代长篇小说。

4373　水知道答案 . 水能传递爱的力量
〔日〕江本胜著 . —海口：南海出版公司；
2011.05；—149 页；21cm
ISBN 978 - 7 - 5442 - 5121 - 1 ￥CNY22.00
本书是日本当代人生哲学读本。

4374　水知道：神奇的波动
〔日〕江本胜著 . —北京：新世界出版社；
2011.05；—57 页；21cm
ISBN 978 - 7 - 5104 - 1763 - 4 ￥CNY28.00
本书是一套讲述如何利用音乐来进行治疗的实
用指导书。

4375　说服的心理学
〔日〕今井芳昭著 . —上海：华东师范大学出版
社；2011.02；—137 页；24cm
ISBN 978 - 7 - 5617 - 8061 - 9 ￥CNY22.00
本书中的内容以人与人之间的影响，从社会心理
学的角度上来写成的。

4376　死亡幻术的门徒
〔日〕森博嗣著 . —南京：江苏文艺出版社；
2011.03；—392 页；21cm
ISBN 978 - 7 - 5399 - 3886 - 8 ￥CNY28.00
本书为长篇小说。

4377　四季·婚纱美甲 11250 款
〔日〕靓丽出版社编著 . —沈阳：辽宁科学技术
出版社；2011.10；—143 页；19×21cm
ISBN 978 - 7 - 5381 - 6045 - 1 ￥CNY32.00
本书介绍了 11250 款当下最流行的美甲造型。

4378　四季·婚纱美甲 11250 款
〔日〕靓丽出版社编著 . —沈阳：辽宁科学技术
出版社；2011.10；—143 页；19×21cm
ISBN 978 - 7 - 5381 - 6054 - 3 ￥CNY32.00
本书介绍了 11250 款当下最流行的美甲造型。

4379　四季组合盆栽
〔日〕冈井路子主编 . —杭州：浙江科学技术出
版社；2011.07；—95 页；26cm
ISBN 978 - 7 - 5341 - 4133 - 1 ￥CNY35.00
内容包括适合大众的四季花卉盆栽植物的栽培
方式、组合栽培的基础知识及搭配方式等知识的
介绍。

4380　松本行弘的程序世界
〔日〕松本行弘著 . —北京：人民邮电出版社；
2011.08；—389 页；24cm
ISBN 978 - 7 - 115 - 25507 - 5 ￥CNY75.00
面向对象编程语言 Ruby 的开发者松本行弘先生
介绍了成为超级程序员的 14 种思考术。

**4381　松居直喜欢的 50 本图画书：带领大人入
门的图画书**
〔日〕松居直著 . —南昌：二十一世纪出版社；
2011.08；—143 页；19cm
ISBN 978 - 7 - 5391 - 6352 - 9 ￥CNY20.00

本书是一本带领大人入门的书。

4382　松下之魂
〔日〕岩谷英昭著．—大连：东北财经大学出版社；2011.03；—175页；24cm
ISBN 978 – 7 – 5654 – 0305 – 7 ￥CNY29.00
本书作者松下电器前会长岩谷英昭先生以自己40多年来在松下的经营经历为背景。

4383　松原达哉潜能开发全方案.5～6岁
〔日〕松原达哉著．—南京：凤凰出版社；2011.02；—173页；21cm
ISBN 978 – 7 – 5506 – 0152 – 9 ￥CNY18.00

4384　松原达哉潜能开发全方案.3～4岁
〔日〕松原达哉著．—南京：凤凰出版社；2011.02；—175页；21cm
ISBN 978 – 7 – 5506 – 0151 – 2 ￥CNY18.00

4385　松原达哉潜能开发全方案.0～2岁
〔日〕松原达哉著．—南京：凤凰出版社；2011.02；—173页；21cm
ISBN 978 – 7 – 5506 – 0150 – 5 ￥CNY18.00

4386　搜索杀人来电
〔日〕岛田庄司著．—北京：新星出版社；2011.11；—181页；22cm
ISBN 978 – 7 – 5133 – 0361 – 3 ￥CNY21.00

4387　塑料瓶排毒减肥法
〔日〕大泽美树著．—杭州：浙江科学技术出版社；2011.04；—79页；24cm
ISBN 978 – 7 – 5341 – 4065 – 5 ￥CNY29.80
本书介绍给你的是一种简单又无须花钱的排毒方法——塑料瓶排毒法。

4388　算算就能瘦！健康 G 式减肥法
〔日〕李穗著．—南宁：广西科学技术出版社；2011.03；—128页；21cm
ISBN 978 – 7 – 80763 – 532 – 1 ￥CNY24.00
本系列是日本唯一销量第一的美容瘦身魔法系列书。

4389　隋唐帝国形成史论
〔日〕谷川道雄著．—上海：上海古籍出版社；2011.06；—362页；24cm
ISBN 978 – 7 – 5325 – 5899 – 5（精装）：￥CNY58.00
本书是日本著名学者谷川道雄揭示隋唐帝国开成的前提、过程与本质的力作。

4390　碎片
〔日〕青山七惠著．—上海：上海译文出版社；2011.12；—127页；21cm
ISBN 978 – 7 – 5327 – 5485 – 4 ￥CNY22.00
本书是青山七惠短篇小说集，包括《碎片》、《绑带的房间》、《山猫》三篇短篇小说。

4391　隧道标准规范（盾构篇）及解说：2006年制定
〔日〕土木学会主编．—北京：中国建筑工业出版社；2011.08；—20页，317页；26cm
ISBN 978 – 7 – 112 – 12824 – 2 ￥CNY65.00
本书是日本在各种工程中使用盾构施工技术的经验的高度总结。

4392　孙中山与梅屋庄吉：推动辛亥革命的日本人
〔日〕小坂文乃著．—北京：世界知识出版社；2011.07；—263页；23cm
ISBN 978 – 7 – 5012 – 4045 – 6 ￥CNY25.00
本书是梅屋庄吉的曾孙女依据第一手资料写下的回忆录。

4393　索尼研究所的经营哲学
〔日〕所真理雄，〔日〕由利伸子著．—北京：中国人民大学出版社；2011.08；—210页；23cm
ISBN 978 – 7 – 300 – 14044 – 5 ￥CNY39.80
1988年马里奥教授成立了索尼计算机科学实验室，在这个实验室中先后走出了多名著名的科学家，以及影响世界的科学成果。

4394　太平洋战争
〔日〕山冈庄八著．—北京：金城出版社；2011.06；—387页；24cm
ISBN 978 – 7 – 80251 – 934 – 3 ￥CNY39.80

4395　太阳能利用新技术
〔日〕日本太阳能学会编．—北京：科学出版社；2009.03；—10页，161页；24cm
ISBN 978 – 7 – 03 – 024129 – 0 ￥CNY29.80
本书内容涉及太阳能利用历史到太阳能发电结构、利用技术的发展动向以及未来展望。

4396　探索昆虫小百科
〔日〕须田孙七编．—北京：北京科学技术出版社；2011.07；—119页；17×19cm
ISBN 978 – 7 – 5304 – 4956 – 1 ￥CNY25.00
本书通过大量逼真的图片和清晰的照片介绍了生活在不同环境中的昆虫。

4397　探索自然小百科
〔日〕柚木修著．—北京：北京科学技术出版社；
2011.07；—119 页；17×19cm
ISBN 978 – 7 – 5304 – 4955 – 4 ￥CNY25.00

4398　倘若我在彼岸
〔日〕片山恭一著．—青岛：青岛出版社；
2011.11；—215 页；21cm
ISBN 978 – 7 – 5436 – 7595 – 7 ￥CNY20.00
本书由三个看似独立实则相通的凄美的爱情故
事组成。

4399　躺着就能瘦
〔日〕福辻锐记著．—北京：印刷工业出版社；
2011.06；—111 页；21cm
ISBN 978 – 7 – 5142 – 0088 – 1 ￥CNY26.80
本书介绍了一种躺在枕头上 5 分钟就能轻松减肥
的神奇减肥法。

4400　烫发攻略
〔日〕坂卷哲也著．—沈阳：辽宁科学技术出版
社；2011.10；—100 页；29cm
ISBN 978 – 7 – 5381 – 7042 – 9 ￥CNY39.00
本书详细介绍了与剪发相关的基础理论、实操
技术与方法。

4401　桃太郎
〔日〕平田昭吾绘．—北京：海豚出版社；
2011.11；—45 页；17×18cm
ISBN 978 – 7 – 5110 – 0576 – 2 ￥CNY10.80

4402　提高体温，防治百种常见病
〔日〕石原结实著．—北京：北京出版社；
2011.09；—209 页；24cm
ISBN 978 – 7 – 200 – 08887 – 8 ￥CNY28.00
本书简明介绍了运用身边的食材，结合简单易
学的运动及治疗手段来升高体温、增强免疫力、
预防与治疗各种疾病的方法。

4403　体脂肪 OUT！餐前卷心菜减肥法
〔日〕吉田俊秀著．—南宁：广西科学技术出版
社；2011.03；—128 页；21cm
ISBN 978 – 7 – 80763 – 534 – 5 ￥CNY24.00
本书作者日本减肥名医——吉田俊秀便借由营
养成分丰富的卷心菜，创造了此种减肥法。

4404　替身伯爵的结婚
〔日〕清家未森著．—长沙：湖南美术出版社；
2011.01；—263 页；19cm
ISBN 978 – 7 – 5356 – 4202 – 8 ￥CNY20.00

4405　替身伯爵的潜入
〔日〕清家未森著．—长沙：湖南美术出版社；
2011.10；—254 页；20cm
ISBN 978 – 7 – 5356 – 4793 – 1 ￥CNY22.00
本书是一部充满欢乐气息的爱情冒险小说。

4406　替身伯爵的逃亡
〔日〕清家未森著．—长沙：湖南美术出版社；
2011.06；—244 页；19cm
ISBN 978 – 7 – 5356 – 4556 – 2 ￥CNY21.00
本书是一部充满欢乐气息的冒险轻小说。

4407　天才的价值
〔日〕门井庆喜著．—南京：译林出版社；
2011.07；—251 页；22cm
ISBN 978 – 7 – 5447 – 1681 – 9 ￥CNY26.00
本书是短篇小说集。

4408　天然素材手作服
〔日〕靓丽社组织编写．—北京：化学工业出版
社；2011.08；—88 页；26cm
ISBN 978 – 7 – 122 – 11045 – 9 ￥CNY36.80
专为喜欢日本休闲、简约风格的缝纫及手工爱好
者而准备。

4409　天上尿尿的小猫鱼
〔日〕渡边有一图/文．—北京：二十一世纪出版
社；2011.07；—24 页；24×24cm
ISBN 978 – 7 – 5391 – 6369 – 7 ￥CNY96.00（全
套 6 册）

4410　天使在消失
〔日〕夏树静子著．—南京：译林出版社；
2011.08；—252 页；21cm
ISBN 978 – 7 – 5447 – 1764 – 9 ￥CNY25.00

4411　甜点品鉴大全
〔日〕猫井登著．—沈阳：辽宁科学技术出版社；
2011.09；—191 页；25cm
ISBN 978 – 7 – 5381 – 6981 – 2 ￥CNY49.80
140 种甜点的历史大剖析，浓缩了一个底蕴深厚
的甜点屋的全部精华。

4412　甜蜜日日·我爱果酱
〔日〕五十岚路美著．—济南：山东人民出版社；
2011.01；—144 页；21cm
ISBN 978 – 7 – 209 – 05500 – 0 ￥CNY25.00
本书除了作者自己的创业经历，还告诉读者如何
将兴趣变为职业。

4413 甜甜的梦乡
〔日〕柳原良平文/图 .—上海：少年儿童出版
社；2011.05；—1 册；20×21cm
ISBN 978 - 7 - 5324 - 8564 - 2（精装）：￥CNY15.00
本书讲述孩子们熟悉的日常生活事件，蕴含着
从早到晚的时间规律。

4414 甜甜私房猫 . 猫咪集会
〔日〕湖南彼方著 .—北京：世界图书出版公司
北京公司；2011.01；—146 页；19cm
ISBN 978 - 7 - 5100 - 2816 - 8 ￥CNY16.80
这是一只因为在散步时发呆，和妈妈走散了的
小猫。向这只悠哉的小猫伸出双手的，却是住在
禁止饲养宠物公寓楼中的一家。

4415 甜甜私房猫 . 新的冒险
〔日〕湖南彼方著 .—北京：世界图书出版公司
北京公司；2011.01；—146 页；19cm
ISBN 978 - 7 - 5100 - 2817 - 5 ￥CNY16.80
这是一只因为在散步时发呆，和妈妈走散了的
小猫。向这只优哉的小猫伸出双手的，却是住在
禁止饲养宠物公寓楼中的一家。

4416 铁轨铁轨连起来
〔日〕竹下文子文 .—北京：教育科学出版社；
2011.11；—32 页；23×24cm
ISBN 978 - 7 - 5041 - 5851 - 2 ￥CNY19.80
本书是引进日本的幼儿读物。

4417 庭院设计 . 日式庭院设计秘籍
〔日〕小泽明土编 .—南京：江苏人民出版社；
2011.09；—95 页；29cm
ISBN 978 - 7 - 214 - 07288 - 7 ￥CNY39.80
本系列书收录日本最新庭院设计案例经典。

4418 庭院施工技术图解
〔日〕靓丽社组织编写 .—北京：化学工业出版
社；2011.12；—128 页；26cm
ISBN 978 - 7 - 122 - 12198 - 1 ￥CNY49.80
本书中对砖瓦砌成的花坛的建造方法、引道及
露台的铺设技巧、最新材料等进行了详细的
介绍。

4419 庭院外围设计创意集
〔日〕靓丽社组织编写 .—北京：化学工业出版
社；2011.09；—125 页；26cm
ISBN 978 - 7 - 122 - 11397 - 9 ￥CNY49.80
本书通过对丰富的成功外装实例、不同的外装
风格要点以及具体的外装项目等的介绍。

4420 庭院外围设计 100 例
〔日〕靓丽社组织编写 .—北京：化学工业出版
社；2011.10；—114 页；26cm
ISBN 978 - 7 - 122 - 11716 - 8 ￥CNY49.80
本书通过对门庭、栅栏、玄关、阳台等住宅外围
进行简单易行的外装改造。

4421 秃鹰：席卷大洋彼岸的资本风暴
〔日〕真山仁著 .—北京：中国铁道出版社；
2011.09；—274 页；24cm
ISBN 978 - 7 - 113 - 08519 - 3 ￥CNY38.00
本书以小说为载体，描写企业并购的真相，揭示
了美国在资本风暴中的霸权行为。

4422 图解改变生活：提高工作能力的秘密
〔日〕久恒启一著 .—北京：中国铁道出版社；
2011.01；—128 页；24cm
ISBN 978 - 7 - 113 - 12348 - 2 ￥CNY22.00
图解是一门技术，本书讲述了其思考模式和
方法。

4423 图解建筑外部空间设计要点
〔日〕猪狩达夫编 .—北京：中国建筑工业出版
社；2011.01；—183 页；26cm
ISBN 978 - 7 - 112 - 12473 - 2 ￥CNY39.00
本书介绍的建筑外部空间设计。

4424 图解经皮毒
〔日〕山下玲夜著 .—长春：吉林科学技术出版
社；2011.05；—159 页；18cm
ISBN 978 - 7 - 5384 - 4682 - 1（精装）：￥CNY29.90
本书中，以插图和 DVD 的形式，对预防经皮毒
的正确方法进行了浅显易懂的解说。

4425 图解女性医学百科
〔日〕对马瑠璃子编 .—北京：化学工业出版社；
2011.07；—183 页；24cm
ISBN 978 - 7 - 122 - 10630 - 8 ￥CNY29.80
本书详解介绍了每一种症状可能存在的疾病及
其表现等。

4426 图解商务心理术
〔日〕内藤谊人著 .—北京：机械工业出版社；
2011.01；—110 页；25cm
ISBN 978 - 7 - 111 - 32321 - 1 ￥CNY26.00
传授给你 48 个销售必胜秘诀！

4427 图解室内设计基础
〔日〕渡边秀俊编 .—北京：中国建筑工业出版
社；2011.06；—167 页；26cm

ISBN 978 - 7 - 112 - 12364 - 3 ¥ CNY35.00
本书是一本供室内设计专业学生用的教科书。

4428   图说阳台上的菜园
〔日〕北条雅章主编 . —长沙：湖南科学技术出版社；2011.08；—190 页；27cm
ISBN 978 - 7 - 5357 - 6698 - 4 ¥ CNY35.00
本书就是这样一本以图说方式告诉你如何打理自家阳台菜园的入门书。

4429   徒然王子
〔日〕岛田雅彦著 . —上海：上海译文出版社；2011.04；—419 页；21cm
ISBN 978 - 7 - 5327 - 5330 - 7 ¥ CNY28.00

4430   涂佛之宴 . 宴之始末
〔日〕京极夏彦著 . —上海：上海人民出版社；2011.08；—414 页；21cm
ISBN 978 - 7 - 208 - 09829 - 9 ¥ CNY35.00
本书为京极夏彦《涂佛之宴》一书的上部。

4431   涂佛之宴 . 宴之始末
〔日〕京极夏彦著 . —上海：上海人民出版社；2011.08；—346 页；21cm
ISBN 978 - 7 - 208 - 09830 - 5 ¥ CNY35.00
本书为京极夏彦《涂佛之宴》一书的下部。

4432   往复书简
〔日〕凑佳苗著 . —北京：中信出版社；2011.12；—262 页；21cm
ISBN 978 - 7 - 5086 - 3088 - 5 ¥ CNY28.00
本书是凑佳苗最擅长的悬疑推理小说。

4433   微公司，我第一：连续 37 年毛利润超 35％的超级成长秘密
〔日〕梅原胜彦著 . —北京：中信出版社；2011.11；—166 页；21cm
ISBN 978 - 7 - 5086 - 2980 - 3 ¥ CNY30.00
本书详细叙述梅原胜彦的企业经营理念，以及独特的人才管理理念。

4434   微化妆说明书：基于面部骨骼和肌肉结构的化妆技巧
〔日〕横山惠子著 . —北京：金城出版社；2011.10；—140 页；21cm
ISBN 978 - 7 - 5155 - 0057 - 7 ¥ CNY26.80

4435   微小世界里的新天地：神奇的薄膜
〔日〕麻蒔立男著 . —北京：科学出版社；2011.08；—175 页；21cm

ISBN 978 - 7 - 03 - 031935 - 7 ¥ CNY32.00

4436   围棋布局辞典
〔日〕依田纪基著 . —沈阳：辽宁科学技术出版社；2011.01；—523 页；21cm
ISBN 978 - 7 - 5381 - 6671 - 2（精装）：¥ CNY46.00
本书上卷包括两部分内容，即星小目布局的平行型和星小目布局的对角型。

4437   围棋布局辞典
〔日〕依田纪基著 . —沈阳：辽宁科学技术出版社；2011.01；—523 页；21cm
ISBN 978 - 7 - 5381 - 6670 - 5（精装）：¥ CNY46.00
本书下卷包括三部分内容。

4438   伟大的旅行 . 我们从哪里来
〔日〕关野吉晴著 . —北京：中国人民大学出版社；2011.11；—316 页；23cm
ISBN 978 - 7 - 300 - 14464 - 1 ¥ CNY56.00
本书是一本旅行游记。

4439   伟大的旅行 . 我们往那里去
〔日〕关野吉晴著 . —北京：中国人民大学出版社；2011.11；—251 页；23cm
ISBN 978 - 7 - 300 - 13178 - 8 ¥ CNY56.00
日本探险家关野吉晴博士为了模仿古代人而不依靠现代化的动力，完成了 20 世纪末最大的纪行。

4440   伪东京
〔日〕新井一二三著 . —上海：上海译文出版社；2011.10；—244 页；19cm
ISBN 978 - 7 - 5327 - 5521 - 9（精装）：¥ CNY26.00
本书是散文，是日本迷不容错过的一本社会观察绝佳指引书。

4441   伪满洲国首都规划
〔日〕越泽明著 . —北京：社会科学文献出版社；2011.08；—265 页；23cm
ISBN 978 - 7 - 5097 - 2334 - 0 ¥ CNY39.00
本书对于了解 1945 年以前日本对中国东北的殖民统治实态和长春的城市发展史。

4442   温柔的叹息
〔日〕青山七惠著 . —上海：上海译文出版社；2011.10；—166 页；20cm
ISBN 978 - 7 - 5327 - 5493 - 9（精装）：¥ CNY22.00
《温柔的叹息》是青山七惠荣获芥川奖后的第一部作品。

4443 文具@高效率：办公室文具活用术
〔日〕美崎荣一郎著 .—北京：光明日报出版社；
2011.12；—226 页；19cm
ISBN 978 - 7 - 5112 - 1560 - 4 ￥CNY26.80
本书为大家介绍如何使用各种对工作有帮助的
工具。

4444 文学的概念
〔日〕铃木贞美著 .—北京：中央编译出版社；
2011.08；—336 页；24cm
ISBN 978 - 7 - 5117 - 0969 - 1 ￥CNY68.00
如何重组构建"具有历史感的人文学"，正是今
天所应当思考的文学问题。

4445 文学少女绝望恸哭的信徒
〔日〕野村美月文 .—北京：人民文学出版社；
2011.01；—270 页；19cm
ISBN 978 - 7 - 02 - 008420 - 3 ￥CNY20.00
本书套用一本实际存在的文学作品的部分特点
和内容为故事的轴心。

4446 我的第一本日语单词书
〔日〕米田幸代，〔韩〕吉美显著 .—北京：中
国传媒大学出版社；2011.08；—398 页；19cm
ISBN 978 - 7 - 5657 - 0227 - 3 ￥CNY29.80
通过本书的学习，读者基本可以达到日语能力
测试四级的水平。

4447 我的后面是谁呢 . 大海里的伙伴们
〔日〕福田敏生，〔日〕福田明子编绘 .—海口：
南海出版公司；2011.12；—1 册；25cm
ISBN 978 - 7 - 5442 - 5443 - 4 ￥CNY78.00 （全
套 5 册）
日本著名作家富田年夫的代表作品。

4448 我的后面是谁呢 . 热带草原上的伙伴们
〔日〕福田敏生，〔日〕福田明子编绘 .—海口：
南海出版公司；2011.12；—1 册；25cm
ISBN 978 - 7 - 5442 - 5443 - 4 ￥CNY78.00 （全
套 5 册）
日本著名作家富田年夫的代表作品。

4449 我的后面是谁呢 . 小河边的伙伴们
〔日〕福田敏生，〔日〕福田明子编绘 .—海口：
南海出版公司；2011.12；—1 册；25cm
ISBN 978 - 7 - 5442 - 5443 - 4 ￥CNY78.00 （全
套 5 册）
日本著名作家富田年夫的代表作品。

4450 我的后面是谁呢 . 小树林边的伙伴们
〔日〕福田敏生，〔日〕福田明子编绘 .—海口：

南海出版公司；2011.12；—1 册；25cm
ISBN 978 - 7 - 5442 - 5443 - 4 ￥CNY78.00 （全
套 5 册）
本书是日本著名作家富田年夫的代表作品。

4451 我的后面是谁呢 . 原野上的伙伴们
〔日〕福田敏生，〔日〕福田明子编绘 .—海口：
南海出版公司；2011.12；—1 册；25cm
ISBN 978 - 7 - 5442 - 5443 - 4 ￥CNY78.00 （全
套 5 册）
本系列是日本著名作家富田年夫的代表作品。

4452 我的妹妹哪有这么可爱！
〔日〕伏见司著 .—长沙：湖南美术出版社；
2011.09；—157 页；19cm
ISBN 978 - 7 - 5356 - 4696 - 5 ￥CNY22.00
本书故事以男主人公的第一视角来叙述。

4453 我的妹妹哪有这么可爱！
〔日〕伏见司著 .—长沙：湖南美术出版社；
2011.11；—267 页；19cm
ISBN 978 - 7 - 5356 - 4797 - 9 ￥CNY23.00
本书是轻小说《我的妹妹哪有这么可爱！》系列
的第七集。

4454 我的妹妹哪有这么可爱！
〔日〕伏见司著 .—长沙：湖南美术出版社；
2011.07；—275 页；19cm
ISBN 978 - 7 - 5356 - 4503 - 6 ￥CNY23.00
本小说紧接第四集的内容展开铺陈。

4455 我的妹妹哪有这么可爱！
〔日〕伏见司著 .—长沙：湖南美术出版社；
2011.01；—331 页；19cm
ISBN 978 - 7 - 5356 - 4201 - 1 ￥CNY26.00

4456 我的温柔死神
〔日〕木野鸟乎绘著 .—北京：生活·读书·新
知三联书店；2011.12；—124 页；17cm
ISBN 978 - 7 - 108 - 03769 - 5 ￥CNY25.00
本书中借女孩之口，描述了现代都市人在现代节
奏快、压力大的生活中产生的诸多烦恼。

4457 我的幸福摄影心经
〔日〕角田美穗著 .—北京：中国青年出版社；
2011.07；—158 页；19cm
ISBN 978 - 7 - 5006 - 9849 - 4 ￥CNY35.00
本书是引进日本版权，在众多摄影书中算是比较
与众不同的一本。

4458　我的专属手作服

〔日〕水野佳子著．—北京：化学工业出版社；2011.10；—79 页；26cm

ISBN 978 - 7 - 122 - 11153 - 1 ￥CNY48.00

本书以裙、罩衫、背心裙、连衣裙、裤子 5 种类型为基础，通过改变尺码及部件而设计出 21 个款式。

4459　我和爸爸

〔日〕宫本忠夫文图．—北京：连环画出版社；2011.01；—1 册；22×24cm

ISBN 978 - 7 - 5056 - 1170 - 2 ￥CNY28.00

4460　我和妈妈

〔日〕宫本忠夫文图．—北京：连环画出版社；2011.01；—1 册；22×24cm

ISBN 978 - 7 - 5056 - 1171 - 9 ￥CNY28.00

4461　我回来了，阿嬷

〔日〕岛田洋七著．—海口：南海出版公司；2011.09；—175 页；19cm

ISBN 978 - 7 - 5442 - 5524 - 0 ￥CNY20.00

本书是日本现代长篇小说。

4462　我们的战争责任：历史检讨与现实省思

〔日〕纐缬厚著．—北京：人民日报出版社；2011.01；—196 页；21cm

ISBN 978 - 7 - 5115 - 0160 - 8 ￥CNY35.00

立场鲜明地指出了日本人所应该承担的"战争责任"问题。

4463　我们生活的风景

〔日〕中原慎一郎著．—济南：山东人民出版社；2011.01；—149 页；21cm

ISBN 978 - 7 - 209 - 05503 - 1 ￥CNY25.00

本书告诉读者如何从家居与家饰设计中，寻找到工作与生活的平衡点。

4464　我是美人

〔日〕酒井顺子著．—北京：中国友谊出版公司；2011.09；—148 页；21cm

ISBN 978 - 7 - 5057 - 2870 - 7 ￥CNY29.80

4465　我是婴儿

〔日〕松田道雄著．—北京：华夏出版社；2010.11；—246 页；21cm

ISBN 978 - 7 - 5080 - 6020 - 0 ￥CNY28.00

作者从一个婴儿的角度对我们提出了一些注意事项和育儿过程中遇到问题时，解决的方法和指导。

4466　我想当妈妈

〔日〕森山京著．—北京：新时代出版社；2011.01；—99 页；20cm

ISBN 978 - 7 - 5042 - 1389 - 1 ￥CNY14.80

本书由日本著名儿童文学作家森山京创作，绘画大师西川绘画。

4467　我这一代东京人

〔日〕新井一二三著．—上海：上海译文出版社；2011.04；—176 页；19cm

ISBN 978 - 7 - 5327 - 5325 - 3（精装）：￥CNY24.00

本书是作者用中文写成的散文。

4468　我最爱的猫国．一个你从未见过的奇幻国度

〔日〕莫莉蓟野著绘．—南昌：江西科学技术出版社；2011.03；—96 页；29cm

ISBN 978 - 7 - 5390 - 4261 - 9 ￥CNY48.00

本书以绘本的形式，描绘了作者笔下有如乐园般的国度 NEARGO。

4469　我最想知道的日本史图解

〔日〕岸祐二著．—海口：南海出版公司；2011.10；—273 页；22cm

ISBN 978 - 7 - 5442 - 5505 - 9 ￥CNY28.00

本书属于历史知识读物类图书。

4470　无敌懒人英语

〔美〕David A. Thayne，〔日〕小池信孝编著．—北京：世界图书出版公司北京公司；2011.01；—192 页；19cm

ISBN 978 - 7 - 5100 - 3096 - 3 ￥CNY22.00

4471　无家可归的中学生

〔日〕田村裕著．—上海：上海译文出版社；2011.05；—203 页；19cm

ISBN 978 - 7 - 5327 - 5409 - 0 ￥CNY22.00

4472　无情·厄运

〔日〕吉本芭娜娜著．—上海：上海译文出版社；2011.08；—135 页；19cm

ISBN 978 - 7 - 5327 - 5496 - 0（精装）：￥CNY22.00

4473　无师自通达人学美甲

〔日〕靓丽出版社编著．—沈阳：辽宁科学技术出版社；2011.08；—94 页；26cm

ISBN 978 - 7 - 5381 - 7009 - 2 ￥CNY29.80

介绍了能够使你成为美甲达人的全方位美甲教程。

4474 无师自通 5 分钟发型 BOOK
〔日〕笠仓出版社著 . —沈阳：辽宁科学技术出版社；2011.09；—119 页；24cm
ISBN 978 - 7 - 5381 - 7001 - 6 ¥CNY36.00
本书介绍了基本的整发技巧和 50 款漂亮可爱的发型。

4475 无头骑士异闻录 Durarara
〔日〕成田良悟著 . —长沙：湖南美术出版社；2011.09；—341 页；19cm
ISBN 978 - 7 - 5356 - 4697 - 2 ¥CNY28.00
本书是《无头骑士异闻录 Durarara》系列轻小说的第六卷。

4476 无头骑士异闻录 Durarara
〔日〕成田良悟著 . —长沙：湖南美术出版社；2011.08；—277 页；19cm
ISBN 978 - 7 - 5356 - 4623 - 1 ¥CNY23.00
本书是《无头骑士异闻录 Durarara》系列轻小说的第五卷。

4477 无头骑士异闻录 Durarara
〔日〕成田良悟著 . —长沙：湖南美术出版社；2011.02；—301 页；19cm
ISBN 978 - 7 - 5356 - 4250 - 9 ¥CNY24.00

4478 无头骑士异闻录
〔日〕成田良悟著 . —长沙：湖南美术出版社；2011.06；—313 页；19cm
ISBN 978 - 7 - 5356 - 4453 - 4 ¥CNY25.00

4479 无需鸡蛋、牛奶、砂糖和面粉一样好吃的甜点
〔日〕冈村淑子著 . —沈阳：辽宁科学技术出版社；2011.11；—95 页；24cm
ISBN 978 - 7 - 5381 - 7161 - 7 ¥CNY25.00
本书介绍如何制作没有添加奶蛋和面粉制品的蛋糕。

4480 五个厨师和大饿魔
〔日〕山本和子著 . —天津：新蕾出版社；2011.06；—36 页；23×26cm
ISBN 978 - 7 - 5307 - 5086 - 5 ¥CNY13.50

4481 五十音好好学
〔日〕小野美咲著 . —北京：外文出版社；2011.01；—201 页；23cm
ISBN 978 - 7 - 119 - 07061 - 2 ¥CNY32.00
书中包含有五十音图的全部假名，并配有 MP3。

4482 午后曳航
〔日〕三岛由纪夫著 . —上海：上海译文出版社；2011.11；—158 页；21cm
ISBN 978 - 7 - 5327 - 5272 - 0 ¥CNY23.00
三岛文学世界的"入门书"。

4483 武藏野
〔日〕国木田独步著 . —上海：文汇出版社；2011.01；—213 页；21cm
ISBN 978 - 7 - 5496 - 0080 - 9 ¥CNY19.00
本书除开篇描写大自然的著名散文《武藏野》外，还收录了国木田独步十余篇最具代表性的小说。

4484 西学东渐与中国事情
〔日〕增田涉著 . —南京：江苏人民出版社；2011.11；—250 页；23cm
ISBN 978 - 7 - 214 - 07459 - 1 ¥CNY25.00
本书为作者根据多年精心搜集和珍藏的有关书籍，加以考订、比较、研究而写成。

4485 西洋住居史：石文化和木文化
〔日〕后藤久著 . —北京：清华大学出版社；2011.11；—248 页；21cm
ISBN 978 - 7 - 302 - 26711 - 9 ¥CNY35.00
本书以"住居"为视点，细述了石文化和木文化两种不同环境下人类住居生活的发展史。

4486 牺牲
〔日〕近藤史惠著 . —上海：上海人民出版社；2011.05；—225 页；21cm
ISBN 978 - 7 - 208 - 09803 - 9 ¥CNY25.00

4487 膝关节磁共振诊断
〔日〕新津守著 . —北京：人民军医出版社；2011.09；—209 页；27cm
ISBN 978 - 7 - 5091 - 5096 - 2（精装）：¥CNY90.00
本书以解剖和疾病两条线索描述了不同解剖组织的生理、病理及正常变异状况下的 MRI 影像学特征。

4488 膝痛诊断与治疗
〔日〕宗田大著 . —郑州：河南科学技术出版社；2011.01；—144 页；29cm
ISBN 978 - 7 - 5349 - 4660 - 8 ¥CNY68.00
根据膝痛的发病原因和机制，讲述了膝痛的诊断及综合治疗的优势。

4489 喜欢魔法的国王
〔日〕上野与志著 . —天津：新蕾出版社；

2011.06；—36 页；23×26cm
ISBN 978 - 7 - 5307 - 5088 - 9 ￥CNY13.50

4490 喜乐京都
〔日〕寿岳章子著.—北京：生活·读书·新知
三联书店；2011.03；—240 页；21cm
ISBN 978 - 7 - 108 - 03680 - 3 ￥CNY27.00
行文间款款流泻对"生于京都、长于京都"的
依恋之情。

4491 细雪
〔日〕谷崎润一郎著.—上海：上海译文出版社；
2011.05；—532 页；21cm
ISBN 978 - 7 - 5327 - 5372 - 7 ￥CNY28.00
《细雪》是日本著名作家谷崎润一郎的主要作品
之一。

**4492 下田直子的手工课堂：学会手工的 10 堂
主题课**
〔日〕下田直子著.—北京：化学工业出版社；
2011.08；—78 页；26cm
ISBN 978 - 7 - 122 - 11148 - 7 ￥CNY36.80
本书精选了下田直子设计的 10 种不同主体的手
工作品。

4493 下一个十年，消费崩盘的年代
〔日〕松田久一著.—海口：南方出版社；2011.06；
—177 页；23cm
ISBN 978 - 7 - 5501 - 0002 - 2 ￥CNY28.00
本书作者通过对日本"厌消费的一代"的研究，
指出日本正在走向消费崩盘的年代。

4494 下雨天去郊游
〔日〕间濑直方文/图.—南昌：二十一世纪出版
社；2011.09；—24 页；24×24cm
ISBN 978 - 7 - 5391 - 6549 - 3 ￥CNY18.00

4495 现代量子力学
〔日〕樱井著.—北京：世界图书出版公司北京
公司；2011.06；—550 页；26cm
ISBN 978 - 7 - 5100 - 3506 - 7 ￥CNY69.00
本书作者 Sakurai 是一位杰出的理论物理学家和
粒子物理学家。

4496 现代信托法
〔日〕能见善久著.—北京：中国法制出版社；
2011.01；—370 页；21cm
ISBN 978 - 7 - 5093 - 2332 - 8 ￥CNY35.00
主要精神为最新的日本信托法与吸收。

4497 现金管理系统：入门与实务
〔日〕中村正史著.—北京：中国对外翻译出版
公司；2011.01；—224 页；21cm
ISBN 978 - 7 - 5001 - 2393 - 4 ￥CNY24.80
本书通过对引入 CMS 企业的实际使用情况的详
尽调查，分析 CMS 的成功要素。

4498 现学现用企划书 72 例
〔日〕齐藤诚著.—北京：中国华侨出版社；
2011.02；—208 页；23cm
ISBN 978 - 7 - 5113 - 1019 - 4 ￥CNY32.00
本书用 72 个企划书的实例，教人学写企划书以
及企划书写作要注意的 20 个基本要点。

4499 相克
〔日〕堂场瞬一著.—南京：译林出版社；
2011.08；—285 页；22cm
ISBN 978 - 7 - 5447 - 2235 - 3 ￥CNY27.00

4500 香皂雕花入门
〔日〕森田美穗著.—郑州：河南科学技术出版
社；2011.06；—111 页；24cm
ISBN 978 - 7 - 5349 - 4906 - 7 ￥CNY28.00
本书介绍了 24 款香皂、果蔬雕花作品及其详细
雕刻方法，同时介绍了水果和蔬菜的雕刻技巧。

4501 享受香醇葡萄酒
〔日〕成美堂出版编辑部编著.—沈阳：辽宁科
学技术出版社；2011.01；—159 页；25cm
ISBN 978 - 7 - 5381 - 6763 - 4 ￥CNY39.80
本书精挑细选出了 210 款世界著名葡萄酒，详细
讲解了葡萄酒的饮用、制作方法以及产地、文
化、历史等内容。

4502 享受香浓咖啡
〔日〕成美堂出版编辑部编著.—沈阳：辽宁科
学技术出版社；2011.01；—159 页；25cm
ISBN 978 - 7 - 5381 - 6764 - 1 ￥CNY39.80
本书详细讲解了咖啡的产地、文化、历史以及制
作与饮用美味咖啡的基本要点。

4503 想你，在樱树长满绿叶的季节
〔日〕歌野晶午著.—北京：群众出版社；
2011.01；—410 页；21cm
ISBN 978 - 7 - 5014 - 4861 - 6 ￥CNY28.00

4504 小布头大有玩头：手作小物 100 款
〔日〕靓丽出版社编著.—郑州：河南科学技术
出版社；2011.09；—80 页；26cm
ISBN 978 - 7 - 5349 - 5244 - 9 ￥CNY23.00

本书介绍了 100 款用小布头就能制作出的生活中的可爱小物件。

4505　小恶萌 POP 精选画集
〔日〕POP 绘 . —哈尔滨：黑龙江美术出版社；2011.09；—95 页；25cm
ISBN 978 - 7 - 5318 - 3213 - 3 ￥CNY29.80
本书收录日本萌系插画家 POP 老师自 2007～2010 年的精选插画彩稿百余张。

4506　小狐狸阿权
〔日〕新美南吉著 . —天津：新蕾出版社；2011.12；—35 页；23cm
ISBN 978 - 7 - 5307 - 5273 - 9 ￥CNY48.00（全套 4 册）

4507　小狐狸柯奇
〔日〕中川李枝子著 . —上海：少年儿童出版社；2011.08；—117 页；21cm
ISBN 978 - 7 - 5324 - 8762 - 2 ￥CNY12.00
这本书用富有韵律感的文字和充满爱的图画，是适合讲给幼儿听的第一本故事书。

4508　小狐狸买手套
〔日〕新美南吉著 . —天津：新蕾出版社；2011.12；—37 页；23cm
ISBN 978 - 7 - 5307 - 5273 - 9 ￥CNY48.00（全套 4 册）

4509　小笠原弥生的光疗美甲圣经
〔日〕小笠原弥生著 . —沈阳：辽宁科学技术出版社；2011.12；—111 页；26cm
ISBN 978 - 7 - 5381 - 7093 - 1 ￥CNY35.00
本书是一本完全解读光疗美甲的美甲教程（软质光疗胶篇）。

4510　小露露拉绳子
〔日〕鹤见幸文图 . —南昌：江西科学技术出版社；2011.08；—1 册；18cm
ISBN 978 - 7 - 5390 - 4372 - 2 ￥CNY99.00（全套 11 册）

4511　小露露推啊
〔日〕鹤见幸文图 . —南昌：江西科学技术出版社；2011.08；—1 册；18cm
ISBN 978 - 7 - 5390 - 4372 - 2 ￥CNY99.00（全套 11 册）

4512　小猫小鸭去散步
〔日〕森比左志文 . —北京：教育科学出版社；2011.06；—24 页；20×28cm
ISBN 978 - 7 - 5041 - 5415 - 6 ￥CNY13.80
《小猫小鸭去散步》讲述了一个有趣的"错位"故事。

4513　小猫鱼的蛋
〔日〕渡边有一图/文 . —北京：二十一世纪出版社；2011.07；—24 页；24×24cm
ISBN 978 - 7 - 5391 - 6369 - 7 ￥CNY96.00（全套 6 册）

4514　小猫鱼海中奇遇
〔日〕渡边有一图/文 . —北京：二十一世纪出版社；2011.07；—24 页；24×24cm
ISBN 978 - 7 - 5391 - 6369 - 7 ￥CNY96.60（全套 6 册）

4515　小猫鱼，圣诞快乐
〔日〕渡边有一图/文 . —北京：二十一世纪出版社；2011.07；—24 页；24×24cm
ISBN 978 - 7 - 5391 - 6369 - 7 ￥CNY96.00（全套 6 册）

4516　小螃蟹
〔日〕岸田衿子文 . —南昌：江西科学技术出版社；2011.08；—1 册；18cm
ISBN 978 - 7 - 5390 - 4372 - 2 ￥CNY99.00（全套 11 册）

4517　小日记实现大梦想：晨间日记的奇迹
〔日〕佐藤传著 . —海口：南海出版公司；2011.09；—143 页；21cm
ISBN 978 - 7 - 5442 - 5074 - 0 ￥CNY25.00
本书主要介绍了进行时间管理和自我实现的方法。

4518　小兔子贤田
〔日〕中川李枝子著 . —上海：少年儿童出版社；2011.08；—108 页；21cm
ISBN 978 - 7 - 5324 - 8761 - 5 ￥CNY12.00
《小兔子贤田》是日本著名儿童文学作家中川李枝子的一部经典作品。

4519　小兔子做葡萄酱
〔日〕森山京著 . —北京：新时代出版社；2011.01；—91 页；20cm
ISBN 978 - 7 - 5042 - 1390 - 7 ￥CNY14.80
描绘森林伙伴们互相交流的温馨童话。

4520　小，我是故意的！做世界第一的小企业
〔日〕松浦元男著 . —北京：中信出版社；
2011.11；—196 页；21cm
ISBN 978 - 7 - 5086 - 3118 - 9 ￥CNY30.00
本书详细叙述了树研工业公司董事长松浦元男的技术经营理念，以及独特的人才培养理念。

4521　小小的家
〔日〕中岛京子著 . —长沙：湖南文艺出版社；
2011.08；—307 页；21cm
ISBN 978 - 7 - 5404 - 5026 - 4 ￥CNY28.00
本书是一部长篇小说。

4522　小小剪纸
〔日〕靓丽出版社编著 . —沈阳：辽宁科学技术出版社；2011.03；—48 页；21cm
ISBN 978 - 7 - 5381 - 6809 - 9 ￥CNY12.80
共介绍了 60 余种剪纸作品，每款作品都附有纸样，非常容易制作。

4523　小小科学家养成手册 . 动物篇
〔日〕高家博成，〔日〕今泉忠明，〔日〕武田正伦著 . —北京：北京科学技术出版社；2011.05；
—117 页；23cm
ISBN 978 - 7 - 5304 - 4957 - 8 ￥CNY28.00
这是一套亲子互动图鉴，大人和孩子一起去大自然中玩游戏。

4524　小小科学家养成手册 . 植物篇
〔日〕田洋一郎著 . —北京：北京科学技术出版社；2011.05；—120 页；23cm
ISBN 978 - 7 - 5304 - 4958 - 5 ￥CNY28.00
本套书是一套亲子互动图鉴，大人和孩子一起去大自然中玩游戏。

4525　小小科学家养成手册 . 自然篇
〔日〕山本克彦著 . —北京：北京科学技术出版社；2011.05；—117 页；23cm
ISBN 978 - 7 - 5304 - 4959 - 2 ￥CNY28.00
这是一套亲子互动图鉴，大人和孩子一起去大自然中玩游戏。

4526　小雨滴答滴答
〔日〕东直子文 . —南昌：江西科学技术出版社；
2011.08；—1 册；18cm
ISBN 978 - 7 - 5390 - 4372 - 2 ￥CNY99.00（全套 11 册）

4527　校庆日
〔日〕川端康成等著 . —武汉：湖北少年儿童出版社；2011.06；—311 页；19cm
ISBN 978 - 7 - 5353 - 5629 - 1 ￥CNY16.00
世界文学大师笔下的校园故事和儿童生活小说精选，最纯正的儿童文学读本。

4528　斜屋犯罪
〔日〕岛田庄司著 . —北京：新星出版社；
2011.06；—275 页；23cm
ISBN 978 - 7 - 5133 - 0174 - 9（精装）：￥CNY36.00

4529　写给上班族的解忧心理学
〔日〕植木理惠著 . —北京：印刷工业出版社；
2011.09；—155 页；21cm
ISBN 978 - 7 - 5142 - 0269 - 4 ￥CNY28.00
本书属于心理类图书。

4530　新版《政治经济学批判大纲》的研究
〔日〕内田弘著 . —北京：北京师范大学出版社；
2011.01；—22 页，479 页；24cm
ISBN 978 - 7 - 303 - 11638 - 6 ￥CNY52.00

4531　新标准日语教程同步练习
〔日〕谷光忠彦，刘金钊主编；王潇潇，李芳分册主编 . —大连：大连出版社；2011.03；—166 页；26cm
ISBN 978 - 7 - 5505 - 0069 - 3 ￥CNY19.00
《新标准日语教程》是由中日两国资深日语专家共同为中国的日语学习者编写的经典教材。

4532　新标准日语教程 . 中级
〔日〕谷光忠彦，刘金钊总主编 . —大连：大连出版社；2011.02；—301 页；26cm
ISBN 978 - 7 - 5505 - 0027 - 3 ￥CNY39.00
《新标准日语教程》是由中日两国资深日语专家共同为中国的日语学习者编写的经典教材。

4533　新参者
〔日〕东野圭吾著 . —海口：南海出版公司；
2011.09；—274 页；cm
ISBN 978 - 7 - 5442 - 5526 - 4 ￥CNY28.00
日本当代长篇小说。

4534　新日本语能力测试高仿真模拟精练 . N2 读解
〔韩〕徐庆元，〔日〕赤岭忠宏编著 . —北京：世界图书出版公司北京公司；2011.06；—175 页；
26cm
ISBN 978 - 7 - 5100 - 3288 - 2 ￥CNY25.00
本书对新日本语能力测试 N2"读解"考试题型进行了完美分析。

4535 新日本语能力测试高仿真模拟精练.N2 语言知识（文字·词汇·语法）
〔韩〕权宁夫，〔日〕关恒雄编著.—北京：世界图书出版公司北京公司；2011.04；—176 页；26cm
ISBN 978 – 7 – 5100 – 3287 – 5 ￥CNY25.00
本书对新日本语能力测试 N2"语言知识"（汉字＋词汇＋语法）考试题型进行了完美分析。

4536 新日本语能力测试高分宝典.N2 听解
洪蔷，〔日〕佐藤安基代，蔡凤香编著.—上海：上海交通大学出版社；2011.09；—105 页；23cm
ISBN 978 – 7 – 313 – 07534 – 5 ￥CNY28.00

4537 新日本语能力考试 N5 读解
刘文照，〔日〕海老原博编著.—上海：华东理工大学出版社；2011.06；—100 页；24cm
ISBN 978 – 7 – 5628 – 3060 – 3 ￥CNY22.00
本书根据 2010 年新日本语能力考试改革情况编写。

4538 新日本语能力考试 N5 模拟试题
刘文照，〔日〕海老原博编著.—上海：华东理工大学出版社；2011.05；—182 页；24cm
ISBN 978 – 7 – 5628 – 3026 – 9 ￥CNY32.00
本书根据 2010 年新日本语能力考试改革情况编写。

4539 新日本语能力考试考前对策.N3 读解
〔日〕佐佐木仁子，〔日〕松本纪子著.—北京：世界图书出版公司北京公司；2011.06；—106 页；26cm
ISBN 978 – 7 – 5100 – 3498 – 5 ￥CNY16.80
本书针对改革后的日语能力考试阅读理解部分。

4540 新日本语能力考试考前对策.N2 读解
〔日〕佐佐木仁子，〔日〕松本纪子著.—北京：世界图书出版公司北京公司；2011.06；—111 页；26cm
ISBN 978 – 7 – 5100 – 3499 – 2 ￥CNY16.80
本书针对改革后的日语能力考试阅读理解部分。

4541 新日本语
〔日〕齐藤里美，李思纯主编.—武汉：华中科技大学出版社；2011.04；—302 页；26cm
ISBN 978 – 7 – 5609 – 6786 – 8 ￥CNY36.50
通过对学生听、说、读、写、译五项领域全面系统的学习和训练，提高学生的语言应用能力。

4542 新日语能力考试考前对策.N1 读解
〔日〕佐佐木仁子，〔日〕松本纪子著.—北京：世界图书出版公司北京公司；2011.06；—119 页；26cm
ISBN 978 – 7 – 5100 – 3500 – 5 ￥CNY16.80
本书针对改革后的日语能力考试阅读理解部分。

4543 新世纪福音战士.白色伤痕
〔日〕khara·GAINAX 著.—长沙：湖南美术出版社；2011.11；—165 页；18cm
ISBN 978 – 7 – 5356 – 4853 – 2 ￥CNY15.00

4544 新世纪福音战士.短刀与少年
〔日〕khara·GAINAX 著.—长沙：湖南美术出版社；2011.10；—163 页；18cm
ISBN 978 – 7 – 5356 – 4783 – 2 ￥CNY15.00
本册为《新世纪福音战士》系列漫画第 2 册。

4545 新世纪福音战士.明日香、来日
〔日〕khara·GAINAX 著.—长沙：湖南美术出版社；2011.12；—183 页；18cm
ISBN 978 – 7 – 5356 – 4919 – 5 ￥CNY15.00

4546 新世纪福音战士.使徒、来袭
〔日〕khara·GAINAX 著.—长沙：湖南美术出版社；2011.09；—165 页；18cm
ISBN 978 – 7 – 5356 – 4721 – 4 ￥CNY15.00
本书是《新世纪福音战士》系列漫画第 1 集。

4547 新宿鲛
〔日〕大泽在昌著.—沈阳：辽宁教育出版社；2011.12；—267 页；21cm
ISBN 978 – 7 – 5382 – 9389 – 0 ￥CNY29.80

4548 新兴结构
范悦，〔日〕四方裕主编.—大连：大连理工大学出版社；2011.10；—147 页；30cm
ISBN 978 – 7 – 5611 – 6566 – 9 ￥CNY58.00
本书利用大量精美的彩色照片和丰富的线图向读者展示了日本最新建筑设计理念。

4549 信仰：孙正义传
〔日〕井上笃夫著.—南京：凤凰出版社；2011.12；—250 页；21cm
ISBN 978 – 7 – 5506 – 1003 – 3 ￥CNY32.80
孙正义是软银集团的创始人，现在是该公司的总裁兼董事长。

4550 刑法各论
〔日〕山口厚著.—北京：中国人民大学出版社；2011.10；—12 页，746 页；24cm
ISBN 978 – 7 – 300 – 14280 – 7 ￥CNY129.00

鉴于总论与各论的不同性质，本书的侧重点也有所不同。

4551　刑法总论
〔日〕山口厚著.—北京：中国人民大学出版社；2011.09；—402 页；24cm
ISBN 978 - 7 - 300 - 14277 - 7 ￥CNY69.00
本书是对刑法的解释论予以体系性叙述的所谓体系书。

4552　刑事诉讼的目的
〔日〕田口守一著.—北京：中国政法大学出版社；2011.04；—333 页；23cm
ISBN 978 - 7 - 5620 - 3689 - 0 ￥CNY48.00
本书出版于 2007 年，是田口教授对自己 17 年理论研究的总结。

4553　幸福达人
〔日〕渡边淳一著.—上海：上海译文出版社；2011.05；—180 页；19cm
ISBN 978 - 7 - 5327 - 5315 - 4（精装）：￥CNY22.00
本书是 2010 年渡边先生的最新散文作品。

4554　幸福的答案基因知道
〔日〕村上和雄著.—天津：天津社会科学院出版社；2011.09；—212 页；21cm
ISBN 978 - 7 - 80688 - 703 - 5 ￥CNY25.80
本书从心理学、社会学等领域，探讨了如何让人获取幸福的方法与技巧。

4555　幸福号起航
〔日〕三岛由纪夫著.—上海：上海译文出版社；2011.06；—280 页；22cm
ISBN 978 - 7 - 5327 - 5376 - 5 ￥CNY27.00
本书是三岛由纪夫的长篇小说。

4556　幸福之法
〔日〕大川隆法著.—北京：宗教文化出版社；2011.10；—176 页；21cm
ISBN 978 - 7 - 80254 - 438 - 3 ￥CNY30.00
本书以平实的语言论述了作者对于爱、幸福、勇气等的理解。

4557　幸福之路
〔日〕丸山敏雄著.—北京：金城出版社；2011.04；—190 页；21cm
ISBN 978 - 7 - 80251 - 862 - 9 ￥CNY26.00
作者以真挚的感情探究人类如何获得幸福生活并为实施这一生活法则所付出的种种努力。

4558　幸运石：影响命运的神秘石头
〔日〕引领创新生活研究所著.—北京：北京科学技术出版社；2011.11；—137 页；24cm
ISBN 978 - 7 - 5304 - 3893 - 0 ￥CNY37.00
本书涵括多达 106 种幸运石。

4559　性格游戏
〔日〕浅野八郎著.—北京：现代出版社；2011.01；—214 页；18cm
ISBN 978 - 7 - 80244 - 859 - 9 ￥CNY20.00
本书在轻松的玩着心理游戏的同时，对自己和别人的内心深处进行探索。

4560　匈奴：古代游牧国家的兴亡
〔日〕泽田动著.—呼和浩特：内蒙古人民出版社；2010.12；—21 页，238 页；21cm
ISBN 978 - 7 - 204 - 10605 - 9 ￥CNY18.00
系统地研究了详细地介绍了他的历史文化伦库，介绍了社会生活文化。

4561　休活：下班后的新活法
〔日〕大田正文著.—北京：中信出版社；2011.10；—20 页，128 页；21cm
ISBN 978 - 7 - 5086 - 2995 - 7 ￥CNY28.00
本书作者是"休活"这一概念的创始人和倡导者，他在本书中详解了如何在休假日进行"休活"。

4562　旋风又三郎
〔日〕宫泽贤治著.—太原：希望出版社；2011.07；—143 页；24cm
ISBN 978 - 7 - 5379 - 3572 - 2 ￥CNY26.80

4563　学生会的六花．碧阳学园学生会议事录
〔日〕葵关南著.—长沙：湖南美术出版社；2011.08；—233 页；19cm
ISBN 978 - 7 - 5356 - 4633 - 0 ￥CNY20.00
本书是人气轻小说《碧阳学园学生会议事录》系列的第六集。

4564　学数学，就这么简单！
〔日〕濑山士郎著.—北京：科学出版社；2011.08；—257 页；21cm
ISBN 978 - 7 - 03 - 031868 - 8 ￥CNY32.00

4565　学校与公共建筑
范悦，〔日〕四方裕主编.—大连：大连理工大学出版社；2011.09；—151 页；30cm
ISBN 978 - 7 - 5611 - 6527 - 0 ￥CNY58.00
本书利用大量精美的彩色照片和丰富的线图向

读者展示了日本最新建筑设计理念。

4566 雪国

〔日〕川端康成著．—兰州：甘肃民族出版社；
2011.10；—256 页；20cm

ISBN 978 – 7 – 5421 – 1901 – 8 ￥CNY19.00

本书是由日本著名作家川端康成著。

4567 雪盲

〔日〕仓野宪比古著．—南京：译林出版社；
2011.09；—256 页；22cm

ISBN 978 – 7 – 5447 – 2283 – 4 ￥CNY26.00

4568 血管决定生老病死

〔日〕主妇与生活社编著．—沈阳：辽宁科学技
术出版社；2011.05；—159 页；24cm

ISBN 978 – 7 – 5381 – 6827 – 3 ￥CNY29.80

本书的主要内容为净化血液和血管。

4569 寻找幸运星

〔日〕蜷川实花著．—济南：山东人民出版社；
2011.01；—148 页；21cm

ISBN 978 – 7 – 209 – 05505 – 5 ￥CNY25.00

本书作者与读者分享了她在拍摄过程中得到的
喜悦，以及从中感受到的幸福感。

4570 炎刀·铳

〔日〕西尾维新著．—南京：江苏文艺出版社；
2011.03；—193 页；21cm

ISBN 978 – 7 – 5399 – 3091 – 6 ￥CNY18.00

本书是长篇小说。

4571 阎魔

〔日〕中村文著．—上海：上海译文出版社；
2011.03；—320 页；21cm

ISBN 978 – 7 – 5327 – 5311 – 6 ￥CNY28.00

4572 眼保健操，现在开始

〔日〕中川和宏著．—南昌：江西科学技术出版
社；2011.12；—189 页；19cm

ISBN 978 – 7 – 5390 – 4503 – 0 ￥CNY25.00

本书介绍了简单易于操作的练习方法，有效治
疗及预防干眼症、白内障、青光眼。

4573 宴后

〔日〕三岛由纪夫著．—上海：上海译文出版社；
2011.06；—186 页；21cm

ISBN 978 – 7 – 5327 – 5320 – 8 ￥CNY24.00

本书为三岛由纪夫的长篇小说。

4574 仰望半月的夜空

〔日〕桥本纺著．—长沙：湖南美术出版社；
2011.06；—273 页；19cm

ISBN 978 – 7 – 5356 – 4454 – 1 ￥CNY23.00

本书是一本描写少年少女的懵懂青春的轻小说。

4575 仰望半月的夜空

〔日〕桥本纺著．—长沙：湖南美术出版社；
2011.12；—207 页；19cm

ISBN 978 – 7 – 5356 – 4874 – 7 ￥CNY18.00

本书是一本描写少年少女懵懂青春的轻小说。

4576 仰望半月的夜空

〔日〕桥本纺著．—长沙：湖南美术出版社；
2011.09；—249 页；19cm

ISBN 978 – 7 – 5356 – 4733 – 7 ￥CNY21.00

《仰望半月的夜空 6》是一本描写少年少女的懵
懂青春的轻小说。

4577 腰痛正确治疗与生活调养

〔日〕伊藤达雄著．—南宁：广西科学技术出版
社；2011.11；—188 页；23cm

ISBN 978 – 7 – 80763 – 690 – 8 ￥CNY28.00

本书的目的是帮助有腰痛的患者有效地控制自
己的病情，是一本腰痛患者的宝典。

4578 窈窕酸妞妞！酸奶水果瘦身书

〔日〕本桥登著．—南宁：广西科学技术出版社；
2011.03；—128 页；21cm

ISBN 978 – 7 – 80763 – 533 – 8 ￥CNY24.00

本书内文轻松却有专业的减肥知识，对每一个希
望通过健康的方法瘦身的人，有非常有益的
帮助。

4579 要求太多的餐馆

〔日〕宫泽贤治著．—南昌：百花洲文艺出版社；
2011.06；—204 页；19cm

ISBN 978 – 7 – 5500 – 0119 – 0（精装）：￥CNY28.00

本书是中短篇小说集。共收入了宫泽贤治的 15
篇作品。

4580 爷爷的肉丸子汤

〔日〕角野荣子著．—贵阳：贵州人民出版社；
2011.06；—1 册；26cm

ISBN 978 – 7 – 221 – 09440 – 7（精装）：￥CNY26.80

是一本让读者正确认识死亡、生活的书。

4581 野猪大改造

〔日〕白岩玄著．—北京：人民文学出版社；
2011.12；—206 页；15cm

ISBN 978 – 7 – 02 – 008281 – 0 ￥CNY12.00

4582　夜晚的远足
〔日〕恩田陆著 . —北京：人民文学出版社；
2011.12；—288 页；15cm
ISBN 978 – 7 – 02 – 008280 – 3 ￥CNY14.00

4583　夜鹰之星：宫泽贤治童话集
〔日〕宫泽贤治著 . —天津：新蕾出版社；2011.07；
—177 页；23cm
ISBN 978 – 7 – 5307 – 5186 – 2 ￥CNY19.80
本书选取的是宫泽贤治作品中纯真浪漫的短篇
小说。

4584　一本突破新日语能力考试 N3 级词汇
〔日〕吉松由美，〔日〕田中阳子，〔日〕西村惠
子著 . —北京：北京语言大学出版社；2011.01；
—284 页；21cm
ISBN 978 – 7 – 5619 – 2914 – 8 ￥CNY25.00
本书适用于改革后的新日语能力考试。

4585　一本突破新日语能力考试 N4 级词汇
〔日〕吉松由美著 . —北京：北京语言大学出版
社；2011.01；—182 页；21cm
ISBN 978 – 7 – 5619 – 2934 – 6 ￥CNY18.00
本书适用于改革后的新日语能力考试。

4586　一本突破新日语能力考试 N5 级词汇
〔日〕小池直子著 . —北京：北京语言大学出版
社；2011.01；—180 页；21cm
ISBN 978 – 7 – 5619 – 2928 – 5 ￥CNY18.00
本书适用于改革后的新日语能力考试。

**4587　一步向前的勇气：我单独无氧挑战珠穆朗
玛峰**
〔日〕栗城史多著 . —上海：上海译文出版社；
2011.05；—182 页；19cm
ISBN 978 – 7 – 5327 – 5432 – 8 ￥CNY24.00

4588　一次学好 50 音
〔日〕福田真理子著 . —上海：上海世界图书出
版公司；2011.07；—132 页；21cm
ISBN 978 – 7 – 5100 – 3462 – 6 ￥CNY22.80
本书有两大特色：其一，用形象记忆法快速记忆
50 音字形，其二，逐步纠正发音，一次解决形
＋音的问题。

4589　一分钟探案
〔日〕高桥升平主编 . —乌鲁木齐：新疆美术摄影
出版社，新疆电子音像出版社；2011.03；—155 页；

21cm
ISBN 978 – 7 – 5469 – 1442 – 8 ￥CNY12.00
本书汇集了优秀的侦探推理故事，能帮助我们锻
炼逻辑推理能力，形象思维和抽象思维的能力。

4590　一分钟整理习惯改变人生
〔日〕小松易著 . —长春：吉林大学出版社；
2011.01；—195 页；19cm
ISBN 978 – 7 – 5601 – 6508 – 0 ￥CNY19.80
本书告诉读者整理的重要性，告诉读者如何整理。

4591　一封写给日本明星的信
〔日〕尾崎一郎著 . —大连：大连理工大学出版
社；2011.01；—127 页；19cm
ISBN 978 – 7 – 5611 – 5867 – 8 ￥CNY20.00
本书是从台湾引进的版权书。

4592　一个人的好天气
〔日〕青山七惠著 . —上海：上海译文出版社；
2011.03；—174 页；20cm
ISBN 978 – 7 – 5327 – 5298 – 0（精装）；￥CNY20.00
2007 年芥川奖夺冠作品，"80 后"新锐女作家
青山七惠的第二部力作。

4593　一个人的老后
〔日〕上野千鹤子著 . —南宁：广西科学技术出
版社；2011.03；—262 页；21cm
ISBN 978 – 7 – 80763 – 577 – 2 ￥CNY28.00
针对单身女性的理财、居住、人际、照护、遗产
和身后事安排等生活课题提供妥帖建议。

4594　一个人暖呼呼
〔日〕高木直子编绘 . —南昌：江西科学技术出
版社；2011.10；—173 页；21cm
ISBN 978 – 7 – 5390 – 4470 – 5 ￥CNY28.00
用简单、唯美的手绘和亲切的文字讲述自己的旅
行趣事。

4595　一个日本人眼中的邓颖超
〔日〕西园寺一晃著 . —天津：天津人民出版社；
2011.08；—194 页；21cm
ISBN 978 – 7 – 201 – 06161 – 0 ￥CNY25.00
本书写外国友人眼中的邓颖超，鼓励年轻人为国
家为事业做贡献。

4596　一句话搞定对方的心理学
〔日〕涩谷昌三著 . —沈阳：辽宁科学技术出版社；
2011.06；—158 页；21cm
ISBN 978 – 7 – 5381 – 6807 – 5 ￥CNY19.80
本书介绍了能够实现"与同事更融洽地沟通、

在会议上的讲话更游刃有余、在他人心目中的好感度迅速提升"等的方法。

4597 一看就会钢珠笔的快乐涂鸦

〔日〕我那霸阳子著.—海口：南海出版公司；2011.11；—111 页；21cm

ISBN 978 – 7 – 5442 – 5515 – 8 ￥CNY25.00

本书采用钢珠笔这一便捷的绘画工具，循序渐进地引导读者掌握绘画技巧。

4598 一看就会钢珠笔的温馨彩绘

〔日〕我那霸阳子著.—海口：南海出版公司；2011.11；—103 页；21cm

ISBN 978 – 7 – 5442 – 5514 – 1 ￥CNY25.00

本书采用钢珠笔这一便捷的绘画工具，循序渐进地引导读者掌握绘画技巧。

4599 一流力

〔日〕小宫一庆著.—北京：中华工商联合出版社；2011.12；—189 页；24cm

ISBN 978 – 7 – 5158 – 0014 – 1 ￥CNY26.80

本书是成功励志方面的通俗读物，主要介绍了如何成为一流的职场精英。

4600 一秒钟让他爱上你

〔日〕藤泽步著.—长春：北方妇女儿童出版社；2011.01；—192 页；21cm

ISBN 978 – 7 – 5385 – 5141 – 9 ￥CNY25.00

以下是让男人心动的四个方法：1.诱惑，2.让他高兴，3.出其不意，4.抚慰。本书将一一为你解析这些方法。

4601 一年一班最捣蛋

〔日〕后藤龙二著.—广州：广东教育出版社；2011；—页；cm

ISBN 978 – 7 – 5406 – 8460 – 0 ￥CNY20.00

4602 一年一班最哥们

〔日〕后藤龙二著.—广州：广东教育出版社；2011；—页；cm

ISBN 978 – 7 – 5406 – 8461 – 7 ￥CNY20.00

4603 一年一班最活泼

〔日〕后藤龙二著.—广州：广东教育出版社；2011；—页；cm

ISBN 978 – 7 – 5406 – 8459 – 4 ￥CNY20.00

4604 一年一班最能跑

〔日〕后藤龙二著.—广州：广东教育出版社；2011；—页；cm

ISBN 978 – 7 – 5406 – 8462 – 4 ￥CNY20.00

4605 一年一班最勇敢

〔日〕后藤龙二著.—广州：广东教育出版社；2011；—页；cm

ISBN 978 – 7 – 5406 – 8466 – 2 ￥CNY20.00

本书是一本精短的充满童真童趣的小故事书。

4606 一年有半·续一年有半

〔日〕中江兆民著.—南京：译林出版社；2011.07；—134 页；22cm

ISBN 978 – 7 – 5447 – 1708 – 3 ￥CNY16.00

中光兆民是日本近代杰出的唯物主义哲学家、倡导自由民权的政治活动家和理论家。

4607 一起吹笛子

〔日〕森山京著.—北京：新时代出版社；2011.01；—99 页；20cm

ISBN 978 – 7 – 5042 – 1391 – 4 ￥CNY14.80

描绘森林伙伴们互相交流的温馨童话。

4608 一起去度假

〔日〕三丽鸥公司著.—青岛：青岛出版社；2011.07；—100 页；29cm

ISBN 978 – 7 – 5436 – 7345 – 8 ￥CNY25.00

日本目前著名的少儿期刊。

4609 一胜九败：日本新首富柳井正的创业人生与商业哲学

〔日〕谷本真辉，李鑫著.—北京：中华工商联合出版社；2011.01；—216 页；21cm

ISBN 978 – 7 – 80249 – 577 – 7 ￥CNY29.90

本书披露了优衣库多年来强势成长中的故事，提炼出柳井正睿知而朴素的商业哲学。

4610 一胜九败.优衣库思考术

〔日〕谷本真辉，金跃军著.—北京：中华工商联合出版社；2011.09；—209 页；21cm

ISBN 978 – 7 – 80249 – 842 – 6 ￥CNY29.90

本书分析了柳井正率领的优衣库的企业经营之道，总结了优衣库多年来强势成长中的经营哲学。

4611 一天放下成功

〔日〕柳井正著.—北京：中信出版社；2011.11；—13，249 页；21cm

ISBN 978 – 7 – 5086 – 3016 – 8 ￥CNY29.00

本书是继《一胜九败》之后，作者的第二部企业管理作品。

4612 一天看完的流行生活日语

〔日〕奈良夕里枝著．—北京：中国传媒大学出版社；2011.10；—255 页；24cm

ISBN 978 - 7 - 5657 - 0290 - 7￥CNY38.00

本书是一本注重日语口语表达和应用的单词学习书。

4613 一学就会的混搭布艺

〔日〕靓丽社著．—北京：中国纺织出版社；2011.08；—88 页；26cm

ISBN 978 - 7 - 5064 - 7669 - 0￥CNY24.80

本书是用天然布料制作家居小饰品，内附 123 款详细的裁剪制作方法。

4614 一学就会的手作亲子装．春夏篇

〔日〕靓丽社组织编写．—北京：化学工业出版社；2011.01；—96 页；26cm

ISBN 978 - 7 - 122 - 09378 - 3￥CNY35.00

本书介绍了 39 款适合春夏季节穿着的亲子装及配饰。

4615 一学就会的田园布艺

〔日〕靓丽社著．—北京：中国纺织出版社；2011.08；—80 页；26cm

ISBN 978 - 7 - 5064 - 7666 - 9￥CNY24.80

本书内附 70 款详细的裁剪制作方法。

4616 一张图表解决所有商业问题：用全脑思考做企划

〔日〕神田昌典著．—杭州：浙江科学技术出版社；2011.02；—12 页，320 页；19cm

ISBN 978 - 7 - 5341 - 3990 - 1￥CNY32.00

本书作者将其作为领导力经营咨询师积累了 10 年的思考技巧精华全部向读者公开。

4617 一针一线：贵州苗族服饰手工艺

〔日〕鸟丸知子著/摄影．—北京：中国纺织出版社；2011.12；—166 页；24×25cm

ISBN 978 - 7 - 5064 - 8026 - 0￥CNY98.00

记录苗族民间服饰手工艺近三十年。

4618 一只女人两个猫

〔日〕伊藤理佐著．—上海：上海译文出版社；2011.07；—131 页；21cm

ISBN 978 - 7 - 5327 - 5275 - 1￥CNY20.00

一位目前单身的女漫画家，协同两只个性猫同住在一个屋檐下，每天有发生不完的趣味纪事。

4619 伊势物语

〔日〕佚名著．—上海：上海译文出版社；

2011.07；—203 页；21cm

ISBN 978 - 7 - 5327 - 5518 - 9￥CNY24.00

《伊势物语》为平安初期"歌物语"的代表，其最早的原型，应在《古今集》成书的 905 年之前。

4620 伊藤清概率论

〔日〕伊藤清著．—北京：人民邮电出版社；2011.04；—181 页；21cm

ISBN 978 - 7 - 115 - 24883 - 1￥CNY29.00

本书是当今著名的概率和随机过程学者——世界级概率论大师伊藤清的名著。

4621 衣服躲猫猫

〔日〕山胁恭文．—石家庄：河北教育出版社；2011.08；—1 册；21×22cm

ISBN 978 - 7 - 5434 - 8014 - 8（精装）￥CNY88.00（全套 3 册）

4622 医疗福利建筑室内设计

〔日〕二井るり子，〔日〕梅泽ひとみ著．—北京：中国建筑工业出版社；2011.01；—252 页；19cm

ISBN 978 - 7 - 112 - 12402 - 2￥CNY30.00

本书主要涉及了包括医院在内的各种医疗福利设施、老龄福利设施、残疾人士的福利设施、儿童福利设施等相关设施。

4623 医心方

〔日〕丹波康赖撰．—北京：华夏出版社；2011.01；—14 页，733 页；26cm

ISBN 978 - 7 - 5080 - 5381 - 3￥CNY96.00

本书包括"医心方校注"和"医心方研究"两部分内容。

4624 咿呀呀．吃水果

〔日〕童公佳文图．—南昌：二十一世纪出版社；2011.08；—23 页；21cm

ISBN 978 - 7 - 5391 - 5938 - 6￥CNY54.00（全套 9 册）

咿呀呀系列绘本一共 9 册，用各种可爱的动物形象，让孩子不自觉地学会生活自理。

4625 咿呀呀．打招呼

〔日〕安井季子文．—南昌：二十一世纪出版社；2011.08；—22 页；21cm

ISBN 978 - 7 - 5391 - 5938 - 6￥CNY54.00（全套 9 册）

本系列绘本一共 9 册，用各种可爱的动物形象，让孩子在不自觉地学会生活自理，并爱上自己动手。

4626　咿呀呀．来坐车

〔日〕童公佳文图．—南昌：二十一世纪出版社；2011.08；—23 页；21cm

ISBN 978 – 7 – 5391 – 5938 – 6 ￥CNY54.00（全套 9 册）

咿呀呀系列绘本一共 9 册，用各种可爱的动物形象，让孩子在不自觉地学会生活自理。

4627　咿呀呀．上厕所

〔日〕童公佳文图．—南昌：二十一世纪出版社；2011.08；—23 页；21cm

ISBN 978 – 7 – 5391 – 5938 – 6 ￥CNY54.00（全套 9 册）

咿呀呀系列绘本一共 9 册，用各种可爱的动物形象，让孩子在不自觉地学会生活自理。

4628　咿呀呀．是谁呢

〔日〕安井季子文．—南昌：二十一世纪出版社；2011.08；—22 页；21cm

ISBN 978 – 7 – 5391 – 5938 – 6 ￥CNY54.00（全套 9 册）

本书用各种可爱的动物形象、配以精美雅致的图画，让孩子在不自觉地学会生活自理。

4629　咿呀呀．刷刷牙

〔日〕童公佳文图．—南昌：二十一世纪出版社；2011.08；—23 页；21cm

ISBN 978 – 7 – 5391 – 5938 – 6 ￥CNY54.00（全套 9 册）

本书用各种可爱的动物形象、配以精美雅致的图画，让孩子在不自觉地学会生活自理。

4630　咿呀呀．洗小手

〔日〕童公佳文图．—南昌：二十一世纪出版社；2011.08；—23 页；21cm

ISBN 978 – 7 – 5391 – 5938 – 6 ￥CNY54.00（全套 9 册）

本书用各种可爱的动物形象，配以精美雅致的图画，让孩子不自觉地学会生活自理。

4631　咿呀呀．洗澡啦

〔日〕童公佳文图．—南昌：二十一世纪出版社；2011.08；—23 页；21cm

ISBN 978 – 7 – 5391 – 5938 – 6 ￥CNY54.00（全套 9 册）

本书用各种可爱的动物形象，配以精美雅致的图画，让孩子不自觉地学会生活自理。

4632　移民的秩序：清代四川地域社会史研究

〔日〕山田贤著．—北京：中央编译出版社；2011.04；—322 页；21cm

ISBN 978 – 7 – 5117 – 0749 – 9 ￥CNY49.00

本书作者深入探讨 17 ～ 18 世纪自中国长江中部流域（湖广）向长江上游地区（四川）的人口流动，以及随之而来的四川地域社会秩序形成及整合过程。

4633　疑惑：芥川龙之介编年别裁集

〔日〕芥川龙之介著．—上海：上海文艺出版社；2011.12；—373 页；21cm

ISBN 978 – 7 – 5321 – 4184 – 5 ￥CNY32.00

本书共收录作者共 28 个短篇小说，他的短篇小说很短，取材新颖，主要是揭露社会的丑恶现象。

4634　彝族的社会和文化：访问贵州省西北地区的少数民族

〔日〕坪井洋文编．—贵阳：贵州大学出版社；2011.05；—93 页；25cm

ISBN 978 – 7 – 81126 – 337 – 4（精装）：￥CNY26.00

本书是日本当代著名民族学学者坪井洋文等的彝族调查报告。

4635　以眨眼干杯

〔日〕东野圭吾著．—北京：化学工业出版社；2011.06；—284 页；21cm

ISBN 978 – 7 – 122 – 11178 – 4 ￥CNY25.00

本书是一本推理小说。

4636　艺术空间

范悦，〔日〕四方裕主编；〔日〕株式会社新建筑社编/译．—大连：大连理工大学出版社；2011.09；—144 页；30cm

ISBN 978 – 7 – 5611 – 6483 – 9 ￥CNY58.00

本书利用大量精美的彩色照片和丰富的线图向读者展示了日本最新建筑设计理念。

4637　艺术战斗论：你也可以成为艺术家

〔日〕村上隆著．—长春：时代文艺出版社；2011.09；—220 页；21cm

ISBN 978 – 7 – 5387 – 3782 – 0 ￥CNY39.00

本书是继《艺术创业论》后，作者又一艺术领域的经典之作。

4638　异邦骑士

〔日〕岛田庄司著．—北京：新星出版社；2011.06；—357 页；23cm

ISBN 978 – 7 – 5133 – 0163 – 3（精装）：￥CNY38.00

4639　阴兽

〔日〕江户川乱步著 .—北京：新星出版社；
2011.07；—261 页；22cm
ISBN 978 – 7 – 5133 – 0328 – 6 ￥CNY28.00
《阴兽》为《江户川乱步作品集》第四卷，共收
录江户川乱步的四部推理中篇。

4640　银河铁道之夜

〔日〕宫泽贤治著 .—上海：少年儿童出版社；
2011.01；—244 页；19cm
ISBN 978 – 7 – 5324 – 8487 – 4 ￥CNY.00
《银河铁道之夜》是日本著名儿童文学家宫泽贤
治的童话集。

4641　银座妈妈桑教你读心术

〔日〕望月明美著 .—南京：江苏文艺出版社；
2011.05；—180 页；21cm
ISBN 978 – 7 – 5399 – 4313 – 8 ￥CNY26.80
本书是日本知名的银座妈妈桑归纳的成功的读
心心法。

4642　银座幽灵

〔日〕大阪圭吉著 .—北京：新星出版社；2011,
06；—354 页；23cm
ISBN 978 – 7 – 5133 – 0162 – 6（精装）：￥CNY32.00

4643　印度人的逻辑学：从问答法到归纳法

〔日〕桂绍隆著 .—北京：宗教文化出版社；
2011.01；—259 页；21cm
ISBN 978 – 7 – 80254 – 344 – 7 ￥CNY28.00
本书是日本著名逻辑学家桂绍隆先生的著作，
系统介绍印度的逻辑学。

4644　英国

〔日〕大宝石出版社著 .—北京：中国旅游出版
社；2011.04；—667 页；21cm
ISBN 978 – 7 – 5032 – 4113 – 0 ￥CNY88.00
本书为《走遍全球》系列的英国分册，全面介
绍英国，包括国家概况、城市旅行攻略等。

4645　英国住宅建设：历程与模式

〔日〕佐藤健正著 .—北京：中国建筑工业出版
社；2011.10；—174 页；23cm
ISBN 978 – 7 – 112 – 13549 – 3 ￥CNY46.00
本书可以说是一部英国建筑建设的发展史。

4646　英雄书

〔日〕宫部美雪著 .—青岛：青岛出版社；
2011.01；—459 页；21cm

ISBN 978 – 7 – 5436 – 6784 – 6 ￥CNY29.90
本小说长期雄踞日本文学图书排行榜第一名。

4647　婴幼儿手作服：新生儿~90cm

〔日〕MIKIYO ISO 著 .—北京：化学工业出版社；
2011.02；—79 页；26cm
ISBN 978 – 7 – 122 – 09401 – 8 ￥CNY35.00
本书介绍了如何给婴幼儿亲手缝制制作衣服。

4648　樱桃小丸子：经典漫画版

〔日〕樱桃子编绘 .—上海：少年儿童出版社；
2011.02；—167 页；19cm
ISBN 978 – 7 – 5324 – 8526 – 0 ￥CNY10.00

4649　樱桃小丸子：经典漫画版

〔日〕樱桃子编绘 .—上海：少年儿童出版社；
2011.02；—175 页；19cm
ISBN 978 – 7 – 5324 – 8524 – 6 ￥CNY10.00

4650　樱桃小丸子：经典漫画版

〔日〕樱桃子编绘 .—上海：少年儿童出版社；
2011.02；—175 页；19cm
ISBN 978 – 7 – 5324 – 8527 – 7 ￥CNY10.00

4651　樱桃小丸子：经典漫画版

〔日〕樱桃子编绘 .—上海：少年儿童出版社；
2011.02；—171 页；19cm
ISBN 978 – 7 – 5324 – 8525 – 3 ￥CNY10.00

4652　樱桃小丸子：经典漫画版

〔日〕樱桃子编绘 .—上海：少年儿童出版社；
2011.02；—171 页；19cm
ISBN 978 – 7 – 5324 – 8529 – 1 ￥CNY10.00

4653　樱桃小丸子：经典漫画版

〔日〕樱桃子编绘 .—上海：少年儿童出版社；
2011.02；—178 页；19cm
ISBN 978 – 7 – 5324 – 8528 – 4 ￥CNY10.00

4654　樱桃小丸子：经典漫画版

〔日〕樱桃子著 .—上海：少年儿童出版社；
2011.02；—175 页；19cm
ISBN 978 – 7 – 5324 – 8522 – 2 ￥CNY10.00

4655　樱桃小丸子：经典漫画版

〔日〕樱桃子著 .—上海：少年儿童出版社；
2011.02；—159 页；19cm
ISBN 978 – 7 – 5324 – 8523 – 9 ￥CNY10.00

4656　萤之光

〔日〕丰田美加著 .—海口：南海出版公司；

2011.03；—174 页；21cm

ISBN 978 - 7 -5442 - 5057 - 3 ￥CNY20.00

本书是日本当代长篇小说。

4657 营销力：日本企业制胜之本

〔日〕深见东州著.—北京：经济管理出版社；

2011.08；—11 页，177 页；21cm

ISBN 978 - 7 - 5096 - 1476 - 1 ￥CNY20.00

本书从日本人和日本社会之特质的视角，点评新世纪日本企业战略。

4658 赢家管理守则：公司异常情况与顾客怨言处理

〔日〕名古屋 QS 研究会编著.—北京：经济管理出版社；2011.08；—156 页；21cm

ISBN 978 - 7 - 5096 - 1479 - 2 ￥CNY16.00

本书主要阐述异常情况管理和怨言管理两个方面的内容。

4659 永续经营：打造百年老店的 8 种战略

〔日〕铃木贵博著.—汕头：汕头大学出版社；

2011.01；—223 页；24cm

ISBN 978 - 7 - 5658 - 0073 - 3 ￥CNY28.00

提出了 8 种延续企业寿命、打造百年老店的经营管理战略。

4660 永远不要忘记

〔日〕浅见帆帆子图/文.—北京：朝华出版社；

2011.06；—100 页；18cm

ISBN 978 - 7 - 5054 - 2659 - 7 ￥CNY23.00

作者想要告诉你：不要忽视那些帮助你认识自己、改变命运、引导人生走向成功的简单话语。

4661 永远在一起

〔日〕笠井真理文图.—南昌：江西科学技术出版社；2011.08；—23 页；18cm

ISBN 978 - 7 - 5390 - 4372 - 2 ￥CNY99.00（全套 11 册）

4662 用碎花布手缝创意小杂货

〔日〕拼布通信社编著.—郑州：河南科学技术出版社；2011.09；—79 页；26cm

ISBN 978 - 7 - 5349 - 5234 - 0 ￥CNY28.80

本书介绍了怎样巧妙地利用这些小布头制作出精美小对象（小饰物、包包、实用生活小物件）的方法。

4663 优雅人生的开端：图解儿童基本生活习惯的培养

〔日〕谷田贝公昭主编.—上海：华东师范大学

出版社；2011.09；—125 页；21cm

ISBN 978 - 7 - 5617 - 8617 - 8 ￥CNY19.80

教导家长如何帮助 1～6 岁的儿童养成良好的生活习惯，学会自立。

4664 优雅一生的成熟装扮

〔日〕押田比吕美著.—北京：电子工业出版社；

2011.08；—12 页，156 页；21cm

ISBN 978 - 7 - 121 - 14152 - 2 ￥CNY26.80

本书将在日常穿衣搭配中用到的配饰一一为你讲解搭配方法，为你的成熟形象增添光彩。

4665 忧国

〔日〕三岛由纪夫著.—杭州：浙江文艺出版社；

2011.7；—页；cm

ISBN 978 - 7 - 5339 - 3212 - 1（精装）￥CNY22.00

本书是日本著名作家三岛由纪夫的短篇小说集。

4666 犹太人笔记本的秘密

〔日〕马克富冈著.—北京：新世界出版社；

2011.05；—197 页；23cm

ISBN 978 - 7 - 5104 - 1765 - 8 ￥CNY29.80

在与犹太人打交道的过程中总结出的犹太人生活、经商、教育等方面的智慧大集。

4667 游戏问答玩转日语

〔日〕末冈实主编.—北京：世界图书出版公司北京公司；2011.01；—232 页；21cm

ISBN 978 - 7 - 5100 - 2725 - 3 ￥CNY22.00

本书内容主要包括易混易错词汇辨析，汉字猜字谜，文字智力游戏（联想猜词）等内容。

4668 有冈由利子的每日拼布

〔日〕有冈由利子著.—北京：化学工业出版社；

2011.07；—87 页；26cm

ISBN 978 - 7 - 122 - 10748 - 0 ￥CNY39.80

本书介绍了拼布制作。

4669 有钱是训练出来的

〔日〕中谷彰宏著.—海口：南方出版社；

2011.10；—194 页；23cm

ISBN 978 - 7 - 5501 - 0366 - 5 ￥CNY28.00

本书将帮助读者通过训练获得有钱人的气场、习惯、思维方式和行动能力。

4670 有一种人生叫幸福

〔日〕奥村久雄著.—北京：中国铁道出版社；

2011.08；—126 页；21cm

ISBN 978 - 7 - 113 - 13151 - 7 ￥CNY18.00

作者通过几十年的亲身经验，告诉大家获得幸福的方法。

4671 幼儿园设计
范悦，〔日〕四方裕主编 .—大连：大连理工大学出版社；2011.09；—155 页；30cm
ISBN 978 - 7 - 5611 - 6545 - 4 ￥CNY58.00
本书利用大量精美的彩色照片和丰富的线图向读者展示了日本最新建筑设计理念。

4672 与池田大作对话文明重生
曲庆彪，〔日〕寺西宏友主编 .—北京：中国社会科学出版社；2011.09；—397 页；24cm
ISBN 978 - 7 - 5161 - 0114 - 8 ￥CNY58.00
本书是中国和日本的池田大作思想研究专家撰写的主题论文。

4673 与潜意识对话：吸引好事的魔法咒语
〔日〕翡翠小太郎，〔日〕铃木健二著 .—海口：南方出版社；2011.12；—205 页；21cm
ISBN 978 - 7 - 5501 - 0628 - 4 ￥CNY28.00
本书以心理法则为基础，将潜意识精灵的运作规则建构成魔法和咒语的形式。

4674 语言图鉴
〔日〕五味太郎著 .—贵阳：贵州人民出版社；2011.12；—4 册；28cm
ISBN 978 - 7 - 221 - 09441 - 4 ￥CNY68.00
本书的编排设计层次分明。

4675 御宅上班族
〔日〕吉谷编绘 .—长沙：湖南美术出版社；2011.12；—172 页；21cm
ISBN 978 - 7 - 5356 - 4895 - 2 ￥CNY25.00
本书是一本以作者自己的生活背景为题材所创作的作品，作者同时也为该漫画的主角。

4676 御宅上班族
〔日〕吉谷编绘 .—长沙：湖南美术出版社；2011.10；—175 页；21cm
ISBN 978 - 7 - 5356 - 4780 - 1 ￥CNY25.00
这是一本以作者自己的生活背景为题材所创作的作品，作者同时也为该漫画的主角。

4677 御宅上班族
〔日〕吉谷编绘 .—长沙：湖南美术出版社；2011.09；—175 页；21cm
ISBN 978 - 7 - 5356 - 4726 - 9 ￥CNY25.00
这是一本以作者自己的生活背景为题材所创作的作品，作者同时也为该漫画的主角。

4678 御宅上班族
〔日〕吉谷编绘 .—长沙：湖南美术出版社；2011.08；—175 页；21cm
ISBN 978 - 7 - 5356 - 4636 - 1 ￥CNY25.00
这是一本以作者自身生活为创作题材的绘本作品，作者同时也是故事主角。

4679 员工病：收获工作喜悦和重建团队合作的诊断和处方
〔日〕柴田昌治著 .—北京：中信出版社；2011.11；—156 页；23cm
ISBN 978 - 7 - 5086 - 2947 - 6 ￥CNY30.00
本书揭露了目前广泛存在的"员工病"是职场人士必读佳作。

4680 原来，你已不在
〔日〕城山三郎著 .—苏州：古吴轩出版社；2011.10；—209 页；21cm
ISBN 978 - 7 - 80733 - 692 - 1 ￥CNY28.00
本书是以日本作家城山三郎先生为妻子容子夫人所写的回忆小说。

4681 源氏物语：插图本
〔日〕紫式部著 .—北京：北京燕山出版社；2011.02；—2 册（1007 页）；22cm
ISBN 978 - 7 - 5402 - 1796 - 9 ￥CNY43.00
本书是 11 世纪日本女作家紫式部的一部描写当时贵族腐败政治和生活的一部长篇写实小说。

4682 远方的鼓声
〔日〕村上春树著 .—上海：上海译文出版社；2011.08；—381 页；19cm
ISBN 978 - 7 - 5327 - 5453 - 3（精装）：￥CNY32.00
本书是村上春树的游记，时间为 1986 ~ 1989 年，游历地区为欧洲，主要为希腊、意大利两个国家。

4683 远见：孙正义眼中的新未来
〔日〕井上笃夫著 .—南京：凤凰出版社；2011.12；—210 页；21cm
ISBN 978 - 7 - 5506 - 1002 - 6 ￥CNY32.80
本书将为读者解说孙正义心目中的"IT 革命"，解说孙正义的人生，解说软银的新 30 年愿景。

4684 愿你梦想成真
〔日〕浅见帆帆子图/文 .—北京：朝华出版社；2011.06；—122 页；18cm
ISBN 978 - 7 - 5054 - 2660 - 3 ￥CNY23.00
作者想要告诉你：不要忽视那些帮助你认识自己、改变命运、引导人生走向成功的简单话语。

4685 月亮的帽子

〔日〕柴原智文/图.—北京:教育科学出版社;
2011.06;—24页;20×28cm

ISBN 978 - 7 - 5041 - 5414 - 9 ¥CNY13.80

故事奇妙、温馨,充满了想象的趣味,适合幼儿园作早期阅读资源。

4686 在搭配的愉悦中发现全新的自己

〔日〕押田比吕美著.—北京:电子工业出版社;
2011.09;—200页;21cm

ISBN 978 - 7 - 121 - 14153 - 9 ¥CNY26.80

本书将在日常穿衣搭配中用到的配饰一一为你讲解搭配方法,为你的成熟形象增添光彩。

4687 在世界中心呼唤爱

〔日〕片山恭一著.—青岛:青岛出版社;
2011.11;—185页;21cm

ISBN 978 - 7 - 5436 - 7591 - 9(精装)¥CNY20.00

《在世界中心呼唤爱》是一部纯爱情题材的小说。

4688 在星巴克要买大杯咖啡:价格与生活的经济学

〔日〕吉本佳生著.—北京:中信出版社;
2011.09;—13页,202页;23cm

ISBN 978 - 7 - 5086 - 2945 - 2 ¥CNY35.00

本书从头至尾都贯穿着一个核心概念:交易成本。

4689 早晚3分钟瑜伽课

〔日〕深堀真由美编著.—北京:中信出版社;
2011.10;—127页;21cm

ISBN 978 - 7 - 5086 - 2889 - 9 ¥CNY25.00

本书是一本简洁实用的家用瑜伽教程。

4690 增加公司现金流的黄金法则

〔日〕儿玉尚彦著.—北京:中国人民大学出版
社;2011.11;—224页;21cm

ISBN 978 - 7 - 300 - 14439 - 9 ¥CNY36.00

作者通过有趣的案例、简明的图表,揭示了企业在经营过程中资金的流转与使用过程。

4691 战斗圣经:美国陆军战斗技能

〔日〕上田信著.—北京:人民邮电出版社;
2011.11;—185页;26cm

ISBN 978 - 7 - 115 - 25463 - 4 ¥CNY35.00

本完全是以漫画的方式完美图解了美国陆军战斗训练技术。

4692 战斗圣经:美国陆军战斗技能.特种作战篇

〔日〕上田信著.—北京:人民邮电出版社;

2011.10;—195页;26cm

ISBN 978 - 7 - 115 - 25301 - 9 ¥CNY35.00

战斗圣经系列完全是以漫画的方式完美图解了美国陆军战斗训练技术。

4693 战斗圣经:美国陆军战斗技能.战地指挥官篇

〔日〕上田信著.—北京:人民邮电出版社;
2011.10;—187页;26cm

ISBN 978 - 7 - 115 - 25462 - 7 ¥CNY35.00

战斗圣经系列完全是以漫画的方式完美图解了美国陆军战斗训练技术。

4694 招标改革:改变幕后操作的日本社会

〔日〕武藤博已著.—南京:南京大学出版社;
2011.03;—112页;23cm

ISBN 978 - 7 - 305 - 08158 - 3 ¥CNY20.00

本书针对日本社会现存的企业在政府招标过程中所存在的幕后操作(串标)的现象,指出了串标行为的劣根性。

4695 折纸入门:陪宝贝一起长大

〔日〕靓丽出版社编著.—郑州:河南科学技术出版社;2011.10;—128页;26cm

ISBN 978 - 7 - 5349 - 5212 - 8 ¥CNY32.80

本书介绍了近百款可爱的折纸作品。

4696 哲学

〔日〕坂本百大著.—上海:上海科学技术文献出版社;2011.01;—226页;19cm

ISBN 978 - 7 - 5439 - 4675 - 0 ¥CNY18.00

本系列是日本著名长期常销选题,每一种都由该领域内的著名专家编写,让读者以最快的速度了解专业知识,是一套深入浅出、通俗易懂的入门读物。

4697 这些道理没有人告诉过你:面试英语121问

〔日〕有元美津世著.—北京:群言出版社;
2011.01;—14页,242页;23cm

ISBN 978 - 7 - 80256 - 210 - 3 ¥CNY29.80

详尽分析了121道英语面试高频试题和应答范例,并介绍了面试前的准备方法和注意事项。

4698 这样教孩子最有效:话说对了,孩子就会听了

〔日〕杉山美奈子著.—北京:金城出版社;
2011.10;—168页;21cm

ISBN 978 - 7 - 5155 - 0010 - 2 ¥CNY28.00

帮助父母走进孩子的内心世界，为亲子交流扫除障碍。

4699　针灸临床治疗学

〔日〕代田文志著 . —北京：学苑出版社；2011.08；—382 页；21cm

ISBN 978 - 7 - 5077 - 3831 - 5 ￥CNY28.00

日本针灸名家泽田健先生入室弟子代田文志（日本现代著名针灸家）所著。

4700　真实的日本

〔日〕大前研一著 . —青岛：青岛出版社；2011.01；—188 页；21cm

ISBN 978 - 7 - 5436 - 6781 - 5 ￥CNY20.00

日本当前存在大量的问题，针对日本这一现实情况，提出振兴日本实现平成维新的几点措施。

4701　震度 0

〔日〕横山秀夫著 . —南京：译林出版社；2011.10；—368 页；21cm

ISBN 978 - 7 - 5447 - 2006 - 9 ￥CNY28.00

4702　蒸发

〔日〕夏树静子著 . —南京：译林出版社；2011.09；—293 页；21cm

ISBN 978 - 7 - 5447 - 2060 - 1 ￥CNY28.00

4703　职场达人不抑郁：积极工作快乐生活的应对法则

〔日〕下园壮太著 . —北京：电子工业出版社；2011.06；—208 页；21cm

ISBN 978 - 7 - 121 - 13635 - 1 ￥CNY28.00

轻度的情绪不佳在没有转化成抑郁的时候，如果合理调解，就可变得积极和健康。

4704　职场，好学才能上位："菜鸟"变"达人"的 21 个自我学习定律

〔日〕胜间和代著 . —北京：中信出版社；2011.12；—22 页，215 页；21cm

ISBN 978 - 7 - 5086 - 3012 - 0 ￥CNY28.00

本书是一本职场成功励志读物。

4705　职场中的气场：高级经理人都在运用的职场秘诀

〔日〕杉木之幸著 . —北京：金城出版社；2011.03；—149 页；21cm

ISBN 978 - 7 - 80251 - 870 - 4 ￥CNY25.00

杉木之幸的 32 条建议，32 个细节帮你营造良好的职场环境和打造良好的职场人脉。

4706　只管打坐：和佛陀一起去禅修

〔日〕前角博雄禅师著 . —海口：海南出版社；2011.10；—235 页；23cm

ISBN 978 - 7 - 5443 - 3987 - 2 ￥CNY28.00

本书是日本禅师生平传法的结集，是一本传递出禅师独特的精神与风格的著作。

4707　纸手工店铺：日本超级儿童益智纸艺游戏

〔日〕大原麻由美著 . —郑州：河南科学技术出版社；2011.08；—159 页；21cm

ISBN 978 - 7 - 5349 - 4947 - 0 ￥CNY32.00

是来自日本的超级儿童益智纸艺游戏。

4708　制服搜查

〔日〕佐佐木让著 . —南京：译林出版社；2011.11；—253 页；21cm

ISBN 978 - 7 - 5447 - 1649 - 9 ￥CNY28.00

本书为小说。

4709　智力训练和测评 . 2～3 岁

〔日〕市川希著 . —杭州：浙江人民美术出版社；2011.01；—44 页；29cm

ISBN 978 - 7 - 5340 - 2938 - 7 ￥CNY12.80

4710　智力训练和测评 . 3～4 岁

〔日〕市川希著 . —杭州：浙江人民美术出版社；2011.01；—44 页；29cm

ISBN 978 - 7 - 5340 - 2937 - 0 ￥CNY12.80

4711　智力训练和测评 . 4～5 岁

〔日〕市川希著 . —杭州：浙江人民美术出版社；2011.01；—44 页；29cm

ISBN 978 - 7 - 5340 - 2936 - 3 ￥CNY12.80

4712　智力训练和测评 . 5～6 岁

〔日〕市川希著 . —杭州：浙江人民美术出版社；2011.01；—44 页；29cm

ISBN 978 - 7 - 5340 - 2935 - 6 ￥CNY12.80

4713　中国白族白文文献释读

张锡禄，〔日〕甲斐胜二主编 . —桂林：广西师范大学出版社；2011.02；—714 页；30cm

ISBN 978 - 7 - 5495 - 0370 - 4（精装）￥CNY398.00

本书是对白族民间流传文献的释读。

4714　中国的冲击

〔日〕沟口雄三著 . —北京：生活·读书·新知三联书店；2011.1；—258 页；22cm

ISBN 978 - 7 - 108 - 03623 - 0（精装）：￥CNY35.00

本书探讨了在以中国为首的亚洲诸国或地区正

在发生巨大变化的情况下诸多问题。

4715　中国的公与私·公私

〔日〕沟口雄三著.—北京：生活·读书·新知三联书店；2011.07；—302页；22cm

ISBN 978 - 7 - 108 - 03604 - 9（精装）：￥CNY39.60

《公私》从字源学的角度分析"公""私"概念的起源及发展变化，比较中日公私观的异同。

4716　中国的海贼

〔日〕松浦章著.—北京：商务印书馆；2011.07；—199页；19cm

ISBN 978 - 7 - 100 - 08417 - 8 ￥CNY18.00

从另一个角落来考察中国的历史。

4717　中国法制史

〔日〕仁井田升著.—上海：上海古籍出版社；2011.07；—344页；24cm

ISBN 978 - 7 - 5325 - 5722 - 6（精装）：￥CNY58.00

《中国法制史》系属《日本中国史研究译丛》，是一本研究中国法制史的著作。

4718　中国近代财政史研究

〔日〕岩井茂树著.—北京：社会科学文献出版社；2011.09；—438页；21cm

ISBN 978 - 7 - 5097 - 2293 - 0 ￥CNY59.00

本书概括地说明了近代中国财政的基本情况。

4719　中国秘密社会史

〔日〕平山周著.—北京：商务印书馆；2011.09；27页，198页；21cm

ISBN 978 - 7 - 100 - 07505 - 3 ￥CNY20.00

本书讲述中国历史上具有代表性的秘密社会组织及其生存状况，以及它们在政治动乱和社会变革中扮演的角色。

4720　中国奇人传

〔日〕陈舜臣著.—福州：福建人民出版社；2011.02；—304页；23cm

ISBN 978 - 7 - 211 - 06263 - 8 ￥CNY29.00

结合中国历史文化，描写了24个中国的历史人物。

4721　中国前近代思想的屈折与展开

〔日〕沟口雄三著.—北京：生活·读书·新知三联书店；2011.07；—469页；22cm

ISBN 978 - 7 - 108 - 03661 - 2（精装）：￥CNY49.00

本书通过对于李卓吾和阳明学的阐释，对于中国前近代不同于西方的路向进行了辨析。

4722　中国人日本人韩国人

〔日〕金文学著.—贵阳：贵州人民出版社；2011.03；—197页；24cm

ISBN 978 - 7 - 221 - 09217 - 5 ￥CNY25.00

从三国文化比较的角度出发，深入到三国社会生活和风俗人情的方方面面。

4723　中国随想

〔日〕陈舜臣著.—西安：陕西人民出版社；2011.04；—186页；24cm

ISBN 978 - 7 - 224 - 09653 - 8 ￥CNY25.00

本书是华裔日本作家陈舜臣的随笔，既有学术价值又有可读性，还有双重文化的意蕴。

4724　中国戏剧史

〔日〕田仲一成著.—北京：北京大学出版社；2011.07；—479页；21cm

ISBN 978 - 7 - 301 - 19152 - 1 ￥CNY39.00

《中国戏剧史》在占有大量材料和田野考察基础上对我国戏剧发展的历史作了细致的梳理。

4725　中国学研究

吴兆路，〔日〕甲斐胜二，〔韩〕林俊相主编.—济南：济南出版社；2011.08；—268页；26cm

ISBN 978 - 7 - 5488 - 0320 - 1 ￥CNY28.00

本书为我们了解国内外中国学研究提供了一定借鉴和帮助。

4726　中国游记

〔日〕芥川龙之介著.—北京：新世界出版社；2011.04；—209页；23cm

ISBN 978 - 7 - 5104 - 1203 - 5 ￥CNY28.00

本书不仅对各处的风景名胜、风俗习惯进行了描绘，也对中国当时的政治、经济、文化等问题进行了分析。

4727　中华文化概览

郑铁生，〔日〕张晓希编著.—天津：天津教育出版社；2011.08；—385页；29cm

ISBN 978 - 7 - 5309 - 6539 - 9（精装）：￥CNY328.00

本书从龙的文化开始到古代中外文化交流共分十八章，包含广博深远的中国文化，涉及最具有代表性、最具有民族特色的素材，是一部中华文明和中华文化的小百科全书。

4728　中日经济统计评论

纪宏，〔日〕大西广主编.—北京：首都经济贸易大学出版社；2011.06；—409页；24cm

ISBN 978 - 7 - 5638 - 1883 - 9 ￥CNY43.00

本书为中日学者关于中日经济统计方面的论文

汇编。

4729　中药大全 102 选

〔日〕西川修著 . —北京：外文出版社；2011；—304 页；26cm

ISBN 978 - 7 - 119 - 04290 - 9 ￥CNY78.00

本书就精选了近百种常见药材，及其相关的药理药效。

4730　终极减肥：三重燃脂瘦身法

〔日〕下村朱美著 . —上海：上海人民出版社；2011.06；—158 页；19cm

ISBN 978 - 7 - 208 - 09964 - 7 ￥CNY35.00

本书独创了具有显著效果的三重瘦身法，并积累了丰富的经验。

4731　众神的山岭

〔日〕梦枕貘著 . —北京：中信出版社；2011.01；—319 页；23cm

ISBN 978 - 7 - 5086 - 2589 - 8 ￥CNY32.00

本书是一部以登山为背景的励志小说，全书温暖而直抵人心。

4732　诸神的微笑：芥川龙之介短篇小说选

〔日〕芥川龙之介著 . —上海：复旦大学出版社；2011.01；—220 页；19cm

ISBN 978 - 7 - 309 - 07760 - 5 ￥CNY20.00

本书选入《罗生门》《橘》《地狱变》《竹林中》等芥川龙之介最著名的短篇小说，共计 14 篇。

4733　住宅设计师笔记

〔日〕泉幸甫，〔日〕安井正，〔日〕吉原健一，〔日〕须永豪著 . —北京：中国建筑工业出版社；2011.03；—241 页；21cm

ISBN 978 - 7 - 112 - 12475 - 6 ￥CNY25.00

本书记述了设计住宅过程中从策划、设计、工作之余的点点滴滴，像一篇读后感。

4734　抓住贪吃贼

〔日〕上野与志著 . —天津：新蕾出版社；2011.06；—36 页；23×26cm

ISBN 978 - 7 - 5307 - 5084 - 1 ￥CNY13.50

本书的主人公是一位侦探，名叫土豆。

4735　赚钱老板不传的关键决定：拿来就用一学就会的 101 个制胜管理法

〔日〕小山升著 . —南昌：江西科学技术出版社；2011.02；—258 页；24cm

ISBN 978 - 7 - 5390 - 4260 - 2 ￥CNY35.00

本书结合中小企业每天都会遇到的经营难题，提出让公司稳赚、持久经营的决策之法。

4736　赚钱老板不会告诉你的消费经济学

〔日〕坂口孝则著 . —北京：新世界出版社；2011.01；—219 页；24cm

ISBN 978 - 7 - 5104 - 1485 - 5 ￥CNY28.00

本书帮读者运用经济学识破各种消费陷阱。

4737　装点世界：钩针花样贴花

〔日〕村林和子著 . —沈阳：辽宁科学技术出版社；2011.06；—79 页；26cm

ISBN 978 - 7 - 5381 - 6931 - 7 ￥CNY23.00

本书介绍了用钩针制作各种简单花样造型的方法，将这些图案嵌在不同的小物件上。

4738　追踪百变大盗

〔日〕冈本一郎著 . —天津：新蕾出版社；2011.06；—36 页；23×26cm

ISBN 978 - 7 - 5307 - 5089 - 6 ￥CNY13.50

4739　灼眼的夏娜

〔日〕高桥弥七郎著 . —长沙：湖南美术出版社；2011.08；—269 页；19cm

ISBN 978 - 7 - 5356 - 4635 - 4 ￥CNY22.00

本书是一部带奇幻色彩的校园轻小说。

4740　灼眼的夏娜

〔日〕高桥弥七郎著 . —长沙：湖南美术出版社；2011.06；—227 页；19cm

ISBN 978 - 7 - 5356 - 4460 - 2 ￥CNY20.00

本书是一部奇幻色彩的校园轻小说。

4741　灼眼的夏娜

〔日〕高桥弥七郎著 . —长沙：湖南美术出版社；2011.02；—199 页；19cm

ISBN 978 - 7 - 5356 - 4248 - 6 ￥CNY18.00

4742　灼眼的夏娜

〔日〕高桥弥七郎著 . —长沙：湖南美术出版社；2011.09；—212 页；19cm

ISBN 978 - 7 - 5356 - 4695 - 8 ￥CNY18.00

《灼眼的夏娜》是一部带奇幻色彩的校园轻小说。

4743　灼眼的夏娜

〔日〕高桥弥七郎著 . —长沙：湖南美术出版社；2011.10；—261 页；19cm

ISBN 978 - 7 - 5356 - 4760 - 3 ￥CNY22.00

《灼眼的夏娜》是一部带奇幻色彩的校园轻

小说。

4744　子宫肌瘤正确治疗与生活调养
〔日〕武内裕之著 . —南宁：广西科学技术出版社；2011.10；—140 页；23cm
ISBN 978 – 7 – 80763 – 688 – 5 ￥CNY28.00
本书以简单易懂的语言，详细介绍了与子宫肌瘤相关的最先进诊断及治疗方法。

4745　子宫卵巢癌正确治疗与生活调养
〔日〕清水敬生著 . —南宁：广西科学技术出版社；2011.11；—179 页；23cm
ISBN 978 – 7 – 80763 – 685 – 4 ￥CNY28.00
通过阅读此书，帮助读者掌握癌症的正确知识。

4746　自然与人生
〔日〕德富芦花著 . —上海：文汇出版社；2011.08；—269 页；21cm
ISBN 978 – 7 – 5496 – 0257 – 5 ￥CNY22.00
本书为日本著名作家德富芦花的随笔集，堪称日本文学的经典作品。

4747　自然再生：生态工程学研究法
〔日〕龟山章，〔日〕仓本宣，〔日〕日置佳之编著 . —北京：中国建筑工业出版社；2011.11；—261 页；27cm
ISBN 978 – 7 – 112 – 12946 – 1 （精装）；￥CNY98.00
本书从管理措施的角度，系统论述了自然再生的理论机制和措施建议。

4748　自制不一样的花式甜点
〔日〕Sachi 著 . —郑州：河南科学技术出版社；2011.06；—111 页；26cm
ISBN 978 – 7 – 5349 – 4927 – 2 ￥CNY32.00
本书是引进日本株式会社朱书房社的一本介绍自制花式甜点的图书。

4749　字解日本：乡土料理
〔日〕茂吕美耶著 . —桂林：广西师范大学出版社；2011.11；—259 页；23cm
ISBN 978 – 7 – 5495 – 0497 – 8 ￥CNY39.80
本书为日本乡土料理饮食文化散文随笔。

4750　综合日语
彭广陆，〔日〕守屋三千代总主编 . —北京：北京大学出版社；2011.08；—353 页；26cm
ISBN 978 – 7 – 301 – 18993 – 1 ￥CNY55.00
本书是首次由中日两国从事日语教学与日语研究的一批专家学者全面合作、共同编写的全新教材。

4751　走向低碳社会：由资源 · 能源 · 社会系统开创未来
〔日〕一般社团法人能源、资源学会编 . —北京：科学出版社；2011.09；—198 页；24cm
ISBN 978 – 7 – 03 – 032160 – 2 ￥CNY32.00
本书围绕"低碳社会"这个热门话题。

4752　走在大道上：我的人生记录
〔日〕池田大作著 . —长沙：湖南师范大学出版社；2011.01；—203 页；24cm
ISBN 978 – 7 – 5648 – 0368 – 1 ￥CNY38.00
本书介绍了池田大作 1975 年至 1982 年的一些人生经历。

4753　走在大道上：我的人生记录
〔日〕池田大作著 . —长沙：湖南师范大学出版社；2011.01；—177 页；24cm
ISBN 978 – 7 – 5648 – 0241 – 7 （精装）；￥CNY36.00
本书用质朴、平实的笔调讲述了这期间他与教育界、文化界名人的对话。

4754　走在大道上：我的人生记录
〔日〕池田大作著 . —长沙：湖南师范大学出版社；2011.09；—192 页；24cm
ISBN 978 – 7 – 5648 – 0521 – 0 （精装）；￥CNY42.00
本译作为日本创价学会曾任会长池田大作的人生记录第三部。

4755　租界研究新动态 . 历史 · 建筑
〔日〕大里浩秋，孙安石编著 . —上海：上海人民出版社；2011.03；—209 页；24cm
ISBN 978 – 7 – 208 – 09980 – 7 ￥CNY30.00
本书稿汇集了中日学者对中国租界研究的最新成果。

4756　最残酷的战斗：硫磺岛战役生还者讲述
〔日〕NHK 取材班编 . —北京：金城出版社；2011.06；—199 页；23cm
ISBN 978 – 7 – 80251 – 803 – 2 ￥CNY28.00
本书揭示了掩盖在玉碎美名下壮绝凄惨的战争真相。

4757　最受中国人喜爱的三明治
〔日〕旭屋出版编 . —济南：山东科学技术出版社；2011.06；—141 页；28cm
ISBN 978 – 7 – 5331 – 5738 – 8 ￥CNY36.00
书中介绍了 200 余种国际上流行的三明治的制作加工，重点介绍了用于制作三明治的主辅材料。

4758　最详尽的面包制作教科书
〔日〕坂本利佳著 . —沈阳：辽宁科学技术出版

社；2011.05；—207 页；24cm

ISBN 978 - 7 - 5381 - 6833 - 4 ￥CNY48.00

本书从家庭面包制作的基本知识、需要准备的材料以及工具、从制作生面团、发酵、成型、上色到烘焙完成，进行了全面的图文讲解。

4759 最新佳能 EOS550D 数码单反摄影手册

〔日〕Motor Magazine 出版社编 . —北京：中国青年出版社；2011.07；—96 页；28cm

ISBN 978 - 7 - 5006 - 9855 - 5 ￥CNY45.00

4760 最新佳能 EOS 50D 数码单反摄影手册

〔日〕Motor Magazine 出版社编 . —北京：中国青年出版社；2011.07；—119 页；228cm

ISBN 978 - 7 - 5006 - 9923 - 1 ￥CNY48.00

本书是器材专家系列的第一本，主要介绍佳能 EOS50D 的性能及具体使用。

4761 最新佳能 EOS 7D 数码单反摄影手册

〔日〕Motor Magazine 出版社编 . —北京：中国青年出版社；2011.08；—128 页；28cm

ISBN 978 - 7 - 5153 - 0073 - 3 ￥CNY49.00

本书主要介绍佳能 EOS 7D 的性能及具体使用，可以让读者更科学、更直观地了解 EOS 7D。

4762 最新人气三明治

〔日〕永濑正人编著 . —沈阳：辽宁科学技术出版社；2011.09；—144 页；24cm

ISBN 978 - 7 - 5381 - 7000 - 9 ￥CNY38.00

本书提供了 10 家日本知名面包屋的 100 多款最新人气三明治。

4763 最糟也最棒的书店

〔日〕松浦弥太郎著 . —济南：山东人民出版社；2011.01；—143 页；21cm

ISBN 978 - 7 - 209 - 05506 - 2 ￥CNY25.00

《最糟也最棒的书店》是一本关于兴趣和工作的书。

4764 左翼文学的时代：日本"中国三十年代文学研究会"论文选

王风，〔日〕白井重范编 . —北京：北京大学出版社；2011.11；—27 页，376 页；21cm

ISBN 978 - 7 - 301 - 16208 - 8 ￥CNY36.00

本书汇编日本有关左翼文学研究的最新成果。

4765 佐伯千津的美丽微时代

〔日〕佐伯千津著 . —南宁：广西科学技术出版社；2011.11；—190 页；21cm

ISBN 978 - 7 - 80763 - 669 - 4 ￥CNY29.80

本书是一本讲述女性内在修炼和外在养颜的图书。

4766 作为方法的中国

〔日〕沟口雄三著 . —北京：生活·读书·新知三联书店；2011.07；—305 页；22cm

ISBN 978 - 7 - 108 - 03605 - 6（精装）；￥CNY36.00

本书是以讨论如何研究中国为主线的学术论文集，提出以中国研究作为方法重构世界史的构想。

4767 坐巴士出去玩

〔日〕间濑直方文/图 . —南昌：二十一世纪出版社；2011.09；—24 页；24×24cm

ISBN 978 - 7 - 5391 - 6546 - 2 ￥CNY18.00

4768 坐电车去旅行：从高山到大海

〔日〕间濑直方文/图 . —南昌：二十一世纪出版社；2011.09；—24 页；24×24cm

ISBN 978 - 7 - 5391 - 6545 - 5 ￥CNY18.00

4769 座敷童子的故事

〔日〕宫泽贤治著 . —南昌：百花洲文艺出版社；2011.06；—180 页；19cm

发 ISBN 978 - 7 - 5500 - 0120 - 6（精装）；￥CNY28.00

本书共收录了宫泽贤治的十篇作品，既有童话，也有幻想小说。

附　录

书名索引

0～1 岁宝宝动作全知道　　116，156

0～1 岁宝宝身体全知道　　116，156

0～1 岁宝宝游戏全知道　　116，156

0～2 岁婴幼儿育脑　　116，156

0～3 岁婴幼儿的日常手作服 & 小物　　248

10% 脱力生活：我就是上班达人　　116，159

1000 把大提琴的合奏　　174

100 层的房子　　174

100 次哭泣　　249

100 个速算谜题　　1

100 个算术奇题难题　　1

100 岁老人给 10 岁孩子的心灵邮件　　249

10 分钟就完成的可爱手工改造　　248

10 分钟足部按摩 DIY　　59

10 个人快乐大搬家　　249

10 万人都说赞的美腿秘籍　　249

10 万人亲身实践，10 天打造坚实俏臀　　249

10 以内加法　　1

10 以内减法　　1

123 成人式　　1

14% 成本削减　　174

14 只老鼠吃早餐　　173

14 只老鼠大搬家　　173

14 只老鼠捣年糕　　173

14 只老鼠的蜻蜓池塘　　173

14 只老鼠的秋天进行曲　　173

14 只老鼠的摇篮曲　　173

14 只老鼠过冬天　　173

14 只老鼠去春游　　173

14 只老鼠赏月　　173

14 只老鼠挖山药　　173

14 只老鼠洗衣服　　173

14 只老鼠种南瓜　　174

15 分钟居家清洁有妙招　　174

15 分钟聊出好交情　　249

15 秒打动对方　　116，144

1973 年的弹子球　　59

1Q84　　174

1、2、3! 三步搞定物理波动学　　248

1、2、3! 三步搞定物理力学　　248

1 天就能完成的宝贝装　　117，157

1 只小猪和 100 只狼　　59

1 周就能完成的钩针小物　　248

2010 投资日本法务·税务指南　　174

20 几岁，痴迷于学习吧　　59

20 几岁的问号　　59

20 几岁开始学会理财　　59

20 世纪 30 年代的中国政治史　　1

20 世纪的空间设计　　1

20 世纪外国短篇小说精选　　117，155

20 世纪外国散文精选　　117，155

20 世纪中国的社会体系　　249

2112 年哆啦 A 梦诞生　　1

21 世纪的日本家庭，何去何从　　174

21 世纪的日本教育改革　　117，155

21 世纪与中国文化　　1

22 岁大学生赚了一个亿　　249

2℃ 改变世界　　59

30 秒快瘦 POSE101　　249

30 天转运之旅　　249

30 分老妈　　59，174

30 年后，你的身价是多少　　249

30 岁小美女的幸福说明书　　117，156

30 天转运之旅　　249

30 种大脑训练方法　　1，174

310 例营养蔬果汁 DIY　　250

31 岁又怎样　　250

320 句用出好日语　　117，138

365 日! 电吉他手的养成计划　　250

365 日给女性的赠言　　59

3D 标准背后的故事　　249

3 分钟爱上心理学　　1

3 分钟完成沟通　　1，117，127

3 分钟学经营　　1

3 天就能钩出的围巾·披肩·短上衣　　117，157

40 岁开始的幸福瘦身　　60

4 点起床　　250

5/8 人生黄金律　　117，148

500 人小镇上的世界级企业　　174

50 岁开始的健康高手　　250

52 款爱犬服饰 & 布艺用品 DIY　　174

5 分钟集中力训练　　60

5 分钟找回舒适睡眠　　117，127

5 天戒烟　　174

6000 度的爱　　1

60 天让你日语变流利　　117，157

69　　250

78 款居家实用布杂货　　175

79 个不生病的生活习惯　　60

7 色蔬果健康养生法　　175

7 天搞定微积分　　175

7 天足部按摩计划　　117，157

7 只老鼠去上学　　250

7 只老鼠挖红薯　　250

7 只老鼠学钓鱼　　250

7 只老鼠在海边　　250

80 分钟强效塑身健康瑜伽　　175

8.1　　250

99% 的人都用错了销售技巧　　250

999 个青蛙兄弟　　117，129

999 个青蛙兄弟大搬家　　117，129

999 个青蛙兄弟的春天　　250

99.9% 都是假设　　117，126

9 个月扭亏为盈　　118，129

Ⅳ族、Ⅲ-Ⅴ族和Ⅱ-Ⅵ族半导体材料的特性　　118

A

A 型恋爱密码　　175

A 型人完全健康手册　　118

A 型人性格命运鉴定书　　175

A4 纸工作法　　118

AB 型恋爱密码　　175

AB 型人性格命运鉴定书　　175

阿波丸号：日本的泰坦尼克　　177

阿朝快 100 岁了　　177

阿朝来啦　　177

阿尔卑斯的猛犬　119

阿拉伯大富豪：点油成金的海湾传
　　奇　252

阿拉蕾．GO！GO！尼可家星球之
　　卷　61

阿拉蕾．阿拉蕾大出击之卷　61

阿拉蕾．阿拉蕾诞生之卷　61

阿拉蕾．宝瓜宝瓜之卷　61

阿拉蕾．地球SOS之卷　61

阿拉蕾．开心的阿千之卷　61

阿拉蕾．马西利特博士的野心之
　　卷　61

阿拉蕾．企鹅杯大赛车之卷　61

阿拉蕾．世界第一强武术大赛之
　　卷　61

阿拉蕾．天神大反扑之卷　61

阿拉蕾．完结篇．专用机器大发明
　　之卷　61

阿拉蕾．我的手纸之卷　61

阿拉蕾．无敌牛奶糖人7号之
　　卷　61

阿拉蕾．小少爷机器人之卷　62

阿拉蕾．小特波的出生之卷　62

阿拉蕾．新婚旅行之卷　62

阿拉蕾．妖怪之夜之卷　62

阿拉蕾．摘氏一族之卷　62

阿立会穿裤子了　62

阿米巴经营　119

阿秋和阿狐　62

哎呀，尿床了　119

哀悼人　252

埃及　119

癌症的免疫疗法：日本癌症免疫治
　　疗新进展　252

爱，上了瘾：抚平因爱受伤的心
　　灵　62

爱的绊　252

爱的流放地　177

爱的左边　119

爱尔兰风格编织　119

爱丽丝漫游数学奇境　3

爱怜纪　62，253

爱情心理学拿来就用　253

爱犬的衣服我来做　177

爱上比萨：我的甜蜜烘焙厨房
　　177

爱上蛋糕：我的甜蜜烘焙厨房
　　177

爱上面包：我的甜蜜烘焙厨房
　　253

爱无眠，至死方休　253

爱与幸福的原点　253

安保彻教你吃出免疫力　177

安全饮用水：生物净化法指南
　　177

安徒生童话剪纸　253

安野光雅的七堂绘画课　177

暗黑神殿　177

暗杀丰臣秀吉　119

奥巴马的书架　177

奥杜邦的祈祷　253

奥特曼总动员．高斯篇　3

奥特曼总动员．奈欧斯篇　3

奥州小路　253

B

BCG视野　1，60

BCG战略思想　60，175

BC级战犯从地狱喊出的声音
　　250

B型恋爱密码　175

B型人性格命运鉴定书　175

八公的故事　178

八国联军侵华时期照片集　62

巴菲特密码　253

巴黎恋爱教科书　253

巴士到站了　119

巴提斯塔的荣光　119

把孩子培养成不怕失败的人　3，
　　178

爸爸的围巾　119

爸爸送给我的礼物　62

爸爸真好玩　253

爸爸真可爱　253

爸爸做饭啦　253

白居易写讽谕诗的前前后后　3

白马山庄杀人事件　253

《白毛女》在日本　3

白内障、青光眼、糖尿病性视网膜
　　病变　178

白鸟异传　62

白色的帽子　3

白色巨塔　119

白色猎人　62

白色魔术师　253

白夜行　62

白鹦鹉的森林　254

百变创意丝带　254

百变脚趾美甲　178

百搭缤纷珠饰　254

百花三国志　62

百年华语　63

百岁医生教我的生机健康法　3，
　　178

百岁医生教我的生机健康法．50岁
　　开始的超健康革命　178

百万人的空调技术　254

百物语　63

柏林风格小屋：24个创意家居表
　　情　178

败胜思维　3

坂本龙马　254

坂田笃史的超人脉术　178

版式设计全攻略　178

版式设计原理　3

办公宝典：Excel 2003/2002/2000
　　VBA大全　3

办公室效率革命　63

半天就能完成的布艺小物　254

绑架游戏　178，254

棒针花样300　3

棒针与钩针　119

宝宝的心我最懂　254

宝宝服饰　3

保险购买技巧　63

抱抱的小猫鱼　178

爆漫王．出道与心焦　254

爆漫王．电话与前夜　254

爆漫王．搞笑与严肃　254

爆漫王．露内裤与救世主　254

爆漫王．冒进与坚持　254

爆漫王．梦想与现实　254

爆漫王．巧克力与赤丸　254

爆漫王．文集与写真集　255

北方夕鹤2/3杀人事件　119

北极光　178

北极乌鸦的故事　63

北京纪事北京纪游　63

北京苦住庵记：日中战争时代的周
　　作人　63

北京树之旅　178

北欧瑞典的幸福设计　3

北山医案　63

北中国纪行；清国漫游志　3

被囚的独角兽　4

本吉的礼物　255

笨蛋、测验、召唤兽　255

笨蛋也能年赚100万　255

笨狗小古11年＋108天的故事　63

绷带俱乐部　119

笔谈女公关　255

碧阳学园学生会议事录　178，
　　255

壁橱里的冒险　4

避暑地的猫　255

边做家务边减肥　4

编辑力：从创意、策划到人际关
　　系　4

编制幸福的暖暖小物　178

变身　63

标识的世界　255

标志新选1234　179

标准商务基础日语　120，179

标准商务日语会话　120

标准商务日语考试题集　63

表扬批评都有道．传递父母的爱　255

表扬与批评的技巧　63

憋不住，憋不住，快要憋不住了　255

别对我撒谎　179

别让医院蒙了你　179

别上美元的当：以日本金融战败为鉴　256

别笑！我是 365 天英语情景口语书：全世界最伟大的施里曼英语学习法　63

缤纷拼布：65 款可爱小物巧手做　120

濒死之眼　179

冰冷密室与博士们　179

冰凉凉滑溜溜的杯装甜点　256

冰纹　120

兵法藏书　4

病从寒中来　63

病能自己愈　64

波上的魔术师　120

玻璃在建筑中的应用　120

博士的爱情算式　179，256

薄刀·针　179

薄红天女　64

薄膜制备技术基础　120

不安的童话　256

不败的谈判技巧：看穿对手期望、创造有利局面的 50 个技巧！　64

不变的经营成长的经营　64

不持有的生活　120

不动心　256

不发火的育儿法　256

不发想，无设计　256

不公平的月　179

不花钱做玩具　256

不会存钱的女孩，等着瞧！　120

不会说日语的 135 个理由：图文解析日语初级语法　120

不会笑的数学家　179

不结婚，好吗？　179

不看不知道的健康常识 161 问　120

不可思议的血液！　256

不可思议国的小豆豆　64

不露怯！举止的优雅　4

不眠的珍珠　179

不能吃的药　120

不疲劳的活法　179

不平等的日本：告别"全民中产"社会　64

不怯场！说话的艺术　4

不上当的心理学　179

不生病的 15 个饮食习惯：96 岁的我每天快乐生活和工作的秘诀　120

不生病的活法：神奇的酶　4

不生病的三大免疫力　120

不生病的生活方式　4

不失礼！送礼的学问　4

不睡没必要的觉：3 小时深度睡眠法　256

不说话就赢的企划术：打造必胜商用文本　256

不锈钢：耐蚀钢的发展　4

不锈钢及其应用　256

不用 Make 就能 Up　256

不自闭！交际的魅力　64

不做衰神：成功扭转六大失败心理　256

不做遗憾人，不做遗憾事　256

布，你要这样玩！　257

步进电机应用技术　179

C

CFD 与建筑环境设计　2

CFO：首席财务官如何提高企业价值　2

CGColoring：跟日本漫画大师学上色　175

China1996～2006 矶崎新作品集　2

Cotton friend 手工生活　118，175，176，251

CUCITO 儿童手作服　251

财富大赢家的心理战术　4

财富人脉：高效能人士的圆通术　64

彩绘法布尔昆虫记　257

彩绘法语　120

彩绘日语常用拟声、拟态词　179

彩绘日语句型 168　64

彩绘意大利语　121

彩绘英语　121

彩色纸咪咪　257

彩云国物语　121，180，257

彩妆的可能性　180

菜粉蝶为什么爱吃圆白菜？　257

参天台五台山记　64

餐饮实务日语　4

餐桌的对面　5

餐桌花艺　180

残虐记　180

苍狼　180

苍穹之昴　180

操作工具常识及使用方法　180

曹操　180

草莓之夜　257

测量技术　180

茶道的历史　257

茶之书　180，257

柴田明美的幸福拼布　257

禅的生活　5

禅林夜话　180

禅与生活　181

禅者的初心　181

缠足史话　257

产品策划营销　64

产业心理咨询入门　5

长大以后做什么　5

长谷川弘直景观设计作品集　5

长江旧影　64

长驴耳朵的国王　257

长寿的日本　5

长寿的饮食短命的饮食　121

长尾经济学　64

肠道按摩减肥　181

肠道清洁书　121

肠内减肥革命　64

肠胃好才能身体好　181

肠胃会说话　181

常常考到的英语名段　5

常常考到的英语名篇　5

常常旅行　257

常胜策略　121

常胜思考　64

常胜之法　257

常识的世界地图　5

常用字解　181

畅谈东方智慧：季羡林、池田大作、蒋忠新对谈录　257

唱通日语　121

超超难数理谜题　5

超大规模集成电路　65

超个性时尚美甲秀　181

超好学日本语　258

超级阿嬷的信　181

超级购物经济学　121

超级决断技巧　258

超级冷静　65

超级理发师　181

超级漫画素描技法　5，65，181，258

超级名模教你 show 出明星腿　181

超级小厨师　258

超级有趣的动物记　181

超级整理术　258

超简单个性发型梳编　121

超简单新手烘焙　181

超可爱发型 DIY　121

超人气蛋糕·点心·面包　181

超人气狗狗的选购和驯养指南

258

超杀人事件　251

超神准心理测试游戏　65

超学习法　5

超右脑开发训练　121

超右脑快速记忆法　121

超右脑英语学习法　121

超越极限　6

超越自我　6

超自然职场化妆术　121

朝鲜燕行使与朝鲜通信使：使节视野中的中国·日本　181

朝阳门外的彩虹　6

炒鱿鱼面谈官　122

沉落的城　258

沉默　122

沉默的佛陀　182

沉睡在森林里的鱼　258

晨间日记的奇迹　122

成功的三个周期　6

成功母亲的 7 大教育法则　65

成功染发实用手册　122

成功运作亿万资产的商业模式　258

成人手作服　258

成熟款秋冬毛衫、披肩、帽子　258

成为家中一员的麻雀小珠：一个森林兽医的动物日记 2　122

成为天才的瞬间　65

成为幸运女神的 101 种习惯　182

成为优秀店长和经营者的绝对条件　6

成语经济学　65

诚刀·铨　182

城市交通中存在的问题及其对策　122

城市物流：网络建模与智能交通系统　258

吃遍世界看经济　182

吃大苹果啦　258

吃对了就能大大提高孩子的智力　122

吃对营养不生病　122

池袋西口公园　65

持续力　122

齿轮的功用及加工　182

耻辱与恢复：《呐喊》与《野草》　122

冲出逆境：一个日本企业家理解的先哲箴言　182

冲绳现代史　182

冲绳札记　182

憧憬的季节　122

虫虫跳跃大作战　6

抽屉里的情书　259

丑陋的韩国人　259

丑陋的日本人　65

出版大畅销　259

出场记　182

出了象牙之塔　6

出云传说 7/8 杀人事件　122

初会瑜伽　182

初级电工操作技能　122

初级日语语法使用指南　182

初玩刺绣 100 招　182

初学者也能画！：用 Photoshop 绘制漫画的超级技巧　122

雏菊人生　259

川村善之造园手绘作品集　6

川端康成精品集　65

川端康成著作选释　6

穿着 MINA 去旅行　259

传热学　259

传说日本　6

船的世界　182

串珠的梦幻世界　122

串珠饰品大收藏　259

串珠秀 Show　123

窗边的小豆豆　123

创新者的思考力　259

创新之道：日本制造业的创新文化　6

创意的构想　6

创意无限 50 招 + 振奋自我 50 招　65

创意折纸　259

创造商业头脑的 7 种框架力　182

春天的乘客　6

春夏美景　183

纯白之夜　259

纯天然无副作用疗效神奇的对症治疗大百科　7

磁性附着体覆盖义齿的临床术式　7

此景可待：绝美风景摄影心经　259

此世双人难全　183

从白手起家到月收一百万　123

从包包开始玩拼布　123

从初级开始日语会话练习　183

从东瀛皇居到紫禁城　260

从绩效管理到绩效领导的公共部门创新理论与实践　260

从零开始玩拼布　260

从日本中学课本学文法　260

从看病：及早发现癌症与成人常见病　123

从庭园到世博：户田景观设计 30 年　260

从头散发吸引力　183

从新判例看刑法　123

从早到晚的日语会话　183

从早到晚的生活日语单词　183

从终点开始的旅程　260

从重庆通往伦敦、东京、广岛的道路：二战时期的战略大轰炸　7

聪明宝贝的第一堂折纸课：日本最佳儿童折纸游戏　123

聪明的大脑　183

聪明格　123，124，183，184

聪明孩子都爱玩的折纸游戏　184

催眠的秘诀　65

催眠方法入门　65

催眠术　66

村上朝日堂的卷土重来　260

村上春树，去见河合隼雄　260

村上春树：转换中的迷失　66

村上春树论：精读《海边的卡夫卡》　7

存在与意义：事的世界观基础　124

D

DaLaDaLa 终极打混篇　60

Debug Hacks 中文版：深入调试的技术和工具　251

DNA 营养素：还您青春与健康　2

Dr. Leon 的魔法时空　176

DSLR 数码摄影攻略本　251

打工吧！魔王大人　260

打开打开　184

打开理工科世界的"金钥匙"　260

打开世界的遥控器：解密顺序控制　260

大便书　66

大肠疾病正确治疗与生活调养　260

大肠内镜治疗　7

大道说法　184

大耳狗的手帕世界　260

大耳狗的折纸世界　261

大耳狗和圣诞晚会　66

大规模 Web 服务开发技术：数据结构、内存、操作系统、数据库、服务器、基础设施　261

大河马　66

大家的日语　124，184

大家说日语　184

大家想知道的动物园 50 问　185

大家想知道的水族馆 50 问　185

大建筑项目与小空间设计　261

大江健三郎传说　66
大江健三郎精品集　66
大江健三郎口述自传　66
大口吃饭的秘密　261
大脑　261
大人的涂绘　7
大声回答我在这儿　124
大象的时间老鼠的时间　185
大萧条时期的中国：市场、国家与
　　世界经济　185
大雄的结婚前夜·奶奶的故事
　　66
大雄的恐龙：电影哆啦A梦　7
大雄的猫狗时空传　66
大雄的奇幻大冒险：电影哆啦A
　　梦　66
大雄的太阳王传说　66
大雄的宇宙漂流记　66
大熊猫大智慧　66
大野耐一的现场管理　261
待到稻花飘香时：日本专家原正市
　　在华工作纪实　67
戴拿奥特曼　7，8
戴拿奥特曼经典大战　124
戴拿奥特曼眼力大搜索　185
丹特丽安的书架　261
单反摄影随身手册. 提高篇　185
单恋　185
单女的美好生活. 带着老妈去旅
　　行　261
单女的美好生活. 葡萄牙早、午、
　　晚　261
当局不迷50招＋困境自强50招
　　67
当我谈跑步时 我谈些什么　124
刀剑神域　261
倒错的死角　261
到底要不要撒谎？　185
道家思想的新研究：以《庄子》为
　　中心　124
道歉是门心理学　185
道因法师碑　67
稻盛和夫の论语　262
稻盛和夫自传　185
稻作基本技术　124
得中国者得天下　185
德川家康　8，32，67，124，185，
　　262
德川庆喜　262
德川思想小史　124
德富芦花散文　67
德国　263
德姬太太的告别演出　68
德鲁克看中国与日本　124
德鲁克思想入门　68

德沃夫爷爷的森林小屋　8
登山的智慧　124
等待，只为与你相遇　186
等等，等等！　186
等云到：与黑泽明导演在一起
　　186
低预算庭院设计案例　263
低智商社会：如何从智商衰退中跳
　　脱出来　186
迪戴盖怪兽大图鉴　186
迪迦奥特曼大迷宫　8，9
迪迦奥特曼天天玩　9
迪迦奥特曼眼力大搜索　186
迪迦奥特曼钻石典藏　9
底吹转炉法：引进·搅拌效果·顶
　　底复合吹炼　68
地道商务日语会话　68
地基—结构动力相互作用分析方
　　法：薄层法原理及应用　124
地理环境与民俗文化遗产：自然环
　　境与民俗地理学　125
地名的世界地图　9
地球的治理方法　125
地铁防火规范详解　125
地头力：从结果出发解决问题
　　186
地下　263
地下100层的房子　263
地下室开始的奇妙旅行　186
地狱奇术师　186
地狱训练·摇滚吉他　263
地震动的谱分析入门　68
地震知识读本　125
帝国的软肋：大汉王朝四百年
　　68
第八日的蝉　125
第六个小夜子　68，263
第三次经营革命：ECR式经营方
　　式　68
第一次说日语：快速入门88句
　　263
第一次玩爱尔兰立体蕾丝钩编
　　263
第一次玩草木染　263
第一次玩拼布　125
第一次学烘焙　125
第一次学做面包　125
第一次学做西点　125
第一次一个人旅行　9
点点点　186
点与线　186
点与线：零的焦点　9
电波女与青春男　186，263
电动汽车时代的企业战略革新
　　263

电工操作一点通　68
电工电路　125
电工电子测量　125
电工实用手册　9
电话销售魔法　263
电火花加工：学以致用　264
电气设备故障分析与对策　125
电气设备检测与试验　125
电气设备维护与控制　125
电气设备现场试验及检测技术
　　68
电影超级百科　68
电子电路　125
电子实用手册　9
电子之星　68
顶顶鼻子　264
顶级意大利面·匹萨技术教本
　　187
定本·育儿百科：畅销10年纪念
　　版　187
定本育儿百科　187，264
东方神起——神遗落在人间的奇
　　迹　264
东方妖游记　264
东海道徒步旅行记　264
东京·里风景　187
东京昆虫物语　264
东京商务区的艺术与设计　68
东京审判·战争责任·战后责
　　任　126
东京塔　9
东京塔：老妈和我，有时还有老爸
　　126，187
东京湾景　68
东京心理师教你王牌驭人术：30招
　　迅速提升好感度　187
东史郎对日本军国主义的批判　9
东亚的产业集聚：形成、机制与转
　　型　264
东亚近代经济的历史结构：东亚近
　　代经济形成史. 2　9
东亚论：日本现代思想批判　264
东亚三国志　264
东瀛禅语　9
冬季用品商店　187
冬天里的蝴蝶　264
冬天球球　264
咚咚！搭积木　265
动漫创意产业论　10
动物百科图鉴　10
动物村的钩针玩偶　126
动物的奥秘　187
动物感染症　69
都市将变成这样：带你看到30年
　　后的城市　10

都与京　187
毒刀·镀　265
毒舌北野武　126，187
毒笑小说　187
独立，从一个人旅行开始　265
独眼猴　187
读杜札记　265
读故事听音乐　187
读解日语·上　10
读解日语·下　11
读书人　265
笃姬　126
堵塞学　265
肚脐眼的秘密　187
度过危机：企业领导人必备的绝对
　条件　126
短码之美：编程达人的心得技法
　265
断食一身轻　11
断食瑜伽：五天即见效的身体与心
　灵修炼　265
锻炼"地头力"：打造你的黄金思
　考力　265
锻炼脑力的翻绳游戏　126
锻炼脑力的折纸　188
锻炼眼力·轻松快乐健脑革
　命　69
对话的文明：谈和平的希望哲
　学　11
对话笈川：学习日语不得不谈的那
　些事儿　265
对映体分离　69
敦煌　188
敦煌变文写本的研究　188
敦煌的光彩　265
敦煌讲唱文学写本研究　188
敦煌文书的世界　11
敦煌之旅　188
钝感力　11，69
盾构法的调查·设计·施工　69
盾构隧道的抗震研究及算例　126
多层低温共烧陶瓷技术　188
多多老板和森林婆婆　126
多田便利屋　69，265
多维视域：商王朝与中国早期文明
　研究　126
多文化世界　69
哆拉A梦大搜索　126
哆啦A梦爆笑全集　126，127，
　188
哆啦A梦彩色作品合集　11，188
哆啦A梦超级棒球传　188

E

EQ瘦身法　251

Excel 2003/2002/2000 函数大全
　2
Excel 函数与公式辞典　2
俄罗斯风格小屋　265
俄罗斯幽灵军舰之谜　189
恶刀·钲　189
恶魔迷宫　189
恶人　189
恶意　127
鳄鱼怕怕牙医怕怕　69
儿童手工大百科　189
儿童手作服　265
耳部疾病正确治疗与生活调养
　265
二十世纪思想史年表　127

F

Flash 8 全实例学习手册　2
发生在黄土村庄里的日军性暴力
　69
发现　69
发现特别的自己　266
发育障碍儿童诊断与训练指
　导　266
发展经济学：从贫困到富裕　127
法国菜用语手册　69
法国奶酪品鉴　266
法华经新释　266
烦恼力　189
反败为胜50招＋平衡自立50招
　69
反恐常识与实践　69
反哲学入门　266
反自杀俱乐部　127
防水设计与施工　69
防灾格言：守护生命的一百条训
　诫　189
仿人机器人　11
放浪记　266
放学后　189
飞吧！小飞机　266
飞吧孩子　70
飞往巴黎的末班机　127
飞翔的小猫鱼　189
飞呀，飞呀，飞上天　127
飞越彩虹　70
非比寻常的一天　266
非设计不生活　11
非实体店铺营销策略　266
非线性最优化基础　266
废园天使　189
分身　189
丰臣家族　70
丰臣秀吉　127

丰田传　12
丰田的思考习惯　189
丰田管理方式　70
丰田领导者　189
丰田人才之道　127
丰田式改善力　127
风、太阳与海洋　190
风的生涯　266
风光摄影实战　189
风景构成法　266
风景摄影用光与构图　189
风靡亚欧的手编小饰物119款
　266
风能技术　128
风中的蝴蝶　190
佛教　70
佛教逻辑学之研究　190
佛教十二讲　70
佛罗伦萨乡间生活　267
服务从心开始　267
服务带来奇迹　12
浮华世家　128
浮士绘三国演义　12
浮世绘水浒传　12
浮休　128
福村弘美的手工泰迪熊　190
福利国家的社会学　267
福泽谕吉《文明论概略》精读
　190
父母离去前你要做的55件事　267
父亲的肖像　267
父子约定　190
负建筑　70
负离子的神奇疗效　128
赴日必修日语词汇全掌握　70
赴日留学初级日语会话教程　70
复乐园　190
复杂系统暨鲁棒控制的理论和应
　用　190
腹证奇览　70

G

G 少年冬天的战争　176
G 时代创业的五大定律　176
GIS 在经济社会空间分析中的应
　用　60
Glisson 蒂横断式肝切除术　60
GOGO！美人道·一个人也可以美丽
　176
伽利略的苦恼　267
该起床了吧　190
改变2万人的PUSH美腿秘籍
　190
改变2万人的PUSH美腰秘籍

190

改变身体的美丽体操　12

改善视力提升注意力 3D 益智游戏　267

盖房记　267

概率，统计　267

干法：稻盛和夫写给职场人的工作真谛　190

干劲的开关　190

干酪精选123 款　128

肝病自我诊疗与全面调养　190

感动顾客的秘密：资生堂之"津田魔法"　128

感性论：为了被开放的经验理论　70

肛肠病诊疗精要　128

钢筋混凝土构件抗震施工技术　267

钢桥抗震与损伤控制设计指南．基础篇　70

钢之炼金术师　70，71，72

杠杆经营术：破译成功商业模式的密码　190

杠杆时间术：无风险、高报酬的时间投资法则　191

杠杆思考术：成功人士的思维与导航　128

杠杆阅读术：商业知识的最佳实研法　128

高德拉特问题解决法　191

高等教育财政与管理　191

高等教育的社会经济学　12

高等微积分　267

高尔夫球入门　72

高分子・胶体化学新论　12

高跟鞋的魔力　267

高级计量经济学　191

高价也能畅销：奢侈品营销的七项法则　12

高考翻身记：那一年，我们都还有机会　267

高冗余度钢结构倒塌控制设计指南　12

高山杀人行1/2 女人　191

高速电力线通信系统（PLC）和EMC　267

高温熔体的界面物理化学　128

高效工作术　267

高血压　191

高血压・动脉硬化：超级图解　128

高血压正确治疗与生活调养　191

高血压自我诊疗与全面调养　191

高血脂自我诊疗与全面调养　191

高压输配电设备实用手册　128

高野圣僧：泉镜花小说选　128

高脂血症正确治疗与生活调养　191

高职高专新概念日语教程　128，129，268

羔羊的盛宴　268

告白　191

哥儿　72

哥就要 Hold 住　268

蛤蟆爷爷的秘诀　268

个性卷发 DIY　12

给未来的记忆：河合隼雄回忆录　268

根据词源记忆解剖学英日汉语词集　129

跟我学说日语　129

跟我做不老操　129

跟我做活力操　129

跟着 DVD 快乐学折纸　191

工作的规则　191

工作力　191

公共外交："舆论时代"的外交战略　191

公爵更家的 1 分钟散步疗法　12

公司病：企业风气改革大师的诊断与处方　268

公司持续繁荣的秘诀　268

公司法概论　268

公义之死　268

攻克 CTO：慢性完全闭塞冠状动脉病变介入治疗　192

攻心说服力　12，129

供水系统病原微生物对策　268

宫本武藏　72

宫崎市定说水浒：虚构的好汉与掩藏的历史　72

宫崎市定说隋炀帝：传说的暴君与湮没的史实　72

宫泽喜一回忆录　129

宫泽贤治杰作选　13

宫泽贤治童话　13，129

共犯体系和共犯理论　192

沟口健二的世界　268

钩出超可爱立体小物件 100 款　129，268

钩出我的贴心小物　268

钩针的基础　192

钩针狗狗的每一天　192

钩针花片・饰边300　13

钩针花样 300　13

狗狗驯养入门　130

构图　192

咕噜噜，拉便便　130

姑获鸟之夏　72

孤岛野犬　130

孤子理论中的直接方法　72

古埃古埃及大全　72

古典音乐简单到不行　72

古典音乐就是这样子！　73

古殿：十五世纪米兰莱奥纳多・达・芬奇的微笑　13

古都　192

古绘诗经名物　269

古利和古拉　73

古文明失落之谜　13

股票入门与技巧　73

骨关节 X 线摄片及读片指南　269

骨盆美体操　73

骨头会碎也会折　192

骨音　73

"故乡"与"他乡"：广东归侨的多元社区、文化适应　192

顾客抱怨成就销售冠军　192

顾客买的是服务：掌握提升顾客满意度的关键　269

顾客满意之道　13

怪诞创富学：赚钱的学问来自于花钱的艺术　269

怪盗罗宾之古埃及档案　130

怪人们　192

怪谈　73，130

怪医黑杰克　13，14，15，73

关于莉莉周的一切　130

关于没钱那点儿事　73

关原之战：争霸天下　192

观光纪游观光续纪观光游草　130

官僚制社会学　130

管理中的行为心理学　130

灌篮高手原画集　73

光冈知足说肠内革命　73

光圈与快门速度　192

光射之海　15

光学材料手册　192

光与影　130

光与影的魔幻乐园　269

广岛札记　130

广告心理　192

广告宣传的心理战术　74

规范论和刑法解释论　269

贵金属和稀有金属电镀　130

国际会议英语表达实例　269

国际经济合作：第二版　130

国际经营：日本企业的国际化及对东亚的投资　74

国际日语能力测试词汇训练1000题．1・2 级　74

国际日语能力测试语法训练1000题．1・2 级　74

国际食品安全及农业资源经济分

析 269
国际司法裁判制度 15
国际文化论 269
国家·独生子女·儿童观：对北京市儿童生活的调查研究 130
国家基金：国际金融资本市场的新主角 193
国家与祭祀：国家神道的现在 15
国家与牺牲 74
国家主导型教育的得失与日本现代化 15
国境以南太阳以西 15
国宪泛论 130
国债的历史：凝结在利率中的过去与未来 269
果然！这样的男人还是分了好 193

H

Hello Kitty·小淑女 251
Hellokitty 好朋友 176
Hills 垂直花园城市：未来城市的整体构想设计 251
HTML&CSS&JavaScript 语法辞典 2
哈！粉色 A 型人 193
哈佛老妈的教育笔记 269
哈姆急救箱 15，16
哈姆俱乐部 16
孩子的身体、安全、健康 131
孩子的右脑 IQ 训练 16
孩子的宇宙 193
海边的卡夫卡 17
海马记忆法 17
海马记忆训练 17
海水鱼图鉴：世界 600 种海水鱼饲养与鉴赏图典 269
海外旅行 269
含硅聚合物：合成与应用 74
韩国 131
汉方小说 193
汉方诊疗三十年 269
汉字文化圈的思想与宗教：儒教、佛教、道教 193
焊接变形和残余应力的数值计算方法与程序 74
航海王：尾田荣一郎画集．狮子 Li-on 270
航海王：尾田荣一郎画集．鹰 Eagle 270
航海王．11 名超新星 131
航海王．BLUE 伟大内幕集锦 269
航海王．DAVYBACKFIGHT 131
航海王．HOPE 74

航海王．RED 伟大人物特写 270
航海王．奥兹的冒险 131
航海王．变档 131
航海王．船长 131
航海王．岛上歌声 131
航海王．第九号正义 131
航海王．多云有时有白骨 131
航海王．噩梦路飞 131
航海王．海盗 VSCP9 131
航海王．火箭人 131
航海王．价值一亿的男人 74
航海王．决战阿鲁巴拿 74
航海王．理想乡 74
航海王．罗格镇篇 270
航海王．罗杰和雷利 131
航海王．七水之城 131
航海王．人的梦想 74
航海王．神之岛的冒险 74
航海王．汤姆先生 131
航海王．投降吧！海盗冈扎克 270
航海王．王者资质 131
航海王．薇薇的冒险 74
航海王．宣战 131
航海王．英雄传说 131
航海王．再次到达 132
航海王．争夺战 132
好大好大的红薯 270
好斗男孩 270
好饿的老狼和猪的小镇 75
好饿的小蛇 17
好感约会衣妆 17
好妈妈成就好孩子 132
好妈妈的第一本漫画育儿书 270
好妈妈的亲子按摩书 270
好玩儿的比萨饼 193
好喜欢吃蔬菜 270
好喜欢你 193
好想好想两个人 75
好性格 吃出来 132
喝汤喽，擦一擦 75
何处是归程 193
何为日本人 193
何谓日本 75
何谓日本人 75
和爸爸妈妈一起玩剪纸 193
和红酒一起享用 270
和纽约客飚口语 270
和式配色 17
和小雨滴一起天天向上 193
和颜爱语 270
河流的一生 193
荷兰比利时卢森堡 270
核电员工最后遗言：福岛事故十五年前的灾难预告 271

黑客与密码 75
黑龙江省水稻低温冷害研究进展 132
黑龙江水稻生产与风险经营 17
黑色笔记 75
黑色回廊 271
黑色十字架 132
黑色幽默经济学 193
黑死馆杀人事件 132
黑笑小说 193
黑雨 75
黑泽明 VS 好莱坞 194
黑执事 271
横跨中国大陆：游蜀杂俎 17
轰隆轰隆 喵~ 75
弘法大师·空海与书法 194
弘法大师著述辑要 271
红、白、蓝拼布 75
红白蓝色的血 194
红茶精选101 款 132
红茶品鉴大全 132
红花 132
红蜡烛和人鱼姑娘 17
红莲 271
红楼梦杀人事件 75
红绿灯眨眼睛 75
红色诱惑 271
红手指 271
红薯·南瓜·栗子点心 DIY 194
虹 75
狐狸的神仙 17
狐狸和狼．到明天还是朋友 271
狐狸和狼．对不起，朋友 272
狐狸和狼．好朋友出租 272
狐狸和狼．好朋友明天会不会来 272
狐狸和狼．朋友回收站 272
狐狸和狼．他也是我们的朋友 272
狐狸和狼．谢谢你，朋友 272
狐狸和狼．最怀念的朋友 272
狐者异 272
壶中的故事 272
糊糊·臭臭·便便·球球 194
互动式汉语口语基础 17
互动式汉语口语入门 75
护理福利学研究 132
护理技术临床读本 17
花卉圣经 194
花卉折纸精萃 75
花猫幻语 194
花木村和盗贼们 272
花式发型梳编技巧 76
花小兔视觉发现 272
花样包装：实用礼品包装 110 款

132

花样造型拼布教程　76
花叶死亡之日　272
花园景观百变秀　132
花之庆次：一梦庵风流记　132
华莱士人鱼　76
华美编织花样　17
哗啦啦，洗澡了　132
化学工业中的过程控制　272
化妆改变女人命运　194
画出更美丽的颜色！画材的使用方法　133
话说对了，孩子就会听了　133
桦鬼．恋之华　194
桦鬼廿月时刻　272
怀抱花月的水妖　273
怀抱猫咪，与象共泳　273
坏人们　194
还原离子的基础和临床　133
环境·景观设计技术　18
环境革命的时代：21 世纪的环境概论　133
环境经济学新论：环境经济学讲义　273
环境色彩设计技法：街区色彩营造　273
环境商机：得环境者得天下　76
环境社会学：站在生活者的角度思考　133
环境行政的法理与方法　76
幻境：KAGAYA 作品集　76
幻兽物语　76
幻想破灭的资本主义　76
幻之翼　273
宦官史诂　273
换个活法：临终前会后悔的 25 件事　194
唤出幸福的心经智慧　273
荒岛上的野狗　273
荒木隆次的呼吸健康法　194
黄昏清兵卫　194
黄昏色的咏使　273
黄土高原的村庄：声音·空间·社会　18
谎言法则　133
灰色 byebye：职场抑郁终结手册　194
灰色的彼得潘　133, 194
灰之迷宫　133
回顾九十年　76
回归地域生态系统：急陡坡面森林恢复的新理念和战略　18
回归原点：丰田方式的管理会计　273
回廊亭杀人事件　194

回忆，扑克牌　273
会变形的汉堡包　195
会动的手工游戏书：4～6 岁.巧手篇　133
会动的手工游戏书：4～6 岁.益智篇　133
会飞的爷爷　133
会计拉面　76
会说话的女人，人人爱　195
会说日语的 170 个理由　133
会算计才能赚钱　273
绘本之力　273
魂　76
魂断阿寒　273
混凝土实务手册　195
活宝三人组．儿童会会长　273
活宝三人组．花样记者团　274
活宝三人组．婚姻咨询所　274
活宝三人组．绒毛猪的秘密　274
活宝三人组．时间漂流记　274
活法．超级［企业人］的活法　133
活物　133
活着的士兵　76
火车　133
火车火车朝前开　274
火车头的奇妙旅程　76
火箭小蜡笔　274
火烈鸟的家　195
火影忍者　195, 274
霍金的"赌注"：物理巨匠的"争吵"　195
霍普夫代数　133

I

idea ＋：打开设计师的创意百宝箱　251
IPv6 详解　118
IT 大趋势：2010～2014 年全球信息技术导航图　251
IT 导航图：2009 年版 5 年后信息通信技术的变化　176
IT 的发展与个人信息保护　2

J

饥饿岛大冒险　274
机电一体化　18
机电一体化实用手册　18
机动战士敢达 UC：独角兽之日　274
机器人学校的七大怪事　18
机巧馆神秘杀人事件　195

机械公式活用手册　274
机械实用手册　76
机械图样解读　195
鸡蛋哥哥　76
鸡蛋哥哥小组　77
鸡尾酒 315 种：世界鸡尾酒百科全书　195
积木小屋　274
基本化妆术　195
基本建筑结构力学：从悬臂梁开始的内力与位移计算　134
基因与疾病的原理　18
基于呼吸及口周肌功能的正畸临床治疗　134
基于能量平衡的建筑结构抗震设计　195
基于球杆仪的数控机床精度评价方法　274
畸形的日本人　274
激发购物欲的 3 秒钟　134
吉野家的逆境经营学　195
吉益南涯医论集　134
吉益氏医论医案　134
极乐园　77
即学即用意大利语会话词典　134
即战力：如何成为世界通用的人才　18
笈川日语发音教科书　274
笈川日语基础会话　274
疾病写在脸上：不可不知的 46 个疾病信号　196
集英社学习漫画·世界名人传记：被称为钢琴诗人的天才作曲家.肖邦　134
集英社学习漫画·世界名人传记：被称为乐圣的大作曲家.贝多芬　134
集英社学习漫画·世界名人传记：被称为魔术师的发明王.爱迪生　134
集英社学习漫画·世界名人传记：被誉为神童的天才作曲家.莫扎特　134
集英社学习漫画·世界名人传记：缔造蒙古帝国的草原勇士.成吉思汗　134
集英社学习漫画·世界名人传记：发现万有引力的科学家.牛顿　134
集英社学习漫画·世界名人传记：发现新大陆的探险家.哥伦布　134
集英社学习漫画·世界名人传记：两度获得诺贝尔奖、发现镭的科学家.居里夫人　134

集英社学习漫画·世界名人传记：
　能写出《昆虫记》的虫子诗人.
　法布尔　135
集英社学习漫画·世界名人传记：诺
　贝尔奖的创办者. 诺贝尔　135
集英社学习漫画·世界名人传记：
　誓死捍卫科学的物理学之父. 伽
　利略　135
集英社学习漫画·世界名人传记：
　提出相对论的天才科学家. 爱因
　斯坦　135
集英社学习漫画·世界名人传记：
　为全世界所喜爱的"童话大王".
　安徒生　135
集英社学习漫画·世界名人传记：
　以《蒙娜丽莎》闻名于世的全能
　天才. 达·芬奇　135
集英社学习漫画·世界名人传记：
　以机灵著称的高僧. 一休　135
集英社学习漫画·世界名人系列：
　圆人类翱翔之梦的飞机发明者.
　莱特兄弟　135
计量经济学：基础理论与方法
　196
记录式减肥　135
记事本圆梦计划　275
继父　275
加法启蒙　77
加勒比地区　18
加速实现目标的 5×5 法则　196
加速世界. 黑雪公主再临　275
加速世界. 红色暴风公主　275
加油鸡蛋哥哥　77
佳能 EOS500D 完全实用手册　196
家居布置 ABC　135
家里的朋友们　275
家门外的自然课　275
家事一点通 1000 例　18
家庭保健小百科　135
家庭必备急救手册　135
家庭厨事 ABC　135
家庭经络淋巴按摩　135
家庭收纳小百科　135
家庭自疗速查手册　275
家庭足部按摩　136
家鸭与野鸭的投币式寄物柜　275
家养孔雀鱼百科　196
家养陆龟百科　136
家养绿植：装饰·培养·欣赏
　136
家养水龟百科　136
家族企业　18
甲亢自我诊疗与全面调养　136
甲田式癌症防治法　136
甲田式断食法　77

甲田式少食法　136
甲午战争　136
甲状腺疾病　196
甲状腺疾病正确治疗与生活调
　养　275
甲子园的梦想　196
价值百万的职场地图　196
犍陀罗美术寻踪　18
检证战争责任：从九一八事变到太
　平洋战争　19
剪纸游戏　275
剪纸与折纸的童话世界　136
减法启蒙. 5~6 岁　77
简单！好学！日语单词　275
简单到不行的职场日本语　136
简单的博弈论　275
简单的心理学　275
简单即效的穴位按摩　196
简单开始种蔬菜　275
简单实用防身术　196
简单实用妙招收纳经典　19
简单又好做的小烤箱面包　196
"碱"来的健康：神奇的青梅精
　196
建筑的七个力　136
建筑的未来　275
建筑电气设备　77
建筑风荷载流体计算指南　196
建筑环境设备学　19
建筑结构设计精髓　276
建筑结构与构造　19
建筑木质构造　196
建筑设计资料集成　19
建筑施工安全与事故分析：日本工
　程实例　136
建筑施工管理手册　77
建筑现场营造与施工管理　77
建筑与环境　276
建筑与环境共生的 25 个要点　196
建筑院校学生毕业设计指导　197
建筑造型分析与实例　19
剑客生涯　276
健康·轻松：家庭足部按摩　19
健康长寿饮食指南　276
健康从水开始：电解还原水全攻略
　77，276
健康果汁 400 例　19
健康养颜蔬果汁 1+1　197
健康营养蔬果汁 232　136
践行德鲁克. 思考篇　276
践行德鲁克. 行动篇　276
江户时代的诗风诗论：兼论明清三
　大诗论及其影响　77
降低胆醇甘油三酯　136
降低糖尿病血糖值　136

交通工具大集合　276
交响情人梦　197，198，276
骄骄的王冠　136
焦虑与心理冲突　77
角色书信疗法：一种针对"问题少
　年"的心理咨询方法　276
角鸮与夜之王　276
饺子馆和高级餐厅，哪个更赚
　钱？　77
叫醒布拉格　276
教育力　276
教育评价　277
阶层是会遗传的：不要让你的孩子
　跌入"下流社会"　78
接触网与受电弓特性　198
洁净钢生产的中间包技术　137
结缔组织病正确治疗与生活调
　养　277
结构设计的新理念、新方法　78
结构设计专家入门. 钢结构
　篇　277
结构相变物理：第 2 版　137
截肢与假肢　198
解读性格密码性格与人生　137
解救公主　277
解决问题的哲学　19
解困：不再为人际关系烦恼　19
解体诸因　198
芥川龙之介读本　277
今天运气怎么这么好　19
金代道教研究：王重阳与马丹
　阳　20
金鹅　277
金阁寺　198
金匮要略集注　137
金匮玉函要略辑义　277
金牌推销员的 50 条真经　198
金融大崩坏之后的世界变局　198
金色梦乡　198
金色夜叉　137
金鱼饲养大全　277
金属材料常识　137
金属丝网首饰：源自意大利的浪漫
　风情　78
紧凑型城市的规划与设计　277
进阶文化日本语教程. 日本经典故
　事集萃　198
近代朝鲜的开港：以中美日三国关
　系为中心　78
近代刑法思想史序说：费尔巴哈和
　刑法思想史的近代化　198
近代中国的知识分子与文明　78
禁色　277
经典面包制作大全　198
经方药论　198

经方医学　199
经济发展的转折点：日本经验　78
经济环保的小苏打洗衣　78
经穴汇解　78
经营沉思录　137
经营的本质　199
经营管理秘诀：身为经理应该掌握
　的30门基本科目　199
经营理念：继承与传播的经营人类
　学研究　277
经营永无止境：流通零售业中的实
　战经营理论　78
惊心动魄的火车头大暴走　20
晶体管电路　137
精彩开场一千句　20
精灵公寓　20
精神医学和精神医疗：从临床到社
　区　277
精选大贯喜也诗集　137
精准解读健康检查报告书　137
精准预测日语能力测验　78，79
鲸鱼　20
颈部决定健康　137
颈椎腰椎康复书　137
景观设计实例　20
警惕！小毛病变大麻烦　199
净化日本　79
净化身心的瑜伽　137
净化血液的革命　199
净化自我的101个习惯　199
竞争力：日本企业间竞争的启
　示　277
靖国问题　20
境界　199，200，201，277
镜子的法则：实现幸福人生的魔
　法　137
镜子之家　278
纠正狗狗的坏习惯　138
九鬼周造的哲学：漂泊之魂　138
九品官人法研究：科举前史　79
九折堂读书记·千金方·外台秘
　要　79
酒店实务日语　20
酒和熟化的化学　278
酒井法子：孤独的兔子　201
酒井法子：隐藏的素颜　201
酒井式瘦身法　278
旧京书影：一九三三年　278
就医前的健康常识　20
居所中的水与火：厨房、浴室、厕
　所的历史　202
居住的学问　278
《菊与刀》新探　20
橘瑞超西行记　202
巨人和公主的眼泪：新美南吉童话

精选　202
巨型建筑设计之谜　278
卷毛狗狗的日常护理与驯养　202
绝刀·铇　202
绝对减少体脂肪　138
绝对完美肌肤　138
绝密大作战　202
掘金：从人际交往中获益　21
崛起中的中国花都汽车产业基地：
　广东省广州市花都区的发展战
　略　79
嚼出好脸型！口香糖小脸书　278
军国的幕僚：见证从愤青到全民颠
　狂的历史进程　21
均衡饮食瘦身法　278
卡巴拉数字密码　278
卡迪斯红星　202
卡通漫画入门技法大全　21
咖啡品鉴大全　138
咖啡师顶级技术　138
咖啡制作大全　21
开车去兜风　278
开花老爷爷　278
开口就能说重点　278
开心的折纸过家家　278
凯蒂猫的欢乐聚会　79
凯蒂猫的折纸世界　279
凯蒂猫和朋友们的趣味绘画　279
凯蒂猫和小伙伴们　79
凯蒂猫小线偶　202
凯蒂猫在苹果森林　79
砍掉浪费：企业员工人手一册的节
　约读本　21
看报纸学日语：日语新闻读听说训
　练教程　279
看不懂财报，做不好管理　138
看不见的脸　138
看穿人心术拿来就用　279
看得见的相对论　279
看得见风的男孩　21
看过来！我是日语听力王　202
看日本：逝去的面影　138
康复的家庭　79
考史游记　21
科学的社会史：从文艺复兴到20
　世纪　279
科学故事集.超级好玩　279
科学问答166　79
可爱de手工编织　138
可爱包包头：时尚盘发72变
　138
可爱宝贝的棒针衫　138
可爱的花式巧克力甜点　279
可爱的毛毡小饰物　80
可爱的手套娃娃　138

可爱女孩子的画法　279
可持续性住宅建设　80
可可和拉拉的星星王国　80
可乐小子　202
可怕的咖喱饭　203
可怕的心理学　279
可视力：实现可视化管理的5种方
　法　21
可笑的日本人　138
可以对心灵编程吗　203
克服胆怯　203
克里奥帕特拉的葬送　80
刻在石头上的世界：画像石述说的
　古代中国的生活和思想　203
空的正确理解　21
空腹力革命　203
空间设计技法图典　279
空间思维大挑战.立体王　203
空色勾玉　80
空中庭园　203
孔子　203
恐怖之谷　139
恐龙大陆　80，139
恐龙之谷　203
口红　279
口红将军的凯旋　203
枯树赋　80
苦闷的象征　21，80
跨时代证言：中日民间友好运动的
　一幕　204
跨越性批判：康德与马克
　思　279
快出来快出来　204
快乐保健一点通：幽默图解版
　204
快乐长寿的38个生活习惯　80
快乐的每一天　279
快乐上班的经济学：藏在生活中的
　经济学好管家　139
快乐学习数学基础　204
快跑，小猫鱼　280
快跑，云梯消防车　280
快速提高算术力　204
宽松的纽带　80，280
狂骨之梦　139
矿泉水才是最好的药　139
窥视工作间　21
葵　280
傀儡之城　204
昆虫记.法布尔传——昆虫诗人的
　一生　280
昆虫是怎样过冬的？　280
昆虫为什么能在玻璃上行
　走？　280

L

LED 照明设计与应用　118
垃圾筐电影院　280
拉筋让你更年轻　280
蜡笔咕噜咕噜　280
蜡笔小黑　80
蜡笔小新这样教会更棒！　80
蜡笔小新之昆虫的奥秘　139
蜡笔小新之世界的伟人：20 人　139
蜡笔小新之世界各国真的好奇妙　139
蓝色圈套　280
懒人 98 盆栽：98 种小巧轻盈的桌面盆栽　21
懒人实用家庭收纳　139
老爸这样的男人　280
老公，你跑不掉了！　139
老化与寿命的机制　21
老妈这样的女人　280
老奶奶的汤匙　139
老年痴呆症：生活史·症状·对策　204
老年住宅设计手册　280
老师的提包　280
老子的密语　280
乐毅论　80
乐园：我的诺贝尔奖之路　204
乐在读懂上司　22
勒·柯布西耶的住宅空间构成　22
类聚方、药征及药征续编　80
类聚方广义　139
棱镜　204
冷弯成型技术　80
离别的钢琴奏鸣曲　281
离子交换膜基本原理及应用　204
理科的人　281
理科生也可以结婚吗？　204
理由　204
历史的启示：欧亚大陆·希腊英雄·应仁之乱　204
历史与反复　281
立体益智游戏　22
立体纸工大图鉴　281
立体纸花　81
立体纸艺巧手做　204
连在一起　81
脸，脸，各种各样的脸　81
练成销售冠军的关键一年：绝对成交的 118 个技巧　140
恋爱的烦恼缘于一张脸　140
恋爱时代　81，281
恋爱永远是未知的　81

恋爱这点事　81
恋空　81，281，282
恋空：绘本版　281
恋上缤纷炫美甲　140
恋上不织布：手工制作迷你小饰物　140
恋上刺绣　282
良知之道：一个经营者的三上磨练　140
两宋王朝：奢华帝国的无奈　81
量刑　140
裂舌　140
临床护理——危险防范指导　22
临床肌肉病理学　22
临床应用汉方处方解说　81
拎着环保包去购物：37 款包包创意 DIY　140
灵魂离体杀人事件　204
灵魂之匣　282
铃木小提琴教材　140，141
零的焦点　205
零起步玩手工·儿童手作服上衣　205
领导者收服人心的沟通之道　282
流冰之旅　141
流动与沉淀：哲学断章　282
流体力学　205
流通原理　22
流星之绊　205
流行不织布手工精粹　141
流行排毒健康法：瘦身·美体·消除浮肿　22
流行饰品自己做.1　22
流行饰品自己做.2　22
琉璃之海　81
六朝贵族制社会研究　22
六朝精神史研究　205
六点准时下班：打造黄金团队的秘密武器　282
龙凤之国　141
龙居景观：中国人的空间艺术　22
龙狼传　22，23，24，25
龙眠　81，282
龙卧亭幻想　282
龙卧亭杀人事件　205
龙与虎　282
龙之物语　81
卢利尤伯伯　141
炉边情话　282
鲁拉鲁先生的院子　141
鲁拉鲁先生的自行车　141
鲁拉鲁先生请客　141
鲁迅与终末论：近代现实主义的成立　81
陆拾柒目：画花·话花道　205

鹿地亘的反战思想与反战活动　82
鹿男　141
路易斯·I·康的空间构成：图说 20 世纪的建筑大师　25
驴子了不起：职场小剩女的幸福生活　282
旅行回忆的杂货教室　282
旅游日语简单到不行　283
旅游政策学　205
绿色的革命：漫话燃料电池　283
绿色反应介质在有机合成中的应用　25
乱鸦之岛　141
论社会责任对公司治理模式的影响　205
《论语》和日本人　205
《论语》七十二谭　25
论语和算盘　283
论语与算盘　25
罗德斯岛战记　25，82，283
罗格领带　82
罗马人的故事.罗马不是一天建成的　283
罗生门　82，141，205，283
螺纹加工　206
裸妆　206
络新妇之理　206
落洼物语　283

M

M 型社会：中产阶级消失的危机与商机　176
MAMA　251
MEMS 可靠性　118
妈妈的小裤裤　206
妈妈你好吗？　82
妈咪拼布：给宝贝的 64 款可爱小物件　206
麻辣烫为什么穿在签子上卖？　206
马尔代夫：09～10　206
马克思历史理论的研究　141
马来西亚文莱：10～11　206
马氏过程　283
马越阳子作品集　26
蚂蚁扳倒大象：中小企业决胜商场的 15 个法则　141
蚂蚁有智慧吗？　283
买股票，找这样的公司就对了　82
买在最低点　141
卖场设计 151 诀窍　141
卖毒的女人　206
卖竹竿的小贩为什么不会倒？　26

"满映"电影研究　206
满月之夜白鲸现　283
慢性炎症　26
漫画·结构力学入门　284
漫画半导体　206
漫画财务管理　283
漫画测量　206
漫画的背景与透视　206
漫画电气电路　206
漫画电学原理　206
漫画电子电路　207
漫画分子生物学　207
漫画傅里叶解析　141
漫画技法终极向导　26
漫画量子力学　207
漫画密码　141
漫画热力学　207
漫画人物 CG 技巧　142，284
漫画人物的绘画技法与描红　207
漫画人物角色设定的技巧　142
漫画生物化学　207
漫画数据库　207
漫画顺序控制　207
漫画素描与人物表现　207
漫画统计学　142
漫画统计学之回归分析　142
漫画统计学之因子分析　142
漫画微分方程　207
漫画微积分　142
漫画围棋入门.基础编　26
漫画围棋入门.实战编　26
漫画物理之力学　142
漫画线性代数　142
漫画相对论　207
漫画宇宙　207
漫画作品主题的表现方法　142
漫话电机原理　82
盲点力：造就非凡创造力　26
猫的上帝　207
猫的事务所：宫泽贤治童话精选　284
猫国物语：一个你从未见过的奇幻国度　82，142
猫拉面　207，284
猫咪眼里的万花镜　207
猫型员工的时代：超越自我实现梦想　208
帽子 围巾 鞋袜编织精选　208
帽子戏法　284
帽子制作　284
没想到我也能：一点就破的思维玄机　284
没有卖不出去的商品　208
没有声音的地方就是寂寞：诗人何其芳的一生　208

没有双手的小猫，奇比　284
没有凶手的杀人夜　208
玫瑰花开　284
霉菌书：影响生活和健康的霉　142
每日妈妈.黑潮家族　208
每天 15 分钟学日语　208
每天懂一点创意心理学　208
每天懂一点恋爱心理学　208
每天懂一点色彩心理学　142
每天都想用的布包：镰仓 SWANY 的 36 款优雅手作包　284
每天读一点有趣的世界史　284
每天坚持 30 分钟：人生取得成功的学习法让学习成为习惯　142
每天享受拼布乐趣：提袋、配件、毯子　82
美点·按摩：用现代美容穴位打造真实美丽　285
美肤必修课：不可不知的肌肤护理之道　285
美肤达人的 169 个护肤细节　142
美感是最好的家教　143
美肌革命　208
美肌生活　143
美肌特权色：让你瞬间年轻 10 岁的色彩搭配经　208
美肌有道　208
美甲达人的超炫技法　208
美甲集锦 AtoZ　82
美甲时尚宝典　26
美甲时尚讲堂　143
美甲时尚先锋　27，143
美甲炫 10000　27
美甲炫 11000　209
美甲炫 13000　143
美甲炫 9000　82
美甲炫 9500　143
美乐蒂的野外郊游　82
美乐蒂和酷洛米的趣味迷宫　285
美乐蒂和酷洛米视觉发现　285
美丽不再让年龄做主　143
美丽的凶器　285
美丽的雪夜　285
美丽上品：高档蕾丝编织披肩·饰物·背心　143
美丽始于足下　27
美丽永驻的鲜花饰品 DIY　209
美丽织出来：最新手工编织款式　143
美丽中国，创新发展：中国的商业机遇与成功秘诀　83
美女会计师藤原萌实　285
美女入门　285
美少女的画法　285

美少女角色设计　143
美味·健康的鲜果汁　27
美味方丈记　209
美味烤点心　143
美味可口的蛋糕·点心·派　209
"美学"事始：近代日本"美学"的诞生　285
美学入门　83
美颜面部瑜伽　83
魅脚美腿课程　27
魅力女性：应对心理压力 10 招　27
魅力女性盘发：板谷裕实的盘发风格　143
魅力四射的 186 款不败发型　143
萌英语单词　143
蒙古高原行纪　83
"蒙混"心理术　285
梦见街　285
梦十夜　285
梦游妖怪城　285
迷宫益智游戏　27
迷路的小猫鱼　209
迷人的串珠饰界　143
迷失日本：十一位赴日新娘的情感实录　286
迷失与决断：我执掌索尼的十年　83
谜一样的挑战书　27
米其林红色指南·东京：酒店与餐厅指南　83
秘本三国志　209
密码迷旅　83
密码四世　83
密码侦探团的礼物　83
密室　144
密中密　83
蜜糖邦尼的趣味绘画　286
蜜糖邦尼的手帕世界　286
蜜糖邦尼的折纸世界　286
蜜糖邦尼视觉发现　286
蜜月旅行　286
棉被　27，286
棉线·丝线·麻线　144
免疫力是最好的药　286
面包品鉴大全　144
面包新语：风味面包 创新秘籍　209
面包新语：基本面包 烘培秘籍　209
面具下的日本人　286
喵喵　83
喵呜　83
妙龄吸血鬼　144，209，286
民法的另一种学习方法　83

民间传承论与乡土生活研究法
209

民间信仰与社会生活 286

闽东区福宁片四县市方言音韵研
究 209

名店面包大公开 27

名叫彼得的狼 83

名牌小学入学测评试题集·顶尖训
练 83

名犬大百科 286

名犬图鉴：全世界331种名犬驯养
与鉴赏图典 286

名侦探的守则 209

名侦探的诅咒 209

名侦探柯南 84

明代乡村纠纷与秩序：以徽州文书
为中心 210

明末清初的思想与佛教 210

明清江南农村社会与民间信仰
84

明清时代东亚海域的文化交流
144

明治大帝 286

明治前期日中关系史研究 27

明治天皇·碧血怒涛卷 210

明治天皇·天皇降生卷 210

明治天皇·孝明帝驾崩卷 210

茗壶图录 210

命 28

命好不如性格好 286

模拟大规模集成电路设计基
础 28

摩天楼 84

磨床操作 210

魔法棒针 210

魔法不老美人 84

魔法发型 28

魔法钩针 210

魔法家居新主张 144

魔法美发 28

魔法美妆 28

魔法气球玩偶 144

魔法师俱乐部 210

魔法心理测试 28

魔鬼的无聊 286

魔鬼交涉术：律师亲授日常必备的
交涉心法 210

魔鬼预见术：职场先知先觉教战手
册 287

魔女宅急便 28，84，144

魔装少女就是本少爷！ 210，287

末日的愚者 210

莫逃避莫满足莫纵容 84

墨菲心想事成法则 144

墨西哥：'07～'08 28

拇指姑娘折纸剧场 28

木简竹简述说的古代中国：书写材
料的文化史 29

木匠和鬼六 85

目标管理决定成败 29

N

N1文字词汇习题集 252

N2文字词汇习题集 251

N3文字词汇习题集 252

NO.1名模教您居家护肤新经 118

N·P 60

哪个怪怪的？ 210

哪个是哪个？ 210

纳棺夫日记 210

纳米电镀 29

纳米结构材料在太阳能转化中的应
用 29

男孩来自火星，妈妈怎么办 144

男人本色：男性最佳职场形象配色
指南 287

男人这东西 211

男性低胰岛素瘦身 29

南丁格尔的沉默 211

南非：09～10 144

南极的企鹅 29

南京大屠杀：日军士兵战场日
记 29

脑电图判读 144

脑科学与教育入门 144

脑力活化术：活化大脑的50个新
习惯 287

脑髓地狱：日本四大推理奇书
145

内观疗法 287

内观之说：心灵和谐的疗法 287

内藤湖南汉诗文集 145

内向所以成功：发掘内向性格迈向
成功之路 145

内脏减脂书 145

能力构筑竞争：日本的汽车产业为
何强盛 29

能人学习法：短时间内提升考试成
绩的方法 85

能玩又能用的折纸 287

能源与国家的作用：考虑地球温室
效应时代的税制 287

嗯嗯太郎 85

你不孤单 211

你不可不知的"云计算" 287

你的公司有什么病 287

你的经济学教科书 85

你好 鸡蛋哥哥 85

你今天DaLaDaLa了没 29，145

你看起来好像很好吃 145

你是冷读术高手：三十秒看穿人
心 287

你也能拍出好照片 211

你最重要 211

"逆反"有理：怎样应付孩子的
"反抗期" 29

年轻5岁的美点按摩 145

年轻十岁的柔体健康法 287

鸟滨贝冢：日本绳纹文化寻根
85

鸟类的迁徙之旅：候鸟的卫星追
踪 211

鸟人计划 288

尿尿是什么？ 288

柠檬的力量 211

纽扣的游戏 288

农村及农业资源的再生利用：垃圾
循环利用的农业实践 145

农业机器人 145

女人，为快乐而工作 85

女人25＋ 211

女人健康私房书 145

女人三十正单身 211

女人也怕入错行 145

女人一生的美丽计划 211

女人这东西 211

女神记 288

女巫的神奇罐 288

女性的品格 85

女性的品格：从着装到人生态度珍
藏版 211

女性减肥10天速成 29

女性身体使用手册 288

女性睡眠宝典 211

女性香熏按摩 29

女性医学宝典：无师自通的女性健
康宝典 85

女优 145

女装结构版型修正 288

挪威的森林 29，288

O

O型恋爱密码 176

O型人性格命运鉴定书 176

Office高效办公演示通 60

OFF学：会玩，才会成功 2，176

ONE PIECE发条岛大冒险 252

欧风创意家居教室 288

P

Photoshop伴侣 252

PIC 单片机编程　176

PIC 单片机基础与传感器应用　176

PIC 单片机应用　252

PIC 单片机与机电一体化技术　252

趴睡健康法：100 岁皇家传奇医师的睡眠大法　211

排便力　288

排毒按摩，塑造美人体质　145

潘多拉的盒子　211

盘发造型设计　212

判断力　212

判例形成的日本新侵权行为法　85

跑吧！美乐斯　212

泡沫　145

培养孩子从画画开始　212，288

培养孩子收拾整理的好习惯　288

培养孩子掌控时间的好习惯　288

培养孩子自主理财的好习惯　288

培育聪明大脑 90 法：6 岁之前　212

配电线路雷害对策　85

配色基础原理　30

碰碰脑门儿　289

啤酒就该这样喝　146

啤酒市集：最实用的啤酒品饮百科　289

屁股小起来　212

骗子为什么要穿阿玛尼　212

漂亮的礼品包装　85

漂流的日本政治　289

飘着幽灵的房子　146

拼合记忆：澳门历史建筑的发展与保护　146

贫困大国美国　212

品牌全视角　85

品牌王国瑞士的秘密　146

品牌制胜：日本新商店设计　212

品质经营入门　146

乒乓和乒乓钓大鱼　30

平安日本　30

平衡美人会走路　289

平面益智游戏　30

平面造型与错觉艺术　85

苹果胡萝卜汁减肥　146

破壁腾飞　146

破戒　85

扑克牌魔术大全　289

蒲蒲兰智力开发我全会系列　86

蒲寿庚考　146

溥仪的另一种真相：秘藏日本的伪满皇宫最高机密　146

曝光　212

Q

Q 弹美肌很简单　252

七彩糖豆　146

七彩幸运手编小物　212

七日谈：来自民间的中日对话录　30

七天肚皮舞减肥　212

七天突破托业考试　146，212

七田真 0 ~ 6 岁育儿法　86

七田真超右脑学习法　212

七田真天才胎教法　212

妻与罚　289

期货入门与技巧　86

齐藤谣子的生活拼布精选 101　289

奇怪的点心娜娜王国　30

奇怪的二人配　86

奇妙的生物超感　213

奇妙的种子　289

气的思想：中国自然观与人的观念的发展　30

气质美人黑色餐　146

企业参谋　30

企业考评设计　30

企业社会责任实践论　213

汽车底盘与电器构造图册　30

汽车电子系统　86

汽车设计：历史・实践・教育・理论　213

启程的日子　86

起床了，我能行　146

千刀・铩　213

千年龙的传说　289

千万别当投资白痴：识破 18 种常见的金融陷阱　146

谦庐随笔　86

前列腺增生、前列腺癌　213

钱不要存银行　213

钳工能手　146

浅草小子　146，213

遣唐使眼里的中国　30

欠蹶的背影　289

强化计算力的龟鹤训练　213

巧手保鲜快手好菜　86

巧手学涂鸦　86

巧手学粘贴　86

亲手缝制的温暖家居服 & 布艺小物　147

亲子魔法手工小物　147

琴棋书画　86

寝台特急 1/60 秒障碍　147

青光眼・白内障正确治疗与生活调养　289

青梅竹马　213

青木和子的十字绣．野花园 Wild-flower garden　289

青山一发：从孙文崛起看大清日落　30

青少年环境教育实用指导：环境心态的培养　86

青蛙的水坑　213

青蛙头上的包　213

青玉狮子香炉　213

轻轻松松开好会　213

轻轻松松制作机器人　213

轻松读懂财报：选对高回报投资对象的秘诀　147

轻松度过更年期　147

轻松防治高血压、糖尿病　30

轻松防治高脂血症、肥胖　31

轻松防治老年病、痴呆症：长寿秘诀　31

轻松简单！用电脑绘制漫画　213

轻松应考的快乐学习法　86

轻松育儿．0 ~ 3 岁篇　86

轻松育儿．4 ~ 6 岁篇　86

轻松育儿．7 ~ 9 岁篇　87

氢能 Néng 技术　147

清朝全史　87，214

清晨 3 分钟改变你一生　214

清纯的家居小布艺　289

清代北京皇城写真帖　147

清代内河水运史研究　214

清代水利与区域社会　87

清代鸦片政策史研究　289

清代中国的若干问题　290

清代中国的物价与经济波动　214

清末中琉日关系史研究　214

清人篆书三种　87

清香缘韵：中国茶文化の素颜　147

清馨的环保小布包　290

清雅的纸卷小工艺品　290

情趣烘焙：新手自制美味甜点　214

情路 9 号　214

情书　147

情有独钟的钩针花样　214

晴天有时下章鱼　31

穷忙族：忙碌阶层的哀与愁　147

秋冬美景　214

秋寒　147

秋瑾：竞雄女侠传　31

秋日森林　214

秋叶原@DEEP　147

球球和娃娃　290

球球和小刺球　290

球球在大风天　290

球球在下雨天　290

球球在夜里　290
球形季节　214
去年的树　214，290
去中国的小船　147
趣味翻绳游戏　214
趣味科学馆　31，290
趣味小魔术72变　147
趣味学韩语　214
趣味折小点心　31
趣味折小昆虫　31
趣味折小游戏　31
趣味折纸　290
趣味纸偶小游戏　31
全部成为F　214
全彩图解源氏物语：1000周年绝美
　　纪念版　87
全球化中的中日经济关系：发展与
　　深化　147
全球金融攻防30年：欧洲债务的
　　来龙去脉　290
全球社会和平学　31
全球新舞台：无国界世界中的新机
　　遇和新挑战　31
全日本都在玩的手相识人术　290
全世界只有我看得见你　290
全图解疾病说明书　148
全图解人体说明书　148
全优发展数学．初级篇　215
全优发展数学．高级篇　215
《劝学》导读　148
劝学篇　291
劝学书　291

R

RFID的现状和发展趋势　2
Ruby Programming：向Ruby之父学
　　程序设计　118
Ruby程序设计268技　119
Ruby程序设计语言　60
燃烧吧！剑　215
让爱犬长寿的50个秘诀　291
让肠道变得更加干净　87
让父母健康长寿的31件事　291
让孩子爱上科学的动物书　87
让孩子着迷的77×2个经典科学游
　　戏　87
让会议卓有成效　215
让猫咪长寿的50个秘诀　291
让你的血管变年轻　87
让你沟通自如的日语发音课
　　本　215
让您见笑了！在笑话中透视真实的
　　日本　291
让他迷上你的恋爱法则　215

让我荡一会儿吧　148
让榨汁机成为你的药房　291
热带鱼图鉴：世界600种热带鱼饲
　　养与鉴赏图典　291
热力学　291
热力瑜伽　31
热销面包　291
人格权法　148
人间失格　215
人间椅子　291
人类学　87
人脉术　291
人气发型288个细节　148
人气发型FRESH　215
人气室内犬选择与饲养　148
人山人海的停车场：三个故事改变
　　你的职场人生　215
人生的活法　215
人生十八局　215
人体的奥秘　215
人体的构造　32
人体地图　291
人体结构　291
人为什么活着　148
人像摄影的柔软时光　291
忍者之国　215
认车船飞机　32
认动物　32
认瓜果蔬菜　32
认拼音字母　32
认形状　32
认颜色　32
认英语字母　32
任天堂快乐创意方程式　292
扔在八月的路上　292
日本　148
日本彩色商标与企业识别　32
日本藏西夏文文献　215
日本柴垸烧成揭秘　292
日本畅销小说选　87
日本超级漫画课堂　292
日本沉没　87
日本的佛教与神祇信仰　216
日本的国会与政治　87
日本的近代建筑　216
日本的逻辑　292
日本的民俗宗教　87
日本的女性与男性：男女平等统计
　　．2006　32
日本的前途与亚洲的未来：来自未
　　来的剧本　292
日本的社会病：富人的傲慢和穷人
　　的傲慢　216
日本的神道　292
日本的手工艺　88

日本的思想　148
日本的未来　292
日本的文化民族主义　88
日本的形象与农业　216
日本的选择　216
日本的循环经济　88
日本顶级法式美甲129款　216
日本顶级化妆师的美妆秘笈　148
日本顶级化妆师黑田启藏的星级美
　　妆术　216
日本顶级美甲盛典　216
日本顶级魔术师亲授超魔术入
　　门　216
日本顶级甜点师的烘焙创意　292
日本东方学　32
日本动画全史：日本动画领先世界
　　的奇迹　88
日本儿童教育之路：近代日本儿童
　　文化史考论　216
日本官僚制研究　216
日本官僚制研究：新版　88
日本国际家族法　32
日本国宪法的精神　148
日本汉方典籍辞典　88
日本环保行政亲历记　33
日本会社文化：昔日的大名，今日
　　的会社　292
日本集合住宅20例　292
日本建筑院校毕业设计优秀作品
　　集　216
日本近代高等教育与专门学校发展
　　研究　88
日本近代国语批判　292
日本禁止垄断法　88
日本禁止垄断法概论　33
日本经典动漫技法教程　292
日本经济新论：日中比较的视点
　　88
日本经济政策亲历者实录　148
日本开国五十年史　33
日本抗癌新法　88
日本劳动法　216
日本历史　292
日本料理助你更长寿　149
日本漫画创作技法　149
日本漫画大师讲座．林晃×角丸圆
　　讲漫画服饰造型　216
日本漫画大师讲座．林晃×角丸圆
　　讲魅力角色造型　292
日本漫画名家的艺术世界．如何成
　　为职业画手　217
日本玫瑰　217
日本美发沙龙设计精粹50例　33
日本美容名品："丹邸好士"与
　　"蜜丝芭莉"的秘密　217

日本美术史研究　88
日本密教与中国文化　217
日本民间传奇　33
日本民俗学方法序说：柳田国男与民俗学　217
日本民俗学讲演录　88
日本名家作品选读．芥川龙之介　33
日本明星化妆师黑田启藏的王牌化妆术　149
日本内部控制评价与审计准则　33
日本企业文书例文集　88
日本侵权行为法　293
日本染发技术解析　149
日本人的处事术：什么人在日本能得到回报　217
日本人的传说与心灵　33
日本人的意识构造：风土历史社会　88
日本人读《论语》：涩泽荣一《论语》言习录　217
日本人力资源管理：理念、制度与实务　33
日本人论：从明治维新到现代　33
"日本人论"中的日本人　89
日本人每天必说的65句　149
日本人四书：洞察日本民族特性的四个范本　217
日本人为什么长寿？　217
日本人与中国人　149
日本三书　293
日本商务：现代日本企业是如何经营的？　89
日本商务礼仪　217
日本商务礼仪100法则　149
日本社会的历史　293
日本社会福利法制概论　217
日本史　89
日本式生产管理方式的国际转移　217
日本孙子书知见录　150
日本烫发技术解析　89
日本文化交流小史　33
日本文化论的变迁　89
日本文化史重构：以生命观为中心　293
日本现代知识产权法理论　217
日本小学科学课的学习指导与评价　89
日本新建筑．集合住宅　217
日本刑法总论　34
日本行政程序法逐条注释　150
日本以外：东亚区域主义的动态　293
日本与日本人　89

日本语初级语法　293
日本语达人之道：打动人心的日语说话技巧　34
日本语会话30天上手　150
日本语能力测试1级真题解析：2001～2006　34
日本语能力测试1级读解　150
日本语能力测试2级真题解析：2001～2006　34
日本语能力测试2级读解　150
日本语能力测试3级真题解析：2001～2006　34
日本语能力测试对策　89
日本语能力测试精选问题集　89，90
日本语能力测试文法全攻略：名师讲解版　150
日本语能力考试1级读解分类习题集　90
日本语能力考试1级模拟试题　34
日本语能力考试1级听解　90
日本语能力考试1级文法分类习题集　90
日本语能力考试1级文字词汇　34
日本语能力考试1级文字词汇分类习题集　90
日本语能力考试1级语法．练习篇　90
日本语能力考试2级听解　90
日本语能力考试2级文字词汇．解说篇　34
日本语能力考试2级文字词汇．练习篇　34
日本语能力考试2级语法．练习篇　90
日本语能力考试3、4级听力解读　34
日本语能力考试3级模拟试题　34
日本语能力考试3级听解　90
日本语能力考试3级语法　35，90
日本语能力考试4级语法　90，91
日本语能力考试出题倾向与对策　35
日本语新辞典　150
日本语作文教室　91
日本战后史　91
日本知识产权法　293
日本中小企业诊断师北京企业诊断十年　35
日本著名建筑师的毕业作品访谈　91，218
日本走向何方　150

日本最了不起的公司：永续经营的闪光之魂　218
日本最漫长的一天：决定命运的八月十五日　150
日本最新家庭营养事典　35
日本最新设计模板　150
日常会话＆商务　293
日常英语会话　293
日地环境指南　218
日汉双解日语副词场面会话　35
日美货币谈判：内幕20年　151
日美舆论战：一个日本外交官的驻美手记　35
日式小庭院设计　35
日医应用汉方释义　91
日语E-mail书写法　35
日语常用句型1000　151
日语超级新鲜词：字典里没有的单词　151
日语词汇分类学习小词典　91
日语单词训练．惯用句·四字熟语　218
日语的价格　218
日语功能句型指导篇　151
日语沟通关键词　91
日语会话，1秒就KO　151
日语会话．基础篇．上册　35
日语会话进阶　91
日语基础语法速成班　91
日语教学法：以会话教学为中心　293
日语教学法入门　151
日语教育基本用语辞典　151
日语敬语脱口说　151
日语敬语新说　151
日语口语对话狂　151
日语能力测验　91
日语能力测验考前题库　91，92
日语能力考试1级试题集：2000～2006年　35
日语能力考试1级试题集：2007～2005年　92
日语能力考试2级试题集：2000～2006年　36
日语能力考试2级试题集：2007～2005年　92
日语能力考试2级文法精解·对策　92
日语能力考试3级试题集：2000～2006年　36
日语能力考试3级试题集：2007～2005年　92
日语能力考试3级文法精解·对策　92
日语能力考试4级试题集：2000～

2006 年　36

日语能力考试 4 级试题集：2007～
2005 年　92

日语能力考试考前对策 . 1、2 级语
法要点解析　36

日语能力考试考前对策 . 2 级阅读
详解　36

日语日语我爱你，就像老鼠爱大
米　293

日语商务信函技巧与实务　92

日语听力能力训练　36

日语写作法：作文论文电子信
件　293

日语写作黄金句型 190　218

日语修辞法　293

日语语法越学越简单　293

日语语言教学基础知识　151

日语语音体操　92

日语语音与基础会话　92

日语专业四级考试综合辅导与强化
训练　218

日中英废弃物用语辞典　92

蝶螺密码　92

柔软地盛放：唤醒内在的女性
感　294

肉食系女子の恋爱学　218

如果高中棒球队女子经理读了彼
得·德鲁克　294

如果是松下幸之助该怎么办：将危
机改变为良机的成功法则　151

如何成为富人妻：15 位豪门富太亲
口告诉你　294

如何让孩子改掉拖拖拉拉的坏毛病，
养成积极主动的好习惯！　152

儒教三千年　152

乳房疾病自我诊疗与全面调养
152

乳腺摄影质量控制手册　92

入唐求法巡礼行记　36

入唐求法巡礼行记校注　36

软件工程师标准日本语　152

软件开发的形式化工程方法　93

软件质量知识体系指南　294

S

SBI 集团的愿景与战略：不断进化
的经营　2

SUGARDARK 被埋葬的黑暗　177

Super Junior 的秘密：舞台上的光
舞台下的暖　252

三岛由纪夫精品集　93

三个月突破托业考试　152

三国志 . 桃园结义　294

《三国志演义》版本研究　218

三十三年之梦　294

三月的邀请函　294

三只小猪　152，294

三种教育方法成就孩子一生　93

扫除收纳 ABC　152

色彩斑斓的风格小屋　294

色彩魔法书　152

色彩设计的原理　294

色彩学基础与实践　152

色彩学用语词典　294

色铅笔的动物日记　294

色铅笔的狗狗絮语　294

色铅笔的散步随笔　294

色形　93

森林大事件　218

森林都市 EGEC　152

森林里的快递员　295

森林里的妖精朋友　93

森林里最好的朋友　218

森林美学　295

森林政策学　36

杀戮之病　218

杀人之门　295

杀心　218

沙漠　219

砂器　36，152

山大王　152

山猫怎么办　152

山野式头部 SPA　219

杉田奈穗子的 100 种可爱串珠首
饰　295

闪闪发光的宝藏：金属全接触
295

善的研究　152

"善于放弃"能够克服心理压
力　36

擅长工作的人才是公司需要的
人　219

伤　219

伤寒广要　93

伤寒论辨脉法平脉法讲义　295

伤寒论辑义　295

伤寒论解故　219

伤寒论新解　93

伤离别　152

商品摄影完全攻略　295

商务日语　219

商务日语会话　152

商务日语口语速成　219

商务日语一点通　153

商务英文 E-mail 表达实例　295

商务英语会话　295

商务英语演讲表达实例　295

商业推广设计　36，37

上班的智慧　295

上班族抑郁自救手册　295

上海风情　37

上海贸易网与近代东亚：19 世纪后
半期东亚的贸易与交流　153

上杉谦信　93

上司不成为"魔鬼"组织就无法运
行　219

少女　295

舍弃　295

设计草图·制图·模型　37

设计的深读　295

设计概论　296

设计开发的质量管理　296

设计品牌　153

设计之都：东京　37

设施园艺研究新进展：2009 中国·
寿光国际设施园艺高层学术论坛
论文集　153

社会开发与水资源水环境　93

社会意识论　219

社交英语发言表达实例　296

摄亦有道 . 0 基础学数码单反摄
影　296

摄影必备附件完全实用手册：使用
技巧及选择方法　219

摄影构图技法实战手册　219

摄影构图技巧　296

身边的日本文化　93

绅士的雨伞　93

深层营销：洞察消费者潜意识的营
销方法　93

深谷里的羚羊　219

深河　153

深夜鸣响的一千只铃　219

神保町书虫　93

神的记事本　296

神经肌肉疾病电诊断学：原理与实
践　93

神奇巴娜娜！香蕉早餐减肥法
153

神奇宝贝柑橘群岛编　153，154

神奇宝贝角色解密大事典　219

神奇宝贝角色解密大图鉴　93

神奇宝贝金银编　94，95

神奇催眠瘦身　95

神奇的纳豆激酶（NK）：终结心脑
血管疾病的奥秘　154

神奇的水彩　95

神奇小保姆　219

神狩　220

肾疾病及神经、老年泌尿外科学
37

肾移植治疗学　154

生　154

生病与不生病的心理法则　296

生菜治百病　220
生活分析的心理咨询：理论与技法　95
生活日语好说好听　37
生活日语情景口语 100 主题　220
生活中的包装　95
生活中的实用绳结　220
生命保险数学　220
生命的交叉　154
生命的奇迹，水知道　220
生命的游行　220
生命障碍　37
生男生女可以自己决定吗　37
生日快乐　154
生生不息为和平：保林和池田大作对话录　37
生态能源电动汽车的构造原理与设计制作　220
生态与历史：人类学的视角　37
生物工程　95
生物摩擦学：关节的摩擦和润滑　37
生物生境再生技术　220
生物体内的振动反应　37
生物质和生物能源手册　38
生于天空　154
声　154
胜间和代教你提升思考力　296
胜山氏小脸美肌法　296
圣诞节的礼物　296
圣诞老人你别走　220
圣诞夜收到的礼物　95
圣斗士星矢　38，296，297
省钱妙招 1000 例　38
尸体长发之谜　220
失乐园　220
诗般的杀意　220
《诗经》原意研究　297
狮子大开口　297
十九岁的夏天　220
十六岁　220
十七帖　95
十四岁　221
十夜之梦：夏目漱石随笔集　95
十一字杀人　221
十月怀胎百科　38
十宅论　95
什么火车来了？　298
什么汽车来了？　298
石原结实讲温度决定健康　298
时代的空气：一位日本政治家的思考　154
时间，会用才能身价倍增：告别"穷忙"的 35 个实用时间技巧　298

时间启蒙　96
时尚编织小物件　154
时尚串珠饰品 DIY　221
时尚儿童毛衣　38
时尚方程式　154
时尚花式冰饮大全　298
时尚花饰 100 例　298
时尚美甲全攻略　221
时尚七彩美甲全攻略　221
时尚秋冬披肩、吊带　298
时尚设计师的言语・心・梦想　298
时尚秀发简单梳编　39
时尚饮品大全　154
时生　221
时时少年时　298
识破谎言：借助心理学　154
实践 PLM 战略　39
实现梦想的口头禅法则　298
实用教子秘诀 48 条　39
实用礼品包装　221
实用妙趣染色：四季草果染出天然彩儿　298
实用日本语检定考试 2006 年真题集　39
实用鲜花折纸　154
实用小编织　39
食货志汇编　96
食品的迷信："危险"、"安全"信息背后隐藏的真相　96
食品真相大揭秘　96
食物的神奇旅行　221
食物是最好的医药　155
食物有阴阳　96
食物真相大揭密　39
蚀罪　298
《史记》战国史料研究　96
史上最好用口语日语 2000　298
史上最强的 24 个管理法则：图解德鲁克的 5 维管理精髓　298
史上最强推理谜题：培养突破能力的 60 个题目　39
史学通论四种合刊　39
使人"落网"的艺术：如何看破对方　155
使用 PSIMTM 学习电力电子技术基础　155
世界大米供求与预测　39
世界名牌 CHANEL　39
世界名牌 COACH　39
世界名牌 GUCCI　40
世界名牌 ROLEX&CARTIER　40
世界上最硬的虫茧　298
世界在你不知道的地方运转　298
世界住居　299

世界最简单解决问题的方法　96
世上没有成绩不好的孩子：不可思议的成长进步法　221
市场经济：历史・思想・现在　40
市场营销手册　96
视觉传达设计史　221
视觉新发现　221，222
视网膜疾病电生理诊断　222
适合不同脸型的发型・长脸型155
适合自己的色彩搭配　96
室内设计模型制作　40
室内设计效果图手绘技法　40
逝去的影子　155
释怀：不再为抑郁孤独烦恼　40
释迦的本心　96
收割电影：追寻纪录片中至高无上的幸福　40
手把手教你超人气日韩流行串珠饰品　222
手把手教你超实用手工家居小布艺　222
手把手教你超温馨新生宝宝布艺用品　222
手工编织 de 最佳款式　155
手工初体验：编织小物入门　155
手工乐园　222
手工绒球　40
手工族一定要会的缝纫基本功　222
手掌大小的布娃娃　96
手指编织　40
手指瑜伽　96
手冢治虫：用漫画和卡通诖接世界　96
手作达人教室：每天一款靓包包　299
手作服缝纫基础　299
手做风铃系儿童春夏装　299
手做枫叶系儿童秋冬装　299
手做清凉系儿童春夏装　299
手做香草系时尚小单品　299
手做雪绒系儿童秋冬装　299
手做自然系亲子装　299
首届中日高职高专教育论坛文集　96
首脑外交：以中日关系为研究视角　97
受苦者的目光：早期马克思的复兴　299
瘦脸！面部瑜伽　40
书法艺术学　97
书斋闲话　97
淑女也疯狂　40
舒适快眠的 40 个方法　222

赎罪 299

熟年革命 97

树木人格：投射测试 40

数控机床常识及操作技巧 155

数码单反 100 法 299

数码单反摄影从入门到精通．镜头篇 299

数码单反摄影轻松学 223

数数 40

数学符号理解手册 41，299

数学论辩谜题精选：求解的兴奋和快乐 41

数学谜题的 20 种解法：助你成为谜题高手 41

数学与生活 223

数字和推理益智游戏 41

数字里的谎言 223

数字媒介社会 155

唰唰唰，刷牙儿 155

衰神附身记 299

双刀·锤 223

双气囊内镜学 97

双重幻想 300

双足步行机器人 DIY 223

双足步行机器人制作入门 300

谁的自行车 223

谁都能成为一流员工！ 97

谁都逃不掉的世界经济大崩溃 300

谁惹了地球：人类生存的危机与出路 300

水的神奇疗效 41

水果篮子 97

水浒英雄传 300

水晶金字塔 223

水决定健康 155

水仙月四日 155

水知道：神奇的波动 300

水知道答案：每一滴水都有一颗心 156

水知道答案．水能传递爱的力量 300

睡虎地秦简所见秦代国家与社会 223

睡觉的小猫鱼 223

睡眠是最好的药：快速进入高质睡眠的 30 个对策 97

睡前 3 分钟改变你一生 223

瞬间 97

瞬间洞悉人心：掌握一见"清"心的诀窍 156

瞬间读懂你 41

瞬间搞定对方的谈话术 223

瞬时功率理论及其在电力调节中的应用 156

说服的心理学 300

司法精神医学：精神病鉴定与刑事责任能力 97

司法伦理 223

丝巾、围巾、披肩的系法与搭配 120 97

私家车检查＆维护完全指南 156

私家车美容＆养护完全指南 156

私人行政：法的统制的比较研究 223

思考的技术：培养具有竞争力的思维方式 97

思考的技术：思考力决定竞争力 223

思考力决定竞争力：翻新你的思考力 223

思想·山水·人物 41

斯普特尼克恋人 98

斯特林引擎模型制作 224

死亡幻术的门徒 300

死亡接力 156

死亡坐席 156

四叠半神话大系 224

四季·婚纱美甲 11250 款 300

四季都可穿着的手作服 224

四季箴言 224

四季组合盆栽 300

松本行弘的程序世界 300

松居直喜欢的 50 本图画书：带领大人入门的图画书 300

松茸促繁技术 98

松尾芭蕉散文 98

松下之魂 301

松原达哉潜能开发全方案 301

宋以前医籍考 224

宋元史学的基本问题 224

搜索杀人来电 301

诉讼法学方法论：中村民事诉讼理论精要 156

素肌美人 224

速成日本语语法 98

宿命 156

塑料瓶排毒减肥法 301

塑造平衡美人 98

算计 224

算算就能瘦！健康 G 式减肥法 301

算子代数理论 41

隋唐帝国形成史论 301

隋唐小说研究 224

随机过程 224

随军慰安妇：长篇纪实文学 156

碎片 301

隧道标准规范（盾构篇）及解说：2006 年制定 301

孙中山与梅屋庄吉：推动辛亥革命的日本人 301

所罗门之犬 224

索尼市场营销 DNA 156

索尼研究所的经营哲学 301

T

太平天国 156

太平洋战争 301

太阳赐予的生物质：不产生 CO_2 的未来能源 224

太阳电池 224

太阳光利用型植物工厂：植物工厂的可持续性与设计 225

太阳经济：日中共同开创世界未来 225

太阳能光伏电池及其应用 98

太阳能利用新技术 301

太阳之塔 225

贪婪的资本主义：华尔街的自我毁灭 157

谈话技巧 41

谈幸福 41

叹息的肖像画 41

探索昆虫小百科 301

探索自然小百科 302

探险记 225

唐朝那些事儿 98

唐宋诗文的艺术世界 41

糖尿病不愁吃 157

糖尿病就得这么治 225

糖尿病正确治疗与生活调养 225

糖尿病自我诊疗与全面调养 157

倘若我在彼岸 41，302

躺着就能瘦 302

烫发攻略 302

桃太郎 302

陶渊明·陆放翁·河上肇 98

疼痛与治疗 41

提高免疫力 157

提高免疫力 50 法则 42

提高判断力的推理谜题：挑战公务员考试 42

提高体温，防治百种常见病 302

提高饮食店销售额 150％ 的方法 42

提高营业额优质服务的绝对条件 98

提姆与莎兰大反串 98

提姆与莎兰的藏宝图 98

提姆与莎兰的小木屋 98

提姆与莎兰的新朋友 98

提姆与莎兰去野餐 98

体检之后自我改善甘油三酯与胆固

醇　98
体检之后自我改善肝功能　99
体检之后自我改善血糖　99
体检之后自我改善血压　99
体温决定生老病死　99,157
体温升高就健康　225
体液容量监测葡萄糖稀释技术　225
体育与健身运动中的肌肤保鲜　42
体脂肪 OUT! 餐前卷心菜减肥法　302
替身伯爵的结婚　302
替身伯爵的冒险　225
替身伯爵的潜入　302
替身伯爵的逃亡　302
天才! 儿童 IQ 训练 100 题　225
天才的价值　302
天才少年神秘失踪事件　225
天才是怎样炼成的　42
天地人: 风云男儿的乱世豪情　157
天国的邮递员　226
天黑以后　157
天花板里的奇妙朋友　226
天哪! 数学原来可以这样学　157
天然素材手作服　302
天人诞生图研究: 东亚佛教美术史论文集　157
天上尿尿的小猫鱼　302
天使在消失　302
天使之卵　99
天使之梯　99
天竺热风录　42
田口教你看风水　226
田口教你看手相　226
田中春久子的美体按摩法: 美丽肌肤的诞生　157
田中春久子的塑颜按摩法: 让你找回 10 年前的青春容颜　99
甜点品鉴大全　302
甜蜜扮靓法　42
甜蜜的假日美甲时光　226
甜蜜蜜的烘焙时光: 自制美味甜点　226
甜蜜日月·我爱果酱　302
甜甜的梦乡　303
甜甜私房猫　226,303
挑战国际市场　226
挑战日本语　42
跳出日语陷阱 36 计　157
跳舞的小猫鱼　226
铁臂阿童木　99,100,158
铁轨铁轨连起来　303
铁鼠之槛　158

听 MP3 记英语单词　100
听 MP3 学英语表达　100
听 MP3 学英语口语短语　100
听吧: 日语 365 题　158
听不懂日语的 19 个理由　158
听歌学日语: 经典日文歌曲传唱　100
听力日语. 上　42
听力日语. 下　42
庭园与建筑设计　226
庭院设计. 日式庭院设计秘籍　303
庭院施工技术图解　303
庭院外围设计 100 例　303
庭院外围设计创意集　303
通过漫画学日语　42,226
痛风　226
痛风自我诊疗与全面调养　158
头文字 D　42,43
投资银行青春独白　100
透过哈勃看宇宙　43
秃鹰: 席卷大洋彼岸的资本风暴　158,303
突破经典信息科学的极限——量子信息论　43
图解 5S 管理实务: 轻松掌握现场管理与改善的利器　158
图解百魅夜行: 妖异、唯美的日式奇幻之源　100
图解半导体基础　43
图解波特竞争战略　100
图解成功要懂自我心理分析: 发现未知自己的实用心理学　158
图解大肠镜单人操作法: 基础和应用　100
图解德鲁克管理精粹　43,158
图解德鲁克管理理论　100
图解电气控制线路及应用　100
图解改变生活: 提高工作能力的秘密　303
图解钢结构设计　158
图解钢筋混凝土结构抗震加固技术　226
图解高岛易断:《易经》活解活断500 例: 居家必藏版　100
图解高德拉特约束理论　101
图解古希腊那些事儿: 希腊文明手绘图文大百科　158
图解光催化技术大全　43
图解机械工学手册　43
图解继电器与可编程控制器　43
图解继电器与顺序控制器: 三菱MELSEC 系列　101
图解建筑外部空间设计要点　303
图解降压安神读本　43

图解经皮毒　303
图解科特勒营销理论　101
图解空调设备检修与维护　227
图解蓝海战略　101
图解六西格玛　227
图解女性身体百科　227
图解女性医学百科　303
图解人体实用手册　43
图解商务心理术　303
图解市场调查指南　101
图解室内设计基础　303
图解数学学习法: 让抽象的数学直观起来　101
图解完全解压手册　227
图解五轮书: 世界三大兵法之一　159
图解心理健康手册　43
图解心理学　43,227
图解心理学入门　227
图解应急自救手册: 从灾难、事故、急病中拯救生命　159
图解整脊健康法　101
图解中医　44
图解足球创意训练　159
图片益智游戏　44
图说"恐慌障碍"治疗　101
图说"心癖"治疗　101
图说"抑郁症"治疗　101
图说工业空调·节能管理　44
图说青少年网球　101
图说日本住居生活史　227
图说相对论　101
图说阳台上的菜园　304
图像处理技术手册　44
徒然王子　304
涂佛之宴. 宴之始末　304
土地转换因子评价的城乡区位论　101
土耳其和伊斯坦布尔　227
吐峪沟石窟壁画与禅观　159
兔本幸子的插画教室　227
兔之眼　227
推理论辩谜题精选: 逻辑思维训练　44
推理小说　227
推销学全集　228
脱颖而出 50 招 + 成功转型 50招　101

U

UC win/Road 实用教程　177

W

W 的悲剧　252

Welcome trouble 逆境打造经营者　61

WTO 与 FTA：世界贸易组织与自由贸易协定　61

哇！蓝色 B 型人　228

瓦楞纸的创意生活　159

外表的秘密：一眼读懂你周围的人　228

外汇炒作技巧　101

完美美甲　159

完全图解现代照护　44

完全图解野外求生宝典　102

完全掌握 1、2 级日语能力考试词汇问题对策　159

完全掌握 1、2 级日语能力考试外来语词汇问题对策　159

完全掌握 3 级日本语能力考试语法问题对策　159

玩美幼教 Piccolo. 秋　44

玩转手工 100 招　228

晚间西红柿减肥　159

晚间西红柿减肥．美人食谱　159

万花筒制作　228

万花筒制作特辑　228

万叶集　102，159

《万叶集》与中国文化　44

万用日语会话表现辞典　44

汪汪　102

王刀·锯　228

王牌幻彩美甲圣经　160

王羲之尺牍　102

王者速读法　102

网络营销　102

网面设计基础　44

网球单打 55 种制胜技巧　44

网球王子　44，45，102

网页设计师必读：网页语言基础 HTML& CSS　45

网页设计师必读：页面制作 Dreamweaver& CSS　45

网页语言 HTML&CSS　45

往复书简　304

魍魉之匣　160

旺铺招揽顾客的 100 个诀窍　160

危机管理系统　160

威士忌猫咪　102

威士忌品鉴大全　160

微创内腔镜下泌尿外科手术图解　228

微刀·钗　228

微公司，我第一　304

微化妆说明书：基于面部骨骼和肌肉结构的化妆技巧　304

微机械光子学：英文　45

微积分入门．多元微积分　102

微积分入门．一元微积分　103

微利博杀：43 家药店经营案例剖析　103

微小世界里的新天地：神奇的薄膜　304

微笑面对心情沮丧　160

为何不分手　228

为什么孩子要上学　160

为什么没有业绩：提升销售业绩的 48 个技巧　160

为什么听不懂，为什么说不清　160

为追逐风险而生：挑战型经营　228

围巾配饰　45

围棋布局辞典　304

围棋定式辞典：日本棋院最新版　228

围棋让子棋辞典：日本棋院最新版　228，229

围棋手筋辞典：日本棋院最新版　229

围棋死活辞典　160

围棋死活辞典：日本棋院最新版　160

围棋死活妙机　103

唯物史观的原像　160

维生素与矿物质：你身体所需要的　45

卫生设备故障 50 例　45

未婚女子爱情说明书　229

未来的幼儿教育：培育幸福生活的能力之根基　229

伟大的旅行　304

伪东京　304

伪满洲国首都规划　304

胃、十二指肠疾病　229

胃癌的多样性：病因，诊断和治疗　45

胃外科要点与盲点　160

魏晋南北朝隋唐史学的基本问题　229

温病之研究　103

温暖美人减肥法　229

温柔的你　46

温柔的叹息　304

温馨花生活　229

文化人类学史序说　161

文具＠高效率：办公室文具活用术　305

文明论概略　103

《文明论概略》导读　229

文心雕龙索引　229

文学部唯野教授　46

文学的概念　305

文学少女背负污名的天使　229

文学少女绝望恸哭的信徒　305

问题解决术：问题解决入门　229

我爱唱歌　229

我爱洗澡　103

我爱中国电影　103

我不是好学生：诺贝尔奖获得者小柴昌俊的传奇人生　103

我不是教你坏　46

我不要做丑女　46

我不要做肥妹　46

我才不放手呢　229

我得了抑郁症了吗？　103

我的宠物是小妖　103

我的第一本亲子游戏书　103

我的第一本日语单词书　305

我的第一本数学书　46

我的多轨人生　161

我的后面是谁呢　305

我的连衣裙　103

我的零售人生：铃木敏文自传　230

我的留学记　103

我的漫画人生　230

我的妹妹哪有这么可爱！　230，305

我的男人　230

我的女神　161

我的朋友好好吃　103

我的生活方式：写给年轻人的人生经验书　230

我的圣诞老人呢　161

我的世界交友录　161

我的图画书论　103，161

我的温柔死神　305

我的幸福摄影心经　305

我的血，我们的血　161

我的一本化妆 BOOK　230

我的在家生活：平凡的我与悠闲的作家岁月　230

我的中国观　161

我的专属手作服　306

我和爸爸　306

我和狗狗的 10 个约定　161

我和妈妈　306

我和妈妈的宝贝　230

我和小狐狸　104

我还不想睡觉呢　161

我回来了，阿嬷　306

我会保护眼睛　230

我家是动物园　104

我就是我的颜色　104
我们的战争责任：历史检讨与现实省思　306
我们生活的风景　306
我们同年生：大江健三郎·小泽征尔对话录　230
我们喜欢新鲜空气　230
我妻荣民法讲义　104
我是霸王龙　161
我是便便超人　230
我是好妈妈：1～3岁幼儿的培育　46
我是猫　46，230
我是美人　306
我是手绘韩语单词书　230
我是手绘日语单词书　230
我是手绘英语单词书　231
我是谁？整理混乱的自己　104
我是婴儿　306
我是这样考上东大哈佛的：一个穷小子的求学记　231
我是中小企业掌门人：铃木修自传　231
我讨厌妈妈　46
我为什么讨厌吃奶　104
我为什么讨厌穿裤衩　104
我为什么讨厌那个女孩　104
我想当妈妈　46，306
我想这样年老：戒老录　104
我笑故我在　231
我要当明星厨师　231
我要上学　231
我要学编织·棒针篇　231
我要学编织·钩针篇　231
我一直在等你喔　105
我与北野武　231
我与狗狗的十个约定　105
我在松下三十年：上司的哲学下属的哲学　231
我曾当过小八路：一位日本老人的传奇经历　105
我这样嫁给了神经病　105
我这样做到"月收入增长10000倍"　231
我这一代东京人　306
我最爱的猫国·一个你从未见过的奇幻国度　306
我最喜欢游泳了　161
我最想知道的日本史图解　306
我最想知道的色彩心理学　231
我做妈妈了：0～12个月婴儿的培育：漫画版　46
污水处理再生利用技术指南　231
呜莎呜莎左脑右脑诊断　161

屋顶设计百科：历史·造型·材料·构造·节点·实例　46
无病先无忧　161
无敌懒人英语　306
无毒生活小苏打　105
无国界的世界　46
无家可归的中学生　162，306
无尽的德鲁伊誓约　47
无情·厄运　306
无师自通5分钟发型BOOK　307
无师自通达人学美甲　306
无师自通基本化妆技巧：5分钟基础化妆　47
无头骑士异闻录　307
无头骑士异闻录　231，307
无性爱时代　47
无需鸡蛋、牛奶、砂糖和面粉一样好吃的甜点　307
无衣可穿：找到你衣橱里永远少的那件衣服　231
无印良品　231
无影灯　162
无欲胜利法　232
五个厨师和大饿魔　307
五轮书　47
五十音好好学　307
五岁老奶奶去钓鱼　105
五体不满足　105
午后曳航　232，307
午夜凶铃　162，232
伍拾叁次：浮世·浮世绘　232
武藏野　307
武士道　162，232
物语北京　105
雾中的奇妙小镇　232

X

夕子的近道　162
西岛悦的"黄金比"美妆术　232
西红柿优质高产新技术：连续摘心整枝栽培法　105
西式糕点制作大全　232
西学东渐：中日近代化比较研究　105
西学东渐与中国事情　232，307
西洋住居史：石文化和木文化　307
牺牲　307
膝关节磁共振诊断　307
膝痛、腰痛、肩痛　232
膝痛诊断与治疗　307
洗涤剂消失的日子　162
洗涤衣物ABC　162
洗钱　232

洗澡澡，玩泡泡　162
铣床操作　232
喜欢魔法的国王　307
喜欢照镜子的女人不会老　232
喜乐京都　308
系统生物学基础　47
细雪　308
细致毛孔美人　105
下流社会：一个新社会阶层的出现　47
下田直子的手工课堂：学会手工的10堂主题课　308
下一个十年，消费崩盘的年代　308
下雨天去郊游　308
夏目漱石汉诗文集　162
夏日大作战　232
夏日的庭院　105
夏日美甲盛宴　162
夏威夷拼布精选52款　162
夏威夷印花拼布DIY　162
先秦经籍考　232
先哲医话　105
鲜榨果汁与健康饮料：自然美味做法215例　47
闲谈不闲：职场高效润滑剂　47
嫌疑犯X的献身　106
嫌疑人X的献身　233
现场力：锻造一线执行力的7个条件　47
现场营销演示技巧：助你提升营销实战能力　47
现代建筑文脉主义　233
现代科学与人类　233
现代老年学：老年病的治疗与陪护　106
现代量子力学　308
现代美国压力政治　47
现代信托法　308
现代终身学习论：通向"学习社会"的桥梁与基础　106
现金管理系统：入门与实务　308
现学现用企划书72例　308
现在，只想爱你　47
陷阱谜题精选：直击思维盲点的65个题目　48
乡土景观设计手法：向乡村学习的城市环境营造　106
相克　308
香槟品鉴大全　162
香草茶品鉴大全　162
香喷喷，吃饭了　162
香皂雕花入门　308
享受初冬美甲时光　162
享受拼布时光：115款居家小品巧

手做 163
享受时尚：优雅的春夏清爽织物 163
享受香醇葡萄酒 308
享受香浓咖啡 308
享瘦：新陈代谢减肥法 48
想吃苹果的鼠小弟 48
想你，在樱树长满绿叶的季节 308
想要教给别人的数学 233
向日葵不开的夏天 233
向死而生 163, 233
向野早苗玫瑰拼布 233
向着明亮那方 163
项羽与刘邦 163
巷口商学院：在 7 ELEVEN 上最精彩的商业经营课 163
巷说百物语 163
橡皮章休闲时光 233
消除疼痛！关节决定健康：重返青春的关节伸展 106
消化内镜工作手册 233
消失的"水晶特快" 163
销售 NO.1，你是怎么说的?：战胜逆境的推销谈话术 163
销售指南：超级营销的黄金定律 48
小，我是故意的！做世界第一的小企业 310
小 DJ 的恋爱物语 233
小白马 48
小布头大有玩头：手作小物 100 款 308
小肠疾病临床诊断与治疗 106
小达摩和小天狗 163
小动作，大减压！ 233
小豆豆的动物剧场 106
小豆豆的万花筒 48
小豆豆频道 106
小恶萌 POP 精选画集 309
小儿及女性泌尿外科学 48
小关铃子的拼布物语 233
小红帽折纸剧场 48
小红球，等一等 163
小狐狸阿权 309
小狐狸海伦留下的…… 163
小狐狸柯奇 309
小狐狸买手套 309
小花兔学跳芭蕾舞 106
小津安二郎周游 163
小蜡笔头儿 48
小笠原弥生的光疗美甲圣经 309
小露露拉绳子 309
小露露推啊 309
小猫 163

小猫小鸭去散步 309
小猫鱼 233
小猫鱼，圣诞快乐 309
小猫鱼的蛋 309
小猫鱼海中奇遇 309
小泥人 106
小牛的春天 164
小螃蟹 309
小平邦彦复分析 106
小日记实现大梦想：晨间日记的奇迹 309
小蛇散步 106
小手手，出来了 106
小说十八史略 233, 234
小苏打＋醋全方位扫除 188 招 234
小苏打＋香精油绿色环保家居清扫术 164
小兔子贤田 309
小兔子做葡萄酱 309
小洗剂，大生活 164
小小的家 310
小小剪纸 234, 310
小小科学家养成手册 310
小鞋子，走一走 106
小熊宝宝绘本 106, 107
小学生疑问排行榜 164
小一步，对不起！ 164
小一步，回来了！ 164
小一步，你好！ 164
小一步，晚安！ 164
小雨滴答滴答 310
校庆日 310
笑的甜点 48
笑赢天下：笑容培训课堂 107
效果卓越促销成功诀窍 107
效率提升 10 倍的 Google 化知性生产技巧 234
斜屋犯罪 107, 310
斜阳 107
写给经理的教科书 234
写给没有男朋友的你 234
写给你 48
写给上班族的解忧心理学 310
写给生存不安的年轻人：30 岁，突破未来的完全工作策略 234
蟹工船 164
心 108
心电图诊断技巧与误区 108
心绞痛心肌梗死正确治疗与生活调养 234
心理测试日记：发现真实的自我，让郁闷的心情变得舒畅 108
心理读心术 234
心理减压有办法 108

心理学的历史 164
心理营销 108
心理治疗之路 234
心理咨询师临床操作手册 108
心灵之谜多面观：脑与心理的生物物理学 48
心内科医师入门必读 164
心想事成的心理机制 49
心眼力 165
心脏病 234
心脏病自我诊疗与全面调养 165
辛壬日记：一九一二年中国之政党结社 49
新·丑陋的日本人 108
新版《政治经济学批判大纲》的研究 310
新版机器人技术手册 49
新编家庭育儿百科：0～6 岁宝宝养育对策 49
新编日语教程 108
新标准日语教程 234, 235, 310
新标准日语听力教程 235
新参者 310
新出题基准日语能力考试考前对策 49
新丰田生产方式 49, 108
新妇女抄：在胸中回荡的话语 235
新概念日语教程．基础篇 49
新共生思想 165
新建筑学初步 165
新解说平成遣唐使咸阳·长安见闻录 235
新口腔摄影方法与技巧 235
新民事诉讼法 108
新日本语 311
新日本语能力测试高仿真模拟精练 310, 311
新日本语能力测试高分宝典．N2 听解 311
新日本语能力考试 311
新日能测验全真模拟题集 235
新日语基础教程 165
新日语能力考试考前对策 235, 236, 311
新世纪福音战士 311
新世纪日本食品产业的市场营销 49
新世纪日本语教程中级·参考书 236
新式饮品独家配方 49
新手学烘焙 236
新手学摄影 236
新宿鲛 311

新童话大王．彩虹湖 236
新文化日本语 49
新校参天台五台山记 165
新兴结构 311
新选组血风录 236
新血液革命 236
新鱼病图谱 50
信 165
信仰：孙正义传 311
兴福寺断碑 108
星辰啜露 237
星星出租车 50
星星舟 109
刑法·儒学与亚洲和平 109
刑法各论 311
刑法讲义各论 109
刑法总论 312
刑事诉讼的目的 312
刑事诉讼法 237
刑事政策学 165
行政法 165
《行政法泛论》与《行政法各论》 50
行政法学的结构性变革 109
行政法总论 109
行政救济法 109
行政组织法 109
幸福达人 312
幸福的答案基因知道 312
幸福的大桌子 109
幸福的种子：亲子共读图画书 50
"幸福的种子"一定能够找到 165
幸福号起航 312
幸福旅行箱 109
幸福是什么 109
幸福甜蜜的芝士蛋糕 237
幸福之法 312
幸福之路 312
幸运石：影响命运的神秘石头 312
性格游戏 312
匈奴：古代游牧国家的兴亡 312
熊爸爸 109
休活：下班后的新活法 312
休闲、淑女两相宜：冬季手工编织入门 165
修养 165
嘘！紫色 AB 型人 237
旋风又三郎 312
炫！美甲大全 50
炫彩美甲技法大全 237
眩晕 237
学日语同义词记口语 7000 句

165
学生会的六花．碧阳学园学生会议事录 312
学生就业与劳动力市场：日本新毕业生市场的制度化过程 50
学数学，就这么简单！ 312
学习的新革命：即使讨厌数学也能飞速掌握的数学的思考力 237
学校与公共建筑 312
学园节神秘咒语事件 237
雪地里的脚印 165
雪姑娘 109
雪国 109，237，313
雪国·古都 165
雪精灵 237，238
雪盲 313
雪山救助犬和旅行者：安妮和科拉 50
雪舞 237，238
雪中找盐：释放潜在的财富创想 50
血管决定生老病死 313
血型 A：潜伏着的人生智慧 166
血型 AB：潜伏着的人生智慧 166
血型 B：潜伏着的人生智慧 166
血型与人生命运鉴定书：解决版 237，238
血液暗号 237，238
血液清洁书 166
寻羊冒险记 50
寻找大雄 50
寻找幸运星 313
循循善问 50 招 + 吸引顾客 50 招 109

Y

Yuzuko 的不织布迷你小物 177
Y 人生路 2
鸦片战争．沧海篇 109
鸦片战争．风雷篇 110
鸦片战争．天涯卷 110
鸭川小鬼 237，238
牙外伤的治疗设计 50
牙细菌大冒险 237，238
雅米老师的 3 步骤点心 238
雅越布艺心情 166
亚尔斯兰战记 238
亚洲城市建筑史 239
亚洲的书籍、文字与设计：杉浦康平与亚洲同人的对话 50
亚洲季风年（2007～2012）执行计划 239
亚洲季风年科学计划：2007～2012 239
亚洲区域合作的政治经济分析：制度建设、安全合作与经济增长 51
严流岛后的宫本武藏 239
炎刀·铳 313
研磨商业力 239
阎魔 313
眼保健操，现在开始 313
眼睛看不见的东西 166
鼹鼠博士的地震探险 110
宴后 313
燕山楚水 51
燕尾蝶 166
扬声器系统 239
洋葱 7 日减肥 51
仰望半月的夜空 239，313
妖世纪的蛟龙 51
腰痛正确治疗与生活调养 313
摇滚妈妈 239
摇摇晃晃桥 166
窈窕酸妞妞！酸奶水果瘦身书 313
药治通义 110
要求太多的餐馆 313
爷爷的肉丸子汤 313
耶！红色 O 型人 239
野菊之墓 51
野兽 239
野外生存手册 166
野性的呼唤 239
野鸭的友情 239
野猪大改造 313
叶隐入门 239
叶隐闻书 51
夜潜者 110
夜晚的远足 51，314
夜鹰之星：宫泽贤治童话集 314
液压机构 239
一本书看懂中国人 166
一本突破新日语能力考试 314
一步向前的勇气：我单独无氧挑战珠穆朗玛峰 314
一次学好 50 音 314
一分半懒人瑜伽 239
一分钟读心术：瞬间读懂女人心 240
一分钟探案 314
一分钟整理习惯改变人生 314
一封写给日本明星的信 314
一个人的第一次 51
一个人的好天气 51，314
一个人的老后 314
一个人旅行 2 240
一个人暖呼呼 314
一个人泡澡 51

一个人也可以　110
一个人住的日子　166
一个人住的幸福生活　166
一个人住第9年　240
一个日本人眼中的邓颖超　314
一个少年的梦：京瓷的奇迹　110
一句话搞定对方的心理学　314
一句话说服对方　166
一看就会的日语单词　51
一看就会的日语句型　51
一看就会的生活日语　51
一看就会的英语语法书　166
一看就会的职场日语　52
一看就会钢珠笔的快乐涂鸦　315
一看就会钢珠笔的温馨彩绘　315
一流力　315
一秒钟看穿他的心　240
一秒钟让他爱上你　315
一年一班最捣蛋　315
一年一班最哥们　315
一年一班最活泼　315
一年一班最能跑　315
一年一班最勇敢　315
一年有半·续一年有半　315
一起吹笛子　315
一起去度假　315
一切都是因为你　240
一切尽在掌握中：心理平衡技巧　52
一胜九败：日本新首富柳井正的创业人生与商业哲学　315
一胜九败·优衣库思考术　315
一首朋克救地救　240
一天放下成功　315
一天看完的流行生活日语　316
一休和尚诗集　110
一学就会的爱心便当　240
一学就会的钩针小物　240
一学就会的混搭布艺　316
一学就会的手作亲子装　316
一学就会的田园布艺　316
一学就会心电图　240
一张图表解决所有商业问题：用全脑思考做企划　316
一针一线：贵州苗族服饰手工艺　316
一只耳朵的大鹿　240
一只猫的巴黎晃悠　240
一只女人两个猫　316
伊达政宗　166
伊豆的舞女　240
伊人美妆　52
伊势物语　316
伊藤博文时代　52
伊藤清概率论　316

衣服躲猫猫　316
医籍考　52
医疗福利建筑室内设计　316
医生没告诉过你的养生法　167
医心方　316
医学天正记．十五指南篇　167
咿呀呀．吃水果　316
咿呀呀．打招呼　316
咿呀呀．来坐车　317
咿呀呀．上厕所　317
咿呀呀．是谁呢　317
咿呀呀．刷刷牙　240，317
咿呀呀．洗小手　317
咿呀呀．洗澡啦　317
移动通信技术及应用　110
移民的秩序：清代四川地域社会史研究　317
疑惑：芥川龙之介编年别裁集　317
彝族的社会和文化：访问贵州省西北地区的少数民族　317
以眨眼干杯　317
亿万富翁专门学校　240
义和团的起源及其运动　52
艺术·设计的纸的构成　52
艺术空间　317
艺术疗法　241
艺术战斗论：你也可以成为艺术家　317
异邦骑士　241，317
异常　241
异文化理解　110
异星人　110
抑郁，撒由那拉！　241
抑郁症　167
抑郁症自我诊疗与全面调养　241
益智的游戏书　167
意大利餐制作大全　241
意大利幻想曲　167
意中的建筑　110
因明学的起源与发展　110
阴暗的季节　52
阴兽　318
阴阳师．太极卷　52
殷周秦汉史学的基本问题　111
银河铁道之夜　318
银河英雄传说　52，53
银座妈妈桑教你读心术　318
银座幽灵　167，318
印度人的逻辑学：从问答法到归纳法　318
印度式数学：开启数学捷径的入门手册　111
印刷现场管理：打开利润之门　53

应对中国：日本经济对策　241
英国　53，318
英国妖异谭　53
英国住宅建设：历程与模式　318
英汉法德日俄空间科学词典　241
英汉双语精华本哆啦A梦　111
英伦风格小屋　241
英雄书　318
英语介词·冠词完全掌握手册　111
英语语法高手的24堂必修课　53
婴儿信息：宝宝啊，你想"说"什么　53
婴儿游戏绘本　167，168
婴幼儿手作服：新生儿～90cm　318
樱　53
樱的圈套　111
樱花树下　241
樱花乡神秘复仇事件　241
樱花寓言　53
樱桃小丸子　318
萤火虫之墓　168
萤之光　318
营销力：日本企业制胜之本　53，319
"赢"销绝技　168
赢家管理守则：公司异常情况与顾客怨言处理　319
赢在问题解决力　241
影武者　241
影响孩子一生的11个生活技能　53，54
影响力　241
硬质合金刀具常识及使用方法　168
永续经营：打造百年老店的8种战略　319
永远不要忘记　319
永远永远爱你　111
永远在一起　319
勇气的力量　168
勇于尝试必定成功　55
勇者物语　111
用不织布做甜点小饰物　111
用串珠制作可爱的小动物乐园　168
用麻绳编织幸运小饰物　168
用毛线编织七彩生活　242
用碎花布手缝创意小杂货　319
用天然石串出幸运首饰：超高人气作品制作方法大公开　168
优美的安娜贝尔·李：寒彻颤栗早逝去　168
优睡眠：打造压力社会的舒适睡

眠　242
优秀儿童的黄金时间表：揭开孩子
　　优秀成因之谜　242
优雅人生的开端：图解儿童基本生
　　活习惯的培养　319
优雅一生的成熟装扮　319
忧国　319
悠然动物园　242
悠悠大河　112
犹太人笔记本的秘密　319
油爆老妈　112，168
游戏问答玩转日语　319
有病不能乱投医　242
有冈由利子的每日拼布　319
有猫真好　112
有钱人性格说明　169
有钱是训练出来的　319
有一种人生叫幸福　319
有用的聪明　55
又酷又逗趣的口语日语　169
右脑开发培养天才小学生　169
右脑开发养育天才儿童　169
幼儿工作者的视野：置身教育实践
　　的记录　169
幼儿园里大便　242
幼儿园设计　320
余情残心　55
与池田大作对话文明重生　320
与狗狗的 10 个约定　112
与潜意识对话：吸引好事的魔法咒
　　语　320
宇宙的孤儿　55
羽毛球　55
羽衣传说的记忆　242
雨天的礼物　242
雨月物语春雨物语　242
语言地理类型学　112
语言教材的开发、利用与评价
　　55
语言图鉴　320
玉岭的叹息　242
育儿日记　55
浴缸里的灵感：益川敏英的诺贝尔
　　奖人生　242
欲情课　169
遇到百分之百的女孩　112
遇见我的百万金贵人　242
御手洗洁的问候　169
御宅上班族　320
员工病：收获工作喜悦和重建团队
　　合作的诊断和处方　320
原来，你已不在　320
原味日本语：中国文化日本文化快
　　乐读解　169
原野的花束：三浦绫子谈爱与生

命　112
圆白菜小弟　55
圆圆的月亮　55
圆圆的真好吃　242
源氏物语　112，242，320
源义经：镰仓战神　169
远方的鼓声　320
远方寄来的生日礼物　112
远见：孙正义眼中的新未来　320
远离眼病　169
远离抑郁症：做健康女人　169
愿你梦想成真　320
月亮，晚上好　112
月亮的帽子　321
月轮熊　169
越玩越聪明的折纸游戏　242
运算放大器电路　169
运算放大器应用电路设计　55

Z

杂病广要 . 外因类内因类气血
　　类　169
杂病广要 . 脏腑类身体类　170
再见吧，美国　243
再见小象　112
再袭面包店　112
再造魅力故乡：日本传统街区重生
　　故事　55
在床上就能简单做的睡眠瑜伽　55
在搭配的愉悦中发现全新的自
　　己　321
在崛起与衰退之间：一个日本学者
　　对中国改革开放的思考　55
在漫长的旅途中　170，243
在那忧郁无尽蔓延的黑夜　243
在世界中心呼唤爱　321
在仙后座山丘上　243
在萧条中飞跃的大智慧　170
在星巴克要买大杯咖啡！　112，
　　321
在智慧的星空下　112
在中国成功的日本人　56
在自己的树下　113
早餐的革命　113
早稻田大学与中国：架起通向未来
　　之桥　243
早期教育与天才　170
早上 10 点之前完成工作　56，
　　170
早衰的人与永葆青春的人：避开糖
　　化，就能延缓衰老　243
早晚 3 分钟瑜伽课　321
造就人才：经营者的追求　113
贼刀・铠　243

增加公司现金流的黄金法则　321
炸鸡恐龙学　243
斋藤家的核弹头　243
斩刀・钝　243
占星术杀人魔法　243
栈云峡雨日记　56
战斗圣经：美国陆军战斗技能
　　321
战国日本　243
战国旋风记　243
战后责任论　113
战略联盟：企业通向全球化的捷
　　径　56
战胜人生的 50 个秘诀：打造成功
　　的自己　170
战胜自身惰性的法宝　56
战争与性别：日本视角　56
站在制造业原点：吉田庄一郎自
　　传　243
涨潮时代：日本 GDP 倍增构想
　　113
掌纹说明书　244
丈夫这东西　244
招标改革：改变幕后操作的日本社
　　会　321
昭和时代见证录　113
肇论集解令模钞校释　113
折纸建筑：景观建筑　56
折纸建筑：现代名建筑　56
折纸全集　244
折纸入门　321
哲学　321
哲学家广松涉的自白式回忆录
　　170
这些道理没有人告诉过你　321
这样吃更健康　170
这样吃药最有效　244
这样教孩子最有效：话说对了，孩
　　子就会听了　321
这样思考，人生就不一样　244
这一生再也不会有的奇遇　244
针灸临床治疗学　322
针灸真髓：泽田派见闻录　113
侦探队　244
侦探伽利略　113
真实的日本　322
真田幸村：历史背后的十勇士传
　　奇　170
真希望我 20 几岁就知道的事　244
震度 0　322
蒸发　322
拯救人类的哲学　170
拯救索尼　56
政治少年之死　244

政治与人生：中曾根康弘回忆录 113

支气管内超声引导针吸活检术操作手册：EBUS-TBNA 244

芝山努和电影哆啦A梦《大雄和机器人王国》的世界 113

肢解尸体之谜 244

织田信长：菊与刀：历史·经典·文学：超值典藏本 56

直言教育：亚洲第一位诺贝尔化学奖获得者福井谦一谈教育 113

职场，好学才能上位："菜鸟"变"达人"的21个自我学习定律 322

职场达人不抑郁：积极工作快乐生活的应对法则 322

职场解压 56

职场人格说明书：职场中的四型人格交际术 244

职场人脉经营术 244

职场孙子兵法 244

职场心理控制术 245

职场抑郁症者重返社会 245

职场中的气场：高级经理人都在运用的职场秘诀 322

只管打坐：和佛陀一起去禅修 322

只要一分钟 170

纸手工店铺：日本超级儿童益智纸艺游戏 322

制服搜查 322

制作成功DM邮件的100个超级技巧 56

致命相似 170

致新人 170

痔疮自我诊疗与全面调养 245

智慧与创造的经营学 56

智力训练和测评 322

智永千字文 113

中岛凯西的花样拼布 245

中岛凯西的居家拼布88款 245

中岛雄其人与《往复文信目录》：日本公使馆与总理衙门通信目录（1874～1899） 170

中二病中毒说明书 245

中风正确治疗与生活调养 245

中高级日语语法精解 245

中国，我误解你了吗 246

中国、东亚与全球经济：区域和历史的视角 171

中国·日本社会保障制度的比较与借鉴 171

中国"女权"概念的变迁：清末民初的人权和社会性别 246

中国白族白文文献释读 322

中国长三角与日本东海地区的产业经济发展 245

中国的冲击 322

中国的道教 245

中国的公与私·公私 323

中国的海贼 323

中国的经济革命：二十世纪的乡村工业 170，245

中国的美术及其他 113，171

中国法制史 323

中国宫苑园林史考 114

中国古代的"家"与国家 245

中国古代的家族与国家 245

中国古代的王权与天下秩序：从日中比较史的视角出发 114

中国古代籍帐研究 56

中国古代诉讼制度研究 171

中国绘画史 114

中国祭祀戏剧研究 114

中国结之典雅配饰 171

中国结之吉祥配饰 171

中国近代财政史研究 323

中国近代经济史研究：清末海关财政与通商口岸市场圈 114

中国近代思维的挫折 114

中国近世戏曲史 246

中国经济区域间投入产出表 57

中国经济入门 57

中国历史风云录 171

中国漫游记七十八日游记 114

中国秘密社会史 246，323

中国奇人传 323

中国前近代思想的屈折与展开 323

中国人的劣根和优根：日本人眼中的近代中国 171

中国人日本人韩国人 323

中国善书研究 246

中国史学史 114

中国思想史研究 171

中国随想 323

中国文明记 114

中国我的第二祖国：森川和代未完成的遗稿集 171

中国戏剧史 323

中国学研究 114，323

中国印象记 57

中国游记 57，323

中华文化概览 323

中级电工操作技能 171

中级日语语法使用指南 246

中日佛教交流史：战后五十年 57

中日关系：从战后走向新时代 171

中日金融制度比较研究 114

中日经济统计评论 323

中日苹果产业技术研究 57

中日日中经贸词典 114

中日文化交流的历史记忆及其展望 114

中外学者论池田大作：和谐社会与和谐世界 57

中小企业和小商店赚钱的经营法则 57

中小企业制订经营计划的程序 246

中小企业制定事业计划的程序 57

中药大全102选 324

中医内科医鉴 114

终点站 171

终极减肥：三重燃脂瘦身法 324

终身职业能力开发：劳动者的"学习"论 115

种出来的意大利面条 246

众神的山岭 324

重点讲义民事诉讼法 57

重礼仪，讲礼貌，爽！ 115

《周氏冥通记》研究：译注篇 246

侏儒警语 115

诸葛孔明 246

诸神的微笑：芥川龙之介短篇小说选 324

竹中平藏解读日本经济与改革：日本原财相与北大学生面对面 246

主妇收纳1500招 171

主题四十：迫庆一郎的建筑 172

住区再生：重获新生的欧美集合住宅 115

住区再生设计手册 172

住宅读本 115

住宅设计师笔记 324

住宅巡礼 115

抓住时机的人错过时机的人 172

抓住贪吃贼 324

专为中国人写的超右脑开发训练 115

专为中国人写的超右脑英语学习法 57

专业日式美发技巧 57，58

专业主义 246

赚钱老板不传的关键决定 324

赚钱老板不告诉你的数字经济学 246

赚钱老板不会告诉你的消费经济学 324

赚钱老板的经济学 246

妆出自己靓出青春　58
装点世界：钩针花样贴花　324
追踪百变大盗　324
捉迷藏　247
灼眼的夏娜　247，324
姿势健康法　115
资本主义为什么会自我崩溃？新自
　由主义者的忏悔　247
资源、能源与建筑　172
资源危机：留给我们解决的时间不
　多了　247
子宫肌瘤正确治疗与生活调
　养　325
子宫卵巢癌正确治疗与生活调
　养　325
紫丁香冷的街道　172
紫阳花日记　115
紫姨　172
自来水哲学：松下幸之助自传
　115
自律分散系统入门：从系统概念到
　应用技术　115
自然风格的家居拼布 DIY　247
自然图鉴：认识·采摘·烹调.
　我们的蘑菇朋友　247
自然图鉴：认识·烹调·玩耍.
　我们的海滨朋友　247
自然图鉴：认识·烹调·游戏.
　我们的花草朋友　247
自然图鉴：认识·玩耍·烹调.
　我们的果树朋友　247
自然图鉴：认识·栽培·烹调.
　我们的莓子朋友　247
自然与人生　325
自然再生：生态工程学研究法
　325
自我治愈肩痛　247
自我治愈膝盖痛　247
自我治愈腰痛　247
自由刺绣与十字绣：基础刺绣入

门　172
自制 57 款美味比萨　172
自制不一样的花式甜点　325
自制健康美味的果汁、果酱、果实
　酒　247
自制咖啡的美味法则　172
自制美味果汁 353 种　115
自组织纳米材料：英文　58
字解日本：乡土料理　325
字谜杀人事件　248
纵观日本文化：史迹·文物·货币
　·佛庙·古建筑　58
总裁铁则：企业高层领导必备的经
　营管理战略　58
总生岛神秘消失事件　248
综合日语　248，325
走、跑、跳　248
走遍全球.奥地利和维也纳　115
走遍全球.法国　115
走遍全球.西伯利亚　116
走迷宫　58
走向低碳社会：由资源·能源·
　社会系统开创未来　325
走向世界的陆象山心学　116
走在大道上：我的人生记录　325
租界研究新动态.历史·建筑
　325
足球超级进攻技术　58
组织工程：基础与应用：英文　58
最残酷的战斗：硫磺岛战役生还者
　讲述　325
最后冲刺 50 招＋临场制胜 50
　招　116
最后的家庭　248
最美丽的彩虹：一位日本老人和中
　国青少年的通信往来　116
最受中国人喜爱的三明治　325
最危险的厕所和最美丽的星
　空　248

最先端医学　172
最详尽的面包制作教科书　325
最新花样编织样式及方法 131
　例　172
最新佳能 EOS 50D 数码单反摄影手
　册　326
最新佳能 EOS 7D 数码单反摄影手
　册　326
最新佳能 EOS550D 数码单反摄影
　手册　326
最新卡通漫画技法　58
最新流行毛衣编织 30 款　172
最新漫画色彩使用技巧　172
最新人气三明治　326
最新日语综合读解　59
最新奢侈名品选购指南　173
最新胎教　248
最新屋顶绿化设计、施工与管理实
　例　59
最新饮食营养宝典：厨房里的营养
　学　116
最糟也最棒的书店　326
左脑右脑人生趣味测试　59，
　116
左撇子，右撇子　116
左手和右手　248
左翼文学的时代：日本"中国三十
　年代文学研究会"论文选　326
佐伯千津 de 美容课　248
佐伯千津的美丽微时代　326
佐贺的超级阿嬷　173，248
佐贺的超级阿嬷　59
佐藤可士和的超整理术　173
作为方法的中国　326
坐巴士出去玩　326
坐电车去旅行：从高山到大海
　326
座敷童子的故事　326
做鬼脸　173

著译者索引

A

Afi　140
Arthur J. Matas　154
A·T·科尔尼　263
A. H. Giesecke　225
阿边惠一　48
阿部博幸　118，155
阿部秀之　296
阿部绚子　170
阿部正雄　70
阿纯孝　273
阿刀田高　253，271，280
阿南史代　178
阿瑟·史密斯　166
阿万纪美子　3，6，17，50，119
阿竹仙之助　150
安邦司　96
安保彻　120，177，179
安保哲夫　217
安倍英一　133
安部司　39
安达胜之　274
安东满　199
安房直子　254
安冈昭男　27
安河内哲也　85
安吉尔松本　21
安井淡　48
安井季子　55，316，317
安井正　324
安食雄二　256
安世舟　289
安藤亘　74
安滕拓石　102
安藤幸夫　148
安藤彦太郎　243
安藤雨情　285
安西水丸　257，260
安野光雅　177，249，289
安野雅一郎　272
岸本美绪　214
岸本齐史　195，274
岸本裕一　49
岸红子　211
岸井勇雄　229
岸良裕司　191
岸田国士　274
岸田衿子　136，309
岸祐二　306

案西昭雄　83
奥本大三郎　280
奥村久雄　319
奥村千穗　267
奥林康司　33
奥田政喜　255
奥玄宝　210
奥野长晴　231
奥野翔　152

B

八幡纸芦史　213
八尾恒良　106
八子知礼　287
芭蕉绿　62，68，93，95，98，112
白川博之　245
白川静　181
白河桃子　294
白华　44
白化文　36
白井重范　326
白崎研司　266
白石和也　85，221
白石隆　293
白畑实隆　77，276
白廷柱　1
白土城照　169
白晓煌　83
白岩玄　290，313
白艳霞　33
白泽卓二　217
百濑寿　284
柏木博　267
柏叶幸子　186，226，232
阪本一马　136
坂本百大　321
坂本敦子　172
坂本范行　223
坂本光司　218
坂本广子　53
坂本晃　35
坂本利佳　198，325
坂本勝信　91
坂本太郎　89
坂本正文　179
坂东真理子　85，211
坂井浩志　34
坂井建雄　32
坂井直树　295

坂卷哲也　1，302
坂口安吾　286
坂口孝则　324
坂上典子　299
坂田笃史　178
坂田辉昭　204
坂元良江　70
板谷裕实　143
半场方人　2
半藤一利　150
半田丈直　242
浜川清　150
浜口直太　267
浜崎达也　82
浜野厚子　233
包芳　2
包国宪　260
包装工坊　132
宝库社　248
保阪正康　113
保坂真里奈　208
保林　37
保田隆明　100
鲍重光　41
暴凤明　37，40
北川登园　48
北川逸子　184
北川悦吏子　46，226
北村学　204
北岛千鹤子　59
北冈泰典　233
北山友松　63
北条雅章　275，304
北条正司　278
北尾吉孝　2，64，113，182
北野充　191
北野宏明　47
北野武　126，146，163，187，213，233
北芝健　155
本川达雄　185
本村知石　108
本岛康史　60
本多静六　215
本多胜一　29
本间琢也　283
本桥登　313
本山贵子　293
本山胜宽　231
本田雅一　249
本田直之　128，190，191，244
比比　9

比田井牧子　　91
彼得·F·德鲁克　　124
彼得·J·卡赞斯坦　　293
碧风羽　　207
碧日　　50
边见仁　　69
卞立强　　11，41
滨川圭弘　　98
滨川祐纪代　　35
滨岛敦俊　　84
滨口和洋　　224
滨口直太　　191
滨六郎　　120
滨崎达也　　252，270，289
滨田耕作　　88
滨田罗克拉　　48
滨下武志　　114，171
柄谷行人　　279，281
布野修司　　239，299

C

Chris 冈崎　　240
cloudy 云　　48，53
Concettina Bucci　　134
C·R·Kdesign　　254
C.W. 尼可　　63，102
蔡朝枝　　21
蔡凤香　　311
蔡锦墩　　209
蔡美娟　　52，53
仓本宣　　325
仓科敏材　　18
仓林进　　40
仓品纱香　　218
仓石武四郎　　278
仓野宪比古　　313
苍井下树　　187
曹贺　　43
曹艺　　12
草野巧　　76
草野雄　　149
茶谷正洋　　56
诧摩武俊　　137
柴崎亮介　　101
柴山胜野　　146，152，212
柴田昌治　　268，320
柴田晃一　　196
柴田炼三郎　　170，243，300
柴田明美　　257
柴田省治　　125
柴原智　　285，321
长岛有　　162
长谷部佳子　　17
长谷川　　253

长谷川纯雄　　32，255
长谷川弘直　　5
长谷川矩祥　　40
长谷川信博　　199
长谷川由美　　218
长谷惠　　85，95
长崎英广　　122
长屋宪　　7
长新太　　55，75
长野茂　　4
长野英子　　83，102
长泽均　　179
常纯敏　　51
常盘文克　　6
常书鸿　　265
朝仓庆　　300
朝仓直巳　　52
朝韩娜　　218
朝永振一郎　　204
潮凪洋介　　268
车田正美　　38，296，297
陈杰　　33
陈柏诚　　2
陈宝莲　　4，59
陈诚　　3，26，36，40，56
陈都伟　　8，32
陈刚　　6，21，31，47，52
陈国平　　22
陈会欣　　57
陈惠莉　　52
陈俊森　　49
陈美姬　　89
陈其伶　　51
陈倩　　17
陈庆　　41
陈箐　　93
陈声荣　　12
陈舜臣　　30，68，81，109，
　　110，136，141，149，152，
　　156，171，180，188，209，
　　213，233，234，242，246，
　　272，323
陈晓梅　　58
陈晓鑫　　2
陈岩　　120
陈怡君　　9
陈以一　　12
陈永福　　39
陈祝平　　29
成濑武史　　20
成濑悟策　　66，115
成濑雅春　　137，175
成田良悟　　231，307
成田式部　　102
成寻　　165

成原弘之　　277
城井田胜仁　　213
城山三郎　　320
城山智子　　185
城野　　57
程国庆　　28，48
池本克之　　266
池波正太郎　　276
池谷伊佐夫　　93
池谷裕二　　17
池龟卯女　　131
池田淳　　284
池田大作　　11，37，41，59，
　　161，224，235，257，265，325
池田温　　11，56
池田晓子　　120
池田知久　　124
池畑裕介　　258
迟泽浩一郎　　4
赤川次郎　　144，209，286
赤井田拓弥　　100
赤浪　　149
赤岭忠宏　　310
赤羽末吉　　270
赤羽幸兵卫　　113
赤沼安夫　　157
冲川东横　　215
出井伸之　　83
初鹿野浩明　　206
厨川白村　　6，21，80
褚庭亮　　53
川村善之　　6
川岛绿　　211
川端康成　　6，65，109，117，
　　155，165，192，237，240，
　　310，313
川端一永　　41
川口晴　　112，161
川濑武志　　19
川上弘美　　62，253，280
川上文代　　232，241
川上雪　　144
川上真史　　6
川胜义雄　　22
川西茂　　6
川野妙子　　27，115
川原砾　　261，275
川原田邦彦　　194
川原英司　　263
船川淳志　　160，223
船山久美　　236
春口德雄　　276
春日武彦　　241
凑佳苗　　191，295，299，304
崔丹　　42

崔东印　9，43
崔世广　13
崔永成　1
崔忠熙　184
邨井炖　80
翠菊纪子　149
村井苹果　247
村井香叶　20
村林和子　214，324
村山俊夫　218
村山酿造　295
村山由佳　99，109，300
村上八千世　194，230，242
村上春树　15，17，29，50，
　59，98，112，124，147，157，
　174，260，263，288，320
村上和雄　312
村上龙　81，248，250
村上隆　317
村上三岛　95
村上政博　88
村上周三　2
村松江梨子　261
村田刊　264
村田栞　264
村田沙耶香　237
村田雄二郎　170
村田雄二男　260
村中刚志　287

D

David A. Thayne　269，293，295，
　306
Dr. Leon　176
大阪圭吉　167，318
大浜庄司　100，125
大场鸫　254，255
大川隆法　64，96，109，121，
　168，182，253，256，257，312
大川雅之　212
大串亚由美　116，144，166
大村政男　227
大谷实　109，165
大贯喜也　137
大江健三郎　66，79，80，86，
　113，130，160，168，170，
　182，230，244，265，280
大津秀一　194
大里浩秋　325
大林伸安　295
大鹿哲郎　169
大木理惠　35
大木荣一　115
大坪勇二　231

大崎顺彦　68
大前研一　2，6，18，30，31，
　46，176，186，191，223，239，
　241，243，246，292，322
大钱研一　97
大桥弘昌　64
大桥洋一　109
大桥悦夫　122
大泉光一　69
大森淳郎　250
大森和夫　148
大森弘子　148
大森郁子　48
大森庄藏　282
大山光晴　279
大上丈彦　175
大石健一　256
大石美贵世　78
大矢根祐子　159
大矢胜　164
大松孝弘　93
大藤干　2
大田仁史　44
大田垣晴子　145，146，166
大田正文　312
大隈重信　33
大西广　323
大西宏　151
大西农夫明　158
大西正宜　196
大熊辉雄　144
大野耐一　261
大野裕　40
大原麻由美　275，322
大原由轨子　105
大泽刚　11
大泽美树　301
大泽幸子　31
大泽在昌　311
大沼保昭　126
大冢节子　253
大冢敬节　114，269，295
大竹英雄　228，229
代红光　5
代田文志　113，322
带津良一　275
戴如君　136
戴铮　47
丹波康赖　316
丹波元坚　93，110，170
丹波元简　295
丹波元胤　52
丹羽聪子　7
丹羽兑子　136，242
丹羽三枝子　130

岛津睦子　236
岛崎藤村　85，117，155
岛庆一　118
岛田百合　67
岛田和幸　99
岛田惠　153
岛田虔次　114，171
岛田雅彦　304
岛田洋七　59，109，173，181，
　196，231，248，306
岛田庄司　107，119，122，
　133，147，163，169，189，
　191，204 - 206，219，223，
　237，241 - 243，248，282，
　301，310，317
岛野节子　159
道尾秀介　187，224，233
道幸武久　284
道原克巳　52
稻保幸　195
稻本丽香　92，108
稻川龙男　251
稻盛和夫　119，133，148，
　170，185，190
稻盛萌美　258
稻田惠子　44
稻叶和也　227
稻叶君山　87，214
稻叶克　70
得能史子　73
德富芦花　67，325
德富苏峰　114
德米特莉　4，47
德山昭　158
德田良仁　241
德永贵久　267
堤未果　212
荻山正生　176
荻野仁　258
荻原规子　62，64，80
荻原俊男　30，31
淀川长治　279
刁鹏鹏　10，11，42
钓浩康　3
丁红卫　88
丁玲　49
丁楠　33
丁扬阳　33
丁颖锐　20
东良美季　207
东茂由　77
东史郎　9
东野圭吾　62，106，113，127，
　156，165，178，179，185，
　187，189，192 - 194，205，

208，209，221，233，251，
253，254，267，271，285，
288，295，310，317
东直子　310
冬马由美　161
董炳月　13，15
董旻静　6
董铁有　30
董曾珊　3，38
杜娟　28
杜娜　12
杜勤　35
杜维明　11
杜欣阳　83
杜野靖　169
渡边安人　152
渡边邦夫　78
渡边昌彦　260
渡边淳一　11，62，69，97，
110，115，120，127，128，
130，132，141，145，147，
162，169，172，177，190，
193，211，220，228，237，
238，241，244，273，312
渡边贺子　116，159
渡边佳子　135
渡边嘉二郎　28
渡边健介　96
渡边京二　138
渡边考　250
渡边美树　190
渡边孝　43，166，191
渡边信一郎　114
渡边修　188
渡边秀方　171
渡边秀俊　303
渡边洋三　148
渡边有一　178，189，209，
223，226，233，280，302，309
渡边与五郎　105
渡边裕二　201
渡边正　113
渡部芳德　245
渡部觉　40
渡部晓　134
渡辺辙　29
渡会治仁　47
对马瑠璃子　303
多和田真　245
多湖辉　26，47，50，58，77，
86，96，152，222
多纪元简　277
多田道太郎　93
多田宽　242

E

Edson Hirokazu Watanabe　156
额贺章友　57
恩田陆　51，214，220，256，
263，314
恩田路　68
儿玉光雄　16，169，225
儿玉尚彦　321
二宫进　101
二宫敬虔　241
二见隆　220
二阶堂广美　13
二阶堂黎人　130，186，189
二井るり子　316
二枚贝　59，161
二枚见　116
二日市壮　184
二之宫知子　197，198，276

F

筱义人　58
樊飞豪　146
樊富珉　5
饭高成男　137
饭森真喜雄　241
饭田芳一　206
饭田久惠　139
饭田朗　54
饭田三雄　106
饭野靖彦　135
范建明　3
范悦　217，261，275，276，
292，311，312，317，320
方南　13－15
芳川充　96
芳贺脩光　129
飞车来人　279
飞浩隆　189
飞鸟井雅道　286
翡翠小太郎　320
柿田　13
费拉纳根　60
丰田菜穗子　265
丰田芳弘　228
丰田美纪　226
丰田美加　318
丰田一彦　164
风间麟平　166
蜂屋邦夫　20
冯峰　236
冯天瑜　20，30，33

冯伟　51，52
冯彦青　39
冯艳　40
冯叶　33
冯正宝　49
逢坂刚　202，273
夫马进　181
弗兰克　9
弗朗西斯　10
伏见司　230，305
浮田　45
浮田和民　39
福村弘美　190
福岛由子　184
福岛正俊　283
福岛正伸　215
福冈伸一　133
福井谦一　113
福井晴敏　274
福井文雅　193
福辻锐记　302
福田阿鸠　88
福田春美　298
福田健　63
福田健太郎　192，212
福田赳夫　76
福田敏生　305
福田明子　305
福田千晶　60，236
福田务　125
福田亚细男　217
福田真理子　293，314
福田殖　116
福西勇夫　108
福永光司　30
福原义春　161
福泽由美子　187，218，242
福泽谕吉　103，148，229，291
釜池光夫　213
傅珉　3
傅羽弘　29
富谷至　29
富家孝　179
富水明　136
富田俊基　269
富田千惠子　288
富野康日己　128
富永让　22

G

Gerard P. A. Bot　153
甘能清，殷晓贤　2
冈本白涛　80
冈本定男　216

冈本隆三　257
冈本牧子　90
冈本宪宏　298
冈本一郎　285，324
冈本裕生　43，101，122
冈仓天心　113，171，180，257
冈村繁　229
冈村淑子　307
冈大路　114
冈岛和幸　223，296，299
冈岛重孝　148
冈井路子　300
冈千仞　130
冈田斗司夫　135
冈田文夫　37
冈田秀文　119
冈田研吉　52
冈田志寿代　208
冈西为人　224
高岸研治　207，284
高阪宏行　60
高坂美纪　152
高滨正伸　203
高仓健　29
高岛澈治　86
高岛匡弘　260
高岛美咲　100
高岛谦一　126
高岛吞象　100
高岛玉凤　237，238
高家博成　310
高见泽孟　63，120，151
高津文美子　40，83
高井伸夫　1，56，117，127，170
高濑保　61
高濑直子　134，135
高柳芳惠　264
高木诚一郎　51
高木干雄　44
高木康政　292
高木雅行　207
高木贞治　267
高木直子　9，51，59，174，240，314
高丕娟　19，41
高崎健　60
高桥敷　65
高桥宏志　57
高桥俊介　278
高桥麻奈　207
高桥弥七郎　247，324
高桥千枝子　12
高桥谦二　87
高桥升平　314

高桥素子　79
高桥信　142
高桥则夫　192，269
高桥哲哉　20，74，113
高桥征义　118，119
高桥正明　37
高取静　288
高世惠理子　204
高田拓　217
高畑好秀　159
高畠纯　223
高屋奈月　97
高晓菲　41
高野好造　35
高野孝一　220
高野正博　128
高永茂　151
高沢纪子　181
歌川广重　232
歌野晶午　111，308
葛饰戴斗　12
根岸哲　33
根上生也　233
工藤进英　7
工藤一彦　145
工藤元男　223
公爵更家　12
公庄博　25
宫本辉　255，285
宫本晶子　49
宫本武藏　4，47，159，293
宫本哲也　124，183，184
宫本忠夫　306
宫部美雪　81，111，133，204，275，282，318
宫川俊彦　15
宫家准　87
宫内亨　6，98
宫崎道子　219
宫崎克巳　55
宫崎清　296
宫崎市定　72，79
宫崎滔天　294
宫崎勇　148
宫崎哲也　101
宫西达也　17，19，30，59，75，83，111，145，161，186，213，229
宫胁俊郎　250
宫野孝一　46
宫元健次　19
宫泽贤治　13，129，155，236，284，312－314，318，326
宫治昭　18，159
龚裕　42，44

龚泽铣　56
勾艳军　44
沟口雄三　322，323，326
辜鸿铭　166
古城武司　134，135
古川安　279
古川千春　36
古谷雅慧　159
古濑奈津子　30
古市幸雄　142
古市雅子　206
古田和子　153
古田足日　4
古在丰树　165，225
谷本真辉　315
谷川道雄　229，301
谷岛犀子　136
谷光忠彦　234，235，310
谷甲州　87
谷口惠　151
谷口荣一　258
谷崎润一郎　308
谷田贝公昭　319
谷玉惠　73
谷原诚　210
股野琢　56
顾春　217
顾琳　170，245
顾卫　18
顾亚娟　49
顾正秋　37
关根智子　60
关恒雄　311
关满博　79
关权校　57
关香　159
关野吉晴　304
管贻生　11
光冈知足　73
光藤俊夫　202
光野桃　294
光永法明　176
光晕组合　294
广川州伸　141
广井良典　171
广濑光治　17
广松涉　124，160，170
广松由希子　103
广田良吾　72
龟山章　325
鬼头郁子　180
鬼冢忠　233
贵子　148
桂井诚　9
桂绍隆　318

郭红　22
郭举昆　17
郭美辛　29
郭欣怡　29
郭秀梅　52
郭永刚　17
郭永乐　220
郭勇　53
国府俊一郎　136
国米欣明　289
国木田独步　307
国司义彦　126

H

Hirofumi Akagi,　156
H. Ishihara　225
哈麻吉　153
哈泥蛙　25
海道清信　277
海老原博　34，35，90，91，293，311
海堂尊　119，211，291
海棠尊　203
海音寺潮五郎　93
韩诚　214
韩兰　6
韩雅玲　192
郝铁君　11
何鹏　18
何品晶　92
何勤华　50
何希才　55
何晓毅　46
和歌山静子　186
和久田寅　70
和栗雅子　98
和泉正一郎　198
和田龙　204，215
和田修俌　83
和田秀树　3，4，49，55，267，275
和原聪司　260
河村美智子　89
河村宗典　77，276
河合千草　4，41，47，53
河合隼雄　33，39，193，234，260，268，273
河合真弓　248，263
河濑和幸　250
河崎爱美　48
河田信　70，273
河西真史　252
河野宪治　18
河野忠男　125

贺迎　5
鹤冈秀子　140
鹤见惠一　252
鹤见幸　309
鹤见祐辅　41
鹤莳靖夫　226
黑川光广　80，139，203
黑川纪章　165
黑川叔彦　215
黑川哲志　76
黑古一夫　66
黑谷忍　175
黑井健　264，290
黑柳朝　177
黑柳彻子　64，106，123，177，279
黑木哲德　41，299
黑田惠美子　289
黑田启藏　149，216
黑田早苗　77
黑羽荣司　158
黑泽俊二　214，215
亨利幸田　65
恒吉彩矢子　182，199
横井和美　22
横山惠子　304
横山利香　141
横山茂　85
横山千寻　172
横山秀夫　6，52，144，322
横山静夫　198
红玉伊月　251，276
洪成浸　26
洪蔷　311
洪郁如　9
侯铎　43
侯仁锋　49
侯甬坚　114
侯悦斯　10
后藤保幸　63
后藤道夫　87
后藤芳德　291
后藤久　307
后藤利夫　121
后藤龙二　82，315
后藤裕藏　118，119
后田敏　176
胡虹　59
胡连成　27
胡连荣　59
胡士云　114
胡小伟　286
湖南彼方　226，303
户田芳树　260
户田芙三夫　69

户田富士夫　224
户田贵子　215
户田显司　195
户田一康　34
户张几生　289
花田峰堂　67
华兆哲　38
桦旦纯　154，156，212
荒保宏　13
荒川弘　70－72
荒川慎太郎　215
荒川裕志　280
荒见泰史　188
荒井邦佳　160
荒井宏　86
荒井辉雄　170
荒井拓也　253
荒木创造　169
荒木见悟　210
荒木隆次　194
荒木尚志　216
黄柏棋　46
黄碧君　11
黄东兰　20
黄杰　190
黄琦　35
黄琼仙　45
黄优子　4
黄予立　40
黄真　27
灰谷健次郎　227
会田雄次　88
火坂雅志　157

J

矶崎新　2
矶山有幸　146
姬野伴子　157
稽永康　130
吉本芭娜娜　60，75，259，286，306
吉本佳生　112，121，139，321
吉本一　184
吉川广和　146
吉川武彦　43，161
吉川幸次郎　103，265
吉川英夫　168
吉川英治　72，294
吉川忠夫　205，246
吉村伶　157
吉村文彦　98
吉村幸子　270
吉冈弘隆　251
吉冈正毅　63，120，179

吉谷　281，320
吉柳沙织　211
吉美显　305
吉木伸子　138，142，224，252，285
吉松隆　72，73
吉松由美　91，92，133，298，314
吉田俊秀　302
吉田千寿子　121
吉田尚英　46
吉田慎悟　273
吉田文和　88，273
吉田信行　277
吉田修一　68，189
吉田宣章　43
吉田正伸　155
吉田庄一郎　243
吉丸美枝子　143
吉野　56
吉野真由美　163，264
吉益东洞　80，134
吉益南涯　134
吉沅洪　40，108
吉原健一　324
吉原清隆　253
吉泽刚　89
笕川幸司　265，274
纪谷文树　19
纪宏　323
季羡林　257
寄藤文平　66
加古里子　163，183，187，192，194，221，230，237，238，248
加贺谷穰　76
加茂隆　152
加纳实纪代　56
加藤谛三　256
加藤弘之　88
加藤纮一　154
加藤嘉一　30，246，292
加藤久仁生　274
加藤理绘　91
加藤清方　42，226
加藤尚武　247
加藤胜美　110
加藤由子　87，185，291
加藤真有里　288
加藤周一　1，75
家井真　297
家森幸男　276
葭川进　134，135
甲斐胜二　114，322，323
甲斐谕　269

甲田光雄　77，136，220
甲田祐三　141
贾黎黎　9
贾漪涛　45
榎本博明　158
间濑直方　278，280，308，326
间所寿子　264，290
间秀夫　227
菅本顺一　292
菅谷义博　64
菅野成行　168
菅原进一　18
菅原美千子　282
菅原明子　132，146，147，149，157，278
菅泽佳代　276，282
樫本学　202
笕久美子　41
笕文生　41
检见崎聪美　226
简洁　42，43
简进隆　218
建部正义　114
键本聪　204
江本胜　156，220，300
江部洋一郎　198
江村治树　114
江户川乱步　291，318
江口弘文　260
江口惠津子　135
江口克彦　231
江口慎一　189
江上波夫　83
江霆　1
姜宁　245
姜尚中　189
蒋通　124
蒋忠新　257
匠英一　108
角川五日　193
角南英夫　65
角田光代　125，203，239，258，294
角田美穗　305
角丸圆　216，292
角屋重树　89
角野荣子　28，84，144，181，193，195，203，219，220，229，231，246，313
角野雅彦　88
矫江　132
纈缬厚　306
皆川明　259
皆木和义　262
皆藤章　266

芥川龙之介　33，57，82，115，141，205，277，283，317，323，324
堺屋太一　75
堺正纮　36
今井芳昭　300
今井祥人　264
今井志保子　287
今泉忠明　187，310
今中佳彦　188
金仓宽平　275
金华　18
金井五郎　33
金井政明　231
金两基　286
金美助　226
金泯澜　50
金宁　43
金盛浦子　160
金文学　108，259，264，323
金晓平　58
金晓星　31
金原瞳　140
金跃军　315
金泽悦子　85
金钊　235
金子光美　268
金子广幸　151
金子绘美　118，181
金子基子　138
金子将史　191
金子美玲　163
金子实里　87
金子由纪子　120
金子元久　12，191
津本阳　127
津守真　169
津田妙子　128
津田左右吉　292
锦见静惠　159
进士五十八　106
近藤诚一　35
近藤三元　150
近藤摄南　113
近藤史惠　307
近藤一成　224
近藤悦子　134
近藤直　145
近田麻美　120
京极夏彦　72，139，158，160，163，206，304
荆柯　39
荆志淳　126
井出万盛　260
井村淳　192，212

井伏鳟二　75
井恒利英　4
井口淳子　18
井口昭久　106
井上笃夫　311，320
井上光贞　58
井上桂子　82
井上和弘　277
井上宏　56
井上坚二　255
井上靖　188，203
井上久男　127
井上理　292
井上清　292
井上史雄　218
井上雄彦　73
井上雅弘　96
井上裕正　289
井上真由美　142
井堂雅夫　13
井田洋介　21
井尾裕子　288
井原之敏　274
静慈圆　217
静永健　3
境佑司　44，45
九鬼周造　257
久保带人　199 - 201，277，278
久保满里子　154
久保田竞　116，156
久保田彦穗　273
久保田悠罗　81
久保田由希　178，288
久恒启一　43，158，303
久连松秀明　42
久米均　146，296
久米正雄　52
久野谱也　129
酒见庄次郎　267
酒井法子　299
酒井和平　37
酒井祐子　228
酒井驹子　17，46
酒井利夫　74
酒井隆　101
酒井穰　234
酒井慎太郎　278
酒井顺子　187，306
酒井信一　145
酒井英之　219
酒井忠夫　246，286
臼杵新　291
臼井仪人　139
臼井由妃　295
鹫尾贤也　4

驹田晴市　65
菊池重昭　196
菊原智明　192
橘川五郎　277
橘玲　193，232
橘瑞超　202
橘香彩页　230
崛田明夫　135
崛悦夫　55

K

Kazunari Tanabe　154
KEI　175
Keiei Kudo　192
khara · GAINAX　311
KIDSLABEL　221，222
Kimie Oguro　196
Koyuki　254
Kuma * Kuma　46
K. A. I. T　151
卡勒　51
柯若仪　164
可乐猫　41，53
空海　271
孔祥吉　170，260
堀川琢义　104
堀口升　133
堀口昇　128
堀尾重治　269
堀幸雄　243
堀之内秀久　5
葵关南　178，255，312

L

赖在幸安　43
濑山士郎　312
濑田贞二　152
濑尾港二　44
朗甘　56
蛯原正子　218
乐大维　44
雷纳图斯　4
梨沙　194，272
梨元胜　202
李波　39
李彩云　50
李德方　50
李殿元　46
李鼎霞　36
李冬君　51
李冬雪　4
李夺　37

李芳　310
李锋传　42，48
李国超　154
李浩生　39
李宏伟　54
李宏舟　2
李鸿江　44
李济沧　22
李建华　35，50
李建平　239
李菁菁　5
李景岩　5
李静　39
李静纯　55
李均洋　151
李榴柏　4
李宁　18
李宁辉　132
李农　19
李萍　18
李倩　53，54
李强　4
李清　118
李庆　30
李若柏　128，129，268
李尚波　6
李思纯　311
李穗　301
李旺　32
李炜　7，57
李小北　130
李晓春　245
李晓雯　46
李鑫　315
李一杰　29
李毅男　43
李迎跃　11
李颖秋　9，12
李颖颖　30
李勇　213
李玉环　33
李兆华　29
李振东　151
李中信　45
里妍　46
立花美代子　80
立石泰则　56
利利 · 弗兰克　126，187
栗城史多　314
栗谷仁　174
栗林慧　63，69，93，97
栗原丰　125
栗原明则　45
栗原清　135
栗原伸治　18

栗原毅　99
栗原哲彦　206
笠井真理　319
笠原俊宏　32
笠原祥士郎　150
笠原巌　27
镰仓 SWANY　284
簗晶子　35
梁丽莉　33
梁晓岩　38
梁云祥　31
椋鸠十　119，130，152，154，
　169，219，239，240
寮美千子　5
林承珍　293
林德胜　51，91
林芙美子　266
林光惠　5
林光江　130
林弘美　75
林华　52
林晃　5，26，65，181，216，
　258，292
林俊相　114，323
林琳　21，47
林玲　2
林敏生　13－15
林明子　28，62，75，95，106，
　112，204
林鸣宇　113
林其模　52
林崎惠美　149
林琦　18
林青华　9，52
林少华　29
林巳奈夫　203
林田正光　12，267
林晓　33
林新奇　55
林燕燕　42
林郁　29
林郁芯　5
林璋　6
林贞年　65
林真理子　206，214，285
林振江　97
林征　52
林总　77，283
灵思泉　12，19，21，22，26，
　27，29，39，40，47
铃川佳世子　91，92
铃木博之　136
铃木大拙　181
铃木光司　15，77，162，232
铃木贵博　319

铃木健二　320
铃木俊隆　181
铃木良知　219
铃木绿　11
铃木敏文　230
铃木敏正　160
铃木清士　42
铃木昇一　235
铃木修　231
铃木丈织　65
铃木贞美　88，293，305
铃木真由美　239
铃木镇一　93，141
绫辻行人　220，244
刘安彭　4
刘宝成　31
刘笔锋　47
刘承元　19
刘纯　37
刘丹云　38
刘涤昭　50
刘东妮　53
刘恒武　29
刘唤　25
刘惠卿　3
刘继英　80
刘建　9，57
刘建辉　20，30，33
刘剑　43，45
刘金平　41
刘金钊　234，235，310
刘京梁　22
刘娟　53
刘康志　190
刘莉生　13，35
刘茂榆　19
刘明祥　34
刘宁　25
刘瑞霜　22
刘少英　93
刘彤彤　37
刘彤扬　32，37
刘维治　3
刘卫颖　13
刘玮　12
刘文君　12
刘文照　34，35，90，91，293，
　311
刘霞　1，43，56
刘向一　5，30
刘小雪　18
刘晓静　7，19，27
刘一梅　46
刘雨珍　44
刘振瀛　46

刘志荣　56
刘壮华　30
刘子亮　55
柳井正　315
柳濑嵩　48，50，112
柳美里　28，76，154，279
柳田邦男　273
柳田国男　209
柳英侠　43
柳原良平　81，182，270，275，
　276，303
柳原修　87
泷口克己　134
泷田洋一　151
泷泽辉男　147
泷泽麻奈美　59，117，157
竜田　258
隆庆一郎　132，241
卢春生　1，19
卢俊伟　3
卢毛敏美　114
卢盛江　41
芦边拓　75
芦原伸之　5
鲁思·本尼迪克特　293
鲁迅　6，21，41
陆绿　22
陆求实　42，47
陆田幸枝　88
陆琰　1，32，40
鹿持涉　213
鹿岛田真希　1
吕飞　25
吕家驹　37，48
吕静　6，18，20，27，30
吕莉　6
吕树铮　192
吕砚山　9，43
罗贯中　12
罗劲　56
罗来达　17
罗纳德·塔门　260
罗文文　20
罗雪梅　6
洛克伍德　58
落合诚一　268
落合惠美子　174
落合壮一郎　196

M

Madamu 由美子　267
Mariangela Peratello　134
Mark Stafford　296
Masao Fukushima　266

Mauricio Aredes   156
MAYA MAXX   46
May 牛山   80
Midori Nishida   254
MIKAN   172
MIKIYO ISO   318
Moriaki Wakaki   192
Mr. Maric   216
麻梨乃   284
麻苅立男   304
麻蒔立男   120
马场清太郎   55
马杰   9
马俊   46
马克·兰赛特   292
马克富冈   319
马渕清资   37
马越阳子   26
马智亮   177
麦谷邦夫   246
麦原伸太郎   188
猫吉   284
猫井登   302
毛里和子   171
茅野春雄   280
茂吕美耶   6, 30, 243, 325
梅多斯   125
梅田望夫   176
梅原猛   70, 170
梅原胜彦   304
梅泽ひとみ   316
梅泽三造   168
美嘉   81, 281, 282
美崎荣一郎   305
妹尾河童   21
门仓贵史   147
门川义彦   107
门井庆喜   302
门马朝久   7
门田安弘   49, 108
门田充司   145
蒙台梭利   93
孟尼丽   7
梦野久作   145
梦月   48
梦枕貘   52, 324
米村传治郎   31, 290
米村亚希子   58
米井嘉一   21, 243
米山公启   17, 204, 291
米田隆介   219
米田幸代   305
米丸恒治   223
米泽穗信   224, 268
密坦小姐   194

绵本彰   31
绵矢莉莎   289
明桥大二   255
末本诚   106
末冈实   319
沫沫娜娜   229
莫莉蓟野   82, 142, 194, 306
木本百子   247
木本南邨   194
木村淳   93
木村丰   176
木村光雄   93, 219
木村久一   170
木村丽   177, 190, 217
木村心一   210, 287
木村研   117, 129, 250
木村裕一   124, 130, 132, 146, 152, 155, 162, 166 – 168
木全贤   256
木山英雄   63
木藤潮香   37
木田拓雄   104
木田元   266
木下代理子   231
木下千万子   233
木下真彩子   150
木野鸟乎   305
木原大辅   86
木原和德   228
木越优   252
目出鲷   15, 16
目 黑 真 实   35, 70, 89 – 92, 198
牧田善二   225
牧野文夫   57
牧野昭子   184
牧野直子   19

N

那须田淳   83
那 须 正 干   182, 202, 225, 244, 273, 274
奈仓京子   192
奈良夕里枝   316
奈良信雄   256
奈良雅弘   227
奈斯库   247
南博   33
南博方   165
南亮进   57, 78
南云治嘉   17
楠本彻也   128, 129, 268
内方惠一朗   196
内海达志   129

内海靖子   46
内山明治   169
内山完造   171
内山真一郎   245
内山知也   224
内藤湖南   51, 114, 145
内藤虎次郎   232
内藤景代   55
内藤朗   22
内藤 谊人   12, 55, 129, 179, 223, 234, 285, 303
内田广由纪   30
内田和成   1
内田弘   310
内田康夫   167
内田莉莎子   109
内田麟太郎   271, 272
内田隆一   198
内田知行   69
内有一马   142
能登八郎   174
能见善久   308
能势晶   278
尼可   21
籾山明   171
鸟居昭美   212, 288
鸟山明   61, 62
鸟山石燕   100
鸟丸知子   316
鸟越皓之   133
聂中华   33, 74
牛山泉   128, 190
牛泽毅一郎   198

O

O. Tabata   118

P

潘波若   160
裴立杰   30
彭彬   3
彭广陆   248, 325
彭佳红   1
彭军   43
彭廉玮   49
彭世嘉   31
彭铁蓉   10
彭铁蓉   10
彭曦   9, 150
彭懿   3 – 6, 17, 19, 28, 46, 50, 55
棚桥篁峰   147

片冈徹治　134
片冈聪　26
片山恭一　41，283，298，302，321
品川孝子　29，86，87
平安寿子　266
平川均　264
平岛奈津子　169
平井宪夫　271
平马直树　44
平山崇　169，293
平山观月　97
平山郁夫　112
平山周　246，323
平石贵久　20
平松阳一　246
平田恭信　191
平田宏一　224
平田亮　292
平田雅彦　245
平田昭吾　257，277，278，302
平须贺信洋　203
平野健一郎　269
平冢秀雄　229
坪井洋文　317
迫庆一郎　172
扑克男　289
蒲蒲兰　17，30
蒲原圣可　291
朴金花　27，51
朴敏瑛　184

Q

七六　284
七田真　57，86，115，121，212，248
妻岛千鹤子　295，296
齐木深　164
齐藤诚　308
齐藤二郎　155
齐藤里惠　255
齐藤里美　311
齐藤茂太　56
齐藤美惠子　190，249
齐藤荣美　230
齐藤谣子　289
齐藤英治　102
齐藤勇　253，279
崎本宝珠　242，244
琦本宝珠　196
千本倖生　228
千贺一生　280
千吉良惠子　180
千里夏光　156

千明初美　134
千叶亘代　122
千叶望　174
前川光德　35
前川一夫　193
前川智　68，202，231
前角博雄　322
前田高行　252
前田光子　208
前田匡史　193
前田明　244
前田如矢　240
前田哲男　7
前原胜矢　116
钱秉刚　56
钱露露　26
钱太金　258
钱小平　39
钱新　93
浅草研　300
浅见帆帆子　75，105，319，320
浅井邦彦　277
浅井慎平　296
浅田次郎　180，299
浅田和实　64
浅田宗伯　105
浅野八郎　278，312
浅野忠克　85
乔努斯基　74
乔治·汉弗瑞　164
桥本博　96
桥本博史　277
桥本道夫　33
桥本纺　239，313
桥本和仁　43
桥本万太郎　112
桥本友纪　151，258
桥本政哲　256
桥川潮　124
桥口玲子　60
钦伟刚　20
亲野智可　270
秦刚　7，57
秦好史郎　5
秦建日子　179，227，268
秦明宏　176
秦晓　21
青木保　69，89，110
青木博文　277
青木诚孝　137
青木芳和　137
青木峰郎　119
青木和子　289
青木宏史　105

青木香保里　54
青木香流　80
青木新门　210
青木正儿　86，246
青木周　76
青山邦彦　8
青山丰　235
青山刚昌　84
青山美佳　78，79，235
青山七惠　51，210，301，304，314
青野治郎　116
清川佑二　213
清宫普美代　215
清家刚　80
清家未森　225，302
清少纳言　112
清水澄　50
清水吉治　37
清水敬生　325
清水龙莹　58
清水敏男　68
清水仁　165
清水允熙　204
清野幸子　119，127，148，154，161-163，173
庆子·凯萨兹　268
琼斯　74
邱琡雯　33
邱洪　59
邱建荣　43
邱璐　21
秋草爱　294
秋道智弥　37
秋谷裕幸　209
秋山宏　195
秋山匡　76，77，85
秋山仁　22，27，30，41，44
秋山宣夫　91
秋山洋子　56
秋元孝之　80
秋元馨　233
荻野千夏　297
荻原芳彦　76
荻原正英　241
裘季燕　5，30
曲庆彪　320
曲维　148
曲直濑玄朔　167
权宁夫　311
泉镜花　128
泉麻人　264
泉千春　184
泉幸甫　324
泉正人　258

蜷川实花　313

R

染谷和巳　219
仁井田升　323
仁科仁　143
仁科贞文　192
任晴雯　40
任晓明　50
日比野省三　189
日和田邦男　164
日花弘子　2
日下部夏月　206
日下部正和　292
日野原重明　120，249
日置佳之　325
入间人间　186，263
入江泰浩　285
若山雅子　75
若松义人　97，127，287

S

Sachi　325
Sadao Adachi　118
SETSUKO ISHII　298
萨米.N　121
塞神甯夜　245
赛因　20
三岛由纪夫　93，198，232，
　239，259，277，278，307，
　312，313，319
三谷宏治　258，259
三谷政昭　141
三好春树　44
三和元　89
三井弘　232
三木雄信　118
三木阳子　162
三浦宏文　18
三浦基弘　54
三浦绫子　112
三浦太郎　81
三浦展　47，78
三浦紫苑　69，265
三桥美穗　117，127，222
三上小一　25
三云岳斗　13，261
三宅寿雄　48，160
三宅郁美　177
桑岛干　269
桑山哲郎　251，252
桑田忠亲　257

桑原庆子　126
桑原洋子　217
桑原骘藏　21，146，166
桑子研　248
色音　125
涩川晶　153
涩谷昌三　108，279，314
涩泽荣一　25，217，283
森本真由美　187
森比左志　309
森博嗣　179，214，220，300
森川昌和　85
森川和代　171
森川明信　244
森川忍　171
森村诚一　132，139，154，
　156，170，171，180
森村进　185
森栋公夫　196
森绘都　55
森际康友　223
森见登美彦　224，225
森丽子　282
森稔　251
森山京　109，295，306，
　309，315
森时彦　249
森田和明　5
森田洁　125
森田美穗　308
森田明　87
森田由子　213
森田友代　269
森下惠美子　110
森下正志　125
森欣司　115
森毅　294
森有子　134，135
森贞彦　20
沙野光玲　244
砂冈和子　17，75
山本保博　135
山本博德　97
山本常朝　51
山本达也　149
山本峰规子　149，179
山本浩未　195
山本和子　277，307
山本健一　252
山本将史　207
山本克彦　310
山本良一　59
山本美芽　143
山本七平　193
山本省三　298

山本文绪　250
山本武道　103
山本武夫　239
山本由香　3
山本真司　234
山本直人　208
山本直文　69
山本忠敬　266
山川智　264
山村绅一郎　156
山村慎一郎　232
山村武彦　189
山冈道男　85
山冈光　206
山冈庄八　8，32，56，67，
　124，166，185，186，210，
　262，301
山根节　138
山根贞男　40
山根倬三　64
山井涌　30
山口高志　192，219
山口厚　123，311，312
山口康男　88
山口一健　101
山口盈文　105
山口重克　40
山奇　30
山崎丰子　119，128
山崎将志　256
山崎康司　68
山崎茂　81
山崎纳奥可乐　183
山崎朋子　6
山崎拓巳　190
山崎养世　225
山崎元　146
山田教郎　85
山田丰文　122
山田晃三　3
山田佳奈　82
山田玲奈　183，298
山田太郎　39
山田无文　270
山田贤　317
山田信博　98
山田业广　79，137
山田悠介　250
山田友子　266
山田真　131
山田真哉　26，246，285
山田正纪　220
山下步　211
山下刚利　108
山下玲夜　303

山下明生　250
山胁恭　85，261，288，316
山野光夫　219
山元大辅　261
山原义人　22－25
山之内靖　299
山中恒　133
山中康裕　241
山中龙宏　131
山中晴子　252
山中英生　122
杉本贤司　278
杉村富生　73
杉井光　281，296
杉木之幸　322
杉浦康平　50
杉浦日向子　63
杉山贵子　44
杉山美奈子　4，133，321
杉山四郎　37
杉田美由纪　178
杉田奈穗子　295
杉溪一言　5
杉原德行　93
杉原高岭　15
上出洋介　218
上山道生　63
上杉哲　151
上松宏吉　283
上田惇生　68
上田秋成　242
上田信　321
上田幸雄　74
上田由纪子　42
上野纪子　48
上野千鹤子　314
上野与志　274，307，324
上垣外宪一　33
上原辰也　291
涉谷昌三　19，22，41，185
涉谷道雄　141，206
涉井佳代　211
深见东州　53，319
深井利春　162
深嵘真由美　96
深堀元文　43，227
深堀真由美　321
深崎暮人　175
深尾幸世　268
深尾叶子　18
深泽武　189
深泽义和　276
神藏康雄　151
神谷秀树　157
神谷正德　281

神林长平　204
神林恒道　285
神门善久　127
神明达哉　118
神崎康宏　252
神田昌典　316
神田健策　57
神泽利子　62，139
神沼克伊　125
榊原英资　182
榊原正幸　273
沈杭凯　22
沈洁　171
生岛博　250
生天目章　185
生田哲　18，26
胜间和代　147，182，213，
　　234，296，298，322
胜见明　163
胜田小百合　84
盛口满　243
师瑞德　298
施耐庵　12
施小炜　5
十返舍一九　264
十市勉　287
辻井乔　258，260，266，267
辻朋子　57
辻清明　88，216
辻听花　278
辻信代　78，79
辻原登　98
石仓淳一　26
石川达三　76
石川宪二　207
石川真理子　193
石河亚纪子　85
石黑谦吾　211
石黑昭博　53
石井隆之　269
石井伸男　219
石井圣岳　161
石井桃子　163
石井象二郎　257，280，
　　283，298
石井裕之　287
石井正则　265
石桥秀雄　290
石森爱彦著　275
石山皆勇　205
石山平　175
石田淳　130，221
石田芳夫　228
石田米子　69
石田衣良　65，68，73，120，

127，133，147，176，179，
194，220，221
石田英一郎　87
石田裕辅　248
石晓明　7，11
石原结石　225
石原结实　4，63，96，99，
146，157，196，203，229，
287，298，302
石原壮一郎　64
实吉达郎　181
史琨　30
史兆红　218
史仲平　38
矢代真己　1
矢代梓　127
矢崎胜彦　140
矢数道明　81
矢玉四郎　31
矢原谦吉　86
氏原庸子　90
市川保子　182，246
市川勘　63
市川里美　255，284
市川拓司　47，152，186
市川希　322
市村真一　57
柿崎江子　176
是永聪　102
是永美树　146
室井力　150
笹田直　37
释成寻　64
释圆仁　36
手岛力　239
手冢治虫　13－15，73，99，
100，158，230
守屋三千代　157，248，325
守屋美都雄　245
寿岳章子　308
枢梁　271
水谷纮　7
水谷小猴　249
水谷信子　10，11，42，279
水谷修　279
水野和夫　198
水野佳子　306
水野嘉夫　148
水野良　25，82，283
水野卫子　103
水野文夫　43
水野政雄　286
水越丰　60，175
水越申　155
水沼贵史　58

司马辽太郎　70，124，163，169，192，215，236，254
思铭　8，55
四方裕　217，261，275，276，292，311，312，320
四方裕主　317
寺井毅　100
寺门琢己　212
寺前秀一　205
寺田则子　152
寺尾善雄　273
寺西宏友　320
松本淳　239
松本道弘　177
松本刚彦　5
松本纮齐　196
松本纪子　36，49，235，236，311
松本留美　39，76
松本美佳　20，37
松本朋子　208
松本清张　9，36，75，152，186，194，205
松本行弘　60，300
松本杏花　55
松本雄三　233
松本修文　48
松尺实　88
松村千惠　140，147
松村幸彦　224
松村秀一　115
松村由美子　110
松岛亚　59
松冈达英　247
松冈龙美　78，79
松冈享子　103
松岗芽衣　165
松岗正彦　240
松井利夫　61，84
松井荣一　150
松井孝嘉　137
松居直　50，75，85，103，161，273，300
松蒲弥太郎　326
松浦元男　310
松浦章　144，214，323
松崎博　63
松崎鹤雄　96
松生恒夫　64，288
松田道雄　187，264，306
松田久一　308
松田麻美子　3，178
松尾　116
松尾芭蕉　98，253
松尾俊宏　74

松下祥　42
松下幸之助　115，137，199
松下忠　77
松野正子　190
松永安纪　257，280
松永政司　2
松原达哉　95，301
松原惇子　117，156
松原宽　66
松原秀行　75，83，92
松原裕吉　291
宋天　43
宋鹤山　43
宋军　52
宋文杰　48
宋晓凯　57
宋晓楠　22 - 25
苏桂亮　150
苏利英　20
素清　38
速水佑次郎　127
粟田伸子　103
隋娟　47
孙安石　325
孙宝印　13
孙洁敏　40
孙凯　58
孙琦　75
孙守正　44
孙卫东　44
孙文杰　48
孙武　4
孙香　13，17
孙兴峰　55
所真理雄　301

T

Takehisa Shibuya　192
Toku Chao　27
Toshihiko Emi　137
Toyoki Kozai　153
T. Tsuchiya　118
太田康夫　290
太田快人　190
太田瞳　125，209
太田拓美　253
太宰治　107，211，212，215
覃嘉惠　4
汤本求真　91
汤本香树实　105
汤川秀树　166
汤姆林森　55
汤水秀树　233
唐际根　126

唐嘉识　91
唐仁原教久　29
唐土新市郎　107，160
唐向红　57
唐亦农　47
唐泽明　159
堂场瞬一　298，308
桃子　172
陶新华　108
陶新中　45
陶振孝　21
腾本　137
腾泽武彦　244
藤本圭　252
藤本恒　114
藤本隆宏　29
藤本智彦　258
藤岛昭　43
藤井胜　51，158
藤井信生　9
藤井佐和子　116，159
藤沈和弘　206，207
藤森照信　216
藤田昌弘　49
藤田纮一郎　41，66，139，155，237，238
藤田胜久　96
藤田真规　19
藤野英人　82
藤野优哉　240
藤野彰子　17
藤野真纪子　236
藤原彻　44
藤原宏之　289
藤原尚太郎　286
藤原宪一郎　155
藤原彰　29
藤泽步　240，315
藤泽秀行　229
藤泽周平　194
藤真知子　126
藤子·F·不二雄　1，6，7，11，18，20，27，30，50，66，68，111，113，126，127，188
天童荒太　119，252
天野畅子　256
天野惠子　227
天野喜孝　51
天野晓　120
田草川弘　194
田村善之　217，293
田村宣纪　124
田村裕　162，306
田村正纪　22
田代陈基　51

田代信维　77
田代洋一　216
田岛富男　158
田慧生　117，155
田尻陆夫　77
田尻智　94，95，153，154
田口二州　226，290
田口护　138
田口守一　237，312
田内满　47
田山花袋　27，286
田山辉明　293
田畑精一　4
田头健一　101
田秀娟　12
田洋一郎　310
田野井正雄　291
田原冲志　2
田原二美　96
田治见宏　124
田中よね　184
田中ウルヴエ京　227
田中达也　183，214
田中芳树　42，51－53，80，
　84，177，238
田中耕治　117，155，277
田中光二　110
田中和明　295
田中良修　204
田中玲子　145，285
田中仁　1
田中慎司　261
田中万年　115
田中希美男　299
田中贤一　207
田中阳子　51，91，117，120，
　138，298，314
田中洋　192
田中宥久子　99，157
田中宇留京　232
田中真澄　163
田仲一成　114，323
田子琪　53
畑村洋太郎　46，101
畑井喜司雄　50
畠中惠　103，272
町田小雪　184
庭野日敬　266
樋口广芳　211
樋口一叶　213
佟岱　7
佟广生　236
桐野夏生　180，218，241，288
童公佳　240，316，317
童门冬二　126

筒井康隆　46，119
徒步助　29，60，145
土金悦夫　192
土桥重隆　296
土屋富士夫　255
土屋贤二　231，289
土屋郁子　288
兔本幸子　227

W

瓦屋根　258
外山滋比古　244，287
丸本卓哉　18
丸川征四郎　211
丸冈吉人　192
丸山敏雄　312
丸山真男　148
丸尾常喜　122
丸元淑生　121
万城目学　141，237，238
万泉河　49
汪丽影　150
汪平　9
汪正球　51
王宝玲　160
王斌　239
王超鹰　40
王成　57
王成注　6
王春山　2
王冬　4
王风　326
王官武　25
王辉　165
王惠君　55
王慧炯　57
王纪安　96
王金平　4
王晶　4
王静爱　125
王俊　18，32
王俊红　2
王昆　4
王丽　22
王琳晓　28
王路漫　28
王敏　13
王瑞珠　49
王润芳　55
王姗姗　53
王彤　54
王为农　33
王维幸　32
王伟　92

王文博　6
王希亮　7
王潇潇　310
王宣琦　20，33
王一鹤　56
王奕红　13
王益全　18
王英　47
王影霞　31，54
王玉茹　9
王战　51
王昭武　34
王振兴　57
王正毅　51
王志安　15
王志钧　44，45
王中江　25
王周秀　150
网野善彦　293
望月明美　318
望月清司　141
威廉姆斯　43
威特　93
隈研吾　70，95
韦平和　20
未来糖　48，53
尾花庆子　121
尾崎红叶　137
尾崎一郎　169，314
尾崎哲夫　111
尾上孝一　294
尾台榕堂　139
尾田荣一郎　74，82，131，
　132，252，269，270，289
尾形佳晁　1
尾形勇　245
尾泽忠　149
尾正义　93
味园有纪　295
梶井厚志　65，275
梶田秀司　11
梶原玲　102
魏长年　5
魏丽华　53
魏琼勘　50
魏巍　39，40
文纪子　48
闻立鼎　31
翁家慧　28
我那霸阳子　315
我妻荣　104
我孙子武丸　218
渥见和重　36
吴宝顺　3，38
吴成伟　21

吴方　　3
吴刚　　13
吴国锋　　50
吴国雄　　239
吴梅　　51
吴明淑　　15，16
吴念圣　　22
吴清源　　215
吴绍沅　　29
吴士文　　22
吴树文　　29
吴铁雄　　36
吴卫峰　　51
吴小丁　　22
吴尧　　146
吴兆路　　114，323
吴遵民　　106
五十岚康彦　　136
五十岚路美　　302
五十岚清　　148
五十岚太郎　　91，218
五十岚修　　45
五十岚脩　　35
五味太郎　　20，69，119，164，
　　167，296，298，320
午堂登纪雄　　269
武川正吾　　267
武村正义　　79
武村政春　　207
武井靖房　　68
武井千雅子　　177
武居昌宏　　205
武内启子　　180
武内祐人　　264，289
武内裕之　　325
武锐　　41
武藤博已　　321
武藤一夫　　18
武田信生　　92
武田哲男　　13
武田正伦　　310
武隈孝治　　46
武邑尚邦　　110，190
武宇林　　215
武湛　　3，17
武者英二　　46

X

西成活裕　　265
西川功晃　　209
西川晃太郎　　211
西川修　　324
西川真知子　　182
西村惠子　　183，263，283，

298，314
西村隆男　　54
西村幸夫　　55
西岛悦　　232
西纪夫　　45
西加奈子　　53，280
西卷茅子　　103
西里喜行　　214
西山广子　　290
西藤洋一　　35，36，92
西田典之　　34
西田几多郎　　152
西尾维新　　179，182，189，
　　202，213，223，228，243，
　　265，313
西野浩辉　　47
西园寺一晃　　314
西原春夫　　109，292
西原克成　　286
西原理惠子　　112，168，208
西泽保彦　　198
汐见稔幸　　49，80，132，256
希有彩晴　　154
喜多川泰　　244
喜山庄一　　134
细谷功　　186，265
细谷优　　92
细田瑳一　　165
细野真宏　　237
细音启　　273
细泽治　　277
细子　　2
下川伸一　　121
下村朱美　　217，324
卜田巨作　　193，228，237，239
下田阳久　　44
下田直子　　308
下园壮太　　322
夏本博明　　145
夏澄　　146
夏井芸华　　150，151
夏目漱石　　46，57，72，95，
　　108，162，230，285
夏平　　2
夏树静子　　138，140，155，
　　252，302，322
乡司幸子　　219
相矶嘉孝　　225
相培妮　　129
相泽忠范　　234
香取文子　　91
向坂荣夫　　125
向井楠宏　　128
向山淳子　　166
向山贵彦　　166

向田邦子　　273
向野早苗　　82，233
橡橡橡树果　　270
萧照芳　　20
小坂文乃　　301
小浜善信　　138
小仓幸子　　182
小柴昌俊　　103
小长谷有纪　　125
小池美枝子　　21
小池信孝　　269，293，295，306
小池真理　　70
小池真理子　　70，81
小池直子　　314
小川聪　　108
小川和夫　　50
小川茂夫　　153
小川绅介　　40
小川未明　　17
小川洋子　　179，256，273
小川一真　　62，147
小岛宽之　　142
小岛明　　216
小岛梓　　256
小宫一庆　　268，315
小谷通泰　　122
小关铃子　　76，233
小和濑玉三　　104
小家山仁　　136
小口幸伸　　101
小栗虫太郎　　132
小栗栖香顶　　63
小笠原弥生　　309
小林爱雄　　57
小林道信　　269，291
小林道正　　267
小林斗盦　　87
小林多喜二　　164
小林浩美　　105
小林麻理　　2，260
小林瞳　　183
小林文人　　106
小林小百合　　105
小林信一　　263
小林一夫　　191
小林一辅　　195
小林一三　　230
小林正美　　245
小林知子　　295
小林忠嗣　　63
小柳昇　　49
小柳知彦　　37，48
小暮干雄　　220
小奈弘　　80
小平邦彦　　102，103，106

小崎亚衣　58
小泉八云　73，89，130
小泉淳　126
小泉英明　144
小泉佐代　112
小森阳一　7，292
小山升　324
小山胜清　239
小山政彦　57
小室淑惠　282
小松田直　284
小松易　314
小松由佳　35
小松左京　87
小太郎　195
小田原雅人　99，191，226
小西行郎　116，156，254
小西薰　116，156
小西英子　242
小野达郎　56
小野美咲　307
小野胜年　36
小野寺直　130
小野田博一　39，44
小野贤二　29
小野泽精一　30
小野正幸　285
小野梓　130
小鱼儿　48，50
小原淳平　254
小原胜野　146，237，238
小原雅博　150
小泽康则　184
小泽礼子　135
小泽明　303
小泽征尔　230
小曽户洋　88
小沼操　69
筱田节子　243
筱原佳年　64
筱原菊纪　1，174
筱原令　21
筱原美季　4，41，47，53
筱原一之　53
篠田秀美　69
篠原章翁　274
肖宝祥　57
肖朝堰　6
肖冬炉　21，52
肖燕　48
咲良色　240
胁森宏　156
谢红辉　2
心屋仁之助　286
辛小鹤　13

新岛善直　295
新渡户稻造　162，165，217，232，293
新宫文明　278，287
新谷弘实　4，181
新将命　199
新津守　307
新井円侍　177
新井一二三　1，47，53，265，304，306
新美南吉　202，214，272，290，309
新崎盛晖　182
新启一郎　191
新堂冬树　259
新堂幸司　108
新藤兼人　178
新田保次　122
新田康弘　149
新田英雄　142
新屋映子　157
新宅纯二郎　277
信太康代　125，181，194，237
星光辉　192
星田直彦　204
星野道夫　170，178，243
星野英一　83
星野裕末　139
星野昭吉　31
星一郎　3，178
邢丽荃　6
行天丰雄　2
幸田露伴　97，282
幸田真音　219
雄　279
熊春　30
熊谷ふじ子　235
熊谷崇　235
熊谷聡　87，135
熊谷弘　204
熊谷文宏　125
熊谷正寿　275
熊田千佳慕　257
秀岛武敏　37
秀哉　103
须见洋行　154
须崎恭彦　60
须藤瑞代　246
须田孙七　301
须永豪　324
徐宝妹　49
徐谷芃　22
徐国骝　28
徐继维　31
徐庆元　310

徐苏宁　25
徐雪梅　57
徐泽　4
许德楠　36
许斐刚　44，45，102
许健太　144
许经明　29
许可　57
许锡庆　30
许译兮　15
玄侑宗久　5
薛锦展　21
薛培鼎　9，43
雪乃纱衣　121，180，257
寻幸哉　273

Y

Yogeshwar Sahai　137
Y. Miyake　222
押田比吕美　319，321
鸭田由利子　180
鸭下一郎　27
雅米　238
亚希　35，36，59，92
严谷春行　148
岩本沙弓　256
岩城见一　70
岩村和朗　173，174
岩谷英昭　301
岩井恭平　232
岩井俊二　76，130，147，166，280
岩井俊雄　174，210，263
岩井茂树　323
岩男泰　100
岩片夏雄　203
岩崎登　196
岩崎启子　86
岩崎夏海　294
岩田嘉行　38
岩田穆　65
岩尾明子　78，105
岩下宣子　4
岩月谦司　234
岩泽绿　152
岩泽孝治　125
盐野宏　109
盐野七生　283
盐原慎次朗　92
阎明　20
阎萍　2
杨光　29
杨佳静　55
杨晶　50

杨军　26
杨理亚　18
杨柳　46
杨美玲　51，91，92，120，133，158
杨铭　101
杨其长　153
杨世英　56
杨探华　18
杨熹　34
杨晓红　16，58
杨晓辉　18
杨秀妹　5，6
杨亚东　7
杨燕　19
杨云茜　1
养父志乃夫　220
姚佳　56
也文　285
垫中征哉　22
野坂昭如　168
野本阳代　43
野村广利　72
野村弘　155
野村美月　229，273，305
野村尚义　47
野村喜重郎　190
野村正树　117，148
野村总一郎　167，295
野口昌介　82
野口广　214
野口嘉则　137，165
野口克彦　106
野口敏　249
野口伸　145
野口伸共　145
野口悠纪雄　5
野口哲典　157，223
野崎努　68
野崎昭弘　284
野上照代　186
野上智宽　27
野原新之助一家　80，132
野泽尚　81，281
叶磊　26
叶宓曚　31
叶平亭　20，37，258
叶祥明　55
叶宗敏　55
一番ケ瀬康子　132
一海知义　98
一休宗纯　110
伊坂幸太郎　198，210，219，240，253，275
伊达千代　294

伊东和彦　88
伊东教夫　205
伊东宽　106，141
伊东明　62
伊东杂音　271
伊东章夫　270
伊集院霞　12
伊势典夫　12
伊势英子　141，174
伊滕左千夫　51
伊藤诚　76
伊藤达雄　313
伊藤干彦　117，157
伊藤高见　195，292
伊藤公一　136，196，275
伊藤浩史　242
伊藤虎丸　81
伊藤克人　194
伊藤理佐　211，316
伊藤利昭　272
伊藤隆寿　113
伊藤美树　4
伊藤年一　10
伊藤清　224，316
伊藤喜之　255
伊藤夏子　86
伊藤贤次　74
伊藤洋　76
伊藤裕二　177
伊藤直也　261
伊原泽周　78
依田纪基　304
漪然　17
乙武洋匡　105
礒深雪　104
义江彰夫　216
苅谷刚彦　50
佚名　102，159，283，316
易平　15
益川敏英　242
益田米莉　179，230，280，282
阴山英男　42
尹绍亭　37
尹肃　15
应小萍　56
樱井　308
樱井大辅　90
樱井始　296
樱木PIROKO　218
樱桃子　318
樱庭一树　230
鹰野致和　43
永井一夫　132
永濑正人　187，298，326
永田圭介　31

永田孝行　29，48
勇岭薰　195，225，237，241，248
勇吾　284
优希有　187
由利伸子　301
柚木馥　266
柚木修　302
莜冢香文　48
友松悦子　98
友永淳子　265
有冈由利子　319
有马赖底　180，184
有木昭久　126
有栖川有栖　141
有田隆也　203
有元美津世　321
祐成二叶　181
于黎特　5，6
于丽　47
于莹　36
于永妍　11
余亮　101
余治莹　20
俞霓　3，13，17
俞萍萍　46
俞素美　49
俞天任　21
俞喆　5
宇田川胜　277
宇田礼　208
宇野克明　252
宇野哲人　114
宇佧晃治　2
宇佐美勉　70
羽山博　2
羽田圭介　220
雨宫健　191
浴口国男　259
御厨贵　129
御立尚资　60
御泷政子　166
御巫清允　158
誉田哲也　257，282
渊在宽绘　269
垣根凉介　122
垣野義昭　274
袁静　57
袁明正　150
袁睿　34
袁奕奕　29
袁玥　22，44，45
原坂一郎　144
原昌克　78
原岛广至　129

原口秀昭　25，284
原田进　153
原田玲仁　142，208
原田舞叶　170，214
原田翔太　249
原田知广　207
原仙作　5
原一惠　145
原一平　228
原惣兵卫　171
圆谷峻　85
圆仁　36
圆山重直　259，291
猿渡静子　46
猿谷雅治　118，129
源赖朝　203，212，241
源了圆　124
源元凯　103
远山启　223
远藤功　21，47
远藤拓郎　211
远藤昭则　111
远藤真澄　138
远藤周作　87，122，153
月山绮罗　270
月星光博　50
岳远坤　8，32
越野好文　101
越泽明　304

Z

早坂隆　138，291
早川健二　98
则竹秀南　9
泽本嘉光　105
泽村诚志　198
泽村良胜　213
泽田动　312
泽田尚美　123
曾根俊虎　3
曾绍琼　55
曾维贞　3
曾文雅　33
曾我见郁夫　12
曾我哲夫　29
曾野绫子　104
增井和子　266
增田涉　232，307
增原仁美　55
斋藤孝　65
斋藤恒博　242
斋藤茂太　21，36，41，52，56
斋藤孝　276，278
张彩虹　11，33，41

张丹　5，6
张福昌　37，213，296
张宏飞　26
张祎　100
张慧　1，31
张季风　40
张继文　2
张建东　136
张婧　56
张静　28
张静秋　58
张立文　116
张龙　56
张明杰　21，56，57
张铭心　11
张群舟　128
张同林　18
张卫平　57
张锡禄　322
张小东　154
张晓东　296
张晓希　323
张兴　41
张雪荣　18
张燕　2
张亦春　114
张玉钧　53
张泽　25
赵博　26
赵春来　18
赵德远　36
赵枫　1
赵刚　49
赵国庆　196
赵红　44
赵红霞　50
赵建勋　6，52
赵京慧　58
赵静　48
赵秋利　17
赵儒彬　49
赵宪忠　12
赵晓明　44
赵新芝　27
赵雪梅　41
赵永东　1
赵治勋　160
折原美都　86，122
折原一　261
真荣城辉明　287
真山仁　158，303
真野和香　181
甄西　10
甄晓仁　5，39，48
正村达郎　110

正道薰　104
正子公也　62
郑钧　19
郑茂　1
郑铁生　323
郑威　30
郑维强　2
郑艺　58
支仓美雪　13
芝池义一　150
芝崎美幸　72，158
枝广淳子　125
直冢松子　123
植木理惠　310
植木桃子　47，250
植田康夫　259
植西聪　144，245
植野美枝子　270
志田美保子　97
智发朝　97
中本和夫　17，132
中本信忠　177
中川碧　261
中川和宏　313
中川李枝子　73，294，309
中川秀直　113
中川谕　218
中村丁次　175
中村繁夫　249
中村芳子　59
中村航　249
中村好文　110，115，267
中村俊龙智　161
中村隆英　129
中村清吾　145，152
中村万里　149
中村文　313
中村文则　243
中村义作　1，41，48
中村英郎　156
中村元　185
中村哲　9
中村哲夫　28
中村征寿　125
中村正史　308
中村正则　91
中村治雄　234
中村宗雄　156
中岛诚　149
中岛玑子　193
中岛京子　310
中岛凯西　245
中岛乐章　210
中岛孝志　59，250
中岛一　64

中岛真澄　28
中古苑生　56
中谷千代子　66
中谷岩　247
中谷彰宏　65，67，69，101，109，116，319
中间多惠　64
中江嘉男文　48
中江兆民　315
中牧弘允　292
中内功　124
中山春子　175，176
中山繁信　202，227
中矢慎子　134
中田安彦　78
中田修　97
中田整一　146
中畑千弘　242
中尾明　96
中尾胜彦　7
中屋美和　80
中西进　44
中野孤山　17
中野宏隆　288
中野美代子　22
中野明　100，101
中野晴行　10
中野香织　154，231
中野雅至　216，217
中原道喜　5
中原慎一郎　306
中原英臣　167
中泽圭子　204
中曽根康弘　113
冢本行男　37
冢本幸司　116
仲山和辉　95
仲田纪夫　41
重松清　243
重野美枝　159
重野秀一　42，43
舟田正之　33
周伯通　37
周晨　174

周龙梅　28
周伟民　2
周政毅　185
朱春育　48
朱从善　43
朱佳　34
朱宁　27
朱清宇　2
朱庆福　4
朱自强　48
猪股晃　51，52
猪狩达夫　303
竹本圣　193，211
竹村节子　22
竹岛慎一郎　60
竹宫悠由子　282
竹井史郎　260，261，286
竹内秀郎　53
竹内薰　117，126
竹内薰　195
竹内一郎　228
竹内则春　68
竹崎政路　41
竹添进一郎　56
竹田津实　122，163
竹田雅好　283
竹下文子　258，265，274，303
竹中丽湖　229
竹中平藏　246
住原则也　277
筑岛谦三　89
庄逢甘　241
庄娜　6
庄司雅彦　179
庄子邦雄　198
椎名见早子　285
子安宣邦　15，190，264
紫陌　1
紫式部　87，112，242，320
宗方小太郎　49
宗光华　49
宗建新　47
宗田大　307
宗像伸子　122

邹学群　35
诹访良武　269
足立元成　58
最上悠　241
佐伯弘文　21
佐伯千津　143，208，248，326
佐草一优　148
佐川弘幸　43
佐岛群巳　86
佐藤安基代　311
佐藤安雄　206
佐藤传　122，214，223，309
佐藤等　276
佐藤富雄　133，298
佐藤公彦　52
佐藤和贵子　253
佐藤健正　318
佐藤俊树　64
佐藤可士和　173
佐藤利行　151
佐藤庆幸　130
佐藤伸一　141
佐藤慎一　78
佐藤实　207
佐藤武　103
佐藤孝弘　205
佐藤幸裕　169
佐藤允一　229
佐藤正明　189
佐藤正午　2
佐藤正子　137
佐藤忠男　268
佐野洋子　93，105，109
佐竹靖彦　111
佐佐木刚士　3，178
佐佐木公子　168
佐佐木健一　83
佐佐木让　322
佐佐木仁子　36，49，235，236，311
佐佐木温子　174
佐佐木薰　162
佐佐木洋子　106，107
佐佐木正美　266

主要参考文献

著作：（资料类）

1. 新华书店总店、中国版本图书馆编：《全国总书目》（1949—2011 年），北京：中国版本图书馆。

2. 出版总署翻译局：《全国翻译图书总目录——中华人民共和国成立以前》，北京：出版总署翻译局编印，1951。

3. 彭斐章等编《目录学研究资料汇辑》，武汉：武汉大学图书馆学系，1979。

4. 谭汝谦：《中国译日本书综合目录》，香港：香港中文大学，1980。

5. 谭汝谦：《日本译中国书综合目录》（日文版），香港：香港中文大学，1981。

6. 田大长主编《民国时期总书目》（20卷），北京：书目文献出版社，1986—1997。

7. 中国版本图书馆编《全国内部发行图书总目 1949—1986》，北京：中华书局，1988。

8. 宋原放主编《中国出版史料—近代部分》，济南：山东教育出版社，2011。

9. 张晓：《近代汉译西学书目提要明末至1919 年》，北京：北京大学出版社，2012。

10. 上海生活书店编《生活全国总书目》，上海：生活书店，1935。

11. 国立中央图书馆编《近代军事中译西方目录》，台北：中华文化初版事业委员会，1958。

12. 上海图书馆编《中国近代现代丛书目录》，上海：编者印行，1974。

后　记

本书目的编著始于 2010 年。

是年，合著者之一、日本椙山女学园大学樋口谦一郎助教授就曾问我，为什么想到编这么一套书目。我脱口而出的回答是"报恩"（恩を返す）。这倒不是矫情，其实，我知道自己不是一个好学生，虽说也曾在东京大学读过书，但最后连一纸博士文凭都没有混到。而同期与我一起留学东京大学的妻子，却拿到了两张博士文凭。为此，在家里我一直被妻子、儿子取笑。虽然如此，我在内心还是感谢日本给了我最初认识世界的平台，让我能在东大中退之后成为报社的记者、出版社的签约作家。同时还要感谢日本的出版社，在我离开日本 10 年之后，仍愿出版我的著作。平心而论，与曾经生活多年的美国相比，总觉得自己还是更多地怀念在日本的生活。于是，也总想是不是也让国人更多地知道一点日本呢？

回国后，因为种种因缘，我进入了南京大学出版社。随后，又因为种种因缘，被推荐为"阅读日本书系"的图书选考委员。当时，作为"阅读日本书系"图书选考委员的我，却常常被"书系"该推选哪些图书所困扰。因为不要说读者，就是在图书选考委员中，中日双方委员在图书推选的认知上也存在一定差异。日方委员所推荐的书目，涉及皇室、靖国神社、地方分权、高龄者社会、安全保障等内容，都是当前日本社会所关心的热点话题，十分贴近日本社会的现实，与当下中日关系的走向也密切相关；而中方委员所推荐的书目，比较侧重于日本的文化、政治与经济，就市场角度而言，这类题材受众面广，容易为读者接受，但与日本的现实社会的确有一定的距离。那么，在介绍当代日本时，究竟哪类图书更为合适呢？

于是，我就产生了一个想法，想看看出版业前辈们的工作——他们是如何介绍当时的日本社会的，他们又引进了哪些日文图书，以期从前辈做出的选择上吸取经验、为今后日文版图书引进的参考。于是，就有了本书目的编著。

这是一个漫长又琐碎的工作。所谓漫长是指工作的时间，前后历时 5 年之久；而所谓琐碎是指工作的性质，要从各类书目中一年一年地过滤，一条一条地挑选。特别是 2010、2011 年的书目，那都是在 20 多万种新书书目中逐一挑选出来的，工作量之大可想而知。

在此过程中，首先要感谢本书目的所有参编人员，樋口谦一郎、姜仁杰、李斌、吕彬、袁琳艳，感谢他们在本书目编辑、整理、校对过程中所做的工作。感谢张伟宁兄对书目文本的扫描与录入，感谢苏州大学黄茉莉老师对所有条目的归类、整理与列表。感谢南京大学任利剑教授、范从来教授、王月清教授对本书工作的理解与支持。

最后，感谢社会科学文献出版社，感谢本书责任编辑宋荣欣、邵璐璐、夏仲壮认真细致的工作。在此，要特别感谢杨群总编辑，在本书目没有得到任何资助的情况下，仍决然地将本书目纳入社会科学文献出版社的出版计划。那天，在华龙大厦15楼咖啡屋的那一句"就是没有任何资助，也一定出版"的豪语，令我动容且一直铭记至今。

最后的最后，我要感谢我的家人，特别是要感谢我的妻子徐璎，为结婚30年来都未曾分居过的我们目前的两地别居，也为一个曾经的家庭煮夫、兼职司机的华丽转身，谢谢你的理解与支持。

田雁
2015 年 4 月 12 日
于苏州海德公园

图书在版编目（CIP）数据

汉译日文图书总书目：1719~2011：全4卷／田雁
主编.—北京：社会科学文献出版社，2015.10
ISBN 978-7-5097-7687-2

Ⅰ.①汉…　Ⅱ.①田…　Ⅲ.①日文-文献-译本-图
书目录-1719~2011　Ⅳ.①Z839.1

中国版本图书馆 CIP 数据核字（2015）第 147076 号

汉译日文图书总书目(1719—2011)(全四卷)

主　　编／田　雁

出 版 人／谢寿光
项目统筹／宋荣欣
责任编辑／宋荣欣　邵璐璐　夏仲壮

出　　版／社会科学文献出版社·近代史编辑室（010）59367256
　　　　　　地址：北京市北三环中路甲 29 号院华龙大厦　邮编：100029
　　　　　　网址：www.jxd@ssap.cn
发　　行／市场营销中心（010）59367081　59367090
　　　　　　读者服务中心（010）59367028
印　　装／三河市东方印刷有限公司

规　　格／开　本：787mm×1092mm　1/16
　　　　　　印　张：113　字　数：3598 千字
版　　次／2015 年 10 月第 1 版　2015 年 10 月第 1 次印刷
书　　号／ISBN 978-7-5097-7687-2
定　　价／780.00 元（全四卷）